KB272614

2026 ERP 정보관리사

인사 1급

김진우 · 임상종 · 김혜숙 지음

SAMIL 삼일회계법인
삼일인포마인

머리말

우리나라 대부분의 기업들이 ERP 시스템을 도입하였거나, 도입을 검토하고 있는 현실에서 한국생산성본부(KPC)에서는 ERP 시스템의 운용과 정보관리에 필요한 인력을 확충하기 위하여 국가공인 ERP 정보관리사 자격시험, ERP Master 제도 및 ERP 공인강사 PTE (Professional Trainer for ERP) 제도를 시행하고 있다.

ERP 정보관리사 자격시험은 국내 최초로 국가가 인정한 비즈니스 전문 자격시험으로 공기업 및 민간기업의 취업에서 가산점이 부여될 만큼 '실무와 취업에 강한 자격증'으로 자리매김하고 있다.

본 교재는 산업현장에서 다년간 ERP를 구축한 사례와 오랜 강의 경험을 바탕으로 집필하였기에 실무자에게는 ERP 실무 적응에 도움을 주며, ERP 정보관리사 자격시험을 준비하는 수험생들에게는 합격을 보장하는 지침서가 될 것이다.

본 교재의 특징은

첫째, 최근 기출문제 분석을 통한 다양한 신규출제 문제 반영!
기출문제를 철저히 분석한 유형별 연습문제와 신규출제 문제를 충실히 반영하였기에 모든 수험생들이 이론 및 실무영역 모두 완벽하게 시험에 대비하도록 구성하였으며, 혼자 공부하는 수험생을 위해서 해설과 풀이를 충실하게 하였다.

둘째, 다양한 사례를 통해 실무 적응 및 응용력 상승!
더존 ICT그룹이 개발하여 보급하고 있는 핵심ERP 실습을 교육현장에서도 쉽게 접근할 수 있도록 다양한 사례를 제공하였으며, 사례실습을 통해 ERP 시스템의 핵심적인 기능과 프로세스를 익혀 실무에서의 적응 및 응용력을 높일 수 있도록 하였다.

셋째, 국가직무능력표준(NCS, National Competency Standards)으로 교재 구성!
NCS에 맞추어 산업현장에서 직무를 성공적으로 수행하기 위해 요구되는 능력을 갖출 수 있도록 내용을 구성하였다.

넷째, 교재 핵심ERP 실무 부분의 백데이터를 장별로 제공하여 원하는 곳부터 실습이 가능!
수험생과 강의하는 분들의 편의를 위해 수강을 못한 경우에도 큰 무리가 없도록 핵심ERP 실무 부분의 내용 중 원하는 곳부터 실습할 수 있도록 백데이터를 구분 제공하였다.

본 교재를 통해 산업현장의 실무자의 실무적응 능력을 높임과 동시에, ERP 정보관리사 자격시험을 준비하는 수험생들이 자격증 취득을 바탕으로 ERP 전문인력으로 거듭날 수 있기를 바란다.

끝으로 본 교재를 출간하도록 도와주신 삼일피더블유씨솔루션 오연관 대표이사님을 비롯한 관계자와 바쁘신 일정속에서 시간을 내어 꼼꼼한 감수작업을 해주신 감수자분들께 깊은 감사를 드리고, 앞으로도 계속 노력하여 보다 충실한 교재로 거듭날 것을 약속드리며, 독자들의 충고와 질책을 바라는 바이다.

저자 일동

ERP 정보관리사 자격시험 안내

1. ERP 정보관리사란?

　ERP 정보관리사 자격시험은 한국생산성본부가 주관하여 시행하고 있으며, 기업정보화의 핵심인 ERP 시스템을 효율적으로 운용하기 위해 필요한 이론과 실무적 지식을 습득하여 ERP 전문인력 양성을 목적으로 하는 국가공인 자격시험이다.

2. 시험일정

2026년 ERP 정보관리사 자격시험 일정표					
회차	시험일	온라인접수	방문접수	수험표공고	성적공고
제1회	01.24.	25.12.24.~25.12.31.	12.31.	01.15.~01.24.	02.10.~02.17.
제2회	03.28.	02.25.~03.04.	03.04.	03.19.~03.28.	04.14.~04.21.
제3회	05.30.	04.29.~05.06.	05.06.	05.21.~05.30.	06.16.~06.23.
제4회	07.25.	06.24.~07.01.	07.01.	07.16.~07.25.	08.11.~08.18.
제5회	09.19.	08.19.~08.26.	08.26.	09.10.~09.19.	10.13.~10.20.
제6회	11.28.	10.28.~11.04.	11.04.	11.19.~11.28.	12.15.~12.22.

3. 시험시간 및 종목

교시	구분	시험시간	과목	응시자격
1교시	이론	09:00 ~ 09:40 (40분)	회계 1급, 회계 2급 생산 1급, 생산 2급 (위 과목 중 택1)	응시제한 없음
1교시	실무	09:45 ~ 10:25 (40분)	회계 1급, 회계 2급 생산 1급, 생산 2급 (위 과목 중 택1)	응시제한 없음
2교시	이론	11:00 ~ 11:40 (40분)	인사 1급, 인사 2급 물류 1급, 물류 2급 (위 과목 중 택1)	응시제한 없음
2교시	실무	11:45 ~ 12:25 (40분)	인사 1급, 인사 2급 물류 1급, 물류 2급 (위 과목 중 택1)	응시제한 없음

　- 시험방식: CBT(Computer Based Testing) 및 IBT(Internet Based Testing) 방식
　- 같은 교시의 응시과목은 동시신청 불가(예: 회계, 생산모듈은 동시 응시 불가)

4. 합격기준

구분	합격점수	문항 수
1급	평균 70점 이상(단, 이론 및 실무 각 60점 이상 시)	이론 32문항, 실무 25문항 (인사모듈 이론은 33문항)
2급	평균 60점 이상(단, 이론 및 실무 각 40점 이상 시)	이론 20문항, 실무 20문항

5. 응시료 및 납부방법

구분	1과목	2과목	응시료 납부방법
1급	40,000원	70,000원	전자결제
2급	28,000원	50,000원	

　- 동일 등급 2과목 응시 시 응시료 할인(단, 등급이 다를 경우 개별적인 응시료 적용)

6. ERP 인사 1급 출제기준(이론 33문항, 실무 25문항)

구분	과목	배점	문항별 점수 × 문항 수
이론	경영혁신과 ERP	10	2점(객관식) × 5문항
	인적자원 확보	28	3점(객관식) × 8문항 / 4점(주관식) × 1문항
	인적자원 개발	19	3점(객관식) × 5문항 / 4점(주관식) × 1문항
	임금 및 복리후생 관리	23	3점(객관식) × 5문항 / 4점(주관식) × 2문항
	노사관계	20	3점(객관식) × 4문항 / 4점(주관식) × 2문항
	소 계	100	2점(객관식) × 5문항 / 3점(객관식) × 22문항 / 4점(주관식) × 6문항
실무	ERP 인사 기본정보관리	12	4점(객관식) × 3문항
	ERP 근태 및 급여관리	48	4점(객관식) × 12문항
	ERP 소득 및 정산관리	10	4점(객관식) × 10문항
	소 계	100	4점(객관식) × 25문항

차례

제 **3** 부 **핵심ERP 이해와 활용**

ERP 시스템의 이해

1장 경영혁신과 ERP

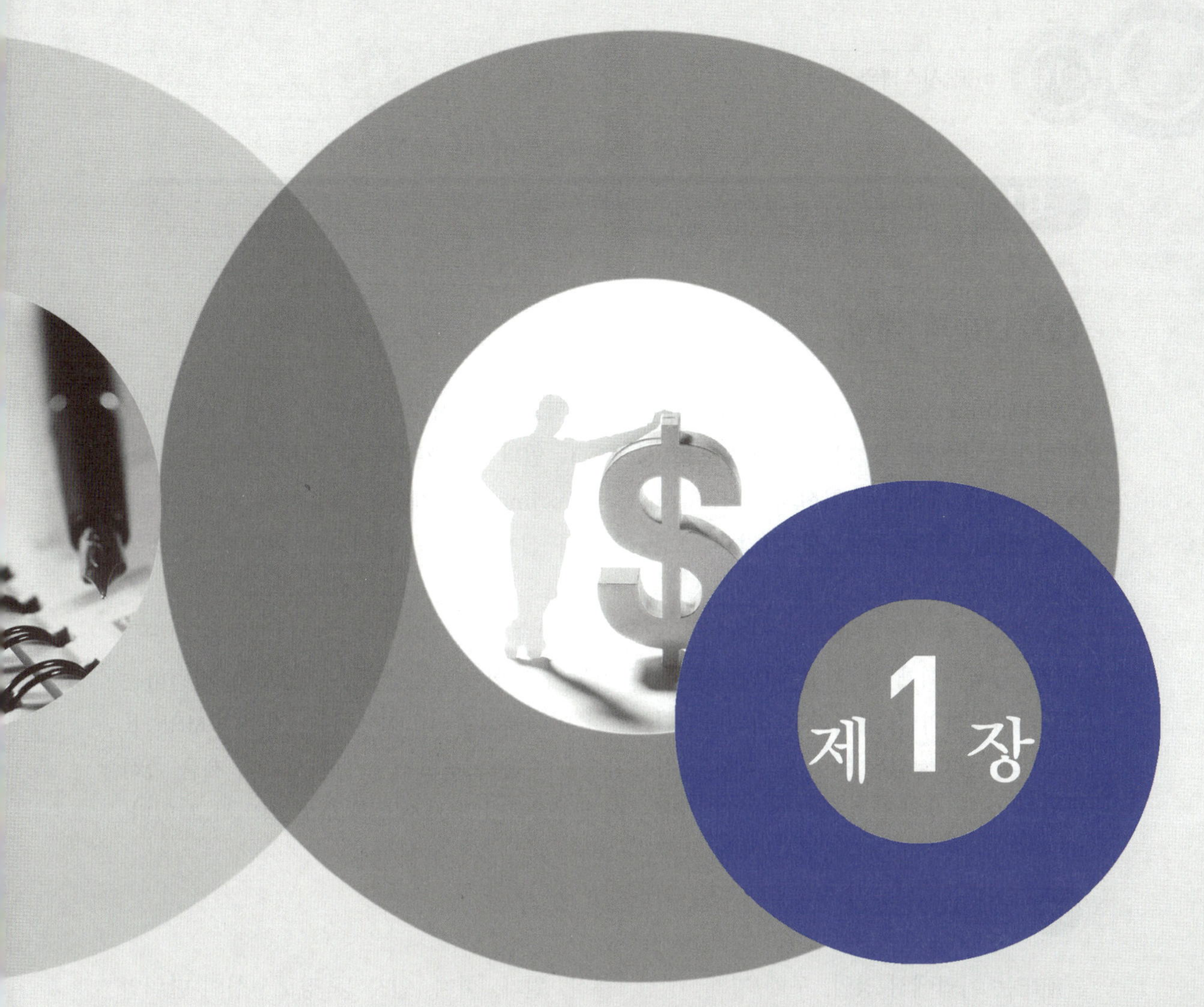

경영혁신과 ERP

01 ERP 개념과 등장

 1.1 ERP의 개념

ERP(Enterprise Resource Planning)란 우리말로 '전사적 자원관리', '기업 자원관리', '통합정보시스템' 등 다양한 명칭으로 불리우고 있다. ERP는 선진 업무프로세스(Best Practice)를 기반으로 최신의 IT(Information Technology)기술을 활용하여 영업, 구매, 자재, 생산, 회계, 인사 등 기업 내 모든 업무를 실시간 및 통합적으로 관리할 수 있는 통합정보시스템이다.

ERP라는 용어를 처음으로 사용한 미국의 정보기술 컨설팅회사인 가트너그룹은 ERP를 '제조, 물류, 회계 등 기업 내의 모든 업무기능이 조화롭게 운영될 수 있도록 지원하는 애플리케이션의 집합'이라고 정의하였다. 또한 미국생산관리협회에서는 '기존의 MRP Ⅱ 시스템과는 차별화된 것이며, 최신의 정보기술을 수용하고 고객 주문에서부터 제품 출하까지의 모든 자원을 효율적으로 관리하는 회계지향적인 정보시스템'으로 정의하고 있다.

1.2 ERP의 구성

ERP는 기업에서 영업, 구매/자재, 생산, 품질, 원가, 회계, 인사 등 정보생성의 단위업무 시스템이 하나의 통합시스템으로 구성되어 있다. 각 모듈에서 발생된 거래내역은 최종적으로 회계모듈로 전송되어 재무제표 작성까지 연결된다.

대부분의 ERP 시스템은 환경설정과 기준정보관리 등을 담당하는 시스템관리 모듈과 영업, 구매, 생산, 회계, 인사 등의 단위업무별 모듈과 경영진 및 관리자들을 위한 경영정보 모듈로 구성되는 것이 일반적이다. ERP의 주요 구성은 다음과 같이 나타낼 수 있다.

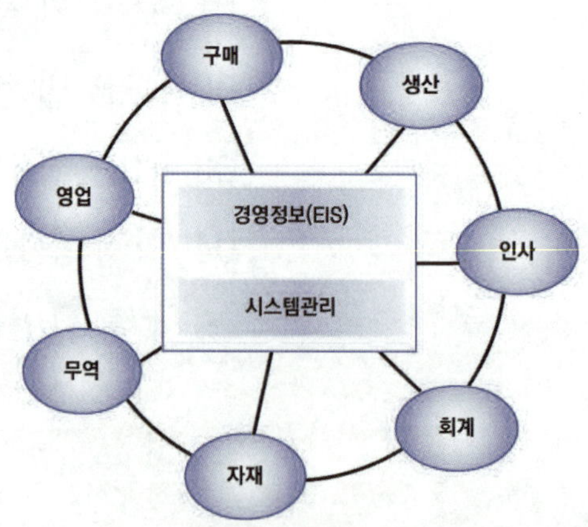

 경영혁신과 ERP의 등장

20세기 후반부터 세계 각국의 본격적인 경제개방으로 인해 기업의 경영환경은 급변하게 되었다. 시장은 세계화되고 경쟁이 심화되면서 기업은 생존을 위해 혁신이 필수적인 것으로 이해되고 있으며, 실제로 대부분의 기업 경영자들은 경영혁신을 핵심적인 경쟁전략으로 채택하고 있다.

기업들은 경영혁신을 위해 BPR(Business Process Re-engineering), 다운사이징(Downsizing), JIT(Just in Time), TQM(Total Quality Management) 등 다양한 혁신기법들을 도입하여 실행하고 있다. 그러나 BPR(업무프로세스 재설계)을 실행한 상당수의 기업들이 혁신에 실패하거나 그 성과에 대해 만족하지 못하였다.

그 이유는 업무효율성을 극대화할 수 있도록 업무프로세스를 재설계하였으나, 여전히 부서 간의 커뮤니케이션이 단절되고 일부 반복적인 중복업무의 발생 등으로 인해 큰 성과를 내지 못한 것이다.

이러한 결과를 초래한 가장 큰 이유는 기존의 전통적인 정보시스템은 생산, 물류, 회계, 인사 등 각 시스템이 기능별 단위업무에 초점을 두어 기능별 최적화는 가능하였으나 데이터의 통합성이 결여되어 기업 전체적인 차원에서의 최적화는 어려웠던 것이다. 따라서 이러한 전통적인 정보시스템이 내포하고 있는 한계점을 극복하고 경영혁신의 성과를 극대화하는데 필요한 통합정보시스템 ERP가 등장하게 되었다.

전통적인 정보시스템(MIS)과 ERP는 목표와 업무처리 방식 등 다양한 측면에서 다음과 같은 큰 차이를 보이고 있다.

구 분	전통적인 정보시스템(MIS)	E R P
목 표	부분 최적화	전체 최적화
업무범위	단위업무	통합업무
업무처리	기능 및 일 중심(수직적 처리)	프로세스 중심(수평적 처리)
접근방식	전산화, 자동화	경영혁신 수단
전산화 형태	중앙집중 방식	분산처리 방식
의사결정방식	Bottom-Up(상향식), 상사	Top-Down(하향식), 담당자
설계기술	3GL, 프로그램 코딩에 의존	4GL, 객체지향기술
시스템구조	폐쇄성	개방성, 확장성, 유연성
저장구조	파일시스템	관계형데이터베이스(RDBMS)

개념 익히기

● 업무프로세스 재설계(BPR: Business Process Re-engineering)

비용, 품질, 서비스, 속도와 같은 핵심적 부분에서 극적인 성과를 이루기 위해 기업의 업무프로세스를 기본적으로 다시 생각하고 근본적으로 재설계하는 것으로, BPR은 모든 부분에 걸쳐 개혁을 하는 것이 아니라 중요한 비즈니스 프로세스, 즉 핵심프로세스를 선택하여 그것들을 중점적으로 개혁해 나가는 것이다.

● 프로세스 혁신(PI: Process Innovation)

PI는 정보기술을 활용한 리엔지니어링을 의미하며, ERP 시스템이 주요도구로 활용될 수 있다. 기업의 업무처리 방식, 정보기술, 조직 등에서 불필요한 요소들을 제거하고 효과적으로 재설계함으로써 기업의 가치를 극대화하기 위한 경영기법이라 할 수 있다.

● 업무프로세스 개선(BPI: Business Process Improvement)

ERP 구축 전에 수행되는 것으로, 단계적인 시간의 흐름에 따라 비즈니스 프로세스를 개선해가는 점증적 방법

● 리엔지니어링

조직의 효율성을 제고하기 위해 업무흐름 뿐만 아니라 전체 조직을 재구축하려는 경영혁신기법이며, 주로 정보기술을 통해 기업경영의 핵심 과정을 개편함으로 경영성과를 향상시키려는 경영기법이다. 리엔지니어링은 매우 신속하고 극단적이면서 전면적인 혁신기법이라 할 수 있다.

유형별 연습문제
1.1 ERP 개념과 등장

01 ERP에 대한 아래 설명 중 가장 적절하지 않은 것은?

① ERP라는 용어는 가트너 그룹에서 최초로 사용하였다.
② ERP는 생산, 회계, 인사 등의 업무프로세스를 지원하는 각각의 개별시스템이다.
③ ERP를 통해 BPR이 이루어져 프로세스 개선이 효율적으로 수행될 수 있다.
④ ERP 소프트웨어는 경영혁신의 도구이다.

02 ERP에 대한 설명으로 틀린 것은?

① 인사, 영업, 구매, 생산, 회계 등 기업의 업무가 통합된 시스템이다.
② 기능 최적화에서 전체 최적화를 목표로 한 시스템이다.
③ 모든 사용자들은 쉽게 기업의 정보에 접근할 수 있다.
④ 신속한 의사결정을 지원하는 경영정보시스템이다.

03 다음 중 ERP에 대한 설명으로 옳지 않은 것은?

① 투명경영의 수단으로 쓰인다.
② '전사적 자원관리시스템'이라고 불린다.
③ 전산시스템은 회계, 인사, 자재관리 등의 각 시스템이 분야별로 개발 및 운영된다.
④ 모든 자원의 흐름을 기업 전체의 흐름에서 최적관리를 가능하게 하는 통합시스템이다.

04 다음 중 ERP에 대한 설명으로 바르지 않은 것은?

① 경영혁신 환경을 뒷받침하는 새로운 경영업무 시스템 중 하나이다.
② 기업의 전반적인 업무과정이 컴퓨터로 연결되어 실시간 관리를 가능하게 한다.
③ 기업 내 각 영역의 업무프로세스를 지원하고 단위별 업무처리의 강화를 추구하는 시스템이다.
④ 전통적 정보시스템과 비교하여 보다 완벽한 형태의 통합적인 정보인프라 구축을 가능하게
해주는 신경영혁신의 도구이다.

05 ERP에 대한 다음 설명 중 타당하지 않은 것은?

① ERP란 전사적 자원관리로 선진업무프로세스(Best Practice)와 최신 IT기술을 기반으로 한다.
② 기업 내 모든 업무를 실시간, 통합적으로 수행할 수 있다.
③ 전사적 자원의 최적 활용이 가능하여 업무생산성 증대, 고객서비스 개선, 투명성이 제고된다.
④ 효율적이고 효과적인 기업경영을 위하여 인사급여, 재무회계, 생산, 유통 등 주요 기능별로
최적화된 시스템이다.

06 ERP(Enterprise Resource Planning)와 관련된 다음의 설명 중 가장 거리가 먼 것은?

① 판매, 생산, 재고관리 등의 시스템들이 상호 연동하여 사용자가 요청하는 작업을 즉시 수행할 수 있도록 해주는 통합시스템이다.
② 업무의 표준화, 자료의 표준화에 의한 시스템 통합으로 전사차원에서 통합된 데이터베이스를 구축하여 정보의 일관성 유지는 가능하나 관리의 중복을 배제할 수는 없다.
③ 기업으로 하여금 글로벌 환경에 쉽게 대응할 수 있도록 한다.
④ 정보시스템을 통해 회사의 경영에 필요한 조기경보체제를 구축할 수 있다.

07 다음 중 BPR(업무 재설계)의 필요성이라고 볼 수 없는 것은?

① 기존업무 방식의 고수
② 경영 환경 변화에의 대응
③ 조직의 복잡성 증대와 효율성 저하에의 대처
④ 정보기술을 통한 새로운 기회의 모색

08 다음 설명 중 가장 적합하지 않은 것은?

① ERP에 내장되어 있는 Best Practice를 자사의 업무 프로세스에 맞추어 가는 것 자체가 기업이 추구하는 프로세스 혁신(PI: Process Innovation)이기 때문에 기업업무 전반에 걸친 Business Process Model을 제대로 검토하는 것이 매우 중요하다.
② ERP 시스템 도입 전 PI를 실행함으로써 ERP 시스템에 대한 적응기간을 단축하는 효과를 가져올 수 있다.
③ BPR은 경쟁우위 확보를 위해 기업의 핵심 부문에 대한 비용, 품질, 서비스, 속도와 같은 요인을 획기적으로 향상시킬 수 있도록 업무 프로세스를 근간으로 경영시스템을 근본적으로 재설계하여 극적인 성과를 추구하는 것이다.
④ ERP 시스템을 도입하여 업무에 적용함으로써 BPR이 저절로 수행되는 효과를 기대할 수 있다.

09 다음 중 ERP와 기존의 정보시스템(MIS) 특성 간의 차이점에 대한 설명으로 가장 적절하지 않은 것은?

① 기존 정보시스템(MIS)의 업무범위는 단위업무이고, ERP는 통합업무를 담당한다.
② 기존 정보시스템(MIS)의 전산화 형태는 중앙집중식이고, ERP는 분산처리구조이다.
③ 기존 정보시스템(MIS)은 수평적으로 업무를 처리하고, ERP는 수직적으로 업무를 처리한다.
④ 기존 정보시스템(MIS)의 데이터베이스 형태는 파일시스템이고, ERP는 관계형 데이터베이스 시스템(RDBMS)이다.

10 다음 [보기]의 (   ) 안에 공통적으로 들어갈 용어는 무엇인가?

> **보기**
>
> - (   )은 정보기술을 활용한 리엔지니어링을 의미하며, ERP 시스템은 이것을 추진하기 위한 핵심 도구로 활용될 수 있다.
> - (   )은 기업의 업무처리 방식, 정보기술, 조직 등에서 불필요한 요소들을 제거하고 효과적으로 재설계함으로써 기업 가치를 극대화하기 위한 경영기법이다.
> - (   )은 1992년에 하버드 비즈니스 스쿨의 토마스 데이븐포트(Thomas H. Davenport) 교수가 출간한 책의 제목에서 사용된 용어이다.

① BPR
② 리스트럭처링(Restructuring)
③ 프로세스 혁신(PI, Process Innovation)
④ 전사적 품질경영(TQM, Total Quality Management)

 # 1.1 ERP 개념과 등장

1	2	3	4	5	6	7	8	9	10
②	③	③	③	④	②	①	①	③	③

01 ② ERP는 개별시스템이 아니라 통합시스템에 해당한다.

02 ③ ERP는 다양한 보안정책으로 인해 접근이 인가된 사용자만 ERP 시스템에 접근할 수 있다.

03 ③ 전산시스템은 회계, 인사, 생산 및 영업·물류관리 등의 시스템을 통합하여 개발 및 운영된다.

04 ③ 기업 내 각 영역의 업무프로세스를 지원하고 통합 업무처리의 강화를 추구하는 시스템이다.

05 ④ ERP 시스템은 주요 기능별로 최적화된 시스템이 아니라 프로세스 중심적이며 전체 업무의 최적화를 목표로 한다.

06 ② ERP 도입으로 관리의 중복을 배제할 수 있다.

07 ① 기존 방식의 고수는 BPR(업무 재설계)의 필요성이라고 볼 수 없다.

08 ① 자사의 업무를 ERP에 내장되어 있는 Best Practice에 맞추어야 한다.

09 ③ 기존 정보시스템(MIS)은 수직적으로 업무를 처리하고, ERP는 수평적으로 업무를 처리한다.

10 ③ 프로세스 혁신(PI, Process Innovation)에 대한 설명이다.

02 ERP 발전과정과 특징

2.1 ERP의 발전과정

ERP는 1970년대에 등장한 MRP(Material Requirement Planning: 자재소요계획)가 시초가 되어 경영 및 IT 환경의 변화에 따라 지속적으로 발전하게 되었다.

① 1970년대의 MRP Ⅰ(Material Requirement Planning: 자재소요계획)은 기준생산계획과 부품구성표, 재고정보 등을 근거로 재고감소를 목적으로 개발된 단순한 자재수급관리 정보시스템이다. MRP Ⅰ은 종속적인 수요를 가지는 품목의 재고관리시스템으로 구성 품목의 수요를 산출하고 필요한 시기를 추적하며, 품목의 생산 혹은 구매에 사용되는 리드타임을 고려하여 작업지시 혹은 구매주문을 하기 위한 재고통제시스템으로 개발된 것이다.

② 1980년대에 등장한 MRP Ⅱ(Manufacturing Resource Planning: 제조자원계획)는 MRP Ⅰ의 자재수급관리뿐만 아니라 제조에 필요한 자원을 효율적으로 관리하기 위한 것으로 확대되었다. MRP Ⅱ는 생산에 필요한 모든 자원을 효율적으로 관리하기 위하여 이전 단계의 개념이 확대된 개념으로서 시스템이 보다 확장되어 생산능력이나 마케팅, 재무 등의 영역과 다양한 모듈과 특징들이 추가된 새로운 개념이다.

③ 1990년대 ERP(Enterprise Resource Planning: 전사적 자원관리)는 MRP Ⅱ의 제조자원뿐만 아니라 영업, 회계, 인사 등 전사적인 차원의 관리를 위한 시스템이다.

④ 2000년대 이후에는 확장형 ERP(EERP - Extended ERP)라는 이름으로 기존 ERP의 고유기능 확장뿐만 아니라 e-business 등 다양한 분야의 정보시스템과 연결하는 등 협업체제의 시스템으로 확장되었다.

ERP의 발전과정과 각 연대별 정보시스템이 추구하는 목표와 관리범위를 요약하면 다음과 같다.

[ERP의 발전과정과 특징]

MRP Ⅰ (1970년대)	MRP Ⅱ (1980년대)	E R P (1990년대)	확장형 ERP (2000년대)
자재수급관리 (재고의 최소화)	제조자원관리 (원가절감)	전사적 자원관리 (경영혁신)	기업간 최적화 (Win-Win)

2.2 ERP의 기능적 특징

구분	세부내용
글로벌 대응(다국적, 다통화, 다언어)	글로벌 기업이 사용하는 ERP는 국가별로 해당 언어와 통화 등 각국의 상거래 관습, 법률 등을 지원한다.
중복업무의 배제 및 실시간 정보처리체계 구축	조직 내에서 공통적으로 사용하는 거래처, 품목정보 등 마스터데이터는 한 번만 입력하면 되고, 입력된 데이터는 실시간 서로 공유한다.
선진 비즈니스 프로세스 모델에 의한 BPR 지원	선진 업무프로세스(Best Practice)가 채택되어 있기 때문에, ERP의 선진 업무프로세스를 적용함으로써 자동적으로 경영혁신(BPR) 효과를 볼 수 있다.
파라미터 지정에 의한 프로세스 정의	자사의 업무처리 프로세스에 맞도록 옵션설정 등을 할 수 있으며, 조직 변경이나 프로세스 변경이 있을 시에 유연하게 대처할 수 있다.
경영정보 제공 및 경영조기경보체계 구축	실시간(Real Time) 처리되는 기업의 경영현황을 파악할 수 있으며, 리스크관리를 통해 위험을 사전에 감지할 수 있다.
투명 경영의 수단으로 활용	조직을 분권화하고 상호견제 및 내부통제제도를 강화하여 부정의 발생을 사전에 예방할 수 있다.
오픈-멀티벤더 시스템	특정 하드웨어나 운영체제에만 의존하지 않고 다양한 애플리케이션과 연계가 가능한 개방형 시스템이다.

개념 익히기

● 선진 업무프로세스(Best Practice)

Best Practice란 업무처리에 있어 여러 방법들이 있을 수 있으나 그 어떤 다른 방법으로 처리한 결과보다 더 좋은 결과를 얻어낼 수 있는 표준 업무처리 프로세스를 의미한다.

● 파라미터(Parameter)

프로그램 소스에 코딩하는 것이 아니라 프로그램상의 특정 기능을 사용하여 조직의 변경이나 프로세스 변경에 유연하게 대응하기 위한 것이다.

 **ERP의 기술적 특징**

구분	세부내용
4세대 언어로 개발	Visual Basic, C++, Power Builder, Delphi, Java 등과 같은 4세대 언어로 개발되었다.
관계형 데이터베이스 시스템(RDBMS) 채택	원장형 통합데이터베이스 구조를 가지며, 관계형 데이터베이스시스템(RDBMS: Relational DataBase Management System)이라는 소프트웨어를 사용하여 데이터의 생성과 수정 및 삭제 등의 모든 관리를 한다. 대표적으로 MS SQL, Oracle, Sybase 등이 있다.
객체지향기술 사용	객체지향기술(OOT: Object Oriented Technology)은 공통된 속성과 형태를 가진 데이터와 프로그램을 결합하여 모듈화한 후 이를 다시 결합하여 소프트웨어를 개발하는 기술이다. 시스템 업그레이드, 교체 등의 경우에 전체적으로 변경하지 않고 필요한 모듈만 변경이 가능하다.
인터넷 환경의 e-비즈니스를 수용할 수 있는 Multi-Tier 환경 구성	클라이언트서버(C/S) 시스템을 통하여 업무의 분산처리가 가능하며, 웹과의 연동으로 e-비즈니스를 수용한다. 웹서버, ERP 서버 등의 Multi-Tier 환경을 구성하여 운영할 수 있다.

유형별 연습문제
1.2 ERP 발전과정과 특징

01 다음은 ERP의 발전과정을 나타낸 것이다. [보기]의 (   ) 안에 들어갈 단계를 가장 알맞게 나타낸 것은?

┤ 보기 ├

MRP → (   ) → ERP → (   )

① SCM, 확장형 ERP   ② MRP Ⅱ, 확장형 ERP
③ CRM, 확장형 ERP   ④ MIS, 확장형 ERP

02 다음의 용어와 설명이 맞지 않는 것은?

① MRP Ⅰ - Material Requirement Planning(자재소요계획)
② MRP Ⅱ - Man Resource Planning(인적자원계획)
③ ERP - Enterprise Resource Planning(전사적 자원관리)
④ EERP - Extended ERP(확장형 ERP)

03 다음은 ERP의 발전과정을 도표로 정리한 것이다. 빈칸에 들어갈 말로 올바른 것은?

┤ 보기 ├

1970년대	1980년대	1990년대	2000년대
MRP1	(A)	ERP	(B)
(C)	제조자원관리	(D)	기업간 최적화
재고최소화	원가절감	경영혁신	WIN−WIN−WIN

	(A)	(B)	(C)	(D)
①	MRPⅡ	확장형 ERP	자재수급관리	전사적 자원관리
②	MRPⅡ	CRM	자재공급관리	고객관계관리
③	MIS	확장형 ERP	고객관계관리	공급사슬망관리
④	MIS	SCM	자재수급관리	제조자원관리

04 다음 [보기]의 (   )에 들어갈 적당한 용어는 무엇인가?

> **보기**
>
> (   )는 생산현장의 실제 데이터와 제조자원의 용량제한을 고려하고, 자동화된 공정데이터의 수집, 수주관리, 재무관리, 판매주문관리 등의 기능이 추가되어 실현 가능한 생산계획을 제시하면서 제조활동을 더 안정된 분위기에서 가장 효율적인 관리를 위해 탄생되었다.

① MRP Ⅰ
② MRP Ⅱ
③ ERP
④ 확장형 ERP

05 다음 중 ERP의 기능적 특징에 해당하지 않는 것은?

① 다국적, 다통화, 다언어 지원
② 통합업무 시스템 – 중복업무의 배제 및 실시간 정보처리체계 구축
③ Best Practice Business Process를 공통화, 표준화
④ 불투명 경영의 수단으로 활용

06 다음 중 ERP의 기능적 특징으로 바르지 않은 것은?

① 중복적, 반복적으로 처리하던 업무를 줄일 수 있다.
② 실시간으로 데이터 입·출력이 이루어지므로 신속한 정보사용이 가능하다.
③ ERP를 통해 기업의 투명회계 구현이라는 성과를 가져올 수 있다.
④ 조직의 변경이나 프로세스의 변경에 대한 대응은 가능하나 기존 하드웨어와의 연계에 있어서는 보수적이다.

07 ERP의 특징 중 기술적 특징에 해당하지 않는 것은?

① 다국적, 다통화, 다언어 지원
② 관계형 데이터베이스(RDBMS) 채택
③ 4세대 언어(4GL) 활용
④ 객체지향기술(Object Oriented Technology) 사용

08 ERP 시스템이 갖는 특징을 기능적 특징과 기술적 특징으로 구분할 수 있는데, 그 중에서 기술적 특징에 해당되는 것은?

① 경영정보제공 및 경영조기경보체계를 구축
② 객체지향기술 사용
③ 표준을 지향하는 선진화된 최고의 실용성을 수용
④ 투명경영의 수단으로 활용

09 다음은 ERP의 특징을 설명한 것이다. 특징과 설명을 잘못 연결한 것은?

① 다국적, 다통화, 다언어: 각 나라의 법률과 대표적인 상거래 습관, 생산방식이 시스템에 입력되어 있어서 사용자는 이 가운데 선택하여 설정할 수 있다.

② 통합업무시스템: 세계 유수기업이 채용하고 있는 Best Practice Business Process를 공통화, 표준화시킨다.

③ Open Multi - Vendor: 특정 H/W 업체에 의존하는 Open 형태를 채택, C/S형의 시스템 구축이 가능하다.

④ Parameter 설정에 의한 단기간의 도입과 개발이 가능: Parameter 설정에 의해 각 기업과 부문의 특수성을 고려할 수 있다.

10 다음 [보기]의 (　　)에 들어갈 가장 적절한 용어는 무엇인가?

> ┤ 보기 ├
>
> • ERP 시스템은 범용패키지로 각 프로세스나 기능별로 다양한 선택 가능한 조건들인 (　　　)을(를) 포함하고 있어서 회사의 실정에 맞도록 시스템을 설정할 수 있다.
> • (　　　)설정을 통한 도입 방식은 기존의 S/W 자체개발 방식에 비해 상대적으로 시스템의 구축기간이 짧고, 유지보수 비용이 적다는 장점이 있다.

① 파라미터(Parameter)
② 미들웨어(Middleware)
③ 그래픽 유저 인터페이스(GUI, Graphic User Interface)
④ 기업애플리케이션통합(EAI, Enterprise Application Integration)

 **1.2 ERP 발전과정과 특징**

1	2	3	4	5	6	7	8	9	10
②	②	①	②	④	④	①	②	③	①

01 ② ERP 발전과정: MRP → MRP Ⅱ → ERP → 확장형 ERP

02 ② MRP Ⅱ의 주요 관리범위는 제조자원관리이며, 원가절감이 주된 목표이다.

03 ① MRPⅡ, 확장 ERP, 자재수급관리, 전사적 자원관리

04 ② 보기의 내용은 MRP Ⅱ에 대한 설명이다.

05 ④ 조직의 분권화 및 상호견제와 내부통제제도를 강화하여 투명 경영의 수단으로 활용가능하다.

06 ④ 조직의 변경이나 프로세스의 변경에 대한 대응이 가능하고 기존 하드웨어와의 연계에 있어서도 개방적이다.

07 ① 다국적, 다통화, 다언어 지원은 기술적 특징이 아닌 기능적 특징에 해당된다.

08 ② 객체지향기술 사용은 기술적 특징에 해당되며, 나머지 내용은 기능적 특징에 해당된다.

09 ③ Open Multi-Vendor: 특정 H/W 업체에 의존하지 않는 Open 형태를 채택, C/S형의 시스템 구축이 가능하다.

10 ① 파라미터(Parameter)에 대한 설명이다.

03　ERP 도입과 구축

ERP 도입의 성공여부는 BPR을 통한 업무개선이 중요하며 BPR은 원가, 품질, 서비스, 속도와 같은 주요 성과측정치의 극적인 개선을 위해 업무프로세스를 급진적으로 재설계하는 것이라고 정의할 수 있다. 따라서 ERP를 도입하여 구축 시에는 BPR이 선행되어 있거나 BPR과 ERP 시스템 구축을 병행하는 것이 바람직하며, 기업 내 ERP 시스템 도입의 최종 목적은 고객만족과 이윤의 극대화 이다.

3.1 ERP 도입 시 고려사항

ERP 도입을 원하는 회사에서는 일반적으로 ERP 시스템을 회사의 업무에 적합하도록 자체 또는 외주의뢰를 통해 직접 개발하거나, 시중에서 유통되고 있는 ERP 패키지를 구입하여 도입할 수 있다.

최근에는 ERP 패키지를 도입하는 경우가 대부분을 차지하는데, 그 이유는 ERP 패키지 내에는 선진 비즈니스 프로세스가 내장되어 있어 BPR을 자동적으로 수행하는 효과를 볼 수 있으며, 시간과 비용적인 측면에서도 효율적이기 때문이다. 하지만 ERP 패키지를 도입하는 경우, 다음의 사항들은 반드시 고려되어야 한다.

① 자사에 맞는 패키지 선정(기업의 요구에 부합하는 시스템)
② TFT(Task Force Team)는 최고 엘리트 사원으로 구성
③ 경험이 많은 유능한 컨설턴트를 활용
④ 경영진의 확고한 의지
⑤ 전사적인 참여 유도
⑥ 현업 중심의 프로젝트 진행
⑦ 구축방법론에 의한 체계적인 프로젝트 진행
⑧ 커스터마이징(Customizing)을 최소화 및 시스템 보안성
⑨ 가시적인 성과를 거둘 수 있는 부분에 집중
⑩ 지속적인 교육 및 워크숍을 통해 직원들의 변화 유도

개념 익히기

● 커스터마이징(Customizing)

'주문제작하다'라는 뜻의 Customize에서 나온 말이다. 사용자가 사용방법과 기호에 맞춰 하드웨어나 소프트웨어를 설정 및 수정하거나 기능을 변경하는 것을 의미한다. ERP 패키지를 도입할 때, 자사의 업무 프로세스와 기능에 부합되도록 ERP 시스템을 회사 실정에 맞게 조정할 수도 있다.

3.2 ERP 도입효과

ERP의 성공적인 구축과 운영은 기업의 다양한 측면에서 그 효과를 찾아볼 수 있다.

1) 통합업무시스템 구축

ERP는 영업, 구매/자재, 생산, 회계, 인사 등 모든 부문에서 발생되는 정보를 서로 공유하여 의사소통이 원활해지며, 실시간 경영체제를 실현하여 신속한 의사결정을 지원한다.

2) 기준정보 표준체계(표준화, 단순화, 코드화) 정립

업무의 표준화는 ERP 구축의 선행요건이다. 예컨대 ERP 시스템 내에서 제품판매를 처리하기 위해서는 거래처와 품목정보 등이 필수적으로 등록되어야 한다. 이러한 거래처와 품목정보 등은 항상 코드화해서 운용되며, 복잡하게 정의하지 않고 단순화하여 정의하는 것이 효율적이다.

3) 투명한 경영

ERP를 사용하면 각 업무영역의 분리와 연계성 등에 의해 자동적으로 조직이 분권화되고, 상호견제 및 내부통제가 강화되어 부정의 발생을 사전에 예방할 수 있다.

4) 고객만족도 향상

ERP를 사용함으로써 실시간 정보를 파악할 수 있기 때문에 고객 피드백 및 응답시간 등의 단축으로 인해 고객만족도가 향상될 수 있다.

5) BPR 수행을 통한 경영혁신 효과

ERP 내에는 다양한 산업에 대한 최적의 업무관행인 베스트 프랙티스(Best Practices)가 채택되어 있기 때문에, ERP의 선진 업무프로세스를 적용함으로써 자동적으로 경영혁신(BPR) 효과를 볼 수 있다.

6) 차세대 기술과의 융합

차세대 ERP는 인공지능 및 빅데이터 분석 기술과의 융합으로 분석도구가 추가되어 선제적 예측과 실시간 의사결정지원이 가능하다.

7) 각종 경영지표의 개선

① 재고 및 물류비용 감소(재고감소, 장부재고와 실물재고의 일치)
② 부서별 및 사업장별 손익관리를 통한 수익성 개선
③ 생산성 향상을 통한 원가절감 및 종업원 1인당 매출액 증대
④ 업무의 정확도 증대와 업무시간 단축(생산계획 수립, 결산작업 등)
⑤ 리드타임(Lead Time) 감소 및 사이클타임(Cycle Time) 단축

개념 익히기

● **리드타임(Lead Time)**

시작부터 종료까지의 소요된 시간을 의미한다. 일반적으로 제품생산의 시작부터 완성품생산까지 걸리는 시간을 생산리드타임, 구매발주에서부터 입고완료까지 걸리는 시간을 구매리드타임, 주문접수에서부터 고객에게 인도하기까지의 걸리는 시간을 영업리드타임이라고 한다. 리드타임을 단축시킴으로써 납기단축, 원가절감, 생산 및 구매 효율성 증대 등의 효과를 얻어 기업의 경쟁력을 향상시킬 수 있다.

● **사이클타임(Cycle Time)**

어떤 상황이 발생한 후 동일한 상황이 다음에 다시 발생할 때까지의 시간적 간격을 의미한다.

● **총소유비용(Total Cost of Ownership)**

ERP 시스템에 대한 투자비용에 관한 개념으로 시스템의 전체 라이프사이클(life-cycle)을 통해 발생하는 전체 비용을 계량화하는 것을 말한다.

● **ERP 아웃소싱(Outsourcing)**

ERP 시스템의 자체개발은 구축에서 운영 및 유지보수까지 많은 시간과 노력이 필요하므로, 아웃소싱을 통한 개발이 바람직하다. 아웃소싱을 통해서 ERP의 개발과 구축, 운영, 유지보수 등에 필요한 인적 자원을 절약할 수 있고, 기업이 가지고 있지 못한 지식 획득은 물론 자체개발에서 발생할 수 있는 기술력 부족의 위험요소를 제거할 수 있다.

3.3 ERP 구축 방법

ERP 시스템은 일반적으로 다음과 같이 분석(Analysis), 설계(Design), 구축(Construction), 구현(Implementation) 등의 단계를 거쳐 구축되며, ERP를 성공적으로 구축하기 위해서는 ERP 구축 모든 단계에서 전 직원의 교육훈련은 필수적이다.

(1) 분석단계

분석단계에서의 핵심은 현재 업무상태(AS-IS)를 분석하는 것이다. 기준프로세스 설정을 위해 현재의 업무 및 프로세스를 파악하고, 문제점이 무엇인지를 분석하는 단계이다.

분석단계에서 이루어지는 주요 업무범위는 다음과 같다.

① TFT 구성(Kick-off)
② 현재업무(AS-IS) 및 시스템 문제 파악
③ 현업 요구 분석
④ 경영전략 및 비전 도출
⑤ 목표와 범위 설정
⑥ 주요 성공요인 도출
⑦ 세부추진일정 계획 수립
⑧ 시스템 설치(하드웨어, 소프트웨어)

(2) 설계단계

설계단계에서는 이전 단계인 분석단계에서 AS-IS 분석을 통해 파악된 문제점이나 개선사항을 반영하여 개선방안(TO-BE)을 도출하는 것이 핵심이다. 이때 TO-BE 프로세스와 ERP 시스템의 표준 프로세스 간의 차이를 분석하여야 한다. 이를 차이(GAP)분석이라고 한다. GAP 분석의 결과를 토대로 ERP 패키지의 커스터마이징 여부를 결정짓는다.

설계단계에서 이루어지는 주요 업무범위는 다음과 같다.

① TO-BE 프로세스 도출
② GAP 분석(패키지 기능과 TO-BE 프로세스와의 차이)
③ 패키지 설치 및 파라미터 설정
④ 추가 개발 및 수정보완 문제 논의
⑤ 인터페이스 문제 논의
⑥ 사용자 요구 대상 선정(커스터마이징 대상 선정)

(3) 구축단계

구축단계는 이전의 분석 및 설계단계에서 도출된 결과를 시스템으로 구축하여 검증하는 단계이다. 분석 및 설계단계에서 회사의 핵심 업무에 대한 업무프로세스 재설계(BPR) 결과를 ERP 패키지의 각 모듈과 비교하여 필요한 모듈을 조합하여 시스템으로 구축한 후 테스트를 진행한다.

구축단계에서 이루어지는 주요 업무범위는 다음과 같다.
① 모듈 조합화(TO-BE 프로세스에 맞게 모듈을 조합)
② 테스트(각 모듈별 테스트 후 통합 테스트)
③ 추가개발 또는 수정기능 확정
④ 인터페이스 프로그램 연계 테스트
⑤ 출력물 제시

(4) 구현단계

구현단계는 시스템 구축이 완료된 후 본격적인 시스템 가동에 앞서 시험적으로 운영하는 단계이다. 이 단계에서는 실 데이터 입력을 통해 충분한 테스트를 거쳐 발견된 문제점들을 보완하여야 시스템의 완성도를 높일 수 있다. 또한 기존의 데이터를 ERP 시스템으로 전환(Conversion)하는 작업과 추후 시스템 운영에 필요한 유지보수 계획 등을 수립하게 된다.

구현단계에서 이루어지는 주요 업무범위는 다음과 같다.
① 프로토타이핑(Prototyping): 실 데이터 입력 후 시스템을 시험적으로 운영하는 과정
② 데이터 전환(Data Conversion): 기존 시스템 또는 데이터를 ERP 시스템으로 전환
③ 시스템 평가
④ 유지보수
⑤ 추후 일정 수립

개념 익히기

● ERP 구축절차

분석(Analysis) → 설계(Design) → 구축(Construction) → 구현(Implementation)

① 분석	② 설계	③ 구축	④ 구현
• AS-IS 파악 • TFT 결성 • 현재 업무 및 시스템 문제파악 • 주요 성공요인 도출 • 목표와 범위설정 • 경영전략 및 비전도출 • 현업요구분석 • 세부추진일정 계획 수립 • 시스템 설치 • 교육	• TO-BE Process 도출 • 패키지 기능과 TO-BE Process 와의 차이 분석 • 패키지 설치 • 파라미터 설정 • 추가개발 및 수정 보완 문제 논의 • 인터페이스 문제논의 • 사용자요구 대상선정 • 커스터마이징 • 교육	• 모듈조합화 • 테스트(각 모듈별 테스트 후 통합 테스트) • 추가개발 또는 수정 기능 확정 • 출력물 제시 • 인터페이스 프로그램 연계 • 교육	• 시스템운영 (실데이터 입력 후 테스트) • 시험가동 • 데이터전환 • 시스템 평가 • 유지보수 • 향후 일정수립 • 교육

● ERP 구축 및 실행의 성공을 위한 제언

- 현재의 업무방식을 그대로 고수하지 말라.
- 업무상의 효과보다 소프트웨어 기능성 위주로 적용대상을 판단하지 말라.
- 단기간의 효과 위주로 구현하지 말라.
- IT 중심의 프로젝트로 추진하지 말라.
- 커스터마이징은 가급적 최소화 한다.
- 업무단위별로 추진하지 않는다.
- BPR을 통한 업무프로세스 표준화가 선행 또는 동시에 진행되어야 한다.

● 효과적인 ERP 교육 시 고려사항

- 다양한 교육도구를 이용하여야 한다.
- 교육에 충분한 시간을 배정하여야 한다.
- 논리적 작업단위인 트랜잭션이 아닌 비즈니스 프로세스에 초점을 맞추어야 한다.
- 사용자에게 시스템 사용법과 업무처리 방식을 모두 교육하여야 한다.
- 조직차원의 변화관리 활동을 잘 이해하도록 교육을 강화하여야 한다.

유형별 연습문제

1.3 ERP 도입과 구축

01 ERP 도입의 효과로 가장 바람직한 것은 무엇인가?

① 비즈니스 프로세스 혁신　　　　② 자동화
③ 매출증대 및 인원절감　　　　　④ 불량품 감소

02 ERP 도입의 예상효과로 볼 수 없는 것은?

① 투명한 경영　　　　　　　　　② 고객서비스 개선
③ 결산작업의 증가　　　　　　　④ 재고물류비용 감소

03 다음 중 ERP 도입의 예상 효과로 적절하지 않은 것은?

① 업무효율성의 증가　　　　　　② 정보체계의 표준화, 단순화, 코드화
③ 투명한 경영환경 구축　　　　　④ 리드타임(Lead Time) 증가

04 다음 중 ERP 도입 효과로 가장 적합하지 않은 것은?

① 불필요한 재고를 없애고 물류비용을 절감할 수 있다.
② 업무의 정확도가 증대되고 업무 프로세스가 단축된다.
③ 업무시간을 단축할 수 있고 필요인력과 필요자원을 절약할 수 있다.
④ 의사결정의 신속성으로 인한 정보 공유의 공간적, 시간적 한계가 있다.

05 다음은 ERP 도입 의의를 설명한 것이다. 가장 올바르지 않은 것은?

① 기업의 프로세스를 재검토하여 비즈니스 프로세스를 변혁시킨다.
② ERP 도입의 가장 큰 목표는 업무효율화를 통해 새로운 비즈니스 모델을 창출하며, 이를 통해 사업을 다각화 시키는 데 있다.
③ 기업의 입장에서 ERP 도입을 통해 업무 프로세스를 개선함으로써 업무의 비효율을 줄이는 것이다.
④ 고객의 입장에서 ERP 도입은 공급사슬의 단축, 리드타임의 감소, 재고절감 등을 이룩한다.

06 다음 중 'Best Practice' 도입을 목적으로 ERP 패키지를 도입하여 시스템을 구축하고자 할 경우 가장 바람직하지 않은 방법은?

① 기존 업무처리에 따라 ERP 패키지를 수정하는 방법
② BPR을 실시한 후에 이에 맞도록 ERP 시스템을 구축하는 방법
③ BPR과 ERP 시스템 구축을 병행하는 방법
④ ERP 패키지에 맞추어 BPR을 추진하는 방법

07 다음 중 ERP의 장점 및 효과에 대한 설명으로 가장 적절하지 않은 것은?

① ERP는 다양한 산업에 대한 최적의 업무관행인 Best Practices를 담고 있다.
② ERP 시스템 구축 후 업무재설계(BPR)를 수행하여 ERP 도입의 구축성과를 극대화할 수 있다.
③ ERP는 모든 기업의 업무 프로세스를 개별 부서원들이 분산처리 하면서도 동시에 중앙에서 개별 기능들을 통합적으로 관리할 수 있다.
④ 차세대 ERP는 인공지능 및 빅데이터 분석기술과의 융합으로 선제적 예측과 실시간 의사결정지원이 가능하다.

08 다음 중 ERP 시스템 구축의 장점으로 볼 수 없는 것은?

① ERP 시스템은 비즈니스 프로세스의 표준화를 지원한다.
② ERP 시스템의 유지보수비용은 ERP 시스템 구축 초기보다 증가할 것이다.
③ ERP 시스템은 이용자들이 업무처리를 하면서 발생할 수 있는 오류를 예방한다.
④ ERP 구현으로 재고비용 및 생산비용의 절감효과를 통한 효율성을 확보할 수 있다.

09 다음 중 ERP시스템에 대한 투자비용에 관한 개념으로 시스템의 전체 라이프사이클(life-cycle)을 통해 발생하는 전체 비용을 계량화하는 것을 무엇이라 하는가?

① 유지보수 비용(Maintenance Cost)
② 시스템 구축비용(Construction Cost)
③ 소프트웨어 라이선스비용(Software License Cost)
④ 총소유비용(Total Cost of Ownership)

10 다음 중 ERP가 성공하기 위한 요건으로 볼 수 없는 것은?

① 경영자의 관심과 기업 구성원 전원이 참여하는 분위기 조성
② 경험과 지식을 겸비한 최고의 인력으로 TFT(Task Force Team)를 구성
③ 업무환경에 맞는 우수한 ERP package 선정
④ 도입 초기에만 집중적으로 교육 및 훈련 실시

11 기업에 ERP 시스템이 성공적으로 도입되고 운영되기 위해서는 많은 요소들을 고려해야 한다. 다음 중 ERP 시스템 도입을 위한 성공요인으로 적절하지 않은 것은?

① 업무 단위별 추진
② 경영진의 확고한 의지
③ 지속적인 교육 및 훈련
④ 현업 중심의 프로젝트 진행

12 다음 중에서 ERP를 도입할 때 선택기준으로 가장 적절하지 않은 것은?

① 경영진의 확고한 의지가 있어야 한다.
② 경험 있는 유능한 컨설턴트를 활용하여야 한다.
③ 전사적으로 전 임직원의 참여를 유도하여야 한다.
④ 다른 기업에서 가장 많이 사용하는 패키지이어야 한다.

13 상용화 패키지에 의한 ERP 시스템 구축 시, 성공과 실패를 좌우하는 요인으로 보기 어려운 것은?

① 시스템 공급자와 기업 양쪽에서 참여하는 인력의 자질
② 기업환경을 최대한 고려하여 개발할 수 있는 자체개발인력 보유 여부
③ 제품이 보유한 기능을 기업의 업무환경에 얼마만큼 잘 적용하는지에 대한 요인
④ 사용자 입장에서 ERP 시스템을 충분히 이해하고 사용할 수 있는 반복적인 교육훈련

14 ERP의 구축단계를 순서대로 바르게 나타낸 것은?

① 분석 → 설계 → 구현 → 구축
② 설계 → 구현 → 분석 → 구축
③ 분석 → 설계 → 구축 → 구현
④ 설계 → 분석 → 구축 → 구현

15 ERP 구축절차에 대한 설명으로 가장 바르지 않은 것은?

① 구현단계에서 전 직원을 상대로 요구분석을 실시한다.
② 패키지를 설치한 후 각 모듈별 및 통합테스트를 실시한다.
③ 초기단계에서 AS - IS를 파악한 후 TO - BE PROCESS를 도출한다.
④ 최종적으로 시험가동 및 데이터 전환을 실시하고 실제로 운영해 본 후의 유지보수 과정이 필요하다.

16 ERP 구축절차 중 모듈조합화, 테스트 및 추가개발 또는 수정기능 확정을 하는 단계는 다음 중 어느 단계에 해당하는가?

① 구현단계
② 분석단계
③ 설계단계
④ 구축단계

17 다음 ERP의 4단계 구축 과정 중 분석단계에 해당하지 않는 것은 무엇인가?

① 모듈의 조합화 및 GAP 분석
② 목표와 범위 설정
③ 경영전략 및 비전 도출
④ 현재 시스템의 문제 파악

18 다음 중 ERP 구축 전에 수행되는 단계적으로 시간의 흐름에 따라 비즈니스 프로세스를 개선해가는 점증적 방법론을 무엇이라 하는가?

① BPI(Business Process Improvement)
② BPR(Business Process Re-Engineering)
③ ERD(Entity Relationship Diagram)
④ MRP(Material Requirement Program)

19 다음 중 ERP 도입전략으로 ERP 자체개발 방법에 비해 ERP 패키지를 선택하는 방법의 장점으로 가장 적절하지 않은 것은?

① 검증된 방법론 적용으로 구현 기간의 최소화가 가능하다.
② 검증된 기술과 기능으로 위험 부담을 최소화할 수 있다.
③ 시스템의 수정과 유지보수가 주기적이고 지속적으로 단시간에 이루어질 수 있다.
④ 향상된 기능과 최신의 정보기술이 적용된 버전(version)으로 업그레이드(upgrade)가 가능하다.

20 다음 중 ERP 구축 시 컨설턴트를 고용함으로써 얻는 장점으로 가장 적절하지 않은 것은?

① 프로젝트 주도권이 컨설턴트에게 넘어갈 수 있다.
② 숙달된 소프트웨어 구축방법론으로 실패를 최소화할 수 있다.
③ ERP 기능과 관련된 필수적인 지식을 기업에 전달할 수 있다.
④ 컨설턴트는 편견이 없고 목적 지향적이기 때문에 최적의 패키지를 선정하는데 도움이 된다.

21 [보기]에서 가장 성공적인 ERP 도입이 기대되는 회사는 어디인가?

> **보기**
>
> • 회사 A: 실무 기반의 맞춤형 시스템을 도입하기 위해 경영진의 참여를 배제한다.
> • 회사 B: 업무 절차를 재정립하고, 경험이 많고 유능한 컨설턴트의 도움을 받는다.
> • 회사 C: 기존 업무방식이 유지되도록 업무 단위에 맞추어 ERP 도입을 추진 중이다.
> • 회사 D: IT 및 ERP전문지식이 풍부한 전산부서 직원들로 구성된 도입 TFT를 결성한다.

① 회사 A   ② 회사 B
③ 회사 C   ④ 회사 D

1.3 ERP 도입과 구축

1	2	3	4	5	6	7	8	9	10
①	③	④	④	②	①	②	②	④	④
11	12	13	14	15	16	17	18	19	20
①	④	②	③	①	④	①	①	③	①
21									
②									

01 ① ERP 도입의 궁극적인 효과는 비즈니스 프로세스 혁신 추구에 있다.

02 ③ 결산작업의 시간이 단축된다.

03 ④ 업무의 시작에서 종료까지의 시간을 의미하는 리드타임(Lead Time)이 감소된다.

04 ④ 의사결정의 신속성으로 인한 정보 공유의 공간적, 시간적 한계가 없다.

05 ② ERP 도입과 사업의 다각화는 직접적인 관련이 없다.

06 ① 선진 업무프로세스(Best Practice) 도입을 목적으로 ERP 패키지를 도입하였는데, 기존 업무처리에 따라 ERP 패키지를 수정한다면 BPR은 전혀 이루어지지 않는다.

07 ② 일반적으로 ERP 시스템이 구축되기 전에 BPR(업무재설계)을 수행해야 ERP 구축성과가 극대화될 수 있다.

08 ② ERP 시스템의 유지비용은 초기 ERP 시스템 구축 초기 단계보다 감소하게 된다.

09 ④ ERP 시스템에 대한 투자비용에 관한 개념으로 시스템의 전체 라이프사이클을 통해 발생하는 전체 비용을 계량화하는 것을 총소유비용(Total Cost of Ownership)이라 한다.

10 ④ 지속적인 교육과 훈련이 필요하다.

11 ① 업무 단위별 추진은 실패의 지름길이므로 통합적으로 추진하여야 한다.

12 ④ 자사의 규모, 업종 등 특성을 고려하여 자사에 맞는 패키지를 선정하여야 한다.

13 ② 상용화 패키지에 의한 ERP 시스템 구축에는 자체 개발인력을 보유할 필요가 없다.

14 ③ ERP의 구축단계: 분석 → 설계 → 구축 → 구현

15 ① 전 직원을 상대로 요구분석을 실시하는 단계는 분석단계에 해당한다.

16 ④ 구축단계에 해당된다.

17 ① 모듈 조합화는 구축단계에 해당하고, GAP분석은 설계단계에 해당한다.

18 ① BPR(Business Process Re-Engineering)은 급진적으로 비즈니스 프로세스를 개선하는 방식을 의미하며, BPI (Business Process Improvement)는 단계적으로 시간의 흐름에 따라 비즈니스 프로세스를 개선하는 점증적 방법론을 의미한다.

19 ③ ERP를 패키지가 아닌 자체개발 방식을 사용할 경우 사용자의 요구사항을 충실하게 반영하여 시스템의 수정과 유지보수가 주기적이고 지속적으로 단시간에 가능하다.

20 ① ERP 구축 시 유능한 컨설턴트를 통해 최적의 패키지를 선정하는데 도움을 주는 역할을 하며, 프로젝트 주도권이 넘어가지는 않는다.

21 ② • 회사 A: ERP 도입 효과를 극대화 하기 위해서는 경영진의 적극적인 의지가 필요하다. (X)
　　• 회사 B: FT는 최고 엘리트 사원으로 구성되어야 하며, 유능한 컨설턴트를 활용 하여야 한다. (O)
　　• 회사 C: ERP 도입시 현재 업무방식을 그대로 고수하거나, 업무 단위에 맞추지 않아야 한다. (X)
　　• 회사 D: ERP 도입효과를 극대화 하기 위해서는 관련 있는 모든부서의 엘리트 사원으로 구성하여야 한다. (X)

04 확장형 ERP

4.1 확장형 ERP란

(1) 확장형 ERP의 개념

확장형 ERP(Extended ERP)란 EERP 또는 ERP Ⅱ라고도 불리며, 기존의 ERP 시스템에서 좀 더 발전된 개념이다. 기존의 ERP 시스템은 기업내부 프로세스의 최적화가 목표였지만, 확장형 ERP는 기업외부의 프로세스까지 운영 범위를 확산하여 다양한 애플리케이션과의 인터페이스, e-비즈니스 등이 가능한 시스템이다.

확장형 ERP는 다음과 같이 전통적인 ERP 시스템의 기능뿐만 아니라 확장에 따른 고유 기능의 추가, 경영혁신 지원, 최신 IT 기술 도입 등으로 기업 내·외부의 최적화를 포괄적으로 지원하는 시스템이라 할 수 있다.

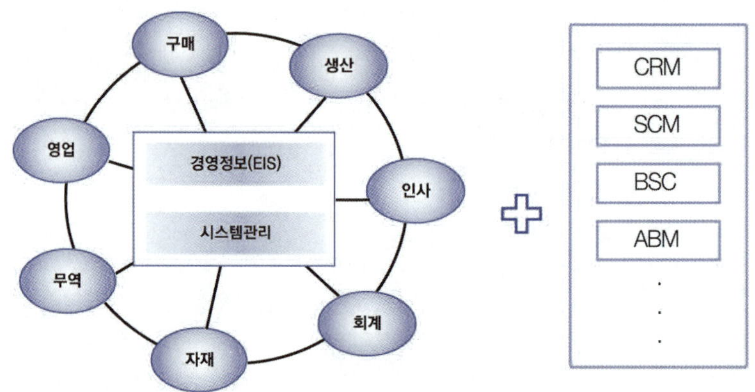

(2) 확장형 ERP의 등장배경과 특징

등장배경	특징
• 기업의 비즈니스 환경의 변화 • 기업 외부 프로세스와의 유연한 통합에 대한 요구 • 협업(Co-work) 상거래의 필요성 • 기존 ERP와 타 솔루션 간의 연계에 대한 요구	• 기업외부 프로세스까지도 웹 환경을 이용하여 지원 • 상거래 지향적인 프로세스로 통합 • 더욱 향상된 의사결정을 지원 • e-비즈니스에 대비할 수 있는 기능 지원

(3) 확장형 ERP에 포함되어야 할 내용

1) 고유기능의 추가

POS(Point of Sales) 시스템, SCM(Supply Chain Management), CRM(Customer Relationship Management) 등 ERP 시스템의 기본적인 기능 이외의 추가기능이 지원되어야 한다.

2) 경영혁신 지원

지식경영, 전략적 의사결정 지원, 전략계획 수립 및 시뮬레이션 기능 등으로 경영혁신을 확대 지원하는 기능이 추가되어야 한다.

3) 선진 정보화 지원기술 추가

IT 기술의 개발 및 도입 시에는 국내·국제적인 표준을 반드시 지원하여야 한다. 그 이유는 추후 무역거래, 기업 간 상거래 및 유사업종 간의 공동구매 등이 더욱 활발해질 것이며, 개방성향이 강한 개방형 시스템의 요구가 늘어나 이종 간의 시스템을 통합하고 지원하는 시스템을 필요로 할 것이다. 기업이 전 세계를 시장으로 삼을 경우 표준을 지향하는 e-비즈니스는 필수적인 부분이다.

4) 전문화 확대 적용

컴퓨터 시스템에 대해 인간 수준의 판단까지 기대하는 것은 아직 어려울 수도 있지만, 인공지능 분야의 발전으로 점차 인간 판단의 역할을 대행할 수 있는 기능이 추가되고, 이러한 기능이 미래의 ERP에도 보완될 것이다. 예컨대 음성인식 기술을 사용하여 거래자료 입력 등을 음성으로 입력할 수도 있다.

5) 산업유형 지원확대

제조업은 ERP를 가장 활발하게 사용하고 있는 업종 중의 하나이다. 금융업, 건설업 등 다양한 분야에서 ERP가 활용되고 있지만, 아직도 일부 산업의 특성은 전혀 고려하지 못하고 있다. 정보기술의 발달과 더불어 산업별로 특화된 전문기능을 추가적으로 개발하여 그 수요에 부응하여야 할 것이다.

4.2 확장형 ERP의 구성요소

(1) 기본 ERP 시스템

기본형 ERP 시스템은 기업에서 반복적이고 일상적으로 발생되는 업무를 처리하기 위해 영업관리, 물류관리, 생산관리, 구매 및 자재관리, 회계 및 재무관리, 인사관리 등의 모듈별 단위시스템으로 구성되어 있다.

(2) e-비즈니스 지원 시스템

e-비즈니스 지원 시스템은 인터넷 환경을 기반으로 기업 및 국가 간의 정보교환은 물론 기술이전, 시장분석, 거래촉진 등의 역할을 담당하고 있다. 주요 e-비즈니스 지원 시스템의 종류는 다음과 같다.

명 칭	주 요 내 용
지식관리시스템(KMS) (Knowledge Management System)	기업의 인적자원들이 축적하고 있는 조직 및 단위 지식을 체계화하여 공유함으로써 핵심사업 추진 역량을 강화하기 위한 정보시스템
의사결정지원시스템(DSS) (Decision Support System)	기업 경영에 당면하는 여러 가지 문제를 해결하기 위해 복수의 대안을 개발하고, 비교 평가하여 최적안을 선택하는 의사결정과정을 지원하는 정보시스템
경영자정보시스템(EIS) (Executive Information System)	기업 경영관리자의 전략 수립 및 의사결정 지원을 목적으로 주요 항목에 대한 핵심정보만 별도로 구성한 정보시스템
고객관계관리(CRM) (Customer Relationship Management)	기업이 소비자들을 자신의 고객으로 만들고, 이를 장기간 유지하고자 고객과의 관계를 지속적으로 유지·관리하는 광범위한 개념으로 마케팅, 판매 및 고객서비스를 자동화하는 시스템
공급망관리(SCM) (Supply Chain Management)	부품 공급업자로부터 생산자, 판매자, 고객에 이르는 물류의 흐름을 하나의 가치사슬 관점에서 파악하고 필요한 정보가 원활히 흐르도록 지원하는 시스템으로, 수요변화에 대한 신속한 대응 및 재고수준의 감소 및 재고회전율 증가를 위해 공급사슬에서의 계획, 조달, 제조 및 배송 활동 등 통합 프로세스를 지원
전자상거래(EC) (Electronic Commerce)	재화 또는 용역을 거래함에 있어서 그 전부 또는 일부가 전자문서에 의하여 처리되는 방법으로, 상행위를 하는 것을 의미

(3) 전략적 기업경영 시스템

기업의 가치창출과 주주 이익의 증대를 목표로 한 주요 관리 프로세스의 운영을 통해 신속한 성과측정 및 대안 수립을 가능하게 하는 전략적 기업경영(SEM: Strategic Enterprise Management)은 경영자의 전략적 의사결정을 위해 기업운영을 위한 전략적 부분을 지원하고 경영정보를 제공해 준다.

전략적 기업경영 시스템에 속하는 대표적인 단위시스템은 다음과 같다.

명　칭	주　요　내　용
성과측정관리 또는 균형성과표(BSC) (Balanced Scorecard)	기업의 성과를 지속적으로 향상시키기 위해서 재무적인 측정지표뿐만 아니라 고객만족 등 비재무적인 측정지표도 성과평가에 반영시켜 미래가치를 창출하도록 관리하는 시스템
가치중심경영(VBM) (Value-based Management)	주주 가치의 극대화를 위해 지속적으로 가치를 창출하는 고객 중심의 시스템이며, 포괄적인 경영철학이자 경영기법
전략계획 수립 및 시뮬레이션(SFS) (Strategy Formulation & Simulation)	조직의 목표를 달성하고 비전에 도달하기 위해 최선의 전략을 수립하고 선택된 전략을 실행하는 것을 의미함
활동기준경영(ABM) (Activity-based Management)	프로세스 관점에 입각하여 활동을 분석하고 원가동인 및 성과측정을 통해 고객가치 증대와 원가절감을 도모한다. 궁극적으로는 이익을 개선하고자 하는 경영기법

개념 익히기

ERP와 확장형 ERP 차이

구　분	ERP	확장형 ERP
목표	기업 내부 최적화	기업 내·외부 최적화
기능	기본 ERP (영업, 구매/자재, 생산, 회계, 인사 등)	기본 ERP + e-비즈니스 지원시스템 또는 SEM 시스템
프로세스	기업내부 통합프로세스	기업 내·외부 통합프로세스
시스템 구조	웹지향, 폐쇄성	웹기반, 개방성
데이터	기업내부 생성 및 활용	기업 내·외부 생성 및 활용

1.4 확장형 ERP

01 다음 중 확장형 ERP 시스템에 포함되어야 할 내용으로 적절하지 않은 것은?

① 산업유형 지원 확대　　　　　② 그룹웨어기능의 포함
③ 전문화 확대 적용　　　　　　④ 고유기능의 축소

02 확장형 ERP 시스템은 기업의 핵심기능인 기본형 ERP 시스템과 경영에 필요한 정보를 제공해 주는 전략적 기업경영(SEM: Strategic Enterprise Management) 시스템으로 구성된다. 그 외 인터넷 기반의 정보교환, 제품거래 역할을 담당하는 e-비즈니스 지원시스템도 포함된다. 다음의 단위시스템 중 e-비즈니스 지원 시스템에 포함되지 않는 것은?

① 공급망관리(SCM) 시스템　　　② 생산자원관리(MRP Ⅱ) 시스템
③ 지식경영시스템(KMS)　　　　④ 고객관계관리(CRM) 시스템

03 전략적 기업경영(SEM) 시스템은 기업운영을 위한 전략적인 부분을 지원하고, 경영에 필요한 정보를 제공해 주는 것으로 단위시스템들로 구성될 수 있다. 이 중 가장 적합하지 않은 것은?

① 성과측정관리(BSC, Balanced Score Card)
② 부가가치경영(VBM, Valued-Based Management)
③ 활동기준경영(ABM, Activity-Based Management)
④ 제조자원계획(MRP II, Manufacturing Resource Planning)

04 다음 중 확장된 ERP 시스템의 공급망관리(SCM) 모듈을 실행함으로써 얻는 장점으로 가장 적절하지 않은 것은?

① 공급사슬에서의 가시성 확보로 공급 및 수요변화에 대한 신속한 대응이 가능하다.
② 정보투명성을 통해 재고수준 감소 및 재고회전율(inventory turnover) 증가를 달성할 수 있다.
③ 공급사슬에서의 계획(plan), 조달(source), 제조(make) 및 배송(deliver) 활동 등 통합 프로세스를 지원한다.
④ 마케팅(marketing), 판매(sales) 및 고객서비스(customer service)를 자동화함으로써 현재 및 미래 고객들과 상호작용할 수 있다.

05 다음 [보기]의 (   )에 들어갈 용어로 맞는 것은 무엇인가?

> **보기**
>
> 확장된 **ERP** 시스템 내의 (   )모듈은 공급자부터 소비자까지 이어지는 물류, 자재, 제품, 서비스, 정보의 흐름 전반에 걸쳐 계획하고 관리함으로써 수요와 공급의 일치를 최적으로 운영하고 관리하는 활동이다.

① ERP(Enterprise Resource Planning)
② SCM(Supply Chain Management)
③ CRM(Customer Relationship Management)
④ KMS(Knowledge Management System)

06 다음 중 ERP 아웃소싱(Outsourcing)의 장점으로 가장 적절하지 않은 것은?

① ERP 아웃소싱을 통해 기업이 가지고 있지 못한 지식을 획득할 수 있다.
② ERP 개발과 구축, 운영, 유지보수에 필요한 인적 자원을 절약할 수 있다.
③ IT 아웃소싱 업체에 종속성(의존성)이 생길 수 있다.
④ ERP 자체개발에서 발생할 수 있는 기술력 부족의 위험요소를 제거할 수 있다.

07 다음 중 ERP와 CRM 간의 관계에 대한 설명으로 가장 적절하지 않은 것은 무엇인가?

① ERP와 CRM 간의 통합으로 비즈니스 프로세스의 투명성과 효율성을 확보할 수 있다.
② ERP시스템은 비즈니스 프로세스를 지원하는 백오피스 시스템(Back - Office System)이다.
③ CRM시스템은 기업의 고객대응활동을 지원하는 프런트오피스 시스템(Front - Office System)이다.
④ CRM시스템은 조직 내의 인적자원들이 축적하고 있는 개별적인 지식을 체계화하고 공유하기 위한 정보시스템으로 ERP시스템의 비즈니스 프로세스를 지원한다.

08 ERP시스템의 SCM 모듈을 실행함으로써 얻는 장점으로 가장 적절하지 않은 것은?

① 공급사슬에서의 가시성 확보로 공급 및 수요변화에 대한 신속한 대응이 가능하다.
② 정보투명성을 통해 재고수준 감소 및 재고회전율(inventory turnover) 증가를 달성할 수 있다.
③ 공급사슬에서의 계획(plan), 조달(source), 제조(make) 및 배송(deliver) 활동 등 통합 프로세스를 지원한다.
④ 마케팅(marketing), 판매(sales) 및 고객서비스(customer service)를 자동화함으로써 현재 및 미래 고객들과 상호작용할 수 있다.

답안 및 풀이

✓ 1.4 확장형 ERP

1	2	3	4	5	6	7	8		
④	②	④	④	②	③	④	④		

01 ④ 확장형 ERP에는 기본기능 이외에 고유기능이 추가되어야 한다.

02 ② 생산자원관리(MRP II)시스템은 E-ERP라 불리우는 확장형 ERP의 과거모델이다.

03 ④ 전략적 기업경영(SEM) 시스템에는 성과측정관리(BSC), 가치중심경영(VBM), 전략계획수립 및 시뮬레이션(SFS), 활동기준경영(ABM) 등이 포함된다.

04 ④ 마케팅(marketing), 판매(sales) 및 고객서비스(customer service)를 자동화하는 것은 고객관계관리(CRM)에 대한 설명이다.

05 ② 공급망관리(SCM: Supply Chain Management)에 대한 설명이다.

06 ③ IT아웃소싱을 하더라도 아웃소싱 업체에 전적으로 의존하거나 종속되는 것은 아니고 협력관계에 있다.

07 ④ 지식관리시스템(KMS)은 조직 내의 인적자원들이 축적하고 있는 개별적인 지식을 체계화하고 공유하기 위한 정보시스템으로 ERP시스템의 비즈니스 프로세스를 지원한다.

08 ④ 마케팅(marketing), 판매(sales) 및 고객서비스(customer service)를 자동화함으로써 현재 및 미래 고객들과 상호작용할 수 있도록 지원하는 것은 CRM 모듈의 실행 효과이다.

05 4차 산업혁명과 스마트 ERP

5.1 4차 산업혁명

4차 산업혁명은 인공지능(AI: Artificial Intelligence), 사물인터넷(IoT: Internet of Things), 빅데이터(BigData), 클라우드 컴퓨팅(Cloud Computing) 등 첨단 정보통신기술이 경제 및 사회 전반에 융합되어 혁신적인 변화가 나타나는 차세대 산업혁명을 말한다.

4차 산업혁명의 산업생태계는 사물인터넷을 통해 방대한 빅데이터를 생성하고, 이를 인공지능이 분석 및 해석하여 적절한 판단과 자율제어를 수행하여 초지능적인 제품을 생산하고 서비스를 제공한다.

4차 산업혁명의 주요 기술적 특징에는 초연결성(hyper-connectivity), 초지능화(super-intelligence), 융합화(convergence)를 들 수 있다.

구　분	주　요　내　용
초연결성 (hyper-connectivity)	사물인터넷(IoT)과 정보통신기술(ICT)의 진화를 통해 인간과 인간, 인간과 사물, 사물과 사물 간의 연결과정을 의미한다.
초지능화 (super-intelligence)	다양한 분야에서 인간의 두뇌를 뛰어넘는 총명한 지적 능력을 말한다. 초지능화는 인공지능과 빅데이터의 연계·융합으로 기술과 산업구조를 지능화, 스마트화시키고 있다.
융합화 (convergence)	초연결성과 초지능화의 결합으로 인해 수반되는 특성으로 4차 산업혁명 시대의 산업 간 융합화와 기술 간 융합화를 말한다. • 산업 간 융합화: IT 활용범위가 보다 확대되고 타 산업 분야 기술과의 접목이 활발해지면서 산업 간 경계가 무너지고 산업지도 재편 및 이종 산업 간 경쟁이 격화되는 현상 • 기술 간 융합화: 서로 다른 기술 요소들이 결합되어 개별 기술 요소들의 특성이 상실되고 새로운 특성을 갖는 기술과 제품이 탄생되는 현상

개념 익히기

● 디지털 전환

디지털 전환이란 디지털 기술을 사회 전반에 적용하여 전통적인 사회 구조를 혁신시키는 과정으로 기업에서 사물 인터넷(IoT), 클라우드 컴퓨팅, 인공지능(AI), 빅데이터 솔류션 등 정보통신기술(ICT)을 플랫폼으로 구축·활용하여 기존의 전통적인 운영 방식과 서비스 등을 혁신하는 것을 의미한다. 모바일앱으로 매장 주문과 결제를 할 수 있는 '사이렌오더 서비스' 등이 디지털 전환의 대표적인 사례이다.

5.2 4차 산업혁명 시대의 스마트 ERP

(1) 스마트 ERP와 비즈니스 애널리틱스

최근의 스마트 ERP 시스템은 인공지능(AI), 빅데이터(BigData), 사물인터넷(IoT), 블록체인(Blockchain) 등의 신기술과 융합하여 보다 지능화된 기업경영이 가능하게 하는 통합정보시스템으로 진화하고 있다.

기업경영 분석에 있어 비즈니스 인텔리전스를 넘어 비즈니스 애널리틱스(Business Analytics)가 회자되고 있다. 비즈니스 인텔리전스가 과거 데이터 및 정형 데이터를 기반으로 무엇이 발생했는지를 분석하여 비즈니스 의사결정을 돕는 도구라면, 비즈니스 애널리틱스는 과거뿐만 아니라 현재 실시간으로 발생하는 데이터에 대하여 연속적이고 반복적인 분석을 통해 미래를 예측하는 통찰력을 제공하는 데 활용된다.

스마트 ERP와 ERP 시스템 내의 빅데이터 분석을 위한 비즈니스 애널리틱스의 특징은 다음과 같다.

① 인공지능 기반의 빅데이터 분석을 통해 최적화와 예측분석이 가능하여 과학적이고 합리적인 의사결정지원이 가능하다.

② 제조업에서는 빅데이터 처리 및 분석기술을 기반으로 생산 자동화를 구현하고 ERP 시스템과 연계하여 생산계획의 선제적 예측과 실시간 의사결정이 가능해진다.

③ 과거 데이터 분석뿐만 아니라, 이를 바탕으로 새로운 통찰력 제안과 미래 사업을 위한 시나리오를 제공할 수 있다.

④ 비즈니스 애널리틱스는 질의 및 보고와 같은 기본적인 분석기술과 예측 모델링과 같은 수학적으로 정교한 수준의 분석까지 지원한다.

⑤ 파일이나 스프레드시트와 데이터베이스를 포함하는 구조화된 데이터와 전자메일, 문서, 소셜미디어 포스트, 영상자료 등의 비구조화된 데이터를 동시에 활용이 가능하다.

⑥ 미래 예측을 지원해주는 데이터 패턴 분석과 예측 모델을 위한 데이터마이닝(Data Mining)을 통해 고차원 분석기능을 포함하고 있다.

⑦ 리포트, 쿼리, 알림, 대시보드, 스코어카드뿐만 아니라 예측 모델링과 같은 진보된 형태의 분석기능도 제공한다.

개념 익히기

💬 **스마트 ERP의 특징**

- 인공지능, 빅데이터, 블록체인 등의 신기술과 융합하여 지능화된 기업경영 실현이 가능
- 제조실행시스템(MES), 제품수명주기관리(PLM) 등을 통한 생산과정의 최적화와 예측분석을 통해 합리적인 의사결정지원
- 제조업에서의 생산자동화 구현은 물론 생산계획의 선제적 예측과 실시간 정보공유
- 다양한 비즈니스 간 융합을 지원하는 시스템으로 확대 가능
- 전략경영 등의 분석 도구가 추가되어 상위계층의 의사결정을 지원하는 스마트시스템 구축 가능

5.3 4차 산업혁명의 핵심 원천기술

(1) 인공지능

인공지능(AI)은 인간의 학습능력, 추론능력, 지각능력, 자연어 이해능력 등을 컴퓨터 프로그램으로 실현한 기술이다. 인공지능은 기억, 지각, 이해, 학습, 연상, 추론 등 인간의 지성을 필요로 하는 행위를 기계를 통해 실현하고자 하는 학문 또는 기술의 총칭으로 정의되고 있다.

1) 인공지능 기술의 발전

인공지능 기술의 발전은 계산주의 시대, 연결주의 시대, 딥러닝 시대로 구분된다.

① 계산주의 시대

인공지능 초창기 시대는 계산주의(computationalism) 시대이다. 계산주의는 인간이 보유한 지식을 컴퓨터로 표현하고 이를 활용해 현상을 분석하거나 문제를 해결하는 지식기반시스템을 말한다. 컴퓨팅 성능 제약으로 인한 계산기능(연산기능)과 논리체계의 한계, 데이터 부족 등의 근본적인 문제로 기대에 부응하지 못하였다.

② 연결주의 시대

계산주의로 인공지능 발전에 제약이 생기면서 1980년대에 연결주의(connectionism)가 새롭게 대두되었다. 연결주의는 지식을 직접 제공하기보다 지식과 정보가 포함된 데이터를 제공하고 컴퓨터가 스스로 필요한 정보를 학습한다.

  연결주의는 인간의 두뇌를 묘사하는 인공신경망(Artificial Neural Network)을 기반으로 한 모델이다. 연결주의 시대의 인공지능은 인간과 유사한 방식으로 데이터를 학습하여 스스로 지능을 고도화한다.

  연결주의는 막대한 컴퓨팅 성능과 방대한 학습데이터가 필수적이나 학습에 필요한 빅데이터와 컴퓨팅 파워의 부족이라는 한계를 극복하지 못해 비즈니스 활용 측면에서 제약이 있었다.

  ③ 딥러닝의 시대

  2010년 이후 GPU(Graphic Processing Unit)의 등장과 분산처리기술의 발전으로 계산주의와 연결주의 시대의 문제점인 방대한 양의 계산문제를 대부분 해결하게 되었다. 사물인터넷과 클라우드 컴퓨팅 기술의 발전으로 빅데이터가 생성 및 수집되면서 인공지능 연구는 새로운 전환점을 맞이하였다.

  최근의 인공지능은 딥러닝(deep learning)의 시대이다. 연결주의 시대와 동일하게 신경망을 학습의 주요 방식으로 사용한다. 입력층(input layer)과 출력층(output layer) 사이에 다수의 숨겨진 은닉층(hidden layer)으로 구성된 심층신경망(Deep Neural Networks)을 활용한다. 심층신경망은 인간의 두뇌 구조와 학습방식이 동일하여 뇌 과학과 인공지능 기술의 융합이 가능해지고 있다.

개념 익히기

🔍 **딥러닝 알고리즘의 종류**
- CCNN(합성곱신경망): 필터링 기법을 인공신경망에 적용하여 이미지를 효과적으로 처리할 수 있는 심층신경망 기법으로, 이미지 인식 및 분류에 효과적인 알고리즘
- RNN(순환신경망): 순환구조를 가지고 있는 인공신경망이며, 시계열데이터와 같이 순차적인 시퀀스(영상의 단위로 여러 신들이 이어져 지속되는 사건의 한 단위) 데이터를 처리하고 모델링하는 과정에 주로 사용하는 알고리즘

2) 인공지능 규범 원칙

최근에는 인공지능 개발과 사용과정에서 발생하는 위험요소와 오용의 문제에 대해 윤리 원칙을 검토 및 채택해야 한다는 움직임이 활발해지고 있다.

2018년 9월 세계경제포럼(World Economic Forum)에서 인공지능 규범(AI code)의 5개 원칙을 발표하였다.

코드명	주 요 내 용
Code 1	인공지능은 인류의 공동 이익과 이익을 위해 개발되어야 한다.
Code 2	인공지능은 투명성과 공정성의 원칙에 따라 작동해야 한다.
Code 3	인공지능이 개인, 가족, 지역 사회의 데이터 권리 또는 개인정보를 감소시켜서는 안 된다.
Code 4	모든 시민은 인공지능을 통해서 정신적, 정서적, 경제적 번영을 누리도록 교육받을 권리를 가져야 한다.
Code 5	인간을 해치거나 파괴하거나 속이는 자율적 힘을 인공지능에 절대로 부여하지 않는다.

(2) 사물인터넷

사물인터넷(IoT)은 인터넷을 통해서 모든 사물을 서로 연결하여 정보를 상호 소통하는 지능형 정보기술 및 서비스를 말한다. 수 많은 사물인터넷 기기들이 내장된 센서를 통해 데이터를 수집하고 인터넷을 통해 서로 연결되어 통신하며, 수집된 정보를 기반으로 자동화된 프로세스나 제어기능을 수행할 수 있으므로 스마트가전, 스마트홈, 의료, 원격검침, 교통 분야 등 다양한 산업분야에 적용되고 있다.

사물인터넷의 미래인 만물인터넷(IoE: Internet of Everything)은 사물, 사람, 데이터, 프로세스 등 세상에서 연결 가능한 모든 것(만물)이 인터넷에 연결되어 서로 소통하며 새로운 가치를 창출하는 기술이다.

(3) 빅데이터

빅데이터(BigData)의 사전적 의미는 디지털 환경에서 생성되는 데이터로 그 규모가 방대하고, 형태도 수치데이터뿐만 아니라 문자와 영상데이터를 포함한 다양하고 거대한 데이터의 집합을 말한다.

IT시장조사기관 가트너(Gartner)는 향상된 의사결정을 위해 사용되는 비용 효율적이며 혁신적인 거대한 용량의 정형 및 비정형의 다양한 형태로 엄청나게 빠른 속도로 쏟아

져 나와 축적되는 특성을 지닌 정보 자산이라고 정의하였다. 또한 가트너는 빅데이터의 특성으로 규모(volume), 속도(velocity), 다양성(variety), 정확성(veracity), 가치(value)의 5V를 제시하였다.

구 분	주 요 내 용
규모 (Volume)	• 데이터 양이 급격하게 증가(대용량화) • 기존 데이터관리시스템의 성능적 한계 도달
다양성 (Variety)	• 데이터의 종류와 근원 확대(다양화) • 로그 기록, 소셜, 위치, 센서 데이터 등 데이터 종류의 증가 (반정형, 비정형데이터의 증가)
속도 (Velocity)	• 소셜 데이터, IoT 데이터, 스트리밍 데이터 등 실시간성 데이터 증가 • 대용량 데이터의 신속하고 즉각적인 분석 요구
정확성 (Veracity)	• 데이터의 신뢰성, 정확성, 타당성 보장이 필수 • 데이터 분석에서 고품질 데이터를 활용하는 것이 분석 정확도에 영향을 줌
가치 (Value)	• 빅데이터가 추구하는 것은 가치 창출 • 빅데이터 분석 통해 도출된 최종 결과물은 기업이 당면하고 있는 문제를 해결 하는데 통찰력 있는 정보 제공

개념 익히기

🔵 빅데이터 처리과정

데이터(생성) → 수집 → 저장(공유) → 처리 → 분석 → 시각화

(4) 클라우드 컴퓨팅

클라우드 컴퓨팅(Cloud Computing)은 인터넷을 통하여 외부사용자에게 IT자원을 제공하고 사용하게 하는 기술 및 서비스를 의미한다. 사용자들은 클라우드 컴퓨팅 사업자가 제공하는 IT자원(소프트웨어, 스토리지, 서버, 네트워크)을 필요한 만큼 사용하고, 사용한 만큼 비용을 지불할 수 있다.

클라우드 서비스는 필요한만큼의 IT자원을 빠르게 확장하거나 축소할 수 있고, 어디에서나 접속할 수 있으며, 기술적인 관리부담이 없다는 장점을 갖고 있다.

1) 클라우드 서비스의 유형

구 분	주 요 내 용
SaaS (Software as a Service)	응용소프트웨어를 인터넷을 통해 제공하여 사용자들이 웹 브라우즈를 통해 접속하여 사용할 수 있도록 서비스로 제공
PaaS (Platform as a Service)	업무용 또는 비즈니스용 응용소프트웨어를 개발하는데 필요한 플랫폼과 도구를 서비스로 제공하여 개발자들이 응용소프트웨어를 개발, 테스트, 배포할 수 있게 지원
IaaS (Infrastructure as a Service)	업무나 비즈니스 처리에 필요한 서버, 스토리지, 데이터베이스 등의 IT 인프라 자원을 클라우드 서비스로 제공하는 형태

2) 클라우드 서비스의 비즈니스 모델

구 분	주 요 내 용
퍼블릭(공개형)	• 전 세계의 소비자, 기업고객, 공공기관 및 정부 등 모든 주체가 클라우드 컴퓨팅을 사용할 수 있음 • 사용량에 따라 사용료를 지불하며 규모의 경제를 통해 경쟁력 있는 서비스 단가를 제공한다는 장점
사설(폐쇄형)	• 특정한 기업의 구성원만 접근할 수 있는 전용 클라우드서비스 • 초기 투자비용이 높으며, 주로 데이터의 보안 확보와 프라이버시 보장이 필요한 경우 사용
하이브리드(혼합형)	• 특정 업무 또는 데이터 저장은 폐쇄형 클라우드 방식을 이용하고 중요도가 낮은 부분은 공개형 클라우드 방식을 이용

5.4 인공지능과 빅데이터 분석기법

(1) 기계학습(머신러닝)

기계학습(machine learning, 머신러닝)이란 방대한 데이터를 분석해 미래를 예측하는 기술로 일반적으로 생성된 데이터를 정보와 지식(규칙)으로 변환하는 컴퓨터 알고리즘을 의미한다.

1) 기계학습의 유형

구 분	주 요 내 용
지도학습	• 학습 데이터로부터 하나의 함수를 유추해내기 위한 방법, 즉 학습 데이터로부터 주어진 데이터의 예측 값을 추측한다. • 지도학습 방법에는 분류모형과 회귀모형이 있다.
비지도학습	• 데이터가 어떻게 구성되었는지를 알아내는 문제의 범주에 속한다. • 지도학습 및 강화학습과 달리 입력값에 대한 목표치가 주어지지 않는다. • 비지도학습 방법에는 군집분석, 오토인코더, 생성적 적대신경망(GAN)이 있다.
강화학습	• 선택 가능한 행동 중 보상을 최대화하는 행동 혹은 순서를 선택하는 방법이다. • 강화학습에는 게임 플레이어 생성, 로봇 학습 알고리즘, 공급망 최적화 등의 응용영역이 있다.

2) 기계학습 워크플로우(6단계)

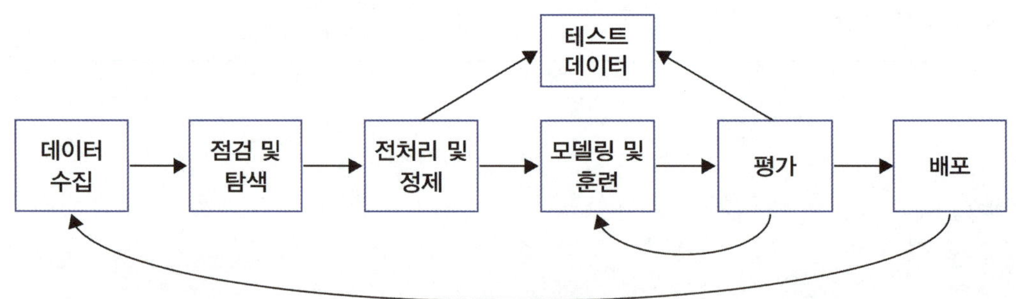

구 분	주 요 내 용
데이터 수집	인공지능 구현을 위해서는 머신러닝 · 딥러닝 등의 학습방법과 이것을 학습할 수 있는 방대한 양의 데이터가 필요하다.
점검 및 탐색	• 데이터를 점검하고 탐색하는 탐색적 데이터 분석을 수행한다. • 데이터의 구조와 결측치 및 극단치 데이터를 정제하는 방법을 탐색한다. • 독립변수, 종속변수, 변수 유형, 변수의 데이터 유형 등 데이터 특징을 파악한다.

구 분	주 요 내 용
전처리 및 정제	다양한 소스로부터 획득한 데이터 중 분석하기에 부적합하거나 수정이 필요한 경우 데이터를 전처리하거나 정제하는 과정이다.
모델링 및 훈련	• 머신러닝 코드를 작성하는 모델링 단계를 말한다. • 적절한 머신러닝 알고리즘을 선택하여 모델링을 수행하고, 해당 머신러닝 알고리즘에 전처리가 완료된 데이터를 학습(훈련)시킨다. • 전처리 완료된 데이터 셋(data set)은 학습용 데이터와 평가용 데이터로 구성한다.
평가	• 머신러닝 기법을 이용한 분석모델(연구모형)을 실행하고 성능(예측정확도)을 평가하는 단계이다. • 모형평가에는 연구모형이 얼마나 정확한가, 연구모형이 관찰된 데이터를 얼마나 잘 설명하는가, 연구모형의 예측에 대해 얼마나 자신할 수 있는가(신뢰성, 타당성), 모형이 얼마나 이해하기 좋은가 등을 평가하고 만족하지 못한 결과가 나온다면 모델링 및 훈련 단계를 반복 수행한다.
배포	• 평가 단계에서 머신러닝 기법을 이용한 연구모형이 성공적으로 학습된 것으로 판단되면 완성된 모델을 배포한다. • 분석모델을 실행하여 도출된 최종결과물을 점검하고, 사업적 측면에서 결과의 가치를 재평가한다. • 분석모델을 파일럿 테스트(시험작동)를 통해 운영한 다음 안정적으로 확대하여 운영계 시스템에 구축한다.

(2) 데이터마이닝

데이터마이닝(Data Mining)은 축적된 대용량 데이터를 통계기법 및 인공지능기법을 이용하여 분석하고, 이에 대한 평가를 거쳐 일반화시킴으로써 새로운 자료에 대해 예측 및 추측할 수 있는 의사결정을 지원한다.

대규모로 저장된 데이터 안에서 다양한 분석기법을 활용하여 전통적인 통계학 이론으로는 설명이 힘든 패턴과 규칙을 발견한다.

1) 데이터마이닝의 단계

데이터마이닝은 분류, 추정, 예측, 유사집단화, 군집화 등의 다섯 가지 단계로 구분한다.

구 분	주 요 내 용
분류	어떤 새로운 사물이나 대상의 특징을 파악하여 미리 정의된 분류코드에 따라 어느 한 범주에 할당하거나 나누는 것을 의미한다.
추정	결과가 연속형 값을 갖는 연속형 변수를 주로 다루며 주어진 입력변수로부터 수입, 은행잔고, 배당금과 같은 미지의 연속형 변수에 대한 값을 추정(산출)한다.

구 분	주 요 내 용
예측	과거와 현재의 자료를 이용하여 미래를 예측하는 모형을 만드는 것이다.
유사집단화	유사한 성격을 갖는 사물이나 물건들을 함께 묶어주는 작업을 말한다.
군집화	이질적인 사람들의 모집단으로부터 다수의 동질적인 하위 집단 혹은 군집들로 세분화하는 작업이다.

(3) 텍스트마이닝

최근 텍스트, 이미지, 음성데이터 등의 비정형데이터를 다루는 기술이 빠르게 발전하고 있다. 기업에서 생산되는 데이터의 80% 이상은 비정형데이터로 이루어져 있으며, 그 중 텍스트데이터는 가장 대표적인 비정형데이터이다.

온라인 쇼핑몰 이용자는 구매자가 남긴 제품리뷰 텍스트(구매후기)로부터 제품에 대한 정보를 수집한다. 이들 텍스트데이터를 분석하여 구매자의 행동예측과 제품선호도를 분석할 수 있다.

텍스트마이닝(Text Mining)은 자연어 형태로 구성된 비정형 또는 반정형 텍스트데이터에서 패턴 또는 관계를 추출하여 의미 있는 정보를 찾아내는 기법으로 자연어처리(natural language processing, NLP)가 핵심기술이다.

자연어처리(NLP)는 컴퓨터를 이용해 사람의 자연어를 분석하고 처리하는 기술로 자연어 분석, 자연어 이해, 자연어 생성의 기술이 사용된다.

텍스트마이닝 분석을 실시하기 위해서는 불필요한 정보를 제거하고, 비정형데이터를 정형데이터로 구조화하는 작업이 필요한데 이를 위해 데이터 전처리(data preprocessing) 과정이 필수적이다.

5.5 인공지능과 비즈니스 혁신

(1) RPA(로봇 프로세스 자동화)

RPA(Robotic Process Automation, 로봇 프로세스 자동화)는 소프트웨어 프로그램이 사람을 대신해 반복적인 업무를 자동 처리하는 기술을 말한다. 인공지능과 머신러닝을 사용하여 가능한 많은 반복적 업무를 자동화할 수 있는 소프트웨어 로봇 기술이다.

RPA는 반복적인 규칙기반 작업에 특화되어 있으며, RPA와 AI를 통합하는 경우에 RPA로 구현된 로봇은 AI 알고리즘을 사용하여 의사결정을 내릴 수 있고, 기계학습을 통해 작업을 최적화하는 등의 지능적인 자동화가 가능할 수 있다.

1) RPA 적용단계

RPA는 기초프로세스 자동화, 데이터 기반의 머신러닝(기계학습) 활용, 인지자동화의 세 단계 활동으로 구성된다.

구 분	주 요 내 용
기초프로세스 자동화	정형화된 데이터 기반의 자료 작성, 단순 반복 업무 처리, 고정된 프로세스 단위 업무 수행 등이 해당된다.
데이터 기반의 머신러닝 활용	이미지에서 텍스트 데이터 추출, 자연어 처리로 정확도와 기능성을 향상시키는 단계이다.
인지자동화	RPA가 업무 프로세스를 스스로 학습하면서 자동화하는 단계이며, 빅데이터 분석을 통해 사람이 수행하는 더 복잡한 작업과 의사결정을 내리는 수준이다.

(2) 챗봇

채팅(Chatting)과 로봇(Robot)의 합성어인 챗봇(ChatBot)은 로봇의 인공지능을 대화형 인터페이스에 접목한 기술로 인공지능을 기반으로 사람과 상호작용하는 대화형 시스템을 지칭한다.

챗봇은 기업에서 사용하는 메신저에서 채팅을 하듯이 질문을 입력하면 인공지능이 빅데이터 분석을 통해 일상 언어로 사람과 소통하는 대화형 메신저이다.

(3) 블록체인

블록체인(Block Chain)이란 분산형 데이터베이스의 형태로 데이터를 저장하는 연결구조체이며, 모든 구성원이 네트워크를 통해 데이터를 검증 및 저장하여 특정인의 임의적인 조작이 어렵도록 설계된 저장플랫폼이다.

블록(Block)은 거래 건별 정보가 기록되는 단위이며, 이것이 시간의 순서에 따라 체인(chain) 형태로 연결된 데이터베이스를 블록체인이라고 한다.

블록체인은 블록의 정보와 거래내용(거래정보)을 기록하고 이를 네트워크 참여자들에게 분산 및 공유하는 분산원장 또는 공공거래장부이다.

1) 블록체인 기술의 특징

구 분	주 요 내 용
탈중개성	공인된 제3자의 공증 없이 개인 간 거래가 가능하며 불필요한 수수료를 절감할 수 있다.
보안성	정보를 다수가 공동으로 소유하므로 해킹이 불가능하여 보안비용을 절감할 수 있다.
신속성	거래의 승인 · 기록은 다수의 참여에 의해 자동 실행되므로 신속성이 극대화된다.
확장성	공개된 소스에 의해 쉽게 구축, 연결, 확장이 가능하므로 IT 구축비용을 절감할 수 있다.
투명성	모든 거래기록에 공개적 접근이 가능하여 거래 양성화 및 규제비용을 절감할 수 있다.

개념 익히기

● 인공지능 비즈니스 적용 프로세스

비즈니스 영역 탐색 → 비즈니스 목표 수립 → 데이터 수집 및 적재 → 인공지능 모델 개발 → 인공지능 배포 및 프로세스 정비

5.6 스마트팩토리

(1) 스마트팩토리

스마트팩토리(smart factory)란 설계 · 개발, 제조 및 유통 · 물류 등 생산 과정에 4차 산업의 핵심기술이 결합된 정보통신기술(ICT: Information and Communications Technology)을 적용하여 생산성, 품질, 고객만족도를 획기적으로 향상시키는 지능형 생산공장을 말한다.

스마트팩토리는 사물인터넷(IoT)을 결합하여 공장의 설비(장비) 및 공정에서 발생하는 모든 데이터 및 정보가 센서를 통해 네트워크로 서로 연결되어 공유되고 실시간으로 데이터를 분석하여 필요한 의사결정을 내릴 수 있도록 지원하여 생산 및 운영이 최적화된 공장이다.

1) 스마트팩토리의 등장배경

세계 각국은 국가경제의 핵심인 제조기업의 경쟁력을 향상시키기 위하여 스마트팩토리 구축을 적극 지원하고 있다. 과거에는 생산원가 절감을 위하여 기업의 제조시설을 해외로 이전하는 경향이 많았으나, 최근에는 국가경쟁력 회복을 위하여 제조시설의 리쇼어링 (reshoring) 경향이 두드러지게 나타나고 있다.

스마트팩토리의 주요 구축목적은 생산성 향상, 유연성 향상을 위하여 생산시스템의 지능화, 유연화, 최적화, 효율화 구현에 있다. 세부적으로는 고객서비스 향상, 비용절감, 납기향상, 품질향상, 인력효율화, 맞춤형제품생산, 통합된 협업생산시스템, 최적화된 동적 생산시스템, 새로운 비즈니스 창출, 제품 및 서비스의 생산통합, 제조의 신뢰성 확보 등의 목적을 갖는다고 할 수 있다.

2) 스마트팩토리의 구성영역과 기술요소

스마트팩토리는 제품개발, 현장자동화, 공장운영관리, 기업자원관리, 공급사슬관리영역으로 구성된다.

구 분	주 요 기 술 요 소
제품개발	제품수명주기관리(PLM: Product Lifecycle Management)시스템을 이용하여 제품의 개발, 생산, 유지보수, 폐기까지의 전 과정을 체계적으로 관리
현장자동화	인간과 협업하거나 독자적으로 제조작업을 수행하는 시스템으로 공정자동화, IoT, 설비제어장치(PLC), 산업로봇, 머신비전 등의 기술이 이용
공장운영관리	자동화된 생산설비로부터 실시간으로 가동정보를 수집하여 효율적으로 공장운영에 필요한 생산계획 수립, 재고관리, 제조자원관리, 품질관리, 공정관리, 설비제어 등을 담당하며, 제조실행시스템(MES), 창고관리시스템(WMS), 품질관리시스템(QMS) 등의 기술이 이용
기업자원관리	고객주문, 생산실적정보 등을 실시간으로 수집하여 효율적인 기업운영에 필요한 원가, 재무, 영업, 생산, 구매, 물류관리 등을 담당하며, ERP 등의 기술이 이용
공급사슬관리	제품생산에 필요한 원자재 조달에서부터 고객에게 제품을 전달하는 전체 과정의 정보를 실시간으로 수집하여 효율적인 물류시스템 운영, 고객만족을 목적으로 하며, 공급망관리(SCM) 등의 기술이 이용

(2) 스마트팩토리와 ERP

1) 사이버물리시스템(CPS)과 ERP

사이버물리시스템(CPS: Cyber Physical System)은 실제의 물리적인 제품, 생산설비, 공정, 공장을 사이버 공간에 그대로 구현하고 서로 긴밀하게 통합되어 동작하는 통합시스템이다.

이러한 사이버물리시스템(CPS)은 사물인터넷(IoT) 기술을 활용하여 공장운영 전반의 데이터를 실시간으로 수집하여 공장운영 현황을 모니터링하고 제조 빅데이터를 분석하여 설비와 공정을 제어함으로써 공장운영의 최적화를 수행한다.

사이버물리시스템(CPS)의 데이터를 ERP시스템으로 통합하여 주문처리, 생산계획, 구매관리, 재고관리와 같은 업무프로세스를 지원하는 상호작용이 가능하다.

2) 제품수명주기관리(PLM)와 ERP

제품수명주기관리(PLM: Product Lifecycle Management)는 제품 기획, 설계, 생산, 출시, 유통, 유지보수, 폐기까지의 제품수명주기의 모든 단계에 관련된 프로세스와 관련정보를 통합관리하는 응용시스템이다.

PLM은 제품의 설계, 속성, 관련 문서 등의 정보를 관리하고 제품수명주기에 따른 프로세스를 계획하고 효과적으로 관리하는 제품 중심의 수명주기 관리에 초점을 둔다.

또한 ERP는 기업 전반의 자원 및 프로세스를 통합적으로 관리하는 데 중점을 두고 있으므로 제품의 생산, 유통, 재무프로세스를 효율화 하는데 PLM과 ERP가 상호작용이 가능하다.

1.5 4차 산업혁명과 스마트 ERP

01 다음 중 클라우드 ERP와 관련된 설명으로 가장 적절하지 않은 것은?

① 클라우드를 통해 ERP 도입에 관한 진입장벽을 높일 수 있다.
② IaaS 및 PaaS 활용한 ERP를 하이브리드 클라우드 ERP라고 한다.
③ 서비스형 소프트웨어 형태의 클라우드로 ERP를 제공하는 것을 SaaS ERP라고 한다.
④ 클라우드 ERP는 고객의 요구에 따라 필요한 기능을 선택·적용한 맞춤형 구성이 가능하다.

02 다음 중 클라우드 서비스 기반 ERP와 관련된 설명으로 가장 적절하지 않은 것은?

① ERP 구축에 필요한 IT 인프라 자원을 클라우드 서비스로 빌려 쓰는 형태를 IaaS라고 한다.
② ERP 소프트웨어 개발을 위한 플랫폼을 클라우드 서비스로 제공받는 것을 PaaS라고 한다.
③ PaaS에는 데이터베이스 클라우드 서비스와 스토리지 클라우드 서비스가 있다.
④ 기업의 핵심 애플리케이션인 ERP, CRM 솔루션 등의 소프트웨어를 클라우드 서비스를 통해 제공받는 것을 SaaS라고 한다.

03 클라우드 서비스 사업자가 클라우드 컴퓨팅 서버에 ERP 소프트웨어를 제공하고, 사용자가 원격으로 접속해 ERP 소프트웨어를 활용하는 서비스를 무엇이라 하는가?

① IaaS(Infrastructure as a Service)   ② PaaS(Platform as a Service)
③ SaaS(Software as a Service)   ④ DaaS(Desktop as a Service)

04 다음 중 차세대 ERP의 인공지능(AI), 빅데이터(BigData), 사물인터넷(IoT) 기술의 적용에 관한 설명으로 가장 적절하지 않은 것은?

① 현재 ERP는 기업 내 각 영역의 업무프로세스를 지원하고, 단위별 업무처리의 강화를 추구하는 시스템으로 발전하고 있다.
② 제조업에서는 빅데이터 분석기술을 기반으로 생산자동화를 구현하고 ERP와 연계하여 생산계획의 선제적 예측과 실시간 의사결정이 가능하다.
③ 차세대 ERP는 인공지능 및 빅데이터 분석기술과의 융합으로 상위계층의 의사결정을 지원할 수 있는 지능형시스템으로 발전하고 있다.
④ ERP에서 생성되고 축적된 빅데이터를 활용하여 기업의 새로운 업무개척이 가능해지고, 비즈니스 간 융합을 지원하는 시스템으로 확대가 가능하다.

05 다음 [보기]의 (   )에 들어갈 용어로 가장 적절한 것은 무엇인가?

> **| 보기 |**
>
> ERP 시스템 내의 데이터 분석 솔루션인 (   )은(는) 구조화된 데이터(structured data)와 비구조화된 데이터(unstructured data)를 동시에 이용하여 과거 데이터에 대한 분석뿐만 아니라, 이를 통한 새로운 통찰력 제안과 미래 사업을 위한 시나리오를 제공한다.

① 리포트(Report)
② SQL(Structured Query Language)
③ 비즈니스 애널리틱스(Business Analytics)
④ 대시보드(Dashboard)와 스코어카드(Scorecard)

06 다음 중 차세대 ERP의 비즈니스 애널리틱스(Business Analytics)에 관한 설명으로 가장 적절하지 않은 것은?

① 비즈니스 애널리틱스는 구조화된 데이터(structured data)만을 활용한다.
② ERP 시스템 내의 방대한 데이터 분석을 위한 비즈니스 애널리틱스가 ERP의 핵심요소가 되었다.
③ 비즈니스 애널리틱스는 질의 및 보고와 같은 기본적 분석기술과 예측 모델링과 같은 수학적으로 정교한 수준의 분석을 지원한다.
④ 비즈니스 애널리틱스는 리포트, 쿼리, 대시보드, 스코어카드뿐만 아니라 예측모델링과 같은 진보된 형태의 분석기능도 제공한다.

07 스마트공장의 구성영역 중에서 생산계획 수립, 재고관리, 제조자원관리, 품질관리, 공정관리, 설비제어 등을 담당하는 것은?

① 제품개발
② 현장자동화
③ 공장운영관리
④ 공급사슬관리

08 클라우드 서비스의 비즈니스 모델에 관한 설명으로 옳지 않은 것은?

① 공개형 클라우드는 사용량에 따라 사용료를 지불하며 규모의 경제를 통해 경쟁력 있는 서비스 단가를 제공한다는 장점이 있다.
② 공개형 클라우드는 데이터의 소유권 확보와 프라이버시 보장이 필요한 경우 사용된다.
③ 폐쇄형 클라우드는 특정한 기업 내부 구성원에게만 제공되는 서비스를 말한다.
④ 혼합형 클라우드는 특정 업무는 폐쇄형 클라우드 방식을 이용하고 기타 업무는 공개형 클라우드 방식을 이용하는 것을 말한다.

09 인공지능의 기술발전에 대한 설명으로 옳지 않은 것은?

① 계산주의는 인간이 보유한 지식을 컴퓨터로 표현하고 이를 활용해 현상을 분석하거나 문제를 해결하는 지식기반시스템을 말한다.

② 연결주의는 지식을 직접 제공하기보다 지식과 정보가 포함된 데이터를 제공하고 컴퓨터가 스스로 필요한 정보를 학습한다.

③ 연결주의 시대는 학습에 필요한 빅데이터와 컴퓨팅 파워의 부족이라는 한계를 극복하였다.

④ 딥러닝은 입력층(input layer)과 출력층(output layer) 사이에 다수의 숨겨진 은닉층(hidden layer)으로 구성된 심층신경망(Deep Neural Networks)을 활용한다.

10 다음 중 세계경제포럼(World Economic Forum)에서 발표한 인공지능 규범(AI code)의 5개 원칙에 해당하지 않는 것은?

① 인공지능은 인류의 공동 이익과 이익을 위해 개발되어야 한다.

② 인공지능은 투명성과 공정성의 원칙에 따라 작동해야 한다.

③ 인공지능이 개인, 가족, 지역 사회의 데이터 권리 또는 개인정보를 감소시켜야 한다.

④ 인간을 해치거나 파괴하거나 속이는 자율적 힘을 인공지능에 절대로 부여하지 않는다.

11 인공지능 기반의 빅데이터 분석기법에 대한 설명으로 적절하지 않은 것은?

① 텍스트마이닝 분석을 실시하기 위해서는 불필요한 정보를 제거하는 데이터 전처리(data pre-processing) 과정이 필수적이다.

② 텍스트마이닝은 자연어(natural language) 형태로 구성된 정형데이터에서 패턴 또는 관계를 추출하여 의미 있는 정보를 찾아내는 기법이다.

③ 데이터마이닝은 대규모로 저장된 데이터 안에서 다양한 분석기법을 활용하여 전통적인 통계학 이론으로는 설명이 힘든 패턴과 규칙을 발견한다.

④ 데이터마이닝은 분류(classification), 추정(estimation), 예측(prediction), 유사집단화 (affinity grouping), 군집화(clustering)의 5가지 업무영역으로 구분할 수 있다.

12 빅데이터의 주요 특성(5V)으로 옳지 않은 것은?

① 속도   ② 다양성

③ 정확성   ④ 일관성

13 스마트팩토리의 주요 구축 목적이 아닌 것은?

① 생산성 향상   ② 유연성 향상

③ 고객서비스 향상   ④ 제품 및 서비스의 이원화

14 [보기]에서 설명하는 RPA 적용단계는 무엇인가?

> **│ 보기 │**
>
> 빅데이터 분석을 통해 사람이 수행하는 복잡한 의사결정을 내리는 수준이다. 이것은 RPA가 업무 프로세스를 스스로 학습하면서 자동화하는 단계이다.

① 인지자동화   ② 데이터전처리
③ 기초프로세스 자동화   ④ 데이터 기반의 머신러닝(기계학습) 활용

15 [보기]는 무엇에 대한 설명인가?

> **│ 보기 │**
>
> 실제의 물리적인 제품, 생산설비, 공정, 공장을 사이버 공간에 그대로 구현하고 서로 긴밀하게 통합되어 동작하는 통합시스템으로, 공장운영 전반의 데이터를 실시간으로 수집하여 공장운영현황을 모니터링하고 설비와 공정을 제어함으로써 공장운영의 최적화를 수행하는 것

① 제조실행시스템(MES)   ② 전사적자원관리(ERP)
③ 사이버물리시스템(CPS)   ④ 제품수명주기관리(PLM)시스템

16 [보기]는 무엇에 대한 설명인가?

> **│ 보기 │**
>
> - 제품, 공정, 생산설비, 공장 등에 대한 실제 환경과 가상 환경을 연결하여 상호작용하는 통합시스템
> - 실시간으로 수집되는 빅데이터를 가상 모델에서 시뮬레이션하여 실제 시스템의 성능을 최적으로 유지

① 비즈니스 애널리틱스(Business Analytics)
② 사이버물리시스템(Cyber Physical System, CPS)
③ 공급사슬관리(Supply Chain Management, SCM)
④ 전사적 자원관리(Enterprise Resource Planning, ERP)

17 머신러닝 워크플로우 프로세스의 순서를 고르시오.

① 데이터 수집 → 점검 및 탐색 → 전처리 및 정제 → 모델링 및 훈련 → 평가 → 배포
② 점검 및 탐색 → 데이터 수집 → 전처리 및 정제 → 모델링 및 훈련 → 평가 → 배포
③ 데이터 수집 → 전처리 및 정제 → 모델링 및 훈련 → 평가 → 배포 → 점검 및 탐색
④ 데이터 수집 → 전처리 및 정제 → 점검 및 탐색 → 모델링 및 훈련 → 평가 → 배포

18 기계학습의 종류에 해당하지 않는 것은?

① 지도학습(Supervised Learning) ② 강화학습(Reinforcement Learning)
③ 비지도학습(Unsupervised Learning) ④ 시뮬레이션학습(Simulation Learning)

19 인공지능 비즈니스 적용 프로세스의 순서로 올바른 것은?

① 비즈니스 영역 탐색 → 비즈니스 목표 수립 → 데이터 수집 및 적재 → 인공지능 모델 개발 → 인공지능 배포 및 프로세스 정비
② 비즈니스 목표 수립 → 비즈니스 영역 탐색 → 데이터 수집 및 적재 → 인공지능 모델 개발 → 인공지능 배포 및 프로세스 정비
③ 비즈니스 목표 수립 → 데이터 수집 및 적재 → 인공지능 모델 개발 → 인공지능 배포 및 프로세스 정비 → 비즈니스 영역 탐색
④ 비즈니스 영역 탐색 → 비즈니스 목표 수립 → 데이터 수집 및 적재 → 인공지능 배포 및 프로세스 정비 → 인공지능 모델 개발

20 [보기]는 무엇에 대한 설명인가?

> **보기**
>
> • 분산형 데이터베이스(distributed database)의 형태로 데이터를 저장하는 연결구조체
> • 모든 구성원이 네트워크를 통해 데이터를 검증 및 저장하여 특정인의 임의적인 조작이 어렵도록 설계된 저장플랫폼

① 챗봇(Chatbot) ② 블록체인(Blockchain)
③ 메타버스(Metaverse) ④ RPA(Robotic Process Automation)

21 [보기]는 무엇에 대한 설명인가?

> **보기**
>
> • 축적된 대용량 데이터를 통계기법 및 인공지능기법을 이용하여 분석하고 이에 대한 평가를 거쳐 일반화시킴으로써 새로운 자료에 대한 예측 및 추측을 할 수 있는 의사결정을 지원한다.
> • 대규모로 저장된 데이터 안에서 다양한 분석기법을 활용하여 전통적인 통계학 이론으로는 설명이 힘든 패턴과 규칙을 발견한다.
> • 분류(classification), 추정(estimation), 예측(prediction), 유사집단화(affinity grouping), 군집화(clustering) 등의 다양한 기법이 사용된다.

① 챗봇(Chat Bot) ② 블록체인(Block Chain)
③ 스마트계약(Smart Contract) ④ 데이터마이닝(Data Mining)

22 인공지능 규범(AI CODE)의 5대 원칙으로 적절하지 않은 것은?

① 인공지능은 투명성과 공정성의 원칙에 따라 작동해야 한다.

② 인공지능이 개인, 가족, 사회의 데이터 권리를 감소시켜서는 안된다.

③ 모든 시민은 인공지능을 통해서 정신적, 정서적, 경제적 번영을 누리도록 교육받을 권리를 가져야 한다.

④ 인간을 해치거나 파괴하거나 속이는 자율적 힘을 인간의 통제하에서 인공지능에게 부여할 수 있다.

23 기계학습에 대한 설명으로 옳지 않은 것은?

① 비지도학습 방법에는 분류모형과 회귀모형이 있다.

② 비지도학습은 입력값에 대한 목표치가 주어지지 않는다.

③ 지도학습은 학습 데이터로부터 하나의 함수를 유추해내기 위한 방법이다.

④ 강화학습은 선택 가능한 행동들 중 보상을 최대화하는 행동 혹은 순서를 선택하는 방법이다.

24 [보기]는 무엇에 대한 설명인가?

보기
• 인터넷을 통해서 모든 사물을 서로 연결하여 정보를 상호 소통하는 지능형 정보기술 및 서비스 • 해당 기기들이 내장 센서를 통해 데이터를 수집하고 인터넷을 통해 서로 연결·통신하며, 수집된 정보 기반으로 자동화된 프로세스나 제어기능을 수행함 • 스마트 가전, 스마트 홈, 의료, 원격검침, 교통 등 다양한 산업 분야에 적용됨

① 사물인터넷(Internet of Things)

② 클라우드 컴퓨팅(Cloud Computing)

③ 인공신경망(Artificial Neural Network)

④ 사이버물리시스템(Cyber Physical System)

25 [보기]는 업무효율화를 위해 (주)생산디지털 인사팀의 챗봇(Chat-bot) 도입 사례이다. 본 사례에서 챗봇은 어떤 기술적 특성과 비즈니스 혁신 효과를 반영하고 있는가?

> **보기**
>
> (주)생산디지털은 최근 인사 부서의 단순 민원 업무가 급증하자, 사내 인트라넷에 AI 기반 챗봇을 도입하였다. 직원들은 이 챗봇을 통해 "연차 신청 절차는?", "육아휴직 대상은?", "급여명세서 어디서 출력하나요?" 등의 질문에 대해 실시간 자동 응답을 받을 수 있다. 이를 통해 인사담당자는 보다 전문적인 상담과 전략적 업무에 집중할 수 있게 되었다.

① 인사담당자와의 직접 통화를 통해 복잡한 업무 절차를 간소화한다.
② 인사 시스템 내 결재선 확인 기능을 통해 전자결재 업무를 자동화한다.
③ 템플릿화된 FAQ를 이메일로 배포하여 인사 관련 기업 내부 민원을 줄인다.
④ 빅데이터 기반으로 학습된 AI 챗봇이 반복 질문에 자동 응답함으로써 인사 민원의 자동화와 업무 효율화를 지원한다.

26 [보기]의 (주)생산성에 적용된 기술에 대한 설명으로 가장 적절한 것은?

> **보기**
>
> (주)생산은 ERP 인사 시스템에 신규 기술을 도입하여 직원들의 조직몰입도와 이직 가능성을 분석하고자 한다. 이를 위해 직원들이 작성한 사내 익명게시판의 글, 퇴사 면담 기록, 인사평가 의견란에 입력된 비정형 데이터를 수집하였다. 인사팀은 이를 분석해 직원들의 감정 변화, 이직 징후, 조직문화 개선 방향 등을 도출하고자 한다.

① 소수의 직원들을 직접 인터뷰하여 감정을 분석하는 방식이다.
② 음성 데이터나 이미지 데이터를 처리하는 데 최적화된 AI 기술이다.
③ 자연어 형태의 데이터를 분석하여 유의미한 정보를 추출하는 기법이다.
④ 정형 데이터의 통계적 분석을 통해 직원의 업무성과를 직접 수치화하는 기술이다.

27 [보기]의 (주)생산솔루션 회사가 도입한 인공지능 기술에 대한 설명으로 가장 적절한 것은?

> **보기**
>
> (주)생산인사솔루션은 최근 급변하는 인사 환경에 대응하기 위해 인공지능 기반의 인사관리 시스템을 도입하였다. 인사팀은 이 시스템을 활용하여 입사 지원자의 이력서와 자기소개서를 자동으로 분석하고, 적합한 인재를 선별하는 과정에서 이미지 인식 및 문장 분석 기능을 활용하고 있다. 또한 근무태도 및 성과 데이터를 시계열로 분석하여 인사 평가에 반영하고자 한다.

① RNN은 이미지 데이터를 효과적으로 분류할 수 있는 딥러닝 알고리즘이다.
② RNN은 고정입력값만을 처리할 수 있으며, 순차적인 자연어 분석에는 적합하지 않다.
③ CNN은 시계열 데이터 분석에 최적화되어 있으며, 인사 평가 예측에 주로 활용할 수 있다.
④ CNN은 필터링을 기반으로 이미지 인식에 효과적이며, 이력서 내 사진 판별 등에 활용될 수 있다.

28 [보기]의 (주)생산이노베이션 사례와 같이 스마트ERP를 도입하여 경영혁신을 추진하는 기업의 인사관리 내용으로 적절하지 않은 것은?

> ┤ 보기 ├
>
> (주)생산이노베이션은 4차 산업혁명 시대에 발맞춰 경영혁신을 추진하고 있다. 이 회사는 기존 ERP 시스템을 스마트ERP로 전환하여 인공지능 기반의 빅데이터 분석 기능을 도입하고, 이를 통해 인사부서에서 조직 내 이직 예측, 인재 확보 전략 수립, 교육훈련 효과 분석 등을 실시간으로 수행하고자 한다. 또한 경영진은 비즈니스 애널리틱스를 활용한 과학적이고 합리적인 의사결정을 통해 전략적 인사관리 체계를 구축하려 한다.

① 인사부서 내 경험 많은 관리자 개인의 직관에 따라 승진자 명단을 결정한다.
② 인공지능 기반의 교육 분석 시스템을 통해 직무별 최적 교육 콘텐츠를 자동 추천한다.
③ 비즈니스 애널리틱스를 활용하여 인사성과를 수치화하고, 전략적 인사결정을 지원한다.
④ 빅데이터 분석을 통해 고성과 인재의 이직 가능성을 사전에 예측하고, 유지 전략을 수립한다.

29 [보기]의 (주)생산에이아이의 RPA 도입 사례에 비추어 볼 때, 현재 수행 중인 자동화 업무와 향후 계획된 기술 도입은 각각 RPA 적용단계 중 어떤 것에 해당하는가?

> ┤ 보기 ├
>
> (주)생산에이아이(AI)는 반복적인 인사 데이터를 수작업으로 정리하던 기존 방식에서 벗어나, 인사기록 자동 작성, 근태 데이터 수집 및 분류, 채용 공고 자동 등록 등 다양한 단순 업무를 자동화하고자 RPA(Robotic Process Automation, 로봇 프로세스 자동화)를 도입하였다. 향후에는 OCR(광학 문자 인식)과 자연어 처리 기술을 연동하여, 이미지에서 이력서 정보를 추출하거나, 면접 후 피드백 텍스트를 분석하여 평가 항목별로 자동 분류하는 기능도 구현할 예정이다.

① 현재: 인지자동화 / 향후: 인지자동화
② 현재: 인지자동화 / 향후: 기초프로세스 자동화
③ 현재: 데이터 기반의 딥러닝 및 머신러닝 활용 / 향후: 인지자동화
④ 현재: 기초프로세스 자동화 / 향후: 데이터 기반의 딥러닝 및 머신러닝 활용

30 [보기]에서 설명하는 디지털 전환(Digital Transformation)의 개념으로 가장 적절한 것은?

> **보기**
>
> (주)생산컨설팅의 인사팀에서 근무하는 홍과장은 최근 회사가 '디지털 전환(Digital Transformation)' 전략을 추진한다는 발표를 들었다. 이에 따라, 인사팀에서도 기존 종이 기반의 평가 및 급여 관리 시스템을 클라우드 기반의 HR 시스템으로 전환하고, AI를 활용한 직원 성과 분석 및 맞춤형 교육 추천 시스템을 도입할 계획이다.
>
> 또한, 회사 전체적으로 빅데이터 분석을 활용한 고객 맞춤형 서비스 제공, 비대면 협업 플랫폼 확대, AI 챗봇을 통한 고객 응대 자동화 등을 추진하고 있다. 이를 통해 기업 내부뿐만 아니라, 고객과의 접점에서도 디지털 기술을 활용한 혁신이 이루어지고 있다.

① 클라우드 컴퓨팅만을 적용하여 기업 운영을 최적화하는 과정
② 디지털 기술을 활용하여 전통적인 사회 구조를 혁신하는 과정
③ 디지털 기술을 활용하여 기업 내부의 IT 부서만 개선하는 과정
④ 스마트폰 보급과 같은 개별 디지털 기기 보급에 초점을 맞춘 과정

답안 및 풀이

✓ 1.5 4차 산업혁명과 스마트 ERP

1	2	3	4	5	6	7	8	9	10
①	③	③	①	③	①	③	②	③	③
11	12	13	14	15	16	17	18	19	20
②	④	④	①	③	②	①	④	①	②
21	22	23	24	25	26	27	28	29	30
④	④	①	①	④	③	④	①	④	②

01 ① 클라우드를 통해 ERP 도입에 관한 진입장벽을 낮출 수 있다.

02 ③ 데이터베이스 클라우드 서비스와 스토리지 클라우드 서비스는 IaaS에 속한다.

03 ③ SaaS(Software as a Service)는 클라우드 컴퓨팅 서비스 사업자가 클라우드 컴퓨팅 서버에 소프트웨어를 제공하고, 사용자가 원격으로 접속해 해당 소프트웨어를 활용하는 모델이다.

04 ① ERP는 4차 산업혁명의 핵심기술인 인공지능(Artificial Intelligence, AI), 빅데이터(Big Data), 사물인터넷(Internet of Things, IoT), 블록체인(Blockchain) 등의 신기술과 융합하여 보다 지능화된 기업경영이 가능한 통합시스템으로 발전된다.

05 ③ 비즈니스 애널리틱스는 ERP 시스템 내의 데이터 분석 솔루션으로 구조화된 데이터(structured data)와 비구조화된 데이터(unstructured data)를 동시에 이용하여 과거 데이터에 대한 분석뿐만 아니라, 이를 통한 새로운 통찰력 제안과 미래 사업을 위한 시나리오를 제공한다.

06 ① 비즈니스 애널리틱스는 구조화된 데이터(structured data)와 비구조화된 데이터(unstructured data)를 동시에 이용한다.

07 ③

[스마트팩토리의 구성영역과 기술요소]

구 분	주 요 기 술 요 소
제품개발	제품수명주기관리(PLM: Product Lifecycle Management)시스템을 이용하여 제품의 개발, 생산, 유지보수, 폐기까지의 전 과정을 체계적으로 관리
현장자동화	인간과 협업하거나 독자적으로 제조작업을 수행하는 시스템으로 공정자동화, IoT, 설비제어장치(PLC), 산업로봇, 머신비전 등의 기술이 이용
공장운영관리	자동화된 생산설비로부터 실시간으로 가동정보를 수집하여 효율적으로 공장운영에 필요한 생산계획 수립, 재고관리, 제조자원관리, 품질관리, 공정관리, 설비제어 등을 담당하며, 제조실행시스템(MES), 창고관리시스템(WMS), 품질관리시스템(QMS) 등의 기술이 이용
기업자원관리	고객주문, 생산실적정보 등을 실시간으로 수집하여 효율적인 기업운영에 필요한 원가, 재무, 영업, 생산, 구매, 물류관리 등을 담당하며, ERP 등의 기술이 이용
공급사슬관리	제품생산에 필요한 원자재 조달에서부터 고객에게 제품을 전달하는 전체 과정의 정보를 실시간으로 수집하여 효율적인 물류시스템 운영, 고객만족을 목적으로 하며, 공급망관리(SCM) 등의 기술이 이용

08 ② 폐쇄형 클라우드는 데이터의 소유권 확보와 프라이버시 보장이 필요한 경우 사용된다.

09 ③ 연결주의 시대는 막대한 컴퓨팅 성능과 방대한 학습데이터가 필수적이나 학습에 필요한 빅데이터와 컴퓨팅 파워의 부족이라는 한계를 극복하지 못해 비즈니스 활용 측면에서 제약이 있었다.

10 ③ 인공지능이 개인, 가족, 지역 사회의 데이터 권리 또는 개인정보를 감소시켜서는 안 된다.

11 ② 텍스트 마이닝은 자연어 형태로 구성된 비정형 또는 반정형 텍스트 데이터에서 패턴 또는 관계를 추출하여 의미 있는 정보를 찾아내는 기법이다.

12 ④ 빅데이터의 주요 특성(5V)은 규모(volume), 속도(velocity), 다양성(variety), 정확성(veracity), 가치(value) 등이 해당된다.

13 ④ 제품 및 서비스의 일원화
스마트팩토리의 주요 구축 목적은 생산성 향상, 유연성 향상을 위하여 생산시스템의 지능화, 유연화, 최적화, 효율화 구현에 있다.

14 ①

[RPA(Robotic Process Automation) 적용단계]
- 기초프로세스 자동화(1단계): 정형화된 데이터 기반의 자료 작성, 단순 반복 업무처리, 고정된 프로세스 단위 업무 수행
- 데이터 기반의 머신러닝 활용(2단계): 이미지에서 텍스트 데이터 추출, 자연어 처리로 정확도와 기능성을 향상시키는 단계
- 인지자동화(3단계): RPA가 업무 프로세스를 스스로 학습하면서 자동화하는 단계이며, 빅데이터 분석을 통해 사람이 수행하는 더 복잡한 작업과 의사결정을 내리는 수준

15 ③

- 제조실행시스템(MES): 제조공정의 효율적인 자원관리를 위한 시스템으로 공장운영관리에 필요
- 사이버물리시스템(CPS): 실제의 물리적인 제품, 생산설비, 공정, 공장을 사이버 공간에 그대로 구현하고 서로 긴밀하게 통합되어 동작하는 통합시스템
- 제품수명주기관리(PLM)시스템: 제품의 개발, 생산, 유지보수, 폐기까지의 전 과정을 관리하기 위한 시스템

16 ②

17 ①

[기계학습(머신러닝) 워크플로우 6단계]
- 데이터 수집(1단계): 인공지능 구현을 위해서는 머신러닝·딥러닝 등의 학습방법과 이것을 학습할 수 있는 방대한 양의 데이터와 컴퓨팅 파워가 필요
- 점검 및 탐색(2단계): 데이터의 구조와 결측치 및 극단적 데이터를 정제하는 방법을 탐색하며, 변수들 간 데이터 유형 등 데이터의 특징을 파악
- 전처리 및 정제(3단계): 다양한 소스로부터 획득한 데이터 중 분석하기에 부적합하거나 수정이 필요한 경우, 데이터를 전처리하거나 정제하는 과정
- 모델링 및 훈련(4단계): 머신러닝에 대한 코드를 작성하는 모델링 단계로 적절한 알고리즘을 선택하여 모델링을 수행하고, 알고리즘에 전처리가 완료된 데이터를 학습(훈련)하는 단계
- 평가(5단계): 머신러닝 기법을 이용한 분석모델(연구모형)을 실행하고 성능(예측정확도)을 평가하는 단계
- 배포(6단계): 평가 단계에서 머신러닝 기법을 이용한 분석모델(연구모형)이 성공적으로 학습된 것으로 판단되면 완성된 모델을 배포

18 ④ 기계학습(머신러닝)은 지도학습, 비지도학습, 강화학습 으로 구분된다.
- 지도학습(Supervised Learning): 학습 데이터로부터 하나의 함수를 유추하기 위한 방법으로 학습 데이터로부터 주어진 데이터의 예측 값을 추측하는 방법
- 비지도학습(Unsupervised Learning): 데이터가 어떻게 구성되었는지를 알아내는 문제의 범주 속함
- 강화학습(Reinforcement Learning): 선택 가능한 행동 중 보상을 최대화하는 행동 혹은 순서를 선택하는 방법

19 ①

[인공지능 비즈니스 적용 프로세스]
비즈니스 영역 탐색 → 비즈니스 목표 수립 → 데이터 수집 및 적재 → 인공지능 모델 개발 → 인공지능 배포 및 프로세스 정비

20 ②

- 챗봇(Chatbot): 채팅(Chatting)과 로봇(Robot)의 합성어, 로봇의 인공지능을 대화형 인터페이스에 접목한 기술로 인공지능을 기반으로 사람과 상호작용하는 대화형 시스템
- 블록체인(Blockchain): 분산형 데이터베이스(distributed database)의 형태로 데이터를 저장하는 연결구조체로 모든 구성원이 네트워크를 통해 데이터를 검증 및 저장하여 특정인의 임의적인 조작이 어렵도록 설계된 저장플랫폼
- 메타버스(Metaverse): 가공, 추상을 의미하는 메타(Meta)와 현실 세계를 의미하는 유니버스(Universe)가 합쳐진 말로 3차원 가상현실 세계를 뜻함
- RPA(Robotic Process Automation): 소프트웨어 프로그램이 사람을 대신해 반복적인 업무를 자동 처리하는 기술

21 ④

22 ④

[인공지능 규범(AI CODE)의 5대 원칙]
- Code 1: 인공지능은 인류의 공동 이익과 이익을 위해 개발되어야 한다.
- Code 2: 인공지능은 투명성과 공정성의 원칙에 따라 작동해야 한다.
- Code 3: 인공지능이 개인, 가족, 지역 사회의 데이터 권리 또는 개인정보를 감소시켜서는 안 된다.
- Code 4: 모든 시민은 인공지능을 통해서 정신적, 정서적, 경제적 번영을 누리도록 교육받을 권리를 가져야 한다.
- Code 5: 인간을 해치거나 파괴하거나 속이는 자율적 힘을 인공지능에 절대로 부여하지 않는다.

23 ① 비지도학습 방법에는 군집분석, 오토인코더, 생성적 적대신경망(GAN) 등이 있다.

24 ① 사물인터넷(IoT)에 대한 설명이다.
- 클라우드 컴퓨팅: 인터넷을 통하여 외부사용자에게 IT자원을 제공하고 사용하게 하는 기술서비스
- 인공신경망(ANN): 인간의 두뇌를 묘사
- 사이버물리(CPS): 물리적인 제품, 생산설비, 공정, 공장을 사이버 공간에 두고 동작하는 통합시스템

25 ④ 빅데이터 기반의 AI챗봇을 통해 반복되는 질문에 자동응답처리가 가능하게 되므로, 인사담당자는 보다 전문적인 상담과 전략적 업무에 집중할 수 있게 되었다.

26 ③ 직원들이 작성한 사내 익명게시판의 글, 면담 기록, 인사평가 의견란의 내용 등, 자연어 형태로 구성된 비정형 또는 반정형 텍스트데이터에서 패턴 또는 관계를 추출하여 의미 있는 정보를 찾아내는 자연처리 기법이 핵심기술인 텍스트마이닝과 관계되는 내용이다.

27 ④
① 이미지 데이터를 효과적으로 분류할 수 있는 딥러닝 알고리즘은 CNN(순환신경망)에 대한 설명이다.
② 고정입력값을 처리하므로, 자연어 분석에 적합하지 않는 것은 CNN(순환신경망)에 대한 설명이다.
③ 시계열 데이터 분석에 최적화되어 인사 평가 등에 주로 활용되는 것은 RNN(합성곱 신경망)에 대한 설명이다.

28 ① 인사부서 내 경험 많은 관리자 개인의 직관에 따라 승진자 명단을 결정하는 것은 보기의 내용과 무관하다.

29 ④ 인사 자료와 관련된 단순 업무를 자동화하고자 RPA(로봇 프로세스 자동화)를 도입하는 것은 RPA 적용단계 중 '기초 프로세스 자동화' 단계에 대한 설명이며, 자연어 처리 기술을 연동하여 이미지에서 이력서 정보를 추출하는 것은 '데이터 기반의 딥러닝 및 머신러닝 활용' 단계이다.

30 ② 4차 산업혁명 시대의 경제 패러다임의 핵심인 디지털전환은 디지털 기술을 사회 전반에 적용하여 전통적인 사회구조를 혁신하는 과정으로 4차산업의 핵심기술(사물인터넷, 클라우드, 빅데이터, 인공지능 등)을 활용하여 기존의 구조, 운영방식, 서비스 방법 등을 혁신하는 것을 의미한다.

제2부

인사관리 이론

인적자원의 확보

01 인적자원관리

1.1 인사관리 및 인적자원관리의 개요

인사관리(personnel management)는 개인, 조직의 목표가 성취될 수 있도록 인력의 확보부터 이직까지의 과정을 계획, 조직, 지휘, 조정, 통제하는 관리과정으로 이해되어왔다. 그러나 오늘날에는 조직구성원을 조직경쟁력의 원천으로 인식한다는 점에서 인적자원관리(human resources management)의 개념으로 사용된다. 인적자원관리는 개개인의 욕구와 개성을 중시하면서 조직에서의 사람을 자산으로서의 인적자원으로 인식하여 개발하는 데 중점을 두고 있으며, 기업의 경제적 효율성(생산성)과 그 구성원이 사회적 효율성(만족)을 극대화하기 위하여 조직 내 모든 구성원의 잠재적 능력을 최대한 발휘할 수 있도록 핵심 인적자원을 확보, 종업원 능력의 개발과 활용, 공정한 평가와 보상, 유지 등의 활동을 계획하고 실행하며 통제하는 활동을 말한다.

1) 인적자원관리 패러다임의 변화

기업의 경영활동에 필요한 유능한 인재를 확보 및 육성하여 개발하고, 적절한 보상을 위한 전반적인 과정을 의미하는 인사관리의 개념에서 확대 및 변화하고 있는 인적자원관리의 다음의 특징을 갖는다.

- 연공중심에서 성과중심(시장가치중심)으로 변화
- 수직적 상하관계에서 수평적 상호관계로 변화
- 일방적인 통보에서 쌍방향 의사소통으로 변화
- 근무성적평가에서 육성 및 개발 평가시스템으로 변화
- 획일적인 보상에서 능력과 성과 위주의 보상으로 변화
- 사람중심에서 역할중심으로 변화
- 비용관점에서 수익관점으로 변화

2) 인적자원관리 담당자의 역할

인적자원관리 패러다임의 변화로 인적자원관리 담당자들이 조직 내에서 수행해야 할 역할은 다음과 같이 규정할 수 있다.

구 분	내 용
행정전문가 (관리전문가)	법과 제도적으로 요구되는 사무적 관리, 기록관리, 행정절차의 효율성에 초점
구성원 조력자 (직원 지지자)	• 종업원 이슈와 관심사에 대한 해결사 • 구성원의 만족도 제고와 역량개발 기회 제공
전략적파트너	• 조직 전략에 대한 인적자원의 기여도 제고(인적자원과 기업전략 동일화) • 인적자원 확립을 통한 차별화된 인적 경쟁력 강화
변화주도자	• 변화하는 환경에 대응하여 조직효과성 제고 • 변화 수준을 점검하고 변화역량 개발 • 코칭과 컨설팅 제공

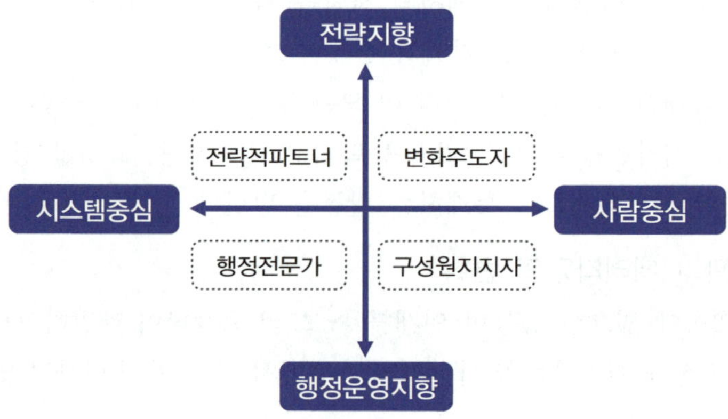

1.2 인사관리의 목적

인사관리의 목적은 조직의 목표인 「생산성 목표」와 조직 자체의 유지를 해야 하는 「유지목표」를 달성하는 것이다. 즉, 인사관리를 잘하게 되면 기업의 수익을 극대화할 수 있고, 그 결과 업적, 생산성, 비용, 품질, 결근율, 이직률 등의 변화를 줄 수 있게 되는 것이다.

- 노동력의 효율적 이용을 통한 노동능력 및 생산성 향상에 기여한다.
- 원재료·경비·시간 절감 및 인건비 절감을 통한 비용 절감에 기여한다.
- 조직의 목표달성을 위한 노사관계 질서의 유지·안정을 유도한다.
- 근로 생활의 질 충족을 통해 근로자의 작업환경과 관계 개선, 노동 의욕의 향상, 종업원의 사기 증진에 기여한다.
- 종업원 만족(생활 만족, 직무 만족, 직장 만족, 기업 만족)을 실현해 고용관계 유지에 기여한다.

1.3 인사관리의 영역

1) 인적자원관리(HRM: Human Resources Management): 기업의 장래 인적자원의 수요를 예측하여 필요한 인적자원을 확보하기 위하여 실시하는 일련의 활동
2) 인적자원개발(HRD: Human Resources Development): 개인과 조직의 개선을 목적으로 조직 내에서 개인 학습활동을 통하여 개인적 향상, 현재와 미래 직무에 대한 능력을 개발하는 것
3) 인적자원계획(HRP: Human Resources Planning): 미래에 필요한 인적자원의 수요를 예측하고 그에 대한 채용, 선발, 훈련, 경력개발, 직무설계 등을 계획하는 것
4) 인적자원활용(HRU: Human Resources Utilization): 인적자원을 조직 내에 배치하고 활용하는 것으로 승진, 평가, 이동, 보상, 업적관리, 배치와 순환, 인사고과 등 인사제도와 운영에 관련된 것
5) 노무관리: 근로자의 능력을 장기간 유지하고 상승시키는 일련의 정책으로, 노사관계를 중심으로 노동조건을 포함한 의미

1.4 인사관리의 이론적 발전과정

(1) 과학적 관리의 인사관리

근로자의 근로의욕을 높이고 능률을 최고로 높이기 위하여 시간연구와 동작연구를 기초로 노동의 표준량을 정하고, 임금을 작업량에 따라 지급하는 등의 여러 가지 합리적인 방법을 연구하였다. 이러한 과학적 관리기법은 미국의 프레더릭 윈슬로 테일러(Frederick Winslow Taylor)에 의해서 1881년 처음 창시되어 오늘에 이르고 있다.

합리적으로 과업을 설정하기 위하여 과학적인 시간연구(표준작업량 연구)를 하였고 시간연구의 전제조건으로 개별 노동자의 작업을 주요 기본동작으로 분석하였으며, 각 기본동작에 대한 단위 시간을 스톱워치로 측정(시간연구)하여 집계하였다. 따라서 불필요한 동작을 제거해서 최선의 작업 방법(동작연구)을 마련하는 동시에 작업시간을 확정하였다.

테일러(F. W. Taylor)는 과업의 달성 여부를 구분하여 동일 작업에 대하여 표준량 이상의 과업을 달성한 경우 고임금을 지불하고, 미달할 경우 저임금을 지불하도록 하는 차별적 성과급 제도를 도입하게 된다.

테일러의 과학적 관리법	포드시스템

• 표준작업량 연구
• 동작연구와 시간연구
• 차별적 성과급: 표준작업량 이상
  (고임금), 표준작업량 이하(저임금)
• 직장(Boss) 중시: 조직이론의 기초
	• 3S 원칙: 표준화, 전문화, 단순화
	• 3S를 채택한 대량 생산 방식
	• 합리성과 능률 추구
	• 기계적 작업으로 대량 생산(컨베이어 설치)
	• 작업원칙: 작업자는 작업 도중 허리를 굽혀서는
	  안 됨

(2) 인간관계적 인사관리

인간을 기계의 부속물처럼 생각한 과학적 관리의 한계가 나타나기 시작하자 하버드대학의 메이요(Mayor) 등에 의하여 인간성 소외에 대한 비판과 기계주의적인 관리론에 대한 반성이 시작되었다. 호손실험은 메이요 교수와 연구팀이 호손 전기 회사 공장에서 일하는 근자를 대상으로 작업능률 향상에 대한 연구를 하였기에 이것을 호손실험 또는 호손연구라고 한다. 연구결과, 물리적인 작업환경과 임금 즉, 경제적인 노동조건뿐만 아니라 오히려 종업원의 태도나 감정적인 측면과 비공식 조직에 의해 작업능률이 향상되는 것을 발견하였다. 하지만 지나치게 인간의 감정과 비공식 조직만 중시하고 인간행동에서 경제적 자극 또는 경제적 욕구를 경시함으로써 근로자의 동기부여와 인간 조직의 관리 방침에 모순을 주는 단점이 있다.

(3) 행동과학적 인사관리(과업과 인간 지향)

인간관계론을 주장하는 사람들은 인적자원의 특수성만 인식하고 기계론적 인간관을 배격하였다. 그에 따라 인간행동에 관한 종합적이면서 과학적인 연구의 필요성이 강조되면서 원래 인간은 경제적 이익을 얻는 것뿐만이 아니라 매우 다양한 욕구를 가지고 있으며, 욕구 충족을 위해서는 환경 조직에 따른 인간행동의 종합적 연구가 필요하게 되었다.

따라서 과업 중시와 인간 존중을 동시에 추구하는 이론이 나타나기 시작하였으며, 이는 근로자에게 자발적 노력을 유도하기 위한 동기부여 기법이 이용된다.

• 매슬로우(Maslow): 욕구 5단계 이론(생리적, 기본적 욕구 → 안전, 안정의 욕구 → 사회적, 소속 욕구 → 존경 욕구 → 자아실현 욕구)

- 맥그리거(McGregor): X · Y이론

  (X – 본래 게으르고 타율적이어서 강압을 받거나 명령을 받지 않으면 일을 하지 않는 기질, Y – 조직에 따라 책임을 떠맡거나 자진하여 책임을 지려고 하는 기질)
- 허즈버그(Herzberg): 2요인 이론(불만족요인(위생이론)과 만족요인(동기이론))
  - 동기(만족)요인: 만족도가 높아짐에 따라 성과가 좋아지게 하는 요인이다. 성취감, 책임, 성장, 인정과 칭찬, 도전성 등이 있다.
  - 위생(불만족)요인: 불만족은 줄이지만 만족도를 높이지는 못하는 요인이다. 급여, 기술적 감독, 작업조건, 지위, 조직정책과 관리, 대인관계, 직장의 안정성 등이 있다.
- 아지리스(Argyris): 미성숙 · 성숙이론
- 아담스(Adams): 공정성 이론
- 포터(Porter) · 롤러(Lawler): 기대이론

(4) 시스템 접근방식의 인사관리(환경 적응과 혁신 시대)

기업조직을 시스템 구조로 이해하고 조직의 문제를 해결하기 위한 방법으로 시스템 접근방식은 기업조직의 각 부분이 상호 연관되면서 의존하고 있다는 것을 인식하고, 심리학자들의 투입과 산출의 균형을 설명한 이론을 인사조직관리 방식으로 1960년대 중반에 도입되었다.

시스템 접근방식의 인사조직관리는 종전의 폐쇄적 접근방법 보다는 개방적 환경을 강조하는 개방적 시스템 접근으로 기업조직과 시장환경이 상호 영향을 주며, 의존적인 관계를 강조하는 동태적이고 유기적인 이행방식이다.

- 피들러(Fiedler): 상황리더십이론(상황을 중시하면서 긴밀하게 구성원 간 상호작용하는 개방 조직)
- 호웰(Howell)과 히긴스(Higgins): 혁신은 기업가에게 변화의 촉매제이며 기회의 전환 과정임
- 드러커(Drucker): 혁신은 경영자의 중요한 기능이며 기업의 유일한 목표로 '고객창조'의 가치를 제시함

(5) 리엔지니어링 시대

리엔지니어링(Re-engineering)은 1990년 마이클 해머(Michael Hammer)가 제창한 기업 체질 및 구조와 경영방식을 근본적으로 재설계하여 경쟁력을 확보하는 경영혁신 기법이다. 따라서 업무 체계에서의 낭비 요소를 제거하고 모든 사업 활동을 프로세스 중심으로 재편하는 것이다.

(6) 구조조정 시대

기존의 사업구조나 조직구조의 기능 또는 효율을 높이기 위해 조직의 내부 구조를 변화시키는 것이다.

구 분	내 용
디베스티쳐 전략 (Divestiture Strategy)	거대한 기업군을 감량하기 위하여 부실한 부분을 잘라서 매각
다운사이징 전략 (Downsizing Strategy)	필요 없는 인원과 경비를 줄여 낭비 조직을 제거
리스트럭처링 (Restructuring)	기업 환경의 변화에 대응하기 위하여 조직의 구조를 보다 경쟁력 있게 재편
전사적 품질경영 (TQM: Total Quality Management)	상품과 작업의 질을 총체적으로 개선
벤치마킹 (Benchmarking)	경쟁기업뿐만 아니라 특정한 프로세스에 대해 강점을 지니고 있는 조직을 대상으로 적극적으로 학습

개념 익히기

● 인적자원의 특수성

구 분	내 용
존엄성	잉여 기계는 이동 혹은 교체(매각) 할 수 있지만, 인적자원은 쉽게 이동하거나 교체 할 수 없다.
능동성	인적자원은 양과 질이 부족해도 다양한 관리기법을 통해 생산성을 충분히 향상시킬 수 있다.
개발성	인적자원을 정해진 연봉액에 맞추어 채용했지만, 지속적인 교육과 훈련을 통해 연봉가치 보다 훌륭한 인재로 양성할 수 있다.
소진성	자본과 원재료 등은 특정 시기에 비축해 두더라도 그 가치가 보존될수 있지만, 인적자원은 일단 채용하면 해당 시점부터 소비된다고 할 수 있다.

개념 익히기

🔍 인사관리의 기본체계

– 과정적 인사관리

구 분	내 용
인사계획	인사관리의 기본 정책과 방침을 결정, 인사계획 및 인력을 수급하는 계획 입안 등을 담당
인사조직	인사관리 기능의 분담화와 조직화를 담당하며, 경영자, 라인관리자, 인사스텝 기능의 조직화 등을 담당
인사평가	인사관리의 실지 결과에 대한 비교 평가를 담당

– 기능적 인사관리

구 분	내 용
노동력관리	• 고용관리(채용, 배치, 이동, 승진, 퇴직 등을 관리) • 개발관리(교육훈련과 능력개발을 관리)
근로조건관리	• 임금관리(임금체계 및 임금형태 관리) • 복리후생관리(복리후생제도, 근로시간 적정화) • 산업안전관리(산업재해의 방지 및 대책 마련) • 보건위생관리(건전한 노동력 확보)
인간관계관리	인간관계의 개선이나 인간성 실현을 목표로 하며, 동기부여나 근로생활의 질 향상을 위한 제도 및 고충처리제도 도입 및 활성화 역활
노사관계관리	올바른 노사관계확립 및 협력관계 유지를 위한 관리 (노동조합 및 경영의사결정 참여 등)

1.5 인적자원관리의 기능

인적자원관리는 하나의 과정(process)으로서 조직 내 인적자원의 확보와 개발, 보상 및 유지라는 하나의 큰 흐름 아래 이루어진다.

[인적자원관리의 5대 기능]

기본기능	확보기능	개발기능	보상기능	유지기능
• 직무관리 • 인적자원계획	• 채용관리 • 선발관리 • 인사이동	• 교육훈련 • 경력관리 • 인사평가	• 임금관리 • 복지후생관리	• 안전보건관리 • 노사관계관리 • 이직관리

1) 기본기능

직무분석, 직무평가, 직무설계의 영역으로 구분되는 직무관리와 현재 또는 중장기적인 차원에서 요구되는 인력의 규모를 예측하고 결정하는 인적자원계획 영역으로 구분된다.

2) 확보기능

기본기능에 따라 조직이 원하는 인력의 규모와 요건에 따라 인적자원을 확보하기 위한 과정으로 종업원의 채용, 모집, 선발, 인사이동(배치) 등이 해당된다.

3) 개발기능

확보기능에 따라 채용된 인재의 지속적인 경력개발을 위한 과정으로 교육훈련, 경력관리(능력개발 관리), 인사평가(승진, 징계) 등이 해당된다.

4) 보상기능

종업원들에 대해 금전적 혹은 비금전적 보상의 공정성을 위한 과정으로 임금관리와 복지후생관리가 해당된다.

5) 유지기능

근로자의 능력을 장기간 유지하고 상승하여 노사 간 협력관계를 유지 발전시켜 근로생활의 질 향상을 위한 과정으로 안전보건관리, 노사관계관리, 이직 관리 등이 해당된다.

개념 익히기

● 인적자원의 특성

구 분	내 용
존엄성	조직의 구성을 하나의 인격체라는 인식에서 출발
능동성	능동적이고 자율적인 성격을 지님
개발성	잠재능력과 자질을 보유하고 있어 장기간에 걸쳐 개발이 가능함
전략성	조직체의 성과와 가장 밀접한 관계를 맺고 있음
소진성	자금이나 물질적 자원처럼 비축해 둘 수 없어 각별한 관리와 배려가 필요

● 인적자원관리에 영향을 미치는 요인

구 분		내 용
외부 요인	일반환경	경제적 환경, 사회문화적 환경, 법률적 환경, 기술적 환경, 노동시장 등
	특수환경	정부, 주주, 고객, 경쟁업체, 노동조합, 지역사회 등
내부요인		최고경영자의 경영철학, 기업의 목표, 정책, 전략, 분위기 등

● 인적자원관리 실시 절차

순 서	내 용
① 계획	인적자원정책 결정과 계획 수립 및 조직화(업무분장) → 인력공급추이 파악, 임금기준 파악, 인사평가 및 경력개발, 　모집홍보, 선발면접, 배치
② 실행	경영자와 관리자, 인사관리자를 주축으로 계획을 실행하는 과정 → 사기유발, 노사분규해결
③ 통제(평가와 개선)	실행된 계획에 대하여 평가와 피드백을 하는 과정 → 사기향상 정도, 모집효과 분석, 투입비용 계산

● 인사관리의 실시 원칙

- 직무중심주의 원칙
- 전인주의 원칙
- 능력주의 원칙
- 성과주의 원칙
- 공정성의 원칙
- 정보공개주의 원칙
- 참가주의 원칙

1.1 인적자원관리

01 종업원의 채용, 배치, 이동, 승진, 퇴직, 관리 등의 고용관리 직능과 교육훈련, 능력개발 등의 인적자원의 확보, 보상, 개발과 같은 일련의 체계적인 관리활동으로 정의되는 것은 다음 중 무엇인가?

① 경력관리　　　　　　　　　　　② 노무관리
③ 인사관리　　　　　　　　　　　④ 보건관리

02 인사관리에 대한 설명으로 적절하지 않은 것은?

① 종업원들의 노동생산성을 극대화시키기 위한 관리활동이다.
② 자동화시스템의 발달로 인적자원의 중요성은 점차 감소할 전망이다.
③ 기업의 목표를 달성하기 위해 필요로 하는 인력을 조달, 유지, 개발 및 활용하는 관리활동이다.
④ 최근에는 종업원들의 역량개발 등을 통해 개인과 조직의 목표를 일치시켜 나가는 것을 중요하게 여긴다.

03 인사관리의 영역에서 미래에 필요한 인적자원을 예측하고 그에 대한 적절한 채용, 충원, 선발, 훈련, 경력승진, 조직과 직무의 설계 등을 계획하는 내용과 가장 가까운 것은 다음 중 무엇인가?

① 인적자원개발(HRD)　　　　　　② 인적자원계획(HRP)
③ 인적자원활용(HRU)　　　　　　④ 전사적자원관리(ERP)

04 [보기]에서 인적자원관리 담당자의 역할영역을 바르게 제시한 것은?

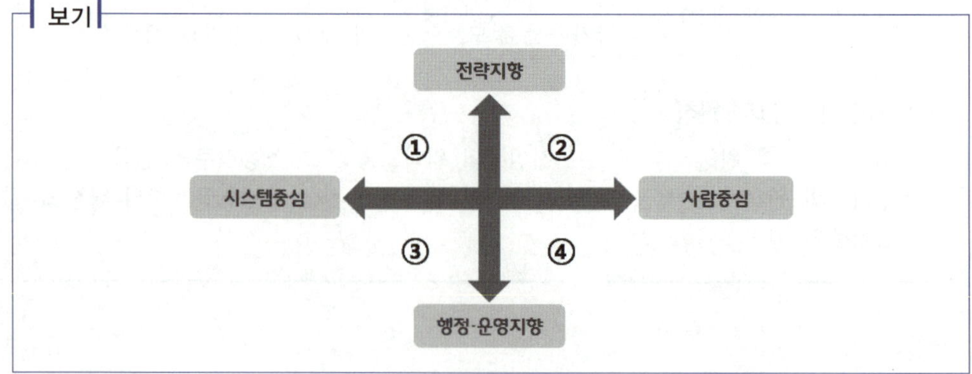

① 행정전문가　　　　　　　　　　② 변화관리자
③ 구성원지지자　　　　　　　　　④ 전략적파트너

05 인사관리의 이론적 발전에 관련한 주요 이론과 연구자가 맞게 연결되지 않은 것은 무엇인가?

① X - Y 이론: 메이요
② 공정성이론: 아담스
③ 2요인 이론: 허즈버그
④ 과학적 관리법: 테일러

06 다음 인사관리의 주요 이론과 그에 대한 설명이 적절하게 대응된 것이 아닌 것은 무엇인가?

① 과학적 관리법: 차별적 성과급
② 2요인 이론: 아지리스의 성숙 - 미성숙 이론
③ 인간관계론: 비공식집단 관리 필요성 제기
④ XY이론: 종업원 능력과 성향에 따른 권한이양과 통제의 관리

07 다음 중 허쯔버그(F. Herzberg)의 2요인 이론에서 만족요인(동기요인)으로 적절하지 않은 것은?

① 성취감
② 책임 부여
③ 인정과 칭찬
④ 상사와의 관계

08 다음 인적자원관리 활동에 미치는 주요한 환경 중 기업의 인력유지에 직접적으로 가장 크게 영향을 미치는 환경요인은?

① 사내유보금 증가
② IT기술의 변화
③ 노동조합의 역할
④ 사회가치관의 변화

09 인사관리의 주요 기능을 설명한 내용과 가장 거리가 먼 것은 다음 중 무엇인가?

① 인적자원의 기본기능에서는 직무관리와 인적자원계획 등이 주요 과제로 제시된다.
② 인적자원의 유지기능에서는 임금관리와 복지후생관리가 주요한 내용으로 구성된다.
③ 인적자원의 개발기능에서는 인사평가와 교육훈련, 그리고 개발과 경력관리 등의 활동이 이루어진다.
④ 인적자원의 확보기능에서는 채용관리와 전통적으로 이루어지고 있는 인사행정 의미의 인사관리가 이루어진다.

10 인적자원관리는 조직의 유효성을 높이기 위해 실천되는 하나의 과정이다. 다음 중 인적자원관리 기본기능 외에 실무운영기능에 대한 설명으로 적합하지 않은 것은?

① 확보기능 - 직무관리, 인적자원계획
② 개발기능 - 교육훈련, 경력개발, 경력관리
③ 보상기능 - 임금관리, 복지후생관리
④ 유지기능 - 안전보건관리, 이직관리, 노사관계관리

✓ 1.1 인적자원관리

1	2	3	4	5	6	7	8	9	10
③	②	②	①	①	②	④	③	②	①

01 ③ 인사관리는 조직 내 모든 구성원들의 잠재적 능력을 최대한 발휘할 수 있도록 핵심 인적자원을 확보, 종업원 능력의 개발과 활용, 공정한 평가와 보상, 유지 등의 활동을 계획하고 실행하며 통제하는 활동을 말한다.

02 ② 자동화시스템의 도입이 확대되더라도 인적자원관리의 중요성은 감소하지 않는다.

03 ② 인적자원계획은 미래에 필요한 인적자원의 수요를 예측하고 그에 대한 채용, 선발, 훈련, 경력개발, 직무설계 등을 계획하는 것이다.

[인사관리의 영역]
- 인적자원관리(HRM: Human Resources Management): 기업의 장래 인적자원의 수요를 예측하여 필요한 인적자원을 확보하기 위하여 실시하는 일련의 활동
- 인적자원개발(HRD: Human Resources Development): 개인과 조직의 개선을 목적으로 조직 내에서 개인 학습활동을 통하여 개인적 향상, 현재와 미래 직무에 대한 능력을 개발하는 것
- 인적자원계획(HRP: Human Resources Planning): 미래에 필요한 인적자원의 수요를 예측하고 그에 대한 채용, 선발, 훈련, 경력개발, 직무설계 등을 계획하는 것
- 인적자원활용(HRU: Human Resources Utilization): 인적자원을 조직 내에 배치하고 활용하는 것으로 승진, 평가, 이동, 보상, 업적관리, 배치와 순환, 인사고과 등 인사제도와 운영에 관련된 것
- 노무관리: 근로자의 능력을 장기간 유지하고 상승시키는 일련의 정책으로, 노사관계를 중심으로 노동조건을 포함한 의미

04 ① 인적자원관리(HRM)에 대한 설명이다.

05 ① X-Y 이론은 맥그리거(D. McGregor)가 인간관을 동기부여의 관점에서 분류한 이론으로 전통적 인간관을 X이론으로, 새로운 인간관을 Y이론으로 지칭하였다. 메이요(E. Mayo)는 호손 실험을 통해 객관적인 생산조건뿐만 아니라 작업장에서 종업원의 주관적, 사회적 욕구충족을 만족시켜 작업계획을 세우는 인간의 근본적인 욕구와 가치의 문제, 인간관계의 중요성을 인식할 수 있게 되었다.

06 ② 2요인 이론은 허즈버그(F. Herzberg)는 모든 욕구요인을 불만족요인(위생요인)과 만족요인(동기요인)으로 분류하여 불만제거 시와 동기부여 시 관리해야 할 요소가 다르다는 두 개의 요인이 있다고 보았다.

07 ④ 허즈버그의 2요인 이론에는 위생요인과 동기요인이 있다. 동기요인에는 성취감, 책임, 성장, 인정과 칭찬 등이 있다.

08 ③ 노동조합의 역할이 기업의 인력유지에 직접적인 영향을 미치는 환경요인에 해당된다.

09 ② 유지기능은 안전보건관리, 노사관계관리 등이며 임금관리와 복지후생관리는 보상기능이다.

[인적자원관리의 5대 기능]
- 기본기능: 직무관리, 인적자원계획
- 확보기능: 채용관리, 선발관리, 인사이동
- 개발기능: 교육훈련, 경력관리, 인사평가
- 보상기능: 임금관리, 복지후생관리
- 유지기능: 안전보건관리, 노사관계관리, 이직관리

10 ① 기본기능: 직무관리, 인적자원계획

02 직무관리

2.1 직무관리의 정의

직무란 종업원들에게 부여된 과업, 임무, 책임을 말하며, 직무관리는 직무의 내용과 이를 담당하는 근로자의 자격에 대한 체계적 정보를 토대로 직무 간의 가치평가를 수행하여 조직목표 달성을 위한 직무의 구조 및 내용의 설계가 이루어지는 활동을 말한다.

직무관리와 관련된 주요 용어는 다음과 같다.

구 분	내 용
작업요소	작업이 나눠질 수 있는 최소단위를 의미
과업(task)	근로자에게 할당된 일의 단위를 의미하며, 특정한 목표를 위해 수행되는 특정한 작업 활동을 의미
직위(position)	한 사람에게 주어진 과업의 집단으로 여러 과업이 결합한 것을 의미
직무(job)	동일하거나 유사한 직위의 집단으로 유사한 업무 내용을 가진 직위들을 하나의 관리단위로 설정한 것으로, 각 직위에 할당된 업무를 의미
직군(job group)	동일하거나 유사한 직무의 집단을 의미(예: 사무직, 관리직, 영업직 등)
직종(job family)	일반적으로 직업이라고도 불리며, 이는 동일하거나 유사한 직군들의 집단을 의미
팀(부서)	상호보완적인 기능을 가진 소수의 사람들이 공동의 목표달성을 위해 상호책임을 공유하고 문제해결을 위해 공동의 접근방법을 사용하는 조직단위

개념 익히기

● 직책과 직급

- 직책: 직위에 대한 권한과 책임을 뜻하며, 팀장, 본부장 등으로 표현된다.
- 직급: 직무의 등급이나 난이도 등 비슷한 직위를 세분화한 것으로, 과장 1호봉, 과장 2호봉 등으로 표현되며, 직급은 호봉관리를 바탕으로 월급제 사원의 급여계산 시 기준이 된다.

● 직무관리의 절차

직무분석 → 직무기술서(업무) 및 직무명세서(사람) 작성 → 직무평가 → 직무설계

2.2 직무분석

(1) 직무분석의 정의

직무분석은 특정 직무의 내용이나 성질을 연구와 관찰을 통해 일정한 직무의 성질, 구체적으로 그 직무를 수행하는 데 필요한 숙련, 노력, 책임, 작업환경 등을 알아내는 과정이라고 할 수 있다. 직무분석 담당자들에게 직무분석의 방법과 절차를 사전에 훈련하고, 종업원들이 직무분석과정에 참여할 수 있도록 해야 한다. 직무분석의 최종단계에서는 직무담당자의 확인이 필요하다.

(2) 직무분석의 목적과 효과

직무의 내용과 이를 담당할 사람의 자격요건을 분석하는 과정으로서 직무기술서와 직무명세서가 도출되며, 직무평가와 직무설계의 기초자료로 활용하기 위한 목적이다. 또한 직무분석을 통하여 다음과 같은 효과를 볼 수 있다.
- 종업원의 채용, 배치, 이동, 승진 등의 고용관리의 합리화
- 종업원의 교육훈련 및 능력 개발의 촉진
- 평가관리(인사평가) 및 보상관리(임금관리)
- 업무 분담의 적정화
- 직무 중심의 조직설계 및 업무개선(작업방법 및 공정의 개선)
- 노사관계관리 및 산업안전관리의 기초

개념 익히기

● 직무분석의 오류 유형
- 직무분석의 오류에는 부적절한 표본추출로 인한 오류
- 구성원의 반응세트
- 직무환경변화에 의한 오류
- 구성원의 행동변화

● 반응세트(Response Set)

사람들이 예상된 혹은 왜곡된 방법으로 질문에 대해 일관적으로 답변할 때 발생하며, 질적 척도에 대한 사람들의 해석이나 그 정보를 처리하려고 하는 의도에 대한 잘못된 믿음 때문에 생기게 된다.

(3) 직무분석의 절차

1) 준비단계

직무분석을 할 때 얻어진 자료를 어떤 목적에 활용할 것인지 미리 결정하고, 직무분석에 필요한 전문적 지식과 기능 및 관찰력과 판단력을 구비한 분석자가 선정되어야 한다. 분석의 대상이 되는 직무의 단위를 결정하고 대표 직무를 선정한다.

2) 실시단계

직무의 성격, 직무수행에 요구되는 종업원의 행동 방식, 인적요건 등 구체적인 직무에 대한 정보분석이 이루어진다.

3) 정리단계

직무분석의 최종단계로서 조사결과를 분석·정리하여 직무기술서(직무특성)와 직무명세서(인적특성)가 작성되며 직무담당자의 확인이 필요하다.

구 분	내 용
직무기술서 (job description)	직무분석을 통해 나타난 결과를 직무의 특성을 중심으로 관계자 모두가 이해할 수 있도록 기술한 것으로, 직무내용, 성격, 수행방법 등이 포함된다. • 직무표지: 직명, 소속 과·부, 공장, 코드번호 • 직무개요: 직무수행의 목적이나 내용을 간략히 기술 • 직무내용: 직무수행에 관계되는 제 상황을 보다 상세하게 기술 • 직무요건: 직무수행에 필요한 의무, 절차, 작업조건 등을 기술
직무명세서 (job specification)	직무분석을 통해 나타난 결과를 직무내용 보다는 직무요건인 인적특성에 중심을 두고 기술한 것으로, 교육 및 훈련, 직무경험, 신체적 요건 등이 포함된다.

(4) 직무분석의 방법

구 분	내 용	
관찰법	숙련된 직무분석자가 직무수행자를 직접 관찰하여 관련된 항목을 체크하거나 평가하도록 하는 방법	
	장점	**단점**
	가장 현실적인 직무 활동에 접근할 수 있으므로 정확한 직무 파악 가능	직무분석자의 주관 개입, 오랜 시간이 소요되는 직무는 적용 불가
면접법	직무분석자가 종업원, 감독자와 직접 면접하여 작업의 내용, 성격 등을 파악	
	장점	**단점**
	직무에 대한 완전하고도 정확한 지식을 확보 가능	• 여러 종류의 직무를 분석해야 할 경우 많은 시간과 노력 소요 • 면접당사자에게 지급되는 인건비 부담, 광범위한 실시는 불가능
질문지법	표준화된 질문지를 근로자에게 배부하여 스스로 기입하게 하는 방법	
	장점	**단점**
	신속하게 직무에 관한 사실과 면접법보다 광범위한 자료 수집이 가능하여 시간과 비용이 절약되며, 폭넓은 정보를 얻기 쉬움	• 질문지의 설계 및 작성과 질문지 완성에 있어 통일적인 해석 힘듦 • 완전한 사실을 얻을 수 없음
경험법 (체험법)	직무분석자 자신이 직무 활동을 수행하고 그 체험에 의해 직무에 관한 지식 체득	
	장점	**단점**
	가장 정확하고 생생한 정보를 얻으며, 각 직무의 상세한 차이 파악	체험 정보가 항상 정확하다고 할 수 없으며, 모든 직무 체험이 불가능
중요사건 기록법	직무성과에 능률적인 행동과 비능률적인 행동을 구분하고, 그 사례를 수집하여 직무성과에 효과적인 행동 패턴을 분석하는 방법	
	장점	**단점**
	직무 행동과 직무성과 간의 관계를 직접적으로 파악 가능	수집된 많은 직무 행동을 분류 평가하는 데 많은 시간과 노력 소요
작업기록법	직무담당자가 매일 자신의 직무에 대한 작업일지와 메모 사항 등을 기록하여 직무 정보를 얻는 방법	
종합분석법	직무분석 방법 중 둘 이상의 방법을 병행하여 종합적으로 분석하는 방법	

구 분	내 용

| 워크
샘플링법 | 직무분석자가 전체 작업 과정 동안 무작위로 많은 관찰을 하여 직무 행동에 대한 정보를 얻는 방법 |

	장점	단점
	여러 직무 활동을 동시에 기록함으로써 전체 직무의 모습 파악 가능	직무성과가 외형적일 때만 적용 가능

(5) 직무분석의 기법

구 분	내 용

| 과업목록법 | 설문지를 이용하여 분석하고자 하는 직무의 모든 과업을 열거하고, 이를 상대적 소요시간 및 빈도, 중요성, 난이도, 학습의 속도 등의 차원에서 평가 방식 |

	장점	단점
	• 구성원들과 면담을 통하여 작성한 설문 항목을 사용하기 때문에 현실적인 직무 내용을 파악할 수 있음 • 과업을 매우 세부적이며 체계적으로 분석할 수 있음 • 일단 개발되면 교육 용도로 매우 효과적으로 활용	• 개발비용이 많이 듦 • 직무간 비교가 어렵기 때문에 직무평가 등의 용도로는 적합하지 않음

| 기능적
직무분석
(FJA:
Functional
Job
Analysis) | 미국 노동성의 훈련고용국(U. S. Training and Employment Service)에서 개발된 직무분석 기법으로 모든 직무는 자료, 사람, 사물과 관련되어 있다는 가정 하에 직무의 자료관련 기능(통합, 분석, 조정), 사람관련 기능(협상, 감독, 지시), 사물관련 기능(설치, 정밀 작업, 조작 등)으로 정보를 분류·정리하여 작업자의 작업 행동에 초점을 두고 직무를 분석하는 방식 |

	장점	단점
	• 작업 행동의 종류와 복잡성 수준, 과업 수행에 필요한 자격요건의 수준을 체계적으로 파악하기에 용이 • 직무분류와 직무평가에 유용하게 활용됨	작업자의 작업행동에 초점을 맞추기 때문에 기능적 분석법의 결과를 가지고 바로 직무평가에 적용하는 데는 한계가 있음

구 분	내 용
직위분석 질문지법 (PAQ: Position Analysis Questionnaire)	맥코믹(McCormick)과 그의 동료들에 의해 개발된 것으로 표준화된 업무 행동·상태 및 직무 특성 등을 측정하는 평가 방식이다. 구성원들의 작업활동에 관한 187개 문항과 임금에 관한 7개 문항으로 총 194개의 문항으로 구성된다. 이 문항들은 정보의 투입, 정신적 과정, 작업 산출, 타인과의 관계, 작업환경/직무 상황, 기타 요건으로 6개의 차원으로 평정하도록 구분되어 있다. 이에 따라 직무수행자의 응답을 바탕으로 직무에 대한 광범위한 정보를 획득할 수 있으며, 대부분의 직무에 적용할 수 있어 표준화된 정보를 수집하는 대표적인 직무분석 방법으로 평가됨

장점	단점
• 개별 직무에 대해 다각적이고 풍부한 정보를 획득하여 많은 자료원에 대한 비교를 가능하게 함 • 변형 없이도 넓은 범위의 직무에 사용 가능 • 선발과 직무분류 용도로 널리 활용됨	• 성과 표준이나 훈련 내용을 설문지의 점수로부터 도출하기 어렵기 때문에 인사평가와 훈련 용도로는 활용하지 못함

구 분	내 용
관리직위 기술질문지법 (MPDQ: Management Position Description Questionnaire)	토나우(Tornow)와 핀토(Pinto)가 개발한 것으로, 관리자의 직무구조(책임관계, 업무수행 상의 제약조건, 필요조건 등)에 관해 객관적 특성을 기술하기 위해 개발된 평가 방식이다. 관리자의 직무는 일반 종업원들의 직무와는 달리 매우 복잡하고 획일적이지 않다. 따라서 관리자가 직무를 수행하는데 요구되는 특정 지식이나 능력에 관한 정보를 제공

장점	단점
• 개별 항목의 해당 관리 직무에서의 중요성 정도, 직무수행에 필요한 지식 등을 제시함 • 타 관리직무로 이동하는 관리자의 교육 필요성을 진단 • 관리직들 간의 직무분류, 직무평가, 보상정책 수립에 유용하게 활용	관리자들의 개인적 자질과 직무의 행동적 요건과 조직성과의 측정을 연계시키는 데에 한계

개념 익히기

🔵 **반응세트(Response Set)**

반응세트는 직무분석의 오류 중 하나로 사람들이 예상된 혹은 왜곡된 방법으로 질문에 대해 일관적으로 답변할 때 발생한다. 반응세트는 질적 척도에 대해 사람들의 해석이나 그 정보를 처리하려고 하는 의도에 대한 잘못된 믿음 때문에 생기는 것이다.

 2.3 직무평가

(1) 직무평가의 개념과 목적

직무평가란 직무분석에 의하여 작성된 직무기술서, 직무명세서를 기초로 하며, 각 직무의 중요성, 곤란도, 위험도 등을 평가하여 타 직무와 비교하여 직무의 상대적 가치를 정하는 방법이다.

직무평가의 주목적은 합리적인 임금 격차의 결정에 있으며, 직무평가는 인간이 아닌 직무 자체를 평가하는 과정이다. 각종 임금체계의 공정성을 확보하는 수단이며, 인사관리 전반의 합리화, 즉 인력의 확보, 배치, 개발의 합리성 제고를 기하는 데 그 목적이 있다.

(2) 직무평가의 방법

1) 종합적(비계량적) 평가 방법

구 분	내 용
서열법	직무의 중요도 등에 따라 등급을 분류한 후 여러 평가자가 반복 평가하고, 이를 평균하여 각 직무의 서열을 정하는 방법으로 교대서열법과 쌍대비교법으로 구분 • 교대서열법: 구성원 중 가장 우수한 사람과 가장 열등한 사람을 뽑고, 남은 인원 중에서도 역시 같은 방식으로 사람을 추려내는 과정을 되풀이하면서 서열을 결정 • 쌍대비교법: 일일이 임의로 두 사람씩 짝을 지은 다음 서로 비교하는 것을 되풀이하면서 서열을 결정

	장점	단점
	• 평가 방법이 간단하고 신속한 평가 가능 • 서열에 따라 결정되기 때문에 평가 시 관대화 경향이나 중심(집중)화 경향이 제거됨	• 평가자의 주관이 개입될 수 있음 • 직무가치의 차이를 파악할 수 없음 • 유사 직무의 서열화와 직무 수가 많은 기업에서는 적용이 어려움

구 분	내 용
분류법	사전에 직무에 대한 등급을 정해놓고 직무가 어느 등급에 해당하는지 분류하는 평가 방법

	장점	단점
	• 평가 방법이 간단하고 신속한 평가 가능 • 적은 비용으로 효과적으로 분석이 가능	• 개별 직무에 대한 등급별 정의를 내리기 힘듦 • 평가자의 주관이 개입될 수 있음

2) 분석적(계량적) 평가 방법

구 분	내 용
점수법	직무를 요소별로 구분하고, 그 요소의 중요도에 따라 점수를 부여하며 상대적 가치를 종합적으로 평가하는 방법 **장점** • 평가자의 주관을 최소화 • 직무 간의 구체적 비교가 가능 • 직무의 상대적 차등을 명확히 정할 수 있음 • 여러 직무 간의 임금 격차에 대한 합리성 및 공정성 확보 **단점** • 비용과 시간이 많이 소요됨 • 가중치 설정에 대한 주관적 오류가 발생할 수 있음 • 각 직무에 공통되는 적합한 평가요소의 선정이 용이하지 않음
요소 비교법	가장 기본이 되는 몇 개의 기준직무를 선정하여 기준직무의 평가요소별 가치를 임금액으로 환산하여 직무의 상대적 가치를 평가요소별로 비교하여 평가하는 방법 **장점** • 임금 공정성 제고 • 평가의 타당도 및 신뢰도가 우수 • 기준직무를 통하여 평가하므로 유사한 직무 및 기업 내의 전체 직무를 평가하는 데 용이 • 직무기준이 적절히 선정되었다면 점수법보다 훨씬 합리적임 **단점** • 비용과 시간이 많이 소요됨 • 평가요소에 대한 주관이 개입될 가능성이 높음 • 평가 과정이 복잡함 • 기준직무가 잘못 선정되었을 경우 수용성을 이끄는 데 한계가 있음

개념 익히기

● 직무평가 기준 요소

구 분	내 용
책임요소	관리감독, 기계설비, 원자재, 직무개선, 책임 등
작업조건요소	위험도, 작업시간, 작업환경, 작업위험 등
숙련요소	지식, 기술, 경험, 교육, 몰입, 도전성, 판단력 등
노력요소	육체적, 정신적 등

2.4 직무설계

(1) 직무설계의 개념과 목적

직무설계는 조직의 목표를 달성하고, 직무를 맡은 개인의 욕구를 만족시키기 위한 직무의 내용, 기능, 관계를 조정하여 직무의 내용과 작업 방법을 설계하는 합리적이고 체계적인 과정이다.

직무설계의 목적은 직무 개선을 통하여 조직의 성과 창출과 근로환경 향상을 위함이며, 구체적으로는 다음과 같다.

- 생산성 향상
- 종업원의 동기부여 향상
- 품질개선과 원가절감
- 이직 및 훈련비용 감소
- 신기술에 신속한 적응

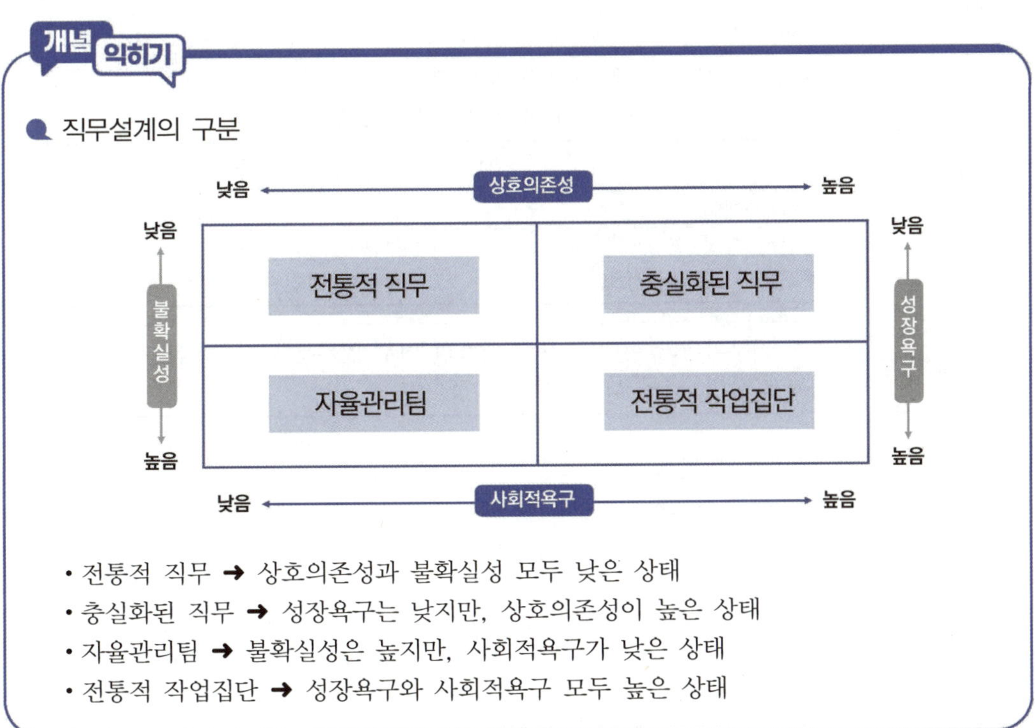

- 전통적 직무 ➡ 상호의존성과 불확실성 모두 낮은 상태
- 충실화된 직무 ➡ 성장욕구는 낮지만, 상호의존성이 높은 상태
- 자율관리팀 ➡ 불확실성은 높지만, 사회적욕구가 낮은 상태
- 전통적 작업집단 ➡ 성장욕구와 사회적욕구 모두 높은 상태

1) 개인수준 직무설계 방법

구 분	내 용

직무확대 (job enlargement)

과업의 다양성을 늘리기 위해 단순히 수평적으로 직무를 확대한 것으로 직무를 보다 다양하고 흥미 있도록 하기 위해 하나의 직무에 또 다른 직무를 추가시킨 것

장점	단점
• 단순 반복 업무 벗어나 만족도 높아짐 • 이직률 낮아짐	단순히 근로자들의 직무가 추가되는 결과가 나타나기도 함

직무충실화 (job enrichment)

직무 내용의 수직적 측면을 강화하여 직무의 중요성을 높이고 직무수행으로부터의 보람을 증가시키는 방법으로 현재의 작업자가 수행하고 있는 직무에 의사결정의 자유 재량권과 책임이 추가되어 과업에 할당되는 것

장점	단점
• 결근율과 이직률 감소 • 품질 개선 • 생산성의 향상	• 기술상의 제약 • 경영자나 노조로부터의 저항 • 성장 욕구 낮은 종업원의 심리적 부담 증가

직무전문화 (job specialization)

전체적인 과업을 작은 요소로 분할하고 나누어 담당하도록 하는 것
(수평적 전문화: 과업의 내용과 양에 따른 직무분화)
(수직적 전문화: 의사결정 권한과 책임의 배분에 따른 분화)

장점	단점
• 능률 극대화 • 생산성 향상 • 훈련비와 노무비 감소	• 종업원의 권태와 불만 증대 • 결근 이직률 증가 • 직무의 비인간화

직무교차

수평적 직무확대의 형태로 각 작업자의 직무 일부분을 다른 작업자의 직무와 중복되게 하여, 공동으로 수행하는 것

2) 집단수준 직무설계 방법

구 분	내 용
직무순환 (job rotation)	서로 다른 직무로 종업원을 순환시킴으로써 근로자에게 다른 기술을 경험 할 수 있는 기회를 제공하여, 여러 직무를 전체적으로 이해하도록 하는 것 **장점** / **단점** • 작업 활동 다양화 / • 순환 근무에 따른 비용 발생 • 지루함과 싫증 감소 / • 작업 진행 방해 • 결원보충의 융통성 / • 동기유발 약함
자율적 작업팀	직무충실화 프로그램이 집단수준에서 실시될 때 사용되는 기법으로 팀이 수행하고 있는 작업을 수직적으로 통합하여 심화시키는 방법이다. 즉 몇 개의 직무들이 하나의 작업집단을 형성하게 하여 이를 수행하는 작업자들에게 어느 정도의 자율성을 허용해 주는 것

3) 그 외 직무설계 방법

구 분	내 용
QC서클 (품질관리 분임조)	품질관리 활동을 현장 단계에서 실행하는 종업원 소집단으로서 QC기법에 의해 제품의 품질향상뿐 아니라 일상적인 모든 작업을 개선하는 직무설계 방법 **장점** / **단점** • 생산성 향상 / • 관리비용 증가 • 품질 개선 / • 종업원의 심리적 부담 증가 • 종업원의 사기 증진
직무특성모형 (job characteris tics model)	다섯 가지 직무특성(기술 다양성, 과업 정체성, 과업 중요성, 자율성, 피드백)이 중요 심리상태를 일으켜 개인 및 작업성과에 변화를 가져오게 되는데, 이것은 종업원의 성장 욕구의 강도에 따라 달라질 수 있음을 보여주는 새로운 직무설계 방법 **장점** / **단점** • 내적 동기부여 / • 중요 심리상태와 결과변수 간의 분명한 인과관계 입증 소홀 • 작업성과 질적 향상 / • 중요 심리상태가 직무특성 외의 요소에 의해 유발 가능함을 간과 • 만족감 증대 • 이직률 감소

유형별 연습문제
1.2 직무관리

01 다음 직무관련 용어에 대한 설명 중 가장 적절하지 않은 것은 무엇인가?

① 직위는 특정한 사람에 의해 수행되는 과업(task)의 군을 의미한다.
② 직종은 작업의 종류와 수준이 동일하거나 유사한 직위들의 집단을 의미한다.
③ 과업은 독립된 특정한 목표를 위하여 수행되는 하나의 명확한 작업 활동을 의미한다.
④ 요소는 관련된 동작, 움직임, 정신적 과정을 따로 분리시켜 분석하지 않고서 작업을 나눌
  수 있는 최소단위를 의미한다.

02 다음 직무관련 용어 중 직종에 대한 설명으로 적합한 것은?

① 직업이라고도 불린다.
② 조직원의 수만큼 존재한다.
③ 직책상이나 직업상의 맡은 임무를 말한다.
④ 근로자에게 할당된 작업의 최소 단위로 불린다.

03 다음 [보기]는 직무와 관련된 다양한 용어들에 대한 설명이다. (   ) 안에 들어갈 용어는
각각 무엇인가? (답안은 한글로 순서대로 기재할 것)

┤ 보기 ├

(   )은(는) 독립된 특정 목표를 위하여 수행되는 하나의 명확한 작업활동을 의미하며,
(   )은(는) 일반적으로 직업이라고도 불리는데 이는 동일하거나 유사한 직군들의 집단을
말한다.

정답: ______________________________

04 다음 중 직무의 내용과 이를 담당할 사람의 자격요건을 분석하는 과정으로서 직무기술서와
직무명세서가 도출되며, 직무평가와 직무설계의 기초가 되는 직무관리의 핵심영역은?

① 직무평가   ② 직무설계
③ 직무자체의 중요도 평가   ④ 직무분석

05 다음 중 직무분석의 구체적인 목적으로 적합하지 않은 것은?

① 종업원의 동기유발과 고용 정착화
② 평가관리(인사평가) 및 보상관리(임금관리)
③ 작업방법 및 공정의 개선
④ 노사관계관리 및 산업안전관리의 기초

06 다음 중 직무분석의 구체적인 목적으로 올바르지 않은 것은?

① 작업방법 및 공정성의 개선
② 산업안전관리의 기초
③ 평가관리 및 보상관리
④ 모든 조직원에게 연공서열에 맞는 과업 부여와 동일한 임금 지급

07 직무분석을 진행하는 이유로 적절하지 않은 것은?

① 조직구조 재설계
② 인재 선발 및 발굴을 위한 채용 절차에 활용
③ 종업원들의 업무 역량을 분석하여 적재적소에 배치
④ 기업 내 모든 종업원에게 유사 수준의 과업의 부여와 동일한 임금의 지급

08 직무분석은 기업 내 종업원이 담당하고 있는 각 직무의 성질 및 내용과 직무수행상의 필요
요건에 관한 직무정보자료를 수집하고 분석하는 과정으로 그 결과를 직무기술서와 직무명세
서로 작성한다. 직무분석의 목적과 가장 거리가 먼 것은 다음 중 무엇인가?

① 인력 감축을 위한 평가 자료
② 종업원의 교육훈련 및 능력개발의 촉진
③ 업무부담의 적정화 및 산업안전관리의 확립
④ 종업원의 채용, 배치, 이동, 승진 등 고용관리의 합리화

09 다음 [보기]가 설명하고 있는 용어는 무엇인가?

> **보기**
>
> 조직이 요구하는 일의 내용 또는 요건을 정리하고 분석하는 과정으로, 조직의 합리화를 위한
> 기초작업이다. 또한 채용, 배치, 이동, 승진 등의 기준 및 업무개선의 기초가 되며, 그 결과는
> 종업원의 훈련 및 개발의 기준이 될 수 있다.

정답: ________________________

10 다음 직무정보의 수집방법 중 직무수행에 있어서 성공과 실패를 결정할 수 있는 특수한 작
업행동의 사례정보를 수집 활용하는 것은?

① 관찰법　　　　　　　　　　② 체험법
③ 종합분석법　　　　　　　　④ 중요사건기록법

11 직무분석의 방법 중에서 직무분석자가 직무의 수행상태를 직접 집중적으로 관찰함으로써 정보를 수집하는 것으로 가장 보편적으로 널리 사용되는 방법이다. 면접법이나 질문지법의 보조적 방법으로 이용되는 방법은 무엇인가?

정답: ________________________________

12 다음 중 직무분석의 결과를 일정한 서식으로 정리 및 기록한 문서로 직무내용보다는 인적특성을 중점으로 다루어서 서식화한 것은?

① 직무기술서　　　　　　　　　② 인사고과표
③ 직무분석표　　　　　　　　　④ 직무명세서

13 다음 중 직무명세서에서 가장 중요하게 나타내고자 하는 것은?

① 직무표지(직명, 소속, 코드번호 등)
② 직무요건(직무수행에 필요한 제 요건)
③ 직무개요(직무수행의 목적이나 내용을 기술)
④ 인적특성(교육정도, 지적능력, 신체조건, 개인 특성 등)

14 다음 중 직무기술서에 대한 설명으로 적합하지 않은 것은?

① 직무기술서는 직무수행에 필요한 인적요건을 조사기술한 문서이다.
② 직무기술서를 작성함으로써 종업원들은 달성해야 할 작업조건을 파악하게 된다.
③ 직무분석 결과에 의거하여 직무담당자가 수행해야 할 직무내용과 직무수행에 필요한 능력을 상세하게 기록한 문서이다.
④ 직무기술서를 작성함으로써 경영자는 종업원들이 수행해야 할 직무기준을 파악하게 되고, 직무수행에 필요한 종업원의 능력과 자질 수준을 이해하게 된다.

15 다음 중 직무기술서에 대한 설명으로 적합한 것은 무엇인가?

① 직무의 내용, 성격, 수행방법, 직무에 기대되는 결과 등을 간략하게 정리해 놓은 서식으로서 직무해설서라고도 한다.
② 직무 자체의 내용을 파악하는 데 초점을 둔 것이 아니라 직무를 수행하는 사람의 인적 요건에 초점을 맞추어 작성한다.
③ 특정한 직무를 만족스럽게 수행하는 데 필요한 작업자의 지식, 기능, 능력 및 기타 특성 등을 기술해 놓은 문서를 말한다.
④ 일반적으로 직무인식 사항, 직무개요, 인적요건, 즉 교육요건, 경험요건, 지식과 기술요건, 신체요건, 성별, 결혼사항, 정신적·육체적 능력 등을 기재한다.

16 다음 [보기]에서 설명하는 용어를 쓰시오.(한글로 쓰시오)

> **보기**
>
> 직무분석의 결과 산출된 직무기술서를 근거로 직무요건 중 인적 요건 중심으로 직무수행에 필요한 종업원의 행동, 기능, 능력, 지식 등을 일정한 양식에 정리한 서식이다.

정답: ___________________________

17 다음 [보기]가 설명하는 용어는 무엇인가?

> **보기**
>
> 기업에서 각 직무의 중요성, 곤란도, 위험도 등을 평가하여 타 직무와 비교한 직무의 상대적 가치를 정하는 것

① 직무평가　　　　　　　　　② 직무연구
③ 직무설계　　　　　　　　　④ 인사고과

18 다음 중 직무평가에 대한 설명으로 적합하지 않은 것은?

① 일과 가정의 양립, 자아실현 등 개인의 상황과 욕구를 고려하여 직무 내용, 기능을 조정하는 것
② 직무 숙련도·난이도·위험도·복잡성 등을 평가하는 과정임
③ 직무의 상대적 가치를 결정하기 위한 체계적·합리적 평가방법임
④ 직무평가 방법에는 서열법, 분류법, 점수법, 요소비교법 등이 있음

19 다음 중 직무평가에 대한 설명으로 적합하지 않은 것은?

① 직무평가는 조직 내에서 직무의 상대적 가치를 결정하기 위한 체계적·합리적 평가방법이다.
② 직무평가는 직무의 가치등급별로 우수한 인력확보 및 적정배치를 통한 인사처우의 공정성을 높일 수 있는 이점이 있다.
③ 직무평가 목적은 공정한 임금체계의 확립, 인적자원관리의 합리화, 노사 임금협상의 원활화 등이다.
④ 직무평가 방법에는 질문지법, 관찰법, 면접법 등이 있다.

20 직무평가 방법 가운데 다소 복잡하고 실시과정에 다소 어려운 점은 있으나, 기준직무의 선정 및 평가요소별 상대적 가치의 평가가 정확하게 이루어진다는 가정 하에 이들 기준직무와 비교를 통해 다른 직무의 상대적 가치를 쉽게 평가할 수 있는 이점이 있는 방법은 다음 중 무엇인가?

① 점수법　　　　　　　　　　② 서열법
③ 분류법　　　　　　　　　　④ 요인비교법

21 다음 [보기]는 직무평가의 방법 중 무엇에 대한 설명인가?

> **┤ 보기 ├**
>
> 직무를 평가요소별로 구분하여 그 중요성에 따라 일정한 가중치를 주어진 후, 평가요소별로 합산하여 각 직무의 가치를 평가하는 방법

① 요소비교법　　　　　　　　② 점수법
③ 분류법　　　　　　　　　　④ 서열법

22 다음 직무평가 방법 중 각 요소를 직무의 중요도 등에 따라 점수를 결정한 후 이 점수들을 합산하여 평가하는 방법에 해당하는 것은?

① 분류법　　　　　　　　　　② 요소법(요소비교법)
③ 점수법　　　　　　　　　　④ 단순서열법

23 다음 직무평가의 방법 중 비계량적(종합적) 평가방법이 아닌 것은?

① 단순서열법　　　　　　　　② 쌍대비교법
③ 분류법　　　　　　　　　　④ 요소비교법

24 다음 중 직무설계 방법에 관한 내용으로 가장 적절하지 않은 것은 무엇인가?

① 직무확대 - 과업수와 다양성을 증가시키는 방법
② 직무순환 - 여러 직무들을 돌아가면서 수행하도록 하는 방법
③ 직무충실 - 직무의 의사결정권 및 더 많은 자율권과 책임을 부과하는 방법
④ 직무전문화 - 과업을 보다 포괄적으로 묶어 업무재량권을 확대하기 위한 방법

25 직무설계 방법 가운데 조직 전체에 대한 시야를 넓히고 다양한 관점을 갖게 하여 경영자 개발의 일환으로 사용할 수 있는 대표적인 방법은 다음 중 무엇인가?

① 직무충실　　　　　　　　　② 직무순환
③ 직무확대　　　　　　　　　④ 직무전문화

26 다음 직무설계 방법 중 전체적인 과업을 보다 작은 요소로 분할하고 나누어 담당하여 종업원의 숙련도를 증대시키고 조직능률의 상승을 목표로 하는 것은?

① 직무순환(job rotation)　　　　② 직무확대(job enlargement)
③ 직무충실화(job enrichment)　　④ 직무전문화(job specialization)

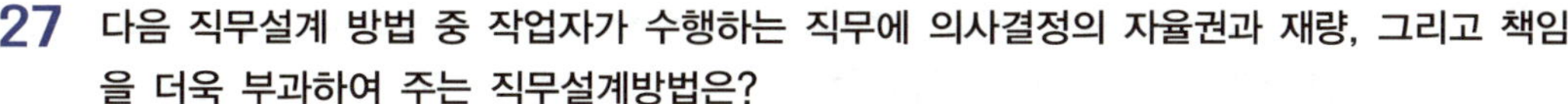

27 다음 직무설계 방법 중 작업자가 수행하는 직무에 의사결정의 자율권과 재량, 그리고 책임을 더욱 부과하여 주는 직무설계방법은?

① 직무순환　　　　　　　　　② 직무확대
③ 직무전문화　　　　　　　　④ 직무충실화

28 다음 중 직무충실화에 대하여 바르게 설명한 것은?

① 직무의 권한은 유지한 채, 범위를 수평적으로 확장하는 것이다.
② 자율 출퇴근제를 시행하는 것이다.
③ 직무자체의 만족감, 성취감 증대에 중점을 두고 설계하는 것이다.
④ 다른 직무를 수행하도록 종업원을 이동시키는 것이다.

29 다음 중 '직무충실'에 대한 설명으로 바르지 않은 것은 무엇인가?

① 분업의 원리에 기초한다.
② 직무 수행의 자율성을 보장해야 한다.
③ 조직 및 개인의 교육훈련이 수반되어야 한다.
④ 직무에 대한 책임감과 능력을 발휘할 수 있게 한다.

30 다음의 직무설계 방법 중 직무충실화에 대한 올바른 설명으로 적합한 것은?

① 권태감이나 작업의 단조로움을 제거하기 위해 서로 다른 직무를 담당하도록 담당직무를 바꾸어주는 방식의 직무교대 방법이다.
② 인간성 회복 또는 노동의 인간화라는 의미에서 작업자들에게 책임과 권한을 주어 노동의 의미부여, 근로생활의 질을 높이기 위한 현대적 직무설계에 해당하는 방법이다.
③ 단순한 작업요소 한 가지만 작업하던 것을 몇개의 작업요소 또는 수개의 작업요소를 동시에 작업할 수 있도록 하여 단조로움을 제거하려는 목적으로 설계된 방법이다.
④ 집단 전체에 집단구성원의 직무수행이 영향을 미치게 되므로 작업직단의 성과 및 유효성에 영향을 미치게 되는 직무설계 방법이다.

31 과학적관리법에 의한 직무설계의 문제점을 극복하기 위하여 제시된 직무설계기법으로 직무담당자의 직무 수나 범위의 확대를 통하여 직무의 만족감 및 작업 능률증진에 기여할 수 있는 방법은 무엇인가? (단, 정답은 4글자로 기재할 것)

정답: ___________________________

32 ㈜KPC가구는 나무의자를 생산하는 기업이다. 기존에는 1명의 직원이 A ~ D 까지의 작업을 모두 수행해왔다. 경영효율화를 위해 [보기]와 같이 변경하였는데, ㈜KPC가 선택한 직무구조설계 방법은 무엇인가?

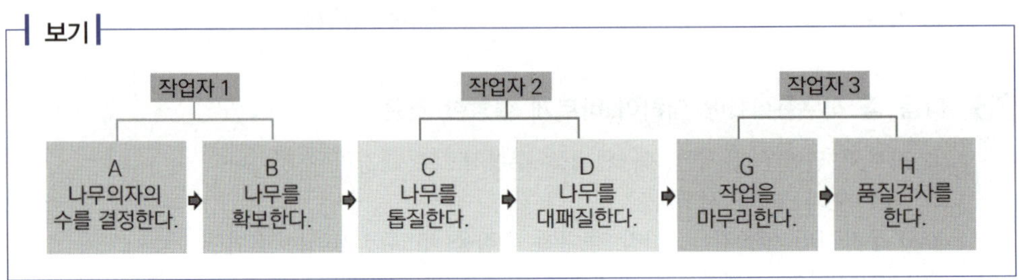

정답: ________________________________

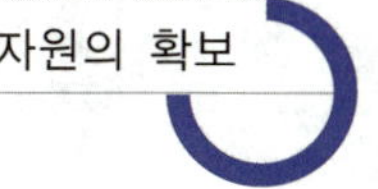

답안 및 풀이

1.2 직무관리

1	2	3	4	5	6	7	8	9	10
②	①	과업/직종	④	①	④	④	①	직무분석	④
11	12	13	14	15	16	17	18	19	20
관찰법	④	④	①	①	직무명세서	①	①	④	④
21	22	23	24	25	26	27	28	29	30
②	③	④	④	②	④	④	③	①	②
31	32								
직무확대	직무전문화								

01 ② 작업의 종류와 수준이 동일하거나 유사한 직위들의 집단은 직종이 아니라 직무이다.

02 ①
   ② 직위: 조직원의 수만큼 존재한다.
   ③ 직무: 직책상이나 직업상의 맡은 임무를 말한다.
   ④ 과업: 근로자에게 할당된 작업의 최소 단위로 불린다.

03 과업/직종
   • 과업: 근로자에게 할당된 일의 단위를 의미하며, 특정한 목표를 위해 수행되는 특정한 작업활동을 말한다.
   • 직종: 직업이라고도 불리며 동일하거나 유사한 직군의 집단을 말한다.

04 ④
   • 직무평가: 직무분석에 의하여 작성된 직무기술서, 직무명세서를 기초로 각 직무의 중요성, 곤란도, 위험도 등을 평가하여 타 직무와 비교하여 직무의 상대적 가치를 정하는 방법
   • 직무설계: 조직의 목표를 달성하는 동시에 직무를 수행하는 개인의욕구가 만족되도록 직무의 내용과 작업 방법을 설계하는 합리적이고 체계적인 과정

05 ① 종업원의 동기유발과 고용 정착화는 임금관리 목적에 해당된다.

06 ④ 모든 조직원에게 연공서열에 맞는 과업 부여와 동일한 임금 지급은 연공급 임금체계에 대한 설명이다.

07 ④ 직무분석의 목적은 직무의 난이도 등 합리적인 인사평가를 통한 공평한 보상관리(임금관리)를 위한 것이다.

08 ① 직무분석은 직무수행에 요구되는 근로의 내용과 조건, 근로자의 지식과 능력 등의 정보를 제공하는 것으로 인력 감축을 위한 평가자료를 마련하기 위한 것은 아니다.

09 직무분석
   • 직무분석은 직무의 내용과 이를 담당할 사람의 자격요건을 분석하는 과정으로서, 직무기술서와 직무명세서가 도출되며, 직무평가와 직무설계의 기초가 된다.

10 ④
   ① 관찰법: 직무분석자가 직무수행자를 직접 관찰하고 결과를 기록하는 방법
   ② 체험법(=경험법): 직무분석자 자신이 직무 활동을 수행하고 그 경험에 의해 직무 지식을 파악하는 방법
   ③ 종합분석법: 열거된 방법들을 종합하여 장점은 살리고 단점을 제거하는 방법

11 관찰법
- 관찰법은 숙련된 직무분석자가 직무를 수행하는 작업, 동작과 관찰하여 관련된 항목을 체크하거나 평가하도록 하는 방법이다.

12 ④ 직무분석의 결과를 일정한 서식으로 정리 및 기록한 문서로 직무내용 보다는 인적특성을 중점으로 다루어서 서식화한 것은 직무명세서이다.
- 직무기술서(job description): 직무분석을 통해 나타난 결과를 직무의 특성을 중심으로 관계자 모두가 이해 할 수 있도록 기술한 것으로, 직무내용, 성격, 수행방법 등이 포함된다.
  - 직무표지: 직명, 소속 과·부, 공장, 코드번호
  - 직무개요: 직무수행의 목적이나 내용을 간략히 기술
  - 직무내용: 직무수행에 관계되는 제 상황을 보다 상세하게 기술
  - 직무요건: 직무수행에 필요한 의무, 절차, 작업조건 등을 기술
- 직무명세서(job specification): 직무분석을 통해 나타난 결과를 직무내용 보다는 직무요건인 인적특성에 중심을 두고 기술한 것으로, 교육 및 훈련, 직무경험, 신체적 요건 등이 포함된다.

13 ④ 직무표지, 직무요건, 직무개요는 직무기술서의 내용이다.

14 ① 직무명세서는 직무수행에 필요한 인적요건을 조사기술한 문서이다.

15 ①

②, ③, ④ 직무요건 중 특히 인적 특성(근로자의 자격요건, 특성, 기능, 능력 지식 등)에 초점을 두어 기술한 것은 직무기술서가 아니라 직무명세서이다.

16 직무명세서는 직무분석의 결과 산출된 직무기술서를 근거로 직무요건 중 인적 요건 중심으로 직무수행에 필요한 종업원의 행동, 기능, 능력, 지식 등을 일정한 양식에 정리한 서식이다.

17 ①
- 직무설계: 조직의 목표를 달성하는 동시에 직무를 수행하는 개인의욕구가 만족되도록 직무의 내용과 작업 방법을 설계하는 합리적이고 체계적인 과정
- 인사고과: 조직 구성원들의 행위를 조직의 목적에 더욱 적합하도록 유도하기 위하여 적용하는 인사평가 제도

18 ① 일과 가정의 양립, 자아실현 등 개인의 상황과 욕구를 고려하여 직무의 내용, 기능을 조정하는 것은 직무설계에 해당된다.

19 ④ 직무평가 방법에는 서열법, 분류법, 점수법, 요소비교법 등이 있다.

20 ④ 요인(요소)비교법: 조직 내의 직무를 평가요소별로 분해하고 가장 핵심이 되는 몇 개의 기준직무를 선정하여 타 직무의 평가요소를 기준 직무의 평가요소와 결부시켜 상호 비교함으로써 조직 내에서 이들이 차지하는 상대적 가치를 결정하는 방법

[직무평가 방법]

구분		내용
종합적 (비계량적) 평가 방법	서열법	직무의 중요도 등에 따라 등급을 분류한 후 여러 평가자가 반복 평가하고, 이를 평균하여 각 직무의 서열을 정하는 방법
	분류법 (직등급법)	사전에 직무에 대한 등급을 정해놓고 직무가 어느 등급에 해당하는지 분류하는 평가 방법
분석적 (계량적) 평가 방법	점수법	직무를 요소별로 구분하고, 그 요소의 중요도에 따라 점수를 부여하며 상대적 가치를 종합적으로 평가
	요소비교법	가장 기본이 되는 몇 개의 기준직무를 선정하여 기준직무의 평가요소별 가치를 임금액으로 환산하여 직무의 상대적 가치를 평가요소별로 비교하여 평가하는 방법

21 ②

22 ③

23 ④

　　② 쌍대비교법: 구성원들 중에서 2명씩 골라 계속 비교하는 방법으로 인사고과 평가방법 중 하나이다.

24 ④ 직무전문화: 전체적인 과업을 보다 작은 요소로 분할하고 나누어 담당하도록 하는 방식
　　[직무설계 방법]
　　　• 직무전문화(job specialization): 전체적인 과업을 작은 요소로 분할하고 나누어 담당하도록 하는 것
　　　• 직무순환(job rotation): 서로 다른 직무로 종업원을 순환시킴으로써 근로자에게 다른 기술을 경험 할 수 있는 기회를 제공하여, 여러 직무를 전체적으로 이해하도록 하는 것
　　　• 직무확대(job enlargement): 과업의 다양성을 늘리기 위해 단순히 수평적으로 직무를 확대시킨 것으로 직무를 보다 다양하고 흥미 있도록 하기 위해 하나의 직무에 또 다른 직무를 추가시킨 것
　　　• 직무충실화(job enrichment): 직무 내용의 수직적 측면을 강화하여 직무의 중요성을 높이고 직무수행으로부터의 보람을 증가시키는 방법으로 현재의 작업자가 수행하고 있는 직무에 의사결정의 자유재량권과 책임이 추가되어 과업에 할당되는 것
　　　• 직무특성모형(job characteristics model): 다섯 가지 직무특성(기능다양성, 과업정체성, 과업중요성, 자율성, 피드백)이 중요 심리 상태를 일으켜 개인 및 작업성과에 변화를 가져오게 되는데, 이것은 종업원의 성장욕구의 강도에 따라 달라질 수 있음을 보여주는 새로운 직무설계 방법
　　　• QC서클(품질관리분임조): 품질관리 활동을 현장단계에서 실행하는 종업원 소집단으로서 QC기법에 의해 제품의 품질향상뿐 아니라 일상적인 모든 작업을 개선하는 직무설계 방법

25 ②

26 ④

27 ④

28 ③

　　① 직무의 권한은 유지한 채, 범위를 수평적으로 확장하는 것이다. → 직무확대
　　② 자율 출퇴근제를 시행하는 것 → 탄력근무제
　　④ 다른 직무를 수행하도록 종업원을 이동시키는 것이다. → 직무순환

29 ① 분업의 원리를 기초한 설계한 것은 직무전문화이다.

30 ②

31　직무확대
　　과업의 다양성을 늘리기 위해 단순히 수평적으로 직무를 확대시켜 보다 다양하고 흥미 있도록 하나의 직무에 또 다른 직무를 추가시키는 것이다.

32　직무전문화
　　1명의 작업자가 모든 작업을 수행하던 기존 방식과 달리, 공정들이 여러개로 나뉘어져 한 사람이 복수개의 공정을 전담으로 수행하는 방식은 직무구조설계 방식 중 직무전문화에 해당한다.

03　인적자원확보

3.1　인적자원확보의 개요

　인적자원의 확보는 기업의 목표를 달성하기 위해 특정 직무를 수행할 수 있는 종업원을 얻는 과정에 대한 체계적이고, 합리적인 과정으로서 인적자원의 충원이라고도 한다. 우수한 인적자원의 확보는 기업의 경쟁력을 제고, 조직의 활력, 조직의 안정성을 확보할 수 있고 종업원은 생계수단의 확보와 자아실현의 욕구를 충족시킬 수 있다.

　인적자원의 확보는 인력 수급예측, 인력의 모집과 선발 및 배치로 구성된다. 인력 수급예측은 조직이 미래의 시점에 필요로 하는 인적자원의 양과 질을 판단하고 그에 대한 공급원을 모색하는 과정이며, 모집은 조직이 필요로 하는 사람을 선발하기 위하여 자격을 갖춘 우수한 사람들이 지원하도록 유인하는 과정이다. 선발은 모집활동을 통해서 지원한 다수의 취업희망자 중에서 직무요건에 적합한 사람을 결정하는 과정이며, 배치란 선발된 사람을 특정 직무에 할당하는 것을 말한다.

3.2　인적자원계획

　인적자원계획은 인적자원 소요계획으로 현재 및 장래에 각 시점에서 기업이 필요로 하는 특성을 지닌 인원의 수를 예측하고, 이에 대한 사내·사외의 인력공급을 계획해서 인력의 수급을 조정하는 계획 활동이다.

(1) 인적자원의 수요예측

인적자원의 수요예측은 과거의 추세와 현재 상황, 미래에 대한 가정에 입각하여 이루어진다. 수요예측기법 중 계량적 기법들은 과거의 추세가 미래에도 지속될 것이라는 가정하에 미래의 인력 수요를 예측한다. 그러나 기업의 환경이 급변하는 경우에는 이러한 전제가 성립되기 어려우므로 전문가의 직관이나 경험 또는 판단에 근거한 판단적 방법 또는 정성적(질적) 방법에 의한 예측이 바람직한 경우도 있다.

구 분		내 용
정량적 방법	추세분석법 (추세투영분석)	인적자원의 수요와 밀접한 관계를 가진 변수 하나를 선정하여 그 변수와 인적자원수요 간의 관계가 어떠한 추세인지를 분석하여 미래 수요예측
	시계열분석모형	시간의 변동에 따른 변수의 변화 경향으로 미래의 수요를 예측
	회귀분석	인적자원 수요 결정의 다양한 요인들의 상관관계를 도출하여 미래의 수요예측
	생산성비율분석	과거 해당 기업이 달성했던 생산성의 변화에 대한 정보를 가지고 인적 자원 관련 요인과 필요한 종업원 비율을 계산함으로써 미래의 인적자원 수요를 결정하는 기법
	작업연구기법	작업시간과 작업량을 측정하여 미래인력 수요예측
정성적 방법	명목집단법(NGT)	서로 다른 분야에 근무하는 사람들을 명목상의 집단으로 간주하여 그들에게 자유로운 아이디어를 문서로 받아 반대 논쟁을 최소화하는 방식으로 문제해결을 시도하는 기법 (진행절차: 아이디어 작성 → 공유 → 토론 → 투표 및 의사결정)
	델파이기법	설문조사 등의 방법으로 다수 전문가의 의견을 수렴하여 미래 상황을 예측
	자격요건분석	직무기술서와 직무명세서를 활용하여 필요인력을 예측

델파이기법의 장단점:

장점	단점
• 전문가들을 모이게 할 필요 없이 그들의 평가를 끌어낼 수 있음 • 타인의 영향력을 받지 않음	• 시간이 많이 소요됨 • 응답자에 대한 통제력이 결여

참고 인력계획의 수요예측의 접근법에 따른 분류에는 산업공학적 접근법(작업표본 기법), 수학적 기법(시뮬레이션), 통계적 접근법(시계열 분석), 주관적 접근법(경영자 판단) 등이 있다.

(2) 인적자원의 공급예측

인적자원의 수요예측이 이루어지고 나면 인적자원의 공급이 어떻게 이루어질 것인가를 예측해야 한다. 내부공급은 승진이나 배치전환 등을 통하여 공석을 충원하게 되며, 외부공급은 외부인력을 현재 다른 조직에 종사하거나 미고용상태의 인력을 충원하는 것이다.

1) 내부적 공급예측

구 분	내 용
관리자 목록 (management inventory)	조직 내 모든 관리자의 관리능력을 포함하여 그들의 자세한 정보를 모아놓은 목록
기술 목록 (skill inventory)	비관리직 구성원이 보유하고 있는 기술과 능력을 조사하여 결과를 요약한 자료로 개인의 직무 적합성에 대한 정보를 신속·정확하게 찾아내기 위한 장치
대체도 (인력대체표, replacement chart)	조직 내 특정 직무가 공석이 되면 누가 그 자리를 메울 수 있는가에 대하여 파악하도록 작성한 표이며 다양한 직무와 각각의 직무로 승진 할 수 있는 사람들을 나타내고, 승진 가능성과 직무성과 기재
마코브분석 (마코브체인법, Markov chain method)	시간의 흐름에 따른 개별 종업원의 직무이동 확률을 파악하기 위해 개발된 것으로 승진, 이동, 이직 등의 일정 비율을 적용하여 미래 각 기간에 걸쳐 현재 인원의 변동을 예측하는 방법

2) 외부적 공급예측

- 내부인력 추정 후 조직 외부로부터 공급받을 수 있는 인력의 규모를 예측
- 외부인력은 외부 노동시장의 영향을 크게 받기 때문에 외부인력 수급 상황을 고려하여 공급량을 예측
- 인구 구조, 경제 활동 인구, 실업률, 산업별·직종별 고용 동향 등에 대한 정보 활용 가능

(3) 인력자원의 수요와 공급의 불균형

1) 인력 부족 시 대응 전략

구 분	내 용
초과근로	단기적 방안으로 선호되며 초과근로가 장기화되면 과로와 스트레스가 가중됨
임시직 고용	기간계약 고용과 시간제 고용으로 탄력적인 인력 고용
파견근로 활용	자기사업에 고용하고 있는 근로자를 다른 기업에 파견하여 근로하게 하는 제도
아웃소싱	급속한 시장변화와 치열한 경쟁에서 고부가가치 사업과 업무만 남겨두고 부수적인 업무는 외주에 의존하는 것으로 인력 절감과 생산성 향상 효과 기대

2) 인력 과잉 시 대응 전략

구 분	내 용
직무분할제	하나의 풀타임 업무를 둘 이상의 파트타임 업무로 전환시키는 것
조기퇴직제	일정 연령에 도달한 구성원이 조기 퇴직하여 재도약을 할 수 있도록 하고, 인력 과잉과 경력 정체 현상을 인원감소를 통해 완화하고자 하는 제도
정리해고	경영악화 등의 이유로 인하여 근로자들을 일시적으로 감축시키기 위하여 종업원을 해고할 수 있는 제도
무급휴가제도	기업이 일시적인 불황이나 외부의 특정 요인에 의해 매출 감소 등에 대처하기 위해 인건비 절감 차원에서 시행 가능한 제도
다운사이징	조직의 경쟁력을 높이기 위해 다수의 인력을 계획적으로 감축하는 것
조직 내 직무 재배치	인력 운영의 효율화를 위해 직무분석을 통한 인력의 재배치

> **개념 익히기**
>
> ● **인턴제도(인턴십사원제도)**
>
> 1914년 한국에서 처음 도입된 제도로 구직자를 임시직으로 고용한 후 수습 기간을 거쳐 적격자를 정식으로 채용하는 종업원 모집 방법이다. 기업에서는 인턴사원이 조직에 적합한 인재인지의 판단을 통해 우수 인재의 확보가 가능하며, 인턴사원은 기업 실무를 직접 체험해 볼 수 있는 기회를 가지고 잠재적 고용대상이 될 수 있다는 장점이 있다.

3.4 모집관리

(1) 모집의 정의

모집(recruitment)은 조직이 인적자원의 수요를 충족시키기 위해서 유능한 사람들로 하여금 조직이 제공하는 직무를 받아들이고 지원하도록 영향을 주기 위한 기업의 적극적인 고용활동이다.

(2) 모집의 방법

1) 사내모집(내부모집)

① 기술목록: 종업원의 작업 경험, 기술, 지식 등을 관리하여 채용 승진 자료로 활용
② 사내공모: 사보, 사내 게시판, 인트라넷 등에 공개모집, 승진, 직무 재배치

장점	단점
• 내부직원의 동기유발 및 능력개발 촉진	• 내부쟁탈과 과잉경쟁 발생
• 승진자의 동기유발 및 사기 증진	• 비승진자의 좌절과 사기 저하
• 채용 비용의 절약과 시간의 단축	• 모집 범위의 제한
• 인재에 대한 정확한 능력평가	• 인력개발을 위한 교육 훈련비용 증가

2) 사외모집(외부모집)

① 광고: 신문, 잡지, 인터넷, TV, 지역정보지, 옥외게시판 등 매체를 통한 모집
② 인턴사원제도: 입사 전 수습기간 동안의 근무태도와 성과로 평가하여 신입사원 채용
③ 교육기관의 추천: 학생을 교육시킨 기관을 통해 신뢰성 있는 정보를 파악하여 채용
④ 종업원 추천제도: 종업원 추천자가 예비심사자가 되어 적은 비용으로 큰 효과를 보는 채용
⑤ 헤드헌터: 헤드헌터를 통한 모집은 특정 분야 충분한 경험의 전문가 채용에 활용
⑥ 종업원파견: 종업원 파견업체가 고용한 후 파견계약에 따라 근로에 종사하게 함

장점	단점
• 변화하는 외부환경에 적응	• 내부직원의 사기 저하
• 새로운 아이디어, 관점, 시각 활용	• 채용 비용과 시간의 증대
• 인력개발을 위한 교육훈련 비용 절감	• 조직에 적응하기까지의 기간 필요
• 다수의 인재 조달 가능	• 부적격자 채용 위험성 존재
• 새로운 인재 모집을 통해 조직 분위기를 긍정적으로 전환	

 선발관리

(1) 선발의 개념과 절차

선발(selection)은 모집활동을 통해서 지원한 다수의 지원자들 중에서 조직의 직무요건에 가장 적합한 사람을 결정하는 과정이며, 대부분 기업의 선발절차는 일반적으로 다음과 같다.

예비면접 ⇨ 지원서 검토 ⇨ 선발시험 ⇨ 선발면접 ⇨ 신원조회 ⇨ 신체검사 ⇨ 채용

(2) 선발시험

선발시험은 지원자의 능력을 평가하기 위한 입사시험으로 학문적 지식과 지능검사, 성격(인성)검사, 흥미검사, 적성검사(직무함양능력) 등도 병행하고 있다.

구 분	내 용
지능검사	지원자의 종합적 지능을 측정하기 위한 검사
성격(인성)검사	지원자의 성격(욕망, 자신감, 성향)을 측정하여 조직 내 직무 수행에 어떤 영향을 미칠지를 검사
흥미검사	지원자가 가지고 있는 흥미나 관심분야를 측정하는 검사
적성검사	지원자의 잠재적 능력이 어떤 직무에 적합한지에 대한 검사
성취도검사	지원자의 일반지식 또는 전문지식의 수준을 평가하기 위한 방법
실무능력검사	직업인으로서 기본적으로 갖추어야 하는 공통능력과 직무수행에 필요한 역량을 측정하기 위한 검사

(3) 선발면접

면접은 채용과정에서 가장 중요한 선발도구로 인품의 종합적 평가와 잠재적 능력과 의욕, 급변하는 환경 적응 등을 평가하기 위한 것이다.

1) 면접의 유형

구 분	내 용
구조화 면접 (지시적 면접) (정형적 면접)	• 면접자가 기본적으로 아주 세분화되고 상세한 내용의 질문을 준비해서 질문하는 형태 • 질문사항이 매우 조직적으로 작성되며, 지원자의 배경, 지식, 태도, 동기 등에 대하여 자세한 질문을 하는 방식 • 특별한 경우를 제외하고는 보충질문이 없어 훈련을 받지 않았거나 경험이 없는 면접자도 어려움 없이 면접 수행이 가능함
비구조화 면접 (비지시적 면접)	면접자가 특정한 질문 목록을 준비하지 않고 중요하다고 생각되는 내용에 대해 자유롭게 질문하는 방식
준구조화 면접	구조화 면접과 비구조화 면접을 절충하여 중요한 질문은 사전에 설정되지만 면접자가 더 얻고자 하는 정보에 대해서는 자유롭게 추가적으로 질문할 수 있는 방식

2) 면접의 방법

구 분	내 용
AI면접	사람이 아닌 인공지능인 AI가 면접관이 되는 방법
집단면접	각 집단별로 특정 주제에 대한 자유 토론을 할 수 있는 기회를 부여하고, 토론 과정에서 개인적, 사회적 특성을 평가하는 방법
패널면접 (위원회 면접)	다수의 면접자가 한 사람의 피면접자를 상대로 하는 면접방식으로 피면접자에 대한 면접자의 면접 결과에 대해 의견교환의 절차를 거쳐 광범위한 정보 수집 및 정확한 평가하는 방법으로 관리직이나 전문직 선발 시 많이 활용되는 방법
스트레스 면접 (압박면접)	피면접자를 갑작스러운 공격적 행동이나 무시하는 행동 등으로 의도적으로 긴장 또는 좌절 상태에 빠지게 하여 피면접자의 감정 조절 능력 및 인내도를 평가하는 면접방식으로, 주로 대인적인 압박감이 많은 직장환경 하에서 직무를 수행할 수 있는 능력이 있는지를 알아보기 위해 사용하는 선발면접 방법

(4) 선발 도구의 평가 기준

선발 도구가 제대로라면 직무를 잘 수행할 사람을 선발하고, 그렇지 않은 사람은 선발되지 않아야 한다. 선발 도구를 통해 원하는 사람이 잘 선발되었는지를 평가하는 기준은 신뢰성, 타당성, 효용성, 형평성, 선발 비율, 비용 – 편익 분석 등이 있다.

1) 신뢰성

도구가 선발 대상자들에게 적용되었을 때 안정적이고 일관성 있는 결과를 얻어낼 수 있는지를 판단하는 기준을 의미한다.

구 분	내 용
시험-재시험법 (검사-재검사법)	동일한 사람에게 서로 다른 시기에 동일한 내용의 시험을 실시하여 결과를 측정하는 방법
복수양식법 (대체형식방법)	동일한 사람에게 유사한 형태의 시험을 실시하여 두 시험 간의 상관관계를 살펴보는 방법
양분법 (반분법)	시험 내용이나 문제를 반으로 나누어 각각 검사한 후 두 결과를 비교하는 방법

2) 타당성

시험이 당초에 측정하려고 의도하였던 것을 얼마나 정확하게 측정하고 있는지를 밝히는 정도를 의미한다.

구 분		내 용
기준 관련 타당성	동시 타당성	현직 근로자의 시험성적과 직무성과를 비교하여 선발 도구의 타당성을 검사
	예측 타당성	선발시험에 합격한 사람들의 시험성적과 입사 후의 직무성과를 비교하여 타당성을 검사
내용 타당성		요구하는 내용을 선발 도구가 얼마나 잘 나타내는지를 논리적으로 판단하며 선발시험의 문항 내용이 측정 대상인 직무성과와의 관련성을 잘 나타내고 있는지를 측정
구성 타당성		시험의 이론적 구성과 가정을 측정

3) 효용성

선발 도구의 효용성이 높으면 선발에 있어서 평가도구의 성적이 미래의 직무성과를 예측하는 능력이 크다는 것을 의미한다. 선발 도구의 효용이 높으면 선발 비용이 절감되고 우수 인재의 선발 가능성이 커진다.

4) 형평성

모든 지원자들에게 동등한 기회를 부여해야 한다는 조건이다.

5) 선발 비율의 결정

총선발예정자 수에서 총지원자 수로 나눈 값이 선발 비율이다. 이렇게 계산된 선발 비율이 1에 가까워질수록 지원자가 선발예정자가 되므로 합격점수가 낮아지고 선발의 효율성도 떨어진다. 선발 비율이 0에 가까워질수록 지원자 수가 선발예정자보다 훨씬 많으므로 합격점수는 높아지고 선발의 효율성도 증가하게 된다.

(5) 선발오류

선발오류란 직무요건의 적임자를 선발하지 못하는 현상을 말한다. 선발할 때 여러 가지 방법을 통해 인력을 선발하지만 1종 오류와 2종 오류를 가져올 수 있다. 이러한 오류 없이 올바른 결정을 하기 위해 선발 도구의 신뢰성, 타당성, 효용성을 높여야 한다.

- 1종 오류: 선발했어야 하는 인원을 놓치게 된 오류
- 2종 오류: 선발하지 말았어야 하는 인원을 뽑은 오류

개념 익히기

● 모집평가의 주요 지표

구 분	내 용
산출율	단계별로 지원자들이 어떻게 축소, 배치되는지를 보여주는 비율
선발율	지원자 가운데 최종 선발된 인원의 비율 ✔ 선발률이 0에 가까운 경우 ➡ 2종 오류 감소(1종 오류 증가) ✔ 선발률이 1에 가까운 경우 ➡ 1종 오류 감소(2종 오류 증가)
수용률	선발에 최종 합격한 사람 중 회사의 입사 제의를 받아들여 실제 입사하는 인원의 비율
기초율	지원자들 가운데 선발 과정을 거치지 않고 무작위로 선택하여 채용했을 때 일정 기간이 경과한 후 업무를 잘하는 사람의 비율

● 타당도와 선발오류

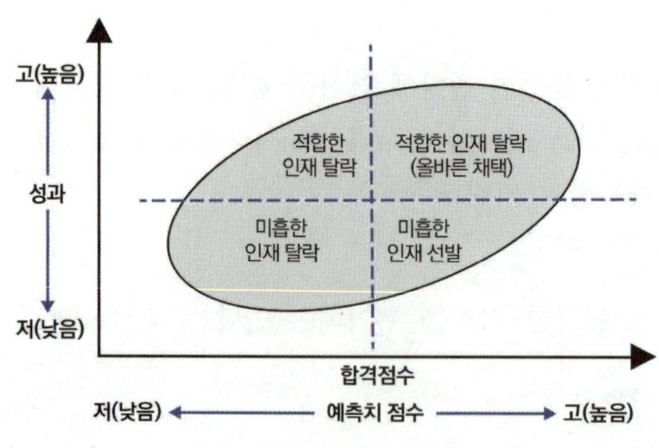

유형별 연습문제
1.3 인적자원의 확보

01 인적자원의 모집관리에 대한 설명으로 적절하지 않은 것은?

① 인적자원을 모집하기 전 고용조건 및 모집방법을 정해야 한다.
② 모집 방법에 따라 사내모집, 사외모집으로 구분할 수 있다.
③ 적절한 인적자원이 모집될 수 있도록 공고 시 기업 및 해당 직무에 대한 상세한 설명이 제공되어야 한다.
④ 종업원 경력개발 및 동기부여를 위해서는 사외모집 방법이 적절하다.

02 다음 인적자원의 모집 방법 중 성격이 다른 하나는?

① 사내 사보에 필요한 직무 및 충원 인원을 공개 모집
② 외부 전문 헤드 헌터를 이용한 모집
③ 채용박람회를 통해 공개 모집
④ 인턴사원제도를 통해 우수자를 모집

03 다음 중 [보기]에서 설명하는 ㉠, ㉡에 들어갈 용어는?

> **보기**
>
> ㉠: 인적자원의 수요와 밀접한 관계를 가진 변수 하나를 선정하여 그 변수와 인적자원수요 간의 관계가 어떠한 흐름인지를 분석하는 미래 수요예측방법
> ㉡: 인적자원 수요 결정의 다양한 요인들의 영향력을 계산하는 미래 수요예측방법

① ㉠ 델파이기법, ㉡ 추세분석법　　　　② ㉠ 델파이기법, ㉡ 회귀분석법
③ ㉠ 추세분석법, ㉡ 명목집단법　　　　④ ㉠ 추세분석법, ㉡ 회귀분석법

04 다음 인적자원에 대한 수요예측방법 중 그 성격이 다른 하나는 무엇인가?

① 추세분석　　　　　　　　　　② 회귀분석
③ 생산성비율　　　　　　　　　④ 전문가 예측법

05 다음 중 다수 전문가들의 의견을 종합하여 미래 상황을 예측하는 기법으로 정성적방법인 인적자원의 수요예측 방법은?

① 델파이기법　　　　　　　　　② 추세분석법
③ 회귀분석　　　　　　　　　　④ 명목집단법

06 다음 [보기]가 설명하고 있는 인력계획 예측기법은 다음 중 무엇인가?

> **보기**
>
> 인적자원의 공급에 대한 예측방법 중 하나로 시간이 경과함에 따라 한 직급에서 다른 직급으로 이동해 나가는 확률을 기술함으로써 인적자원계획에 사용된다.

① 대체도   ② 추세분석
③ 기능목록   ④ 마코브분석

07 다음 인력계획의 예측기법 중 기업의 인력수요에 비추어 해당 기술과 능력을 지닌 인적자원을 유입할 수 있는 원천에 대한 예측기법으로 적절하지 않은 것은 무엇인가?

① 대체도   ② 기능목록
③ 생산성비율   ④ 마코브분석

08 다음 중 인적자원 내부공급예측기법으로 적합하지 않은 것은?

① 대체도법   ② 기능목록법
③ 마코브분석법   ④ 인턴사원제도

09 다음 인적자원 부족/과잉에 대한 대응 방안 중 그 성격이 다른 하나는 무엇인가?

① 사내벤처   ② 초과근로
③ 아웃소싱   ④ 파견근로

10 다음 중 인력부족의 경우 보완하는 방안으로 볼 수 없는 것은?

① 초과근무를 활용하여 부족한 인력을 보완함
② 기간제 고용을 통해 부족한 인력을 보완함
③ 조기퇴직자 지원방안을 마련하여 인력을 조정하여 관리함
④ 부수적인 업무는 외주에 의존하며 인력을 효율적으로 관리함

11 다음 중 인력과잉의 경우 조치해야 할 행동으로 적합하지 않은 것은?

① 직무분할제   ② 조기퇴직제
③ 정리해고   ④ 파견근로 활용

12 다음 중 인적자원 계획을 실시함에 있어서 공급이 수요를 초과하여 노동력 과잉현상이 나타날 경우에 노동력 과잉대응 전략으로 적합한 것은?

① 파견(dispatch)   ② 하도급(subcontract)
③ 아웃소싱(outsourcing)   ④ 다운사이징(downsizing)

13 다음은 인적자원의 수요와 공급의 균형을 맞추기 위한 방안에 대한 설명이다. [보기]가 의미하는 용어는 무엇인가? (단, 정답은 영어단어로 기입할 것)

> **보기**
>
> 인력과잉에 대한 대응방안의 하나로 기업이 환경변화에 능동적으로 대처하기 위해 비대해진 조직을 감축하는 것을 의미하며, 소형화, 감량화라고도 부른다.

정답: ________________________

14 다음 인적자원을 모집하는 방법 중 가장 적합한 설명은?

① 유능한 인재의 우선모집을 위해서 기업의 장점을 강조한다.
② 직종과 무관하게 우수한 스펙을 보이는 사원을 우선 선발한다.
③ 모집방법은 근로자의 종별에 맞추어 분류하여 실시한다.
④ 모집은 업무의 효율과 직장 내 근무분위기 쇄신을 위하여 외부모집을 우선하여 채택한 후 내부모집을 고려한다.

15 다음 중 사내공모제도의 장점이 아닌 것은 무엇인가?

① 모집 비용 절감
② 선발의 공정성 확보
③ 인력의 자기개발 유도
④ 새로운 관점의 인력 채용

16 다음 중 외부모집의 방법으로 올바르지 않은 것은?

① 관리자 및 기능 목록 작성
② 인턴십 제도
③ 교육기관의 추천
④ 헤드헌터

17 다음 중 외부모집의 장점으로 적합하지 않은 것은?

① 새로운 아이디어와 관점 도입
② 외부인력 유입에 따른 조직 분위기 쇄신
③ 인력개발비용 축소 가능
④ 종업원의 성과자료로 사용 가능

18 다음 중 선발에 대한 설명으로 적합하지 않은 것은?

① 조직이 필요로 하는 사람을 선발하기 위하여 자격을 갖춘 우수한 사람들을 지원하도록 유인하는 과정이다.
② 선발목표로는 생산성 개선, 고용관련 법률준수, 적재적소 배치 가능성 제고 등을 들 수 있다.
③ 근로자가 직무수행 능력을 최대로 발휘할 수 있는 일정한 선발기준을 설정하여야 한다.
④ 모집활동을 통하여 응모한 많은 취업 희망자 중에서 조직의 장기 또는 단기 직위수행에 가장 적합한 능력과 자질을 지닌 사람을 선별하는 과정이다.

19 다음 중 직업인으로서 기본적으로 갖추어야 하는 공통능력과 직무수행에 필요한 역량을 측정하기 위한 검사방법은?

① 인성검사 　　　　　　　　　② 실무능력검사
③ 성취도검사 　　　　　　　　④ 적성검사

20 다음 선발시험의 종류 중 인성검사라고도 하며, 동기, 욕망, 정서적 성격, 안정성, 성숙도, 적응력, 결단력, 자신감, 활동성, 참을성 등 사회행동과 관련된 개인의 상황을 파악하는 검사를 무엇이라 하는가?

① 지능검사 　　　　　　　　　② 흥미검사
③ 적성검사 　　　　　　　　　④ 성격검사

21 선발도구의 합리적인 조건으로 신뢰성과 합리성이 강조되고 있다. 선발도구가 선발대상자들에게 적용되었을 때 신뢰성을 얻기 위한 방법이라고 할 수 없는 것은?

① 재시험법 　　　　　　　　　② 대체형식방법
③ 구성개념 타당성 측정법 　　④ 양분법

22 다음 선발도구의 타당성 평가기준 중 선발도구의 측정 내용이 측정의 원래 취지를 담고 있는 정도로 주로 전문가들에 의해 판정되는 타당성 검증 방법은?

① 동시타당성 　　　　　　　　② 예측타당성
③ 내용타당성 　　　　　　　　④ 구성타당성

23 다음 중 선발 시 지원자의 인품을 종합적으로 평가하고, 잠재적인 능력과 의욕을 지닌 인물인지를 파악하는 것은 무엇인가?

① 업무평가 　　　　　　　　　② 적성검사
③ 성격검사 　　　　　　　　　④ 면접시험

24 다음 중 구조화 면접의 형태에 대한 설명으로 적합하지 않은 것은?

① 모든 지원자들에게 동일한 순서로 동일한 질문을 하는 방식
② 훈련을 받지 않았거나 경험이 없는 면접자도 어려움 없이 면접 수행 가능
③ 일반적으로 노련한 면접자에 의해 실시
④ 질문이 매우 조직적으로 작성

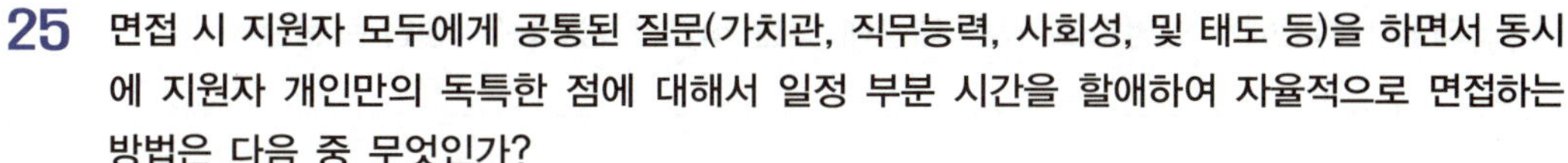

25 면접 시 지원자 모두에게 공통된 질문(가치관, 직무능력, 사회성, 및 태도 등)을 하면서 동시에 지원자 개인만의 독특한 점에 대해서 일정 부분 시간을 할애하여 자율적으로 면접하는 방법은 다음 중 무엇인가?

① 예비면접　　　　　　　　　　② 개별면접
③ 구조적 면접　　　　　　　　　④ 비구조적 면접

26 다음 중 지원자 면접방법에 대한 설명으로 바르지 않은 것은?

① 집단면접 - 집단토론 과정을 통해 지원자들의 다양한 사고와 행동을 비교 평가할 수 있다.
② 스트레스면접 - 지원자의 감정적 안정성, 인내심, 스트레스 하에서 문제 해결 능력 등을 파악할 수 있다.
③ 패널면접 - 다수의 면접자가 다수의 지원자를 면접하기 때문에 선발결과의 타당성을 확보할 수 있다.
④ 구조적 면접 - 다수의 지원자들에게 동일한 질문을 할 수 있어 지원자들 간에 비교 및 평가가 가능하다.

27 다음의 지원자 면접방법 중 선발결과의 신뢰성을 가장 높일 수 있는 방법은 무엇인가?

① 개별면접　　　　　　　　　　② 패널면접
③ 스트레스 면접　　　　　　　　④ 비구조적 면접

28 패널 면접은 다음 중 어느 직종의 종업원 선발에 유용한가?

① 판매직종　　　　　　　　　　② 전문직종
③ 일반사무직종　　　　　　　　④ 일반생산직종

29 다음 중 [보기]의 (　　) 안에 들어갈 용어는 무엇인가?

┤ 보기 ├

(　　　)은(는) 인사평가의 타당성, 신뢰성, 객관성을 높이고자 개발된 평가방법으로 근무평가를 위해 자신, 직속상사, 부하직원, 동료, 고객 등 외부인까지 평가자에 참여시키는 것을 말한다.

① 면접법　　　　　　　　　　　② 목표관리법
③ 다면평가　　　　　　　　　　④ 균형성과표

30 인력계획의 수요예측 방법 중 산업공학적 접근법에 대한 내용으로 가장 적절한 것은?

① 시뮬레이션　　　　　　　　　② 시계열 분석
③ 경영자 판단　　　　　　　　　④ 작업표본 기법

31 다음 [보기]에서 설명하고 있는 내용에 대한 적합한 용어는? (정답은 한글)

> **보기**
>
> 미리 준비된 질문지 질문항목에 따라 면접자가 피면접자에게 대해 면접하는 방식이다.

정답: ______________________

32 다음 [보기]는 어느 면접에 대한 설명인가 그 용어를 쓰시오. (정답은 한글로)

> **보기**
>
> 면접의 유형 중에서 관리직이나 전문직 선발 시 많이 활용되고 있으며, 다수의 면접자가 한 사람의 피면접자를 상대로 하는 면접방식으로, 피면접자에 대한 면접자의 면접결과에 대해 의견교환의 절차를 거쳐 광범위한 정보수집 및 정확한 평가를 할 수 있는 면접이다.

정답: ______________________

33 다음 [보기]의 (   ) 안에 들어갈 적절한 용어를 순서대로 각각 쓰시오. (한글로 쓰시오)

> **보기**
>
> 선발오류란 직무요건의 적임자를 선발하지 못하는 현상을 말한다. 이 중 (ㄱ)란, 선발했어야 하는 인원을 놓치게 된 오류를 말하며, (ㄴ)란, 선발하지 말았어야 하는 인원을 뽑은 오류를 말한다.

정답: ______________________

34 인사평가의 목표에 대한 설명으로 가장 적절한 것은?

① 신뢰성(Reliability): 평가내용이 평가목적을 얼마나 잘 반영하고 있는가?
② 타당성(Validity): 평가내용이 평가목적을 얼마나 잘 반영하고 있는가?
③ 실용성(Practicability): 평가하고자 하는 내용에 대해서 피평가자가 정당하게 느끼고 있는가?
④ 수용성(Acceptability): 평가제도가 비용 및 효과 측면에서 얼마나 효율적인가?

35 선발오류란 직무요건의 적임자를 선발하지 못하는 현상을 말한다. 선발할 때 여러 가지 방법을 통해 인력을 선발하지만 1종 오류와 2종 오류를 가져올 수 있다. 이러한 오류 없이 올바른 결정을 하기 위해서 선발 도구가 갖추어야 할 것으로 가장 적절하지 않은 것은?

① 신뢰성　　　　　　　　　　② 타당성
③ 효용성　　　　　　　　　　④ 공정성

36 인적자원 패러다임 변화에 대한 설명으로 가장 적절하지 않은 것은?

① 다원관리 → 일원관리
② 수직적 구조 → 수평적 구조
③ 반응적 관리 → 선행적 관리
④ 표준화 인재 → 창조적 인재

37 모집평가 관련 주요 지표 중 지원자 가운데 최종선발된 인원의 비율을 의미하는 것은?

① 수용률
② 산출률
③ 선발률
④ 기초률

38 [보기]는 타당도와 선발오류에 대한 그림이다. D영역 상한에 대한 설명으로 가장 적절한 것은?

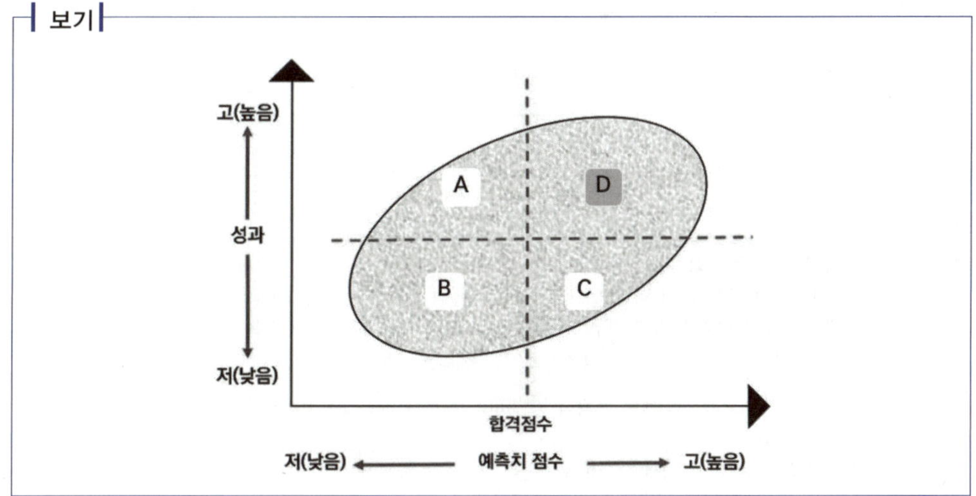

① 올바른 채택
② 올바른 기각
③ 제1유형 오류
④ 제2유형 오류

✓ 1.3 인적자원의 확보

1	2	3	4	5	6	7	8	9	10
④	①	④	④	①	④	③	④	①	③
11	12	13	14	15	16	17	18	19	20
④	④	다운사이징	③	④	①	④	①	②	④
21	22	23	24	25	26	27	28	29	30
③	③	④	③	④	③	②	②	③	④
31	32	33	34	35	36	37	38		
구조적 (구조화)	패널	제1종오류 제2종오류	②	④	①	③	①		

01 ④ 종업원 경력개발 및 동기부여를 위해서는 사내모집 방법이 적절하다.

02 ① 사내 사보에 필요한 직무 및 충원 인원의 공개 모집은 내부모집 방법에 해당된다.

03 ④ ⊙은 추세분석법, ⓒ은 회귀분석법이다.
- 델파이기법: 설문조사 등의 방법으로 다수 전문가들의 의견을 수렴하여 미래 상황을 예측하는 기법
- 명목집단법: 서로 다른 분야에 근무하는 사람들을 명목상의 집단으로 간주하여 그들에게 자유로운 아이디어를 문서로 받아 반대논쟁을 최소화하는 방식으로 문제해결을 시도하는 기법

04 ④ 추세분석, 회귀분석, 생산성비율은 계량적 방법이나, 전문가 예측법은 비계량적 방법이다.
[인적자원의 수요예측]
- 정량적 방법: 추세분석, 시계열분석, 회귀분석, 생산성비율분석
- 정성적 방법: 명목집단법, 델파이기법

05 ① 추세분석법, 회귀분석, 명목집단법은 인적자원의 수요예측 방법 중 정량적 방법에 해당된다.

06 ④ 마코브분석은 시간의 흐름에 따른 개별 종업원의 직무이동확률을 파악하기 위해 개발된 것으로 승진, 이동, 이직 등의 일정비율을 적용하여 미래 각 기간에 걸쳐 현재인원의 변동을 예측하는 방법이다.
- 대체도는 조직 내 특정 직무가 공석이 된다고 가정할 경우 누가 여기에 투입될 수 있는지를 일목요연 게 파악할 수 있도록 나타낸 표로서, 조직 내에 존재하는 다양한 직무를 나타냄과 동시에 각각의 직무로 승진할 수 있는 사람들을 나타낸다. 일반적으로 실무 부서 단위의 인력공급예측에 가장 잘 활용된다.
- 기능목록법: 비관리직 구성원이 보유하고 있는 기능과 능력을 조사하여 결과를 요약한 자료로 개인의 직무적합성에 대한 정보를 신속·정확하게 찾아내기 위한 장치

07 ③ 생산성비율은 기업경영활동에 투입되는 노동, 자본 등 여러 가지 생산요소가 달성하는 경영능률과 성과배분의 합리성을 평가하는 비율이다.

08 ④ 인턴사원제도는 인적자원 외부 공급예측기법에 해당된다.

09 ① 사내 벤처는 특정 목적을 가지고 기업 내부에 독립사업체를 설치하는 것으로 인력과잉의 경우에 해당한다.
- 인력 부족 시 대응 전략: 초과근로, 임시직 고용, 파견근로 활용, 아웃소싱
- 인력 과잉 시 대응 전략: 직무분할제, 조기퇴직제, 정리해고, 무급휴가제도, 다운사이징, 조직 내 직무 재배치

10 ③ 조기퇴직자 지원방안을 마련하여 인력을 조정하여 관리하는 것은 인력과잉의 경우에 보완하는 방안에 해당된다.

11 ④ 파견근로 활용은 인력부족의 경우에 조치해야 할 행동이다.

12 ④ 파견, 하도급, 아웃소싱은 인력부족의 경우에 대응한 전략이다.

13 다운사이징
조직의 경쟁력을 높이기 위해 다수의 인력을 계획적으로 감축하는 것이다.

14 ③

① 기업의 장점만을 강조해서는 안 된다.
② 직종과 관련된 우수한 스펙을 보이는 사원을 선발한다.
④ 기업의 상황에 따라 외부모집과 내부모집 방법을 선택한다.

15 ④ 새로운 관점의 인력 채용은 사외모집(외부모집)의 장점이다.

구분	내부모집(사내모집)	외부모집(사외모집)
장점	• 내부직원의 동기유발 및 능력개발 촉진 • 승진자의 동기유발 및 사기 증진 • 채용비용의 절약과 시간의 단축 • 인재에 대한 정확한 능력평가	• 변화하는 외부환경에 적응 • 새로운 아이디어, 관점, 시각 활용 • 인력개발을 위한 교육훈련 비용 절감 • 다수의 인재 조달 가능
단점	• 내부쟁탈과 과잉경쟁 발생 • 비승진자의 좌절과 사기 저하 • 모집 범위의 제한 • 인력개발을 위한 교육훈련 비용 증가	• 내부직원의 사기 저하 • 채용 비용과 시간의 증대 • 조직에 적응하기까지의 기간 필요 • 부적격자 채용 위험성 존재

16 ① 관리자 및 기능 목록 작성은 내부모집의 방법에 해당 된다.

17 ④ 종업원의 성과자료는 내부모집의 경우 사용가능하다.

18 ① 조직이 필요로 하는 사람을 선발하기 위하여 자격을 갖춘 우수한 사람들을 지원하도록 유인하는 과정은 모집이다.

19 ② 직업인으로서 기본적으로 갖추어야 하는 공통능력과 직무수행에 필요한 역량을 측정하기 위한 검사방법은 직무능력검사이다.
[선발시험]
• 지능검사: 지원자의 종합적 지능을 측정하기 위한 검사
• 성격(인성)검사: 지원자의 성격(욕망, 자신감, 성향)을 측정하여 조직 내 직무 수행에 어떤 영향을 미칠지를 검사
• 흥미검사: 지원자가 가지고 있는 흥미나 관심분야를 측정하는 검사
• 적성검사: 지원자의 잠재적 능력이 어떤 직무에 적합한지에 대한 검사
• 성취도검사: 지원자의 일반지식 또는 전문지식의 수준을 평가하기 위한 방법

20 ④

21 ③

22 ③

[선발도구의 평가기준]
• 신뢰성: 도구가 선발 대상자들에게 적용되었을 때 안정적이고 일관성 있는 결과를 얻어낼 수 있는지를 판단하는 기준을 의미

구분	내용
시험-재시험법 (검사-재검사법)	동일한 사람에게 서로 다른 시기에 동일한 내용의 시험을 실시하여 결과를 측정하는 방법
복수양식법 (대체형식방법)	동일한 사람에게 유사한 형태의 시험을 실시하여 두 시험 간의 상관관계를 살펴보는 방법
양분법(반분법)	시험 내용이나 문제를 반으로 나누어 각각 검사한 후 두 결과를 비교하는 방법

- 타당성: 시험이 당초에 측정하려고 의도하였던 것을 얼마나 정확하게 측정하고 있는지를 밝히는 정도를 의미

구분		내용
기준관련 타당성	동시 타당성	현직 근로자의 시험성적과 직무성과를 비교하여 선발도구의 타당성을 검사
	예측 타당성	선발시험에 합격한 사람들의 시험성적과 입사 후의 직무성과를 비교하여 타당성을 검사
내용 타당성		요구하는 내용을 선발도구가 얼마나 잘 나타내는지를 논리적으로 판단하며 선발시험의 문항 내용이 측정 대상인 직무 성과와의 관련성을 잘 나타내고 있는지를 측정
구성 타당성		시험의 이론적 구성과 가정을 측정

- 효용성: 선발도구의 효용성이 높으면 선발에 있어서 평가도구의 성적이 미래의 직무 성과를 예측하는 능력이 크다는 것을 의미한다. 선발도구의 효용이 높으면 선발 비용이 절감되고 우수 인재의 선발 가능성이 높아진다는 의미
- 형평성: 모든 지원자들에게 동등한 기회를 부여해야 한다는 조건

23 ④ 지원자의 인품, 잠재적인 능력, 의욕 등을 파악하는 것은 면접시험이다.

24 ③ 비구조화 면접의 형태가 일반적으로 노련한 면접자에 의해 실시된다.

25 ④ 지원자의 다양한 측면에 대해 면접관이 자유롭게 질문하고 그에 대해 지원자가 답을 하는 면접은 비구조화 면접에 대한 설명이다.
- 구조화 면접(=지시적 면접=정형적 면접): 면접자가 기본적으로 아주 세분화되고 상세한 내용의 질문을 준비해서 질문하는 형태로 질문사항이 매우 조직적으로 작성되며, 지원자의 배경, 지식, 태도, 동기 등에 대하여 자세한 질문을 하는 방식

26 ③ 패널면접: 다수의 면접자가 한 명의 지원자를 면접하기 때문에 선발결과의 타당성을 확보할 수 있으나, 지원자는 심리적으로 위축될 수 있다.

27 ② 패널면접(위원회 면접)은 다수의 면접관이 한 명의 지원자를 면접하는 방식으로 평가자 간의 신뢰도가 높다.

28 ② 패널면접(위원회 면접)은 전문직종을 선발할 때 유용한 면접 방법이다.

29 ③
- 면접법: 직무분석자가 근로자나 감독자와 면접을 통하여 직무를 파악하는 방법
- 목표관리법: 조직 구성원들의 참여과정을 통해 조직단위와 구성원의 목표를 명확하게 설정하고 그에 따라 생산활동을 수행하도록 한 뒤 업적을 측정 평가
- 균형성과표: 기업의 비전과 전략을 조직 내·외부의 핵심성과지표로 재구성해 전체 조직이 목표달성을 위한 활동에 집중하도록 하는 전략경영시스템

30 ④ 인력 수요예측 방법 중 산업공합적 접근법에 해당하는 것은 작업표본 기법이다.
시물레이션 ➡ 수학적 기법, 시계열 분석 ➡ 통계적 접근법, 경영자 판단 ➡ 주관적 접근법

31 구조적(구조화)면접은 미리 준비된 질문지 질문항목에 따라 면접자가 피면접자에게 대해 면접하는 방식이다.

32 패널면접

33 제1종 오류, 제2종 오류
- 1종 오류: 선발했어야 하는 인원을 놓치게 된 오류
- 2종 오류: 선발하지 말았어야 하는 인원을 뽑은 오류

34 ②
① 평가내용이 평가목적을 얼마나 잘 반영하고 있는가? ➡ 타당성
③ 평가하고자 하는 내용에 대해서 피평가자가 정당하다고 느끼는가? ➡ 공정성 & 수용성
④ 평가제도가 비용 및 효과 측면에서 얼마나 효율적인가? ➡ 실용성

35 ④ 선발과정에서 오류없이 올바른 결정을 하기 위해 선발 도구는 신뢰성, 타당성, 효용성를 갖추고 있어야 하며, 공정성은 선발시스템상의 문제에 해당한다.

36 ① 인적자원관리의 패러다임은 일원관리에서 다원관리로 변화되었다.

37 ③ 모집평가 지표 중 지원자 가운데 최종선발된 인원의 비율은 선발율에 대한 설명이다.
- 수용률: 선발에 최종 선발된 사람 중 회사의 입사 제의를 받아들여 실제 입사하는 인원의 비율
- 산출율: 단계별로 지원자들이 이떻게 축소, 배치되는지를 보여주는 비율
- 기초율: 지원자들 가운데 선발 과정을 거치지 않고 무작위로 선택하여 채용했을 때 일정 기간이 경과한 후 업무를 잘하는 사람의 비율

38 ① 합격점수가 높을 경우 업무성과가 높게 나오는 것은 '적합한 인재 선발(올바른 채택)'이라 할 수 있다.
- A영역: 적합한 인재 탈락
- B영역: 미흡한 인재 탈락
- C영역: 미흡한 인재 선발
- D영역: 적합한 인재 선발(올바른 채택)

인적자원의 개발

01 인적자원개발

02 조직개발

01 인적자원개발

인적자원은 조직의 목표를 달성하기 위해 필요한 가장 중요한 자원으로 인적자원개발(human resource development)은 현재 및 미래의 직무수요에 부응하기 위하여 확보된 인재가 보유한 지식, 기술, 능력의 수준을 지속적으로 향상시키는 것을 말한다.

1.1 인사고과

(1) 인사고과의 개념

인사고과는 종업원의 업무수행 상 업적과 잠재적 능력을 측정, 평가하는 것으로 근무성적이나 능력, 태도, 의욕 등을 조직체에 대한 유용성의 관점에서 평가하여 이들의 상대적 가치를 주기적으로 결정하기 위한 제도이다.

(2) 인사고과의 목적

- 임금관리의 합리화: 임금관리의 기초 자료로 활용
- 고용관리의 합리화: 선발, 승진, 전직, 배치 등 인사이동의 기초자료로 활용
- 동기부여의 향상: 종업원들의 현재 · 잠재적 능력 비교와 숨은 능력을 발견 가능
- 훈련개발의 기준: 교육훈련 및 지도의 기본자료로 활용
- 경영자의 관리 능력 향상 여부 판단의 기초자료로 활용
- 조직과 직무의 개선

(3) 인사고과의 기본원칙(실시원칙)

- 직무기준의 원칙
- 고과자 납득성의 원칙
- 추측배제 및 불소급의 원칙
- 객관성의 원칙
- 고과오차, 오류배제의 원칙
- 공정성의 원칙
- 독립성의 원칙
- 수용성의 원칙

(4) 인사고과의 구성요건

구 분	내 용
타당성	고과 내용이 고과 목적을 얼마나 잘 반영하고 있는가에 관한 성질
수용성	인사고과 제도가 적합하고, 공정하게 운영되어 조직구성원들이 그 결과를 받아들이는 성질
신뢰성	고과 내용이 얼마나 정확하게 측정되었는가에 관한 성질
실용성	기업이 어떤 고과 제도를 도입하는 것인지가 중요하며, 실질적으로 비용보다 효익이 더 큰지를 살펴보는 성질

(5) 인사고과 요소

구 분	내 용
근무태도	책임감, 적극성, 협조성, 규율성, 성실성, 근면성, 순응성 등
근무능력	전문지식과 기능(업무지식, 숙련도, 정확성 등), 관리능력(지도력, 부하 육성능력, 인간관계 관리능력 등), 지적능력(기획력, 판단력, 창의력, 표현력, 분석력 등), 책임감(업무수행 책임, 업무결과 책임 등)
업적·성과	목표달성도, 업무처리내용, 섭외 활동의 실적, 부하 육성의 정도 등
적성·성격	안정성, 사교성, 결단력, 성취의욕 등

(6) 인사고과의 평가 방법

1) 상대평가 방법

구 분	내 용
서열법	근무성적이나 근무능력에 대해 서열을 매기는 방법으로 쉽게 활용할 수 있음
쌍대비교법	구성원들 중에서 2명씩 골라 계속 비교하는 방법으로 비교의 빈도가 매우 높으나 서열정리가 편리함
강제할당법	고과자가 사전에 일정한 평가의 범위와 수를 결정해 놓고, 일정한 비율에 맞추어 강제로 할당하는 고과 방법(인사고과의 오류 유형 중 중심화, 관대화, 가혹화의 오류 방지 가능)

구 분	내 용
서술식고과법	주로 상사와 부하 직원 사이에서 사용되는 고과 방법으로 상사가 부하 직원의 성과를 분석하고 평가한 후 서술형으로 보고서를 작성한다. 보고서는 부하 직원의 성과와 개선이 필요한 부분, 강점 및 약점 등을 기록하며, 성과를 분석하고 평가하기 위해 개인의 성과를 비교하는 방식이며, 평가의 공정성과 투명성이 보장
토의식고과법	집단적인 고과 방법으로, 팀장과 팀원 사이에서 사용되어 각 팀원들의 성과와 개선이 필요한 부분, 강점 및 약점 등을 서로 토론하고 공유하는 방식이다. 이 방법은 개인적인 성과와는 달리, 팀 전체의 성과를 분석하고 평가하는 방식이며, 팀 내 협력과 의사소통의 효율성을 높여주는 장점이 있다.

2) 절대평가 방법

구 분	내 용
평정척도 고과법	숙련, 노력, 근무성적 등 필요한 분석적 평가요소를 선정하고 해당 근로자가 어느 정도를 발휘하는지 판단하여 점수로 수량화한 각 평가요소의 척도에 그 정도를 표시하는 방법
체크리스트법 (대조리스트법)	평가에 적당한 몇 가지의 표준행동을 구체적으로 기술한 문장을 소정의 리스트에 작성하고 근로자의 능력, 근무상태를 리스트와 비교하여 해당 사항에 체크한 후 채점기준표를 통해 등급을 매기는 방법
강제선택법	근로자의 행동이나 능력을 가장 적합하게 기술한 서술문 두 개와 적합하지 않은 서술문 두 개로 구성하는 방법
자유기술법	가장 단순한 방법으로 근로자의 장·단점과 성과 및 잠재적인 요인의 향상을 위한 제언을 사실적으로 서술하는 방법
중요사건 평가법	평가자가 일을 효과적 또는 비효과적으로 수행하는 요인에 대해 핵심적이고 중요한 행동에 초점을 맞추어 평가하는 방법으로 종업원의 성공적인 업적은 물론 실패한 업적까지 기록하였다가 이 기록을 토대로 평가함
행동(행위) 기준 고과법	피평가자의 실제 행동을 관찰하여 평가하며, 중요사건 평가법을 기초로 하여 더 정교하게 계량적으로 발전시킨 방법으로, 관리자가 실제로 효과적이거나 비효과적인 사건들에 대하여 기술하고, 이를 5~10점 범위로 나눈 척도에 따라 평가하는 방법

3) 목표에 따른 평가 방법

성과목표와 평가 기준을 명확히 하고, 평가자와 피평가자의 참여를 최대화하여 인사고과의 효과를 높이는 방식을 말한다.

① 상사와 부하가 공동으로 목표를 설정하고 달성된 성과를 공동으로 토의함으로써 개인과 조직의 목표를 통합하고 개인의 동기부여와 능력개발을 증진시키려는 방법이다.

② 종업원은 의사결정에 참여할 기회와 상사는 직원을 지원할 기회를 갖는다.

③ 근로자는 동기부여와 자기계발의 기회를 얻을 수 있으나 근로자의 신뢰가 없는 경영환경에서는 효과적인 평가 방법이라 할 수 없다.

4) 종합(평가센터) 평가 방법

비슷한 조직 계층의 6~12명 정도 평가대상자를 평가센터에서 3일 정도 합숙하며 관찰평가하는 방법이다.

① 비슷한 조직에 있는 근로자를 평가센터에 합숙시켜 개별 면접, 심리검사, 사례 연구 등으로 참가자들을 관찰하고 평가한다.

② 관리자로서의 리더십에 대한 잠재능력을 파악할 수 있고 리더십과 그 능력의 장·단점에 대한 충분한 정보를 제공해 준다는 점에서 관리자 및 신입직원 선발에도 활용되고 있다.

5) 평가정보의 출처에 따른 평가 방법

구 분	내 용
관리자	일반적으로 평가정보를 가지고 있는 사람이며, 책임을 위한 기본적인 자격요건을 가지고 있다고 전제함
동료	부서 내에서 같은 업무를 수행하고 있는 동료들이 평가자로 참여하는 평가이며, 피고과자를 가장 가까이에서 평가하는 방법
부하	직속 상사에 대하여 부하 직원들로 하여금 평가하도록 하는 방법으로 상사와 부하 직원 간의 신뢰관계 파악에 유리한 평가 방법
본인 (자기평가)	근로자의 과업 수행 행태를 가장 잘 아는 사람은 자신이므로 자기평가는 중요한 정보를 제공함
고객	직접적으로 서비스 성과를 관찰하는 사람으로 고객은 가장 좋은 성과정보의 출처임
다면평가 (360° 평가)	본인, 상사, 팀 구성원, 고객까지 평가에 참가하여 성과에 대한 피드백을 얻기 위해 평가하는 방법이며, 다양한 집단들의 평가로 공정성과 신뢰성을 높일 수 있으나 다면평가를 실시하는 규모에 따라 평가가 왜곡될 수도 있음

(7) 인사고과 평가의 오류

인사고과는 어떠한 고과 방법을 이용한다 하더라도 사람이 하는 것이므로 주관적 판단과 편견이 있다는 것을 부정할 수 없으며, 평가에 대한 오류가 발생할 수 있다.

구 분	내 용
현혹효과 (후광효과)	하나의 평가요소에 대한 호의적 혹은 비호의적인 인상이 다른 모든 평가요소에 대해서 동일하게 평가하려는 경향을 나타내는 것
관대화 경향	고과자가 피고과자를 가능하면 후하게 평가하려는 경향
엄격화 경향 (가혹화 경향)	관대화 경향과 반대로 고과자가 전반적으로 피고과자를 가혹하게 평가하여 평가결과의 분포가 평균 이하로 편중되는 경향
중심화 경향 (집중화 경향)	피고과자의 대다수를 중간 정도로 판단하는 경향
대비 효과	특정의 피고과자가 다음에 평가될 피고과자의 평가에 미치는 오류로 객관적인 기준 없이 개개인을 서로 비교할 때 나타나는 오류
논리적 오류	서로 상관관계가 높은 평가요소 간에 어느 한쪽이 우수하면 다른 요소도 당연히 그럴 것이라고 판단하는 경향
시간적 오류 (최근화 경향)	평가 기간 전체를 토대로 평가해야 하지만 기억력의 한계 등으로 최근 실적이나 능력 중심으로 평가하려는 데서 생기는 오류
상동적 오류	타인에 대한 평가가 그가 속한 사회적 집단(학교, 종교, 지역, 국가 등)에 대한 지각을 기초로 해서 이루어지는 판단

개념 익히기

● 인사고과의 문제점과 개선방안
- 종업원의 통제형 → 능력개발촉진 및 성장지향형
- 상사중심 → 본인참여의 자주적 고과
- 비공개적 → 공개적
- 인물중시 → 업무능력·업적중시
- 다목적, 만능형 → 목적별, 용도별
- 포괄적, 획일적 → 계층별, 요소별
- 추상적 → 구체적, 요소별
- 선의 인사고과, 단수고과 → 다면고과, 복수고과

1.2 교육훈련관리

(1) 교육훈련관리의 개념과 필요성

교육훈련관리는 종업원이 직무를 수행하는 데 필요한 지식·기술·능력·태도를 향상시켜 조직의 목적을 달성하도록 돕는 과정의 체계적 관리라 할 수 있다. 교육훈련과 유사한 개념으로 개발이라는 말이 쓰이는데 교육훈련은 개별 종업원의 현재 직무에 유용한 역량을 얻는 과정이며, 개발은 작업집단이나 조직의 현재와 미래의 직무를 수행하는데 필요한 역량을 획득하는 과정이다.

오늘날과 같은 환경변화와 기업목적의 질적변화가 심한 산업사회에 있어 교육훈련의 필요성은 보다 분명해지고 있다.

필요성	내 용
기술변화	사무자동화, 기계화, 정보화에 적응하기 위해 구성원은 적합한 역량 필요
노동시장의 변화	저출산, 고령화, 실업률의 변화 등으로 인구구조의 변화에 따라 내부 노동시장에 필요한 인력을 양성하는 교육훈련시스템 강화
종업원의 욕구변화	종업원의 성장 욕구가 높아지고 차별화됨에 따른 욕구 만족 결정의 수단
기술 수준의 자연감소	종업원의 보유기술이 시간경과에 의해 자연적으로 감소함에 따른 필요

개념 익히기

● **경영계층에 따라 요구되는 자질**

경영층은 기술적 자질, 인간적 자질, 그리고 개념적 자질 등이 모두 필요하지만, 특히 하위경영층은 기술적 자질, 중간경영층은 인간적 자질, 그리고 최고경영층은 개념적 자질이 가장 필요하다.

(2) 교육훈련관리의 목적

기업 입장에서 전 종업원의 지식·기술·능력·태도를 향상시키고 계속적으로 발휘될 수 있도록 인재를 육성하여 기업을 유지발전이 목적이다. 종업원 입장에서 인간적인 완성을 위한 성장과 이에 따른 처우의 향상으로 볼 수 있다.

1) 학자에 의한 분류

미이(Mee)교수에 의한 교육훈련의 목적	플립포(Flippo)에 의한 교육훈련의 목적
• 사고율 감소 • 커뮤니케이션의 개선 • 사기 제고 • 품질의 개선 • 근로자의 불평 해소 • 감독자의 부담 경감 • 작업 방법의 개선 • 낭비와 소모의 절감 • 결근과 인사이동의 감소 • 습득 시간 단축	• 생산성 증가 • 사고율 감소 • 사기 향상 • 감독자의 부담 감소 • 조직의 안정성과 탄력성의 증가

2) 효율성에 따른 분류

기업의 경제적 효율성 측면	종업원의 사회적 효율성 측면
• 노동시장에서 경쟁력 강화 • 기술변화에 대한 적응력 제고 • 커뮤니케이션 활성화를 통한 직무소외 감소 • 인력배치의 유연성을 제고 • 근후계자 양성	• 품질의 개선 • 사기 제고 • 사고율 감소 • 커뮤니케이션의 개선 • 경쟁력이 강화 • 성장욕구를 충족

(3) 교육훈련의 목표설정과 계획 및 실시절차

기업에서 교육훈련의 목표를 설정할 때에는 다음과 같은 사항을 고려하여 설정하여야 한다.

- 실현 가능한 목표일 것
- 최대한 측정 가능한 목표를 세울 것
- 교육 수단과 교육목표와의 관련이 명확해야 할 것
- 측정 가능한 최종목표를 명확히 설정 할 것
- 최종목표에 도달하기 위한 하위목표를 명시해야 할 것
- 피교육자의 의욕을 북돋을 수 있는 목표를 세울 것
- 실무에서 쉽게 효과가 나타나는 목표를 세울 것

> **개념 익히기**
>
> ● 교육훈련의 시스템 구조
>
> 교육훈련은 조직 목표에서 출발하여 조직의 목표 달성에 기여하는 방향으로 설계되어야 하며, '계획 → 실천 → 통제'의 순서로 진행된다.
> - 계획: 교육훈련의 필요성 및 목표 설정 등
> - 실천: 교육훈련의 내용 및 시기(기간), 대상자, 교육방법, 담당자(실시자) 선정 등
> - 통제: 교육훈련의 평가

(4) 커크패트릭(Kirkpatrick's)의 교육훈련 4단계 평가 기준

구 분		내 용
1단계	반응기준	프로그램의 전반적인 느낌과 만족도에 대한 평가하는 방법
2단계	학습기준	교육훈련 참여자의 지식·기술·능력수준의 향상도를 평가하는 방법
3단계	행동기준	훈련이 종료된 후에 교육훈련 참여자들이 현장에 복귀하여 성과 행동에 일어난 변화를 평가하는 방법
4단계	결과기준	주로 비용과 효익 분석을 실시하여 구체적 수치를 활용하며 교육훈련을 통해 조직의 효과성 증감 정도를 파악하는 방법

(5) 교육훈련의 종류

1) 장소에 의한 분류

구분	직장 내 훈련(OJT: On the Job Training)	직장 외 훈련(Off-JT: Off the Job Training)
내용	직무에 관한 지식과 기술을 습득하는 훈련 방식으로 주로 감독자나 선임자가 직접 부하직원을 개별적으로 훈련시키는 방법	종업원을 직무와 분리시켜 별도의 장소에서 전문가들에 의해 훈련에만 집중할 수 있게 하는 것으로 집단적으로 시행되는 것
장점	• 개개인에 적합한 교육 가능 • 직장 설정에 맞는 교육 가능 • 학습내용을 현장에 바로 활용 가능 • 일과 학습의 병행 가능	• 동일 시간, 장소에서 다수교육 가능 • 업무에 배제되어 훈련에만 집중 가능 • 외부 전문가를 통해 훈련 가능
단점	• 교육시간의 통일 어려움 • 작업수행의 지장초래 가능성 높음 • 교육내용과 수준의 통일이 어려움 • 기업 내·외부 환경에 영향을 많이 받음	• 시간과 비용이 비교적 많이 소요 • 훈련내용을 현장에 바로 적용하기 힘듦 • 교육생들의 능력 차이를 고려하기 힘듦 • 미참여 인원의 업무부담 증가

2) 대상에 의한 분류

대상자	종류	내 용
신입자 교육 훈련	입직 훈련 (오리엔테이션)	채용 직후 회사의 제반 사항, 직무요건, 근무태도 등을 교육훈련 시키는 것으로 신입사원은 회사에 대한 좋은 인상, 친밀감, 애사심을 갖게 함
	멘토시스템 (멘토링)	경험이 많은 자가 신입사원에게 지혜와 경험을 전해주는 시스템으로 멘토의 조직사회화 관련 기능은 지도 활동, 심리적 상담 및 개인적 지원 활동, 조직적 개입 활동으로 이루어짐
현직자 교육 훈련	일반 종업원 훈련	일반 종업원의 시야를 확대하고 분석력, 판단력, 관리의 기초능력을 육성하며 협력 의식 향상과 자질 향상을 위해 노동교육, 교양교육, 기능훈련을 실시하는 것으로, 직업학교 훈련, 도제훈련 등이 해당
	감독자 훈련 (TWI)	직접 부하를 지휘·감독하는 일선의 감독자를 위한 훈련으로 직무 자체에 관한 것 보다는 경험과 지식이 있는 부하들을 성공적으로 다룰 수 있는 기술에 관한 훈련
	관리자 훈련 (MTP)	중간관리자의 교육훈련으로 비교적 광범위한 경영 문제를 다루면서 경영원리의 학습과 관리자로서 필요한 관리기술의 지도를 목적
	경영자 훈련 (AMP)(CCS)	기업 전반의 관점에서 전문적 지식 및 기술, 판단력, 추리력, 계획력, 분석력, 종합력 등을 계발시키고 기업의 사회적 책임을 인식하면서 최고경영자로서 의사결정을 할 수 있고 새로운 기업관의 정립, 경영 전망, 소유와 경영의 분리, 경영환경 변화에 대응, 추진능력, 리더십 등을 중점으로 다루는 훈련

3) 방법에 따른 분류

구 분	내 용
강의식 방법	일정한 장소에 집합된 피교육자를 대상으로 교육자가 일방적으로 강의하고 피교육자는 경청하는 방법
시청각 훈련방법	강의식 교육에 비디오, VCD, DVD, TV, 사진, 도표 등의 시청각 자료를 사용하여 흥미를 유발시키는 방법
사례연구방법	특정 주제에 관한 실제 사례를 작성하여 배부하고 활발한 토론을 함으로써 피교육자의 판단력, 지식, 태도, 분석능력을 발전시키려는 방법
역할연기법	특정한 상황을 설정하여 피교육자에게 그 상황 속의 특정 역할을 맡기고 그 역할에 관한 행동을 실행하도록 하는 방법
코칭	상급자는 강의실의 강사 역할을 수행하며, 역할 모형으로서의 기능을 하여 안내, 조직, 피드백, 강화를 제공하는 교육훈련 방법

구 분	내 용
비즈니스 게임	현실의 경영활동에 근사한 모의적 경영 상태를 설정하여 팀 간의 경쟁을 통하여 투자, 생산, 관리, 판매의 전 과정에 관한 경영 의사결정에 대한 훈련방법
인바스켓법	실제와 비슷하게 가상적인 상황을 설정하고 가상 요구에 따라 의사결정과 업무수행을 하도록 하는 방법. 상사가 메모, 지시, 전화메모 등 업무 지시용 지를 바스켓에 넣고 훈련 참가조가 이를 꺼내 상황을 분석하여 회답, 주문, 회의 구상 등의 조치를 취하도록 하는 방법
브레인스토밍	소수의 회의를 통해 둘 이상의 아이디어 결합이라는 연쇄반응을 통해 새로운 아이디어를 창출하는 방법으로 두뇌풍선이라고도 함
감수성훈련	다른 사람이 생각하고 느끼는 것을 정확하게 감지하고 이에 대응하여 유연한 태도와 행동을 취할 수 있는 능력을 개발하기 위한 훈련방법
행동모델법	어떤 상황에 대한 가장 이상적인 행동을 제시하고 교육참가자가 이 행동을 이해하고 그대로 반복하게 함으로써 행동변화를 유도하는 방법
심포지엄	한 문제에 대하여 두 사람 이상의 전문가가 서로 다른 시각에서 의견을 제시하고 토론하는 방법
액션러닝	교육참가자들이 소규모집단을 구성하여 개인과 집단이 팀워크를 바탕으로 경영상의 실제 문제를 정해진 시점까지 해결하도록 하여 문제해결 과정에 대한 성찰을 통해 학습하도록 지원하는 훈련방법
도제훈련	작업장이나 일정한 교육 장소에서 자신의 직속 상사에게 피교육자 간 1:1로 기술이나 경험을 전수받는 훈련방법
그리드훈련	리더의 행동을 생산중심과 인간중심의 복수 연장선 개념 하에 행동 유형을 정립하고, 가장 이상적인 리더는 생산과 인간의 관점 모두를 극대화할 수 있는 9.9형이라고 전제하는 훈련방법
팀빌딩 (팀구축, 작업집단구축)	다양한 부서와 직급의 사람들이 팀을 이루어 교육을 받게 되면 집단역학의 효과를 얻을 수 있으므로 그가 속한 집단을 변화시킴으로써 그 구성원 개개인을 자동적으로 변화시키는 기법

개념 익히기

● **학습곡선(학습효과)**

학습곡선이란 어떤 제품을 생산하는데 필요한 제품 1단위당 노동투입량이 누적생산량 증가에 따라 일정비율로 감소하는 다는 경험적 사실을 나타내는 곡선을 의미하며, 능률개선을 학습률 이라고 한다.

 이동관리

(1) 인사이동

인사이동(change of job)이란 종업원이 특정한 직무에 배치된 뒤 그의 능력이나 직무의 내용변화 또는 기업운영 상 여러 여건이 변화됨에 따라 수직적 이동과 수평적 이동으로 변화를 가져오는 인사관리 상의 절차를 말한다.

1) 인사이동의 목적

구 분	내 용
생산성 향상	인사이동을 통해 적재적소에 배치 전환될 경우 생산성 향상
모티베이션 향상	자신의 능력·적성에 맞는 직무로 이동하면 모티베이션 향상
조직의 유연성 제고	경영환경 변화에 따른 인적자원의 수요변동에 유연하게 대처
능력개발과 인재양성	직무순환 등으로 다양한 업무수행으로 상급지위 능력개발
매너리즘 타파	한 부서나 직위에 오래 머물 경우 발생할 매너리즘을 타파
직무만족 증가	자신의 능력·적성·의지에 맞는 인사이동으로 직무만족 증가

(2) 배치관리

배치(placement)는 선발된 사람을 특정 직무에 할당하는 것을 말하는데 유능한 종업원을 선발했더라도 배치가 잘못되면 기대하는 직무성과를 얻을 수 없다. 합리적인 적정배치를 위해서는 직무요건과 인적요건을 명확하게 결정하여 두 가지 요건이 합치되도록 배치한다. 전환배치(배치전환)는 일반적으로 종업원을 고용하고 특정 직무에 배치하여 일정기간이 경과한 후에 종업원의 능력 신장이나 직무변화에 따라 수평적으로 재배치하는 것을 말한다.

1) 전환배치의 목적

구 분	내 용
인적자원의 효율적 활용	인적자원을 적재적소에 배치함으로써 그들의 역량 활용
자기발전의 기회 제공	새로운 직무를 제고함으로 자기발전을 도모
직무충실화 자극	직무전문화, 단순화로 인한 권태와 지루함 제거
후계자 양성	다양한 직무경험을 제공하여 미래의 조직을 이끌 후계지도자 양성
동기부여 향상	도전 가치가 있는 새로운 직무를 제공하고 승진 기회 자극을 통해 종업원들의 동기부여

2) 전환배치의 유형

구 분	내 용
생산 및 판매 변화에 의한 전환 배치	제품 시장의 환경변화로 인해 생산 및 판매 상황의 변동에 따른 전환배치
순환근무	장기간 특정 근무를 할 경우 매너리즘에 빠지는 것을 막기 위한 전환배치
교대근무	근로자의 근무시간을 다른 시간대로 이동하는 전환배치
교정적 전환배치	작업 집단 내 인간관계에 문제가 생겨 상사와 부하의 갈등 심화 시에 하는 전환배치

3) 전환배치의 원칙

구 분	내 용
적재적소적시 원칙	전환배치에 있어 해당 종업원의 능력·직무·시간이라는 세 가지 측면을 모두 고려하여, 이들 간의 적합성을 극대화 한다는 원칙
능력(실력)주의 원칙	종업원의 직무수행능력을 기준으로 배치
균형주의 원칙	기업 내 인재가 특정 직무(직종)에 편중되지 않게 배치
인재 육성주의 원칙	기업 내 모든 직무에 대한 풍부한 경험 축적을 통해 미래지향적 인재 육성을 위한 배치

(3) 승진관리

승진(promotion)은 종전의 직무에 비하여 더욱 많은 능력을 필요로 하는 높은 수준의 직무로 수직적, 상향적으로 이동하는 것으로 종업원의 사기진작에 큰 역할을 한다.

1) 승진관리의 기본 원칙

구 분	내 용
적정성의 원칙 (승진보상의 크기)	조직구성원의 공헌에 따라 어느 정도의 승진과 보상을 받아야 하는지의 적정성과 크기를 파악해야 하며 승진할 능력과 시기가 되었을 때 승진이 가능해야 한다는 원칙
공정성의 원칙 (승진보상의 배분)	조직이 조직구성원에게 나누어 줄 수 있는 승진의 기회를 올바른 사람에게 배분했는가에 대한 원칙
합리성의 원칙 (공헌의 측정기준)	조직구성원이 조직의 목표달성을 위해 공헌한 내용을 정확히 파악하기 위해 공헌도와 능력수준을 무엇으로 간주할 것인가에 대한 원칙

2) 승진관리의 방침

구 분	연공주의 승진	능력주의 승진
의의	근속연수에 비례하여 업무능력과 숙련도가 신장 된다고 보고 근속연수나 시간의 차이에 의해 승진의 우선권을 주는 것	개인의 직무수행능력을 근거로 하여 승진의 우선권을 주는 것으로 조직의 성과를 추구하는 경영자들에게 널리 지지를 받아왔음
합리성 여부	비합리적 기준	합리적 기준
사회행동가치	전통적, 정의적 기준	가치적, 목적적 기준
사회문화적 전통	가족주의, 종신고용제, 장유서열관, 동양사회, 운명공동체적 풍토	단기고용제, 능력서열관, 서구사회, 이익공동체적 풍토
직종과 계층	일반직종, 하위계층	전문직종, 상위계층
승진기준	사람중심	직무중심
승진요소	근속연수, 연령, 학력, 경력	직무수행능력, 업적, 성과
장단점	집단중심의 경영질서 형성, 승진관리의 안정성, 연공기준의 객관화	개인중심의 경쟁질서 형성, 승진관리의 불안정, 평가객관성 확보 곤란

3) 승진의 유형

구 분		내 용
직급승진		조직 내 계급구조를 따라 상위직급으로 이동하는 것
자격승진	직능 자격승진	직무수행능력(직능)을 기준으로 승진시키는 제도로 직능등급의 향상이 반드시 직급의 향상으로 이어지는 것은 아님
	신분 자격승진	직무에 관계없는 속인적 요소에 의한 승진으로 종업원의 경력, 학력, 근속연수 등과 같은 개인에게 속하는 형식적 요소에 따라 자격을 인정하고, 상위의 자격으로 승진시키는 것
역직승진		직계승진의 일부라고 볼 수 있지만, 직무와 직계에 연계되는 직위처리 제도가 확립되지 못하는 경우에는 관리체계로서의 직위만 계장 → 과장 → 차장 → 부장과 같은 역직위의 서열계층이 올라가는 것
대용승진		인사체증과 사기저하를 방지하기 위해서 직무내용이나 임금이 실질적인 변화 없이 직위명칭 또는 자격호칭 등의 직위 심볼 상의 형식적인 승진
조직변화승진		승진 대상에 비하여 직위가 부족한 경우 조직구조 자체를 변화시켜 직위 계층을 만들고 승진기회를 확대하여 실시하는 승진

구 분	내 용
연공승진	조직원의 승진에 있어서 능력보다는 근무경력이나 나이 등 시간의 차이에 의해 승진에 우선권을 준다는 개념으로 근무연수에 비례해서 개개인의 업무능력과 숙련도가 신장된다는 것을 기본으로 함
발탁승진	일정 기간 직무수행능력 및 업적만을 평가하여 특별히 유능한 사람에게 승진의 기회를 제공하는 것

(4) 이직관리

이직(separation)이란 종업원이 기업으로부터 이탈하는 것으로 고용관계가 단절되는 것으로 종업원과 직무 간에 형성되어 있는 연결고리가 끊어지는 것이라고 볼 수 있다.

1) 자발적 이직

구 분	내 용
전직	회사에 불만이 있거나 더 좋은 기회를 찾기 위하여 다른 직장으로 옮기는 것
협의의 이직	결혼, 임신, 출산, 질병, 가족의 이주 등으로 회사를 그만두는 것

2) 비자발적 이직

구 분	내 용
징계해고	회사규정 위반이나 불충분한 업무수행으로 인한 해고(정리해고)
일시해고	경제적 불황이나 인력 과잉으로 인해 인력을 감축하기 위한 해고
기타	정년퇴직, 신체장애, 군복무, 사망 등

(5) 퇴직

퇴직(retirement)이란 경영자와 근로자 간의 합의나 근로자의 일방적 의사표시에 의하여 양자 간의 고용계약이 완전히 파기되어 고용관계가 단절되는 경우를 말한다.

1) 본인의 의사에 의하는 퇴직

구 분	내 용
의원퇴직	종업원이 타 회사로의 전직이나 일신상의 이유, 회사에 대한 불만 등으로 퇴직의 의사를 표시하는 퇴직원을 경영자에게 제출함으로써 이루어지는 퇴직
명예퇴직	정년연령에 도달하지 않는 근로자들에게 근속연수나 연령 등 일정한 기준을 충족하면 그의 자발적 의사에 따라 규정상의 퇴직금 이외에 금전상 보상이나 가산퇴직금 또는 위로금을 추가로 지급하는 등 우대조치를 하여 정년 전에 사직의 형태로 근로계약 관계를 종료시키는 제도

2) 법령의 규정에 의하는 퇴직

구 분	내 용
당연퇴직	종업원의 사망, 휴직기간의 만료, 종업원의 정년연령의 도달, 고용기간을 정하고 채용된 경우의 고용기간 만료, 정년퇴직 등
정년퇴직	사용자가 연령을 정하여 그 연령에 도달한 근로자의 능력여하를 불문하고 자동적·강제적으로 퇴직시키는 제도

1.4 경력개발관리

(1) 경력개발관리의 개념

경력(career)은 한 개인이 일생을 걸쳐 일과 관련하여 얻게 되는 경험을 말하며, 경력개발(career development)은 개인의 경력목표를 달성하기 위한 경력계획을 수립하여 조직의 욕구와 개인의 욕구가 합치될 수 있도록 개인의 경력을 개발하는 활동을 말한다.

구 분	내 용
경력목표	개인이 경력개발을 통하여 도달하고 싶은 미래의 지위
경력계획	경력목표를 설정하고, 이를 달성하기 위한 경력경로를 구체적으로 선택하는 과정
경력개발	개인적인 경력계획을 달성하기 위하여 개인 또는 조직이 실질적으로 참여하는 활동

(2) 경력개발관리의 목적

구 분	내 용
개인적 차원	• 분명한 경력목표 설정이 가능 • 자신의 향후 경력경로 예측이 가능 • 능력과 적성에 맞는 분야에서 일하게 됨으로써 안정감을 느끼며, 학습과 성장 욕구가 강화됨
조직적 차원	• 조직의 향후 인적자원개발 활동의 방향성을 설정하는 데 도움을 줌 • 급변하는 외부환경의 변화 속에서 조직이 필요로 하는 인력의 확보 및 개발이 용이함 • 자격과 경험을 갖춘 유능한 인력을 적시 적소에 활용할 수 있어 조직유효성 향상에 기여

(3) 경력개발관리의 원칙

구 분	내 용
적재적소배치의 원칙	종업원의 능력과 조직의 목표달성에 필요한 직무가 잘 조화되도록 자격요건과 적성 정보를 충분히 파악하여야 한다.
승진경로의 원칙	기업의 모든 직위는 계층적인 승진경로로 형성되고 승진관리가 체계적으로 이루어져야 한다.
후진양성의 원칙	인재 확보를 기업의 외부에서 스카웃하는 방법보다 기업 내부에서 양성하는 것을 원칙으로 하여 종업원에게 동기부여를 하도록 한다.
경력기회개발의 원칙	종업원이 필요한 경력경로 설계가 가능하도록 하여야 한다.

(4) 경력개발제도

구 분	내 용
자기신고제도	종업원이 자기의 직무내용이나 담당직무의 능력 활용도, 개발하고자 하는 능력, 적성 여부, 전직 여부, 보유 자격 등에 대해 일정한 양식의 자기신고서에 작성하게 하여 인사부문에 신고하는 제도
직능자격제도	직무를 수행할 수 있는 능력을 자격에 따라 등급으로 나누고 그 자격을 취득한 사람에게 그에 맞는 지위를 부여하는 방법
기능목록제도 (인재목록제도)	종업원의 직무수행능력 평가에 있어서 필요한 정보를 파악하기 위한 개인별 능력평가표로 종업원별로 기능보유 색인을 작성하여 데이터베이스에 저장하여 인적자원관리와 경력개발에 활용
직무순환제도	담당직무를 순차적으로 교체함으로써 기업의 직무전반을 이해하고 지식·기능·경험을 풍부하게 하는 것으로 개인을 조직의 여러 분야에 노출시킴으로써 개인에게 폭넓은 경험을 제공
종합평가센터제도	근로자의 장래성을 체계적으로 예측하여 경력개발을 추진하는 방법

구 분	내 용
능력개발 시스템제도	종업원 개개인의 적성에 맞는 진로를 선택하여 자신의 능력을 개발시켜 가는 과정에서 나타나는 직무순환과 연수 참가나 자기계발을 위한 지식이나 기술을 습득하도록 하는 방법
경력경로화	개인들이 미래에 보다 높은 수준의 직무를 수행할 수 있도록 비공식 또는 공식적 교육, 훈련 및 직무경험을 제공하는 개별 활동의 연속으로, 조직에서 종업원들을 한 직무에서 다른 직무로 연속적으로 진전시키면서 훈련하는 기법

(5) 경력 정체

경력 정체(career plateau)는 조직 내에서 승진이 정체되거나 책임 있는 직위로의 이동이 막힌 상태를 말한다. 따라서 개인에게 조직에 대한 불만족 및 조직에 대한 헌신도가 하락할 수 있으며, 승진의 한계에 대한 문제뿐만 아니라 개인이 스스로 직무에 만족하지 못해 발생하기도 한다.

개념 익히기

● 홀(Hall)의 경력단계 모형

구 분	내 용
탐색단계 (1단계)	• 다양한 진로 선택지를 탐색 • 학교 교육과 직장 경험을 바탕으로 적합한 직업을 선정 • 청소년기(17세)~청년기(30세) ➜ 자아개념 정립, 경력방향 결정
확립단계 (2단계)	• 선택한 직업 분야에서 자신을 확립하는 단계 • 해당 분야에 정착하고 업적을 쌓으려 함, 직장변경시 직업은 유지 • 장(壯)년기(30세~45세) ➜ 특정 직무영역에 정착(친교단계)
유지단계 (3단계)	• 자신의 위치 유지를 위해 노력하는 단계 • 신체적 노화와 능력의 도태를 인지, 경력 발전을 이어나가길 원함 • 중년기(45세~55세) ➜ 생산의 시기, 중년위기
쇠퇴단계 (4단계)	• 신체적 인지적 능력의 한계를 느껴 직업 활동의 감소로 이어지는 단계 • 퇴직과 노후생활을 준비 • 장(長)년기(55세 이후) ➜ 은퇴준비

2.1 인적자원개발

01 교육훈련의 일반적인 목적과 이유에 대한 다음 설명 중 가장 적절하지 않은 것은 무엇인가?

① 사고율의 감소
② 업무내용의 균일화
③ 조직의 안정성 및 탄력성 증가
④ 적절한 능력을 지닌 인재 양성

02 다음 중 교육훈련의 목적으로 거리가 먼 것은?

① 업무 생산성의 향상
② 자기 개발 및 성취감을 통한 직원 사기 향상
③ 업무 지식 및 숙련도 향상을 통한 사고율 감소
④ 직원 연봉 상승

03 다음 중 교육훈련의 필요성과 가장 거리가 먼 것은 무엇인가?

① 적절한 능력을 가진 인재를 양성하기 위해서이다.
② 종업원의 적성에 맞는 기능 내지 기술을 개발하기 위해서이다.
③ 경제성장의 고도화에서 오는 인력부족을 다수보편주의로 이행하게 하기 위해서이다.
④ 급격한 동태적 혁신으로 인한 업무내용의 변혁에 적응하는 수준 높은 지식, 기능, 태도를 신장시키기 위해서이다.

04 다음 중 직장 내 훈련(OJT)과 직장 외 훈련(Off JT)의 장점으로 적절하지 않은 것은?

OJT(직장 내 훈련)	Off JT(직장 외 훈련)
① 현실적인 교육훈련 가능	현장과 관계없이 계획적인 훈련 가능
② 상사, 동료와 협동정신이 강화됨	많은 종업원을 일괄적으로 훈련시킬 수 있음
③ 직무부담에서 벗어나 훈련에 전념할 수 있음	실시가 용이하며, 훈련비용이 적게 듦
④ 종업원 개인 능력에 따른 훈련 가능	전문 지도자의 지도가 가능함

05 다음 교육훈련 방법들 중 신입근로자가 조직에 조기 적응할 수 있도록 후견인을 두어 행동의 준거기준이 되고 진로지도와 대인관계 개발에 대하여 지도훈련을 하여 조직 내 의사결정자에게 이들의 존재를 알려주는 역할을 하도록 하는 제도는 무엇인가?

① 역할연기
② 멘토시스템
③ 인턴사원제
④ 브레인스토밍

06 다음 교육훈련방법 중 작업현장에서 감독자의 지도를 받거나, 숙련공의 작업을 직접 보조하면서 지식과 기능을 습득하는 것은 무엇인가?

① 도제훈련　　　　　　　　　　　② 관리직훈련
③ 실습장훈련　　　　　　　　　　④ 직업학교훈련

07 다음 [보기]가 설명하고 있는 교육훈련 방법은 무엇인가?

┤ 보기 ├

문제해결을 위한 회의식 방법으로 적절한 소수인이 모여서 자유롭게 아이디어를 창출하는 방법이다.

① 심포지엄　　　　　　　　　　　② 역할연기법
③ 브레인스토밍　　　　　　　　　④ 감수성훈련

08 다음 중 교육 참가자들이 소규모집단을 구성하여 개인과 집단이 팀워크를 바탕으로 경영상의 실제문제를 정해진 시점까지 해결하도록 하여 문제해결 과정에 대한 성찰을 통해 학습하도록 지원하는 교육훈련 실시기법은?

① 감수성훈련　　　　　　　　　　② 액션러닝
③ 그리드훈련　　　　　　　　　　④ 역할연기법

09 다음 [보기]의 (　　) 안에 들어갈 용어는? (정답은 한글로)

┤ 보기 ├

조직개발은 구성원이 주도하고 참여하고 자신들이 직접 변화하는 참여적 조직변화이므로 변화관리자나 변화주도자의 도움과 (　　　　　)의 이론과 기술을 이용하여 보다 효율적이고 협력적인 조직문화를 형성해 나가는 것을 의미한다.

정답: ______________________________

10 다음 [보기]가 설명하고 있는 용어를 쓰시오.

┤ 보기 ├

피교육자에게 실제 상황을 가정하여 연기하게 함으로써 실제 상황을 간접적으로 체험하게 하는 교육 훈련 방법

정답: ______________________________

11 다음 [보기]의 (　　) 안에 들어갈 용어는?

> **┤ 보기 ├**
>
> 조직개발 기법인 그리드 훈련은 생산중심과 (　　　)중심의 복수연장선 개념 하에 여러 가지 리더의 행동을 정립하고, 가장 이상적인 리더는 생산과 (　　　)에 대한 관심을 모두 극대화 할 수 있는 9.9형이라고 전제한다.

① 팀 ② 인간

③ 과업 ④ 조직

12 다음 (　　) 안에 들어갈 용어는 무엇인가? (정답은 한글로 기재)

> **┤ 보기 ├**
>
> (　　　)은(는) 계약관계로 맺어질 수도 있고, 상사나 동료일 수도 있는 수평적이고 협력적인 파트너십에 중점을 두며, 성취를 이루려는 개인과 적극적으로 커뮤니케이션하고 동기부여와 믿음을 심어 주어 스스로 문제점을 찾아 해결할 수 있도록 도와주는 일이라고 할 수 있다.

정답: ________________________________

13 교육훈련의 평가에 대한 다음 설명 중 가장 적절하지 않은 것은 무엇인가?

① 전후법, 실험비교법, 테스트법, 상호평가법 등이 있다.

② 학습자의 교육훈련 후 반응에 대한 평가만 실시하면 된다.

③ 교육훈련의 개선점 발견과 발전방향 모색에 그 의의가 있다.

④ 교육훈련 실시에 따른 목표달성 정도를 파악하기 위한 과정이다.

14 다음 [보기]는 배치에 대한 방침 중 하나에 대한 설명이다. 다음 중 무엇인가?

> **┤ 보기 ├**
>
> 직장은 사람과 사람의 관계로 이루어진 하나의 사회이기 때문에 배치 및 이동에 대하여 단순히 종업원 개인에 국한되어 판단해서는 안 된다. 직장 전체의 실력 증진과 사기고양 등을 꾀하는 의미로서의 전체와 개인의 조화를 고려해야 한다.

① 실력주의 ② 균형주의

③ 인재육성주의 ④ 적재적소주의

15 기업 내의 직무환경 요건에 적합한 종업원의 적정배치의 실현과 함께 기업 내의 모든 직무에 대한 정기적인 배치전환 및 인사이동을 통하여 풍부한 경험축적과 능력개발을 하는 원칙과 가장 가까운 것은 다음 중 무엇인가?

① 능력주의 원칙　　　　　　　　② 균형주의 원칙
③ 적재적소의 원칙　　　　　　　④ 인재육성주의 원칙

16 다음 중 종업원의 적성·지식·경험·기타 능력과 조직의 목표 달성에 필요한 직무가 잘 조화되도록 자격요건과 적성 및 선호구조에 대한 정보를 충분히 파악하여야 하는 원칙과 관련된 경력개발관리의 기본개념은?

① 경력기회개발의 원칙　　　　　② 적재적소배치의 원칙
③ 승진경로의 원칙　　　　　　　④ 후진양성의 원칙

17 배치의 원칙 중 하나로써 조직의 효율성을 높이기 위해서 직무가 요구하는 자격요건에 적합한 능력과 자질을 갖춘 사람들을 배치하는 것으로, 조직에서 적합한 인재를 적합한 위치에 배치하는 원칙을 무엇이라 하는가? (정답은 한글로 기재)

정답: ______________________________

18 다음 [보기]의 (　　) 안에 적절한 단어를 한글로 쓰시오.

┤ 보기 ├

(　　　　)은/는 새로운 직무를 수행하게 함으로써 종업원의 능력개발 및 동기부여를 할 수 있는 기회를 제공하기 위해 실시한다. 기업의 측면에서도 인적자원을 적절하게 배치하여 노동생산성 향상을 유도할 수 있다.

정답: ______________________________

19 다음 중 조직 구성원이 조직의 목표달성을 위해 공헌한 내용을 정확히 파악하기 위해 무엇을 '공헌' 내지 '능력'으로 간주할 것인가와 관련된 승진의 기본원칙은?

① 적정성의 원칙　　　　　　　　② 공정성의 원칙
③ 합리성의 원칙　　　　　　　　④ 체계성의 원칙

20 승진의 기본원칙 중에서 조직이 조직구성원에게 나누어 줄 수 있는 승진기회를 올바른 사람에게 배분했느냐와 관련되는 것과 가장 관련이 깊은 것은 무엇인가?

① 공정성의 원칙　　　　　　　　② 적정성의 원칙
③ 합리성의 원칙　　　　　　　　④ 체계성의 원칙

21 다음 중 종업원이 보유한 직무수행능력을 기준으로 한 승진유형은 무엇인가?

① 자격승진
② 연공승진
③ 역직승진
④ 직위승진

22 다음 승진의 유형 중 종업원의 학력, 근속년수, 연령 등의 연공서열요소를 고려하지 않고 일정기간의 직무수행능력 및 업적만의 평가를 거쳐 특별히 유능한 사람에게 승진의 기회를 제공하는 제도는 무엇인가?

① 대용승진
② 역직승진
③ 발탁승진
④ 전문직승진

23 다음 승진 유형 중 승진은 했지만 직무내용이나 임금이 변동되지 않는 경우로, 승진적체 현상이나 인사체증에 따른 사기저하를 방지하기 위한 승진제도는?

① 직급승진
② 자격승진
③ 대용승진
④ 역진승진

24 조직에서 승진정책을 수행할 때 기준으로 삼는 개념 중 다음 [보기]가 설명하고 있는 것은 무엇인가?

┤ 보기 ├

대체로 자신들의 안정성 경향을 강조하는 종업원들과 노동조합 사이에 널리 지지를 받아 온 원칙으로서 저임금, 학력 중시 풍토, 기술의 정체, 장유유서와 같은 사회적 질서개념, 종업원의 기득권 중시 등에서 그 존재이유를 찾아볼 수 있다.

정답: _______________________

25 다음 중 [보기]에서 ㉠, ㉡에 들어갈 용어는?

┤ 보기 ├

㉠ 경제적 불황이나 인력 과잉, 인력감축의 일환으로 인한 해고
㉡ 회사에 불만이 있거나 보다 나은 기회를 찾기 위하여 다른 조직으로 옮기는 것

① ㉠ 해고,　　　　　　㉡ 전직
② ㉠ 전직,　　　　　　㉡ 협의의 이직
③ ㉠ 전직,　　　　　　㉡ 영구해고(징계해고, 정리해고)
④ ㉠ 협의의 이직,　　㉡ 영구해고(징계해고, 정리해고)

26 다음 [보기]에서 설명하고 있는 내용에 대한 적합한 용어는? (정답은 한글로)

> **보기**
>
> - 현재까지 직업상의 어떤 일을 해 오거나 어떤 직위, 직책을 맡아온 경험 또는 그 내용을 말한다.
> - 개인(종업원)이 평생 동안 가지게 되는 경험의 과정을 뜻하는 것으로 한 개인(종업원)이 일생을 두고 일과 관련하여 얻게 되는 경험 및 활동에서 지각된 일련의 태도와 행위라고 정의할 수 있다.

정답: _______________________________

27 다음 경력개발 요소 중 경력목표를 설정하고 설정된 경력목표를 달성하기 위해 경력경로를 구체적으로 선택하는 과정에 해당하는 용어는?

① 경력목표　　　　　　　　　② 경력계획
③ 경력개발　　　　　　　　　④ 경력관리

28 다음 [보기]의 (　　) 안에 들어갈 가장 적절한 용어는 다음 중 무엇인가?

> **보기**
>
> (　　　　)는 조직구성원들의 행위를 조직의 목적에 더욱 적합하도록 유도하기 위하여 적용하는 인사평가 제도로서, 조직구성원의 능력과 업적을 평가하여 조직구성원의 조직에 대한 유용성을 파악하는 것을 말한다.

① 인사고과　　　　　　　　　② 경력관리
③ 승진관리　　　　　　　　　④ 조직평가

29 다음 중 인사고과의 주된 목적이 아닌 것은 무엇인가?

① 동기부여의 향상　　　　　② 임금관리의 합리화
③ 고용관리의 합리화　　　　④ 복리후생 자료 파악

30 다음 중 인사고과의 실시원칙으로 적합하지 않은 것은?

① 납득성의 원칙　　　　　　② 공정성의 원칙
③ 직무기준의 원칙　　　　　④ 고과 소급의 원칙

31 다음 인사고과요소 중 근무태도와 관련된 것은?

① 안정성, 사교성, 결단력, 성취의욕

② 목표달성도, 업무처리내용, 섭외활동의 실적

③ 전문지식과 기능, 관리능력, 지적능력, 책임감

④ 책임감, 적극성, 협조성, 활동성, 성실성, 근면성, 순응성 등

32 다음 인사고과 방법 중 복수 기준과 복수평가자를 활용하여 6명에서 12명 정도의 피평가자의 자질과 잠재능력을 보다 집중적으로, 그리고 종합적으로 평가하는 방법은?

① 강제할당법

② 중요사건 기술법

③ 목표에 의한 관리법(MBO)

④ 종합평가법

33 다음 [보기]에서 설명하고 있는 인사고과 방법은?

> **보기**
>
> 조직 내 상하 구성원이 성과 목표 및 평가기준 정립 과정부터 참여함으로써 인사고과의 효과를 최대화하는 방법

① 목표관리법(MBO)

② 평가센터법

③ 대조표고과법

④ 중요사건법

34 인사고과의 방법 중에서 종업원이 스스로 자신의 기술이나 지식 등의 자기 능력과 원하는 직무, 직무환경, 교육훈련 등을 기술하여 정기적으로 보고하고 그것을 인력자원 조사의 자료로 활용하는 방법은 다음 중 무엇인가?

① 면접법

② 목표관리법

③ 자기신고법

④ 중요사실기록법

35 다음 중 종업원 본인, 팀장, 부하 직원, 동료 및 고객까지 평가자로 참여시키는 인사평가 방법을 무엇이라 하는가?

① 다면 평가

② 하향식 평가

③ 상향식 평가

④ 수평적 평가

36 다음 [보기]의 (   ) 안에 들어갈 적합한 용어는? (영문 약자로 쓰시오)

> **보기**
>
> 인사고과 방법 중 (   )은(는) 종업원이 상사와 협의하여 작업목표량을 결정하고 그 성과를 부하와 상사가 같이 측정하여 인사고과의 자료로 활용하는 방법이다.

정답: ________________________________

37 인사고과 또는 근무평정을 실시할 때 생길 수 있는 것으로 과거 행위보다는 바로 최근의 행위에 영향을 받음으로써 평가에 오류를 미치는 것은 다음 중 무엇인가?

① 현혹 효과   ② 상동적 오류
③ 시간적 오류   ④ 중심화 경향

38 면접 평가 시 지원자의 어떤 특별한 성과나 전반적인 인상이 면접 평가영역 전반에 영향을 미치는 현상은 다음 중 무엇인가?

① 후광효과   ② 상동효과
③ 투영효과   ④ 초기효과

39 다음 인사고과 오류 중 대비오류에 대한 설명으로 적합한 것은 무엇인가?

① 고과자로부터 받은 인상을 기준으로 평가하는 것을 말한다.
② 피고과자의 평가의 결과가 전체 평균치에 집중하는 경향을 말한다.
③ 고과자가 자신의 특성과 비교하여 피고과자를 평가하는 경향을 말한다.
④ 피고과자를 실제보다 과대 또는 과소평가하여 집단의 평가결과가 한쪽으로 치우치는 경향을 말한다.

40 인사고과를 실시할 때의 유의점에 대한 설명이다. 다음 [보기]의 (   ) 안에 들어갈 가장 적절한 용어는 무엇인가? (단, 정답은 한글로 기재할 것)

> **보기**
>
> (   )(은)는 고과대상자의 특정한 고과요소로부터 받은 호의적 또는 비호의적 인상이 다른 고과요소에까지 영향을 미쳐 동일하게 평가하는 경향성을 의미한다. 이를 피하기 위해서는 여러 평가자들이 같은 사람을 독립적으로 평가하게 하는 것이 필요하다.

정답: ________________________________

41 다음 [보기]는 인사고과를 실시할 때의 유의점에 대한 설명이다. 다음 [보기]의 (   ) 안에 들어갈 가장 적절한 용어는 무엇인가?

> ┤ 보기 ├
>
> (   )(은)는 피고과자를 평가함에 있어서 피고과자의 특성을 고과자 자신의 특성과 비교하여 평가할 경우에 생기는 오류로써 이를 줄이기 위해서는 유사한 고과요소를 가능한 간격을 두어 배열하고, 고과요소별로 하나씩 배열하여 이것을 전 고과자가 평가하며 확신할 수 있는 고과요소로부터 평가를 한다.

정답: _______________________________

42 다음 인사고과의 평가 시 유의사항으로 적합한 설명은?

① 타당성: 평가내용이 평가의 목적을 잘 반영하고 있는지에 대한 점검
② 신뢰성: 인사고과의 설계와 실행에 들어가는 비용이 적정한가에 대한 점검
③ 수용성: 측정하고자 하는 내용을 정확하게 측정되었는지에 대한 점검
④ 실용성: 피 평가자들이 평가결과와 활용목적에 동의하는가에 대한 점검

43 다음 중 조직구성원의 이동, 승진 및 장기적인 능력 개발을 체계적으로 관리하는 인적자원 개발 영역은?

① 노사관계　　　　　　　　　② 경력개발
③ 교육훈련　　　　　　　　　④ 직장훈련

44 다음 중 경력개발관리의 원칙과 가장 거리가 먼 것은 무엇인가?

① 승진경로의 원칙　　　　　　② 후계자배제의 원칙
③ 경력기회개발의 원칙　　　　④ 적재적소배치의 원칙

45 인적자원관리의 진행 과정(계획 → 실행 → 통제)을 제시한 것 중 '통제'에 가장 근접한 활동은?

① 사기유발, 노사분규해결
② 모집홍보, 선발면접, 배치
③ 사기향상 정도, 모집효과분석, 투입비용계산
④ 인력공급추이 파악, 임금기준 파악, 인사평가, 경력개발

46 인사이동관리에서 능력주의 사회문화적 전통으로 가장 적절하지 않은 것은?

① 개인주의　　　　　　　　　② 단기고용제
③ 능력서열관　　　　　　　　④ 운명공동체적 풍토

47 인사고과의 오류 중 중심화경향을 줄이기 위한 개선방향으로 가장 효과적인 것은?

① 평가시기에 즈음하여 평가자료를 확보한다.
② 평가자의 가치관 등을 평가 내용에 반영한다.
③ 피평가자의 특징적인 전반적 인상을 강조한다.
④ 평가기간을 늘리고, 다양한 평가자료를 확보한다.

48 홀(D. T. Hall)의 경력단계모형 중 네 번째 단계는 쇠퇴단계로 자신의 경력을 평가하고 직장생활을 통합해 보면서 은퇴를 준비하는 단계이다. 쇠퇴단계의 경력욕구는 무엇인가?

① 친교(Intimacy) ② 통합(Integrity)
③ 생산(Generativity) ④ 주체형성(Identity)

49 [보기]는 홀(D.T.Hall)의 경력단계모형에 대한 일부 설명이다. [보기]에서 설명하는 단계를 한글로 입력하시오.

> **│ 보기 │**
>
> 개인은 자신의 적성과 가능성을 평가하고 자신의 성장 정도를 설정하여 노력하게 되며, 직무성과의 발전과 조직에 대한 귀속감을 갖게 된다. 그러나 이 시기는 경쟁자들과의 경쟁심이 작용하게 되므로, 경쟁과정에서 나타나는 갈등 및 실패에 대한 감정적 처리가 중요한 단계이다.

정답: ____________________

✓ 2.1 인적자원 개발

1	2	3	4	5	6	7	8	9	10
②	④	③	③	②	①	③	②	행동과학	역할연기법
11	**12**	**13**	**14**	**15**	**16**	**17**	**18**	**19**	**20**
②	코칭	②	②	④	②	적재적소주의 (적재적소의 원칙)	배치전환	③	①
21	**22**	**23**	**24**	**25**	**26**	**27**	**28**	**29**	**30**
①	③	③	연공주의	①	경력	②	①	④	④
31	**32**	**33**	**34**	**35**	**36**	**37**	**38**	**39**	**40**
④	④	①	③	①	MBO	③	①	③	현혹효과 후광효과
41	**42**	**43**	**44**	**45**	**46**	**47**	**48**	**49**	
대비오류	①	②	②	③	④	④	확립단계	②	

01 ②
- 미이(F.Mee)교수에 의한 교육훈련의 목적은 사고율 감소, 커뮤니케이션의 개선, 사기 제고, 품질의 개선, 근로자의 불평 해소, 감독자의 부담 경감, 작업 방법의 개선, 낭비와 소모의 절감, 결근과 인사이동의 감소, 습득 시간 단축이다.
- 플리오(Edwin b. Flippo)에 의한 교육훈련의 목적은 생산성 증가, 사고율 감소, 사기 향상, 감독자의 부담감소, 조직의 안정성과 탄력성의 증가이다.

02 ④ 직원 연봉 상승은 임금관리(보상관리)에 해당된다.

03 ③

[교육훈련의 필요성]
- 기술변화: 사무자동화, 기계화, 정보화에 적응하기 위해 구성원은 적합한 역량 필요
- 노동시장의 변화: 저출산, 고령화, 실업률의 변화 등으로 인구구조의 변화에 따라 내부 노동시장에 필요한 인력을 양성하는 교육훈련시스템 강화
- 종업원의 욕구변화: 종업원의 성장욕구가 높아지고 차별화됨에 따른 욕구만족 결정적 수단
- 기술수준의 자연감소: 종업원의 보유기술이 시간경과에 의해 자연적으로 감소함에 따른 필요

04 ③

구분	직장 내 훈련(OJT: on-the job-training)	직장 외 훈련(Off-JT: off-the job-training)
내용	직무에 관한 지식과 기술을 습득하는 훈련방식으로 주로 감독자나 선임자가 직접 부하직원을 개별적으로 훈련시키는 방법	종업원을 직무와 분리시켜 별도의 장소에서 전문가들에 의해 훈련에만 집중할 수 있게 하는 것으로 집단적으로 시행되는 것
장점	• 개개인에 적합한 교육가능 • 직장 설정에 맞는 교육가능 • 학습내용을 현장에 바로 활용가능 • 일과 학습의 병행가능	• 동일시간, 장소에서 다수교육 가능 • 업무에 배제되어 훈련에만 집중가능 • 외부 전문가를 통해 훈련가능
단점	• 교육시간의 통일 어려움 • 작업수행의 지장초래 가능성 높음 • 교육내용과 수준의 통일이 어려움 • 기업 내·외부 환경에 영향을 많이 받음	• 시간과 비용이 비교적 많이 소요 • 훈련내용을 현장에 바로 적용하기 힘듦 • 교육생들의 능력 차이를 고려하기 힘듦 • 미참여 인원의 업무부담 증가

05 ② 멘토시스템은 경험이 많은 자가 신입사원에게 지혜와 경험을 전해주는 시스템으로 멘토의 조직사회화 관련 기능은 지도활동, 심리적 상담 및 개인적 지원활동, 조직적 개입활동을 말한다.
- 역할연기법: 특정 상황을 설정하여 피훈련자에게 그 상황 속의 특정 역할을 맡기고 그 역할에 관한 행동을 실행하도록 하는 방법
- 인턴사원제: 구직자를 임시직으로 고용한 후 수습기간을 거쳐 적격자를 정식으로 채용하는 종업원 모집 방법
- 브레인스토밍: 소수의 회의를 통해 둘 이상의 아이디어 결합이라는 연쇄반응을 통해 새로운 아이디어를 창출하는 방법으로 두뇌풍선으로 불리어짐

06 ① 도제훈련은 작업현장에서 감독자의 지도를 받거나 숙련공의 작업수행을 보조하면서 기능과 지식을 습득하는 것이다.

07 ③
- 심포지엄: 한 문제에 대해 두 사람 이상 전문가가 다른 시각에서 의견을 제시하고 토론하는 방법이다.
- 역할연기법: 주제에 대해 피교육자로 하여 실제로 체험하게 하는 교육으로, 피교육자들 가운데 연기자를 선출하여 일정한 역할을 연기시키는 방법이다.
- 감수성훈련: '성장욕구, 직무' 간의 적합성을 극대화시켜 성장욕구, 자아실현 욕구가 충족될 수 있도록 하는 훈련이다. 자유로운 분위기가 형성된 상황에서 대부분의 사람들은 친밀하게 되고 각자 자기 자신에 대해 더 많은 것을 알 수 있다는 가정하여 타인이 자기를 보는 것처럼 자신을 봄으로써 자기 자신을 이해하 자는 것이며 그렇게 함으로써 자신의 행동을 바꾸게 하려는 것이다.

08 ②
- 감수성훈련: 다른 사람이 생각하고 느끼는 것을 정확하게 감지하고 이에 대응하여 유연한 태도와 행동을 취할 수 있는 능력을 개발하기 위한 방법
- 그리드훈련: 리더의 행동을 생산중심과 인간중심의 복수연장선 개념 하에 행동 유형을 정립하고, 가장 이상적인 리더는 생산과 인간의 관점 모두를 극대화할 수 있는 9.9형이라고 전제하는 교육훈련 방법
- 역할연기법: 특정 상황을 설정하여 피훈련자에게 그 상황 속의 특정 역할을 맡기고 그 역할에 관한 행동을 실행하도록 하는 방법

09 행동과학
조직개발은 구성원이 주도하고 참여하고 자신들이 직접 변화하는 참여적 조직변화이므로 변화관리자나 변화주도자의 도움과 행동과학의 이론과 기술을 이용하여 보다 효율적이고 협력적인 조직문화를 형성해 나가는 것을 의미한다.

10 역할연기법 또는 롤플레잉 기법

11 ② 그리드훈련은 생산중심과 인간중심의 복수연장선 개념 하에 여러 가지 리더의 행동을 정립했다.

12 코칭은 평적이고 협력적인 파트너십에 중점을 두고 스스로 문제점을 찾아 해결할 수 있도록 도와주는 일이다.

13 ② 교육훈련의 평가단계는 1단계 반응평가, 2단계 학습평가, 3단계 행동평가, 4단계 업적평가가 있다. 따라서 학습자의 반응평가만 실시하면 안 된다.

[교육훈련 단계]
- 1단계 반응평가: 교육훈련을 어떻게 생각하는가
- 2단계 학습평가: 교육훈련을 통하여 어떠한 원칙·내용·기술을 습득했는가
- 3단계 행동평가: 교육훈련을 통하여 직무수행상 어떠한 행동의 변화를 가져왔는가
- 4단계 업적평가: 교육훈련을 통하여 원가절감·품질개선·생산선 향상 등에 어떠한 성과를 가져왔는가

14 ② 균형주의 원칙은 단순히 특정인만의 적재적소를 고려하는 것이 아니라 상하좌우의 모든 사람에 대해서 평등한 적재적소와 직장 전체의 적재적소를 고려하는 원칙을 말한다.

[배치(=전환배치)의 원칙]
- 적재적소주의 원칙: 적합한 인재를 적절한 장소에 배치
- 능력(실력)주의 원칙: 종업원의 직무수행능력을 기준으로 배치
- 균형주의 원칙: 기업 내 인재가 특정 직무(직종)에 편중되지 않게 배치
- 인재 육성주의 원칙: 기업 내 모든 직무에 대한 풍부한 경험 축적을 통해 미래지향적 인재 육성을 위한 배치를 하여야 한다.

15 ④ 인재육성주의 원칙은 사람을 소모시키면서 사용하지 않고 성장시키면서 사용해야 한다는 원칙을 말한다.

16 ②

17 적재적소주의(적재적소원칙, 적정배치원칙)

18 배치전환 또는 전환배치

19 ③

[승진관리의 기본원칙]
- 적정성의 원칙(승진보상의 크기): 승진할 능력과 시기가 되었을 때 승진이 가능해야 한다는 원칙
- 공정성의 원칙(승진보상의 배분): 승진의 기회를 올바른 사람에게 배분했는가에 대한 원칙
- 합리성의 원칙(공헌의 측정기준): 공헌도와 능력수준을 무엇으로 간주할 것인가에 대한 원칙

20 ① 승진기회를 올바른 사람에게 배분했느냐는 공정성의 원칙에 해당하는 내용이다.

21 ① 자격승진은 종업원의 직무수행능력(직능)을 기준으로 승진시키는 제도이다.
- 연공승진: 조직원의 승진에 있어서 능력보다는 근무경력이나 나이 등 시간의 차이에 의해 승진에 우선권을 준다는 개념으로 근무연수에 비례해서 개개인의 업무능력과 숙련도가 신장된다는 것을 기본으로 함
- 역직승진: 조직 구조의 관리 체계를 위해 라인상의 직위를 상승시키는 제도
- 직위승진(직급승진): 상위 직급으로 승진 또는 공석이 발생할 경우 해당 직급에 적합한 자를 선발해 승진시키는 제도

22 ③ 발탁승진은 연공서열요소를 고려하지 않고 일정기간의 직무수행능력 및 업적만의 평가를 거쳐 특별히 유능한 사람에게 승진의 기회를 제공하는 제도이다.
- 대용승진: 인사체증과 사기저하를 방지하기 위해서 직무내용이나 임금이 실질적인 변화 없이 직위명칭 또는 자격호칭 등의 직위 심볼 상의 형식적인 승진

23 ③
- 직급승진: 상위 직급으로 승진 또는 공석이 발생할 경우 해당 직급에 적합한 자를 선발해 승진시키는 제도
- 자격승진: 자격요건에 따라 승진시키는 제도
- 역직승진: 조직 구조의 관리 체계를 위해 라인상의 직위를 상승시키는 제도

24 연공주의

25 ① ㉠은 해고, ㉡은 전직에 대한 설명이다.

26 경력

27 ②
- 경력목표: 개인이 경력개발을 통하여 도달하고 싶은 미래의 지위
- 경력개발: 개인적인 경력계획 달성을 위하여 개인 또는 조직이 실질적으로 참여하는 활동

28 ① 인사고과

29 ④
- 동기부여의 향상: 종업원들의 현재와 잠재적, 능력 비교와 숨은 능력을 발견할 수 있다.
- 임금관리의 합리화: 임금관리의 기초자료로 활용된다.
- 용관리의 합리화: 선발, 승진, 전직, 배치 등 인사이동의 기초자료로 활용된다.

30 ④
[인사고과의 실시원칙]
- 공정성의 원칙
- 직무기준의 원칙
- 추측 배제 및 고과 불소급의 원칙
- 객관성의 원칙
- 납득성의 원칙
- 독립성의 원칙
- 고과오차 및 오류배제의 원칙
- 수용성의 원칙

31 ④
- 업적: 종업원의 가치, 공헌도, 근무성적 등
- 능력: 지식, 기능, 이해력, 창조력, 사고력, 표현력, 판단력, 기획력 등
- 태도: 책임감, 적극성, 협조성, 활동성, 인내심, 신중성, 자신감, 결단성 등

32 ④
- 강제할당법: 고과자의 관대화 정도를 방지하기 위하여 사전에 일정한 평가의 범위와 수를 결정해 놓고, 일정한 비율에 맞추어 강제로 할당하는 방법
- 중요사건기술법: 평가자가 일을 효과적 또는 비효과적으로 수행하는 요인에 대해 핵심적이고 중요한 행동에 초점을 맞추어 평가하는 방법
- 목표에 의한 관리법(MBO): 종업원이 상사와 협의하여 작업목표량을 결정하고 그 성과를 부하와 상사가 같이 측정하여 인사고과의 자료로 활용하는 방법

33 ①
- 평가센터법: 비슷한 조직에 있는 근로자를 평가센터에 합숙시켜 개별 면접, 심리검사, 사례 연구 등으로 참가자들을 관찰하고 평가하는 방법
- 대조표고과법: 평가에 적당한 몇 가지의 표준행동을 구체적으로 기술한 문장을 소정의 리스트에 작성하고 근로자의 능력, 근무 상태를 리스트와 비교하여 해당 사항에 체크한 후 채점기준표를 통해 등급을 매기는 방법
- 중요사건법: 평가자가 일을 효과적 또는 비효과적으로 수행하는 요인에 대해 핵심적이고 중요한 행동에 초점을 맞추어 평가하는 방법

34 ③ 자기신고법은 종업원 스스로 자신의 기술이나 지식 등의 자기 능력과 원하는 직무, 직무환경, 교육훈련 등을 기술하여 정기적으로 보고하는 방법이다.

35 ① 다면 평가에 대한 설명이며, 다양한 집단들의 평가로 공정성과 신뢰성을 높일 수 있는 방법이라 할 수 있다.

36 MBO는 종업원이 상사와 협의하여 작업목표량을 결정하고 그 성과를 부하와 상사가 같이 측정하여 인사고과의 자료로 활용하는 방법이다.

37 ③
- 현혹효과(후광효과, 헤일로 효과): 하나의 평가요소에 대한 호의적 혹은 비호의적인 인상이 다른 모든 평가요소에 대해서 동일하게 평가하려는 경향을 나타내는 것을 말한다.
- 상동적 오류(상동적 태도) 타인에 대한 평가가 그가 속한 사회적 집단(학교, 종교, 지역, 국가 등)에 대한 지각을 기초로 해서 이루어지는 판단 등을 말한다.
- 중심화 경향(집중화 경향)은 피고과자의 대다수를 중간 정도로 판단하는 경향을 말한다.

38　① 후광효과는 현혹효과라고도 하며, 하나의 평가요소에 대한 호의적 혹은 비호의적인 인상이 다른 모든 평가 요소에 대해서 동일하게 평가하려는 경향을 나타내는 것을 말한다.

39　③ 대비오류는 특정의 피고과자가 다음에 평가될 피고과자의 평가에 미치는 오류로 객관적인 기준 없이 개개인을 서로 비교할 때 나타나는 오류이다.
- 현혹효과: 고과자로부터 받은 인상을 기준으로 평가하는 것
- 중심화경향: 피고과자의 평가의 결과가 전체 평균치에 집중하는 경향
- 관대화(엄격화)경향: 피고과자를 실제보다 과대 또는 과소평가하여 집단의 평가결과가 한쪽으로 치우치는 경향

40　현혹효과(후광효과, 헤일로 효과): 하나의 평가요소에 대한 호의적 혹은 비호의적인 인상이 다른 모든 평가요소에 대해서 동일하게 평가하려는 경향을 나타내는 것을 말한다.

41　대비오류: 특정의 피고과자가 다음에 평가될 피고과자의 평가에 미치는 오류로 객관적인 기준 없이 개개인을 서로 비교할 때 나타나는 오류이다.

42　①
- 실용성: 인사고과의 설계와 실행에 들어가는 비용이 적정한가에 대한 점검
- 신뢰성: 측정하고자 하는 내용을 정확하게 측정되었는지에 대한 점검
- 수용성: 피 평가자들이 평가결과와 활용목적에 동의하는가에 대한 점검

43　②
- 노사관계: 기업경영과 인적자원관리에 있어 매우 중요한 관리의 대상이며, 본질적으로 임금 등의 노동조건과 관련하여 대립적인 관계를 갖는다.
- 교육훈련: 조직의 목적을 달성하는 데 필요한 근로자의 지식, 기술, 능력 등의 역량을 학습시키는 체계적인 관리 활동

44　② 경력개발의 원칙은 적재적소배치의 원칙, 승진경로의 원칙, 후진양성의 원칙, 경력기회개발의 원칙이다.
[경력개발의 원칙]
- 적재적소배치의 원칙: 종업원의 능력과 조직의 목표 달성에 필요한 직무가 잘 조화되도록 자격요건과 적성 정보를 충분히 파악하여야 한다.
- 승진경로의 원칙: 기업의 모든 직위는 계층적인 승진경로로 형성되고 승진관리가 체계적으로 이루어져야 한다.
- 후진양성의 원칙: 인재 확보를 기업의 외부에서 스카웃하는 방법보다 기업 내부에서 양성하는 것을 원칙으로 하여 종업원에게 동기부여를 하도록 한다.
- 경력기회개발의 원칙: 종업원이 필요한 경력경로 설계가 가능하도록 하여야 한다.

45　③ 인적자원관리 절차 중 통제(평가와 개선)활동은 사기향상 정도, 모집효과 분석, 투입비용 계산 등이 해당된다.
[인적자원관리 실시 절차]
- 계획: 인적자원정책 계획 수립 및 조직화 ➡ 인력공급추이 파악, 임금기준, 인사평가 및 경력개발 모집홍보, 선발면접, 배치 등
- 실행: 경영자, 관리자를 주축으로 인사계획을 실행 ➡ 사기유발, 노사분규해결
- 통제: 실행된 계획에 대하여 평가와 피드백 ➡ 사기향상 도모, 모집효과 분석, 투입비용 계산

46　④ 운명공동체적 풍토는 승진관리의 방침 중 연공주의 사회문화적 전통에 해당한다.
- 연공주의 사회문화적 전통: 가족주의 종신고용, 장유서열, 동양사회, 운명공동체적 풍토
- 능력주의 사회문화적 전통: 단기고용, 능력서열, 서구사회, 이익공동체적 풍토

47　④ 중심화경향은 인사고과 결과가 평균을 중심으로 몰려있는 현상을 말하는 것으로 이를 해결하기 위해서는 인사고과자 교육 이외에 강제배분의 성격을 갖는 '상대평가/상대고과'를 활용하는 것이 가장 효과적이라 할 수 있다. 또한 기간 등을 늘려 객관적으로 평가할 수 있는 자료 등을 확보하는 것 또한 개선방법 중 하나이다.

48 ② 경력단계 4단계 쇠퇴단계에 해당하는 경력욕구는 통합(은퇴준비)이다.

　[홀의 경력단계 모형]
- 탐색(1단계): 다양한 진로 탐색(25세 이하) ➔ 자아개념 정립 및 경력방향 결정을 통한 주체형성(정체성)
- 확립(2단계): 선택한 직업에 정착하기 위한 노력(45세 이하) ➔ 특정 직무영역에 정착(친교성)
- 유지(3단계): 자산의 위치 유지를 위한 노력(64세 이하) ➔ 생산의 시기, 중년위기(생산성)
- 쇠퇴(4단계): 퇴직과 노후를 준비(65세 이후) ➔ 은퇴준비(통합성)

49 확립단계

02 조직개발

2.1 조직개발의 개념

조직개발(OD: organizational development)은 조직변화의 한 방법으로서 조직 효율성을 계속 유지하기 위하여 변신을 되풀이하고 재투자하여 항상 환경에 잘 적응하는 조직을 만들어가는 과정이다. 다만 구성원들이 주도하여 참여하고 자신들이 직접 변화하는 참여적 조직변화이므로 행동과학의 지식과 기법을 많이 응용하는 특징이 있다.

조직개발은 주로 기술, 시장, 기타 여러 방면의 환경적 도전에 적응할 수 있는 조직체와 구성원의 태도 및 가치관을 기르기 위한 교육훈련 전략이며, 구성원들의 행동 변화를 목적으로 하는 감수성훈련 등이라 볼 수 있다.

개념 익히기

● 조직개발의 기본 구성요소
- 변화주도자(변화중개인): 조직 내 변화를 이끌어가는 사람
- 변화대상자: 개인, 집단 및 조직 전체의 영향 관계를 종합적으로 판단하여 선정
- 개입: 변화주도자가 대상을 변화시키기 위해서 실행하는 다양한 활동

● 조직변화의 방향
- 개인지향: 조직 내 개인의 성장과 만족을 중심으로 변화하는 방향
  (구성원의 역량 개발, 동기부여, 업무 만족도 향상을 통한 조직의 성과 극대화)
- 고객지향: 고객의 니즈와 기대를 중심으로 변화하는 방향
  (제품, 서비스, 프로세스 등을 개편하여 고객만족 극대화를 통한 충성고객 확보)
- 공생지향: 조직 내·외부의 이해관계자와 협력하여 상호 이익을 극대화하는 방향
  (조직 내부의 효율성이 외부 환경과의 조화를 통한 지속가능한 성장 도모)
- 학습지향: 조직의 발전을 위해 구성원들의 역량개발과 지식 공유를 촉진하는 변화 방향
  (변화하는 사회 환경에 빠르게 적응하고, 조직 혁신을 지속성 도모)

 **2.2 조직개발의 과정**

조직변화의 배경은 조직 내적으로 조직구성원의 불만족과 무기력 등을 극복하고, 조직 외적으로는 장기적 생존을 위해 환경변화에 대응한다는 측면에서 조직변화의 필요성이 대두되었다.

단 계	조직변화의 단계(레윈(Lewin)의 3단계 변화)
해빙 (unfreezing)	조직의 내부 구성원들과 이해관계자들이 기존의 시스템에 대한 모순을 벗어나 변화가 필요하다는 사실을 인식하고, 변화에 대한 공감대를 형성하는 단계이다. 구성원들이 원하는 상황과 현재 상황의 차이를 보여주는 정보를 제공함으로써 협조를 유도하는 단계
변화 (moving)	기존의 태도, 가치, 행동 등을 새로운 것들로 대체하기 위한 단계로서 교육훈련의 시행, 새로운 작업 도입, 각종 시스템상의 조직 등을 수반하는 단계
재동결 (refreezing)	조직의 새로운 가치, 행동, 정책 등을 공식화하고 변화에 부합하는 직원들을 보상하는 등 새로운 변화상태를 안정화하는 단계

2.3 변화담당자

변화담당자는 개인 활동을 수행하는 변화전문가이다. 조직에서는 대체로 변화에 대한 지식, 기법, 실제 경험을 가진 전문가이다. 따라서 변화담당자는 조직개발을 주관하는 역할을 하며, 상위계층의 경영자나 이와 대등한 외부 컨설턴트가 다음과 같은 변화담당자의 역할을 수행하게 된다.

- 조직개발의 목적 및 목표를 파악하고 문제점 진단
- 조직의 변화에 계획적으로 적절히 개입하여 전략적, 체계적으로 변화를 관리
- 구성원들에게 변화의 필요성을 인식시키고 변화를 위한 전략을 수립
- 다양한 형태의 권력과 리더십을 사용하여 변화를 유도
- 변화를 실질적으로 집행하는 과정에 있어서 피드백, 수정, 강화의 역할을 담당
- 집행된 변화의 결과와 효과를 주기적으로 측정 및 평가하여 변화과정을 조정

1) 변화담당자의 기능

구 분	내 용
변화구상자	변화의 방향과 변화를 위한 전략을 계획하고 수립
변화유도자	구성원들에게 변화의 필요성을 알려주고 개발에 참여할 수 있도록 유도
변화지원자	조직과 구성원들의 변화에 대해 피드백 제공 등 구체적인 계획을 수립하고 실무층의 업무를 지원
변화실천자	실무현장에서 구성원들을 지도 및 관리하고, 개선과 개혁 등 실제 변화를 실천하는 실무관리자
교육전문가	조직개발에 필요한 지식, 기술, 조직 행동 변화에 대한 교육 훈련 등을 실시
외부상담자	조직 내부는 물론 조직 외부 컨설턴트의 역할을 수행

2.4 조직 활성화를 위한 리더십이론

리더십(Leadership)은 구성원들이 맡은 일을 열성적으로 실현하도록 이끌어가는 기술로 구성원들이 특정 목표를 지향하게 하고 그 목표달성을 위해 실제 행동을 하도록 영향력을 행사하는 것이다.

구 분	내 용
거래적 리더십	지도자와 부하들 간에 각자 필요로 하는 것의 거래를 통해 변화를 가져오는 리더십 • 높은 성과에 보상하겠다고 약속하고 노력 및 업적에 따라 보상과 칭찬 • 부하의 행동이 규정이나 관례에 어긋남이 없는지 감독, 관찰, 시정 • 책임을 회피하고 중요한 결정은 상사나 부하에게 미루는 편
변혁적 리더십	조직구성원들이 리더를 신뢰할 수 있게 하는 카리스마를 지니고 있으며, 조직의 변화를 가져올 수 있는 새로운 목표를 제시하고 성취할 수 있도록 하는 리더십 • 부하들에게 비전을 제시하고 신뢰하면 자긍심을 유발 • 부하들의 지혜와 논리성, 문제해결력 등을 일깨우는 지적 자극 • 부하 한 사람 한 사람을 존중하며 개별적 관심 • 목표를 쉽게 설명해주고 높은 기대를 갖도록 동기를 부여
카리스마 리더십	모범적, 기업가적 행동을 통하여 개인적 권력을 행사하거나 미래의 비전을 알아보고 현재 상태를 변화시키려고 노력할 뿐만 아니라, 조직을 둘러싸고 있는 환경을 정확히 평가하고 목표를 성취하는 리더십 • 고도의 자신감, 자기신념의 높은 확신, 영향력 행사에 대한 강한 욕구 • 자기가 유능하고 성공적이라는 인상을 심어주기 위해 지속적으로 노력 • 행동뿐 아니라 부하들의 희망, 이상, 감정에 호소

구 분	내 용
팀리더십	기업조직이 팀으로 이루어지면서 팀장의 리더십이 중요하게 되었는데 팀장은 코치나 촉진자, 스포츠팀의 감독의 역할을 수행하여 팀원의 강약점을 파악하여 팀을 개발시키는 역할이 중요 • 팀과 관련되는 외부와의 연결자 역할이며, 회의와 협상을 주선 • 팀원 간의 갈등과 분쟁이 있으면 이를 해결해주고 갈등 최소화를 위해 노력 • 팀원에게 할 일을 제시하고, 가르쳐주고, 지원하며 장단점을 관찰
슈퍼리더십	리더가 먼저 셀프 리더의 행동을 보임으로써 부하의 대리학습 모델이 되고 부하 스스로가 셀프 리더가 될 수 있도록 목표설정을 지원하고 코치의 역할을 하며 조직이 스스로 변화할 수 있도록 변화담당자로서의 역할을 하는 리더십
코칭리더십	문제해결 방안을 전문가가 직접 제시하기보다는 해결 당사자가 해결방안을 스스로 발견할 수 있도록 지원하는 방법
셀프리더십	조직 내에서 리더만이 조직원을 관리하고 통제하는 것이 아니라 조직구성원 모두가 자율적으로 관리하고 이끌어나가는 형태의 리더십
서번트리더십	리더가 권위를 내세우기 보다 구성원들이 자신의 역량을 최대한 발휘할 수 있도록 돕는 '조력자'이자 '봉사자'로서의 역할을 하는 리더십

개념 익히기

🔵 매트릭스 조직

- 기존 기능부서의 상태를 유지하면서 특정한 프로젝트를 위해 서로 다른 부서의 인력이 함께 일하는 조직으로, 기능별 조직 또는 부문별 조직형태로 프로젝트팀 조직을 결합시킨 독특한 형태의 조직이다.
- 해당 조직 형태는 경쟁이 심하고, 새로운 아이디어에 대한 수명주기가 짧은 고성장 산업 등에서 시작되었지만, 현재는 정부, 학교, 일반 기업 등 다양한 조직에서 광범위하게 사용되고 있다.

2.2 조직개발

01 조직개발을 실시하여 성과를 거두기 위해서 조직개발이 갖추어야 할 기본적 조건으로 가장 적절하지 않은 것은 다음 중 무엇인가?

① 조직전체에서 특정부문으로 수렴되어야 한다.
② 최고경영자 및 참가자의 적극적 지지가 필요하다.
③ 조직개발의 실행과정에 참가하는 변화담당자의 권위가 엿보여야 한다.
④ 조직개발의 결과 변화된 인적자원을 활용하기 위한 구조설계가 뒤따라야 그 효과가 지속될 수 있다.

02 다음 Lewin의 변화과정 중 환경의 변화를 인지하여 고정관념을 탈피하고 개방적이고 새로운 관점을 수용하려는 준비단계는?

① 해빙 　　　　　　　　　　② 변화
③ 재결빙 　　　　　　　　　④ 정착화

03 조직의 목적을 효율적으로 달성하기 위해서는 조직구성원의 만족, 동기유발 및 성과에 크게 영향을 미치는 리더십(leadership)에 관한 체계적인 관리가 필요하다. 현대적 리더십이론에서 문제해결을 전문가가 직접 제시하지 않고 당사자가 해결책을 스스로 발견할 수 있도록 지원하는 형태의 리더십은 다음 중 무엇인가?

① 셀프 리더십 　　　　　　② 코칭 리더십
③ 거래적 리더십 　　　　　④ 변혁적 리더십

04 현대적 리더십 이론 중 조직구성원들로 하여금 리더에 대한 신뢰를 갖게 하는 카리스마는 물론 조직변화의 필요성을 감지하고 그러한 변화를 이끌어 낼 수 있는 새로운 비전을 제시할 수 있는 능력이 요구되는 리더십으로, 전통적 리더십인 거래적 리더십과 많은 차이가 있는 것은 무엇인가?

① 슈퍼 리더십 　　　　　　② 코칭 리더십
③ 셀프 리더십 　　　　　　④ 변혁적 리더십

05 다음 조직개발의 원칙에 대한 설명 중 옳지 않은 것은 무엇인가?

① 조화의 원칙: 지배적인 문화에 적합한 방식으로 조직 개발을 추진해야 한다.
② 연속의 원칙: 조직 개발은 단계적, 지속적 노력이 아닌 전격적인 방법으로 취해져야 한다.
③ 저항 예상의 원칙: 개입 기법의 적절성과 연속성의 측면에서 저항의 동태성을 인정해야 한다.
④ 선행 경향의 원칙: 먼저 시작하기 좋은 부서나 영역을 결정하고 변화의 중심 부분으로 이동하도록 해야 한다.

답안 및 풀이

2.2 조직개발

1	2	3	4	5					
①	①	②	④	②					

01 ① 조직개발의 성공을 거두려면 특정부문에서 조직 전체로 확산되어야 한다.

02 ①

[Lewin(레윈)의 변화이론]
- 1단계: 해빙–조직의 내부 구성원들과 이해관계자들이 기존의 시스템에 대한 모순을 벗어나 변화가 필요하다는 사실을 인식하고, 변화에 대한 공감대를 형성하는 단계이다. 구성원들이 원처난 상황과 현재 상황의 차이를 보여주는 정보를 제공함으로써 협조를 유도하는 단계
- 2단계: 이동–기존의 태도, 가치, 행동 등을 새로운 것들로 대체하기 위한 단계로서 교육훈련의 시행, 새로운 업 도입, 각종 시스템상의 조직 등을 수반하는 단계
- 3단계: 재결빙–조직의 새로운 가치, 행동, 정책 등을 공식화하고 변화에 부합하는 직원들을 보상하는 등 새로운 변화상태를 안정화하는 단계

03 ② 코칭 리더십은 문제 해결방안을 전문가가 직접 제시하기보다는 해결 당사자가 해결방안을 스스로 발견할 수 있도록 지원하는 방법이다.
- 셀프 리더십: 조직 내에서 리더만이 조직원을 관리하고 통제하는 것이 아니라 조직 구성원 모두가 자율적으로 관리하고 이끌어가는 리더십
- 거래적 리더십: 지도자와 부하들 간에 각자 필요로 하는 것의 거래를 통해 변화를 가져오는 리더십
- 변혁적 리더십: 조직 구성원들이 리더를 신뢰할 수 있게 하는 카리스마를 지니고 있으며, 조직의 변화를 가져올 수 있는 새로운 목표를 제시하고 성취할 수 있도록 하는 리더십

04 ④
- 슈퍼 리더십: 부하들 스스로가 자신을 스스로 리드할 수 있는 역량과 기술을 갖추도록 여건을 조성하는 리더의 행위를 강조하는 리더십
- 코칭 리더십: 문제 해결방안을 전문가가 직접 제시하기보다는 해결 당사자가 해결방안을 스스로 발견할 수 있도록 지원하는 리더십

05 ② 조직개발의 원칙은 조화의 원칙, 연속의 원칙, 저항 예상의 원칙, 선행 경향의 원칙, 효율적 학습의 원칙, 미래지향적 계획의 원칙이 있다. 연속의 원칙은 조직개발은 단계적이며 지속적인 노력에 의해야 하는 것을 말하며, 일시적, 전격적인 방법은 연속의 원칙에 해당하지 않는다.

임금 및 복리후생관리

01 임금(보상)관리

1.1 임금의 개요

(1) 임금의 의의

임금(wage)은 사용자가 근로의 대가로 근로자에게 임금, 봉급, 그밖에 어떠한 명칭으로든지 지급하는 일체의 금품을 말하며, 사용자에게나 근로자에게 다 같이 중요한 의의가 있다. 사용자측에서 임금은 제품의 원가를 구성하는 기업의 비용으로서 노무비에 속하며, 이 노무비를 낮추는 것이 원가절감을 가져옴으로 가능한 한 낮은 임금을 지급하려는 경향이 있다. 또한 근로자 측에서 볼 때 임금은 생계를 유지하는 수입의 원천이며, 사회적 신분을 규정하는 기준이 되고, 생활 안정의 기준이 되므로 중요하다. 이에 따라 양자 간의 이해관계가 엇갈림으로 노사분규의 직접적인 원인이 될 뿐만 아니라 인사관리에 있어서 가장 중요한 부분이다.

(2) 임금의 성격

구 분	내 용
종업원의 입장	사회적 신분의 상징, 생계비 및 가계 수입의 원천, 욕구충족의 수단
기업의 입장	기업경쟁력 요소, 인건비 요소, 종업원 채용 및 유지의 요인
국민경제의 입장	기업의 생산 활동 증대, 국민경제 발전에 긍정적인 영향

(3) 임금의 기본원칙

구 분	내 용
적정성의 원칙 (임금수준)	임금수준이 기업, 근로자, 노동시장의 견지에서 적정한 액수만큼 결정되어야 함
공정성의 원칙 (임금체계)	임금수준이 결정된 후 임금총액이 근로자에게 분배될 때 각자가 지니고 있는 인적가치, 업무성과, 직무의 가치 등에 따라 공정하게 분배되어야 함
합리성의 원칙 (임금형태)	임금형태인 임금의 계산, 지불 방법에 대한 관리로서 근로자의 작업 의욕 및 능률향상과 직접적인 관련을 지니고 있음

(4) 임금 지급의 4가지 원칙

구 분	내 용
통화 지불의 원칙	사용자는 근로자에게 통화로 임금을 지급하여야 하며 현물급여는 금지
직접 지불의 원칙	임금은 근로자 본인에게 직접 지급되어야 함
전액 지불의 원칙	법령이나 단체협약에 의한 공제를 제외하고는 전액을 지불하여야 함
정기 지불의 원칙	근로자의 생활 안정을 위하여 매월 일정한 날에 1회 이상 지급하여야 함

1.2 임금관리와 임금수준

(1) 임금관리

임금관리는 기업이 근로자에게 지급해야 할 임금의 금액 및 제도를 합리적으로 계획·조직하고 그 성과를 통제·개선하여 인사관리의 목적 달성에 기여하고자 하는 것을 말한다. 또한 임금관리는 다음의 측면에서 그 중요성을 찾을 수 있다.

- 인재의 확보와 유지
- 종업원의 능력 개발
- 종업원의 사기 향상
- 기업문화의 변화와 조직의 분위기
- 기업의 비용 관리에 따른 재무적 구조 영향

(2) 임금수준 관리

임금수준 관리는 대외적 공정성을 가지는 범위에서의 임금수준의 총액을 결정하는 것을 의미하며, 임금수준은 종업원 1인당 평균 임금액을 말한다. 임금수준을 결정하는 데 영향을 주는 요인으로는 기업의 지급능력, 근로자의 생계비, 사회 일반의 임금수준으로 구분된다.

1) 임금수준 결정요인

구 분	내 용
기업의 지불능력 (상한선)	기업의 지불능력을 벗어난 임금은 결과적으로 기업경영을 어렵게 하기 때문에 임금수준은 기업의 지불능력 범위 내에서 결정될 수밖에 없다.
근로자의 생계비 (하한선)	근로자의 최저생계비는 임금산정의 최저기준일 뿐만 아니라 인간적인 삶을 보장해 줄 수 있는 기초가 된다.
노동시장 임금수준	기업의 지불능력을 상한선으로, 생계비 수준을 하한선으로 하여 그 중간 지점에서 노동시장 요인에 따라 결정된다. 동종 기업의 임금수준, 노동시장의 수요와 공급, 노사 간의 임금교섭에 의하여 임금수준이 결정된다.

2) 임금수준 결정요소

구 분	내 용
내부적 요인	조직의 규모, 기업의 경영방침, 지불능력 등
외부적 요인	경제적 환경(생계비), 노동시장의 수요공급, 경쟁기업의 임금수준, 국가의 법과 규제 등

3) 임금수준의 조정

구 분	내 용
승급	미리 정해진 임금 곡선에 따라 연령이나 근속연수, 능력 등의 향상으로 기본급이 증액되어 임금 곡선상의 상향 이동
승격	직무의 질이 향상된 것에 의한 임금 상승으로 보통 승진과 병행됨
베이스 업 (base up)	연령, 능력 등의 관점에서 동일 조건에 있는 자에 대한 임금 증액이 이루어지는 것으로 임금수준의 전체적인 상향조정 또는 임금인상률을 의미하는 것이다. 근로자의 기본적인 임금 곡선 자체를 전체적으로 상향 이동시켜 임금수준을 증액 조정하거나 인상하는 것
절충형	승급과 베이스 업을 병행한 것으로 승급은 연공급적 성격이며, 베이스 업은 물가보상의 생활급적 요소와 생산성 향상에 대한 성과급적 요소를 포함

4) 임금수준의 거래형태

노동과 임금의 거래현상을 무엇으로 파악하느냐에 따라 다음과 같은 거래 차원으로 분류하고 있다.

구 분	내 용
심리적 거래	노동을 임금과 교환하면서 얻는 만족감 등을 포함하는 일체의 만족감을 보상으로 인식
경제적 거래	노동을 상품의 가격으로 보는 것으로 노동력의 구매자인 조직은 양질의 노동력을 확보하기 위해서, 노동력의 공급자인 근로자는 제공하려는 노동력에 대해 얻어지는 소득을 증대시키기 위해 각각 노력하는 가운데서 이루어지는 것
정치적 거래	보상을 노사 당사자 사이에서 권력과 영향력이 작용하여 결정되는 것으로 인식
사회적 거래	보상을 조직과 개인이 관계를 맺음으로써 개인이 받게 되는 것으로 조직과 사회에 있어서 지위의 상징으로 인식
윤리적 거래	보상이 노사 당사자 간 경제원리와 협상에 의해 결정되기 보다는 윤리의식을 토대로 공정하게 교환되어야 한다고 인식

(3) 최저임금제도

국가가 저임금근로자의 최저생활을 보호하기 위하여 노사 간의 임금 결정 과정에 개입하여 임금의 최저수준을 정하고 사용자에게 이 수준 이상의 임금을 지급하도록 법적으로 강제하는 법정 임금을 말한다.

- 2025년 최저임금: 시급 10,030원
- 2026년 최저임금: 시급 10,320원(2025년 대비 2.9% 인상)

개념 익히기

임금피크제

근로자가 일정 연령에 도달한 시점부터 임금을 삭감하는 대신 근로자의 고용을 보장(정년보장 또는 정년 후 고용연장)하는 제도로, 기본적으로 정년보장 또는 정년연장과 임금삭감을 맞교환하는 제도라고 할 수 있다.

 ## 근로기준법 상의 임금

근로기준법은 헌법에 따라 근로조건의 기준을 정함으로써 근로자의 기본적 생활을 보장, 향상시키며 균형 있는 국민경제의 발전을 꾀하는 것을 목적으로 한다.

(1) 근로기준법에서의 용어

구 분	내 용
근로자	직업의 종류와 관계없이 임금을 목적으로 사업장에 근로를 제공하는 자
사용자	사업주 또는 사업 경영 담당자, 그밖에 근로자에 관한 사항에 대하여 사업주를 위하여 행위하는 자
근로	정신노동과 육체노동
근로계약	근로자가 사용자에게 근로를 제공하고 사용자는 이에 대하여 임금을 지급하는 것을 목적으로 체결된 계약
임금	사용자가 근로의 대가로 근로자에게 임금, 봉급, 그밖에 어떠한 명칭으로든지 지급하는 일체의 금품
단시간근로자	1주 동안의 소정근로시간이 그 사업장에서 같은 종류의 업무에 종사하는 통상근로자의 1주 동안의 소정근로시간에 비해 짧은 근로자
일용직근로자	근로의 대가를 일급, 시간급, 성과급으로 계산하여 받는 자로서 동일한 고용주에게 3개월 이상 계속하여 고용되지 않는 근로자 참고 고용보험법령상 일용직근로자는 1개월 미만 고용되는 자를 말하며, 근로복지공단에 일용근로 확인서를 제출하는 절차를 고용보험 취득신고를 한 것으로 인정하고 있다.

(2) 근로기준법에서의 임금

1) 근로시간 [근로기준법 제50조]

① 1주간의 근로시간은 휴게시간을 제외하고 40시간을 초과할 수 없다.

② 1일의 근로시간은 휴게시간을 제외하고 8시간을 초과할 수 없다.

- 근로기준법상 근로시간: 실제근로시간 + 대기시간 + 작업에 필요불가결한 시간
- 실제근로시간: 초과 근로시간 등을 포함해서 근로자가 실제 근로를 한 시간
- 소정근로시간: 근로시간 범위에서 근로자와 사용자 사이에 정한 근로시간
- 법정근로시간: 근로기준법에서 정한 기본적인 근로시간(초과 시 수당을 추가 지급)
- 임금에 포함되지 않는 항목: 해고수당, 각종 위로금, 경조금, 재해보상비, 복지시설비 등

2) 연장·야간 및 휴일근로 [근로기준법 제56조]

사용자는 연장근로와 야간근로(오후 10시부터 오전 6시까지 사이의 근로) 또는 8시간 이내의 휴일근로에 대하여는 통상임금의 100분의 50을 가산하여 지급하고, 8시간을 초과하는 휴일근로에 대해서는 통상임금의 100분의 100을 가산하여 지급하여야 한다.

3) 법정 근로시간

구분		근로자	산후 1년 미만 여성근로자	임신 중 근로자	연소근로자	유해산업 근로자
근로 기준 시간	1일	8시간	8시간	8시간	7시간	6시간
	1주	40시간	40시간	40시간	35시간	34시간
연장 가능시간		당사자 합의 1주 12시간	당사자 합의 1일 2시간 1주 6시간 1년 150시간	불가	당사자 합의 1일 1시간 1주 5시간	연장근로 불가
연장·휴일 근로		제한 없음 (여성 본인 동의)	본인 동의 (노동부장관 인가)	명시적 청구 (노동부장관 인가)	본인 동의 (노동부장관 인가)	–
비고					15세 이상 18세 미만	잠수, 잠함작업

4) 연차유급 휴가 [근로기준법 제60조]

① 1년간 80퍼센트 이상 출근한 근로자에게 15일의 유급휴가를 주어야 한다.

② 사용자는 계속하여 근로한 기간이 1년 미만인 근로자 또는 1년간 80퍼센트 미만 출근한 근로자에게 1개월 개근 시 1일의 유급휴가를 주어야 한다.

③ 사용자는 3년 이상 계속하여 근로한 근로자에게는 제1항에 따른 휴가에 최초 1년을 초과하는 계속 근로 연수 매 2년에 대하여 1일을 가산한 유급휴가를 주어야 한다. 이 경우 가산휴가를 포함한 총 휴가 일수는 25일을 한도로 한다.

구 분	내 용
법정휴가	연차휴가, 생리휴가, 출산전후휴가, 가족돌봄휴가 등
약정휴가	하계휴가, 경조휴가, 포상휴가 등

(3) 임금의 구분

구 분	내 용
기준임금	일정한 노동 시간이나 노동량에 대하여 매일 또는 매달 주어지는 고정된 임금 및 노동 협약에서 정한다. • 기본급, 가족수당
통상임금	통상임금은 근로자에게 정기적, 일률적으로 소정근로 또는 총근로에 대하여 지급하기로 정한 시간급, 일급, 주급, 월급 또는 도급 금액을 말한다. 통상임금은 각종 수당을 산정하기 위한 아주 중요한 개념이며, 통상임금의 변동으로 각종 법정수당과 평균임금도 변동된다. • 평균임금의 최저한도 보장 • 해고예고수당, 연장·야간·휴일근로수당 • 연차유급휴가수당, 출산전후휴가급여
평균임금	통상임금은 근로자에게 정기적, 일률적으로 소정근로 또는 총근로에 대하여 지급하기로 정한 시간급, 일급, 주급, 월급 또는 도급 금액을 말한다. 통상임금은 각종 수당을 산정하기 위한 아주 중요한 개념이며, 통상임금의 변동으로 각종 법정수당과 평균임금도 변동된다. • 평균임금의 최저한도 보장 • 연장·야간·휴일근로수당, 해고예고수당 ✓ 사용자가 근로자를 해고할 때 30일 전에 예고하지 않은 경우, 30일분 이상의 통상임금을 해고예고수당으로 지급하여야 한다. • 연차유급휴가수당, 출산전후휴가급여

개념 익히기

● 육아휴직제도

육아휴직제도는 근로자가 피고용자의 신분을 유지하면서, 일정기간 자녀의 양육을 위해 휴직할 수 있도록 하는 제도이며, 만 8세 이하 또는 초등학교 2학년 이하의 자녀(입양자녀 포함)를 양육하기 위해 근로자가 신청하는 경우 사용자는 이를 허용하여야 한다.

• 육아휴직을 시작하려는 날의 전날까지 해당 사업장에서 6개월 이상 근무하여야 한다.
• 육아휴직 기간은 1년 이내 이지만, 일정 요건을 충족하는 경우 6개월을 추가로 사용할 수 있다.
• 육아휴직 급여는 통상임금의 80%을 기준으로 한다.(최저 70만원, 최고 150만원 한도)

● 육아기 근로시간 단축

육아기 근로시간 단축이란 근로자가 12세 이하 또는 초등학교 6학년 이하의 자녀를 양육하기 위하여 신청하는 것을 말한다.

• 단축 후 근로시간은 주당 15시간 이상이어야 하고 35시간을 초과할 수 없다.
• 근로시간 단축을 신청 받았으나 허용하지 않은 사업주는 500만원 이하의 과태료를 부과 받을 수 있다.

1.4 임금체계 및 형태

임금체계란 임금의 구성요소라고 하며, 임금 지급항목의 구성내용 또는 종업원의 임금액을 결정하는 기준으로, 근로자의 개별 임금수준의 격차를 형성하는 주요한 기준이다.

(1) 임금체계의 분류

임금체계는 기준 내 임금과 기준 외 임금으로 분류된다. 기준 내 임금은 기본급과 정상적인 근무와 관련된 수당으로 이루어지며 그 외의 임금 구성항목은 기준 외 임금이다. 기준임금을 구분하는 이유는 상여금과 퇴직금 등의 산정기준이 되기 때문이다.

1) 기준 내 임금

구 분	내 용	
연공급 (필요가치 기준)	임금 결정 기준을 개인의 학력, 연령, 근속연수 등에 두는 방식	
	장점	단점
	• 생활 보장으로 기업에 대한 귀속의식 확대 및 애사심 함양 기능 • 평가가 어려운 직무에서 적용이 용이함 • 연공 존중의 풍토에서 질서 확립 및 사기 유지 가능	• 동일 노동, 동일 임금의 실시 곤란 • 성과와 능력을 제대로 반영하지 못해 고급인력의 확보와 유지 곤란 • 인건비 부담의 가중과 임금관리의 경직성 야기 • 무사안일의 직무 태도 야기
직무급 (직무가치 기준)	노동의 질과 양에 따라 격차를 두는 제도로 임금 결정 기준을 직무의 중요성과 난이도에 두는 방식이다. 직무분석과 직무평가를 통한 직무의 상대적 가치로 기본급이 결정되므로 '동일 노동, 동일 임금의 원칙'이 지켜지는 임금체계	
	장점	단점
	• 능력주의 풍토 조성과 임금 배분의 공정성 제고가 가능 • 개인별 임금 격차에 따른 불만 해소 • 동일 노동, 동일 임금 실현이 가능 • 공정한 임금 지급을 통해 유능한 인력의 확보 및 활용 용이	• 절차가 복잡하고 객관적인 평가기준의 설정이 곤란 • 연공주의에 친숙한 경우 이에 대한 저항 가능성이 높음 • 우리나라의 경우 노동이동이 자유롭지 못하기 때문에 상대적으로 적용에 제한이 있음

구 분	내 용
자격급	근로자의 자격 취득에 따라 임금에 차이를 두는 제도로 직무급과 연공급을 절충한 형태 **장점** • 근로자의 자기 발전 욕구 함양 • 임금액을 예상할 수 있어 근로의욕이 향상됨 • 적재적소에 인력배치 가능 • 직무급의 경직성에 의한 인재 확보 **단점** • 조직 분위기가 저해될 수 있음 • 지나치게 형식적 자기 기준 강조 • 실제 업무에는 소홀하게 될 우려가 있음
직계급	직무급의 일종으로 기업 내의 직무를 분류하여 각 직무간의 기업에 대한 공헌도 서열에 따라 임금을 결정하는 방식
성과급 (결과가치 기준)	조직구성원이 달성한 성과에 따라 보상을 차등적으로 제공하는 방식
직능급 (종업원가치 기준)	직무수행능력에 따라 개별임금을 결정하는 방식으로 직무담당자의 수행능력의 종류와 정도를 기준으로 해서 결정되는 임금제도이다. 연공급(학력, 근속연수)과 직무급(직무가치)의 절충형 제도 **장점** • 능력에 따라 임금이 결정되므로 근로자의 불만 해소 • 인재 확보와 근로자의 능력개발에 유리 • 종업원의 자기개발 의욕을 자극하여 생산성 향상에 기여 • 직무 다양성 실현으로 이직률 감소 및 동기부여 **단점** • 직능을 파악하고 평가 및 기준, 직능등급 분류의 결정이 어려움 • 인건비 부담의 증가 • 경영 질서 유지의 곤란성 • 단순 노무직의 경우 도입이 어려움

2) 기준 외 임금

구 분	내 용
직책수당	직무수행 상의 책임도, 난이도가 타 직원보다 큰 직책을 맡은 경우 지급
특수작업수당	표준작업과는 다른 특수한 작업환경에서 근무하는 경우 지급
특수근무수당	수위, 경비원 등에게 지급
기능수당	특별한 자격, 면허, 기능 보유자에게 지급
초과근무수당	시간외 근무, 휴일근무, 철야근무 등에 대한 지급

3) 부가적 임금

구 분		내 용
상여금		상여의 성격은 복합적인데 사용자의 자의에 의해 관습적으로 주어지기도 하고 기업의 수익에 기여한 근로자의 공헌을 인정하여 상여로 분배되기도 함
퇴직급여	퇴직금	근로자가 퇴직한 경우에는 그 지급 사유가 발생한 날부터 14일 이내에 퇴직금을 지급하여야 하며, 특별한 사정이 있는 경우에는 당사자 간의 합의에 의하여 지급기일을 연장할 수 있음
	퇴직연금	근로자가 장기간 근속하고 고령으로 퇴직하는 경우 노후생활 안정과 복지증진을 위하여 퇴직금 관리기관에서 정기적으로 임금을 지급하도록 하는 제도 **① 확정기여형**(DC: Defined Contribution plan) **퇴직연금** 기업이 납입해야 하는 부담금이 사전에 확정되며, 기업이 근로자 개별 계좌에 정기적으로 기여금을 납입하고, 근로자가 직접 적립금을 운용하게 된다. 종업원의 추가 부담금 납입도 가능 **② 확정급여형**(DB: Defined Benefit plan) **퇴직연금** 종업원이 퇴직할 때 받는 퇴직급여가 사전에 확정되어 기업이 매년 부담금을 납입하여 기업이 직접 책임지고 운용한다. 기업의 적립금 운용 결과에 관계없이 근로자는 사전에 정해진 수준의 퇴직급여를 수령 **③ 개인형 퇴직연금**(IRP: Individual Retirement Pension) 근로자가 직장을 옮기거나 퇴직하면서 지급받는 퇴직급여를 근로자 본인 명의로 적립하여 노후자금으로 활용하도록 하는 제도이다. 적립금의 운용방식은 확정기여형(DC)제도와 동일

4) 법정수당과 약정수당

구 분	내 용
법정수당	연장 및 야간근로수당, 휴일근로수당, 해고예고수당, 생리수당, 출산전후수당, 휴업수당, 연차유급휴가수당, 해고예고수당 등
약정수당	가족수당, 상여금, 직무수당, 근속수당, 인센티브 등

 임금형태의 관리

임금형태란 임금의 산정방법, 임금의 지급방법을 의미하는 것으로 주로 기본급의 산정
방법에 관해서 특징과 차이를 가지는 각각의 형태를 말한다. 임금형태의 기본적인 유형은
고정급제와 성과급제로 나누어진다.

(1) 임금형태의 분류

1) 고정급제

고정급은 근로자의 작업량 또는 노동성과에 관계없이 근로자의 근로시간에 비례하여
임금을 지급하는 형태를 말한다.

구 분	내 용
시간급제	시간을 단위로 결정되는 형태 • 단순시간급제: 작업의 분량과는 관계없이 근무시간에 따라 지급 • 복률시간급제: 과업을 기준으로 다단계의 시간임률 적용(능률 자극효과) (장점: 일정액의 임금이 보장되어 생활의 안정 유지, 임금산정이 간편하고 공정) (단점: 근로자를 자극할 수 없으므로 작업능률이 오르지 않고 수동적 태도 보임)
일급제	1일을 단위로 하여 임금비율을 정하고 근로일 수를 곱하여 결정되는 형태
주급제	1주를 단위로 하여 임금비율을 정하고 1주마다 결정되는 형태
월급제	임금이 월단위로 결정되어 월간의 근무일 수와 관계없이 결정되는 형태
연봉제	나이나 근속연수와 관계없이 능력, 실력, 공헌도를 기준으로 연간 임금수준을 결정하여 매월 균등분할하여 지급하는 성과 중심의 임금형태

2) 성과급제

성과급은 개별근로자나 작업집단이 수행한 노동성과를 측정하고, 그 결과에 따라 임금을 산정 및 지급하는 임금형태를 말한다.

① 개별성과급제

구 분	내 용
단순성과급 (고정임률)	고정임률 하에서 생산단위를 기준으로 하는 성과급으로서 생산량 비례급으로 불리며, 제품 단위당 임률에 실제 작업량을 곱하여 금액을 산정
차별성과급 (변동임률)	생산단위를 기준으로 복수임률을 적용하는 것으로 표준작업량 이상이면 고임률을, 이하인 경우에는 저임률을 적용
표준시간급 (고정임률)	과업단위당 표준시간을 정하고 근로자가 표준시간 안에 작업을 완성하면 설정된 표준시간의 임률을 적용하여 지급하는 형태
고과급	근무수행 능력과 실적을 주관적으로 평가하여 기본급을 조정하는 성과급으로 과거 실적에 대한 주관적 평가결과를 기본급에 반영하는 형태
성과보너스	기업의 성과 향상에 기여한 종업원에게 성과의 일부를 분배하는 형태
판매수수료	판매원의 실적인 판매액의 일정비율을 판매원에게 지급하는 형태

② 집단성과급제

구 분	내 용
스캔론 플랜 (Scanlon Plan)	스캔론(Scanlon)에 의해 창시되었으며, 근로자의 참여의식을 높이기 위하여 고안된 성과배분제도이다. 매출액에 대한 인건비의 절약이 있는 경우 그 절약분을 성과로 분배하는 것으로 생산의 판매가치에 대한 인건비 비율이 사전에 설정한 표준 이하인 경우 근로자에게 보너스를 지급하는 제도
럭커 플랜 (Rucker Plan)	럭커(Rucker)에 의해 연구된 것으로 스캔론 플랜보다 정교한 분석에 기초를 두고 있다. 부가가치 증대를 목표로 하며 이를 노사협력체계에 의해 달성하고, 증가된 생산성 향상분을 그 기업의 안정적인 부가가치 분배율로 노사 간에 배분
임프로쉐어 (Improshare)	엔지니어 출신 페인(Fein)이 고안한 제도로 생산직 구성원들에게 적용하는 제도로서 성과 표준치를 제품 하나를 제조하는데 소요되는 표준노동시간을 설정하고 구성원들의 집단적 노력을 통하여 표준 작업시간을 줄인 만큼을 이득으로 계산하여 회사와 구성원들이 합의한 배분 비율에 따라 배분하는 제도
프렌치 시스템 (French System)	작업집단 전체의 능률향상을 목표로 근로자들의 노력에 대해 자극을 부여하는 방식으로 비용 절감에 관심을 두는 제도이다. 실제 산출액에서 기대 산출액(총투입액×표준 산출비율)을 차감한 비용 절약분을 기업이나 노동자에게 배분하며, 이때 표준비율은 지난해의 실제 성과를 기초로 매년 다시 계산함

③ 기업성과급제

구 분		내 용
이익분배제		기본적 보상 외에 결산 이익의 일부를 근로자에게 지급하는 임금형태로, 근로자들을 기업의 소유주처럼 생각하게 이끄는 제도
주식소유권		근로자들을 실제로 기업의 소유주로 만들어 주는 제도
	스톡옵션	기업의 임직원에게 일정 분량의 주식을 일정 기간 내에 미리 정한 가격(행사가격)으로 매수할 수 있는 권리를 부여하는 일정의 인센티브를 주는 제도
	종업원지주제	근로자의 경영참가의 일환으로 자사 주식을 취득 및 소유하도록 하여 안정주주의 확보라는 기업 방위적 관점에서 강조되었으나 최근에 와서는 근로자의 재산형성 추진의 일환으로 논의되고 있는 제도

(2) 특수임금제

구 분	내 용
집단자극제	일정한 기준에 따라 분류한 근로자 집단별로 임금을 산정하여 지급하는 제도
순응임률제	기업의 임금산정에 있어서 경제적 조건의 변화나 기업의 사정에 순응하여 임금률을 자동으로 변동 및 조정하여 지급하는 제도
이윤분배제도	일정 수준 이상의 성과나 이윤의 일부를 종업원에게 부가적으로 지급하는 제도
성과분배제도	기업이 사전에 결정한 성과표준을 종업원들의 노력으로 초과 달성한 경우 초과 달성 부분을 지급하는 제도

(3) 임금채권보장제도

퇴직한 근로자가 기업의 도산으로 임금 및 퇴직금 등을 지급받지 못한 경우 임금채권보장기금에서 사업주를 대신하여 일정 범위의 체불임금 등을 지급함으로써 근로자의 기본적인 생활 안정을 도모하는 제도

유형별 연습문제

3.1 임금(보상)관리

01 다음 중 임금(wage)에 대한 설명으로 적절하지 않은 것은?

① 임금수준의 상승은 곧바로 생산성 향상으로 이어진다.
② 근로자에게 지급된 임금 중 소비지출은 곧 기업의 제품 수요로 이어질 수 있다.
③ 임금은 노동시장을 통한 유능한 인재의 확보 및 유지를 위한 수단이다.
④ 임금은 사용자가 노동의 대가로 근로자에게 임금, 봉급, 그밖에 어떠한 명칭으로든지 지급하는 일체의 금품을 말한다.

02 다음 임금의 성격 중 종업원에 대한 특성으로 적합한 것은 무엇인가?

① 생산원가의 요소
② 기업경쟁력의 요인
③ 사회적 신분의 상징
④ 종업원 유치와 유지의 요인

03 다음 중 임금지불의 원칙과 가장 거리가 먼 것은 무엇인가?

① 통화지불의 원칙
② 분할지불의 원칙
③ 일정기일 지불의 원칙
④ 매월 1회 이상 지불의 원칙

04 임금관리에 대한 설명으로 적절하지 않은 것은?

① 근로자의 노동 및 근로에 대한 보상은 금전적 보상만을 말한다.
② 임금은 노동 및 근로의 대가로서 사용자가 근로자에게 지불하는 것이다.
③ 임금수준은 근로자의 생계비 및 기업의 지불능력 등 복합적인 요인을 고려하여 정해진다.
④ 임금수준은 기업의 지불능력을 상한선으로 생계비 수준을 하한선으로 하여 정해진다.

05 다음 [보기]의 (   ) 안에 들어갈 적합한 용어는?

┤ 보기 ├

임금(   )관리란 종업원에게 제공하는 임금의 크기와 관리된 것으로 적정성의 원칙에 의하여 결정되어야 한다.

① 수준
② 형태
③ 체계
④ 구조

06 다음 임금에 대한 설명으로 적합하지 않은 것은?

① 임금수준은 기업에 따라 고정급제, 성과급제 등으로 다양하다.
② 최저임금제도란 국가가 기업에게 일정 수준 이상의 임금을 지급하도록 법적으로 강제하는 것을 말한다.
③ 임금수준은 기업의 지불능력을 상한선으로, 생계비 수준을 하한선으로 하여 노동시장요인에 영향을 받아 결정된다.
④ 임금은 사용자가 노동의 대가로 근로자에게 임금, 봉급, 그 밖에 어떠한 명칭으로든지 지급하는 일체의 금품을 말한다.

07 임금 수준은 임금액 또는 임금률의 크기를 나타내는 개념으로서, 기업 전체의 임금총액 수준이나 각 종업원의 개별임금 수준, 초과근무 임금의 수준을 나타내는 의미로 쓰이고 있다. 임금관리의 차원에서 볼 때 무엇을 실현하기 위함인가?

① 임금관리의 체계성　　　　　　　② 임금관리의 합리성
③ 임금관리의 적정성　　　　　　　④ 임금관리의 공정성

08 다음 중 임금수준의 외부적 요소로 바르지 않은 것은?

① 경제 상황: 호황기 및 불황기 등
② 인력 시장: 해당 직무 전문가의 수요와 공급
③ 경쟁 회사: 경쟁사 및 업계 임금 수준
④ 조직 규모: 조직 인원 및 구성 등

09 다음 중 임금수준 결정에 작용하는 중요한 외부 환경적 요소는 무엇인가?

① 생산성　　　　　　　　　　　　② 경영방침
③ 법과 규제　　　　　　　　　　　④ 조직체규모

10 다음 [보기]의 연차유급휴가 및 근로기준법 관련하여 (　　　) 안에 들어갈 숫자를 입력하시오.

> **보기**
>
> 3년 이상 계속하여 근로한 근로자에게는 제1항에 따른 휴가에 최초 1년을 초과하는 계속 근로연수 매 2년에 대하여 1일을 가산한 유급휴가를 주되, 가산휴가를 포함한 총 휴가일수는 (　　　)일을 한도로 한다.

정답: ______________________________

11 기준 외 수당 중 하나로 조기출근, 잔업근무, 휴일근무 등에 대한 수당 등이 여기에 해당되는 것으로 소정의 근로시간을 초과하여 제공한 근로에 대하여 지불하는 수당을 무엇이라 하는가? (단, 정답은 한글로 기재할 것)

정답: ________________________________

12 다음 중 근로의 대가에 해당되는 임금판단기준에 적합하지 않은 것은?

① 면허수당　　　　　　　　　　② 체력단련비
③ 학자금 보조　　　　　　　　　④ 보안장비 구입비

13 임금수준 결정시 조정요인으로 하한선, 상한선, 사회일반의 임금수준을 들 수 있다. 이 중 상한선 요인이라고 볼 수 있는 것은 다음 중 무엇인가?

① 시장임률　　　　　　　　　　② 노동생산성
③ 기업의 지불능력　　　　　　　④ 근로자의 생계비

14 다음 [보기]의 (　　) 안에 들어갈 용어는 무엇인가?

┤ 보기 ├

임금관리 영역에서 임금수준을 결정하는 요인 중 하나인 (　　　　)(은)는 임금산정의 최저기준일 뿐만 아니라 그들의 인간적인 삶을 보장해 줄 수 있는 기초가 된다.

정답: ________________________________

15 다음 [보기]의 (　　) 안에 들어갈 적합한 용어는?

┤ 보기 ├

(　　　　)은 종업원의 임금곡선 자체를 전체적으로 상향 이동시켜 임금수준을 증액 조정하거나 인상하는 것을 말한다.

① 승격　　　　　　　　　　　　② 승호
③ 승급　　　　　　　　　　　　④ 베이스업

16 다음 중 [보기]의 (   ) 안에 적합한 용어는?

> **보기**
>
> A은행은 근속연수에 따른 연봉을 지급하는 임금제도를 가지고 있으며, 최근 정년을 앞둔 지점장 급을 대상으로 임금을 하향 조정하는 대신, 정년을 연장해주는 (   )제도를 시행한다고 밝혔다.

① 임금피크제   ② 월급제
③ 연봉제   ④ 성과급제

17 인사제도의 형태에 따라서 어떤 기업에서는 한 종업원이 입사시의 초임금에서부터 시작하여 연령 또는 근속년수의 증가나 근무성적의 향상에 따라 매년 일정한 임금수준의 상향조정 또는 임금인상이 이루어진다. 종업원의 채용 시 초임금을 출발점으로 매년 일정한 기준에 따라 정기적 또는 비정기적으로 이루어지는 임금수준의 상향조정 또는 임금인상 실시방법을 무엇이라 하는가?

정답: _______________________________

18 일정연령까지는 임금이 상승하다가 이후에는 차츰 임금이 줄어드는 임금체계이다. 일정 근속년수가 되어 임금이 최고에 다다른 뒤에는 다시 일정 비율로 감소하도록 임금체계를 설계하는 제도를 무엇이라 하는가? (정답은 한글로 기재)

정답: _______________________________

19 다음 임금체계 중 기준 외 임금이 아닌 것은?
① 장려수당   ② 직책수당
③ 기능수당   ④ 특수작업수당

20 다음 직무의 상대적 가치로 임금을 결정하는 직무급의 장점에 대한 설명으로 적합하지 않은 것은?
① 동일노동 동일임금의 원칙을 실현
② 연공에 따른 보상을 실현할 수 있음
③ 직무중심주의 인사풍토의 조성에 기여함
④ 직무등급에 따른 공정한 임금차를 유지할 수 있음

21 다음 중 연공급의 장점으로 적합하지 않은 것은?

① 생활보장으로 기업에 대한 귀속의식 확대 및 애사심 함양 가능

② 평가가 어려운 직무에서 적용이 용이함

③ 연공존중의 풍토에서 질서 확립 및 사기유지 가능

④ 동일 노동, 동일 임금을 지급함으로 공평함

22 다음 중 직무수행능력에 따라 개별임금을 결정하는 방식으로 직무담당자 수행능력의 종류와 정도를 기준으로 결정되는 임금체계는?

① 직무급 ② 연공급

③ 정상적 근무수당 ④ 직능급

23 다음 중 직능급의 장점에 대한 설명으로 적합하지 않은 것은?

① 인재확보에 유리하다.

② 학습조직분위기가 실현된다.

③ 초과능력의 적용이 용이하다.

④ 완전한 직무급 도입이 어려울 경우 적합하다.

24 다음 중 각 임금체계에 대한 설명으로 적절하지 않은 것은?

① 직능급: 직무수행능력에 따라 개별임금을 결정하는 임금체계이다.

② 직무급: 직무의 상대적 가치를 중심으로 임금테이블을 만들어 지급한다.

③ 자격급: 근로자 개인의 근속년수에 따라 임금수준을 결정하는 임금체계이다.

④ 연봉제: 근로자의 능력과 실적을 객관적으로 평가하여 임금수준을 결정하는 능력중시형 임금체계이다.

25 다음 중 직무평가 후에 직무가치에 따라 임금책정이 가능한 임금체계는?

① 연공급 ② 직능급

③ 직무급 ④ 성과급

26 다음 중 근로자에 대한 최저한의 임금을 보장하면서 일정한 기준 이상의 작업성과를 달성하였을 경우에는 일정비율의 임금을 추가로 지급하는 임금형태는 무엇인가?

① 고정급제 ② 성과급제

③ 할증급제 ④ 상여급제

27 다음 [보기]에서 설명하고 있는 임금 제도는?

> **보기**
>
> 동일시간 동일임금 지급의 원칙에 따라 근로자의 작업량 또는 근로시간에 비례하여 임금을 지급하는 제도

① 고정급제　　　　　　　　　② 변동급제
③ 기타임금제　　　　　　　　④ 특수임금제

28 다음 중 단위당 소요되는 표준노동시간과 실제노동시간을 비교하여 절약된 노동시간을 노사가 각각 50대 50의 비율로 배분하는 이익분배 형태는?

① 스캔론 플랜(Scanlon Plan)
② 럭커 플랜(Rucker Plan)
③ 임프로쉐어 플랜(Impro-share Plan)
④ 커스터마이즈드 플랜(Customized Plan)

29 다음 [보기]의 경영참가제도 중 (　　　) 안에 들어갈 용어를 쓰시오. (정답은 한글로 쓰시오)

> **보기**
>
> (　　　　　)란/이란 생산의 판매가치에 대한 인건비 비율이 사전에 설정한 표준 이하인 경우 종업원에게 보너스를 지급하는 제도이다. 즉, 매출액에 대한 인건비의 절약이 있을 경우 그 절약부분을 성과로서 분배하는 성과배분제이다.

정답: ______________________________

30 다음 중 특수임금제의 하부요소인 순응임률제에 대한 설명으로 적합한 것은 무엇인가?

① 근로자에 대한 최저한의 임금을 보장하면서 일정한 기준 이상의 작업성과를 달성하였을 경우에는 일정비율의 할증임금을 추가로 지급하는 형태
② 기업의 임금산정에 있어서 물가변동과 같은 경제적 조건의 변화나 기업의 사정에 순응하여 임금률을 자동으로 변동, 조정하여 지급하는 임금의 형태
③ 근로자 개인별로 임금을 결정하고 지급하는 개인별 임금제도와 달리 일정한 기준에 따라 분류한 근로자 집단별로 임금을 산정하여 지급하는 제도
④ 기업의 생산활동이나 판매활동의 결과에서 나타난 일정 기준 이상의 성과 및 이익에 대하여 그 일부를 일정한 비율로 노사 쌍방에게 분배하는 제도

31 다음 [보기]가 설명하고 있는 특수임금제도는 다음 중 무엇인가?

┤ 보기 ├

기본적 보상 이외에 각 영업기마다 결산이익의 일부를 종업원에게 부가적으로 지급하는 제도로 노동관계의 개선, 작업능률의 증진, 근로자의 생활안정에 그 목적이 있다.
종업원에게 시가보다 낮은 가격으로 주식을 제공한다거나 대리점 또는 판매부서 등에 대하여 매출액의 일부를 지급하는 등의 방법이 있다.

① 집단자극제   ② 순응임률제
③ 이익분배제   ④ 스캔론플랜

32 특수임금제의 한 형태로 근로자가 개인별로 임금을 결정하고 지급하는 개인별 임금제도와 달리 일정한 기준에 따라 분류한 근로자집단별로 임금을 산정하여 지급하는 제도를 무엇이라 하는가? (단, 정답은 한글로 기재할 것)

정답: ________________________________

33 기업의 임금산정에 있어서 경제적 조건의 변화나 기업의 사정에 순응하여 임금률을 자동으로 변동 및 조정하여 지급하는 임금형태는 무엇인가? (정답은 한글로)

정답: ________________________________

34 다음 중 기업이 도산하여 임금과 휴업수당 및 퇴직금을 지급받지 못하고 퇴직한 근로자에게 국가가 사업주를 대신하여 체불금품 중 일정금액의 체당금(임금/휴업수당/퇴직금)을 지급하고 근로자에게 지급된 체당금의 범위 내에서 당해 근로자가 사업주에 대하여 가지고 있던 미지급 임금 등의 청구권을 대위하여 행사하는 제도를 무엇이라 하는가?

① 퇴직금 추계제도   ② 임금체계 결정제도
③ 임금채권 보장제도   ④ 퇴직연금 보험제도

35 다음 [보기]가 설명하는 것으로 적절한 것은?

┤ 보기 ├

근로자에게 정기적이고 일률적으로 소정(所定)근로 또는 총 근로에 대하여 지급하기로 정한 시간급 금액, 일급 금액, 주급 금액, 월급 금액 또는 도급 금액을 말한다.

① 평균임금   ② 통상임금
③ 근로수당   ④ 포괄임금

36 다음 [보기]가 설명하고 있는 근로기준법상 용어는 무엇인가?

┤ 보기 ├

근로시간 중간에 회사의 지휘, 감독으로부터 벗어나 자유로이 이용할 수 있는 시간으로 대표적인 예로 점심시간을 들 수 있다. 이 시간에 대해서는 회사가 임금을 지급할 의무가 없으며, 법정근로시간에 포함되지 않는다. 근로시간이 4시간인 경우 30분 이상, 8시간인 경우 1시간 이상의 시간을 근로시간 중에 주어야 한다.

정답: ___________________________

37 다음 [보기]의 (   )에 들어갈 가장 적절한 용어는 각각 무엇인가?

┤ 보기 ├

근로기준법은 임금을 (   )과 (   )으로 나누고 연장근로, 야간근로, 휴일근로에 대한 가산임금 등 각종 법정수당과 보상금을 산정함에 있어 이 두 가지 임금 중 한 가지를 적용하도록 하고 있다.

정답: ___________________________

38 시간외 근무, 야간근무, 휴일근무수당이나 연월차 휴가수당을 산정하는 기준으로 사용되는 임금으로 우리나라 근로기준법 시행령에 "근로자에게 정기적, 일률적으로 소정근로 또는 총 근로에 대하여 지급하기로 정해진 시간급금액, 일급금액, 주급금액, 월급금액 또는 도급금액을 말한다."라고 규정한 이것은 무엇인가? (단, 정답은 4글자로 기재할 것)

정답: ___________________________

39 [보기]의 연차유급휴가 및 근로기준법 관련하여 (   )에 들어갈 내용을 숫자로 입력하시오.

┤ 보기 ├

- 연차유급휴가는 1년간 계속 근로한 근로자에 대하여 일정한 기간 유급으로 근로의무가 면제되는 날을 말한다.
- 「근로기준법」 제60조제1항에서는 "사용자는 1년간 80% 이상 출근한 근로자에게 (   )일의 유급휴가를 주어야 한다"라고 정하고 있다.

정답: ___________________________

40 [보기]의 (   ) 들어갈 내용을 숫자로 입력하시오.

┤ 보기 ├

고용보험법령상 일용근로자란 (   )개월 미만 동안 고용되는 사람을 말한다.

정답: ___________________________

답안 및 풀이

 **3.1 임금(보상)관리**

1	2	3	4	5	6	7	8	9	10
①	③	②	①	①	①	③	④	③	25
11	12	13	14	15	16	17	18	19	20
초과근무수당	④	③	생계비	④	①	승급	임금피크제	①	②
21	22	23	24	25	26	27	28	29	30
④	④	③	③	③	③	①	③	스캔론플랜	②
31	32	33	34	35	36	37	38	39	40
③	집단자극임금제 (집단자극제)	순응임률제	③	②	휴게시간	통상임금 평균임금	통상임금	15	1

01 ① 임금수준의 상승은 장기적인 생산성 향상으로 이어진다.

02 ③

  ①, ②, ④는 임금의 성격 중 기업에 대한 특성이다.
  • 종업원의 입장: 사회적 신분의 상징, 생계비 및 가계수입의 원천, 욕구충족의 수단
  • 기업의 입장: 기업경쟁력 요소, 인건비 요소, 종업원 채용 및 유지의 요인

03 ② 임금지급은 '전액불의 원칙'으로 법령이나 단체협약에 의한 공제를 제외하고는 전액을 지불하여야 한다.
  [임금지급의 원칙]
  • 통화불의 원칙: 사용자는 근로자에게 통화로서 임금을 지급하여야 하며 현물급여는 금지된다.
  • 직접불의 원칙: 임금은 근로자 본인에게 직접 지급되어야 한다.
  • 전액불의 원칙: 법령이나 단체협약에 의한 공제를 제외하고는 전액을 지불하여야 한다.
  • 정기불의 원칙: 근로자의 생활안정을 위하여 매월 일정한 날에 1회 이상 지급하여야 한다.

04 ① 근로자의 노동 및 근로에 대한 보상은 임금, 봉급 등 어떠한 명칭으로든지 지급되는 일체의 금품을 말한다.

05 ① 임금수준관리에 대한 설명이다.

06 ① 임금형태는 기업에 따라 고정급제, 성과급제 등으로 다양하다.

07 ③ 임금수준은 근로자에게 제공하는 임금의 크기와 관련된 것으로 '적정성의 원칙'에 의하여 결정하여야 한다.
  [임금의 기본원칙]
  • 적정성의 원칙(임금수준): 임금수준이 기업, 근로자, 노동시장의 견지에서 적정한 액수만큼 결정되어야 한다.
  • 공정성의 원칙(임금체계): 임금수준이 결정된 후 임금총액이 근로자에게 분배될 때 각자가 지니고 있는 인적 가치,
    업무성과, 직무의 가치 등에 따라 공정하게 분배되어야 한다.
  • 합리성의 원칙(임금형태): 임금형태인 임금의 계산, 지불방법에 대한 관리로서 근로자의 작업의욕 능률향상과 직접
    적인 관련을 지니고 있다.

08 ④ 조직 인원 및 구성 등 조직 규모는 임금수준의 내부적 요소에 해당된다.
  [임금수준 결정 요소]
  • 내부적 요인: 조직의 규모, 기업의 경영방침, 지불능력 등
  • 외부적 요인: 경제적 환경(생계비), 노동시장의 수요공급, 경쟁기업의 임금수준, 국가의 법과 규제 등

09 ③

    ①, ②, ④는 내부 환경적 요소이다.

10   25(일)

11   초과근무수당: 소정의 근로시간을 초과하여 제공한 근로에 대하여 지불하는 수당이다.

12 ④ 보안장비 구입비는 임금판단기준에 적합하지 않다.

13 ③ 기업의 지불능력을 상한선으로, 생계비 수준을 하한선으로 하여 그 중간지점에서 노동시장요인에 따라 결정 된다.

    [임금수준 결정 요인]
- 기업의 지불능력(상한선): 기업의 지불능력을 벗어난 임금은 결과적으로 기업경영을 어렵게 하기 때문에 임금수준은 기업의 지불능력 범위 내에서 결정될 수밖에 없다.
- 근로자의 생계비(하한선): 근로자의 최저생계비는 임금산정의 최저기준일 뿐 아니라 그들의 인간적인 삶을 보장해 줄 수 있는 기초가 된다.
- 노동시장 임금수준: 기업의 지불능력을 상한선으로, 생계비 수준을 하한선으로 하여 그 중간 지점에서 노동시장요인에 따라 결정된다. 동종 다른 기업의 임금수준, 노동시장의 수요와 공급, 노사 간의 임금교섭에 의하여 임금수준이 결정된다.

14   생계비

15 ④
- 승격: 직무의 질이 향상된 것에 의한 임금 상승으로 승진과 병행되어 이루어짐
- 승급: 임금 곡선 상에서의 상향 이동. 즉, 미리 정해진 임금 곡선을 따라 연령, 근속연수, 능력에 의해 기본급이 증가되는 것

16 ①
- 월급제: 월의 근무일수와 관계없이 한 달을 단위로 결정하여 임금을 지급하는 제도
- 연봉제: 근로자의 능력 및 실적에 따라 연간 임금수준을 결정하여 매월 균등분할하여 임금을 지급하는 제도
- 성과급제: 근로자의 작업 또는 노동의 성과에 따라 임금을 산정하여 미리 설정된 표준 이하의 일을 한 직원들에게는 낮은 임금을, 표준 이상의 일을 한 직원들에게는 높은 임금을 지급하는 제도

17   승급

18   임금피크제

19 ① 장려수당은 기준 내 임금에 해당된다.

20 ② 연공에 따른 보상을 실현할 수 있는 임금체계는 연공급이다.

21 ④ 동일 노동, 동일 임금을 지급함으로 공평한 임금체계는 직무급이다.

22 ④
- 직무급: 직무를 기준으로 임금을 결정하는 방식으로 직무의 중요성과 곤란도 등에 따라 직무의 양과 질에 대한 상대적 가치를 평가하고, 그 결과에 따라 임금을 결정함
- 연공급: 개개인의 학력, 자격, 연령 등을 감안하여 근속연수에 따라 임금수준을 결정함

23 ③ 초과능력의 적용이 용이한 임금체계는 직무급이다.

24 ③ 연공급(근속급) – 근로자 개인의 근속년수에 따라 임금수준을 결정하는 임금체계이다.

25 ③
- 연공급: 개개인의 학력, 자격, 연령 등을 감안하여 근속연수에 따라 임금수준을 결정함
- 직능급: 직무급과 연공급이 절충된 형태로 직무내용과 직무수행능력에 따라 임금을 결정함
- 성과급: 근로자의 작업 또는 노동의 성과에 따라 임금을 산정하여 미리 설정된 표준 이하의 일을 한 직원들에게는 낮은 임금을, 표준 이상의 일을 한 직원들에게는 높은 임금을 지급하는 제도

26 ③
- 고정급제: 근로자의 작업량 또는 노동성과에 관계없이 근로자의 근로시간에 비례하여 임금을 지급하는 형태로 동일시간, 동일지급의 원칙에 따라 지급하는 제도
- 성과급제: 근로자의 작업 또는 노동의 성과에 따라 임금을 산정하여 미리 설정된 표준 이하의 일을 한 직 원들에게는 낮은 임금을, 표준 이상의 일을 한 직원들에게는 높은 임금을 지급하는 제도
- 상여급제: 일정 기본급에 추가하여 지급하는 임금형태로 표준 이상의 과업 달성이나 개인의 업적에 따라 일정 비율의 급여를 지급

27 ① 고정급제는 동일시간 동일임금 지급의 원칙에 따라 근로자의 작업량 또는 근로시간에 비례하여 임금을 지급하는 제도이다.

28 ③
- 스캔론 플랜: 집단성과배분제도 중 하나로서, 근로자의 참여의식을 높이기 위하여 고안되었다. 경영자와 근로자의 비용절감 제안을 평가하는 위원회제도를 활용하여 인건비의 절약분에 대한 배분액을 판매가치를 근거로 하여 배분하는 제도
- 럭커플랜: 생산 부가가치의 증대를 목표로 한 노사협력체제를 만들어 그 생산성 향상과 성과를 일정비율로 노사간에 적정히 배분하는 제도
- 커스터마이즈드 플랜: 여러 플랜을 각 기업에 맞게 수정해서 사용하는 제도

29 스캔론 플랜

30 ② 순응임률제는 임금률을 설정할 때 특정한 대상기준을 정해놓고 그 기준이 변할 때에는 거기에 순응하여 임금률도 자동적으로 변동, 조정되도록 하는 제도이다.

31 ③ 이익분배제: 기본적 보상 외에 결산 이익의 일부를 근로자에게 지급하는 임금형태로 근로자들을 기업의 소유주처럼 생각하게 이끄는 제도

32 집단자극임금제(집단자극제)

33 순응임률제

34 ③ 임금채권 보장제도: 퇴직한 근로자가 사업주의 파산으로 임금과 퇴직금 등 금품을 받지 못한 경우 근로복지공단이 사업주를 대신하여 근로자에게 체당금을 먼저 지급하고 사업주에게 구상하는 제도를 말한다.

35 ② 통상임금에 대한 설명이다.

36 휴게시간

37 통상임금/평균임금

38 통상임금

39 15

40 1(개월)

02 복리후생관리

2.1 복리후생의 개요

복리후생은 근로자와 그 가족의 생활수준 향상을 위해서 시행하는 간접적인 보상으로 근로자의 건전한 노동력의 확보, 노동생산성의 향상, 근로생활의 안정화와 질 향상 등을 위하여 임금 이외의 간접적인 보상으로서 부가급부라고도 한다.

(1) 복리후생의 효과

근로자	사용자
• 사기가 높아지며, 불만이 감소 • 경영자와의 관계 개선 • 복지에 대한 인식이 깊어짐 • 고용의 안정화, 생활 수준의 향상 • 기업의 경영방침 및 목적에 대한 이해도 향상 • 동기부여를 높이고, 고충을 덜어줌 • 경력개발을 통한 자아실현	• 생산성 향상 • 원가 절감 • 팀워크가 좋아짐 • 인간관계 개선 • 근로자와 건설적인 대화 가능 • 결근, 지각, 사고, 불만 등의 감소 • 기업의 이미지 개선

(2) 복리후생의 목적

기업은 복리후생 제도를 통해 우수인력의 확보, 이직 및 결근의 감소, 동기부여 및 생산성 향상, 원만한 인간관계와 협력적 노사관계 구축, 기업의 사회적 이미지 개선이 가능하다.

구 분	내 용
경제적	종업원의 사기진작, 결근율·이직률 감소, 시장경쟁력 강화
사회적	인간관계 형성 지원, 의료·문화 시설 등 국가사회복지 보완
정치적	정부의 영향력 감소, 노조의 영향력 감소
윤리적	종업원의 생계 지원

(3) 복리후생의 설계

1) 복리후생의 설계 시 고려 요인

사용자(기업) 측 요인	종업원 측 요인
• 복리후생의 목적 • 법적 규제나 준수사항 • 기업의 지불능력과 총보상비와의 관계 • 비용 대비 편익 수준 • 경쟁기업의 복리 및 보상수준 • 절대적 · 상대적 보상비용	• 내외부 공정성 지각 • 종업원의 개인적 욕구

개념 익히기

● 복리후생 설계의 원칙

- • 종업원 욕구 충족의 원칙
- • 종업원 주도 참여의 원칙
- • 종업원 다수 혜택의 원칙
- • 기업의 지불 능력 원칙

2) 복리후생 설계 시 결정 사항

구 분	내 용
형태와 범위	어떤 종류의 복리후생 제도를 제공할 것인지, 해당 복리후생 제도에서 지원하게 될 내용과 범위의 결정
비용 분담(재원)	복리후생 제도의 운영에 따른 비용을 사용자(기업)가 전액 부담할 것인지, 참여 종업원도 일부를 부담할 것인지에 대한 결정
수혜대상자 선정	복리후생 제도의 수혜자 범위를 어디까지 할 것인지, 대상자별로 수혜 정도의 차이를 둘 것인지에 대한 결정
유연성 정도	복리후생 제도 관리의 용이성 측면에서 볼 때, 전 직원들에게 일괄적으로 적용할 것인지, 종업원의 특성과 요구를 반영하여 운영할 것인지에 대한 결정
종업원 참여	전 직원들이 참여할 수 있도록 설계하거나, 특정 직종 또는 직군만 참여할 수 있도록 설계

(4) 복리후생 관리의 원칙

구 분	내 용
적정성의 원칙	기업의 복리후생시설이 다수 근로자에게 혜택을 주면서도 기업의 비용 부담 능력에 적당하며, 그 지역의 산업이나 동종 타 기업에 비교하여 큰 차이가 나지 않도록 실시되어야 한다는 원칙
합리성의 원칙	기업의 복리후생시설이 국가나 지역사회에서 실시하는 복리후생시설과 서로 중복되거나 관련성이 결여되는 일이 없도록 조성 및 관리되어야 한다는 원칙
협력성의 원칙	복리후생의 내용설계와 그 운영이 노사협력을 확보하는 차원에서 이루어져야 한다는 원칙

(5) 복리후생의 구분

1) 법률에 따른 구분

법정 복리후생	임의 복리후생
• 법규에 의해 일정 규모 이상의 기업이 의무적으로 실시하여야 하는 복리후생 • 사회보장보험(건강, 산재, 고용, 국민연금) • 퇴직금 및 퇴직연금 • 휴일, 연차유급휴가, 산전·산후 유급휴가, 가족돌봄휴가 등	• 법규가 아닌 기업의 의사 및 사정에 따라 실시하는 복리후생 • 기숙사 제공 및 사내 각종 편의시설 • 보건위생 시설, 보양 시설(보양소, 휴양소) • 사내대출제도, 경조금, 학자금 지원 등

개념 익히기

배우자 출산휴가

근로자의 배우자가 출산한 경우 배우자와 태아의 건강보호 등을 위해 신청, 사용하는 총 20일의 유급휴가이며, 우선지원대상기업 소속 근로자의 경우 휴가 기간에 대해 정부에서 지원하는 배우자 출산휴가 급여를 지원받을 수 있다.

가족돌봄휴가

근로자가 조부모, 부모, 배우자, 배우자의 부모, 자녀(손자녀 등)의 질병, 사고, 노령 또는 자녀의 양육으로 인하여 긴급하게 그 가족을 돌보기 위한 휴가이며, 연간 최장 10일을 일 단위로 사용할 수 있다.

2) 재정에 따른 구분

재정적 복리후생	비재정적 복리후생
• 특별상여, 주식배당, 유급휴가, 유급병가 등	• 보험급여, 휴가시설 이용, 여행기회, 훈련 개발, 유연한 업무 일정, 은행 서비스 등

2.2 새로운 복리후생제도

근로자의 생활 수준의 향상과 물질 중심의 복리후생 대신 정신적 안정과 충족을 추구하는 의식이 싹트고, 다가오는 고령화 사회에 대응하기 위하여 최근 기업은 '생애복지' 차원에서 다양하게 발전하고 있다.

(1) 카페테리아식(선택적) 복리후생

기업으로부터 일방적으로 제공되는 표준적 복리후생과 달리 개인 요구에 가장 적합한 복지 항목과 수혜기준을 근로자들이 자유롭게 선택하는 복리후생제도

장 점	단 점
• 복리후생비의 사전 예측 가능 • 종업원의 욕구 반영으로 동기부여 가능 • 우수 인재 확보와 유지, 노조 영향력 감소 • 개인의 가치관과 생애주기에 따른 자율적이고 합리적인 복지 항목 선택 가능 • 각 복리후생 항목에 대해 합리적인 예산분배가 가능	• 특정 프로그램만을 선호할 수 있음 • 각 개인이 이용할 수 있는 복리후생비 총액 수준 결정이 어려움 • 신청자가 적은 복리후생제도는 비용이 과다 발생 가능 • 근로자가 선택을 잘못할 경우 복리후생 효과 감소 • 프로그램 관리가 복잡하고 운영 비용이 증가

(2) 홀리스틱 복리후생

근로자를 전인적 인간으로서 육체적 · 심리적 · 정신적 측면에서 균형된 삶을 추구할 수 있도록 지원하는 복리후생제도

(3) 라이프 사이클 복리후생

근로자의 초기 직장생활에서 정년퇴직할 때까지 연령에 따라 변하는 생활패턴과 의식 변화를 고려하여 복리후생 프로그램을 달리 제공하는 복리후생제도

(예: 20대 학력보강과 자부심 증진, 30대 주택마련, 40대 사회적 지위와 건강 증진)

2.3　사회보험관리

사회보험제도는 국민에게 발생한 사회적 위험을 보험방식에 의하여 대처함으로써 국민의 건강과 소득을 보장하는 제도이다. 사회적 위험이란 질병, 장애, 노령, 실업, 사망 등을 의미하며, 이러한 사회적 위험은 사회구성원 본인은 물론 부양가족의 경제생활을 불안하게 하는 요인이 된다. 따라서 사회보험제도는 사회적 위험을 예상하고 이에 대처함으로써 국민의 경제생활을 보장하려는 소득보장제도이다.

우리나라의 사회보험제도에는 업무상의 재해에 대한 산업재해보상보험, 질병과 부상에 대한 건강보험 또는 질병보험, 폐질·사망·노령 등에 대한 연금보험, 실업에 대한 고용보험제도 등이 있다.

(1) 국민연금

소득이 있을 때 일정액의 보험료를 납부하고, 일정한 사유(노령, 장애, 유족)로 소득이 줄어들거나 없어졌을 때 연금을 지급하여 최소한의 소득을 보장하는 사회보장제도이다.

구 분	내 용
적용대상	• 18세 이상 60세 미만 국내 거주자 • 1인 이상의 근로자를 사용하는 사업장 또는 주한외국기관으로서 1인 이상의 대한민국 국민인 근로자를 사용하는 사업장(당연적용사업장)에 근무하는 사용자와 근로자는 외국인을 포함하여 모두 국민연금에 가입하여야 한다.
적용제외 대상	• 18세 미만이거나 60세 이상인 사용자 및 근로자 • 공무원연금, 군인연금, 사립학교교직원연금, 별정우체국연금 가입자 등 타 공적연금 가입자 • 일용근로자 또는 1개월 미만의 기한을 정하여 사용되는 근로자 • 소재지가 일정하지 아니한 사업장에 종사하는 근로자 • 1개월 동안의 근로시간이 60시간(주당 평균 15시간) 미만인 단시간근로자 • 노령연금수급권을 취득한 자 중 60세 미만의 특수직종근로자 • 조기노령연금 수급권을 취득한 자
산정방법	• 연금보험료 = 가입자의 기준소득월액 × <u>연금보험료율(9.5%)</u> 　　　　　　　　　　　(근로자부담 4.75% + 사용자부담 4.75%) • 국민연금 상한액: 6,590,000원, 하한액: 410,000원 • 지역가입자의 경우 9% 모두 본인이 부담

(2) 건강보험

건강보험은 질병이나 부상으로 인해 발생한 고액의 진료비로 가계에 과도한 부담이 되는 것을 방지하기 위하여, 국민들이 평소에 보험료를 내고 보험자인 국민건강보험공단이 이를 관리·운영하다가 필요 시 보험급여를 제공함으로써 국민 상호간 위험을 분담하고 필요한 의료서비스를 받을 수 있도록 하는 사회보장제도이다.

구 분	내 용
적용대상	• 상시 1인 이상의 근로자를 사용하는 사업장에 고용된 근로자(연령제한 없음) • 사용자, 공무원, 교직원, 시간제근로자 • 1월 이상 근무하고 월 60시간 이상의 시간제근로자
적용제외 대상	• 고용 기간이 1개월 미만인 일용근로자 • 병역법에 따른 현역병, 전환복무된 사람 및 군간부 후보생 • 선거에 당선되어 취임하는 공무원으로서 매월 보수 또는 이에 준하는 급료를 받지 아니하는 자 • 고용기간이 1개월 미만인 일용 교직원 • 고용기간이 1개월 이상인 일용근로자 교직원 중 1개월 동안의 근로 일수가 8일 미만인 근로자 • 비상근근로자 또는 1개월간의 소정근로시간이 60시간 미만인 단시간 근로자 • 비상근교직원 또는 1개월간의 소정근로시간이 60시간 미만인 공무원 및 교직원 • 소재지가 일정하지 아니한 사업장의 근로자 및 사용자 • 의료급여법에 의하여 의료급여를 받는 자 • 유공자 등 의료보호대상자로서 건강보험의 적용배제 신청을 한 자
산정방법	• 건강보험료 = 보수월액 × <u>건강보험료율(7.19%)</u> (근로자부담 3.595% + 사용자부담 3.595%) • 장기요양보험 = 건강보험료액 × <u>장기요양보험료 13.14%</u> • 자격취득: 당해 사업장의 건강보험 취득대상이 된 때로부터 14일 이내에 취득신고 • 자격상실: 당해 사업장의 건강보험이 상실된 날로부터 14일 이내에 상실신고

참고 직장가입자의 보험료율은 1천분의 80의 범위 내에서 심의위원회의 의결을 거쳐 대통령으로 정한다.

(3) 고용보험

근로자가 실직한 경우에 생활 안정을 위하여 일정 기간 동안 급여를 지급하는 실업급여 사업과 함께 구직자에 대한 직업능력개발·향상 및 적극적인 취업 알선을 통한 재취업의 촉진과 실업 예방을 위하여 고용안정사업 및 직업능력개발사업 등의 실시를 목적으로 하는 사회보장제도이다.

구 분	내 용
적용대상	근로기준법에 따른 근로자
적용제외 대상	• 65세 이후에 고용된 자 (실업급여는 적용 제외하나 고용안정·직업능력개발사업은 적용) • 1월간 소정근로시간이 60시간 미만인 근로자(1주가 15시간 미만인 자 포함) • 공무원(별정직, 계약직 공무원은 임의가입 가능) • 사립학교교직원연금법 적용자 • 별정우체국 직원 • 외국인 근로자
산정방법	• 고용보험료 = 보수월액 × 고용보험료율(1.8%+α) 　　　　　　　　　　　(근로자부담 0.9% + 사용자부담 0.9%+α)

구 분		근로자	사업주
실업급여		0.9%	0.9%
고용안정, 직업능력 개발사업	150인 미만 기업	–	0.25%
	150인 이상 기업(우선지원 대상 기업)	–	0.45%
	150인 이상 ~ 1,000인 미만 기업	–	0.65%
	1,000인 이상 기업 및 국가, 지방자치단체	–	0.85%

(4) 산재보험

산재근로자와 그 가족의 생활을 보장하기 위하여 국가가 책임을 지는 의무보험으로 원래 사용자의 근로기준법상 재해보상책임을 보장하기 위하여 국가가 사업주로부터 소정의 보험료를 징수(사업자만 부담)하여 그 기금(재원)으로 사업주를 대신하여 산재근로자에게 보상을 해주는 사회보장제도이다.

구 분	내 용
적용대상	근로기준법에 따른 근로자
적용제외 대상	• 공무원재해보상법, 군인재해보상법, 선원법·어선원 및 어선재해보상보험법 또는 사립학교교직원연금법에 의하여 재해보상이 행하여지는 자 • 농업 및 임업(벌목업은 1인 기준), 어업, 수렵업 중 법인이 아닌 자의 사업으로 상시근로자 수가 5명 미만인 사업장
산정방법	산재보험료 = 보수월액 × 업종별 산재보험료율

유형별 연습문제
3.2 복리후생관리

01 다음 중 법정 외 복리후생제도의 유형으로 적절하지 않은 것은?

① 생활지원시설
② 유급휴식제도
③ 금융 및 공제제도
④ 문화체육오락시설

02 다음 중 부가급부라고도 부르며 구성원의 생활안정과 생활의 질을 높이기 위하여 제공하는 임금이나 상여금 이외의 간접적인 보상으로서 구성원에게 직접 또는 간접적으로 부여되는 혜택의 종류가 아닌 것은 무엇인가?

① 보너스
② 사회보험
③ 기숙사 제공
④ 경조금 지급

03 노사분야 복지후생제도의 사용자이익과 종업원이익 중 종업원이익에 대한 설명은 다음 중 무엇인가?

① 생산성 향상
② 채용 및 훈련비용 절감
③ 결근/지각/재해 등의 감소
④ 근로의욕 내지 만족감 향상

04 다음 중 카페테리아식 복리후생의 장점으로 적합하지 않은 것은?

① 근로자의 욕구를 반영하여 동기부여 강화
② 복리후생 항목에 대해 합리적인 예산분배 가능
③ 복리후생 프로그램의 효과평가가 용이
④ 프로그램의 관리가 용이

05 기업이 제공하는 다양한 복지시설 및 제도 중에서 종업원이 자신이 원하는 것을 선택할 수 있도록 복지후생 프로그램을 설계하는 것으로, 종업원의 개인적 욕구나 선호도에 적합한 복지후생 설계를 통하여 종업원의 욕구충족, 만족감의 증대, 고용의 안정 등 효과를 얻을 수 있는 복지후생제도를 무엇이라 하는가?

① 종합복지후생
② 법정 내 복지후생
③ 가정 내 복지후생
④ 카페테리아식 복지후생

06 다음 중 카페테리아식 복지후생의 장점이라고 볼 수 없는 것은 무엇인가?

① 기업의 복지후생에 대한 예산의 합리적 배분이 가능하다.
② 종업원의 욕구를 반영하기 때문에 동기 부여에 효과적이다.
③ 비교적 프로그램의 관리가 단순하고 운영비용이 저렴하다.
④ 기업이 도입하고 있는 복지후생 프로그램에 대한 효과의 인식이 용이하다.

07 다음 중 근로자를 전인적 인간으로서 육체적, 심리적, 정신적 측면에서 균형된 삶을 추구할 수 있도록 지원하는 복리후생제도는?

① 홀리스틱 복리후생제도　　　　　② 선택적 복리후생제도
③ 라이프사이클 복리후생제도　　　④ 카페테리아식 복리후생제도

08 다음 [보기]의 복지후생에 대한 설명으로 적합한 용어는? (정답은 한글로)

> ┤ 보기 ├
>
> 종업원을 전인적 인간으로 육체적, 심리적, 정신적 측면에서 균형된 삶을 추구할 수 있도록 지원하는 복리후생제도이다.

정답: ____________________

09 다음 [보기]는 새로운 복지후생제도를 설명하고 있다. (　　) 안에 들어갈 적절한 용어는 무엇인가? (한글 또는 영문으로 기술할 것)

> ┤ 보기 ├
>
> 홀리스틱 복지후생은 종업원을 전인적 인간으로서 육체적, 정신적, 심리적 측면에서 균형잡힌 삶을 추구할 수 있도록 지원하는 제도이다. 한편 (　　　　) 복지후생은 종업원이 연령에 따라 변화하는 생활패턴과 의식변화를 고려하여 복지후생 프로그램을 개별적으로 달리 제공하는 것을 말한다.

정답: ____________________

10 복지후생의 합리적 설계 및 운영을 위해서는 복지후생의 설계원칙이 필요하다. 다음 중 복지후생의 설계원칙과 거리가 먼 것은 무엇인가?

① 다수혜택의 원칙　　　　　　　　② 종업원 참여의 원칙
③ 종업원생계유지의 원칙　　　　　④ 종업원 욕구충족의 원칙

11 다음 중 복지후생의 합리적인 설계 및 운영을 위한 일반적 원칙에 해당하지 않는 것은 무엇인가?

① 다수혜택의 원칙　　　　　　　　② 종업원 참여의 원칙
③ 종업원 욕구충족의 원칙　　　　　④ 근로자 생계비지불의 원칙

12 다음 중 국가 및 지방공공단체가 주체가 되어 국민, 근로자 전체를 대상으로 제공하는 복지후생활동을 의미하는 것으로서, 국민건강보험, 국민연금, 고용보험, 산업재해보험, 신체장애자, 정신박약자 등에 대한 공적보조제도에 해당하는 복지후생의 유형은 무엇인가?

① 기업복지　　　　　　　　　　　② 노동복지
③ 사회복지　　　　　　　　　　　④ 아동복지

13 다음 중 4대 사회보험이 아닌 것은?

① 고용보험　　　　　　　　　　　② 퇴직금 제도
③ 국민건강보험　　　　　　　　　④ 산업재해보상보험

14 다음 중 4대 사회보험에 대한 설명으로 적합하지 않은 것은?

① 몇몇 제외 대상이 있으나 국내거주 18세 이상 60세 미만의 국민은 국민연금의 가입대상이다.
② 1월 미만의 기간 동안 고용되는 일용근로자는 건강보험 직장가입 대상이 아니다.
③ 4대 사회보험은 사용자와 근로자가 균등 분할하여 보험료를 납부하는, 국민 개개인에 대한 사회보장 제도이다.
④ 고용보험 사업에는 실업급여 사업 외에도 고용안정 및 직업능력개발 사업 등이 있다.

15 국민의 생활안정과 복지증진을 위하여 보험의 원리를 도입하여 만든 사회보험에 대해 가입자, 사용자 및 국가로부터 일정한 보험료를 받고 이를 재원으로 여러 가지 정형화된 보험금을 지급하는 기관은 다음 중 무엇인가?

① 근로복지공단　　　　　　　　　② 한국고용정보원
③ 국민연금관리공단　　　　　　　④ 국민건강보험공단

16 다음 중 고용보험사업이 아닌 것은?

① 실업급여사업　　　　　　　　　② 직업병지원사업
③ 직업능력개발사업　　　　　　　④ 고용안정사업

17 다음 중 국민건강보험의 직장가입 대상자로 적합한 것은?

① 1개월 이상의 기간 동안 고용되는 일용근로자
② 소재지가 일정하지 않은 사업장의 근로자 및 사용자
③ 비상근 근로자 또는 1개월 동안의 소정근로시간이 60시간 미만인 단시간근로자
④ 선거에 의해 취임한 공무원으로 매월 보수 또는 이에 준하는 급료를 받지 않는 자

18 근로자가 노령이나 폐질로 근무능력을 상실하여 소득이 없는 경우나 사망했을 경우에 근로자와 그 가족의 생계를 지원해 주기 위해 일정의 금액을 지급하는 장기적 사회보험제도를 무엇이라 하는가?

정답: ___________________________

19 다음 중 [보기]에서 (   ) 안에 들어갈 국민연금 가입 대상자의 연령을 각각 순서대로 쓰시오.

┤ 보기 ├
국내에 거주하는 (ㄱ)세 이상 (ㄴ)세 미만

정답: ___________________________

20 법정복리후생의 하나로 기업 내 종업원 및 그 가족에게 발생하는 질병의 치료나 사고를 예방하기 위하여 실시되는 강제적 사회보험은 무엇인가? (정답은 한글로)

정답: ___________________________

21 법정복리후생의 하나로 근로자가 실직한 경우에 발생하는 생활의 위협을 방지하고 그들의 생계를 보장하기 위한 제도이다. 실업의 예방, 재취업의 촉진, 잠재인력의 고용촉진, 직업능력개발, 인력 수급의 원활화 등 다양한 목적을 가진 적극적 노동시장 정책을 무엇이라고 하는가? (단, 정답은 한글로 기재할 것)

정답: ___________________________

22 [보기]는 건강보험료의 계산에 관한 내용으로 (   ) 괄호 안에 들어갈 보험료율(%)을 입력하시오. 단위(%)를 제외한 소수점 둘째자리까지 입력하시오.

> **┤ 보기 ├**
>
> 건강보험료에서 말하는 보수 총액은 근로소득 원천징수영수증상의 과세 대상 급여와 국외 근로 부분을 합산한 금액이다.
> 건강보험료율은 (   )%이며, 근로자와 사용자가 50%씩 부담한다.

정답: ________________________________

23 [보기]의 (   )에 들어갈 내용은 무엇인가?

> **┤ 보기 ├**
>
> 직장가입자의 보험료율은 1천분의 (   )의 범위에서 심의위원회의 의결을 거쳐 대통령령으로 정한다.

① 10   ② 50
③ 80   ④ 100

✔ 3.2 복리후생관리

1	2	3	4	5	6	7	8	9	10
②	①	④	④	④	③	①	홀리스틱 복지후생	라이프 사이클	③

11	12	13	14	15	16	17	18	19	20
④	③	②	③	③	②	①	국민연금	18, 60	의료보험, 국민건강보험

21	22	23
고용보험	7.19	③

01 ②
- 법정 복리후생: 사회보장보험(건강보험, 국민연금, 산재보험, 고용보험), 퇴직금, 유급휴식제도 등
- 임의 복리후생: 교육 및 경력개발, 급식, 의료보건, 생활지원시설(기숙사), 문화체육시설 지원 등

02 ① 보너스(상여금), 퇴직금, 복리수행 및 기타수당을 부가적임금이라 한다.

03 ④

①, ②, ③은 사용자이익이다.

근로자	사용자
• 사기가 높아지며, 불만이 감소 • 경영자와의 관계 개선 • 복지에 대한 인식이 깊어짐 • 고용의 안정화, 생활 수준의 향상 • 기업의 경영방침 및 목적에 대한 이해도 향상 • 동기부여를 높이고, 고충을 덜어줌 • 경력개발을 통한 자아실현	• 생산성 향상 • 원가 절감 • 팀워크가 좋아짐 • 인간관계 개선 • 근로자와 건설적인 대화 가능 • 결근, 지각, 사고, 불만 등의 감소 • 기업의 이미지 개선

04 ④ 카페테리아식 복리후생제도는 다양한 개인 욕구를 반영하기 때문에 프로그램의 관리가 어렵다.

장점	단점
• 복리후생비의 사전예측 가능 • 종업원의 욕구반영으로 동기부여 가능 • 우수인재 확보와 유지, 노조 영향력 감소 • 개인의 가치관과 생애주기에 따른 자율적이고 합리적인 복지항목 선택가능 • 각 복리후생 항목에 대해 합리적인 예산분배가 가능	• 특정 프로그램만을 선호할 수 있음 • 각 개인이 이용할 수 있는 복리후생비 총액수준 결정이 어려움 • 신청자가 적은 복리후생제도는 비용이 과다 발생가능 • 근로자가 선택을 잘못할 경우 복리후생 효과 감소 • 프로그램의 관리가 복잡하고 운용비용이 증가

05 ④ 카페테리아식 복리후생: 기업으로부터 일방적으로 제공되는 표준적 복리후생과 달리 개인요구에 가장 적합한 복지항목과 수혜기준을 근로자들이 자유롭게 선택하는 복리후생제도이다.

06 ③ 카페테리아식 복리후생은 개인욕구를 반영하므로 비교적 프로그램의 관리가 복잡하고 운영개별근로자를 상대로 하므로 운영비용이 많이 든다.

07 ①

- 선택적 복리후생제도: 종업원들은 개인적인 욕구와 선호를 가지고 있다는 데에 이론적 근거를 둔 복리후 생제도
- 라이프사이클 복리후생제도: 근로자의 초기 직장생활에서 정년퇴직할 때까지 연령에 따라 변하는 생활패턴과 의식 변화를 고려하여 복리후생 프로그램을 달리 제공하는 복리후생제도
- 카페테리아식 복리후생제도: 기업으로부터 일방적으로 제공되는 표준적 복리후생과 달리 개인요구에 가장 적합한 복지항목과 수혜기준을 근로자들이 자유롭게 선택하는 복리후생제도

08 홀리스틱 복지후생

09 라이프사이클

10 ③

[복리후생 설계의 원칙]
- 종업원 욕구 충족의 원칙
- 종업원 다수 혜택의 원칙
- 종업원 주도 참여의 원칙
- 기업의 지불 능력 원칙

11 ④ 근로자 생계비지불의 원칙은 복리후생의 합리적인 설계 및 운영을 위한 일반원칙이 아니다.

12 ③ 사회복지는 국가 및 지방자치단체가 주체가 되어 국민, 근로자 전체를 대상으로 하는 복지이다.

13 ② 4대 사회보험에는 국민연금, 국민건강보험, 고용보험, 산업재해보상보험이 있다.

14 ③ 고용보험(실업급여 보험료 제외)과 산업재해보상보험 보험료는 사업주가 전액 부담한다.

15 ③ 국민연금관리공단은 국민의 복지증진을 위하여 노령·폐질·사망 등으로 인한 소득의 상실 및 중단시에 연금급여제도를 실시하는 보건복지부 산하의 특수법인이다.

16 ② 고용보험사업: 실업급여사업, 직업능력개발사업, 고용안정사업이 있다.

17 ①

② 소재지가 일정하지 않은 사업장의 근로자 및 사용자: 대상제외자
③ 비상근 근로자 또는 1개월 동안의 소정근로시간이 60시간 미만인 단시간근로자: 대상제외자
④ 선거에 의해 취임한 공무원으로 매월 보수 또는 이에 준하는 급료를 받지 않는 자: 대상제외자

18 국민연금
국민연금의 보험요율은 9.5%이며, 사업주와 근로자가 각각 4.75%씩 부담하게 된다.

19 국민연금 가입 대상자의 연령: 국내에 거주하는 18세 이상, 60세 미만

20 건강보험(의료보험)

21 고용보험

22 7.19(%)
건강보험료의 보험요율은 7.19% 이며, 사업주와 근로자가 각각 3.8%씩 부담하게 된다.

23 ③ 직장가입자의 건강보험요율은 1천분의 80의 범위내에서 심의위원회 의결을 거쳐 대통령령으로 정한다.

03 소득세의 이해

3.1 소득세의 개요

소득세는 개인이 얻은 소득에 대하여 부과하는 조세이다. 우리나라의 소득세 특징은 다음과 같다.

특 징	내 용
국세	과세권자가 국가
직접세	납세의무자와 담세자가 일치
보통세	일반적인 재정수요를 위하여 부과되는 조세
종가세	과세대상의 가액을 과세표준
소득원천설	일정한 수입원천에서 계속 반복적으로 발생하는 소득에 대해서만 과세하고 일시적이고, 우발적인 소득은 그 원천을 알 수 없기 때문에 과세하지 않겠다는 학설로 법령에 열거된 소득만 과세한다. 단, 예외적으로 이자소득과 배당소득은 유사한 소득을 과세하는 유형별 포괄주의를 채택하고 있다.
과세방법	**종합과세** 이자소득, 배당소득, 사업소득, 근로소득, 연금소득, 기타소득을 합산하여 과세한다.
	분류과세 장기간에 걸쳐 발생하는 퇴직소득 또는 양도소득은 다른 소득과 합산하지 않고 별도로 과세한다.
	분리과세 특정 소득에 대해서는 원천징수로 납세의무를 종결(예외)되는 과세제도이다. 2,000만원 이하의 금융소득(이자소득 및 배당소득), 일용근로소득, 복권당첨소득 등이 있다.
개인단위과세	부부나 가족의 소득을 합산하여 과세하지 않고 개인단위로 과세한다.
인적공제	개인소득에 대해 부과하여 부양가족에 따른 개인별 부담능력이 다르므로 이를 고려하여 소득에 대한 인적공제 제도를 채택하고 있다.
누진과세	소득재분배기능을 위해 6%~45% 8단계 초과누진세율을 채택하고 있다.
신고납세주의	납세의무자가 과세표준 확정신고를 함으로써 소득세 납세의무가 확정된다.

(1) 납세의무자

구 분	개 념	납세의무의 범위
거주자	국내에 주소를 두거나 183일 이상의 거소를 둔 개인	국내·외 원천소득
비거주자	거주자가 아닌 개인	국내원천소득

(2) 과세기간 및 납세지

구 분		내 용
과세기간	원칙	1월 1일 ~ 12월 31일
	예외	거주자가 사망한 경우: 1월 1일 ~ 사망일
		거주자가 출국하여 비거주자가 되는 경우: 1월 1일 ~ 출국일
납 세 지	거주자	주소지(주소지가 없는 경우에는 그 거소지)
	비거주자	국내사업장의 소재지 (국내사업장이 둘 이상 있는 경우에는 주된 국내사업장의 소재지로 하고, 국내사업장이 없는 경우에는 국내원천소득이 발생하는 장소)

(3) 신고납부

구 분	내 용
중간예납	과세기간 중 1월부터 6월분에 해당되는 소득세의 일부를 미리 납부
확정신고 납부기한	해당연도의 다음연도 5월 1일부터 5월 31일까지 과세표준 확정신고 납부를 하여야 한다.(단, 납세자 사망 시 소득세의 확정신고 기한은 상속개시일이 속하는 달의 말일부터 6개월이 되는 날이다.)

(4) 종합소득세산출세액의 계산

종합소득산출세액은 종합소득과세표준에 세율(6%~45%, 8단계 누진세율)을 적용하여 계산한다.

과세표준	세 율	누진공제
1,400만원 이하	6%	
1,400만원 초과 ~ 5,000만원 이하	15%	1,260,000원
5,000만원 초과 ~ 8,800만원 이하	24%	5,760,000원
8,800만원 초과 ~ 1억 5천만원 이하	35%	15,440,000원
1억5천만원 초과 ~ 3억원 이하	38%	19,940,000원
3억원 초과 ~ 5억원 이하	40%	25,940,000원
5억원 초과 ~ 10억원 이하	42%	35,940,000원
10억원 초과	45%	65,940,000원

 **3.2 근로소득**

(1) 근로소득

소득세법에 의하면 봉급·급료·임금·세비·연금·상여·퇴직급부 및 이러한 성질을 갖는 급여소득에서 필요경비공제 또는 특별공제를 차감한 금액에 세율을 적용하여 소득세를 원천징수하게 되어 있는데, 이러한 소득세 징수 후의 소득이 실질적인 근로소득인 것이다.

근로소득의 범위
① 근로를 제공함으로써 받는 봉급·급료·보수·세비·임금·상여·수당과 이와 유사한 성질의 급여
② 법인의 주주총회·사원총회 또는 이에 준하는 의결기관의 결의에 따라 상여로 받는 소득
③ 법인세법에 따라 상여로 처분된 금액
④ 퇴직함으로써 받는 소득으로서 퇴직소득에 속하지 아니하는 소득
⑤ 종업원 등 또는 대학의 교직원이 받는 직무발명보상금

(2) 비과세 근로소득

구 분	내 용
식대	월 20만원 이내의 금액(별도의 식사를 제공받지 않는 경우)
자가운전보조금	월 20만원 이내의 금액으로 근로자 본인 소유 차량 및 본인 명의(타인 명의 불가, 배우자 공동명의 가능)로 임차한 차량을 업무상 활용하여야 하며, 시내출장비 등 여비교통비를 별도로 받지 않는 경우 비과세 적용
보육수당	6세 이하(과세기간 개시일 기준) 자녀보육과 관련하여 지급하는 자녀 1인당 월 20만원 이내의 금액
출산지원금	지급규정이 있는 기업이 근로자 본인 또는 배우자의 출산과 관련해 출생일 이후 2년 이내에 지급한 출산지원금(2회 이내)은 한도 없이 전액 비과세
연장근로수당	월정급여 260만원, 직전년도 총급여 3,700만원 이하인 생산직근로자가 받는 야간·연장근로 수당 등(연 240만원)
국외근로소득	국외에 주재하며 근로를 제공하고 받는 보수 월 100만원 (외항 선박·국외 건설현장: 월 500만원)
직무발명보상금	종업원, 교직원, 학생에게 지급하는 직무발명보상금(연 700만원)
일·숙직비	회사 지급규정에 의하여 지급되는 실비변상 정도의 금액(출장여비 포함)
연구보조비 (연구활동비)	월 20만원 이내의 금액(관련 법령에 의거하여 연구활동에 직접 종사하는 자)

3.3 근로소득 연말정산 계산구조

```
  급  여  총  액
−  근 로 소 득 공 제
  근 로 소 득 금 액
−  종 합 소 득 공 제   인적공제(기본공제), 추가공제, 특별소득공제
=  과  세  표  준
×  세        율   : 6% ~ 45%(8단계 누진세율)
=  산  출  세  액
−  세액공제 및 감면   : 근로소득세액공제, 자녀세액공제, 연금계좌세액공제, 특별세액공제 등
  결  정  세  액
+  가  산  세
  총 결 정 세 액
−  기 납 부 세 액   : 중간예납세액, 원천징수세액, 예정고납부세액, 수시부과세액
=  원 천 징 수 할 세 액
```

(1) 근로소득금액의 계산

1) 일반근로자

근로소득금액 = 총급여액 - 근로소득공제(2,000만원 한도)

총급여액	공제금액
500만원 이하	총급여액 × 70%
500만원 초과 1,500만원 이하	350만원 + (총급여액 - 500만원) × 40%
1,500만원 초과 4,500만원 이하	750만원 + (총급여액 - 1,500만원) × 15%
4,500만원 초과 1억원 이하	1,200만원 + (총급여액 - 4,500만원) × 5%
1억원 초과	1,475만원 + (총급여액 - 1억원) × 2%

2) 일용근로자

총급여액에서 1일 15만원을 공제한다.

원천징수세액 = (일급여액 - 150,000원) × 6% × (1 - 55%) × 근로일수

개념 익히기

● 일당이 190,000원인 일용직 사원의 소득세(지방소득세 제외) 원천징수액 계산

[원천징수세액 = (일급여액 - 150,000원) × 6% - 근로소득세액공제(산출세액 × 55%)]

- 190,000원 - 150,000원(비과세) = 40,000원(과세표준)
- 40,000원 × 6% = 2,400원(산출세액)
- 2,400원 × 55% = 1,320원(세액공제)
- 2,400원 - 1,320원 = 1,080원(원천징수할 소득세)

(2) 소득공제

<table>
<thead>
<tr><th colspan="2" rowspan="2">구 분</th><th colspan="2">공제 요건</th><th rowspan="2">공제금액</th></tr>
<tr><th>소득 요건</th><th>나이 요건</th></tr>
</thead>
<tbody>
<tr><td rowspan="15">인적공제</td><td colspan="2">본인</td><td>×</td><td>×</td><td rowspan="7">1명당
150만원</td></tr>
<tr><td colspan="2">배우자</td><td>○</td><td>×</td></tr>
<tr><td rowspan="5">부양가족</td><td>직계존속</td><td>○</td><td>만 60세 이상</td></tr>
<tr><td>형제자매</td><td>○</td><td>만 20세 이하
만 60세 이상</td></tr>
<tr><td>직계비속</td><td>○</td><td>만 20세 이하</td></tr>
<tr><td>위탁아동</td><td>○</td><td>만 18세 미만</td></tr>
<tr><td>수급자 등</td><td>○</td><td>×</td></tr>
<tr><td colspan="5">※ 연간 소득금액 합계액이 100만원(근로소득만 있는 자는 총급여액 500만원)이하</td></tr>
<tr><td rowspan="4">추가공제</td><td colspan="2">경로우대</td><td colspan="2">기본공제대상자 중 만 70세 이상</td><td>1명당 100만원</td></tr>
<tr><td colspan="2">장애인</td><td colspan="2">기본공제대상자 중 장애인</td><td>1명당 200만원</td></tr>
<tr><td colspan="2">부녀자</td><td colspan="2">근로소득금액이 3천만원 이하인 근로자가 다음 어느 하나에 해당하는 경우
• 배우자가 있는 여성
• 배우자가 없는 여성으로서 기본공제대상 부양가족이 있는 세대주</td><td>50만원</td></tr>
<tr><td colspan="2">한부모</td><td colspan="2">배우자가 없는 사람으로서 기본공제대상인 직계비속 또는 입양자가 있는 경우(부녀자 공제와 중복적용 배제: 한부모 공제를 우선 적용)</td><td>100만원</td></tr>
</tbody>
</table>

<table>
<tbody>
<tr><td colspan="2">연금보험료공제</td><td>근로자 본인의 국민연금보험료, 공무원연금법 등(공적연금관련법)에 따라 부담한 부담금·기여금</td><td>전액</td></tr>
<tr><td rowspan="2">특별소득공제</td><td>보험료공제</td><td>건강보험료·장기요양보험료·고용보험료
(본인 부담분)</td><td>전액</td></tr>
<tr><td>신용카드 등 소득공제</td><td>신용카드 등 사용금액이 총급여액의 25%를 초과한 사용액(중고차 구입금액의 10% 포함)
• 신용카드: 15%
• 체크. 직불, 현금영수증. 제로페이: 30%
• 문화체육(총급여 7천만원 이하): 30%
• 전통시장 및 대중교통: 40%
(자녀(손자녀)수에 따른 공제한도 확대 적용)</td><td>300만원(총급여 7천만원 초과시 250만원)과 총급여 20% 중 적은 금액 한도</td></tr>
</tbody>
</table>

(3) 세액공제

구 분	공제대상		세액공제액
근로소득 세액공제	근로소득이 있는 거주자	130만원 이하	근로소득 산출세액 × 55%
		130만원 초과	715,000원 + 130만원 초과금액의 30%
혼인 세액공제	거주자가 혼인신고를 한 경우 생애 1회(초혼 & 재혼 무관)		50만원 (혼인신고를 한 해당 연도)
자녀 세액공제	기본공제대상자에 해당 하는 자녀 및 손자녀 (입양자 및 위탁아동 포함) 가 있는 경우 8세 이상	1명인 경우	25만원
		2명인 경우	55만원
		3명 이상인 경우	55만원 + 2명 초과 1명당 40만원
	출산 · 입양		첫째 30만원, 둘째 50만원, 셋째부터는 1인당 70만원
연금계좌 세액공제	종합소득이 있는 거주자가 연금계좌에 납입한 금액		Min(①, ②)×12% 또는 15% ① Min(연금저축계좌 납입액, 연 600만원) 　+ 퇴직연금계좌 납입액 ② 한도: 연 900만원
월세 세액공제	총급여액 8,000만원 이하(종합소득금액 7,000만원 초과하는 경우 제외)인 무주택 세대주(근로자) 혹은 세대주의 배우자가 국민주택규모 이하의 주택(고시원 및 오피 스텔 포함) 또는 기준시가 4억원 이하의 주택을 임차하고 지급한 월세액		• 공제가능액: 월세 지급액 × 공제율 　(연 1,000만원 한도) • 총급여 5,500만원(종합소득금액 4,500만원) 　이하: 공제율 17% • 총급여 5,500만원 초과 8,000만원 이하: 　공제율 15%(종합소득금액 4,500만원 초과 　7,000만원 이하)

구 분		공제대상	세액 공제율	세액공제 한도
특별세액공제	보험료 세액공제 (나이○, 소득○)	보장성보험(생명보험, 상해보험 등)	12%	연 100만원
		장애인전용보험	15%	
	의료비 세액공제 (나이×, 소득×)	총급여액의 3% 초과액 공제대상		전액
		난임시술비	30%	
		미숙아·선천성 이상아	20%	
		본인, 65세 이상자, 장애인 등	15%	
		그 외 부양가족		연 700만원
	교육비 세액공제 (나이×, 소득×) (직계존속×)	취학 전 아동, 초·중·고생	15%	1명 연 300만원
		대학생		1명 연 900만원
		본인(대학원까지), 장애인특수교육비(직계존속포함)		전액
	기부금 세액공제 (나이×, 소득○)	정치자금기부금	100/110	10만원 이하
			15%	10만원 초과
			30%	1천만원 초과
			40%	3천만원 초과
		특례기부금	15% 30% 40%	1천만원 이하 1천만원 초과 3천만원 초과
		고향사랑기부금 (주소지 이외의 지자체에 본인지출) 10만원 이하는 100/110 세액공제 (10만원 초과 20만원까지 40% 적용)		
		우리사주조합기부금		
		지정기부금(종교단체 외)		
		지정기부금(종교단체)		

3.4 원천징수와 연말정산

(1) 원천징수와 연말정산

구 분	내 용
원천징수	• 소득자에게 소득을 지급하는 자(원천징수의무자)가 상대방(원천납세의무자)이 내야 할 세금을 국가에 대신하여 징수하고 납부하는 조세 징수 방법 • 원천징수에 의해 납세의무가 종결되는 완납적 원천징수가 있는데, 완납적 원천징수 대상 소득에는 현행 소득세법상 분리과세 이자소득, 분리과세 배당소득이 속함 • 완납적 원천징수를 제외한 원천징수는 모두 예납적 원천징수라 함
연말정산	매월 급여지급 시 원천징수한 근로소득세 합계액과 과세기간(1월 1일~12월 31일) 동안의 근로소득을 종합해서 산출한 근로소득세를 대조하여 과부족을 정산하는 절차

(2) 연말정산 제출서류

구 분	내 용
연말정산 시 근로자 제출서류 (다음 연도 2월 말까지 제출)	① 소득 · 세액공제신고서 ② 공제 증명자료(연말정산간소화서비스 제공 자료, 기타 영수증) ③ 기부금명세서 ④ 의료비지급명세서 ⑤ 신용카드 등 소득공제 신청서
연말정산 완료 후 제출서류 (다음 연도 3월 10일까지 제출)	① 원천징수이행상황신고서 ② 근로소득지급명세서

개념 익히기

근로소득 간이세액표

원천징수의무자가 근로자에게 매월 급여를 지급하는 때에 원천징수해야 하는 세액을 급여 수준 및 기본공제대상 가족 수별로 정한 표를 의미한다.
(근로소득 간이세액표 "예시")

월급여액(천원)		공제대상가족의 수				
이상	미만	1	2	3	4	5
2,050	2,060	21,130원	15,780원	7,590원	4,210원	-
2,060	2,070	21,450원	15,990원	7,790원	4,410원	1,040원
2,070	2,080	21,770원	16,190원	7,990원	4,410원	1,240원

✓ 월급여액은 비과세 및 학자금을 제외한 금액이다.

개념 익히기

🔵 근로소득자의 연말정산

- 일반근로자의 경우 급여지급시 간이세액표에 따라 소득세를 원천징수하고 다음 연도 2월분 급여지급 시 연말정산을 통해 기납부세액과 결정세액을 비교하여 환급 받거나 추가 납부하게 된다.
- 근로소득 이외에 다른 종합소득이 있을 경우 종합소득금액에 합산하여 과세표준 확정신고 시 다른 소득과 함께 다음 연도 5월에 확정신고를 하여야 한다.
- 근로자의 고의, 과실 또는 어떤 이유로 사실과 다른 연말정산을 한 경우 다음 연도 5월에 종합소득세 확정신고를 하여야 한다.
- 두 곳 이상의 근무처로부터 급여를 받는 경우 주된 근무지와 종된 근무지를 정하여 주된 근무지 원천징수의무자에게 근로소득 관련 자료를 제출하여야 한다.
- 중도 입사자의 경우 전근무지의 근로소득을 현근무지 근로소득에 합산하여야 한다.
- 일용근로자는 원천징수만으로 납세의무가 종결되는 완납적 원천징수(분리과세) 대상이므로, 별도 연말정산을 하지 않는다.

🔵 원천징수 신고·납부(원천징수이행상황신고서 제출)

- 원칙: 원천징수한 달의 다음달 10일까지 신고납부
- 반기별 신고·납부: 상시고용인원 20인 이하인 경우에는 반기(01월~06월, 07월~12월)별로 신고납부 가능

🔵 지급명세서

원천징수 의무자와 소득자의 인적사항과 소득금액(이자소득, 배당소득, 근로소득, 사업소득, 연금소득, 퇴직소득, 양도소득), 소득금액의 지급시기 등을 기재하여 국세청에 제출하는 서류이며, 소득 유형별로 제출 시기와 방법은 상이하다.

일반적인 경우	다음 해 2월 말일까지
근로소득, 연금소득, 퇴직소득, 원천징수대상 사업소득	다음 해 3월 10일까지
일용근로소득	지급일의 다음 달 말일까지
폐업	폐업일이 속하는 달의 다음 달 말일까지

3.3 소득세의 이해

01 다음 중 근로소득의 범위로 적합하지 않은 것은?

① 연 또는 월 단위로 받는 여비
② 종업원이 출·퇴근을 위하여 차량을 제공받는 경우의 운임
③ 업무를 위해 사용된 것이 분명하지 않은 기밀비와 판공비
④ 종업원에게 지급하는 위로금과 학자금

02 다음의 소득세 과세방법 설명 중 [보기]의 (   ) 안에 들어갈 적합한 용어는?

┤ 보기 ├

(   ): 납세자의 이자소득, 배당소득, 사업소득, 근로소득, 연금소득, 기타소득의 6가지
소득을 합산하여 과세한다.

정답: ___________________________

03 다음 [보기]의 (   ) 안에 적절한 단어를 한글로 쓰시오.

┤ 보기 ├

(   )란/이란 소득 또는 수입금액을 지급하는 자가 그 금액을 지급할 때, 상대방이
내야 할 세금을 국가를 대신하여 징수하고 납부하는 조세징수방법

정답: ___________________________

04 다음 [보기]의 (   ) 안에 적절한 용어를 쓰시오. (정답은 한글로 쓰시오)

┤ 보기 ├

(   )은/는 원천징수의무자가 근로자에게 지급한 1년간의 총급여액에 대한 근로소득세
액을 종합과세의 방법으로 세액을 정확하게 계산하여 확정한 후 매월 급여를 지급할 때 원천
징수하여 납부한 세액과 비교한 후 과부족을 정산하는 절차로 법정기한은 다음연도 2월분
급여지급 시에 한다.

정답: ___________________________

05 다음 중 연말정산시 근로자 제출서류로 적합하지 않은 것은?

① 기부금명세서   ② 의료비지급명세서

③ 신용카드소득공제신청서   ④ 원천징수이행상황신고서

06 다음 중 근로소득의 연말정산 시 인적공제–추가공제(기본공제대상자)의 요건과 공제금액이 바르지 못한 것은?

① 경로우대(70세 이상) - 100만원   ② 장애인(기본공제 대상자) - 200만원

③ 부녀자(부양/기혼) - 100만원   ④ 한부모 – 100만원

07 다음 [보기]의 (　　) 안에 들어갈 금액은 얼마인가? (정답은 숫자로)

┤ 보기 ├

신제품 개발을 위한 프로모션 행사진행을 위한 일용직 사원의 일당 190,000원을 현금으로 지급하는 경우 당사가 원천징수하여야 할 소득세는 (　　　　)원이다.(단, 지방소득세는 포함하지 않는다)

정답: ________________________

08 다음 [보기]의 (　　) 안에 들어갈 용어는? (정답은 한글로)

┤ 보기 ├

(　　　　)은/는 근로소득, 퇴직소득 등 소득을 지급하면서 원천징수의무자가 징수한 소득세를 모아 국가에 납부하기 위하여 작성하는 서식으로, 원천징수 월이 속하는 달의 다음달 10일, 공휴일인 경우 그 다음날까지 제출한다. 해당 관할 세무서에 알릴 의무가 있으므로 납부 세액에 상관없이 무조건 제출하도록 규정되어 있고, 납부 신고가 성실하지 못한 경우 가산세가 적용된다.

정답: ________________________

09 근로소득의 연말정산과 관련하여 인적공제의 추가공제에 해당하지 않는 항목은?

① 부녀자 공제   ② 장애인 공제

③ 위탁아동 공제   ④ 경로우대자 공제

10 연말정산에 대한 설명으로 적절하지 않는 것은?

① 연말정산 월별 납부자의 신고·납부기한은 다음 해 2월 10일이다.

② 연말정산 반기별 납부자의 신고·납부기한은 다음 해 7월 10일이다.

③ 2개 이상의 근로소득이 있는 경우 종된 근무지의 원천징수영수증을 주된 근무지의 원천징수 의무자에게 제출하여 연말정산한다.

④ 중도입사자의 연말정산은 전근무지의 근로소득 원천징수영수증을 발급받아 해당 연도 근로소득에 합산하여 연말정산한다.

11 비과세 근로소득에 대한 설명으로 올바른 것은?

① 월 30만원 한도의 자가운전보조금

② 직무발명 보상금으로서 700만원 이하의 보상금

③ 직전 연도 총급여액이 3,700만원 이하로서 월정액 급여가 260만원 이하인 사무직 근로자가 받는 연장근로수당

④ 근로자 또는 그 배우자의 출산이나 10세 이하 자녀의 보육과 관련하여 지급받는 자녀 1인당 월 20만원의 금액

12 연말정산에 관한 설명 중 적절하지 않은 것은?

① 연말정산 시기는 다음 해 3월 10일이다.

② 연말정산 반기별 납부자의 신고·납부 기한은 다음 해 7월 10일이다.

③ 중도 입사자는 전근무지의 근로소득 원청징수영수증을 발급받아 해당 연도 근로소득에 합산하여 연말정산 한다.

④ 2개 이상의 근로소득이 있는 경우에는 종된 근무지의 원천징수 영수증을 주된 근무지의 원천징수 의무자에게 제출한다.

13 종합소득 기본 세율을 적용하였을 때, 종합소득 10억원 초과가 될 경우 기본세율은 몇 % 인가?

정답: ________________________________

3.3 소득세의 이해

1	2	3	4	5	6	7	8	9	10
②	종합과세	원천징수	연말정산	④	③	1,080	원천징수 이행상황 신고서	③	①
11	12	13	14	15	16	17	18	19	20
②	①	45							

01 ② 종업원이 출·퇴근을 위하여 차량을 제공받는 경우의 운임은 비과세 대상이다.

02 종합과세는 이자소득, 배당소득, 사업소득, 근로소득, 연금소득, 기타소득을 합산하여 과세한다.

03 원천징수는 소득자에게 소득을 지급하는 자(원천징수의무자)가 상대방(원천납세의무자)이 내야 할 세금을 국가에 대신하여 징수하고 납부하는 조세 징수 방법이다.

04 연말정산은 매월 급여지급 시 원천징수한 근로소득세 합계액과 과세기간(1월 1일~12월 31일) 동안의 근로소득을 종합해서 산출한 근로소득세를 대조하여 과부족을 정산하는 절차를 말한다.

05 ④ 원천징수이행상황신고서는 소득을 지급하는 자가 세금을 미리 징수하여 납부할 때 작성하는 서류이다.

06 ③ 부녀자(부양/기혼) 공제액은 50만원이다.

07 1,080(원)
[원천징수할 소득세]
- 190,000원 – 150,000원(비과세) = 40,000원(과세표준)
- 40,000원 × 6% = 2,400원(산출세액)
- 2,400원 × 55% = 1,320원(세액공제)
- 2,400원 – 1,320원 = 1,080원(원천징수할 소득세)

08 원천징수이행상황신고서

09 ③ 위탁아동공제는 인적공제 중 기본공제에 해당한다.
- 기본공제: 본인, 배우자, 부양가족(직계존속, 형제자매, 직계비속, 위탁아동, 수급자 등)
- 추가공제: 경로우대, 장애인, 부녀자, 한부모

10 ① 매월 급여 지급 시 근로소득 간이세액표에 의해 원천징수하고 다음해 2월말 까지 연말정산하여 3월 10일까지 근로소득지급명세서 및 원천징수이행상황신고서를 제출한다.(반기납부자는 7월 10일까지)

11 ② 종업원, 교직원, 학생에게 지급되는 직무발명보상금은 연 700만원까지 비과세 적용된다.
- 자가운전보조금: 월 20만원 이내 비과세(본인소유 차량을 회사업무에 이용하고 별도 비용을 받지 않는 경우)
- 연장근로수당: 연 240만원 이내 비과세(월정 급여 260만원, 직전년도 총급여 3,700만원 이하인 생산직근로자가 받는 연장·야간·휴일근로 수당)
- 보육수당: 6세 이하의 자녀보육과 관련하여 지급받는 금액 자녀 1인당 월 20만원 이내의 금액

12 ① 매월 급여 지급 시 근로소득 간이세액표에 의해 원천징수하고 다음해 2월말 까지 연말정산하여 3월 10일까지 근로소득지급명세서 및 원천징수이행상황신고서를 제출한다.(반기납부자는 7월 10일까지)

13 45(%)

노사관리(인적자원의 유지)

01 근로시간 관리
02 노사관계론

01 근로시간 관리

1.1 근로시간

근로시간이란 근로자가 고용주와의 계약에 따라 노동력을 제공하는 시간을 말한다. 근로시간은 근로조건의 가장 중요한 요인 중의 하나이고, 근로자에게 노동의 재생산성을 유지하고 근로의 기본적 생활을 보장하기 위하여 제한이 필요하다.

(1) 근로시간제의 유형

구 분	내 용		
직무공유제	수평적 분할의 방법으로서 하나의 정규 업무를 둘 이상의 파트타임 업무로 전환시키는 직무설계방법		
	장점		**단점**
	• 고용유지 및 창출 • 여가시간 증대로 인한 근로생활의 질 향상 • 종업원 간 지식·경험의 공유를 통한 직무성과 향상		• 근무시간 감소로 인한 소득 저하로 노동력 이탈 발생가능성 존재 • 직무 태만으로 인한 성과저하 • 임금 외 복리후생비 등의 비용 증가
탄력근무시간제	일정한 기간 내에서 어느 주 또는 어느 날의 근로시간을 탄력적으로 배치하여 운용하는 근로시간제 일정한 기간을 단위로 총근로시간이 기준 근로시간 이내인 경우, 그 기간 내 어느 주 또는 어느 날의 근로시간이 기준 근로시간을 초과하더라도 연장근로가 되지 않음		
	장점		**단점**
	• 노동력 확보용이 • 불필요한 근무시간의 삭감으로 인한 인건비 감소		• 시간외근무 수당을 줄이려는 수단으로 악용될 소지가 있음
선택적 근로시간제 (자율출퇴근시간제)	1개월 이내의 정산기간을 평균으로 1주 평균 근로시간이 주 40시간을 초과하지 않는 범위 내에서 종업원이 자율적으로 1일 또는 1주 근무시간을 자유롭게 조정하는 직무설계방법		
	장점		**단점**
	• 종업원의 사기증진 • 불필요한 근무시간의 삭감으로 인한 인건비 감소		• 법정근로시간 미달 시 성과저하 가능성

구 분	내 용
간주 근로시간제	사용자가 종업원에게 본인의 근로시간 관리를 위임해주는 제도
재량근로시간제	업무의 성질상 업무수행 방법을 근로자 재량에 맡길 필요가 있는 경우 사용자가 근로자 대표와 서면합의로 정한 시간을 근로한 것으로 인정하는 제도
교대근무제	근로자들을 2개 이상의 조로 편성하여 각 조가 교대로 근무하는 형태

(2) 근로유형의 최근 동향

구 분	내 용
집중근무제	근무시간 중 일정 시간대를 정하고, 이 시간에는 급박한 경우가 아닌 이상 전화를 받거나 걸지 않고, 회의 소집 및 업무지시도 하지 않는 등 업무흐름을 극대화할 수 있는 근무 형태
24시간 선택적 근무제	근로자가 하루 24시간 중 어느 때나 근무시간을 선택하여 근무할 수 있도록 하는 근무 형태
원격(재택)근무제	장소에 구애받지 않고 사무실과 떨어진 곳에서 업무를 수행하므로 재택근무제 등을 활용하여 시간, 공간의 효율성을 높이는 근무 형태
파트타임제	정규 근로시간 보다 짧은 시간을 정하여 몇 시간 동안만 일하는 근무 형태
비정규직	근로시간, 고용의 지속성 등에서 보장을 받지 못하는 고용형태

개념 익히기

● 4/40 스케줄 근무

주당 근무일수(4일 40시간)를 줄이는 대신 근로자들이 추가 휴일을 하루 더 가질 수 있도록 선택권을 주는 근무방식으로 집중근무제로 불리어지기도 한다.

장점	단점
• 가정과 직장이 멀리 떨어져 있는 경우 종업원에게 매우 유리함 • 근로자는 워라벨을 실현시킬 수 있음 • 근무시간의 시작과 종료가 관련 종업원에게 동일하여 적용되기 때문에 직무들이 상호관련성이 높은 경우 높은 협동업무진행의 효율성이 높음	• 교대근무제가 없는 작업자의 경우 장비&설비의 활용도가 낮음 • 고객에 대한 서비스 기간이 주당 5일에서 4일로 줄어들 경우 고객의 불만을 야기시킬 수 있음 • 1일 10시간 혹은 그 이상의 근무로 인한 저녁 시간의 단축으로 불만 요인이 될 수 있음

4.1 근로시간 관리

01 다음 근로유형에 대한 특징으로 적절하게 연결되지 않은 것은?

① 원격근무제: 재택근무제 등을 활용하여 시간, 공간의 효율성을 높임

② 교대근무제: 근무시간 중 일정 시간대를 정하여 그 시간에는 업무에 몰입하게 하는 제도

③ 선택적 근로시간제: 의무시간대 외에는 자유 출퇴근을 할 수 있도록 하는 제도

④ 파트타임제: 정규 취업시간보다 짧은 시간을 정하여 몇 시간 동안만 일하는 방식

02 다음 중 교대근무제에 대한 설명으로 적합한 것은?

① 1일 근로시간을 정규직 근로자와 달리 4~7시간 정도 일하며 임금은 직무에 따른 시간급을 지급한다.

② 회사가 1일 근무시간을 두 개 이상의 시간계열로 구분하고 근로자들을 2개조 이상으로 편성하여 교대로 작업하도록 하는 근로시간제를 말한다.

③ 두 사람 이상의 시간제 근무자가 직무시간 교대를 통해서 일주일 40시간의 근무를 수행하도록 하는 제도를 말한다.

④ 종업원들이 일정한 제약조건 내에서 자유롭게 출퇴근 시간을 정해놓고 근무하는 제도를 말한다.

03 다음 중 재량근로시간제에 대한 설명으로 가장 적합한 것은 무엇인가?

① 사용자가 근로자 본인에게 근로시간의 관리를 위임하는 제도이다.

② 하루의 근로시간대에서 일정의 근로시간을 정하여 특정의 고유 업무에만 집중하도록 하는 근무제도이다.

③ 근로자가 본사나 영업소로 출근하지 않고 현장의 거래처로 직행하여 업무를 수행하고 일이 끝나면 곧바로 귀가하게 하는 등의 근무형태이다.

④ 기업 내의 근로자를 2개조 이상으로 편성하여 1일의 근무시간대를 일정의 시간대계열로 구분하고, 각조가 교대로 작업하는 근로시간제를 말한다.

04 다음 [보기]는 근로기준법 제51조 제1항에 제시된 내용이다. 여기에 알맞은 법적 용어는 무엇인가?

> ┤ 보기 ├
>
> 사용자는 취업규칙(취업규칙에 준하는 것을 포함한다)에서 정하는 바에 따라 2주 이내의 일정한 단위기간을 평균하여 1주간의 근로시간이 제50조 제1항의 근로시간을 초과하지 아니하는 범위에서 특정한 주에 제50조 제1항의 근로시간을, 특정한 날에 제50조 제2항의 근로시간을 초과하여 근로하게 할 수 있다. 다만, 특정한 주의 근로시간은 48시간을 초과할 수 없다.

정답: ______________________________

05 다음 [보기]에서 설명하는 용어는? (정답은 한글로)

> **보기**
>
> 근로기준법에서 노사합의로 일정한 기간 동안 근로해야 할 총 근로시간만 정하고 각 근로일에 있어서의 근로시간과 그 시작 및 종료시각을 근로자의 자유에 맡김으로써, 효율적인 시간 활용을 통해 업무효율을 증대시키고자 하는 제도이다.

정답: ___________________________

06 다음 [보기]에서 설명하는 용어는?

> **보기**
>
> 정보, 시간 및 공간의 효율성을 높이기 위해 이동사무실, 재택근무제 등을 활용하여 개개인에게 부여되는 업무를 수행하는 근무형태를 말한다.

정답: ___________________________

07 [보기] 근로기준법에 따른 휴게시간에 대한 설명이다. (　　)에 들어갈 내용을 숫자로 입력하시오.

> **보기**
>
> • 근로기준법 제54조에 따르면 사용자는 근로시간이 4시간인 경우 30분 이상 휴게시간을 제공해야 한다.
> • 근로시간이 8시간인 경우 (　　　) 시간 이상 휴게시간을 근로시간 도중에 제공해야 한다.

정답: ___________________________

08 근로기준법에 대한 설명으로 적절하지 않은 것은?

① 근로기준법상 '근로'란 정신노동과 육체노동을 의미한다.
② 1일의 근로시간은 휴게시간을 제외하고 8시간을 초과할 수 없다.
③ 사용자는 근로자에게 1주에 평균 1회 이상의 유급휴일을 보장하여야 한다.
④ 사용자는 휴일의 야간 근로시 통상임금의 100분의 50 이상을 가산한 임금을 지급하여야 한다.

 **4.1 근로시간 관리**

1	2	3	4	5	6	7	8		
②	②	①	탄력적 근무시간제	선택적 근로시간제	원격근무제	1	④		

01 ② 근무시간 중 일정 시간대를 정하여 그 시간에는 업무에 몰입하게 하는 제도는 집중근무제도이다.

02 ②

①, ③, ④는 시간적 유연근무제에 대한 내용이다.

03 ① 재량근로시간제는 업무의 성질상 업무수행 방법을 근로자 재량에 맡길 필요가 있는 경우 사용자가 근로자 대표와 서면합의로 정한 시간을 근로한 것으로 인정하는 제도이다.
- 집중근무제: 하루의 근로시간대에서 일정의 근로시간을 정하여 특정의 고유 업무에만 집중하도록 하는 근무형태
- 파견근무제: 근로자가 본사나 영업소로 출근하지 않고 현장의 거래처로 직행하여 업무를 수행하고 일이 끝나면 곧바로 귀가하게 하는 등의 근무형태
- 교대근무제: 기업 내의 근로자를 2개조 이상으로 편성하여 1일의 근무시간대를 일정의 시간대계열로 구분하고, 각 조가 교대로 작업하는 근무형태

04 탄력적 근무시간제

05 선택적 근로시간제

06 원격근무제(원격근로제)

07 1(시간)

08 ④ 사용자는 근로자의 연장근로와 야간근로 또는 휴일근로에 대해서 통상임금의 100분의 50 이상을 가산하여 지급하여야 하며, 8시간을 초과한 휴일근로 또는 휴일의 야간근로는 100분의 100을 가산하여 지급하여야 한다.

02 노사관계론

2.1 노사관계

종업원을 대상으로 노동력을 효율적으로 관리하는 것을 목적으로 하는 인사관리는 두 가지로 나누어진다. 첫째는 그 대상을 개별적으로 인식하는 종업원관계관리(개별적 노사관계)로, 이는 기업이 목적을 달성하기 위하여 필요로 하는 노동력을 채용, 개발, 유지하는 과정에서의 사용자와 종업원의 관계이다. 둘째는 그 대상을 집단적으로 인식하는 노사관계관리(집단적 노사관계)로, 기업과 서로 대립적인 이해관계로 맺어진 집단으로서 노동자 및 노동조합과 사용자와의 관계이다.

개념 익히기

노사관계의 특성(이중성)
- 개별적 노사관계와 집단적 노사관계
- 대립적 관계와 협력적 관계
- 종속적 관계와 대등한 관계
- 경제적 관계와 사회적 관계

노동자가 헌법상의 기본권으로 가지는 세 가지 권리 노동(근로) 3권
- 단결권: 노동자들이 근로 조건 향상을 위하여 노동조합을 조직할 권리
- 단체교섭권: 노동조합을 통해 사용자와 협상할 권리
- 단체행동권: 자신들의 주장을 관철하기 위해 쟁의 행위를 할 수 있는 권리

노사관계의 발전과정
- 전제적 노사관계(착취적) ➔ 온정적 노사관계 ➔ 완화적 노사관계 ➔ 민주적 노사관계

 노동조합

(1) 노동조합의 의의

우리나라 노동조합 및 노동관계조정법 제2조 제4호에서 '노동조합이라 함은 근로자가 주체가 되어 자주적으로 단결하여 근로조건의 유지·개선 기타 근로자의 경제적·사회적 지위의 향상을 도모함을 목적으로 조직하는 단체 또는 그 연합단체를 말한다.'라고 규정하고 있다. 가장 일반적인 이유는 경영층에서 지불하는 임금이나 복리후생 그리고 근로조건과 경영방침이 마음에 들지 않거나 이들을 좀 더 유리한 상태로 돌려놓기 위해 근로자가 노조에 가입한다. 또한 집단 소속감, 경제적 안정감, 자율성과 독립성, 직장환경에 대한 이해와 의사표현, 공정한 인간적 대우, 노조압력과 리더십기회 등이 있다.

(2) 노동조합의 역할

구 분	내 용
단체교섭	임금 및 승급 조건, 노동시간에 대한 사용자와의 교섭
단체협약	노사 간 의견 일치에 대한 협약
노동쟁의	단체교섭이 이루어지지 않았을 경우 사용자에 대한 대항

(3) 노동조합의 기능

구 분	내 용
경제적 기능	노동조합이 노동시장을 배타적으로 독점함으로써 그들의 경제적 지위를 높이려는 기능으로 노조의 가장 주되고 핵심적인 기능
공제적 기능	노동조합이 조합원의 생활을 안정시키기 위하여 착수한 활동 중에서 중요한 것 중의 하나가 공제기능이다. 상호부조를 하기 위하여 준비된 조합기금 중에서 질병, 재해, 노령, 사망, 실업 등으로 일시적이나 영구적으로 노동력을 상실했을 때 조합원의 생활안정을 위해 준비된 조합기금에서 노령자의 부양이나 구직을 위한 여비, 작업도구의 교환비 등을 지불하게 되는 기능
정치적 기능	경제적 기능은 사용자와 단체교섭을 통해서 발휘되는 데 비하여 정치적 기능은 그 상대가 사용자가 아니라 국가나 지방자치단체이다. 노동관계법의 제정과 개정, 세제, 물가정책, 사회보험제도, 임금가이드라인, 기타 복지정책의 개정이나 집행과 관련하여 그들에게 유리하도록 특정 정당을 지지하거나 반대하게 되는 기능

(4) 노동조합의 형태

구 분	내 용
기업별 노동조합	동일한 기업에 종사하는 근로자들로 조직되는 직장별 노동조합의 형태
직업별 노동조합 (1직업 1조합)	특정한 산업 혹은 기업과 무관하게 동일 직업이나 동일 직종에 종사하는 근로자들이 결성하는 노동조합의 형태(역사적으로 가장 오래된 형태)
일반 노동조합	산업이나 직업 및 기업과 무관하게 동일 지역에 있는 기업을 중심으로 조직되는 노동조합의 형태
산업별 노동조합 (1산업 1조합)	일정 산업에 종사하는 근로자들이 특정 기업이나 직종과 무관하게 조직하는 노동조합의 형태

(5) 노동조합의 가입 방법

구 분		내 용
기본적 형태	클로즈드 숍 (closed shop)	조합원 자격이 있는 근로자만 채용하고 일단 채용된 근로자도 조합원의 자격을 상실하면 근로자가 될 수 없도록 하는 제도
	유니언 숍 (union shop)	사용자가 비조합원을 채용할 수 있지만, 채용된 이후 일정기간 내에 피고용자가 자동적으로 노동조합에 가입하게 되는 제도
	오픈 숍 (open shop)	사용자가 조합원이든 비조합원이든 자유롭게 근로자를 채용할 수 있는 제도
변형적 형태	에이전시 숍 (agency shop)	채용된 종업원에 대하여 특정 노동조합의 가입을 강제하지 않지만, 비조합원에 대해서도 조합원들의 조합비에 상당하는 금액을 정기적으로 노동조합에 납입하도록 하는 제도
	메인터넌스 숍 (maintenance shop)	노동조합에 가입된 이후 일정기간 동안은 노동조합원으로서 자격을 유지하여야 한다는 제도
	프리퍼렌셜 숍 (preferential shop)	종업원 채용 시 비조합원보다는 조합원에게 고용상의 혜택을 부여하는 제도
체크오프 제도 (check off system) ((조합비)일괄공제)		사용자가 근로자에게 임금을 지급하기 전에 미리 임금에서 조합비를 공제하여 징수한 후 조합에 일괄적으로 납부하는 제도로 노사 간 협정에 기반하며, 노동조합의 행정편의와 재정안정에 기여하는 효과

참고 노동조합의 가입방법 중 노조의 통제력(지배력)이 가장 높은 형태는 '클로즈드 숍'이다.

2.3 단체교섭과 단체협약

　단체교섭이란 노동자와 사용자 또는 사용자 단체가 근로자의 임금 및 근로시간 등의 근로조건 등에 관한 내용을 평화적 방법에 의해 집단적으로 교섭 및 타협하고, 단체협약의 체결하는 절차를 말한다.

(1) 단체교섭의 유형

구 분	내 용
통일교섭	전국적 혹은 지역적인 산업별 또는 직업별 노동조합 대표와 이에 대응하는 사용자 단체와의 교섭방식
대각선교섭	전국적 또는 지역별 및 산업별 노동조합의 대표와 개별기업의 사용자 대표 사이에 이루어지는 교섭방식
기업별교섭	특정 기업 또는 사업장 단위로 조직된 노동조합의 대표와 기업의 사용자 대표 사이에 이루어지는 교섭방식으로 1사업장 또는 기업을 단위로 1사용자와 1노조가 교섭하는 형태
공동교섭	기업별 노동조합의 단위조합 또는 지부가 산업별의 상부단체와 공동으로 당해기업의 사용자 대표와 이루어지는 교섭방식
집단교섭	복수의 기업별 노동조합이 집단을 구성하여 이에 대응하는 복수기업의 사용자 대표와 집단으로 이루어지는 교섭방식

(2) 단체협약

　단체협약이란 노동조합과 사용자가 임금, 근로자가 기타 사항에 대하여 협의를 보고 이를 협약이란 형태로 서면화한 것이다. 단체협약의 경우 2년을 초과하여 유효기간을 정할 수 없으며, 단체협약의 효력은 다음과 같다.

구 분	내 용
규범적 효력	단체협약 체결 당사자 간이 아닌 근로자와 사용자 간의 근로관계를 구속하는 효력으로 근로자의 대우 및 근로조건(임금, 퇴직금, 상여금, 복리후생, 근로시간, 정년, 재해보상 등)에 대한 강제적 효력을 의미
채무적 효력	협약 당사자의 권리, 의무에 관한 조항을 의미
조직적 효력	제도·기관의 조직과 운영 등에 관한 조항과 같이 집단적 노사관계에 적용되면서도 개별적인 근로관계와 관련된 효력
지역적 구속력	동일 지역의 동종 근로자에 대하여 단체협약의 효력을 확대 적용하는 효력
일반적 구속력	단체협약의 규범적 효력을 확대 적용하는 하나의 공장이나 사업장을 단위로 한 동종의 과반수 노동조합원에 대하여 적용하는 단체협약의 규범적 효력을 나머지 동종의 비조합 근로자에 대해서도 확대 적용하는 사업장 단위의 일반적 구속력

개념 익히기

🔵 **단체협약의 기능**

- 근로조건 개선 기능
- 평화적 기능
- 경영안정 기능

🔵 **고충처리제도**

단체협약의 해석 및 적용과정에서 발생한 종업원의 불평·불만 등의 내용을 해결하기 위한 제도

2.4 노동쟁의

노동쟁의란 노사관계 당사자 간의 임금, 복지후생, 채용 및 해고 등 기타 근로조건에 대하여 노동관계 당사자 간의 의견 불일치로 인한 분쟁상태를 말한다.

(1) 노동쟁의 형태

구 분	내 용
이익분쟁	노사 간의 새로운 권리관계의 창출을 위한 단체교섭 과정에서 상호 간의 주장 불일치로 나타나는 분쟁상태
권리분쟁	노사 간의 단체교섭 결과에 의해 체결된 단체협약의 해석이나 적용 및 이행 여부와 관련하여 상호 간의 주장 불일치로 나타나는 분쟁상태

(2) 노동쟁의 조정제도 유형

구 분	내 용
조정	중립적인 제3자가 협상 과정에서 발생하는 문제를 해결하도록 도움을 주는 형태
중재	노동위원회가 중재위원회를 구성하여 노사 쌍방의 의견을 조율해 결과를 도출하고 확정하는 형태
긴급조정	노동쟁의 행위에 대한 정부의 긴급조치 조정제도이며, 노동부장관이 긴급결정을 결정하면, 중앙노동위원회가 쟁의 행위를 중지시키는 형태

(3) 근로자(노동조합) 측의 노동쟁의

구 분	내 용
파업 (strike)	노동조합의 대표적인 쟁의 행위로 사용자에 대한 근로자의 노동력 제공을 전면적으로 거부하는 행위
태업 (soldiering)	노동조합이 조합원의 노동력을 부분적으로 통제하여 근로자의 작업수행 과정에 작업의 속도를 떨어뜨리거나 작업능률을 떨어뜨리는 행위
보이콧	제품 구매 거절 등의 형태로 나타나는 집단적인 불매운동 행위
피케팅 (picketing)	파업의 효율성을 위하여 파업 피참여자에게 쟁의 행위에 참여할 것을 호소하는 일련의 행위
생산통제 (생산관리)	기업의 경영사정이 크게 어렵고 노사관계가 불안정된 상태에서 발생할 수 있는 쟁의 행위로, 기업의 생산시설을 점유하는 방법 등으로 생산활동을 통제하는 행위
준법투쟁	근로기준법 등 노동관계법 규정을 엄격히 준수하면서 잔업이나 휴일근무 등을 거부하여 기업의 정상화를 힘들게 하는 행위

(4) 사용자 측의 노동쟁의

구 분	내 용
직장폐쇄 (Lockout)	쟁의 중인 사업장에 대하여 생산시설의 폐쇄를 통하여 근로자의 출입 차단과 함께 근로자의 노동력 제공을 집단적으로 거부하는 행위
조업계속 (대체고용)	사용자가 노동조합 측의 쟁의 행위에 참여하지 않는 근로자 중 희망근로자와 관리자 등을 동원하여 조업을 계속하는 행위

2.5 부당 노동행위

사용자가 노동조합의 정당한 권리를 침해하거나, 노동조합이 사용자의 정당한 권리를 침해할 수 있는 일련의 행위를 부당 노동행위라 한다.

구 분	내 용
불이익 대우	사용자의 부당행위로 해고, 전근, 배치전환, 출근정지, 휴직 등이 근로자에게 불이익을 주는 경우
황견계약	근로자가 노동조합에 가입하지 않거나, 탈퇴할 것을 고용조건으로 하여 근로자에게 불이익을 주는 경우
단체교섭 거부	노동조합의 대표자 또는 노동조합원으로부터 위임받은 자와의 단체협약 체결, 기타의 단체교섭을 정당한 이유 없이 거부하거나 방해하는 행위
지배·개입 및 경비원조	사용자가 근로자의 노동조합 조직 또는 운영을 지배하거나 이에 개입하는 행위와 노동조합의 전임자에게 급여를 지급하거나 노동조합의 운영비를 원조하는 행위

개념 익히기

● **구제신청**

사용자의 부당노동행위를 신속히 시정하고 행정적 보호를 위해 도입된 제도로 근로자의 근로(노동) 3권의 구체적인 보장을 통한 노사관계의 안정 및 산업평화의 유지발전에 크게 기여할 수 있는 제도

● **노동조합 총회**

노동조합을 구성하는 전체조합원이 한 자리에 모여 노동조합의 모든 사항을 결정하게 되는 노동조합의 최고의사결정기관을 총회(노동조합총회)라고하며, 시간, 장소, 비용 등 여러 제한요인 때문에 총회개최가 어렵기 때문에 총회에 갈음하는 대의원회를 둘 수도 있다.

 2.6 경영참가 제도

경영참가제도는 근로자 및 노동조합의 경영참가 범위 및 정도, 경영참여의 수준, 참가 방식 등 다양한 형태로 경영 의사결정에 참여하거나 영향력을 행사하는 것을 의미한다.

구분		내 용
자본 참가		종업원이 자기회사의 기업경영에 참가하는 제도
	종업원지주제도	근로자가 자사의 주식을 취득, 보유하여 자본출자자로 기업경영에 참여하는 제도
	스톡옵션제도	주식매입선택권이라고 하며, 기업의 설립 혹은 기술혁신 등 기여 종업원(임직원)에게 일정 수량의 주식을 낮은 가액으로 매입할 수 있도록 해주는 제도
이익 (이윤) 참가		기업의 생산성 향상에 노동조합이 적극적으로 참여하고, 기업이 그 대가로 이익의 일부를 근로자에게 배분하는 제도
	스캔론 플랜	근로자의 경영 참여와 개선된 생산의 판매가치를 기초로 한 성과 배분제도
	럭커 플랜	부가가치의 증대를 목표로 노사협력 체제에 의하여 목표를 달성하고, 증가된 생산성 향상분을 기업의 부가가치 배분율로 노사 간에 배분하는 제도
의사 결정 참가		근로자 또는 노동조합이 기업경영 상의 의사결정에 참가하는 것
	노사협의제도	노사 쌍방에게 관심이 있는 사항으로 보통 단체교섭에서는 취급하지 않는 사항에 대하여 노사가 협력하여 협의하는 제도로 천재지변의 대응, 생산성 하락 등과 같이 단체교섭에서 결정되지 않는 사항에 대해 사용자 측과 근로자 측이 서로 협력하도록 하기 위한 제도로 근로조건에 대한 결정권이 있는 근로자가 상시 30인 이상인 경우 의무적으로 설치하는 제도
	노사공동결정제도	경영에 대한 의사결정권이 노사 공동으로 행해지는 제도

개념 익히기

● 경영참가 방법
- 직접참여: 스캔론 플랜, 럭커 플랜, 노사협의제도, 노사공동결정제도
- 간접참여: 종업원지주제

개념 익히기

● 비정규직 근로자

비정규직 근로자는 정규직과 다른 고용형태로, 고용 안정성이 낮고 근로 조건이 열악한 경우가 많으며, 기간제 근로자, 단시간 근로자, 파견 근로자 등으로 분류된다.

구 분	내 용
기간제 근로자	계약기간이 정해진 근로자
단시간 근로자	주당 근로시간이 정규직보다 짧은 근로자
파견 근로자	파견업체 소속으로 특정 사업장에서 근무하는 근로자

● 비정규직 근로자보호법

비정규직 근로자가 받을 수 있는 차별이나 부당한 대우를 막기 위한 법적조치이며, 기간제 근로자, 단시간 근로자, 파견 근로자 등이 대상이 되며, 내용은 다음과 같다.

구 분	내 용
차별 금지	근로기준법 및 기간제 및 단시간 근로자보호 등에 관한 법률에 의해 임금, 복리후생 등에서의 차별 금지
고용 안정성 강화	기간제 근로자의 경우 2년 이상 근무 시 무기계약(정규직)으로 전환
최저임금 보장	비정규직 근로자도 최저임금법에 의해 최저임금을 보장
퇴직금 지급	1년 이상 근속한 비정규직 근로자도 근로자퇴직급여보장법에 따라 퇴직금 지급
사회보험 가입	비정규직 근로자도 사회보험에 가입할 수 있음

유형별 연습문제
4.2 노사관계론

01 다음 [보기]의 (   ) 안에 들어갈 적합한 단어를 쓰시오.

┤ 보기 ├

노동조합은 단결권, 단체교섭권, (   )의 3가지 기본적인 권리를 가지고 있는데 이를 노동 3권이라고 한다.

정답: ________________________________

02 다음 중 직종 및 계층에 관계없이 기업을 초월하여 동일산업에 종사하는 모든 근로자가 하나의 노동조합을 구성하는 조직형태를 무엇이라 하는가?

① 일반 노동조합　　　　　　　　　② 기업별 노동조합
③ 산업별 노동조합　　　　　　　　　④ 직업별 노동조합

03 노동조합의 조직력 강화를 위한 숍 제도 중에서 기업이 근로자를 채용할 때 조합원이 아닌 자를 근로자로 채용할 수는 있지만 일단 채용된 이후에는 일정기간 내에 자동적으로 노조에 가입하게 되는 제도는 다음 중 무엇인가?

① 오픈 숍　　　　　　　　　　　　② 유니온숍
③ 클로즈드 숍　　　　　　　　　　④ 에이전시 숍

04 다음 노동조합의 가입방법 중 노조의 통제력(지배력)이 가장 높은 형태는?

① 오픈 숍(open shop)　　　　　　　② 클로즈드 숍(closed shop)
③ 유니온 숍(union shop)　　　　　　④ 에이전시 숍(agency shop)

05 노동조합의 조합비 납부의무를 수행하도록 도와주는 제도로, 개개인에게 조합비를 징수하지 않고 급여를 계산할 때 미리 공제해서 사용자측에서 조합에 인도하는 것을 나타내는 용어는?

① 에이전시 숍(agency shop)　　　　② 메인터넌스 숍(mantenance shop)
③ 프리퍼렌셜 숍(preferential shop)　④ 체크오프제도(check off system)

06 다음 중 조합원 자격이 있는 근로자만 채용하고 일단 채용된 근로자도 조합원의 자격을 상실하면 근로자가 될 수 없도록 하는 제도는?

① 클로즈드 숍　　　　　　　　　　② 유니언 숍
③ 오픈 숍　　　　　　　　　　　　④ 에이전시 숍

07 다음 노동조합 가입방법 중 종업원 채용 시 비조합원보다는 조합원에 대하여 고용상의 혜택을 부여하는 제도는?

① 오픈 숍(open shop) ② 에이전시 숍(agency shop)
③ 메인터넌스 숍(maintenance shop) ④ 프리퍼렌셜 숍(preferential shop)

08 변형된 숍제도의 하나로 조합원이 아니더라도 모든 종업원에게 단체교섭의 당사자인 노동조합에 조합회비를 징수케 하는 제도를 무엇이라 하는가? (단, 정답은 한글로 기재할 것)

정답: ________________________________

09 노동조합과 사용자 또는 사용자단체가 임금, 근로시간, 근로시간 등에 관한 협약의 체결을 위해 대표자를 통해 집단적으로 타협을 모색하고 관리하는 절차로 작업장의 많은 규칙을 제정하고 근로자의 보상의 양을 결정하는 과정으로서의 기능을 갖는 것은 무엇인가?

정답: ________________________________

10 다음 단체교섭의 유형 중에서 전국단위 또는 지역단위의 산업별·직업별 노동조합대표와 이에 대응하는 사용자 단체대표 사이에 이루어지는 단체교섭방식은?

① 집단교섭 ② 공동교섭
③ 통일교섭 ④ 대각선교섭

11 다음 중 우리나라 공무원노조와 교원노조 및 전력노조 등 산업별 노동조합과 이에 대응하는 사용자단체 사이에서 행하여지는 교섭은 무엇인가?

① 통일교섭 ② 집단교섭
③ 대각선교섭 ④ 기업별교섭

12 다음 중 상급단체인 산업별 연합단체가 하급단체인 기업별 노조나 기업단위의 노조지부와 공동으로 개별 기업의 사용자와 교섭하는 단체교섭의 방식은?

① 기업별교섭 ② 통일교섭
③ 공동교섭 ④ 대각선교섭

13 다음 단체교섭의 종류에 대한 설명 중 가장 적절하지 않은 것은 무엇인가?

① 대각선교섭: 산업별 노동조합이 개별기업과 개별적으로 교섭하는 방식을 말한다.
② 공동교섭: 수개의 노동조합 지부가 공동으로 수개의 기업집단과 집단적으로 교섭하는 형태이다.
③ 기업별교섭: 하나의 사업장 또는 기업을 단위로 하여 하나의 사용자와 하나의 노조가 교섭하는 형태이다.
④ 통일교섭: 전국적, 지역적인 산업별 또는 직업별 노동조합과 이에 대응하는 전국적, 지역적인 사용자 단체와의 교섭방식을 말한다.

14 단체교섭은 노동조합과 사용자 또는 사용자 단체가 임금, 근로시간, 근로조건 등에 관한 협약의 체결을 위해 대표자를 통해 집단적으로 타협을 모색하고 관리하는 절차를 의미한다. 단체교섭의 유형 중 산업별 노동조합이나 지역별 노동조합과 이 노동조합에 소속된 개별기업의 사용자 간에 이루어지는 교섭방식을 무엇이라 하는가?

정답: ________________________

15 다음 중 단체협약의 기능이라고 볼 수 없는 것은?

① 평화적 기능
② 경영안정 기능
③ 근로조건 개선 기능
④ 인간관계 개선 기능

16 다음 [보기]의 (　　) 안에 들어갈 적합한 용어는? (정답은 한글로)

> **│ 보기 │**
>
> 단체협약의 효력에서 근로조건 기타 근로자의 대우에 관한 기준을 정한 부분에 대한 (　　) 효력으로 임금, 퇴직금, 상여금, 복리후생, 근로시간, 해고 등을 말한다.

정답: ________________________

17 다음 중 노동조합과 사용자 또는 사용자단체 간에 임금, 근로시간, 복지후생, 해고, 기타 대우 등 근로조건의 결정에 관한 상호주장의 불일치로 인하여 발생한 분쟁상태를 무엇이라 하는가?

① 노동쟁의
② 단체협약
③ 노사협의제도
④ 부당노동행위

18 다음 [보기]의 (   ) 안에 들어갈 용어를 쓰시오. (정답은 한글로 쓰시오)

> **│ 보기 │**
>
> 노동조합 및 노동관계조정법에 의하면, (   )란/이란 파업·태업·직장폐쇄 기타 노동관계
> 당사자가 그 주장을 관철할 목적으로 행하는 행위와 이에 대항하는 행위로서 업무의 정상적
> 인 운영을 저해하는 행위를 말한다.

정답: ________________________________

19 노동관계 당사자 간에 근로조건의 결정에 관한 주장의 불일치로 노동쟁의가 발생한 경우 당
해 노동쟁의를 신속 공정하게 해결하여 쟁의행위로 인한 노동관계 당사자의 손실을 방지하
고, 국민경제의 안정과 발전에 기여하기 위해 행해지는 일련의 절차이다. 이는 분쟁당사자들
이 협상을 통해서 스스로 해결방안을 찾을 수 있도록 제3자가 노사분쟁에 따른 합의를 도와
주는 노력들을 말하며, 이는 당사자 일방이 행정관청에 신청하면 노사 및 공익을 대표하는
위원 3인으로 구성되어 관계당사자 간의 의견을 듣고 공정하고 적절한 판단에 의해 작성된
의견을 쌍방에 제시하여 그의 수락을 권고하여 쟁의를 해결하려는 방법은 무엇인가? (정답
은 한글로)

정답: ________________________________

20 다음 중 노동쟁의행위와 관계없는 것은?

① 태업(sabotage)
③ 직장폐쇄(lock-out)
② 불매운동(boycott)
④ 일시해고(lay-off)

21 다음 중 쟁의행위의 효과적 수행을 위한 부수적 행위 유형은?

① 파업
③ 보이콧
② 태업
④ 피케팅

22 다음 중 파업을 효과적으로 하기 위하여 근로희망자들의 사업장 또는 공장의 출입을 저지하
고 파업 참여에 협력할 것을 호소하는 행위는?

① 피케팅
③ 생산관리
② 보이콧
④ 준법투쟁

23 다음의 설명 중 태업에 대한 설명으로 가장 적합한 것은 무엇인가?

① 집단적 불매행동을 말한다.
② 근로자들이 단결해서 의식적으로 작업능률을 저하시키는 것을 말한다.
③ 다수의 근로자가 근로조건의 유지 또는 개선이라는 목적을 쟁취하기 위하여 조직적인 방법을 공동적으로 노무제공을 거부하는 행위를 말한다.
④ 사용자의 상품에 대한 불구매 또는 불이용을 집단적으로 약속하고 실행하며, 경우에 따라서는 일반인에게도 불매 또는 불이용을 호소하는 행위를 말한다.

24 다음 [보기]에 대한 설명으로 적합한 용어는? (정답은 한글로)

> ┤ 보기 ├
>
> 노동자가 일터에서 일을 하면서 일부러 작업 능률을 저하시켜 사업자에게 손해를 주는 행위이다.

정답: ______________________________

25 다음 중 노동조합이 자주적으로 취할 수 있는 내용으로 적절하지 않은 것은?

① 정부의 노동 관련 법규 및 정책 수립에 참여할 수 있다.
② 조합원 임금 및 근로조건 개선을 위해 직장을 폐쇄할 수 있다.
③ 사용자의 부당노동행위를 발견했을 경우, 노동위원회를 통해 부당노동행위 구제를 신청할 수 있다.
④ 조합원의 권익보호를 위해 동맹파업, 태업 등의 노동쟁의를 할 수 있다.

26 다음의 노동쟁의 행위 중 사용자측 쟁의 행위에 해당하는 것은 무엇인가?

① 태업
② 파업
③ 피켓팅
④ 직장폐쇄

27 다음 중 부당노동행위로 올바르지 않은 것은?

① 사용자의 조업계속
② 사용자의 단체교섭 거부행위
③ 노동조합에 대한 자금을 원조하는 행위
④ 노동조합의 가입을 이유로 노동자의 해고 등의 불이익대우

28 다음 [보기]에서 ㉠, ㉡에 해당하는 용어는?

> **| 보기 |**
>
> ㉠ 근로자가 어느 노동조합에 가입하지 아니할 것 또는 탈퇴할 것을 고용조건으로 하거나 특정한 노동조합의 조합원이 될 것을 고용조건으로 하는 행위를 부당노동행위로 규정하고 이러한 고용조건에 따라 고용계약을 체결하는 경우
> ㉡ 노동조합의 대표자 또는 노동조합으로부터 위임을 받은 자와의 단체협약체결, 기타의 단체교섭을 정당한 이유 없이 거부하거나 해태하는 행위에 해당하는 부당노동행위

① ㉠ 황견계약,　　　　　　㉡ 단체교섭거부
② ㉠ 지배, 개입 및 경비원조,　㉡ 황견계약
③ ㉠ 단체교섭거부,　　　　　㉡ 황견계약
④ ㉠ 단체교섭거부,　　　　　㉡ 지배·개입 및 경비원조

29 다음 부당노동행위의 유형 중 황견계약에 해당하는 것은?

① 근로자가 노동조합에 가입한 것을 이유로 근로자 해고하는 행위
② 특정 노동조합의 조합원이 될 것을 고용조건으로 하는 행위
③ 노동조합의 대표자와의 단체교섭을 정당한 이유 없이 거부하는 행위
④ 사용자가 노동조합의 운영을 지배하는 행위

30 다음 [보기]는 부당노동행위 유형 중 무엇을 설명한 용어인가? (정답은 한글로)

> **| 보기 |**
>
> 근로자가 노동조합에 가입하지 아니할 것 또는 탈퇴할 것을 고용조건으로 하거나 특정 노동행위로 금지하고 있다. 노동조합의 조합원이 될 것을 고용조건으로 하는 행위를 부당노동행위를 금지하고 있다.

정답: _______________________

31 근로자 또는 노동조합이 어떠한 형태로든지 경영관리층에 경영의사 결정에 참가하여 영향력을 행사하는 과정을 무엇이라고 하는가?

정답: _______________________

32 근로자가 경영에 참가하는 방법 중 직접 참여하지 않고 간접적으로 참여하는 제도는 무엇인가?

① 이익분배제　　　　　　② 노사협의제
③ 종업원지주제　　　　　④ 노사공동결정제

33 다음 중 단체협약의 해석 및 적용과정에서 발생한 종업원의 불평·불만 등의 고충내용을 해결하기 위한 제도는?

① 종업원지주제도
② 고충처리제도
③ 경영참가제도
④ 이윤분배제도

34 다음 [보기]가 설명하고 있는 용어는?

> **보기**
>
> 경영참가 제도 중 경영상의 긴급하고 중요한 사항, 생산성의 급격한 하락, 천재지변에의 대응, 경영성과의 전달 등과 같이 단체교섭에서는 결정되지 않는 사항에 대해 사용자 측과 근로자 측이 서로 협력하도록 법적으로 일정 규모의 사업장에 설치할 것을 강제하였다.

① 노동조합
② 이윤분배제
③ 노사협의제
④ 종업원지주제

35 '근로자참여 및 협력증진에 관한 법률' 제정에 의하여 노동조합의 결정여부와 관계없이 근로조건에 대한 결정권이 있는 30인 이상의 모든 사업장을 대상으로 설치를 의무화한 조직은 무엇인가?

정답: ______________________

36 단체교섭의 절차로 옳은 것은?

① 교섭준비 – 예비교섭 – 본교섭 – 마무리교섭 - 교섭의 평가
② 예비교섭 – 교섭준비 – 본교섭 – 마무리교섭 - 교섭의 평가
③ 예비교섭 – 본교섭 – 교섭준비 – 마무리교섭 - 교섭의 평가
④ 교섭준비 – 본교섭 – 예비교섭 – 마무리교섭 - 교섭의 평가

37 [보기]에서 설명하는 노동 3권은 무엇인가?

> **보기**
>
> • 노동조건의 유지·개선과 기타 경제적 지위향상을 위해 단결하는 권리를 의미한다.
> • 노동자가 자주적 단체인 노동조합을 통해 집단적 압력을 행사함으로써 사용자와 대등한 위치에서 교섭을 하도록 하는 것을 목적으로 한다. 따라서 단체교섭권, 쟁의권 등 단체행동을 할 권리가 뒷받침되어야 실질적인 의미가 있다.

정답: ______________________

38 [보기]는 무엇에 대한 설명인가?

보기

- 조합비를 징수할 때 사용자가 노동조합의 의뢰를 받아 급여 계산 시 조합비를 공제하여 노동조합으로 교부하는 징수방식
- 단체협약에 해당 징수방식에 대한 사항이 명시되어 있어야 한다.

정답: ___________________________

39 [보기]의 (   ) 안에 들어갈 용어로 적절한 것은?

보기

단체협약의 효력 중 (   )은 협약 당사자의 권리, 의무에 관한 조항이며, 평화의무, 평화조항, 유일교섭 단체조항, 숍조항, 단체교섭의 절차 및 기타 규칙 등이 있다.

---

① 규범적 효력   ② 채무적 효력
③ 지역적 구속력   ④ 일반적 구속력

40 [보기]에서 설명하는 용어를 한글로 입력하시오.

보기

- 노동조합을 구성하는 전체조합원이 한 자리에 모여서 노동조합의 모든 기본적 사항을 결정하는 노동조합의 최고의사결정기관
- 최고의사결정기관의 규약으로 해당기관을 갈음할 수 있는 대의원회를 둘 수 있음

정답: ___________________________

4.2 노사관계론

1	2	3	4	5	6	7	8	9	10
단체행동권	③	②	②	④	①	④	에이전시 숍제 (대리기관)	단체교섭	③
11	12	13	14	15	16	17	18	19	20
①	③	②	대각선교섭	④	규범적	①	쟁의행위	조정	④
21	22	23	24	25	26	27	28	29	30
④	①	②	태업	②	④	①	①	②	황견계약
31	32	33	34	35	36	37	38	39	40
경영참가	③	②	③	노사협의회 (노사협의제도)	①	단결권	일괄공제제도	②	총회

01 단체행동권

노동조합은 단결권, 단체교섭권, 단체행동권의 3가지 기본적인 권리를 가지고 있는데 이를 노동3권이라 한다.

02 ③

[노동조합의 형태]

- 기업별 노동조합: 동일한 기업에 종사하는 근로자들로 조직되는 직장별 노동조합의 형태
- 직업별 노동조합: 특정한 산업 혹은 기업과 무관하게 동일 직업이나 동일 직종에 종사하는 근로자들이 결성하는 노동조합의 형태(역사적으로 가장 오래된 형태)
- 일반 노동조합: 산업이나 직업 및 기업과 무관하게 동일 지역에 있는 기업을 중심으로 조직되는 노동조합의 형태
- 산업별 노동조합: 일정 산업에 종사하는 근로자들이 특정 기업이나 직종과 무관하게 조직하는 노동조합의 형태

03 ②

[노동조합의 가입 방법]

구분		내용
기본적 형태	명확하게 숍	조합원 자격이 있는 근로자만 채용하고 일단 채용된 근로자도 조합원의 자격을 상실하면 근로자가 될 수 없도록 하는 제도
	유니언 숍	사용자가 비조합원을 채용할 수 있지만, 채용된 이후 일정기간 내에 피고용자가 자동적으로 노동조합에 가입하게 되는 제도
	오픈 숍	사용자가 조합원이든 비조합원이든 자유롭게 근로자를 채용할 수 있는 제도
변형적 형태	에이전시 숍	채용된 종업원에 대하여 특정 노동조합의 가입을 강제하지 않지만, 비조합원에 대해서도 조합원들의 조합비에 상당하는 금액을 정기적으로 노동조합에 납입하도록 하는 제도
	메인터넌스 숍	노동조합에 가입된 이후 일정기간 동안은 노동조합원으로서 자격을 유지하여야 한다는 제도
	프리퍼렌셜 숍	종업원 채용 시 비조합원 보다는 조합원에게 고용상의 혜택을 부여하는 제도
체크오프 제도 (=(조합비)일괄공제)		사용자가 근로자에게 임금을 지급하기 전에 미리 임금에서 조합비를 공제하여 징수한 후 조합에 일괄적으로 납부하는 제도로 노사 간 협정에 기반하며, 노동조합의 행정편의와 재정안정에 기여하는 효과

04 ② 노조의 통제력(지배력)이 가장 높은 형태는 명확하게 숍(closed shop)이다.

05 ④

06 ①

07 ④

08 에이전시 숍제(대리기관숍 제)

09 단체교섭

10 ③

[단체교섭의 유형]
- 통일교섭: 전국적 혹은 지역적인 산업별 또는 직업별 노동조합 대표와 이에 대응하는 사용자 단체와의 교섭방식
- 대각선교섭: 전국적 또는 지역별 & 산업별 노동조합의 대표와 개별기업의 사용자 대표 사이에 이루어지는 교섭방식
- 기업별교섭: 특정 기업 또는 사업장 단위로 조직된 노동조합의 대표와 기업의 사용자 대표사이에 이루어지는 교섭방식으로 1사업장 또는 기업을 단위로 1사용자와 1노조가 교섭하는 형태
- 공동교섭: 기업별 노동조합의 단위조합 또는 지부가 산업별의 상부단체와 공동으로 당해기업의 사용자대표와 이루어지는 교섭방식
- 집단교섭: 복수의 기업별 노동조합이 집단을 구성하여 이에 대응하는 복수기업의 사용자대표와 집단으로 이루어지는 교섭방식

11 ①

12 ③

13 ②

14 대각선교섭

15 ④ 인간관계 개선은 단체협약의 기능과 관련이 없다.

16 규범적

단체협약의 효력에서 근로조건 기타 근로자의 대우에 관한 기준을 정한 부분에 대한 규범적 효력으로 임금, 퇴직금, 상여금, 복리후생, 근로시간, 해고 등을 말한다.

17 ① 노동쟁의는 단체교섭 시 단체협약의 체결에 이르지 못하는 경우로, 노동조합과 사용자 또는 사용자 단체 간의 임금, 근로시간, 복지, 해고, 기타 대우 등 근로조건의 결정에 관한 주장의 불일치로 발생한 분쟁상태를 말한다.

18 쟁의행위

19 조정은 중립적인 제 3자가 협상과정에서 발생하는 문제를 해결하도록 도움을 주는 형태이다.

20 ④ 일시해고(lay-off)는 이직관리에 대한 내용이다.
- 근로자 측의 노동쟁의: 파업, 태업, 보이콧, 피케팅, 생산통제, 준법투쟁
- 사용자 측의 노동쟁의: 직장폐쇄, 조업계속(대체고용)

21 ④
- 파업: 노동조합을 사용자의 지배 관리로부터 분리시키며 사용자에 대한 근로자의 노동력 제공을 전면적으로 거부하는 행위
- 태업: 노동조합이 조합원의 노동력을 부분적으로 통제하여 근로자의 작업 수행 과정에서 작업속도를 떨어뜨리거나 조잡한 작업 수행으로 작업 능률과 품질의 저하를 초래하게 하는 행위
- 보이콧: 제품 구입 거절, 근로계약 거절 등의 형태로 나타나는 집단적 불매운동

22 ①
- 보이콧: 제품 구입 거절, 근로계약 거절 등의 형태로 나타나는 집단적 불매운동
- 생산관리(=생산통제): 기업의 생산시설을 점유하는 방법 등으로 생산 활동을 통제하는 행위
- 준법투쟁: 근로기준법 등 노동관계법 규정을 엄격히 준수하면서, 잔업이나 휴일 근무 등을 거부함으로써 사업장 업무를 곤란하게 하는 행위

23 ② 태업은 근로자들이 집단적이고 의도적으로 작업능률을 저하시키는 행위이다.

24 태업

25 ② 직장폐쇄는 사용자 측의 노동쟁의에 해당된다.

26 ④ 직장폐쇄는 노사쟁의가 일어났을 때 사용자가 자기의 주장을 관철시키기 위하여 공장·작업장을 폐쇄하는 일

27 ① 사용자의 조업계속은 사용자 측의 노동쟁의에 해당된다.

28 ① ㉠ 황견계약, ㉡ 단체교섭거부
- 지배개입 및 경비원조: 사용자가 근로자가 노동조합의 조직 또는 운영을 지배하거나 이에 개입하는 행위의 노동조합 전임자에게 급여를 지급하거나 노동조합의 운영비를 원조하는 행위

29 ②
- 불이익대우: 근로자가 노동조합에 가입한 것을 이유로 근로자 해고하는 행위
- 단체교섭거부: 노동조합의 대표자와의 단체교섭을 정당한 이유 없이 거부하는 행위
- 노동조합지배: 사용자가 노동조합의 운영을 지배하는 행위

30 황견계약은 근로자가 노동조합에 가입하지 아니할 것 또는 탈퇴할 것을 고용조건으로 하거나 특정 노동행위로 금지하고 있다. 노동조합의 조합원이 될 것을 고용조건으로 하는 행위를 부당노동행위를 금지하고 있다.

31 경영참가

32 ③ 종업원지주제
- 이윤분배제도: 기본적 보상 외에 영업 수익의 일부를 근로자에게 지급하는 임금형태로 근로자들을 기업의 소유주처럼 생각하게 이끄는 제도
- 노사협의제: 경영상의 긴급하고 중요한 사항, 생산성의 급격한 하락, 천재지변에의 대응, 경영성과의 전달 등과 같이 단체교섭에서는 결정되지 않는 사항에 대해 사용자측과 근로자측이 서로 협력하도록 법적으로 일정 규모의 사업장에 설치할 것을 강제한 제도
- 노사공동결정제: 근로자대표가 기업의 의사결정구조에 사용자와 대등한 지분을 가지고 참여하는 제도

33 ②
- 종업원지주제도: 회사가 근로자에게 회사 주식을 유상 또는 무상의 방법으로 취득하게 하여 근로자를 주주로서 기업경영에 참가시키는 제도
- 경영참가제도: 근로자나 근로자를 대표하는 노동조합이 기업의 경영에 실질적으로 참가하여 경영자와 함께 경영상의 권한과 책임을 분담하는 제도
- 이윤분배제도: 기본적 보상 외에 영업 수익의 일부를 근로자에게 지급하는 임금형태로 근로자들을 기업의 소유주처럼 생각하게 이끄는 제도

34 ③
- 노동조합: 근로자가 자주적으로 단결하여 근로조건의 유지·개선, 기타 근로자의 경제적·사회적 지위 향상 도모를 목적으로 하는 단체
- 이윤분배제: 기본적 보상 외에 영업 수익의 일부를 근로자에게 지급하는 임금형태로 근로자들을 기업의 소유주처럼 생각하게 이끄는 제도
- 종업원지주제: 회사가 근로자에게 회사 주식을 유상 또는 무상의 방법으로 취득하게 하여 근로자를 주주로서 기업경영에 참가시키는 제도

35　노사협의회(노사협의제도)

36　① 단체교섭은 '교섭준비 ➜ 예비교섭 ➜ 본교섭 ➜ 마무리교섭 ➜ 교섭평가' 순으로 진행된다.

37　단결권
　　　[노동(근로) 3권]
　　　• 단결권: 노동자들이 근로조건 향상을 위하여 노동조합을 조직할 권리
　　　• 단체교섭권: 노동조합을 통해 사용자와 협상할 권리
　　　• 단체행동권: 자신들의 주장을 관철하기 위해 쟁의 행위를 할 수 있는 권리

38　일괄공제제도(체코오프 제도, 조합비 일괄공제 제도)

39　② 단체협약의 효력 중 협약 당사자의 권리, 의무에 관한 조항을 의미하는 것은 채무적 효력에 대한 설명이다.
　　　• 규범적 효력: 단체협약 체결 당사자 간이 아닌 근로자와 사용자 간의 근로관계를 구속하는 효력으로 근로자의 대우 및 근로조건(임금, 퇴직금, 상여금, 복리후생, 근로시간, 정년, 재해보상)에 대한 강제적 효력
　　　• 지역적 구속력: 동일 지역의 동종 근로자에 대하여 단체협약의 효력을 확대·적용하는 효력
　　　• 일반적 구속력: 단체협약의 규범적 효력을 확대 적용하는 하나의 공장이나 사업장을 단위로 한 동종의 과반수 노동조합원에 대하여 적용하는 단체협약의 규범적 효력을 나머지 동종의 비조합 근로자에 대해서도 확대 적용하는 사업장 단위의 일반적 구속력

40　총회(노동조합 총회)

핵심ERP 이해와 활용

1장 핵심ERP Master DB설정

2장 인사 기초정보 관리

3장 인사프로세스 실무

알고가자! 핵심ERP 설치와 DB관리

❶ 시스템 운영환경

구 분	권장사항
설치 가능 OS	Microsoft Windows 10 이상의 OS (Window XP, Vista, Mac OS X, Linux 등 설치 불가)
CPU	Intel Core2Duo / i3 1.8Ghz 이상의 CPU
Memory	4GB 이상의 Memory
DISK	10GB 이상의 C:₩ 여유 공간

※ 위 최소 요구 사양에 만족하지 못하는 경우 핵심ERP 설치 진행이 불가능합니다.

❷ 핵심ERP 설치

(1) iCUBE 핵심ERP$_{v2.0}$ 설치 파일 폴더에서 [CoreCubeSetup.exe]를 더블클릭하면 설치가 시작된다.

(2) 진행을 하면 아래와 같이 [핵심ERP 설치 전 사양 체크] 프로그램이 자동으로 실행된다. 설치 전 사양체크가 완료되면 바로 핵심 ERP설치가 진행된다.

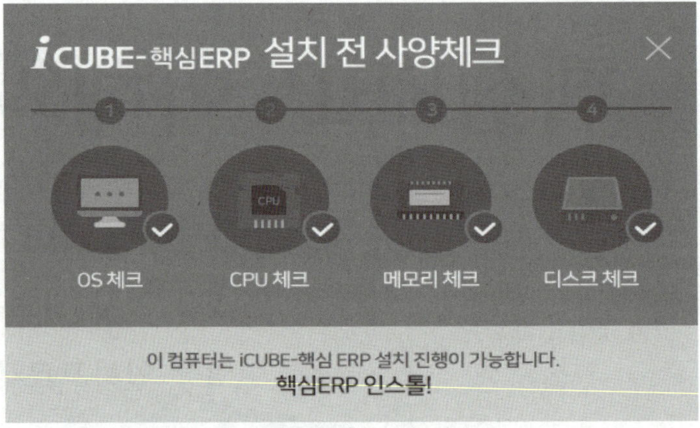

※ ①단계 ~ ④단계까지 모두 충족하지 않으면 핵심ERP 설치 진행이 불가능하다. 모두 만족하면 하단에 '이 컴퓨터는 iCUBE-핵심 ERP 설치 진행이 가능합니다. 핵심ERP 인스톨!'을 확인할 수 있다.

(3) iCUBE 핵심ERP$_{v2.0}$ 사용권 계약의 동의를 위해 [예]를 클릭한다.

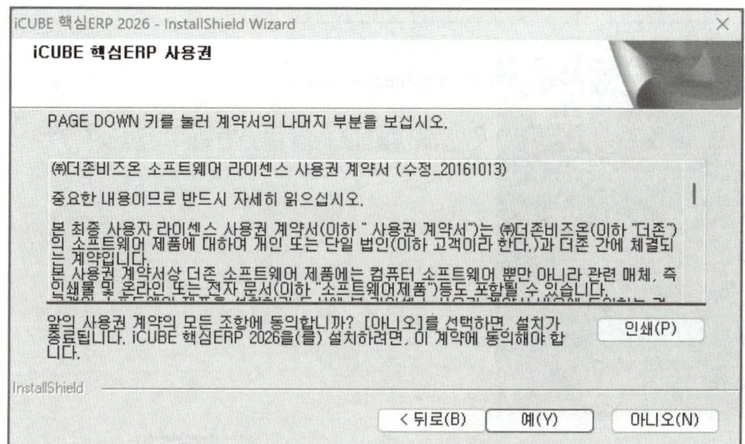

(4) DBMS(SQL Server 2008 R2)의 설치는 시스템 환경에 따라 몇 분간 소요된다. 만약 SQL Server 2008 R2가 설치되어 있다면 iCUBE−핵심ERP$_{v2.0}$ DB 및 Client 설치단계로 자동으로 넘어간다.

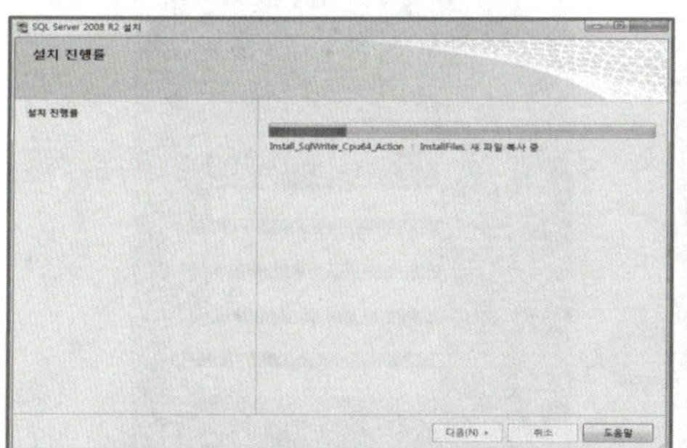
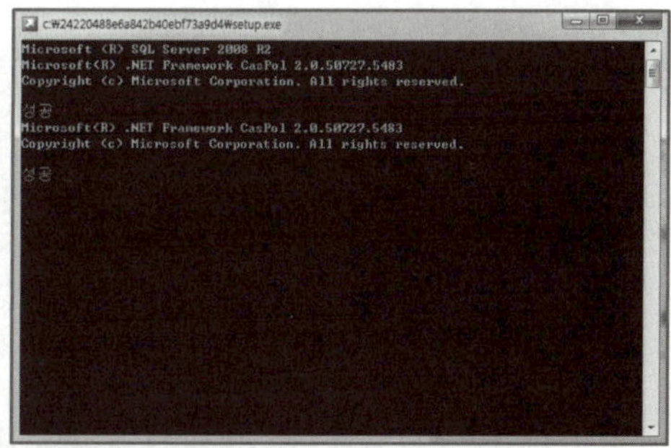

(5) iCUBE 핵심ERP$_{v2.0}$ DB 및 Client 설치가 진행된다.

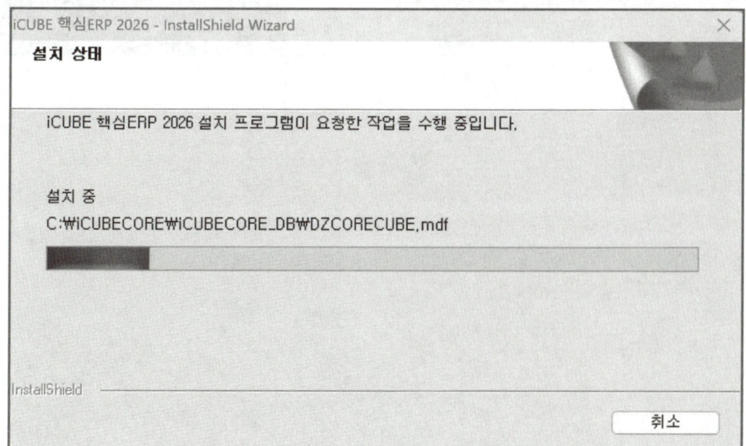

(6) iCUBE 핵심ERP$_{v2.0}$ DB 및 Client 설치가 완료되면 [완료]를 클릭한다.

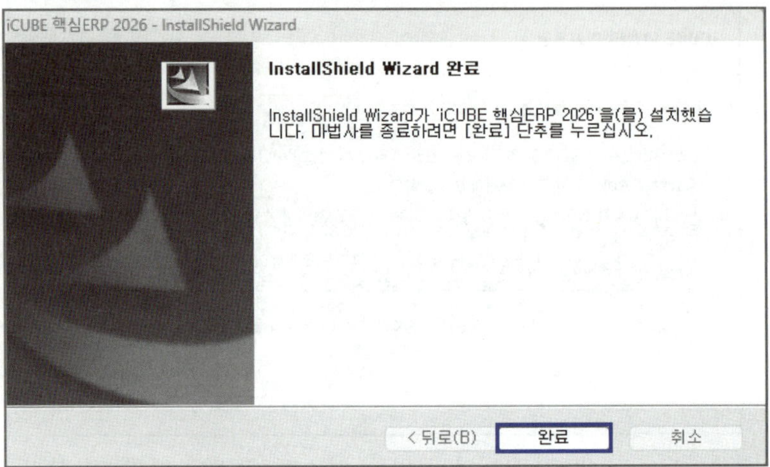

(7) iCUBE 핵심ERP$_{v2.0}$ 프로그램 로그인 화면이 실행되는지 확인한다.

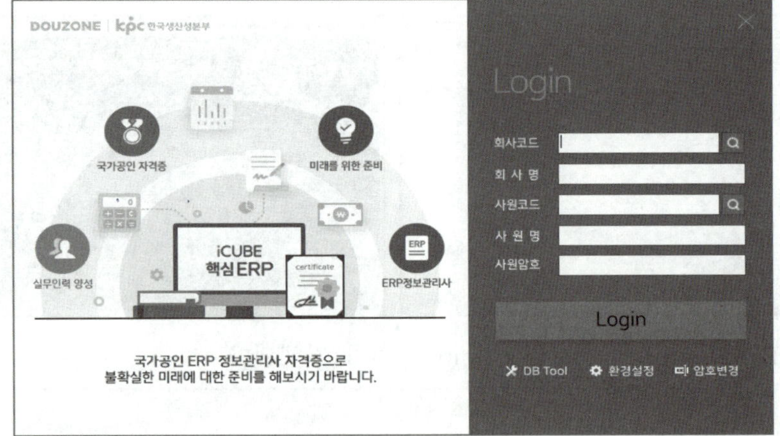

❸ 핵심ERP 실행오류 처리 방법

(1) 로그인 화면에서 회사코드 찾기 아이콘(🔍)을 클릭했을 때 아래의 오류메세지 확인

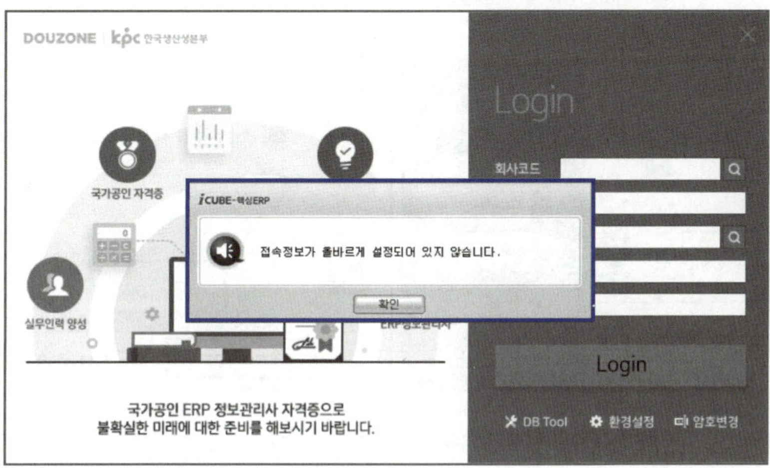

(2) i cube 핵심ERP$_{v2.0}$ 설치 파일 폴더 내 [UTIL] 폴더의 [CoreCheck.exe] 파일을 더블클릭한다. [×] 아이콘을 클릭해 모두 [○] 아이콘으로 변경한 후 프로그램을 실행하면 로그인이 가능하다.

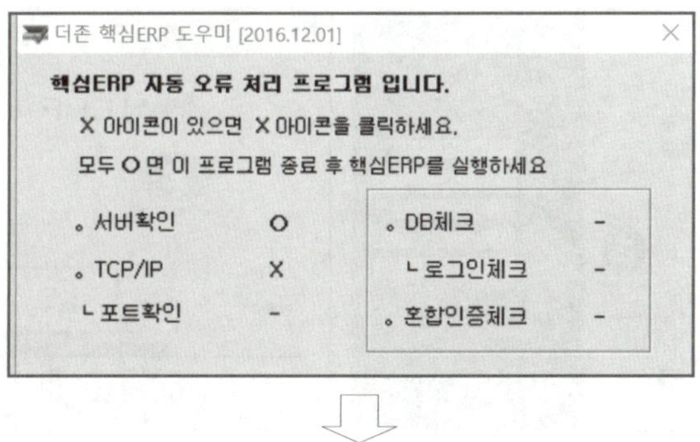

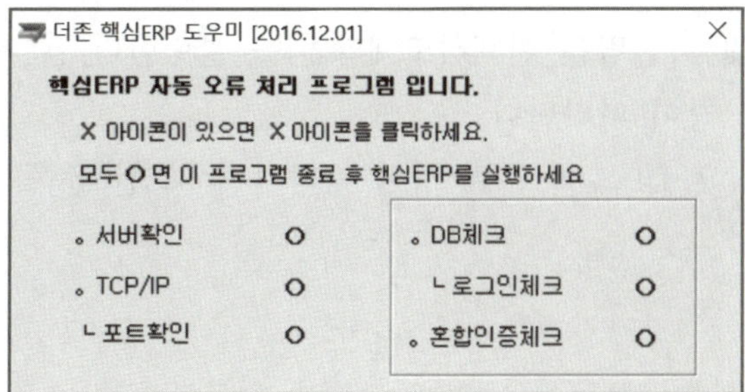

❹ 핵심ERP DB관리

(1) DB 백업 방법

① 로그인 창에서 [DB TOOL]을 클릭하여 [DB백업]을 선택한다.

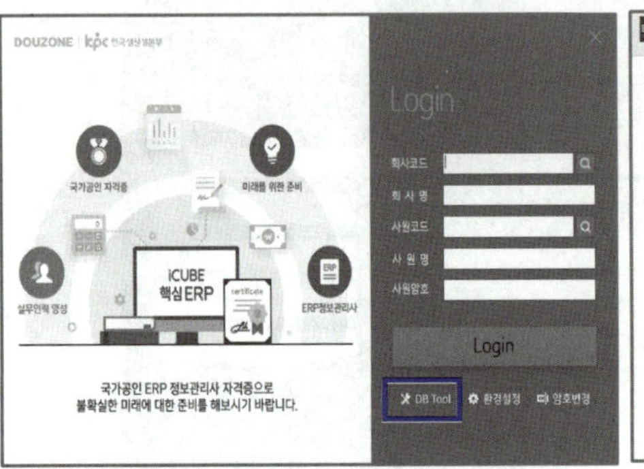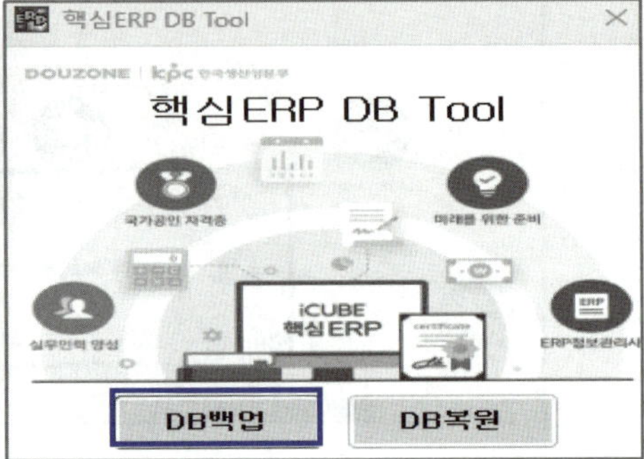

② 백업 경로와 폴더명이 나타나며 [확인]을 클릭하면, 백업이 진행된다.

③ DB 백업이 완료된 후 [확인]을 클릭하면 백업폴더로 이동할 수 있다.

(2) DB 복원 방법

① 로그인 창에서 [DB TOOL]을 클릭하여 [DB복원]을 선택한다.

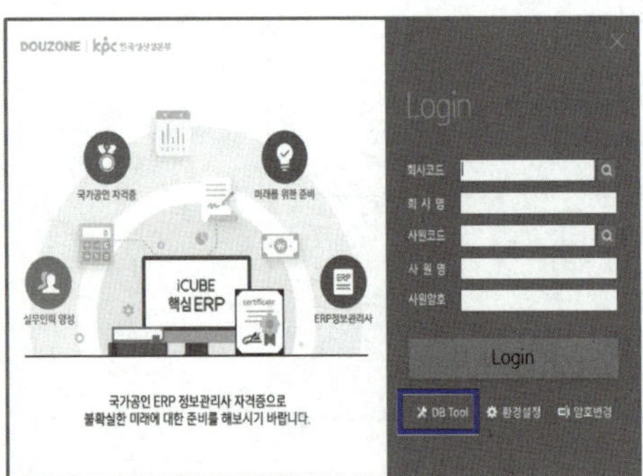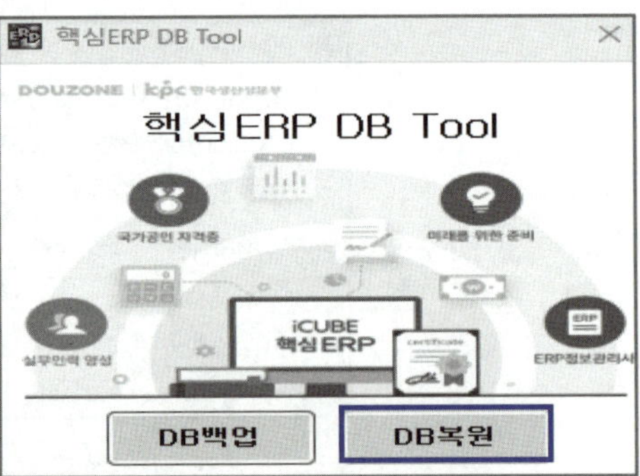

② 복원폴더 지정 및 파일명을 선택하고 [확인]을 클릭한다. 현재 연결중인 DB는 삭제된다는 경고 창이 나타난다.

③ DB 복원 진행한 후 DB복원 완료 창이 나타나면 [확인]을 클릭한다.

 핵심ERP 구성

❶ 핵심ERP 모듈 구성

한국생산성본부에서 주관하는 ERP 정보관리사 자격시험의 수험용 프로그램인 i cube－핵심ERP$_{v2.0}$은 (주)더존비즈온에서 개발하여 공급하고 있다.

교육용 버전인 i cube－핵심ERP$_{v2.0}$은 실무용 버전과 기능상의 차이는 다소 있지만 모듈별 프로세스 차이는 거의 없기 때문에 혼란을 야기하지는 않는다.

i cube－핵심ERP$_{v2.0}$은 아래의 그림과 같이 물류, 생산, 회계, 인사모듈로 구성되어 있으며 각 모듈의 업무프로세스와 기능들은 모듈 간 유기적으로 서로 연계되어 있다.

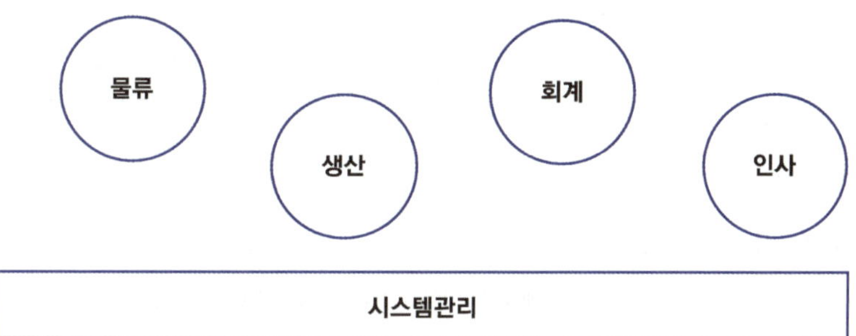

❷ 핵심ERP 화면 구성

i cube－핵심ERP$_{v2.0}$의 화면구성은 사용자의 관점에서 매우 편리하도록 구성되어 있다. 메인화면 좌측에는 전체 메뉴리스트와 함께 최근메뉴보기, 메뉴찾기 등 편의기능들이 위치하며, 우측 상단부에는 데이터를 검색할 수 있는 다양한 조회조건들이 존재한다. 그리고 데이터의 입력화면은 대부분 헤드(상단)부분과 디테일(하단)부분으로 나누어진다.

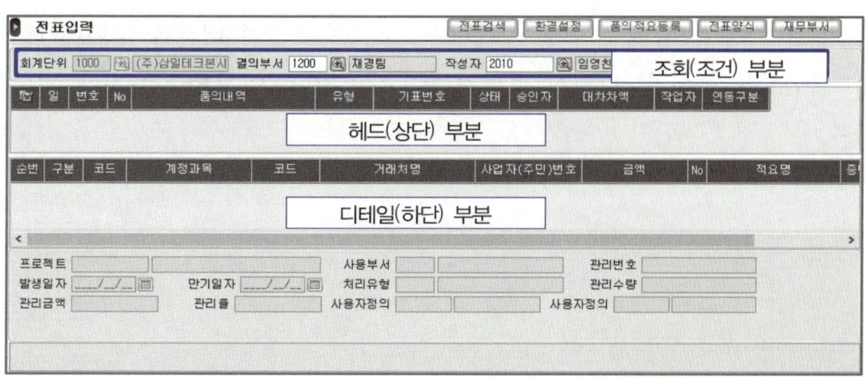

❸ 아이콘 설명

명 칭	아이콘	단축키	기능 설명
닫기	닫기	Esc	화면을 닫는다.
코드도움	코드도움	F2	해당코드 도움창이 열린다.
삭제	삭제	F5	선택한 라인을 삭제한다.
조회	조회	F12	조회조건에 해당하는 데이터를 불러온다.
인쇄	인쇄	F9	선택한 정보를 인쇄하기 위해 인쇄 도움창이 열린다.
화면분할	화면분할		현재 화면만 별도의 화면으로 분리한다.
정보	정보		현재 화면에 대한 프로그램 정보를 보여준다.

❹ 기타 특이사항

(1) 입력데이터 저장방법

핵심ERP는 몇몇 메뉴를 제외하고는 별도의 저장 아이콘을 찾아볼 수가 없다. 메뉴를 실행하였을 때 우측 상단에 저장 아이콘이 있을 경우에는 저장 아이콘을 클릭하여 저장할 수 있지만 대부분의 메뉴에서 입력된 데이터를 저장하는 방법은 다음과 같다.

① 마지막 입력 항목에서 엔터나 마우스를 이용해 다음 필드로 넘어가면 자동 저장된다.

② 데이터 입력 후 상단의 조회를 클릭하면 저장의 유무를 묻는 팝업창이 띄워진다.

(2) R-Click 기능

핵심ERP 대부분의 메뉴 실행 상태에서 마우스 오른쪽 버튼을 누르면 데이터 변환, 클립보드 복사 등 다양한 편의기능이 제공된다. 이것을 R-Click 기능이라고 한다.

핵심ERP Master DB설정

01 실습회사 개요
02 회사등록 정보

01 실습회사 개요

필요 지식

(주)삼일테크는 2011년 5월에 설립되어 주로 스마트폰을 제조하여 판매하면서 스마트폰과 관련된 각종 악세서리를 판매하는 기업이다.

본점은 서울 용산구에 위치하고 있으며, 본점에서는 생산업무를 제외한 대부분의 경영활동이 이루어지고 있고, 생산업무는 주로 대구지사에서 담당하고 있다.

(주)삼일테크는의 조직구성은 아래와 같다.

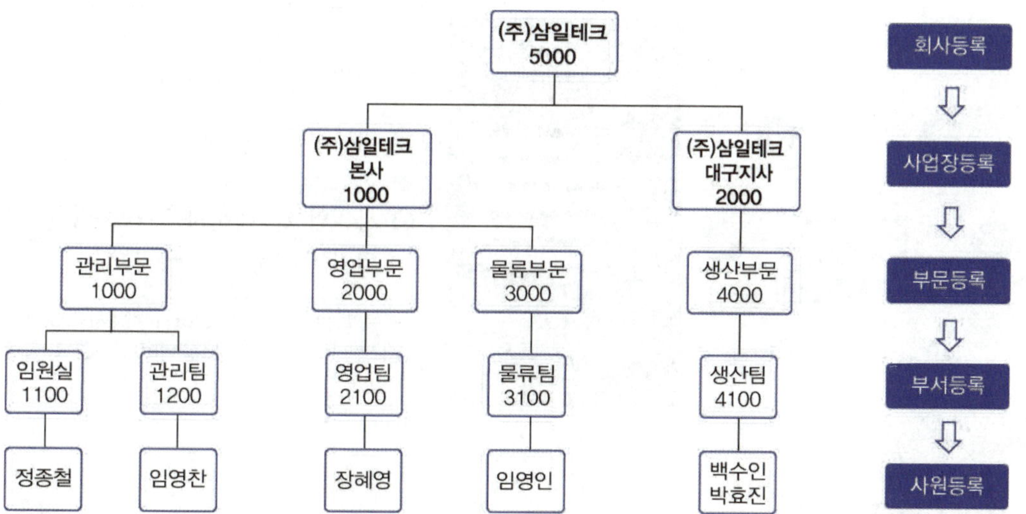

참고 조직의 구성도는 핵심ERP의 실습을 위한 중요한 정보이기 때문에 반드시 이해하여야 한다.

개념 익히기

핵심ERP의 조직구성 프로세스는 반드시 다음의 순서대로 진행하여야 한다.

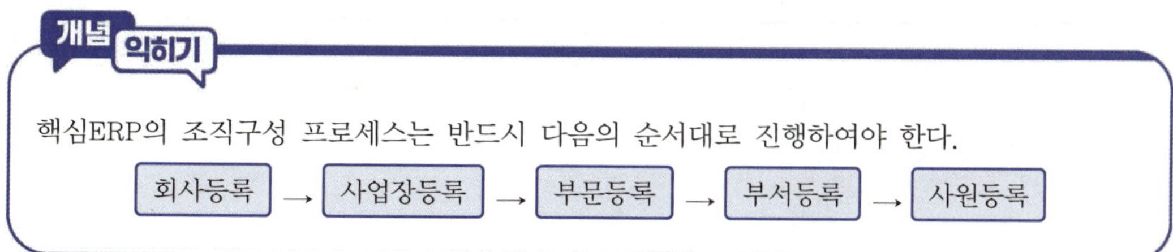

02 회사등록 정보

2.1 회사등록

필요 지식

핵심ERP 설치 후 최초의 회사등록을 위해서는 우선적으로 다음과 같이 시스템관리자로 로그인하여야 한다.

'시스템관리회사' 로그인

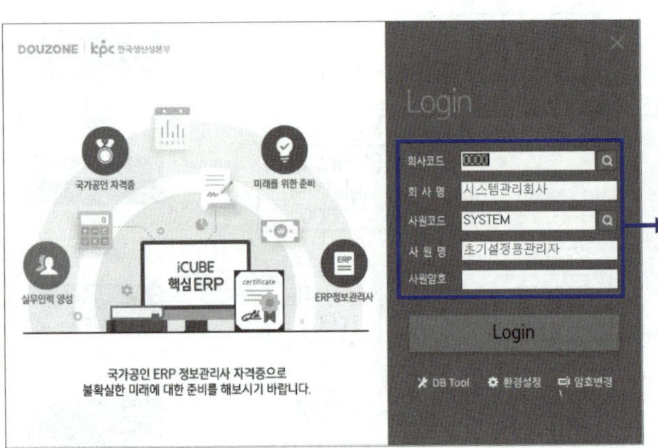

바탕화면 를 더블클릭한다.

❶ 회사코드: '0000'
❷ 사원코드: 대문자 'SYSTEM'
❸ 사원암호: 대문자 'SYSTEM'
　입력 후 Login을 클릭

프로그램에 최초 로그인하기 위해서 '0000. 시스템관리회사'의 시스템관리자로 로그인 하여야 한다.

개념 익히기

핵심ERP 설치 후 최초 회사등록의 경우에만 회사코드 '0000'으로 로그인이 가능하다.
시스템관리자는 관리자 권한의 계정으로서 핵심ERP 운용을 위한 초기설정 등을 담당한다.

 회사등록

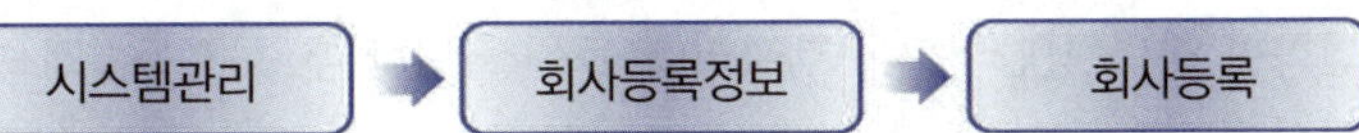

(주)삼일테크는 전자제품 제조업을 영위하는 법인으로서 회계기간은 제16기(2026년 1월 1일 ~ 2026년 12월 31일)이다. 다음의 사업자등록증을 참고하여 회사등록 작업을 수행하시오.

- 회사코드: 5000
- 대표자 주민등록번호: 750914-1927313
- 설립연월일과 개업연월일은 동일하다.

<table>
<tr><td colspan="2" align="center"><h1>사업자 등록증</h1>
(법인 사업자)
등록번호: 106-81-11110</td></tr>
<tr><td colspan="2">

법 인 명(단체명): (주)삼일테크
대　　표　　자: 정종철
개 업 연 월 일: 2011년 5월 1일
법 인 등 록 번 호: 100121-2711413
사 업 장 소 재 지: 서울특별시 용산구 녹사평대로11길 30 (서빙고동)
사 업 의 종 류: 업태 제조, 도소매　　종목 전자제품 외
교 부 사 유: 정정교부

2016년 1월 4일
용산 세무서장 (인)

</td></tr>
</table>

수행 결과 **회사등록**

❶ 핵심ERP 메인화면 좌측 상단의 시스템관리 모듈을 클릭한 후 회사등록정보 폴더의 회사등록 메뉴를 실행한다.

❷ 사업자등록증을 참고하여 [기본등록사항] TAB의 해당 항목에 입력한다.

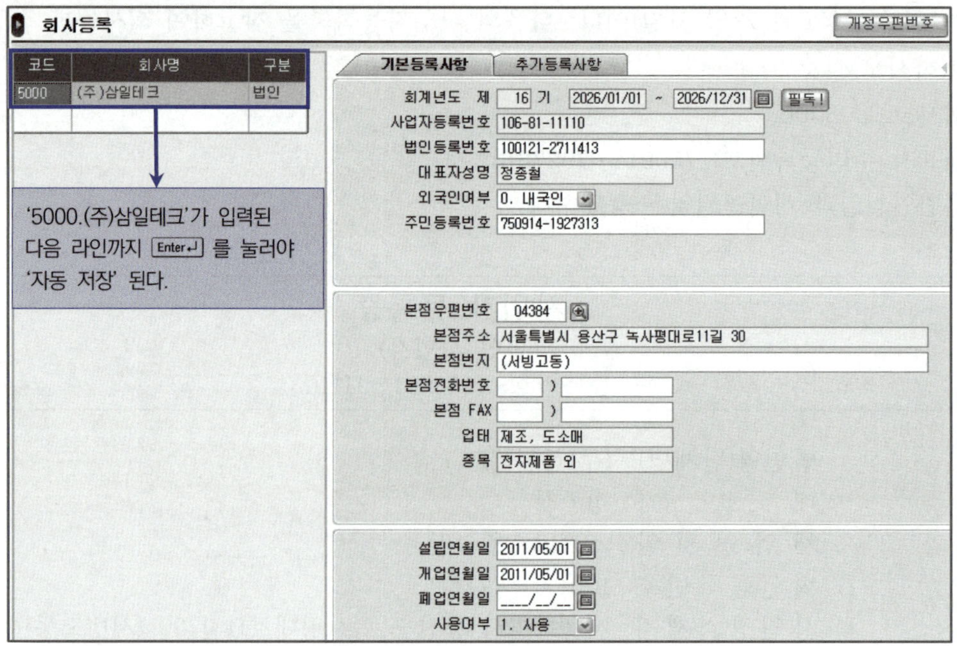

주요항목 설명

❶ 회사코드: 0101~9998 범위 내에서 숫자 4자리를 입력할 수 있다.

❷ 회계년도: 회사를 설립한 해가 1기이며, 그 다음 해는 2기로 매년 1기씩 증가한다.

❸ 사업자등록번호: 번호 오류 자동체크 기능이 있어 오류 입력 시 빨간색으로 표시된다.

❹ 주민등록번호: 번호 오류 자동체크 기능이 있어 오류 입력 시 빨간색으로 표시된다.

개념 익히기

• 회사등록 정보를 저장하기 위해서는 입력 화면 마지막(사용여부) 항목까지 Enter↵ 를 하여 5000번 다음 라인으로 넘어가야 자동 저장이 된다. 그렇지 않으면 입력된 데이터가 저장되지 않고 사라진다.

• 저장 후 회사명 등 다른 내용은 수정이 가능하지만, 회사코드는 수정이 불가능하다.

• 핵심ERP 입력항목 중 배경색이 노란색인 경우는 필수 입력 항목에 해당한다.

2.2 사업장등록

필요 지식

　법인은 사업장 소재지가 다른 복수 사업장을 운영할 수 있다. 다양한 법률이나 기업환경 등에 따라 법인의 통합관리 또는 사업장별 분리관리가 필요하다. 우리나라 부가가치세법에서는 사업장별 과세제도를 채택하고 있다. 따라서 법인은 사업장별 사업자등록증을 근거로 핵심ERP에 사업장을 별도로 등록하여야 한다.

　사업장등록을 위해 로그아웃 후 (주)삼일테크의 시스템관리자로 로그인한다.

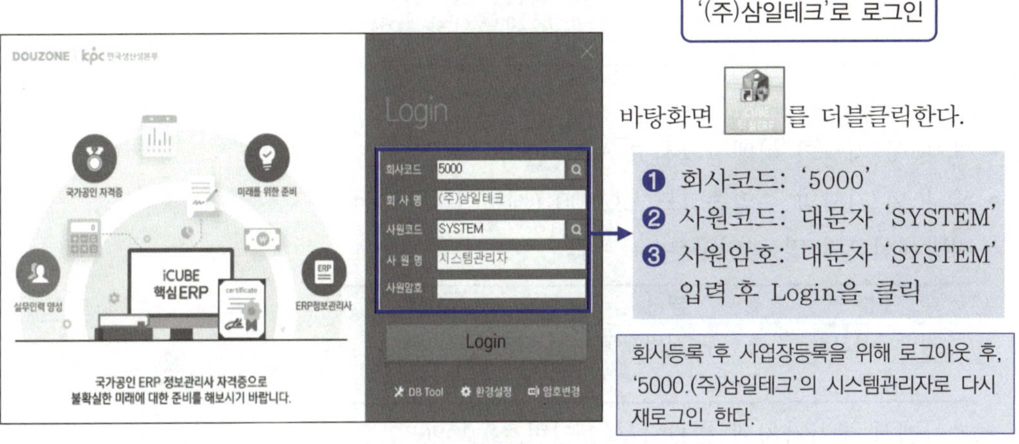

수행 내용　사업장등록

　(주)삼일테크는 서울에 본점을 두고 대구에 지사가 있다. 대구지사(사업장코드 2000)의 사업자등록증과 사업장 관련 추가 사항을 참고하여 본사와 대구지사의 사업장등록 작업을 수행하시오.

사업자 등록증
(법인 사업자)

등록번호: 514-85-27844

법인명 (단체명): (주)삼일테크 대구지사
대　　표　　자 : 정종철
개 업 연 월 일 : 2013년 8월 1일
법인등록번호: 100121-2711413
사업장소재지: 대구광역시 달서구 선원로10길 11 (신당동)
사 업 의 종 류 : 업태 제조　　종목 전자제품 외
교 부 사 유 : 신규

2013년 8월 1일
남대구 세무서장 (인)

- 본사 및 지사의 이행상황신고구분: 반기
- 본사 및 지사의 주업종코드: 322001(제조업)
- 지방세신고지 및 법인구분

구분	본사	지사
지방세신고지	용산구 서빙고동	달서구 신당동
법인구분	주식회사 00	주식회사 00

- 본사에서 부가가치세 총괄납부(승인번호: 202679)

개념 익히기

🔍 원천징수이행상황신고서

원천징수의무자는 소득을 지급할 때 징수한 원천세를 익월 10일까지 함께 신고·납부하고, 원천징수이행상황신고서를 관할 세무서에 제출하여야 한다.

➡ 월별 신고가 원칙이지만, 상시고용인원 20인 이하의 사업장은 관할 세무서의 승인을 얻은 후 반기신고가 가능하다.

수행 결과 사업장등록

❶ (주)삼일테크 시스템관리자로 로그인 후 사업장등록 메뉴를 실행하면 기본적으로 본사 사업장 코드는 '1000'번으로 자동 등록되며, 본사 관할 세무서 코드(106. 용산)를 조회하여 추가 입력하고, 이행상황신고구분(1. 반기)을 선택한다.

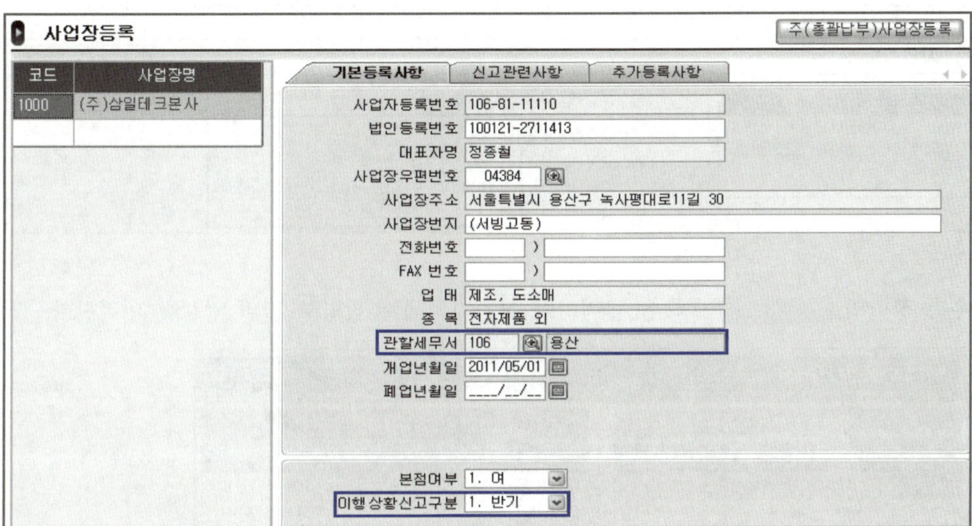

❷ 대구지사의 사업장코드를 '2000'번을 등록하고 사업자등록증 내용을 입력한다.

❸ [신고관련사항] TAB에서 주업종코드와 지방세신고지(주소의 '동' 검색)를 입력한다.

코드	사업장명		
1000	(주)삼일테크본사		
2000	(주)삼일테크 대구지사		

주업종코드 322001 제조업
지방세신고지(행정동) 1117069000 용산구청
지방세신고지(법정동) 1117013300 서울특별시 용산구 서빙고
지방세개인법인구분 22 주식회사00

코드	사업장명		
1000	(주)삼일테크본사		
2000	(주)삼일테크 대구지사		

주업종코드 322001 제조업
지방세신고지(행정동) 2729058500 달서구청
지방세신고지(법정동) 2729010700 대구광역시 달서구 신당동
지방세개인법인구분 22 주식회사00

❹ 우측 상단의 주(총괄납부)사업장등록 을 클릭하여 부가가치세 총괄납부 관련 정보를 입력한다.

주(총괄납부)사업장 등록

코드	주(총괄납부)사업장	승인번호
1000	(주)삼일테크본사	202679

	코드	종사업장명	사업자번호
☐	1000	(주)삼일테크…	106-81-11110
☐	2000	(주)삼일테크…	514-85-27844
☐			

개념 익히기

● 주사업장총괄납부제도

사업자에게 둘 이상의 사업장이 있는 경우에 정부의 승인을 얻어 부가가치세의 납부를 각각의 사업장마다 납부하지 아니하고, 주된 사업장에서 다른 사업장의 납부세액까지를 일괄하여 납부 또는 환급할 수 있게 하는 제도이다.

➡ 부가세 신고는 각 사업장에서, 세액의 납부(또는 환급)만 주된 사업장에서 한다.

● 사업자단위과세제도

사업자단위과세제도는 사업자가 여러 사업장을 소유하고 있는 경우, 주된 사업장에서 사업자 등록을 하나만 하여 신고와 납부를 할 수 있는 제도이다. 즉 각 지점의 사업자등록번호는 말소되고, 주된 사업장의 사업자등록번호로 모든 사업장의 세금계산서를 발급 및 수취하는 제도이다.

➡ 사업자등록, 세금계산서 발급, 신고·납부(환급) 모두 주된 사업장에서 한다.

출제유형 ···▶ **회사등록정보(사업장등록)** 

문1) 핵심ERP를 사용하기 위해서는 가장 먼저 회사의 조직을 등록해야 한다. 다음 중 등록 프로세스를 올바르게 나열한 것은?

① 회사등록 → 사업장등록 → 부서등록 → 부문등록 → 사원등록
② 회사등록 → 사업장등록 → 부문등록 → 부서등록 → 사원등록
③ 회사등록 → 부문등록 → 사업장등록 → 부서등록 → 사원등록
④ 회사등록 → 부서등록 → 사업장등록 → 부문등록 → 사원등록

문2) (주)삼일테크의 부가가치세신고와 관련된 [세무서코드/주업종코드/전자신고ID]를 설정하려고 한다. 다음 중 실행해야 할 메뉴는 무엇인가?

① 회사등록   ② 사업장등록
③ 시스템환경설정   ④ 부가세관리

문3) (주)삼일테크 대구지사의 관할세무서와 지방세신고지(행정동)로 올바른 것은?

① 용산세무서 - 용산구청   ② 용산세무서 - 달서구청
③ 남대구세무서 - 용산구청   ④ 남대구세무서 - 달서구청

문4) ㈜삼일테크본사와 대구지사 사업장에 대한 다음 설명 중 올바르지 않은 것은?

① ㈜삼일테크본사는 본점에 해당하며, 이행상황신고구분은 '반기'이다.
② ㈜삼일테크는 본사와 대구지사의 부가가치세를 본사에서 총괄납부 하고 있다.
③ ㈜삼일테크 대구지사의 이행상황신고구분은 '월별'이다.
④ ㈜삼일테크 대구지사의 주업종코드는 '제조업(322001)'이다.

2.3 부서등록

필요 지식

부서는 회사 업무의 범주를 구분하는 중요한 그룹단위라고 할 수 있으며, 핵심ERP에서 등록된 부서는 추후 부서별 판매 및 구매현황, 부서별 손익계산서 등 다양한 형태의 보고서로 집계될 수 있다.

수행 내용 　부서등록

시스템관리 ➡ 회사등록정보 ➡ 부서등록

다음의 사항을 참고하여 (주)삼일테크의 부문등록과 부서등록 작업을 수행하시오.

구 분	부문코드	부문명	사용기간
부 문	1000	관리부문	2011/05/01~
	2000	영업부문	2011/05/01~
	3000	물류부문	2011/05/01~
	4000	생산부문	2013/08/01~

참고 [부서등록] 작업 이전에 [부문등록] 작업이 선행되어야 한다.

구 분	부서코드	부서명	사업장	부문명	사용기간
부 서	1100	임원실	본사(1000)	관리부문(1000)	2011/05/01 ~
	1200	관리팀	본사(1000)	관리부문(1000)	2011/05/01 ~
	2100	영업팀	본사(1000)	영업부문(2000)	2011/05/01 ~
	3100	물류팀	본사(1000)	물류부문(3000)	2011/05/01 ~ 2026/11/30
	4100	생산팀	대구지사(2000)	생산부문(4000)	2013/08/01 ~

* 물류팀은 2026년 12월 1일부로 영업팀으로 통합되어 운영된다.

 부서등록

❶ 부서등록 메뉴의 화면 우측 상단 [부문등록] 클릭하여 부문을 등록하고 확인을 누른다.

❷ 부문을 등록한 후 부서를 등록한다.

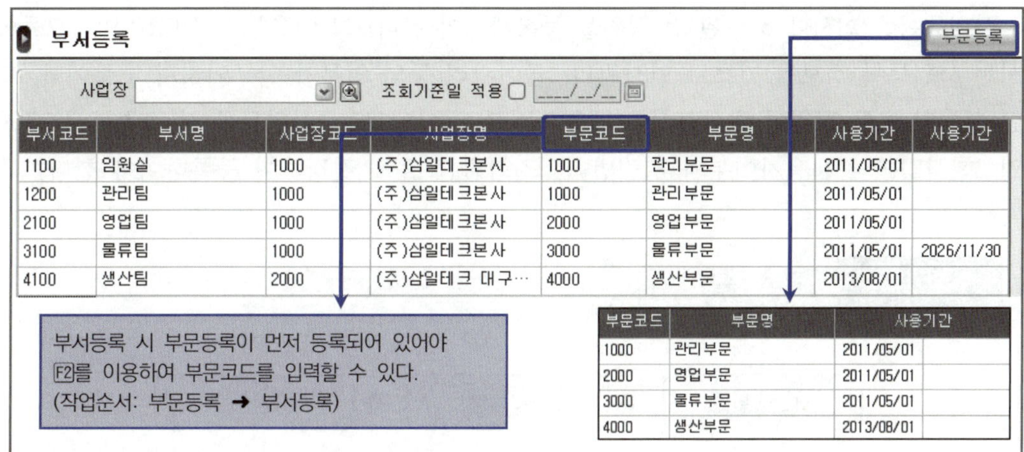

부서코드	부서명	사업장코드	사업장명	부문코드	부문명	사용기간	사용기간
1100	임원실	1000	(주)삼일테크본사	1000	관리부문	2011/05/01	
1200	관리팀	1000	(주)삼일테크본사	1000	관리부문	2011/05/01	
2100	영업팀	1000	(주)삼일테크본사	2000	영업부문	2011/05/01	
3100	물류팀	1000	(주)삼일테크본사	3000	물류부문	2011/05/01	2026/11/30
4100	생산팀	2000	(주)삼일테크 대구…	4000	생산부문	2013/08/01	

부서등록 시 부문등록이 먼저 등록되어 있어야
F2를 이용하여 부문코드를 입력할 수 있다.
(작업순서: 부문등록 ➜ 부서등록)

부문코드	부문명	사용기간
1000	관리부문	2011/05/01
2000	영업부문	2011/05/01
3000	물류부문	2011/05/01
4000	생산부문	2013/08/01

[참고] 부문코드번호와 부서코드번호는 저장 시 삭제는 가능하지만, 수정이 불가능 하므로 입력시 유의
하여야 한다.

개념 익히기

- 핵심ERP에서 등록된 부문명 및 부서명, 사원명, 품목명 등의 명칭은 언제든지 수정할 수
있지만, 이에 따른 코드는 수정할 수 없으며, 관련 데이터가 발생한 후에는 삭제할 수도
없다.
- 저장 후 관련 데이터가 발생한 상태에서 삭제가 필요하다면, 진행되었던 프로세스의 역순
으로 삭제 및 취소 후 저장한 데이터를 삭제할 수 있다.

2.4 사원등록

필요 지식

사원등록은 회사에 소속된 전 직원을 등록하여야 한다. 그 이유는 핵심ERP 인사모듈에서는 사원등록 정보를 기초로 인사관리, 급여관리 등의 업무가 이루어지기 때문이다. 다만 회사의 모든 직원이 핵심ERP를 사용하는 것은 아니므로, 사원등록 시 소속부서, 입사일, 핵심ERP의 사용자여부와 입력방식, 조회권한 등을 결정하여 등록하여야 한다.

수행 내용 사원등록

```
시스템관리  ➡  회사등록정보  ➡  사원등록
```

다음의 사항을 참고하여 (주)삼일테크의 사원등록 작업을 수행하시오.

사원코드	사원명	부서명	입사일	사용자 여부	인사 입력방식	회계 입력방식	조회권한
1010	정종철	임원실(1100)	2011/05/01	여	미결	미결	회사
2010	임영찬	관리팀(1200)	2011/05/01	여	승인	수정	회사
3010	장혜영	영업팀(2100)	2012/07/01	여	미결	승인	사업장
4010	임영인	물류팀(3100)	2012/07/01	여	미결	미결	부서
5010	백수인	생산팀(4100)	2016/08/01	여	미결	미결	사업장
5020	박효진	생산팀(4100)	2020/08/01	부	미결	미결	미사용

* 품의서권한과 검수조서권한은 '미결'로 설정한다.

개념 익히기

● 조회권한

구분	세 부 내 용
회사	회사의 모든 데이터를 입력 및 조회할 수 있다.
사업장	로그인한 사원이 속한 사업장의 데이터만 입력 및 조회할 수 있다.
부서	로그인한 사원이 속한 부서의 데이터만 입력 및 조회할 수 있다.
사원	로그인한 사원 자신의 정보만 입력 가능하며, 그 데이터만 조회할 수 있다.
미사용	ERP 로그인이 불가능하여 접근이 통제된다.

● 회계입력방식

구분	세 부 내 용
미결	회계모듈 전표입력 시 자동으로 미결전표가 생성되며, 승인권자 혹은 수정권자의 승인처리를 통해 승인전표로 변경 가능
승인	회계모듈 전표입력 시 자동으로 승인전표가 생성되며, 전표를 수정 및 삭제하고자 할 경우 승인해제를 통해 미결전표로 변경 후 수정이 가능
수정	회계모듈 전표입력 시 자동으로 승인전표가 생성되며, 승인해제를 하지 않아도 전표를 수정 및 삭제 가능

  사원등록

화면상단의 부서검색 조건을 비워두고 조회한 후 사원등록 정보를 입력한다.

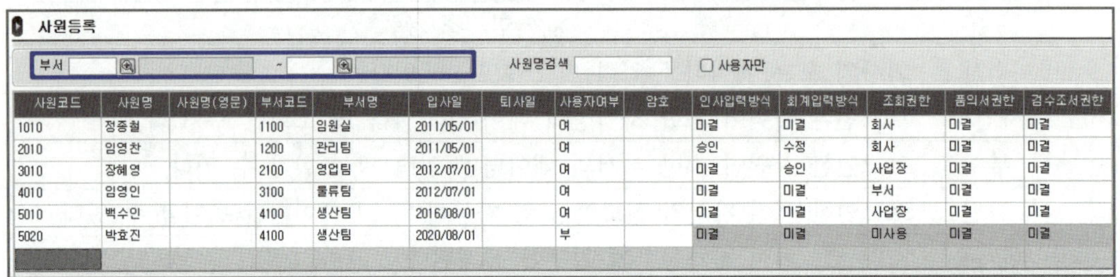

사원코드	사원명	사원명(영문)	부서코드	부서명	입사일	퇴사일	사용자여부	암호	인사입력방식	회계입력방식	조회권한	품의서권한	검수조서권한
1010	정종철		1100	임원실	2011/05/01		여		미결	미결	회사	미결	미결
2010	임영찬		1200	관리팀	2011/05/01		여		승인	수정	회사	미결	미결
3010	장혜영		2100	영업팀	2012/07/01		여		미결	승인	사업장	미결	미결
4010	임영인		3100	물류팀	2012/07/01		여		미결	미결	부서	미결	미결
5010	백수인		4100	생산팀	2016/08/01		여		미결	미결	사업장	미결	미결
5020	박효진		4100	생산팀	2020/08/01		부		미결	미결	미사용	미결	미결

> **참고** 부서란에 Space bar를 누른 후 공란 상태에서 조회한 후 사원등록 정보를 입력하고, 사원코드 번호는 저장 시 삭제는 가능하지만, 수정이 불가능 하므로 입력시 유의 하여야 한다.

주요항목 설명

❶ 사용자여부: ERP운용자는 '여', ERP운용자가 아니면 '부'로 설정한다.

❷ 퇴사일: 퇴사일은 시스템관리자만 입력할 수 있으며, 퇴사일 이후에는 시스템 접근이 제한된다.

❸ 암호: ERP로그인 시 필요한 암호를 설정할 수 있다.

❹ 인사입력방식: 급여마감에 대한 통제권한이다. 승인권자는 최종급여를 승인 및 해제할 수 있다.

❺ 회계입력방식: 회계모듈 전표입력 방식에 대한 권한을 설정한다.

❻ 조회권한: ERP 데이터 조회권한을 설정한다.

❼ 품의서 및 검수조서권한: 실무에서 사용되는 그룹웨어나 자산모듈 운용과 관련된 기능으로서 핵심ERP에서는 활용되지 않는 기능이다.

출제유형 ┄▶ **회사등록정보(부서&사원등록)**

문1) ㈜삼일테크본사에 소속된 부서 중 2026년 12월 1일 현재 사용중인 부서는 모두 몇 곳인가?

　① 1곳　　　　　② 3곳　　　　　③ 4곳　　　　　④ 5곳

문2) 물류팀 임영인 사원의 장부 조회권한은 무엇인가?

　① 사원　　　　　② 부서　　　　　③ 사업장　　　　　④ 회사

문3) ㈜삼일테크에 소속된 사원들의 조회권한에 대한 설명 중 올바르지 않은 것은?

　① 본사 관리팀 임영찬 사원은 모든 사업장의 정보를 조회할 수 있다.
　② 본사 영업팀 장혜영 사원은 본사 사업장의 정보는 조회 할 수 있으나, 대구지사 사업장의 정보는 조회 할 수 없다.
　③ 본사 물류팀 임영인 사원은 조회권한이 '부서'이므로, 모든 부서의 정보를 조회 할 수 있다.
　④ 대구지사 생산팀 백수인 사원은 대구지사 사업장의 정보는 조회 할 수 있으나, 본사 사업장의 정보는 조회 할 수 없다.

문4) 정종철 임원의 전표입력 방식에 대해서 바르게 설명한 것은?

　① 모든 전표에 대해서 수정 및 삭제가 불가능하다.
　② 전표상태에 상관없이 모든 전표 수정이 가능하다.
　③ 승인 전표의 경우 수정권자의 승인해제 작업 후 수정 및 삭제할 수 있다.
　④ 미결 및 승인전표 삭제시 전표의 승인해제 작업 없이 삭제할 수 있다.

2.5 시스템환경설정

필요 지식

　시스템환경설정 메뉴는 핵심ERP를 본격적으로 운용하기 전에 회사의 상황에 맞도록 각 모듈 및 공통적인 부문의 옵션(파라미터)을 설정하는 메뉴이다. 예를 들어 본·지점회계 사용 여부의 결정, 유형자산의 감가상각비 계산방식, 수량 소수점 자릿수 등 다양한 항목들에 대하여 설정하는 부분이다.

　시스템환경설정에서 설정된 항목은 추후 ERP 운용프로세스에도 영향을 미치므로 신중하게 고려하여야 하며, 시스템환경설정을 변경한 후 적용을 위해서는 반드시 [재로그인]을 하여야 한다.

수행 내용　시스템환경설정

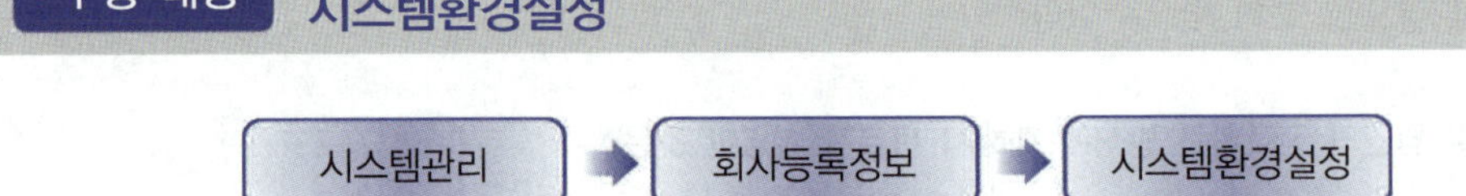

다음을 참고하여 (주)삼일테크의 ERP 시스템 운용을 위한 적절한 환경설정 작업을 수행하시오.

조회 구분	코드	설 정 내 용
공통	01	본점과 지점의 회계는 구분하지 않고 통합적으로 관리하고 있다.
	03	원화 단가에 대한 소수점은 사용하지 않는다.
인사	02	더존 SMART 연말정산을 사용한다.

수행 결과 | 시스템환경설정

● 시스템환경설정

조회구분 | 1. 공통   환경요소 [   ]

구분	코드	환경요소명	유형구분	유형설정	선택범위	비고
공통	01	본지점회계여부	여부	0	0.미사용 1.사용	
공통	02	수량소숫점자리수	자리수	2	선택범위 : 0~6	
공통	03	원화단가소숫점자리수	자리수	0	선택범위 : 0~6	
공통	04	외화단가소숫점자리수	자리수	2	선택범위 : 0~6	
공통	05	비율소숫점자리수	자리수	3	선택범위 : 0~6	
공통	06	금액소숫점자리수	자리수	0	선택범위 : 0~4	
공통	07	외화소숫점자리수	자리수	2	선택범위 : 0~4	

● 시스템환경설정

조회구분 | 3. 인사

구분	코드	환경요소명	유형구분	유형설정	선택범위	비고
인사	02	더존SMART연말정산 사용여부	여부	1	0.미사용 1.사용	

2.6 사용자권한설정

필요 지식

사용자권한설정 메뉴는 핵심ERP 사용자들의 권한을 설정하는 메뉴이다. 사원등록에서 등록한 입력방식과 조회권한을 토대로 사용자별로 접근 가능한 세부 메뉴별 권한을 부여하여야 하며, 사용자별 핵심ERP 로그인을 위해서는 반드시 사용자별로 권한설정이 선행되어야 한다.

수행 내용 · 사용자권한설정

다음은 (주)삼일테크의 업무영역을 고려하여 사원별로 ERP시스템 사용권한을 부여하고자 한다. 사원별로 사용자권한설정 작업을 수행하시오.

사원코드	사원명	사 용 권 한	조회권한
1010	정종철	전체모듈(전권)	회사
2010	임영찬	전체모듈(전권)	회사
3010	장혜영	영업관리(전권), 구매/자재관리(전권), 무역관리(전권)	사업장
4010	임영인	영업관리(전권), 구매/자재관리(전권)	부서
5010	백수인	생산관리공통(전권)	사업장

수행 결과 **사용자권한설정**

➊ 사용자권한설정 메뉴의 모듈구분에서 권한을 부여하고자 하는 모듈을 선택한다.

➋ 권한부여 대상 사원명을 선택한다.

➌ [MENU] 항목에 나타난 메뉴가 선택한 모듈의 전체메뉴를 보여주고 있다. 부여할 권한이 '전권'이라면 [MENU] 항목의 왼쪽 체크박스를 선택하면 전체가 동시에 선택된다.

➍ 화면 우측 상단의 권한설정 아이콘을 클릭한다.

➎ 권한부여 대상자의 조회권한을 확인한 후 [확인]을 클릭한다.

권한설정 순서

모듈구분 → 사원명 → MENU선택 → 권한설정 → 조회권한 선택 후 [확인]

(1) 정종철의 권한설정: 권한설정 순서에 따라 모든 권한을 설정한다.

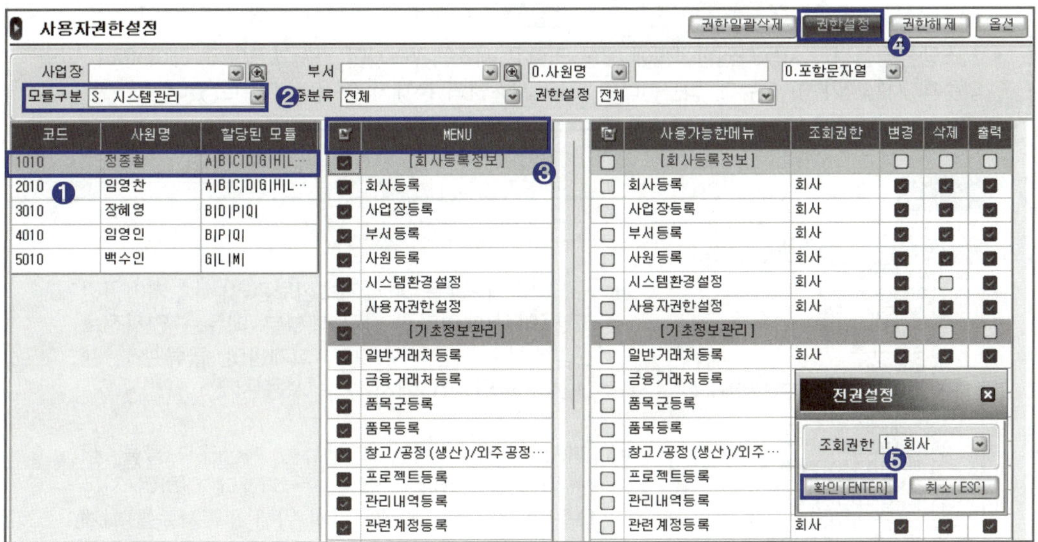

* 다른 모듈(B.영업관리~C.원가관리)도 위의 순서에 따라 권한설정 작업을 각각 수행한다.

(2) 임영찬의 권한설정: (1) 정종철과 동일하므로 권한복사를 이용하여 설정한다.

권한복사 순서

- 권한이 설정된(복사하고자 하는) 사원명 선택 → 마우스 오른쪽 클릭 → 권한복사
- 권한을 설정할(붙여넣고자 하는) 사원명 선택 → 마우스 오른쪽 클릭 → 권한붙여넣기

(3) 장혜영의 권한설정: 영업관리, 구매/자재관리, 무역관리 모듈을 선택하고 권한을 설정한다.

(4) 임영인의 권한설정: 영업관리, 구매/자재관리 모듈을 선택하고 권한을 설정한다.

(5) 백수인의 권한설정: 생산관리공통 모듈을 선택하고 권한을 설정한다.

참고

- 권한해제
  회사에서는 종종 인사이동, 직무변경 등으로 인하여 ERP 시스템 운용의 담당영역도 변경될 수 있다. 이때 사용권한에 대한 추가 또는 해제가 필요하다. 권한해제 방법은 해제대상 모듈과 세부 메뉴를 선택한 후 `권한일괄삭제` 또는 `권한해제` 아이콘을 클릭하여 해제할 수 있다.

- 시스템환경설정과 사용자권한설정에 대한 권한은 시스템관리자만 가지고 있도록 해야 한다. 만약 다수의 사용자가 이 메뉴에 접근한다면 ERP 시스템의 통제가 어려워질 수도 있다.

참고

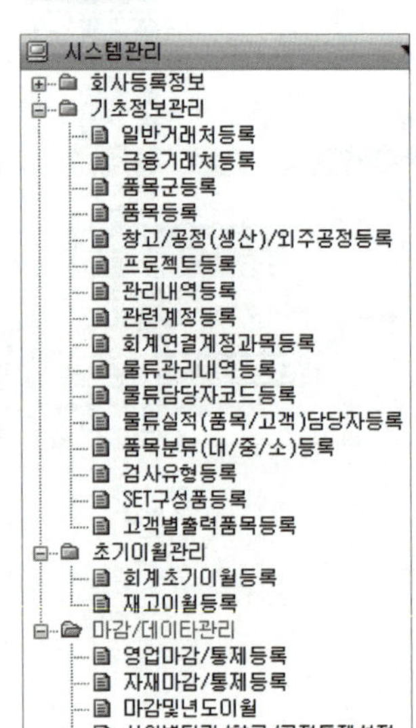

- 시스템관리 항목 중 [기초정보관리], [초기이월관리], [마감/데이타관리]의 대부분 메뉴는 인사정보관리에서는 사용하지 않고, 회계관리, 물류관리, 생산관리 등의 작업에서 주로 사용된다.

- [회계연결계정과목등록] 메뉴는 핵심ERP 물류, 생산 및 인사모듈에서 발생하는 거래에 대하여 자동으로 회계전표를 발생시키기 위해 관련자료를 회계모듈로 연결하는 작업으로 정상적인 회계처리(분개) 작업을 위해서 반드시 선행되어야 한다.

- [마감/데이타관리] – [마감및년도이월] 메뉴는 입력된 자료를 저장하고 더 이상 수정하지 않을 때 사용된다.

출제유형 ···▶ **회사등록정보(시스템환경설정&사용자권한설정)** 

문1) 당사가 ERP에서 사용중인 끝전 단수처리 유형으로 올바른 것은?

① 반올림   ② 절사   ③ 정상   ④ 사용하지 않음

문2) 핵심ERP에서 당사가 설정한 시스템 환경설정 사항 중 올바르지 않은 것은?

① 당사는 본지점 회계를 구분하지 않고 통합하여 관리하고 있다.
② 원화 단가 사용시에 소수점은 사용하지 않는다.
③ 일용직사원에 대하여 대용량 데이터 조회가 가능하다.
④ 더존 SMART연말정산 사용여부는 "사용"으로 선택되어 있다.

문3) ㈜삼일테크의 상반기 영업현황과 영업분석을 정리하고자 한다. 관련내용을 조회하여 정리작업을 수행 할 수 없는 사원은?

① 임영찬   ② 장혜영   ③ 임영인   ④ 백수인

문4) 당사 관리팀 임영찬 사원의 사용자권한설정에 대한 설명 중 올바르지 않은 것은?

① 시스템관리 항목의 회사등록정보에 대해 전권이 부여되어 있다.
② 메뉴에 대한 조회권한이 "회사"이므로 모든 사업장의 정보를 입력 및 조회 할 수 있다.
③ 인사/급여관리 메뉴에 대한 권한이 부여되어 있으므로, 관련 정보를 조회 할 수 있다.
④ 영업관리 메뉴는 권한이 부여되지 않아 관련 정보를 조회 할 수 없다.

인사 기초정보 관리

인사모듈 기초환경설정 프로세스

필요 지식

인사모듈의 기초환경설정은 회사의 인사규정을 기초로 하여 핵심ERP를 사용하기 위한 기초환경을 설정해 주는 부분으로서 정확하게 설정되어야 데이터의 오류가 발생하지 않으며, 각종 소득세액 및 사회보험 등의 관련 법규에 의하여 맞추어진 부분으로 인사급여 모듈의 가장 중요한 부분이다.

핵심ERP의 인사모듈 기초환경설정 프로세스는 다음과 같다.

❙ 핵심ERP 인사모듈 기초환경설정 프로세스 ❙

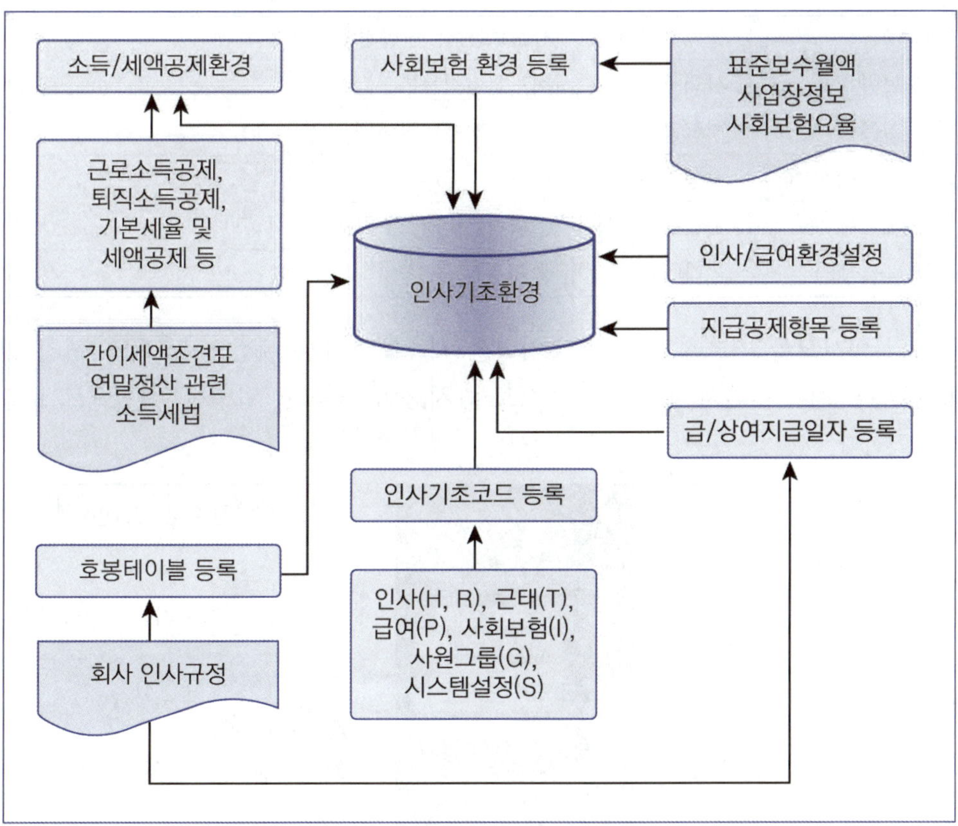

01 인사기초코드등록

필요 지식

인사관리시스템에 적용하기 위한 기초코드를 등록하는 메뉴이다. [회계관리]의 [관리내역등록]과 같이 기초코드를 등록해 놓고 등록된 코드를 각각의 관리메뉴에 적용하면서 필요한 항목은 추가할 수 있도록 하고 있다.

핵심ERP 인사기초코드등록 메뉴에서는 인사 및 급여관리 등에 사용되는 항목을 다음과 같이 분류하고 있다.

0. 인사(H, R)	인사관리(인사정보등록, 인사기록카드 등)
1. 근태(T)	근태/급여관리(근태집계및급여계산, 지급공제항목등록 등)
2. 급여(P)	근태/급여관리(인사정보등록, 연말정산추가입력 등)
3. 사회보험(I)	사회보험관리, 사회보험환경등록
4. 사원그룹(G)	지급공제항목등록, 근태집계및급여계산 등
5. 사업/기타소득(B)	사업소득, 기타소득관리
6. 기타(E)	지급공제항목등록, 퇴직금산정, 주민세납부서 등
7. 시스템설정(S)	기타 시스템전반에 활용

본 장의 인사모듈 기초정보 자료의 입력은 시스템관리자 계정으로 로그인하지 않고 [조회권한]이 '회사'이면서 핵심ERP 인사모듈 사용이 가능한 '임영찬' 사원으로 로그인하여 입력한다.

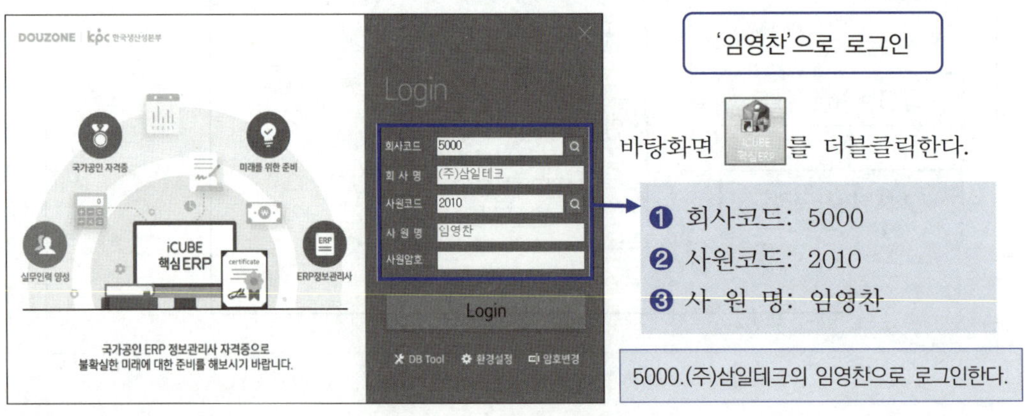

참고 사원등록 입력 시 암호는 설정하지 않았으므로, 암호는 입력하지 않고 로그인 한다.

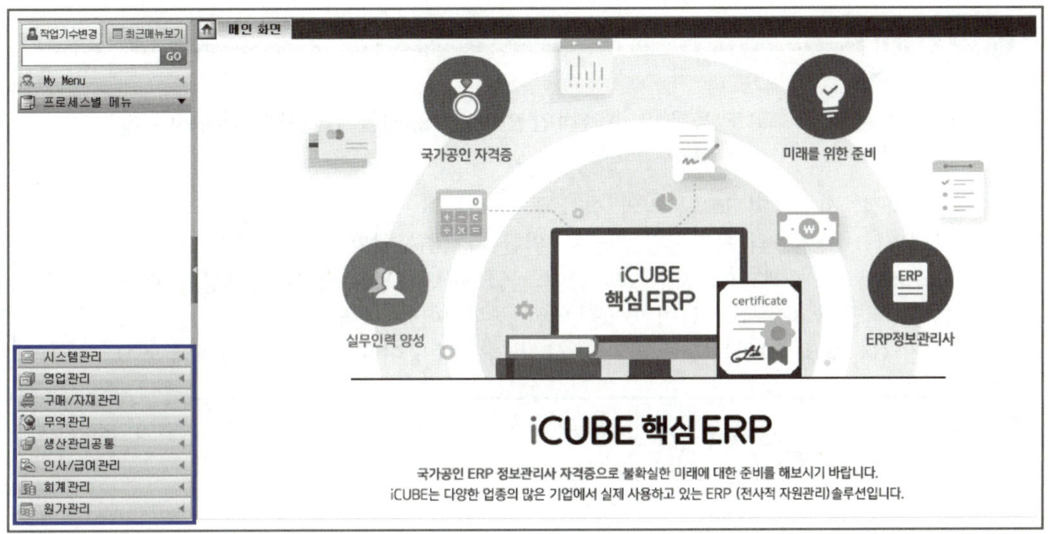

참고 사용자권한설정 메뉴에서 부여한 사용권한에 따른 메뉴가 조회된다.

수행 내용 인사기초코드등록

(주)삼일테크의 인사기초코드 등록사항을 참고하여 인사기초코드등록 작업을 수행하시오.

1. 출력구분: 0. 인사(H, R)

H4.교육과정	100	직무역량 강화교육	200	I CAN 리더십교육	300	4대폭력 예방교육
H9.자격면허	100	ERP정보관리사	200	FAT(회계정보)	300	TAT(세무정보)

2. 출력구분: 2. 급여(P)

P2.지급코드	P10	직책수당	P20	가족수당
	P30	자격수당	P40	식대
	P50	연장근로수당		
P3.공제코드	S40	노동조합비		
PE.호봉	C01	1호봉	C02	2호봉
	C03	3호봉	C04	4호봉
	C05	5호봉	C06	6호봉

개념 익히기

핵심ERP에서 '인사기초코드 등록'은 효율적인 인사정보관리를 위해서 선행되어야 하는 필수 프로세스이다.

- H4.교육과정: 사원들의 교육관리와 평가에 필요
- H9.자격면허: 사원들의 자격수당 지급을 위한 자격취득현황 관리에 필요
- P2.지급코드, P3.공제코드: 사원들의 급여 지급 시 반영될 수당 및 공제항목 관리에 필요
- PE.호봉: 월급제 사원들의 급여관리를 위한 호봉테이블 관리에 필요
- G3.직책, G4.직급: 사원들의 급여지급 시 반영될 수당이나 근태집계 관리에 필요

참고 등록된 인사기초코드를 사용하지 않을 경우, 삭제하지 않고 사용여부를 '미사용'으로 수정하거나 사용종료일을 입력하여 조회되지 않도록 하여야 한다.

수행 결과 인사기초코드등록

❶ 출력구분: 0.인사(H,R)

▌H4.교육과정에 등록된 화면 ▌

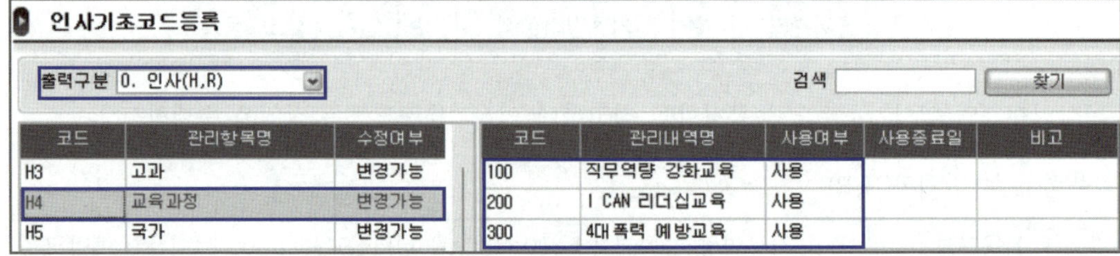

코드	관리항목명	수정여부		코드	관리내역명	사용여부	사용종료일	비고
H3	고과	변경가능		100	직무역량 강화교육	사용		
H4	교육과정	변경가능		200	I CAN 리더십교육	사용		
H5	국가	변경가능		300	4대폭력 예방교육	사용		

▌H9.자격면허에 등록된 화면 ▌

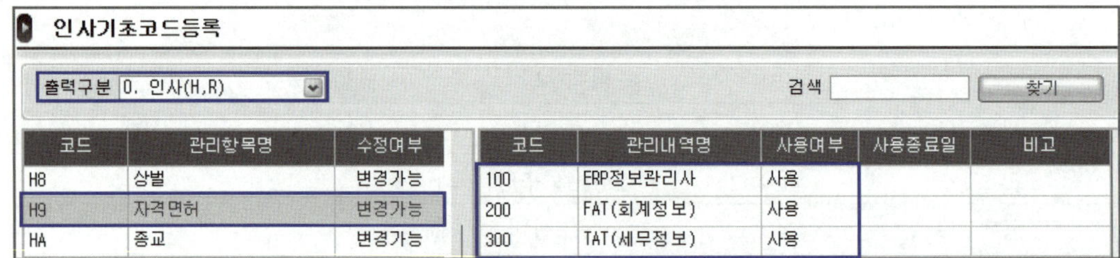

코드	관리항목명	수정여부		코드	관리내역명	사용여부	사용종료일	비고
H8	상벌	변경가능		100	ERP정보관리사	사용		
H9	자격면허	변경가능		200	FAT(회계정보)	사용		
HA	종교	변경가능		300	TAT(세무정보)	사용		

❷ 출력구분: 2.급여(P)

▌P2.지급코드에 등록된 화면 ▌

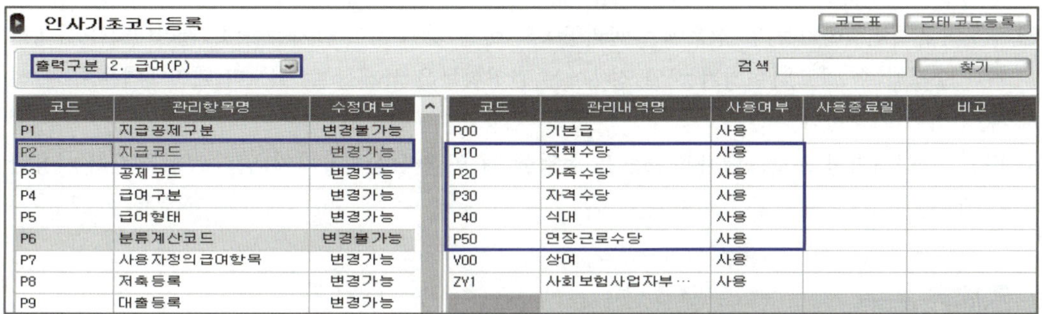

▌P3.공제코드에 등록된 화면 ▌

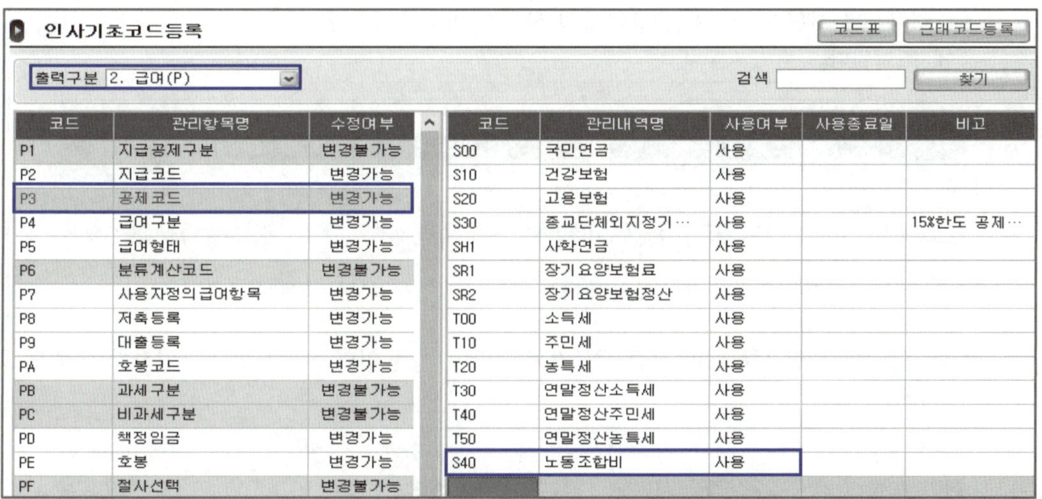

▌PE.호봉에 등록된 화면 ▌

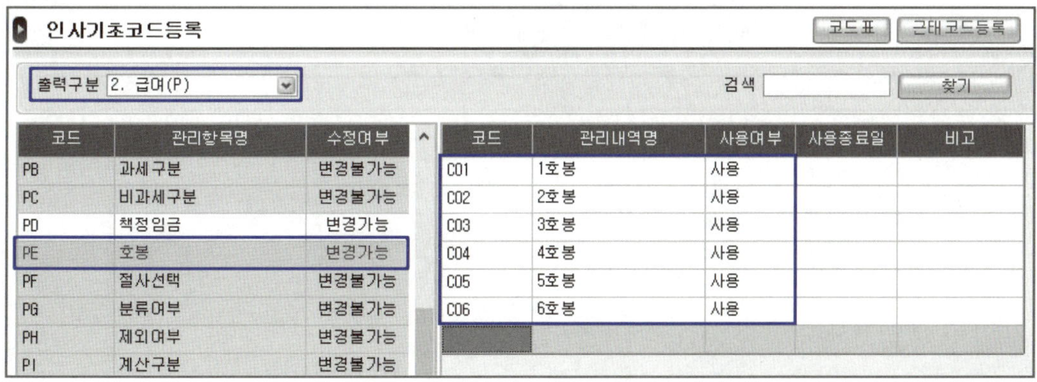

주요항목 설명

❶ 관리항목: 회사등록 시 자동 생성된다.

❷ 수정여부: [변경불가능]일 경우에는 관리항목의 삭제 및 수정이 불가능하며, 관리내역을 등록하거나 수정할 수 없고, [변경가능]일 경우에는 관리항목은 삭제할 수 없으나 관리내역은 추가/삭제/수정이 가능하다.

❸ 비고: 관리내역별 프로그램사용 조건을 설정할 때 입력하며 사용자가 임의로 등록하여 사용할 수 없다.

개념 익히기

● 인사기초코드등록 메뉴의 비고란 등록 시 화면 하단의 메시지를 확인

- 출력구분(4.사원그룹), G1.고용구분의 상용직 비고란에 '1'을 입력하여야 인사정보 등록에 조회된다.

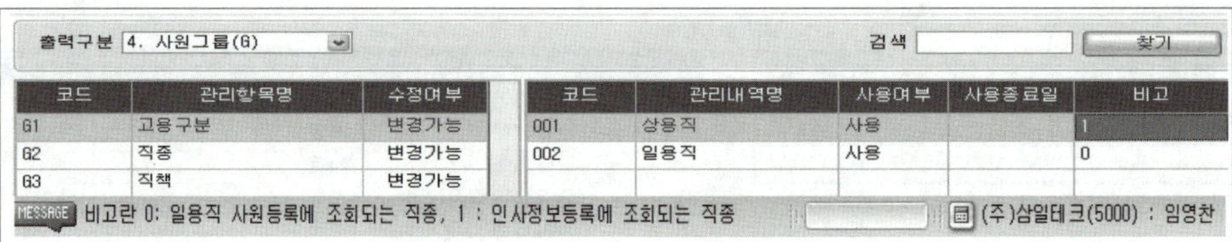

[참고] 비고란 구분: 0(일용직 사원등록에서 조회), 1(인사정보등록에서 조회)

- 출력구분(4.사원그룹), G2.직종 생산직 비고란에 '1'을 입력하여야 생산직 연장비 과세가 적용된다.

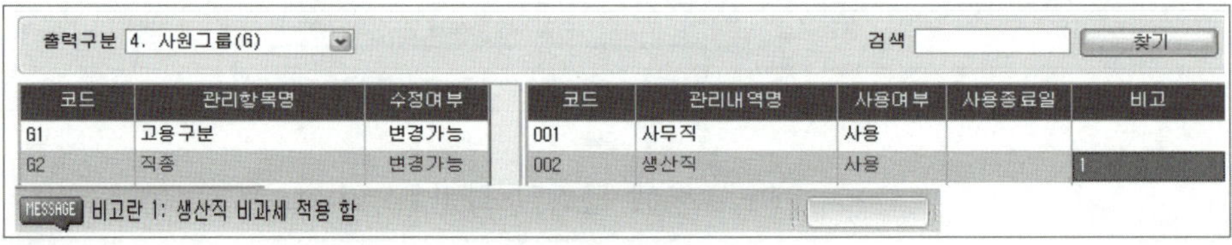

[참고] 비고란 구분 '1' 선택 시 생산직 비과세 적용

문1) 당사는 급여지급시에 ERP정보관리사 자격취득자에 한해 새로이 자격수당을 지급하기로 하였기에 관련 기초코드 등록을 하고자 한다. 기초코드 등록을 위한 메뉴로 올바른 것은?

① 시스템관리 → 기초환경설정 → 인사기초코드등록
② 인사/급여관리 → 기초환경설정 → 인사기초코드등록
③ 시스템관리 → 기초환경설정 → 지급공제항목등록
④ 인사/급여관리 → 기초환경설정 → 지급공제항목등록

문2) 인사관리를 위한 기초코드의 아래 관리항목 중 사용자가 변경할 수 있는 항목이 아닌 것은?

① H4.교육과정　　　　　　　　② H9.자격면허
③ HB.학력　　　　　　　　　　④ HF.발령내역

문3) 핵심ERP의 인사기초코드등록에 대한 설명중 올바르지 않은 것은?

① 수정여부가 "변경가능"인 관리항목의 관리내역을 수정 및 추가 할 수 있다.
② 관리내역명은 수정 가능하지만 관리내역의 코드번호는 저장 후 수정이 불가능하다.
③ 사용하지 않는 인사기초코드는 삭제하는 것이 바람직하다.
④ 알파벳으로 시작하는 관리항목 코드는 시스템에서 관리하므로 반드시 지정된 영문자를 사용하여야 한다.

문4) 다음 중 [인사기초코드등록]의 '4.사원그룹(4G)' 출력구분에 대한 설명으로 올바르지 않은 것은?

① 'G4.직급'은 인사정보등록 메뉴에서만 관리하고 있는 코드이다.
② 'G2.직종'의 관리내역 중 '002.일용직'은 일용직사원등록 메뉴에서 조회된다.
③ 생산직 연장근로 비과세 적용은 'G2.직종'의 비고에 '0'을 입력해야 한다.
④ '02.근무조'에 등록된 근무조는 총 3개이며, 사용여부는 모두 '사용'이다.

02 소득/세액공제환경설정

필요 지식

소득/세액공제환경설정은 원천징수와 연관되어 세법상 과세 기준 및 세율 등이 설정되어 있는 부분으로, 각종 소득세를 자동으로 산출하기 위한 기초데이터들이 등록되어 있는 메뉴이다. 회사등록 시 자동으로 기초데이터가 제공되며, 해당년도의 세법이 정해져 있듯이 사용자가 임의로 수정할 수 없는 메뉴이다.

▌소득/세액공제환경설정 ▌

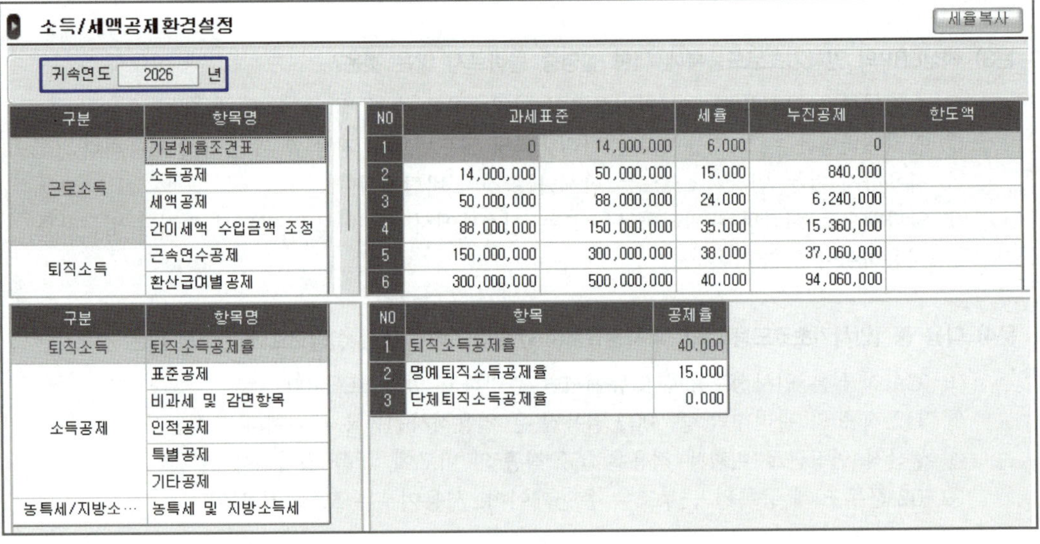

소득/세액공제 환경설정   세율복사

귀속연도 2026 년

구분	항목명		NO	과세표준		세율	누진공제	한도액
근로소득	기본세율조견표		1	0	14,000,000	6.000	0	
	소득공제		2	14,000,000	50,000,000	15.000	840,000	
	세액공제		3	50,000,000	88,000,000	24.000	6,240,000	
	간이세액 수입금액 조정		4	88,000,000	150,000,000	35.000	15,360,000	
퇴직소득	근속연수공제		5	150,000,000	300,000,000	38.000	37,060,000	
	환산급여별공제		6	300,000,000	500,000,000	40.000	94,060,000	

구분	항목명	NO	항목	공제율
퇴직소득	퇴직소득공제율	1	퇴직소득공제율	40.000
소득공제	표준공제	2	명예퇴직소득공제율	15.000
	비과세 및 감면항목	3	단체퇴직소득공제율	0.000
	인적공제			
	특별공제			
	기타공제			
농특세/지방소…	농특세 및 지방소득세			

▮근로소득 비과세 항목 및 지급명세서 작성여부▮

구분	항목명
퇴직소득	퇴직소득공제율
	표준공제
	비과세 및 감면항목
소득공제	인적공제
	특별공제
	기타공제
농특세/지방소…	농특세 및 지방소득세

NO	구분	코드	법조문	항목	지급명세서작	공제액
1	비과세	A01	소득세법…	복무병 급여	×	0
2	비과세	B01	소득세법…	동원직장 급여	×	0
3	비과세	C01	소득세법…	요양급여 등	×	0
4	비과세	D01	소득세법…	요양보상금 등	×	0
5	비과세	E01	소득세법…	육아휴직급여	×	0
6	비과세	E02	소득세법…	육아휴직수당	×	0
7	비과세	E10	소득세법…	사망일시금	×	0
8	비과세	F01	소득세법…	요양비 등	×	0
9	비과세	G01	소득세법…	비과세학자금	○	0
10	비과세	H01	소득세법…	위원수당	○	0
11	비과세	H02	소득세법…	일직료숙직료	×	0
12	비과세	H03	소득세법…	자가운전보조금	×	200,000
13	비과세	H04	소득세법…	제복비 등	×	0
14	비과세	H05	소득세법…	승선수당	○	200,000
15	비과세	H06	소득세법…	연구보조비	○	200,000
16	비과세	H07	소득세법…	연구보조비	○	200,000
17	비과세	H08	소득세법…	연구보조비	○	200,000
18	비과세	H09	소득세법…	연구보조비	○	200,000
19	비과세	H10	소득세법…	연구보조비	○	200,000
20	비과세	H11	소득세법…	취재수당	○	200,000
21	비과세	H12	소득세법…	벽지수당	○	200,000
22	비과세	H13	소득세법…	재해급여	○	0
23	비과세	H14	소득세법…	근무환경개선비	○	0

> **참고** 지급명세서 작성대상 비과세 근로소득은 원천징수 의무자와 소득자의 인적사항과 소득금액, 지급 시기 등을 작성하여 다음 해 3월 10일까지 국세청에 제출하여야 한다.

출제유형 ···▶ 소득/세액공제환경설정

문1) 핵심ERP의 소득/세액공제환경설정 메뉴에 대한 설명 중 올바르지 않은 것은?

① 소득/세액공제환경설정 메뉴의 내용은 사용자 임의로 수정이 불가능하다.

② 근로소득의 기본세율조견표는 6% ~ 45%까지 8단계로 구분된다.

③ 소득공제의 인적공제 항목 중 70세 이상의 경로자에 대해 1,500,000원이 공제 가능하다.

④ 소득공제의 인적공제 항목 중 장애자에 대해 2,000,000원이 공제 가능하다.

문2) 근로소득을 지급하는 자는 근로소득지급명세서에 지급내용을 작성하여 제출하여야 한다. 아래 비과세 소득 중 근로소득지급명세서 제출대상이 아닌 것은?

① P01.식사대

② Q02.보육수당

③ H03.자가운전보조금

④ O01.야간근로수당

문3) 핵심ERP에 설정되어 있는 근로소득공제 항목의 과세표준 구간으로 잘못된 것은?

① 　　　　　　0원 ~ 　5,000,000원

② 　5,000,000원 ~ 　15,000,000원

③ 15,000,000원 ~ 45,000,000원

④ 45,000,000원 ~ 9,999,999,999원

03 사회보험환경등록

필요 지식

사회보험환경등록은 사회보험(건강보험, 국민연금, 고용보험, 산재보험)을 관리하기 위한 사업장의 정보와 귀속년도별로 적용될 등급 및 요율을 관리하는 메뉴이다.

▌핵심ERP 사회보험관리 프로세스 ▌

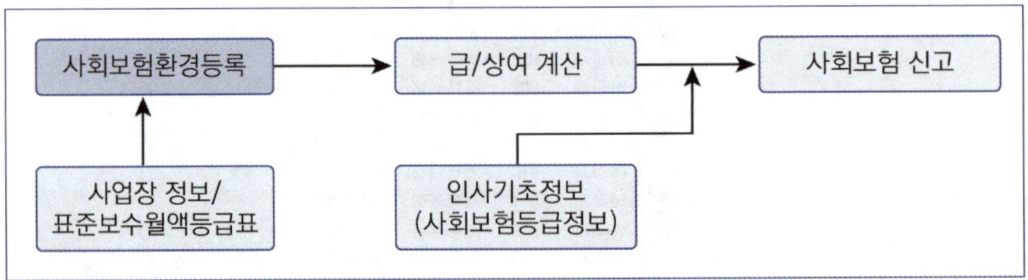

수행 내용 사회보험환경등록

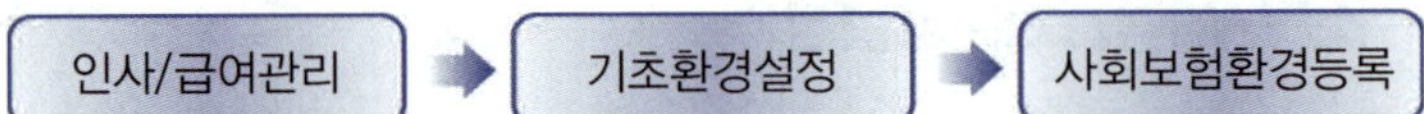

1. (주)삼일테크의 사회보험요율 정보는 다음과 같다. 사회보험환경등록 메뉴에 등록하시오.

구분	건강보험		국민연금		고용보험				산재보험	
	건강 보험	장기 요양	개인 부담	사업자 부담	고용 보험	실업 급여	고용 안전	직업 능력	산재 보험	산재부담금 (임금채권)
요율	7.19%	13.14%	4.75%	4.75%	0.90%	1.00%	0.15%	0.10%	0.60%	0.05%

※ 고용보험 및 산재보험은 보수총액 방식에 의한다.
※ 사회보험의 공통사업장 관리번호 106 − 81 − 11110 − 0

 사회보험환경등록

❶ 건강보험, 국민연금, 고용/산재보험 등의 사회보험요율 입력사항을 확인한다.

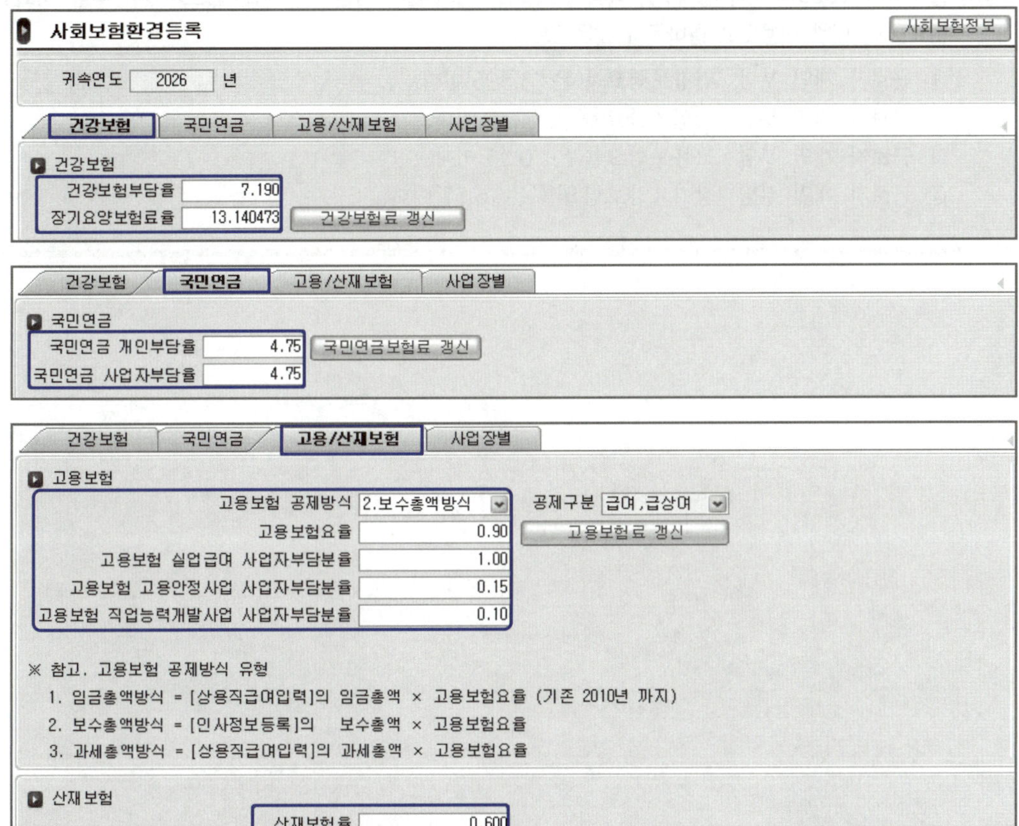

❷ 사업장별 메뉴에서 사회보험 정보를 입력한다.

출제유형 ···▶ **사회보험환경등록**

문1) 당 회사의 2026년 귀속 사회보험 각각의 요율 중 실제 급여 계산 시 적용될 근로자 개인부담 '사회보험요율'에 대한 내용으로 올바르지 않은 것은?

① 근로자 개인 부담 '건강보험요율'은 '3.595'이다.
② 근로자 개인 부담 '국민연금요율'은 '4.75'이다.
③ 근로자 개인 부담 '고용보험요율'은 '0.45'이다.
④ 근로자 개인 부담 '장기요양보험요율'은 '6.57'이다.

04 인사/급여환경설정

필요 지식

근태 및 급여작업에 적용될 기본근로규정을 등록하는 메뉴로써 회사의 급여지급 환경과 근태관리 환경을 등록한다.

┃ 핵심ERP 인사급여환경설정 프로세스 ┃

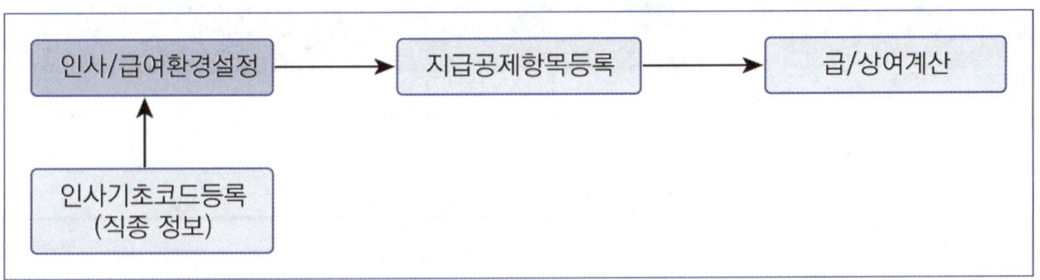

수행 내용 — 인사/급여환경설정

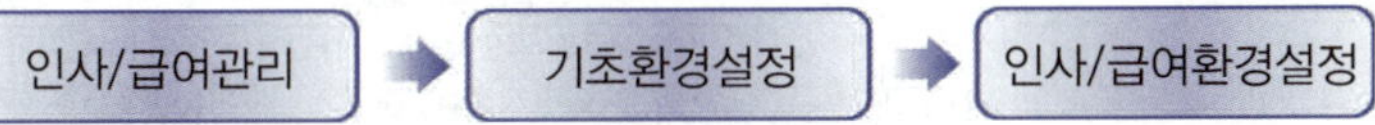

다음은 (주)삼일테크 취업규칙의 일부이다. 인사/급여환경을 설정하는 작업을 수행하시오.

제10조 급여지급을 위한 한달 일수의 산정
급여지급을 위한 기간 산정을 위한 기산일은 사무직, 생산직 매월 1일부터 말일까지의 기간으로 한다.

제21조 중도 입 · 퇴사자의 급여지급
 1. 신규 입사자의 경우 입사일로부터 일할 계산하여 지급한다.
 2. 퇴사자의 경우 25일 이상 근무하는 경우 월할 계산하고, 25일 미만 근무한 경우 일할 계산하여 지급한다.

제22조 수습기간 및 급여 지급방식
 1. 신규입사자는 3개월간의 수습기간을 두고 급여의 70%를 지급한다.
 2. 수습시작과 종료되는 월의 급여지급은 '일할계산'하여 지급한다.

수행 결과　인사/급여환경설정

※ 각 란에서 F2 를 누르면 메뉴를 선택할 수 있다.

❶ 출결마감기준에서 1.사무직을 선택하고 2.당월을 선택한 다음 시작일을 '1'로 입력한다.

❷ 입사자급여계산은 '일', 퇴사자 급여계산을 '월일'의 '기준일: 25일'로 입력한다.

❸ 수습직 기준월 3개월, 수습직 지급율 '70%로' 입력한다.

❹ 2.생산직도 같은 방법으로 '2.당월'을 선택한 다음 시작일을 '1'로 입력한다.

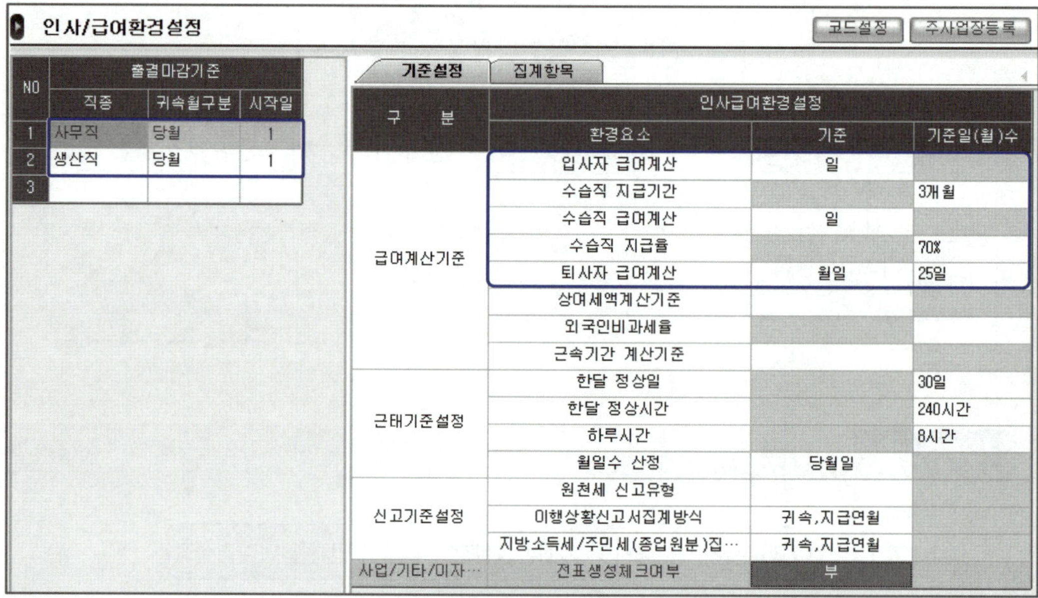

인사/급여환경설정　　　　　　　　　　　　　　　　　코드설정　주사업장등록

NO	출결마감기준		
	직종	귀속월구분	시작일
1	사무직	당월	1
2	생산직	당월	1
3			

기준설정　집계항목

구 분	인사급여환경 설정		
	환경요소	기준	기준일(월)수
급여계산기준	입사자 급여계산	일	
	수습직 지급기간		3개월
	수습직 급여계산	일	
	수습직 지급율		70%
	퇴사자 급여계산	월일	25일
	상여세액계산기준		
	외국인비과세율		
	근속기간 계산기준		
근태기준설정	한달 정상일		30일
	한달 정상시간		240시간
	하루시간		8시간
	월일수 산정	당월일	
신고기준설정	원천세 신고유형		
	이행상황신고서집계방식	귀속,지급연월	
	지방소득세/주민세(종업원분)집…	귀속,지급연월	
사업/기타/이자…	전표생성체크여부	부	

참고　직종을 구분해서 귀속월구분과 시작일을 다르게 등록할 수 있다.

🖋 주요항목 설명

❶ 출결마감기준: 급여와 근태 관리의 기준일을 설정한다(필수입력사항).

❷ 직종: 인사기초코드등록에 등록된 직종을 선택한다(사무직과 생산직은 시스템에서 자동으로 등록해주며 그 외 직종은 인사기초코드등록에서 등록한다).

❸ 귀속월구분: 급여와 근태관리의 기준월을 등록한다.

　→ 당월: 급여와 근태관리의 기준월이 현재 속한 달인 경우 선택한다.

　→ 전월: 급여와 근태관리의 기준월이 전달인 경우 선택한다.

❹ 시작일: 급여와 근태관리의 시작이 되는 기준일을 등록한다.

❺ 입사자/수습직/퇴사자 급여계산

→ 월 중도 입/퇴사자 또는 수습직사원의 급여를 계산할 때 해당 월의 급여를 정상지급할 경우 선택한다.

→ 일 중도 입/퇴사자 또는 수습직사원의 급여를 계산할 때 해당 월의 급여를 실 근무일 수만큼 지급할 경우 선택한다.

→ 월일 중도 입/퇴사자 또는 수습직사원의 급여를 계산할 때 해당 월의 근무일수가 설정된 일수를 초과한 경우 월 의 방법으로 지급하고 설정일 수보다 부족한 경우 일 의 방법으로 지급할 경우 선택한다.

❻ 상여세액계산기준: 최근 상여 지급내역이 없는 경우 소득세 계산기준을 등록한다.

❼ 한달 정상일: 한달 기준 근무일수를 등록한다.

❽ 한달 정상시간: 한달 기준 근무시간을 등록한다.

❾ 하루시간: 하루 기준 근무시간을 등록한다.

❿ 월일수 산정: 한 달의 일수를 설정하는 항목이다.

→ 당월일 은 귀속 월의 실 일수를 적용한다.

→ 한달정상일 은 위에서 입력한 한달 정상일의 등록된 일수를 적용한다.

출제유형 ⋯▶ 인사/급여환경설정 

문1) 당사의 인사/급여환경설정에 대한 설명으로 올바르지 않은 것은?
  (단, 환경설정 기준은 변경하지 않는다.)

① 모든 직종의 출결마감 기준일은 당월 1일에서 말일까지로 동일하다.
② 수습직의 급여는 3개월 동안 급여액의 70%를 지급한다.
③ 입사자의 경우 해당 월의 급여는 '일할' 지급한다.
④ 퇴사자의 경우 해당 월의 급여 지급 시 근무일 수 관계없이 정상 지급한다.

문2) 당사의 인사/급여 기준에 대한 설정을 확인하고, 관련 설명으로 올바르지 않은 것은?
  (단, 환경설정 기준은 변경하지 않는다.)

① 월일수 산정 시, 한달 정상일(30일)을 적용한다.
② 근태집계 시 한달 정상시간은 240시간을 적용한다.
③ 지방소득세 집계 시, '귀속연월'과 '지급년월' 모두 일치하는 소득 데이터를 집계한다.
④ 퇴사자의 경우 해당 월의 급여 지급 시 기준일수(25일) 초과 시 정상 급여를 지급하고, 미만 시 일수 계산하여 지급한다.

05 호봉테이블등록

필요 지식

급여관리를 호봉체계에 따라 관리하는 것으로, 회사에서 각 직급별로 호봉체계를 등록하는 메뉴이다.

❚ 핵심ERP 호봉테이블 등록 프로세스 ❚

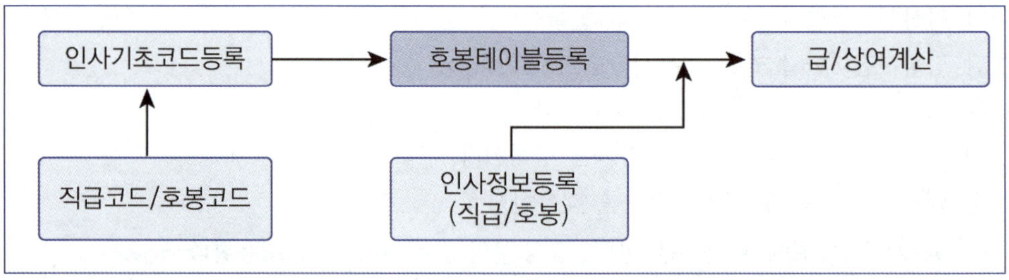

수행 내용 호봉테이블등록

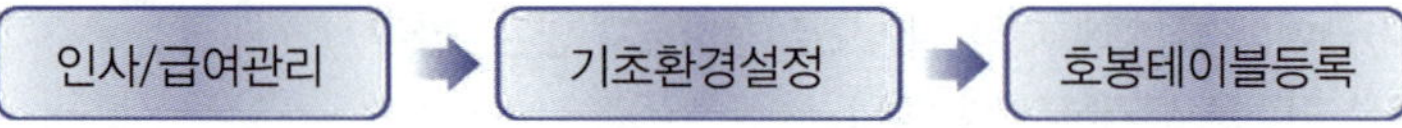

다음은 2026년 1월부터 적용되는 (주)삼일테크의 월급제 사원들의 기본급 호봉테이블이다. 호봉테이블 등록 작업을 수행하시오.

(단위: 원)

구 분	부장	차장	과장	대리	사원
1호봉	4,300,000	3,500,000	3,000,000	2,500,000	2,300,000
2호봉	4,500,000	3,700,000	3,150,000	2,600,000	2,350,000
3호봉	4,700,000	3,900,000	3,300,000	2,700,000	2,400,000
4호봉	4,900,000	4,100,000	3,450,000	2,800,000	2,450,000
5호봉	5,100,000	4,300,000	3,600,000	2,900,000	2,500,000
6호봉	5,300,000	4,500,000	3,750,000	3,000,000	2,550,000

참고 호봉테이블은 월급제 사원의 급여계산에 적용되며, 연봉제 사원과 시급제 사원은 인사정보등록 메뉴의 '책정임금'을 적용한다.

 호봉테이블등록

❶ 대상직급에서 부장을 선택한다.

❷ 호봉이력의 '적용시작연월'을 '2026/01'로 입력한다.

❸ 우측 상단의 [일괄등록]을 클릭하여 기본급의 초기치 4,300,000원, 증가액 200,000원을 입력하여 [적용] 버튼을 클릭한다.

❹ 호봉이력: 호봉테이블의 적용기간 등록으로 적용시작연월만 입력하면 적용종료연월은 자동 표기된다.

※ 차장, 과장, 대리, 사원의 호봉테이블도 동일한 방법으로 등록한다.

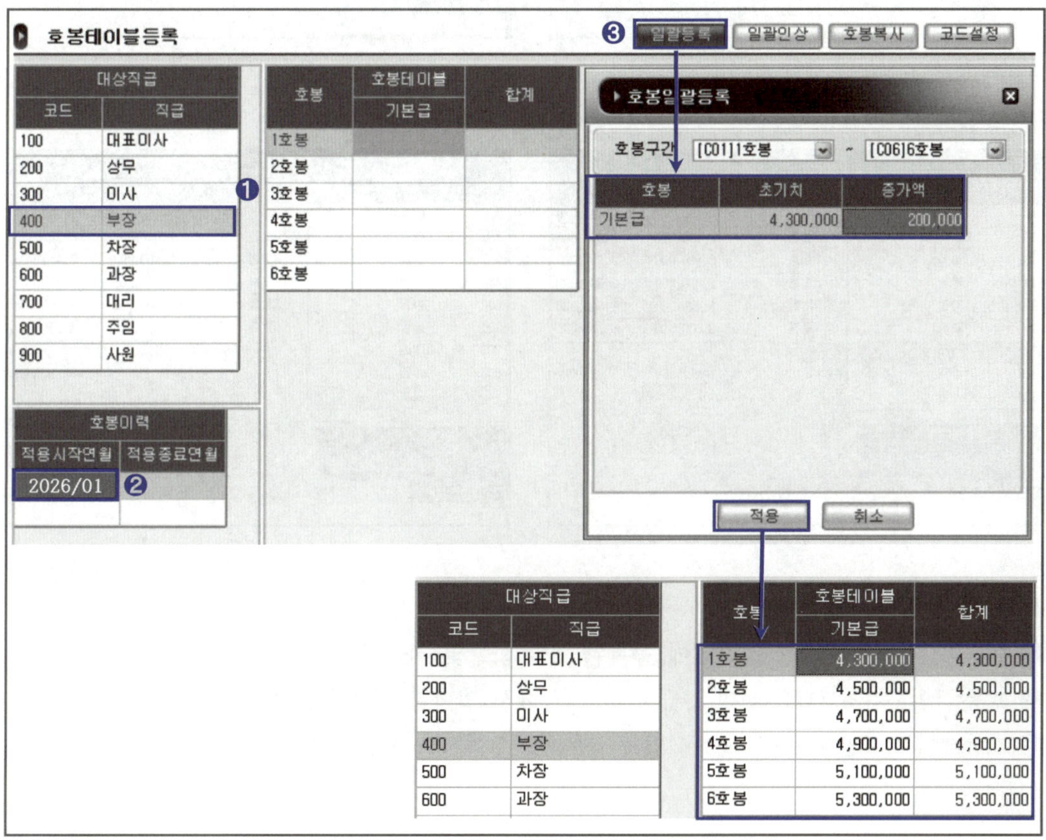

호봉테이블등록 [차장]

대상직급			호봉테이블	
코드	직급	호봉	기본급	합계
100	대표이사	1호봉	3,500,000	3,500,000
200	상무	2호봉	3,700,000	3,700,000
300	이사	3호봉	3,900,000	3,900,000
400	부장	4호봉	4,100,000	4,100,000
500	차장	5호봉	4,300,000	4,300,000
600	과장	6호봉	4,500,000	4,500,000
700	대리			
800	주임			
900	사원			

호봉이력	
적용시작연월	적용종료연월
2026/01	

호봉테이블등록 [과장]

대상직급			호봉테이블	
코드	직급	호봉	기본급	합계
100	대표이사	1호봉	3,000,000	3,000,000
200	상무	2호봉	3,150,000	3,150,000
300	이사	3호봉	3,300,000	3,300,000
400	부장	4호봉	3,450,000	3,450,000
500	차장	5호봉	3,600,000	3,600,000
600	과장	6호봉	3,750,000	3,750,000
700	대리			
800	주임			
900	사원			

호봉이력	
적용시작연월	적용종료연월
2026/01	

호봉테이블등록 [대리]

대상직급			호봉테이블	
코드	직급	호봉	기본급	합계
100	대표이사	1호봉	2,500,000	2,500,000
200	상무	2호봉	2,600,000	2,600,000
300	이사	3호봉	2,700,000	2,700,000
400	부장	4호봉	2,800,000	2,800,000
500	차장	5호봉	2,900,000	2,900,000
600	과장	6호봉	3,000,000	3,000,000
700	대리			
800	주임			
900	사원			

호봉이력	
적용시작연월	적용종료연월
2026/01	

호봉테이블등록 [사원]

대상직급			호봉테이블	
코드	직급	호봉	기본급	합계
100	대표이사	1호봉	2,300,000	2,300,000
200	상무	2호봉	2,350,000	2,350,000
300	이사	3호봉	2,400,000	2,400,000
400	부장	4호봉	2,450,000	2,450,000
500	차장	5호봉	2,500,000	2,500,000
600	과장	6호봉	2,550,000	2,550,000
700	대리			
800	주임			
900	사원			

호봉이력	
적용시작연월	적용종료연월
2026/01	

주요항목 설명

❶ 대상직급: [인사기초코드등록]에 등록된 직급코드 및 직급명이 자동 반영된다.

❷ 호봉: [인사기초코드등록]의 2.급여/PE.호봉에서 입력된 데이터가 자동 반영된다.

❸ 호봉테이블: [인사기초코드등록]의 2.급여/PA.호봉코드에서 입력된 데이터가 자동 반영된다.

 호봉테이블등록(일괄인상)

인사/급여관리 ➡ 기초환경설정 ➡ 호봉테이블등록

[사원] 직급에 대하여 기본급 인상을 다음과 같이 적용하고자 한다. 직전의 호봉테이블을 이용하여 인상 후의 호봉테이블 등록작업을 수행하시오.

> – 적용시작연월: 2026년 7월   – 인상금액: 기본급 정액 50,000원

 호봉테이블등록(일괄인상)

❶ 대상직급에서 사원을 선택한다.

❷ 호봉이력의 '적용시작연월'을 '2026/07'로 입력한다.(적용종료연월은 자동 반영된다)

❸ 우측 상단의 호봉복사 를 클릭한 후, 직급(사원), 적용시작연월(2026/01)을 선택하고 적용 버튼을 클릭하여 인상 전 내역을 복사한다.

❹ 우측 상단의 일괄인상 을 클릭한 후 인상금액 입력 후 정액적용을 실행한다.

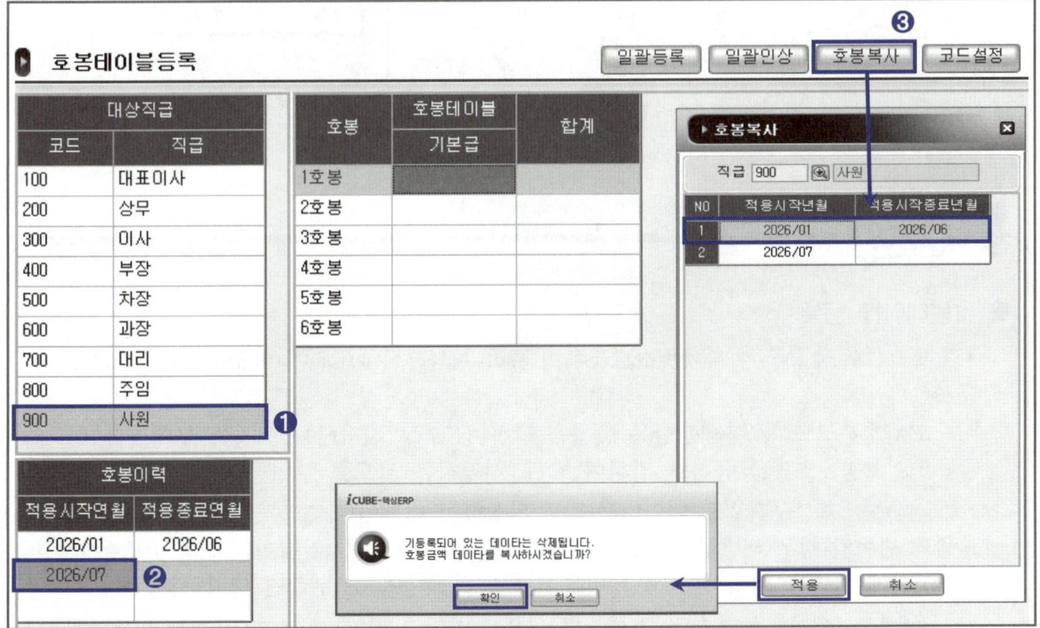

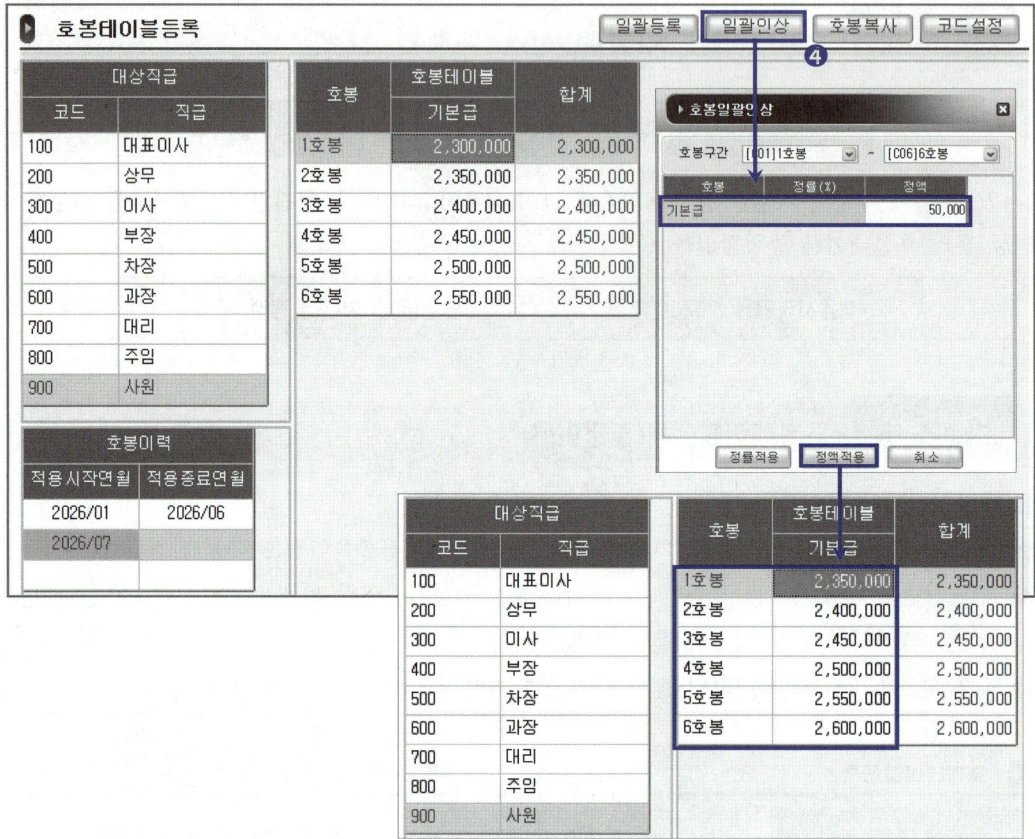

개념 익히기

호봉테이블 등록

- 호봉코드와 호봉은 인사기초코드등록의 출력구분[급여(P)]에서 아래의 관리항목별로 등록한다.
  - PA.호봉코드: 호봉세부항목 등록을 말하며 'G'로 시작하는 코드를 부여한다.
  - PE.호봉: 호봉급 등록을 말하며 'C'로 시작하는 코드를 부여한다.
- 일괄인상 : 호봉구간별로 데이터를 일괄 인상하는 버튼이다. 호봉구간을 선택한 후 일정 금액 변동일 경우 해당항목의 [정액]란에 금액을 선택하고, 일정비율 변동일 경우 [정률(%)]란에 금액을 입력하여 해당 버튼 정률적용 / 정액적용 을 누르면 일괄 변경된다.
- 코드설정 : [인사기초코드등록] 메뉴를 이용하지 않고 직급, 호봉코드, 호봉을 등록할 수 있는 메뉴이다.

출제유형 ···▶ **호봉테이블 등록**

문1) 핵심ERP의 호봉테이블 등록 메뉴에 대한 설명으로 올바르지 않은 것은?

① 호봉테이블은 PE.호봉의 코드 등록 작업이 선행되어야 한다.

② 호봉인상 등록을 위해 적용시작연월을 입력하면 종료연월은 자동 입력된다.

③ 호봉인상은 정률인상과 정액인상이 있다.

④ 호봉테이블의 PE.호봉 코드는 반드시 인사기초코드등록 메뉴에서만 등록가능하다.

문2) 당사는 [사원]직급에 대하여 2026년 7월 기본급 인상등록을 하였다. [사원]직급 5호봉의 인상 후 금액은 얼마인가?

① 2,350,000원   ② 2,500,000원

③ 2,550,000원   ④ 2,600,000원

문3) 당사는 [주임]직급에 대하여 2026년 9월 아래 [보기]와 같이 일괄등록 하고자 한다. 호봉등록 완료 후 [주임]직급의 3호봉 '호봉합계'금액은 얼마인가?

┤ 보기 ├

• 기 본 급: 초기치 2,350,000원, 증가액 50,000원
• 일괄인상: 기본급 5% 정률인상

① 2,520,000원   ② 2,572,500원

③ 2,625,500원   ④ 2,677,500원

06 지급공제항목등록

필요 지식

　급여 및 수당의 계산방식은 회사마다 다를 수 있으며, 다양한 급여계산식을 회사의 환경에 맞추어 설정할 수 있는 메뉴이다.

▌핵심ERP 지급공제항목등록 프로세스▐

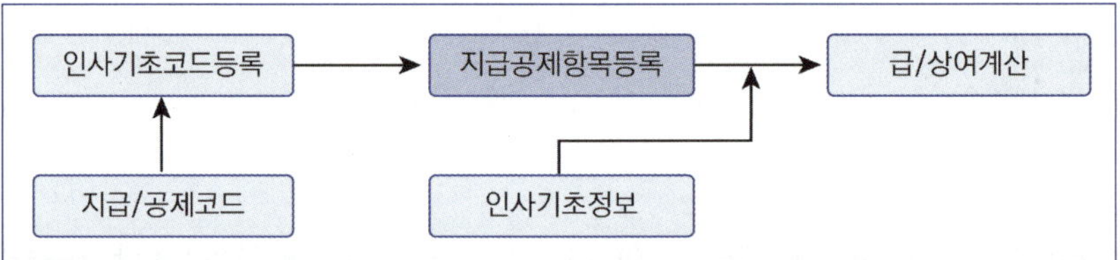

개념 익히기

● **과세되는 근로소득 유형**
  - 기본급, 상여, 각종수당(가족수당, 자격수당, 직책수당 등)

● **과세되지 않는(비과세) 근로소득 유형**

구 분	내 용
식대	월 20만원 이내의 금액(별도의 식사를 제공받지 않는 경우)
자가운전 보조금	월 20만원 이내의 금액으로 근로자 본인 소유 차량 및 본인 명의(타인명의 불가, 배우자 공동명의 가능)로 임차한 차량을 업무상 활용하여야 하며, 시내출장비 등 여비교통비를 별도로 지급받지 않는 경우 비과세 적용
보육수당	6세 이하(과세기간 개시일 기준) 자녀보육과 관련하여 지급하는 자녀 1인당 월 20만원 이내의 금액
출산지원금	지급규정이 있는 기업이 근로자 본인 또는 배우자의 출산과 관련해 출생일 이후 2년 이내에 지급한 출산지원금(2회 이내)은 한도없이 전액 비과세
국외근로소득	국외에 주재하며 근로를 제공하고 받는 보수 월 100만원 (외항 선박·국외 건설현장: 월 500만원)
연장근로수당	월정급여 260만원, 직전년도 총급여 3,700만원 이하인 생산직근로자가 받는 야간·연장근로 수당 등(연 240만원)
직무발명보상금	종업원, 교직원, 학생에게 지급하는 직무발명보상금(연 700만원)
연구보조비 (연구활동비)	월 20만원 이내의 금액(관련 법령에 의거하여 연구활동에 직접 종사하는 자)

 지급공제항목등록

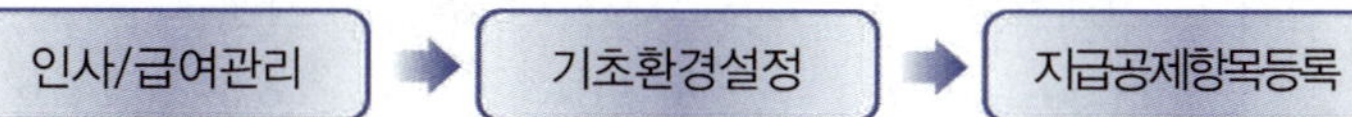

다음은 (주)삼일테크의 급여와 상여 지급 및 공제항목의 지급기준이다. 지급공제항목등록 메뉴에 지급공제항목등록 작업을 수행하시오(단, 수습직과 중도 입/퇴사자는 [인사급여환경설정]에 따라 지급한다).

1. 지급항목

구 분		과세구분	지 급 내 용
급여	기본급	과세	[분류구분코드: 018.급여형태] • 월급제: 직급과 호봉에 따라 호봉테이블(기본급)을 적용 • 연봉제: 인사정보등록의 책정임금 중 월급을 적용 • 시급제: 총정상근무시간에 인사정보등록의 책정임금 중 시급을 적용(총정상근무시간 × 시급)
	직책수당	과세	[분류구분코드: 006.직책별] 부장: 20만원, 차장: 15만원, 과장: 10만원, 대리: 5만원
	가족수당	과세	[분류구분코드: 016.가족별] 배우자: 5만원, 자: 3만원
	자격수당	과세	[분류구분코드: 014.자격별] • ERP정보관리사: 10만원 • FAT(회계정보): 5만원, TAT(세무정보): 8만원
	식 대	비과세 (식사대)	[무분류] 전 임직원 매월 정액으로 20만원 지급
	연장근로수당 (월정급여제외)	비과세 (야간근로 수당)	[분류구분코드: 1순위 005.직종별, 2순위 018.급여형태] 생산직 시급제: 총연장근무시간에 책정임금의 시급을 곱한 후 50%를 가산하여 지급(총연장근무시간 × 시급 × 1.5)
상여	상여금 (월정급여제외)	과세	[분류구분코드: 1순위 005.직종별, 2순위 018.급여형태] 매년 3월에 사무직(월급제) 사원에게 호봉테이블 기본급의 200%를 지급(기본급 × 2)

2. 공제항목

구 분		지 급 내 용
급여	노동조합비	[분류구분코드: 010.노조별] 노동조합에 가입된 사원에 한하여 매월 1만원 공제
	그 외 항목	시스템에서 반영되고 있는 기본사항 적용
상여	전체 항목	시스템에서 반영되고 있는 기본사항 적용

참고 급여계산을 위해서는 반드시 해당 연도의 급여 및 상여 지급항목과 공제항목이 생성되어야 한다.

수행 결과 지급공제항목등록

❶ [급여구분]은 '급여'를 선택하고, [지급/공제구분]은 '지급'을 선택한다.

❷ 화면상단의 [마감취소] 버튼을 클릭하여 '로그인 암호' 화면이 나오면 '확인'을 클릭하여 마감을 해제한다.

❸ [일괄등록] 버튼을 클릭하여 전체수당을 불러온다.

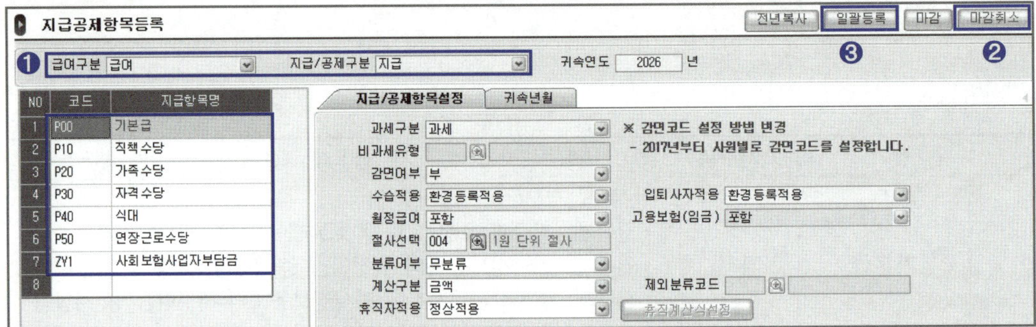

참고 [지급공제항목등록]메뉴는 상단 툴바의 [마감취소] 메뉴를 통해 마감취소 후 수정작업이 가능하며, 작업 후 메뉴 종료 시 자동마감 되므로, 별도의 마감작업은 필요없다.

기본급 등록

❶ [분류여부]에서 분류를 선택한다.

❷ [분류구분코드]에서 F2를 누른 후 018.급여형태를 선택한다.

❸ 코드 란에서 F2를 누른 후 분류명과 002.계산을 선택하여 급여계산식을 설정한다.

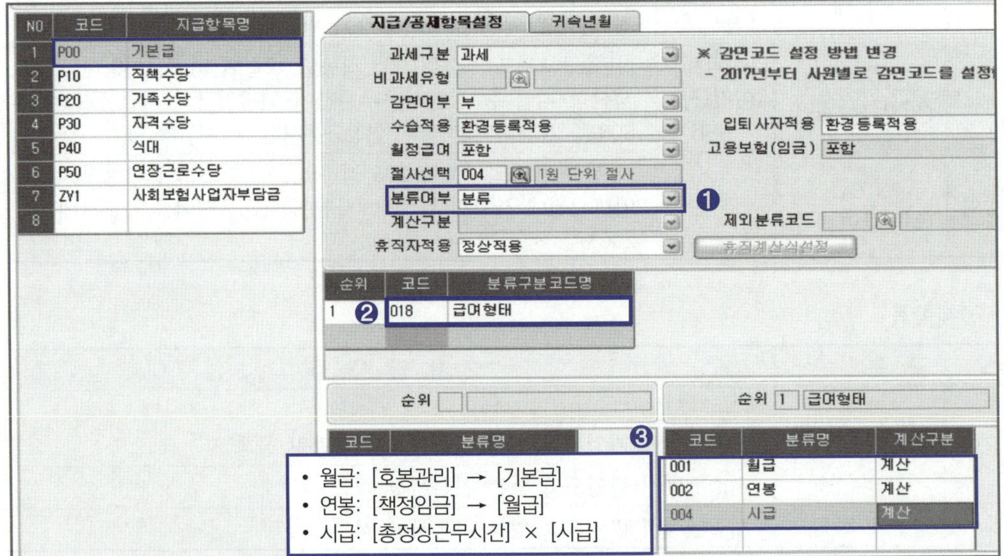

▶ 001. 월급: [급여관련코드] G01(기본급)   ▶ 002. 연봉: [급여관련코드] F02(월급)

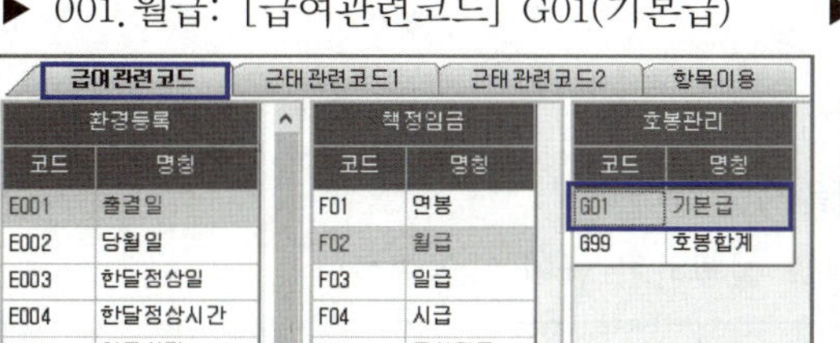

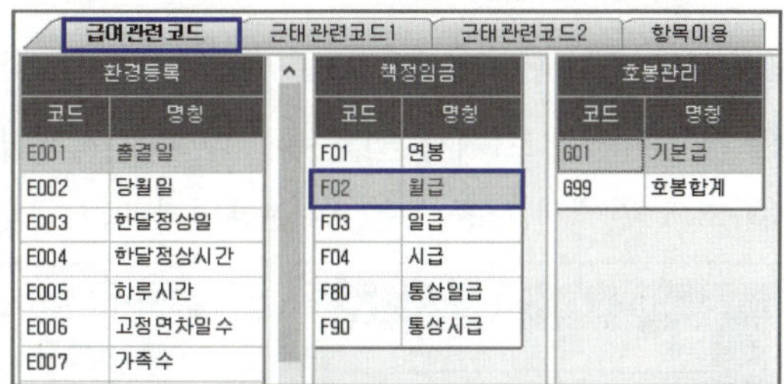

▶ 004. 시급: [근태관련코드1] T01TTT(총정상근무시간) × [급여관련코드] F04(시급)

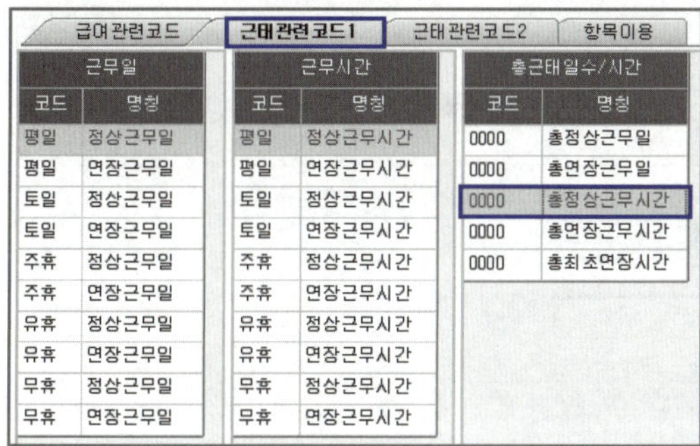

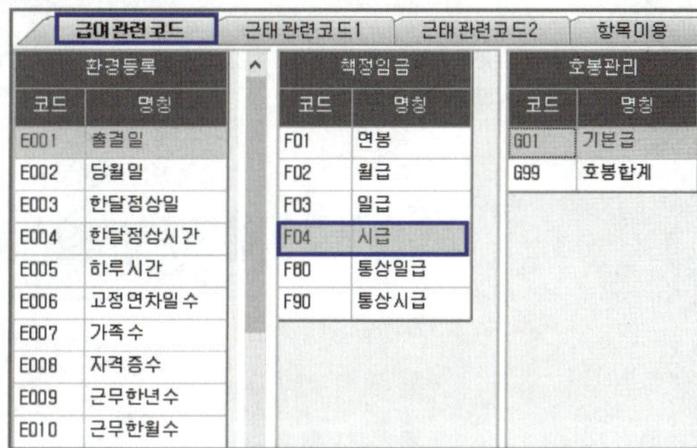

개념 익히기

분류여부

- 분류: 분류코드와 분류명에 의하여 지급대상에 해당되는 경우에만 지급
- 무분류: 지급대상자 구분없이 모든 종업원에게 지급

직책수당 등록

❶ [분류여부]에서 분류를 선택한다.

❷ [분류구분코드]에서 F2를 누른 후 006.직책별을 선택한다.

❸ 코드 란에서 F2를 누른 후 분류명과 001.금액을 선택하여 금액을 입력한다.

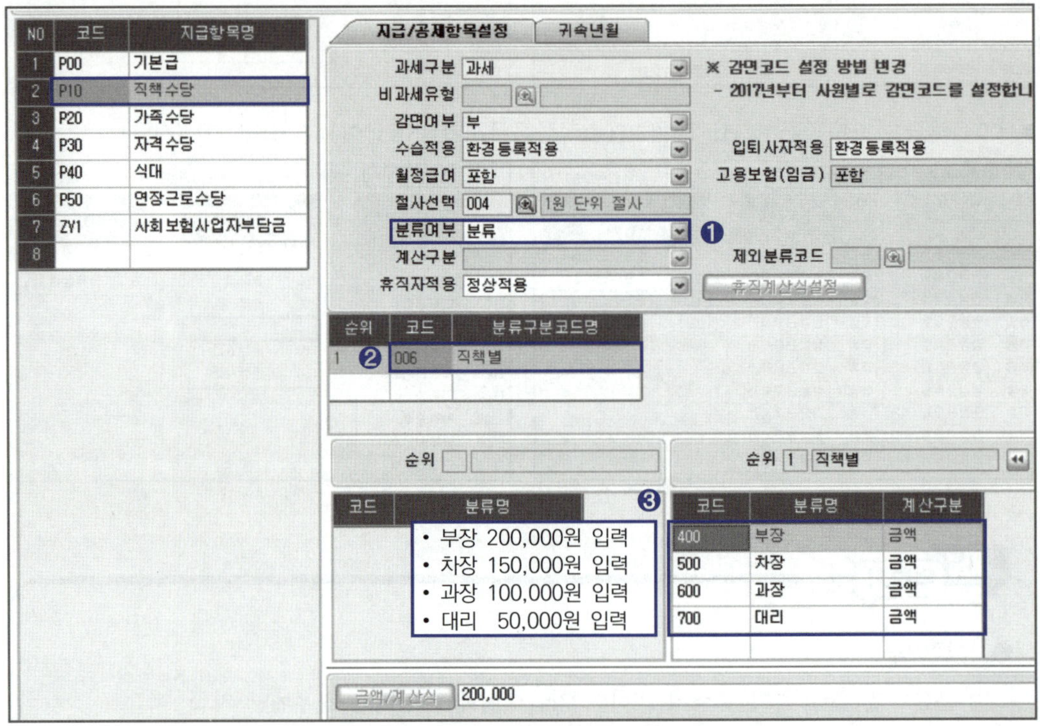

가족수당 등록

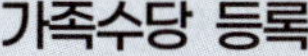

❶ [분류여부]에서 분류를 선택한다.

❷ 분류구분코드에서 F2를 누른 후 016.가족별을 선택한다.

❸ 코드 란에서 F2를 누른 후 분류명과 001.금액을 선택하여 금액을 입력한다.

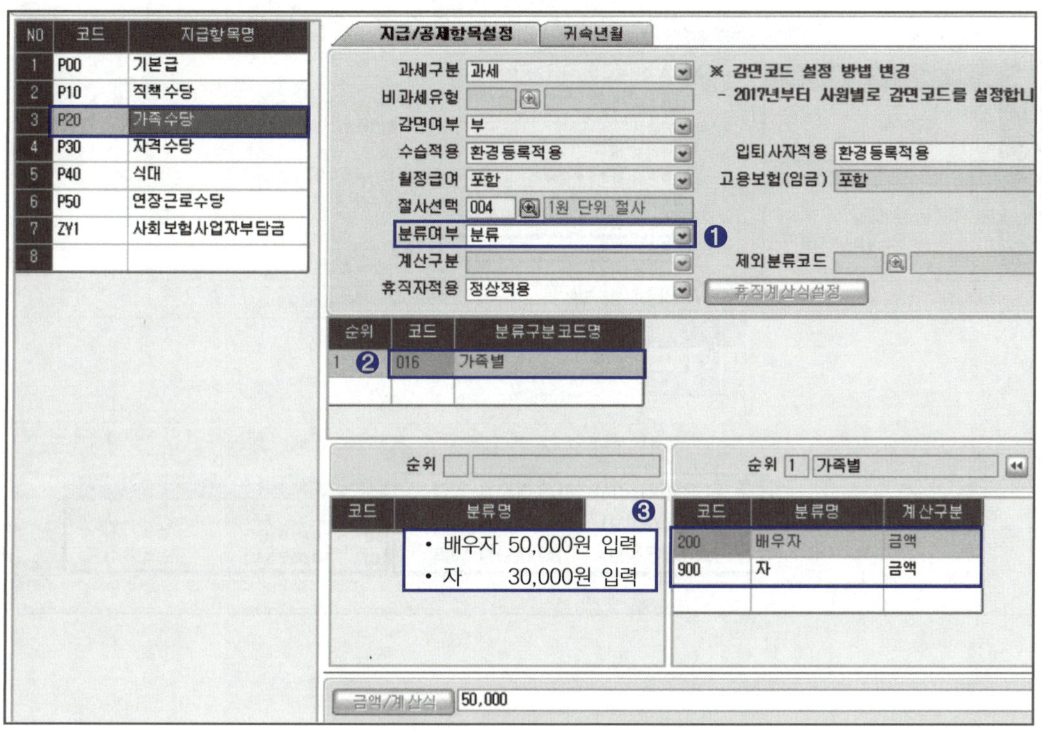

자격수당 등록

❶ [분류여부]에서 분류를 선택한다.

❷ [분류구분코드]에서 F2를 누른 후 014.자격별을 선택한다.

❸ 코드 란에서 F2를 누른 후 분류명과 001.금액을 선택하여 금액을 입력한다.

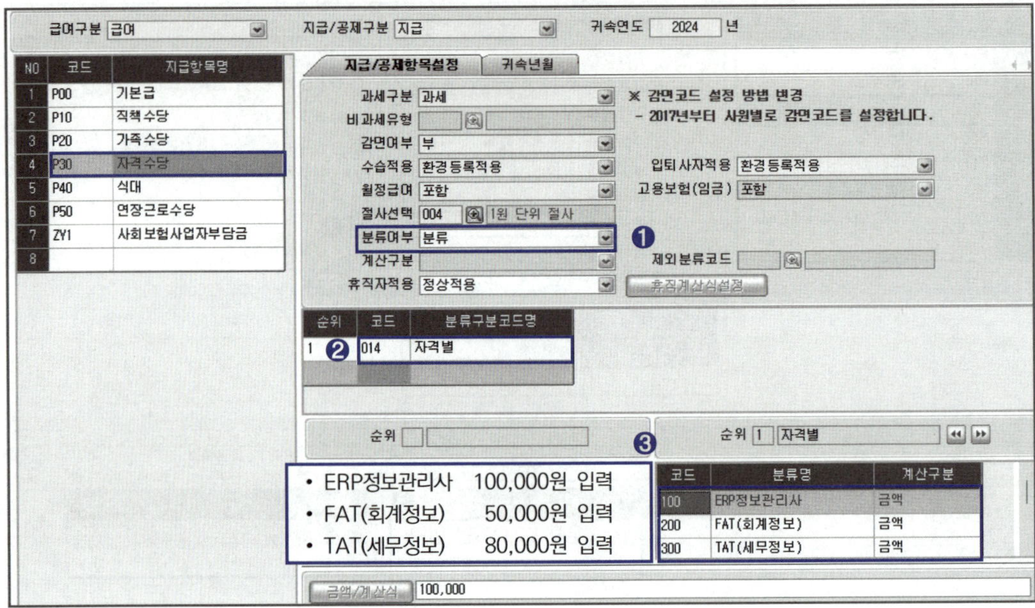

식대 등록

❶ [과세구분]에서 비과세를 선택하고 [비과세유형]에서 P01.식사대를 선택한다.

❷ [분류여부]에서 무분류를 선택한다.

❸ [계산구분]에서 금액을 선택하여 맨 하단의 금액을 입력한다.

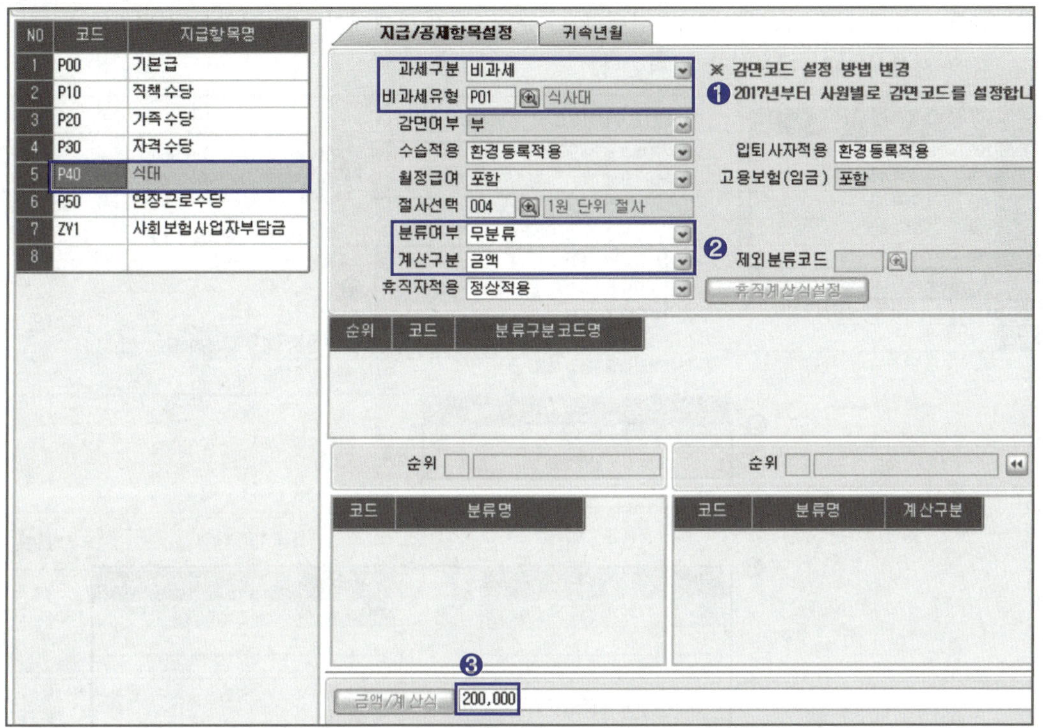

> 참고 지급항목 등록 시 비과세 대상일 경우, 과세구분을 "비과세"로 선택하고 비과세유형을 선택하여야
> 한다.

연장근로수당 등록

❶ [과세구분]에서 비과세를 선택하고 [비과세유형]에서 001.야간근로수당을 선택한다.

❷ [월정급여]에서 제외를 선택하고 [분류여부]에서 분류를 선택한다.

❸ [순위]에서 1순위에 005.직종별, 2순위에 018.급여형태를 선택한다.

❹ 순위1 직종별에서 002.생산직을 선택하고, 순위2 급여형태에서 004.시급을 선택한다.
[금액/계산식]에서 계산식을 입력한다.

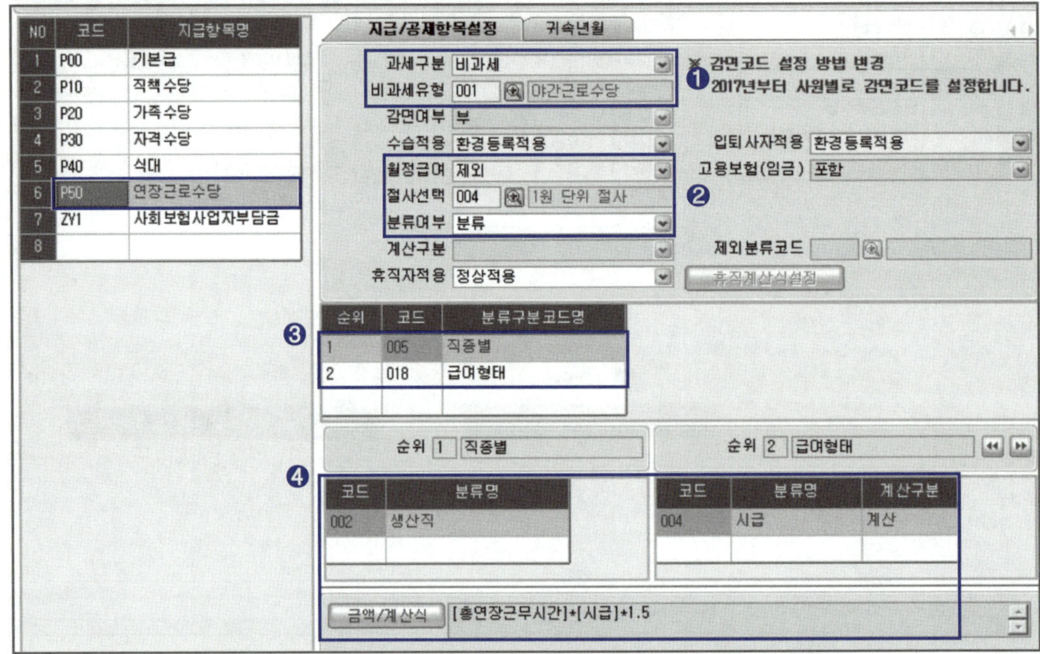

▶ [근태관련코드1] T02TTT(총연장근무시간) × [급여관련코드] F04(시급) × 1.5

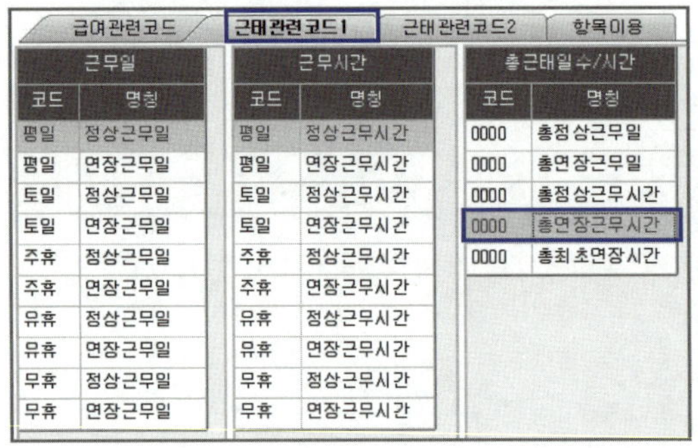

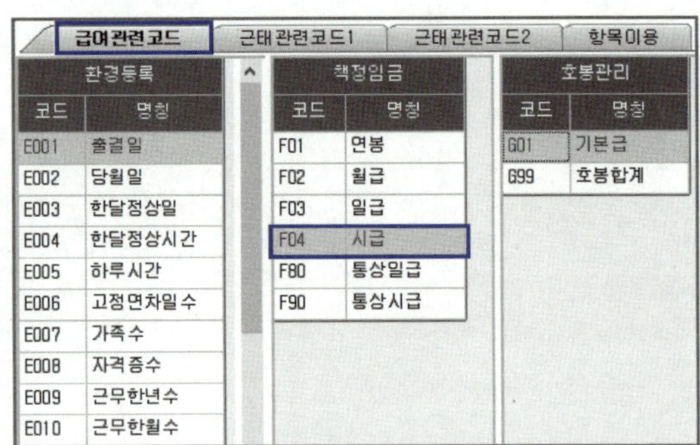

노동조합비 등록

❶ [지급/공제구분]에서 공제 선택 후 조회한다.

❷ 지급항목 코드 란에서 F2를 누른 후 S40.노동조합비를 선택하여 수동으로 반영한다.

❸ 왼쪽 항목명에서 S40.노동조합비를 선택하고 [분류여부]에서 분류를 선택한다.

❹ 코드 란에서 F2를 누른 후 010.노조별을 선택한다.

❺ 분류명에서 001.여를 선택하고, 하단의 [금액/계산식]에 금액 10,000원을 입력한다.

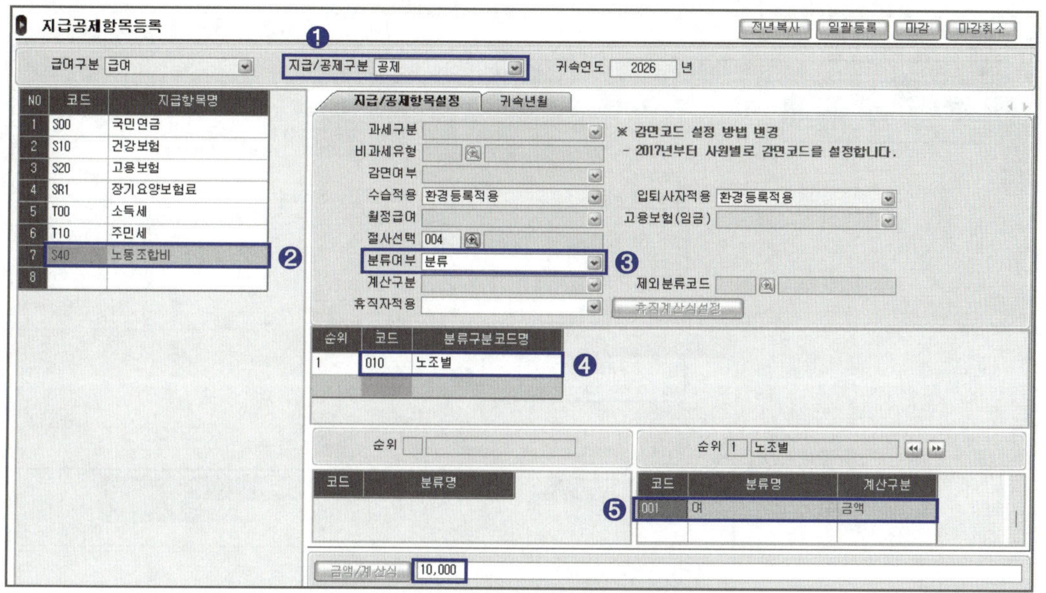

상여금 등록

❶ [급여구분]에서 상여를 선택하고, [지급/공제구분]에서 지급을 선택한다.

❷ [월정급여]에서 제외를 선택하고 [분류여부]에서 분류를 선택한다.

❸ [순위]에서 1순위에 005.직종별, 2순위에 018.급여형태를 선택한다.

❹ 순위1 직종별에서 001.사무직을 선택하고, 순위2 급여형태에서 001.월급을 선택한다.
   [금액/계산식]에서 계산식을 입력한다.

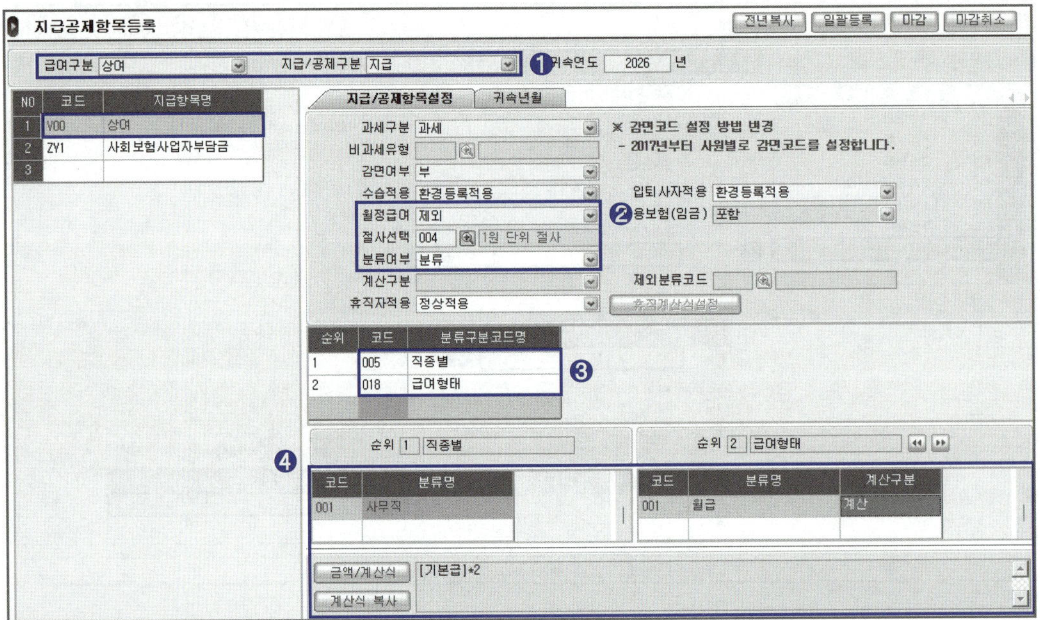

▶ [급여관련코드] G01(기본급) × 2

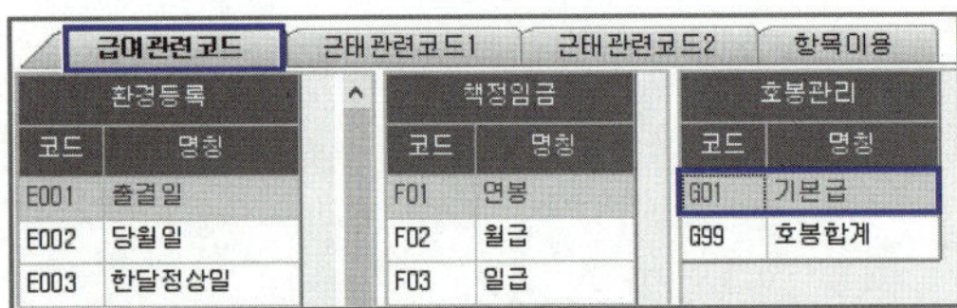

❺ 상여금 공제항목 확인한다.

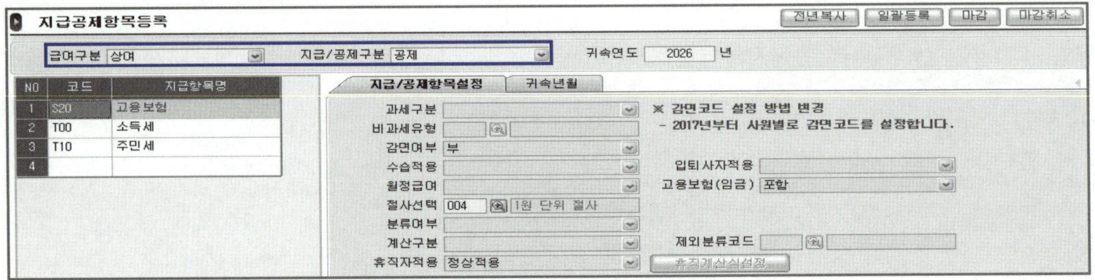

주요항목 설명

❶ 급여구분: [인사기초코드등록]의 〈P4.급여구분〉에 등록한 항목을 선택한다.

❷ 지급공제구분

- 지급: 지급항목에 〈P00.기본급〉이 자동 생성되며 여기에 등록한 지급항목의 합산금액은 근로소득금액이 된다.

- 공제: 공제항목에 〈S00.국민연금〉, 〈S10.건강보험료〉, 〈S20.고용보험료〉, 〈S30.노동조합비〉, 〈T00.소득세〉, 〈T10.주민세(지방소득세)〉가 자동 생성되며 등록된 공제항목은 근로소득금액에서 차감된다.

❸ 귀속연도: 지급공제항목이 적용되는 귀속연도를 입력한다.

❹ 지급/공제항목: 지급공제구분이 '지급'인 경우 지급항목별 과세구분, 분류여부, 계산구분 및 계산식 등을 설정하며, '공제'인 경우 공제항목에 대한 계산식 등을 설정한다.

❺ 귀속연월: 등록한 지급/공제 항목이 적용되는 귀속 월에 체크한다. [급/상여지급일자등록]에서 등록한 일자가 자동 반영되며 지급/공제 항목이 적용되지 않는 지급일은 체크하지 않는다.

❻ 과세구분

- 과세: 해당항목의 금액은 세액산출에 포함된다.

- 비과세: 과세되지 않는 항목을 말하며 반드시 비과세유형을 선택한다.

- 비과세유형: 과세구분을 비과세로 설정한 경우 활성화된다. 소득세법상 규정된 비과세수당인 경우 반드시 선택하여야 한다.

❼ 수습적용/입퇴사적용 여부

- 환경등록적용: [인사급여환경설정]에서 설정한 값으로 급여가 계산된다.

- 정상적용: [인사급여환경설정]에서 설정한 값은 무시하고 등록된 산식에 의해 급여가 계산된다.

❽ 월정급여: 생산직 연장근로수당 비과세 적용 시 월정액급여 포함 선택한 금액을 기준으로 210만 원 이하 사원에게 비과세 처리된다.

❾ 분류여부

- 무분류: 모든 사원에게 동일하게 적용

- 분류: 지급대상을 설정하여 대상자에게만 적용

- 외조건: 설정한 코드를 제외하고 적용

❿ 휴직지급률: 휴직자인 경우에 지급항목별로 계산율을 설정한다.

⓫ 계산구분

- 금액: 해당 금액을 입력

- 계산: 급여관리코드, 근태관리코드 등을 활용하여 계산식을 적용

⓬ 분류계산: 위의 분류여부를 '분류'로 선택한 경우 활성화 되며 코드도움을 이용하여 분류기준을 선택한다(분류기준은 회사 등록 시 자동 생성되며 추가등록 할 수 없다).

출제유형 ···▶ **지급공제항목등록**

문1) 핵심ERP의 지급공제항목등록 메뉴에 대한 설명 중 올바르지 않은 것은?

① 지급공제항목등록 메뉴는 직원들의 급여계산을 위한 필수 프로세스이다.
② [전년복사]메뉴를 통해서 전년도 귀속 등록한 자료들을 자동 복사할 수 있다.
③ 수정작업을 위해서는 [마감취소] 작업을 선행하여야 한다.
④ 작업완료 이후에는 입력 자료의 안전한 보관을 위해 반드시 [마감]작업을 하여야 한다.

문2) (주)삼일테크에서 지급하고 있는 기본급의 형태가 아닌 것은?

① 연봉　　　　　　② 월급　　　　　　③ 일급　　　　　　④ 시급

문3) (주)삼일테크에서 지급하고 있는 직책수당 중 해당 직책과 금액으로 올바르지 않은 것은?

① 부장: 200,000원　　　　　　② 차장: 150,000원
③ 과장: 80,000원　　　　　　④ 대리: 50,000원

문4) (주)삼일테크에서 지급하고 있는 가족수당과 자격수당에 대한 설명 중 올바르지 않은 것은?

① 배우자가 있는 경우 50,000원의 가족수당을 지급하고 있다.
② 직계비속 자녀가 있는 경우 30,000원의 가족수당을 지급하고 있다.
③ ERP정보관리사 자격을 취득한 사원에게 80,000원의 자격수당을 지급하고 있다.
④ FAT(회계정보) 자격을 취득한 사원에게 50,000원의 자격수당을 지급하고 있다.

문5) (주)삼일테크에서 지급하고 있는 연장근로수당에 대한 설명 중 올바르지 않은 것은?

① 연장근로수당은 기본적으로 비과세 대상이다.
② 연장근로수당은 월정급여에 포함되는 항목이다.
③ 연장근로수당은 직종이 생산직인 경우에만 지급대상에 해당된다.
④ 연장근로수당의 계산식은 [총연장근무시간×시급×1.5] 이다.

07　급/상여지급일자등록

필요 지식

[급/상여 지급일자등록]은 회사가 급여와 상여를 지급하는 일자를 등록하는 메뉴이다.

▎핵심ERP 급/상여 지급일자등록 프로세스▎

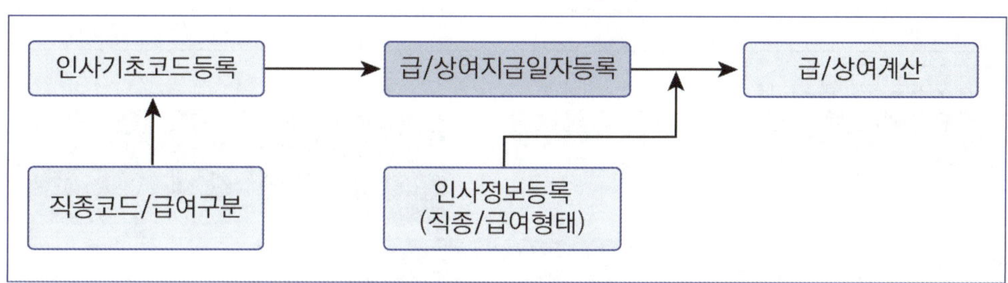

수행 내용　급/상여지급일자등록

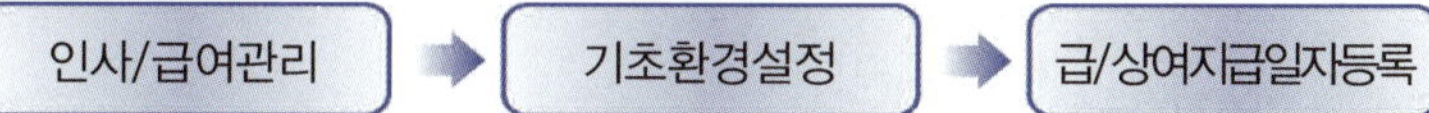

다음은 (주)삼일테크의 급/상여 지급일자등록에 대한 내용이다. 급/상여지급일자등록 메뉴에 급여와 상여의 지급일자 등록 작업을 수행하시오.

귀속월	지급일자 동시발행	대상자 선정	급여 구분	대상자			비 고
				사업장	직종	급여형태	
1월	1월28일	직종및 급여 형태별	급여	본사	사무직	월급, 연봉	
	분리			대구지사	생산직	시급	
2월	2월28일	직종및 급여 형태별	급여	본사	사무직	월급, 연봉	
	분리			대구지사	생산직	시급	
3월	3월28일	직종및 급여 형태별	급여	본사	사무직	월급, 연봉	
	분리			대구지사	생산직	시급	
	3월31일	직종및 급여 형태별	상여	본사	사무직	월급	•입사자와 퇴사자는 제외 •상여지급대상기간: 　2026/01/01 ～ 2026/03/31
	분리						

수행 결과 급/상여지급일자등록

1월 귀속 급여지급일자 등록

❶ [귀속연월]에 1월을 입력한 다음 [지급일자]란의 지급일자를 등록하고 [동시발행]란에서 F2를 클릭하여 '2.분리' 선택 후 [대상자 선정]란에서 F2를 클릭하여 '직종 및 급여형태별'을 선택한다.

❷ [지급급여구분]에서 F2를 클릭하여 '급여'를 선택한다.

❸ [지급직종 및 급여형태]에서 F2를 클릭하여 '사업장'과 '직종', '급여형태'를 선택한다.

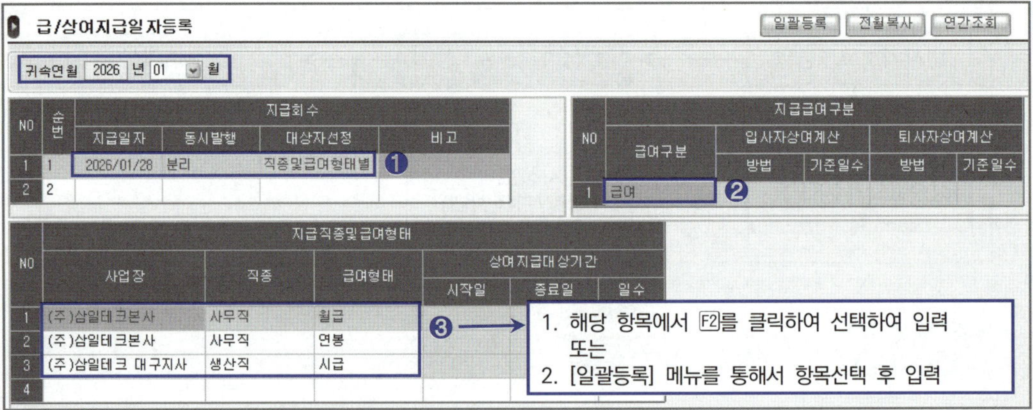

2월 귀속 급여지급일자 등록

❶ [귀속연월]에 2월을 입력한 다음 1월과 동일한 방법으로 등록하거나, 화면상단의 [전월복사] 버튼을 이용하여 1월 자료를 복사한 후 [지급일자]를 2월 28일로 수정한다.

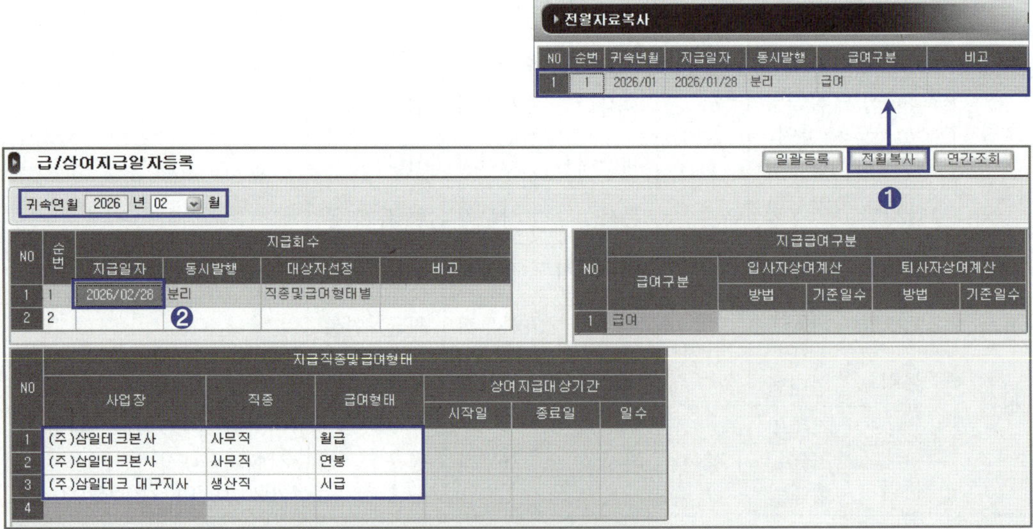

3월 귀속 급여지급일자 등록

❶ [귀속연월]에 3월을 입력한 다음 수동으로 등록하거나, 화면상단의 [전월복사] 버튼을 이용하여 1월 또는 2월 자료를 복사한 후 [지급일자]를 3월 28일로 수정한다.

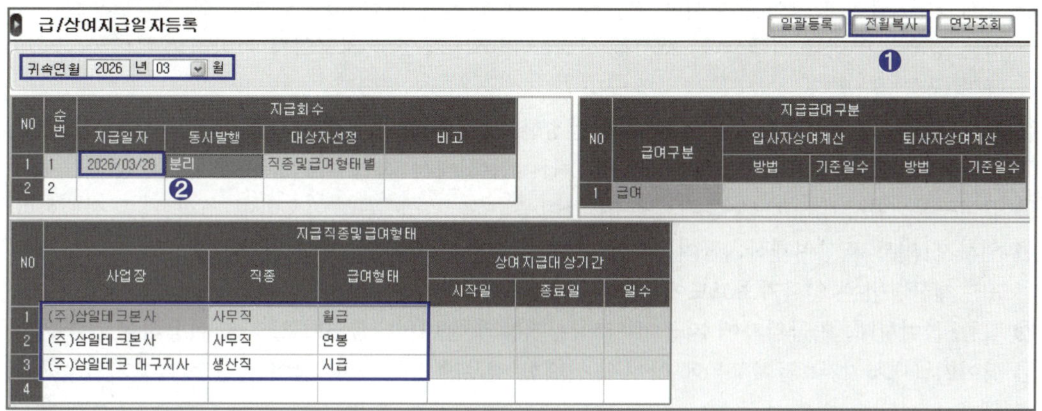

3월 귀속 상여지급일자 등록

❶ [지급일자]란의 지급일자를 등록하고 [동시발행]란에서 F2를 클릭하여 '2.분리' 선택 후 [대상자 선정]란에서 F2를 클릭하여 '직종 및 급여형태별'을 선택한다.

❷ [지급급여구분]에서 F2를 클릭하여 '상여'를 선택한 후 [입사자상여계산]과 [퇴사자상여계산]의 [방법]란에서 '제외'를 선택한다.

❸ [지급직종 및 급여형태]에서 F2를 클릭하여 '사업장'과 '직종', '급여형태'를 선택한 후 '상여지급대상기간'을 입력한다.

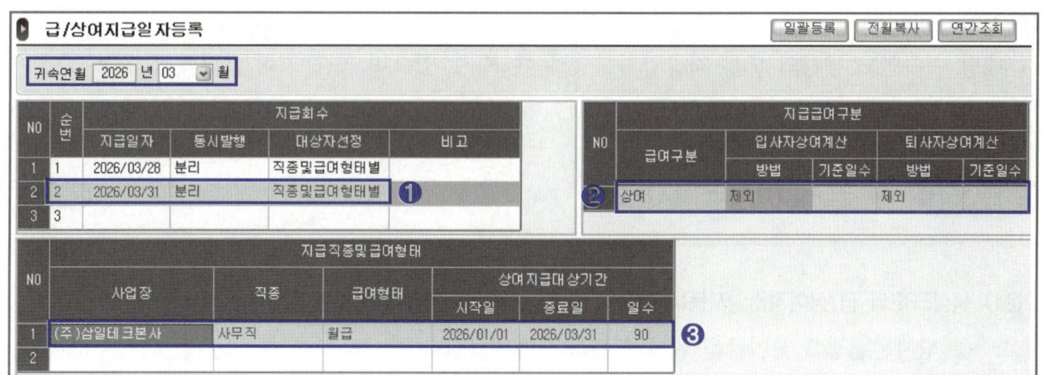

주요항목 설명

❶ 귀속연월: 급/상여의 해당 귀속연월을 입력한다.

❷ 지급일자: 급/상여의 지급일자를 입력한다.

❸ 동시발행: 급여와 상여를 동시에 지급하는 경우 동시를 선택하고, 급여와 상여를 별도로 지급하는 경우는 분리를 선택한다. 동시를 선택한 경우는 동일한 지급일자에 여러 항목(급여, 상여)을 등록할 수 있다.

❹ 대상자선정: 지급하고자 하는 대상자를 선정한다. 직종별 및 급여 형태별 또는 사용자 직접등록을 선택한다. 사용자직접등록은 [상용직 급여입력]에서 직접 사원을 등록할 수 있다.

❺ 급여구분: 인사기초코드등록에 등록된 급여구분을 코드도움을 이용하여 조회한 후 선택한다.

❻ 입사자/퇴사자 상여계산: 급여구분에 상여를 선택한 경우만 입력 가능하다.

→ 계산방법은 인사기초코드에 등록된 계산방법(월/일/월일)에 따라 계산된다.

❼ 직종/급여형태: 지급일자에 지급 해당되는 직종과 급여형태를 코드도움을 이용하여 등록한다.

❽ 상여지급대상기간: 급여구분에 상여로 선택한 경우만 등록하며, 상여금 산출 적용기간을 등록한다.

❾ 상여금지급방식

- 제외: 상여지급대상기간 동안 입/퇴사한 사원에 대해서는 상여금을 지급하지 않는다.
- 일: 상여지급대상기간 동안 입/퇴사한 사원에 대해서는 재직일 수를 상여대상기간으로 나누어 근무한 일수만큼만 지급한다.
- 월: 상여지급대상기간 동안 입/퇴사한 사원에 대해서 상여금을 전액 지급한다.
- 월일: 상여지급대상기간 동안 입/퇴사한 사원에 대하여 설정된 기준 일수를 초과하여 근무한 사원은 '월' 계산방식으로, 이하로 근무한 사원에 대해서는 '일' 계산방식으로 상여금을 지급한다.

❿ 연간조회

해당 귀속연도 동안의 모든 지급일자를 한눈에 볼 수 있으며, 연간조회 환경에서 수정 및 삭제는 불가능하다.

출제유형 ⋯▶ **급/상여지급일자등록** 

문1) 핵심ERP의 급/상여지급일자등록 메뉴에 대한 설명 중 올바르지 않은 것은?

① 당사는 3월에 상여금을 급여와 분리하여 지급한다.

② 입사자와 퇴사자는 상여금 지급대상자에 해당한다.

③ 상여금은 (주)삼일테크본사 사무직(월급) 사원들에게만 지급한다.

④ [연간조회] 메뉴를 통해 귀속연도의 모든 지급일자를 조회 가능하지만, 수정 및 삭제는 할 수 없다.

인사프로세스 실무

01 인사관리 프로세스

★ **학습목표(NCS 수행준거)**

급여 대장 등록하기(능력단위요소 : 0202020109_23v5.1)
1.1 채용, 이동, 승진, 퇴직 등 인사발령에 따라 급여원장을 갱신할 수 있다.
1.2 급여계산을 위하여 급여 기초사항을 등록할 수 있다.
1.3 급여계산을 위하여 급여대장 외에 해당 월 조직 구성원의 소득 및 공제에 영향을 줄 수 있는 항목을 등록할 수 있다.

필요 지식

인사관리에서는 사원의 인적정보 등을 등록하여 인사기록카드와 기타 인사정보 현황을 관리 할 수 있는 메뉴이다.

▌인사관리 프로세스 ▌

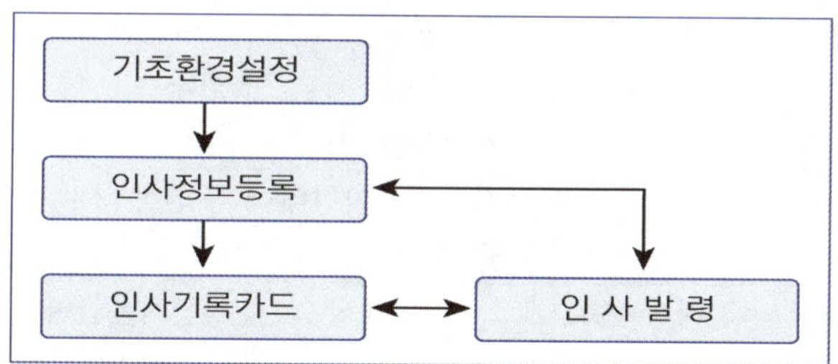

구 분	내 용
기초환경설정	인사관리를 사용하기 위한 기초코드와 환경을 설정하는 부분이며, 모든 프로세스의 선행작업이 된다.
인사정보등록	인적자원에 대한 기본 자료를 등록하고 각종 현황을 조회할 수 있다.
인사기록카드	인적자원에 대한 세부자료를 등록하고 조회할 수 있는 부분이다.
부양가족관리	급여에서 공제되는 부양가족 수와 내역을 등록하는 메뉴이다.
인사발령	인적자원에 대한 각종 인사발령 업무를 처리하고, 인사정보등록 부분과 자동 연계되어 사원정보가 반영된다.

1.1 인사정보등록

필요 지식

인사정보등록은 사원의 가장 기본 데이터를 등록하는 부분으로서 인사급여모듈을 사용하기 위한 가장 기초작업의 일부분이며, 사원명부 등의 각종 현황물을 출력하기 위한 기초정보가 입력되는 메뉴이다.

수행 내용 사원정보등록

다음은 (주)삼일테크 임직원의 인사정보이다. 인사정보등록 메뉴에 인사정보등록 작업을 수행하시오.

1. 정종철

인 적 정 보					
사원코드	1010	사원명	정종철	주민번호	750914-1927313
주 소	서울특별시 양천구 국회대로 1 (신월동)		세대주	여	장애인구분	비해당

재 직 정 보						
고용형태	상용직	직종	사무직	급여형태	연봉	직급/직책	대표이사

급 여 정 보				
호 봉	–	계정유형	임원계정	생산직총급여	–
감면유형	–		급여이체	기업은행 4567-12-1234
국민연금보수월액	5,000,000원	고용보험보수월액	미가입
건강보험보수월액	5,000,000원	고용보험여부(대표)	여	노조가입여부	부
계약시작년월	2026년 1월	연봉	60,000,000원

2. 임영찬

인 적 정 보							
사원코드	2010	사원명	임영찬	주민번호	850526-1025347		
주 소	서울특별시 종로구 김상옥로 1 (인의동)			세대주	여	장애인구분	비해당
재 직 정 보							
고용형태	상용직	직종	사무직	급여형태	월급	직급/직책	부장
급 여 정 보							
호봉	3호봉	계정유형	사원계정	생산직총급여	-		
감면유형	-		급여이체	기업은행 6789-12-4567			
국민연금보수월액	4,700,000원		고용보험보수월액	4,700,000원			
건강보험보수월액	4,700,000원		고용보험여부(대표)	-	노조가입여부	부	

3. 장혜영

인 적 정 보							
사원코드	3010	사원명	장혜영	주민번호	880421-2123457		
주 소	서울특별시 관악구 관천로 100 (신림동)			세대주	부	장애인구분	비해당
재 직 정 보							
고용형태	상용직	직종	사무직	급여형태	월급	직급/직책	과장
급 여 정 보							
호봉	2호봉	계정유형	사원계정	생산직총급여	-		
감면유형	-		급여이체	기업은행 5678-12-1234			
국민연금보수월액	3,150,000원		고용보험보수월액	3,150,000원			
건강보험보수월액	3,150,000원		고용보험여부(대표)	-	노조가입여부	여	

4. 임영인

인 적 정 보							
사원코드	4010	사원명	임영인	주민번호	890213-1752111		
주 소	서울특별시 성북구 대사관로 133 (성북동)			세대주	여	장애인구분	비해당
재 직 정 보							
고용형태	상용직	직종	사무직	급여형태	월급	직급/직책	사원
급 여 정 보							
호봉	6호봉	계정유형	사원계정	생산직총급여	-		
감면유형	-		급여이체	기업은행 3456-12-5678			
국민연금보수월액	2,600,000원		고용보험보수월액	2,600,000원			
건강보험보수월액	2,600,000원		고용보험여부(대표)	-	노조가입여부	여	

5. 백수인

인 적 정 보							
사원코드	5010	사원명		백수인	주민번호		870523−1245788
주 소	대구광역시 달서구 달구벌대로 1001 (호산동)				세대주	여	장애인구분 비해당
재 직 정 보							
고용형태	상용직	직종	생산직	급여형태	시급	직급/직책	사원
급 여 정 보							
호봉	−	계정유형		제조계정	생산직총급여	과세(기준금액 초과)	
감면유형	−			급여이체	기업은행 2345-12-6789		
국민연금보수월액	2,600,000원			고용보험보수월액	2,600,000원		
건강보험보수월액	2,600,000원			고용보험여부(대표)	−	노조가입여부	여
계약시작년월	2026년 1월			시급	13,000원		

6. 박효진

인 적 정 보							
사원코드	5020	사원명		박효진	주민번호		981210−2927100
주 소	대구광역시 남구 명덕로 100 (대명동)				세대주	부	장애인구분 비해당
재 직 정 보							
고용형태	상용직	직종	생산직	급여형태	시급	직급/직책	사원
급 여 정 보							
호봉	−	계정유형		제조계정	생산직총급여	과세(기준금액 초과)	
감면유형	T13(2022/12~2026/11)			급여이체	기업은행 5678-12-4567		
국민연금보수월액	2,300,000원			고용보험보수월액	2,300,000원		
건강보험보수월액	2,300,000원			고용보험여부(대표)	−	노조가입여부	여
계약시작년월	2026년 1월			시급	11,000원		

수행 결과 사원정보등록

정종철 등록화면

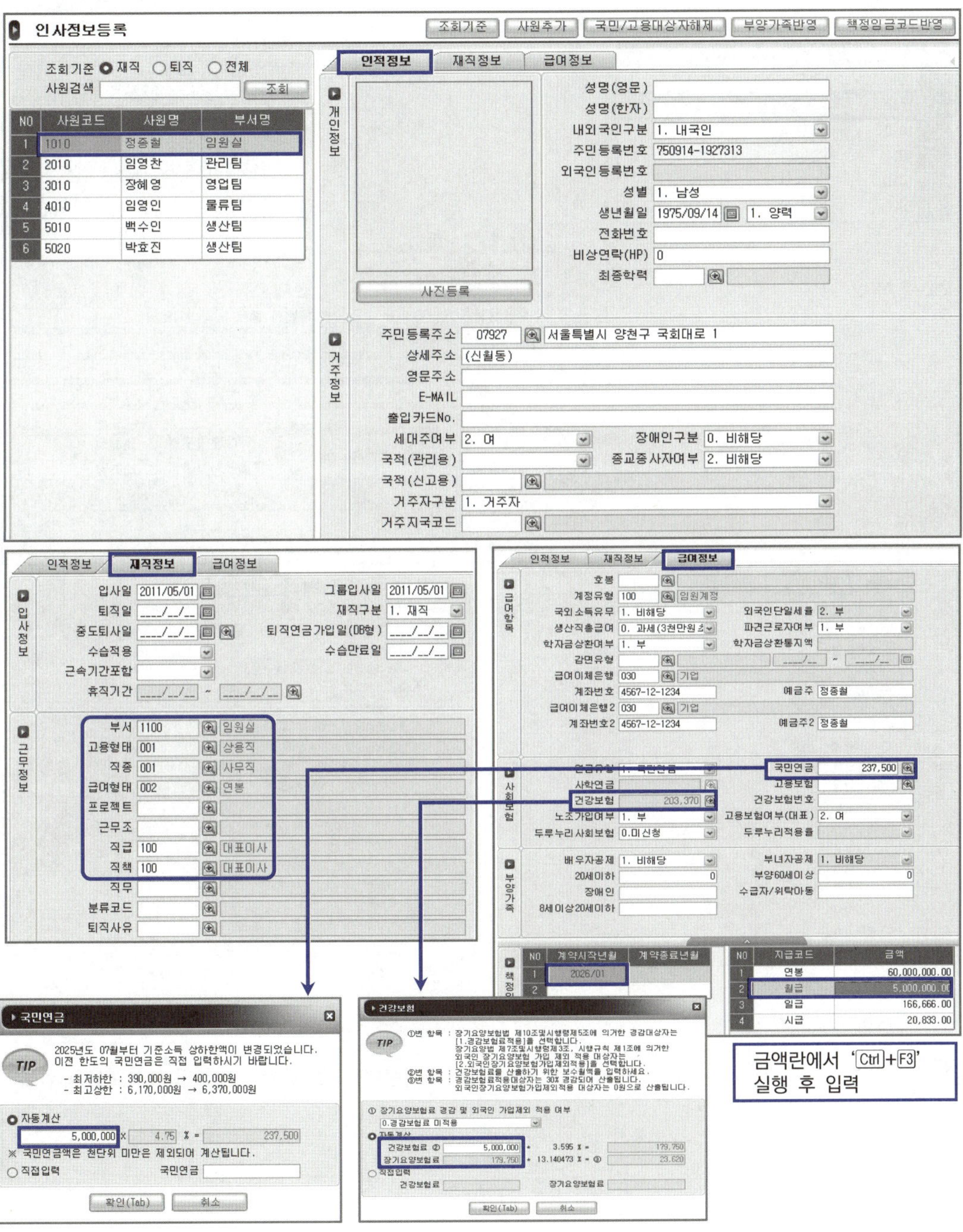

임영찬 등록화면

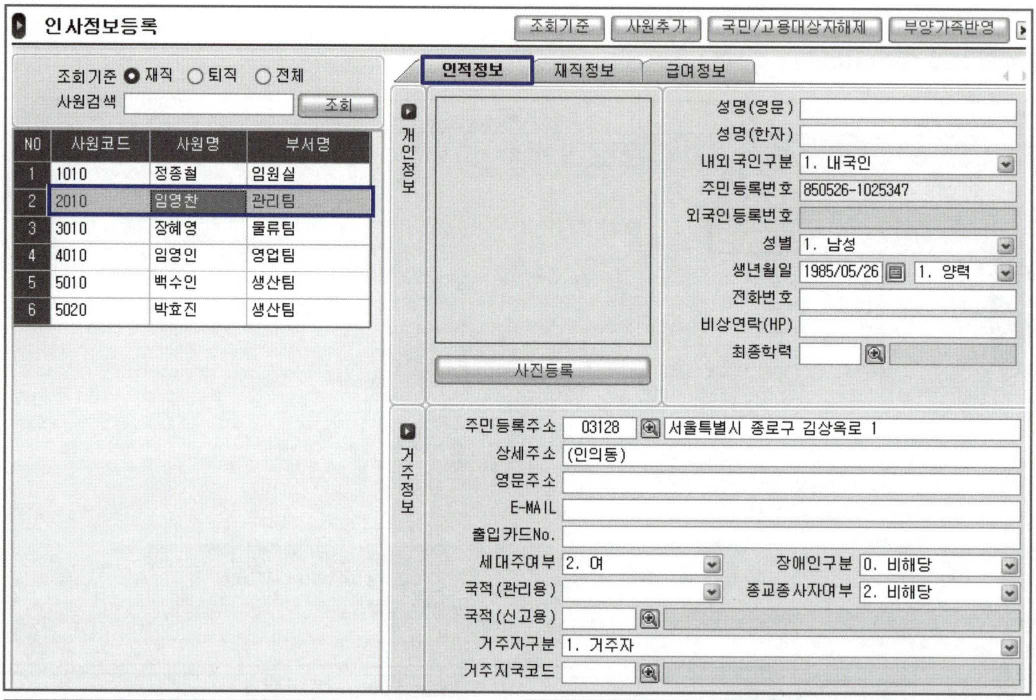

인사정보등록   조회기준   사원추가   국민/고용대상자해제   부양가족반영

인적정보 재직정보 급여정보

조회기준 ● 재직 ○ 퇴직 ○ 전체
사원검색 [　　　] 조회

NO	사원코드	사원명	부서명
1	1010	정종철	임원실
2	2010	임영찬	관리팀
3	3010	장혜영	물류팀
4	4010	임영인	영업팀
5	5010	백수인	생산팀
6	5020	박효진	생산팀

개인정보

성명(영문) [　　　]
성명(한자) [　　　]
내외국인구분 1. 내국인
주민등록번호 850526-1025347
외국인등록번호 [　　　]
성별 1. 남성
생년월일 1985/05/26 1. 양력
전화번호 [　　　]
비상연락(HP) [　　　]
최종학력 [　　　]

사진등록

거주정보

주민등록주소 03128 서울특별시 종로구 김상옥로 1
상세주소 (인의동)
영문주소 [　　　]
E-MAIL [　　　]
출입카드No. [　　　]
세대주여부 2. 여   장애인구분 0. 비해당
국적(관리용) [　　　]   종교종사자여부 2. 비해당
국적(신고용) [　　　]
거주자구분 1. 거주자
거주지국코드 [　　　]

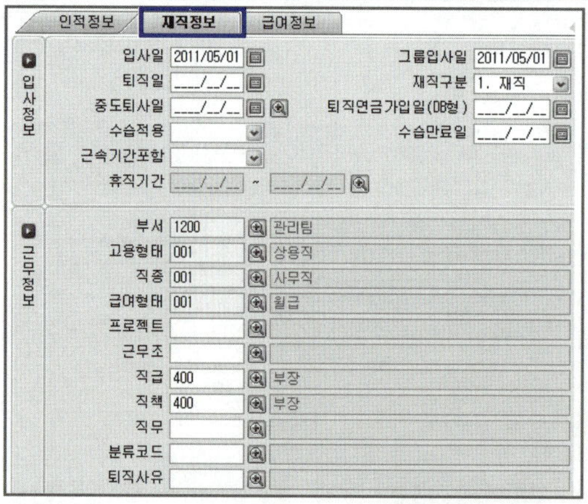

인적정보 **재직정보** 급여정보

입사정보
입사일 2011/05/01   그룹입사일 2011/05/01
퇴직일 __/__/__   재직구분 1. 재직
중도퇴사일 __/__/__   퇴직연금가입일(DB형) __/__/__
수습적용 [　]   수습만료일 __/__/__
근속기간포함 [　]
휴직기간 __/__/__ ~ __/__/__

근무정보
부서 1200 관리팀
고용형태 001 상용직
직종 001 사무직
급여형태 001 월급
프로젝트 [　]
근무조 [　]
직급 400 부장
직책 400 부장
직무 [　]
분류코드 [　]
퇴직사유 [　]

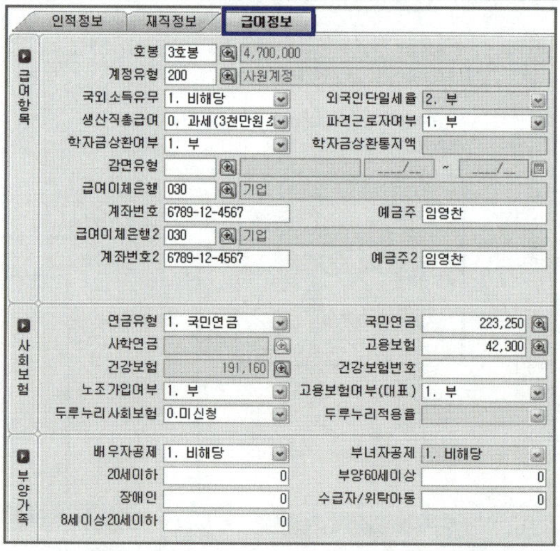

인적정보 재직정보 **급여정보**

급여항목
호봉 3호봉 4,700,000
계정유형 200 사원계정
국외소득유무 1. 비해당   외국인단일세율 2. 부
생산직총급여 0. 과세(3천만원초   파견근로자여부 1. 부
학자금상환여부 1. 부   학자금상환통지액 [　]
감면유형 [　]   __/__ ~ __/__
급여이체은행 030 기업
계좌번호 6789-12-4567   예금주 임영찬
급여이체은행2 030 기업
계좌번호2 6789-12-4567   예금주2 임영찬

사회보험
연금유형 1. 국민연금   국민연금 223,250
사학연금 [　]   고용보험 42,300
건강보험 191,160   건강보험번호 [　]
노조가입여부 1. 부   고용보험여부(대표) 1. 부
두루누리 사회보험 0. 미신청   두루누리적용율 [　]

부양가족
배우자공제 1. 비해당   부녀자공제 1. 비해당
20세이하 0   부양60세이상 0
장애인 0   수급자/위탁아동 0
8세이상20세이하 0

参考 재직정보 탭의 '직급'은 필수입력 항목은 아니지만, 급여형태가 '월급'인 사원들의 급여계산을 위해서
반드시 작성되어야 한다.

장혜영 등록화면

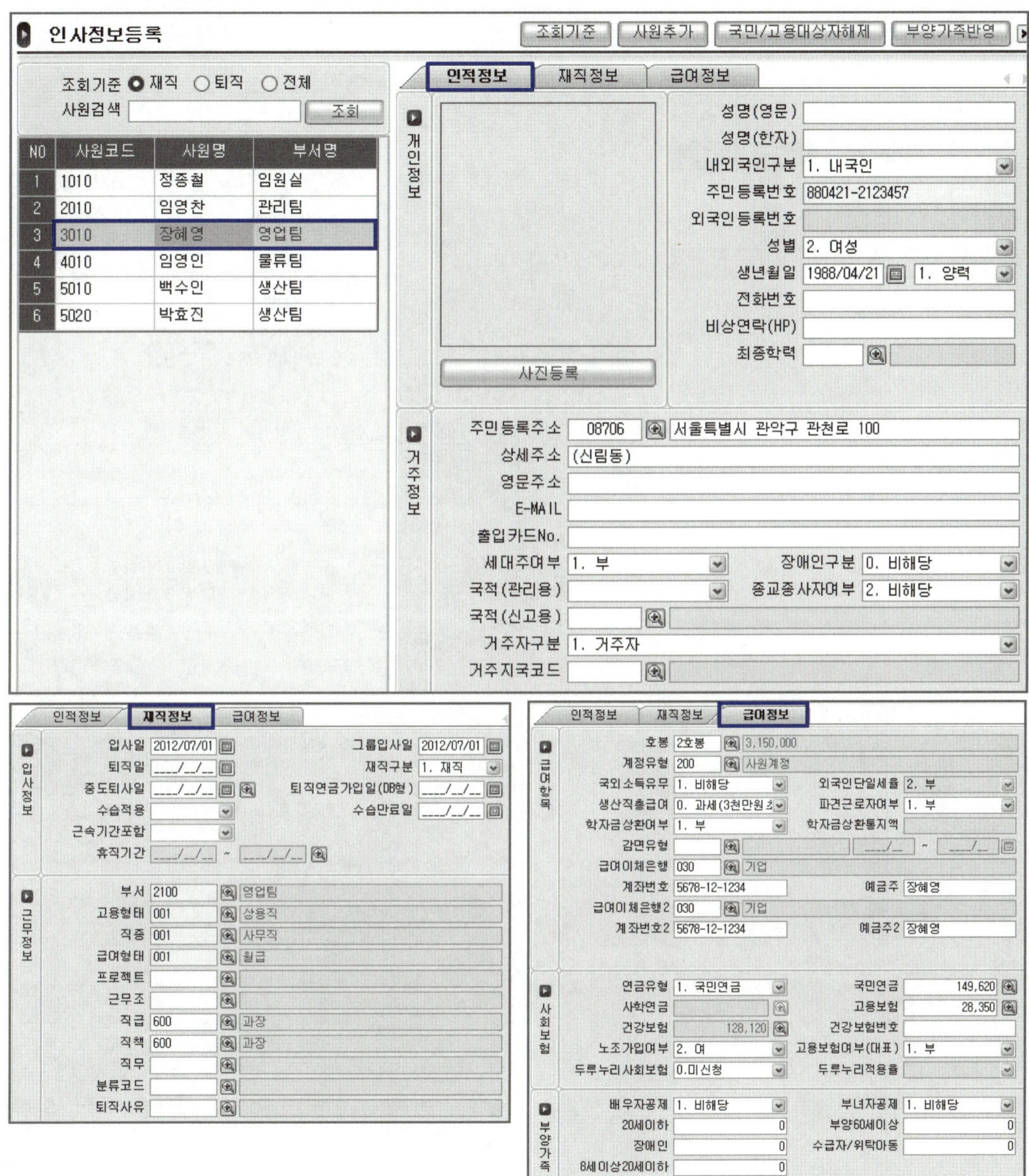

임영인 등록화면

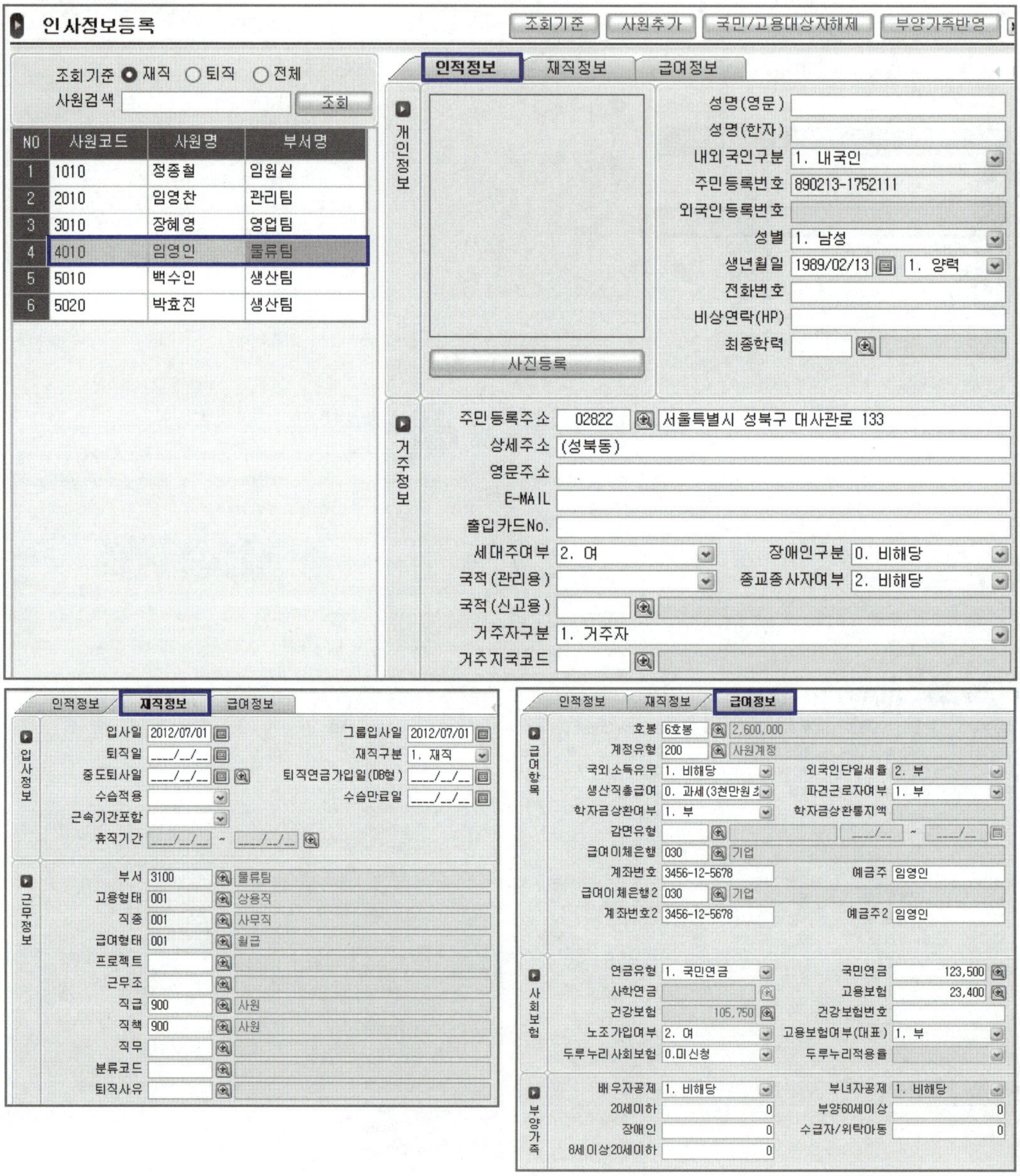

인사정보등록 [조회기준] [사원추가] [국민/고용대상자해제] [부양가족반영]

조회기준 ● 재직 ○ 퇴직 ○ 전체
사원검색 [   ] [조회]

NO	사원코드	사원명	부서명
1	1010	정종철	임원실
2	2010	임영찬	관리팀
3	3010	장혜영	영업팀
4	4010	임영인	물류팀
5	5010	백수인	생산팀
6	5020	박효진	생산팀

[인적정보] 재직정보 급여정보

개인정보

[사진등록]

성명(영문) [   ]
성명(한자) [   ]
내외국인구분 1. 내국인
주민등록번호 890213-1752111
외국인등록번호 [   ]
성별 1. 남성
생년월일 1989/02/13 1. 양력
전화번호 [   ]
비상연락(HP) [   ]
최종학력 [   ]

거주정보

주민등록주소 02822 서울특별시 성북구 대사관로 133
상세주소 (성북동)
영문주소 [   ]
E-MAIL [   ]
출입카드No. [   ]
세대주여부 2. 여   장애인구분 0. 비해당
국적(관리용) [   ]   종교종사자여부 2. 비해당
국적(신고용) [   ]
거주자구분 1. 거주자
거주지국코드 [   ]

인적정보 **[재직정보]** 급여정보

입사정보
입사일 2012/07/01   그룹입사일 2012/07/01
퇴직일 __/__/__   재직구분 1. 재직
중도퇴사일 __/__/__   퇴직연금가입일(DB형) __/__/__
수습적용 [ ]   수습만료일 __/__/__
근속기간포함 [ ]
휴직기간 __/__/__ ~ __/__/__

근무정보
부서 3100 물류팀
고용형태 001 상용직
직종 001 사무직
급여형태 001 월급
프로젝트 [ ]
근무조 [ ]
직급 900 사원
직책 900 사원
직무 [ ]
분류코드 [ ]
퇴직사유 [ ]

인적정보 재직정보 **[급여정보]**

급여항목
호봉 6호봉 2,600,000
계정유형 200 사원계정
국외소득유무 1. 비해당   외국인단일세율 2. 부
생산직총급여 0. 과세(3천만원초)   파견근로자여부 1. 부
학자금상환여부 1. 부   학자금상환통지액 [ ]
감면유형 [ ]   __/__ ~ __/__
급여이체은행 030 기업
계좌번호 3456-12-5678   예금주 임영인
급여이체은행2 030 기업
계좌번호2 3456-12-5678   예금주2 임영인

사회보험
연금유형 1. 국민연금   국민연금 123,500
사학연금 [ ]   고용보험 23,400
건강보험 105,750   건강보험번호 [ ]
노조가입여부 2. 여   고용보험여부(대표) 1. 부
두루누리 사회보험 0. 미신청   두루누리적용율 [ ]

부양가족
배우자공제 1. 비해당   부녀자공제 1. 비해당
20세이하 0   부양60세이상 0
장애인 0   수급자/위탁아동 0
8세이상20세이하 0

백수인 등록화면

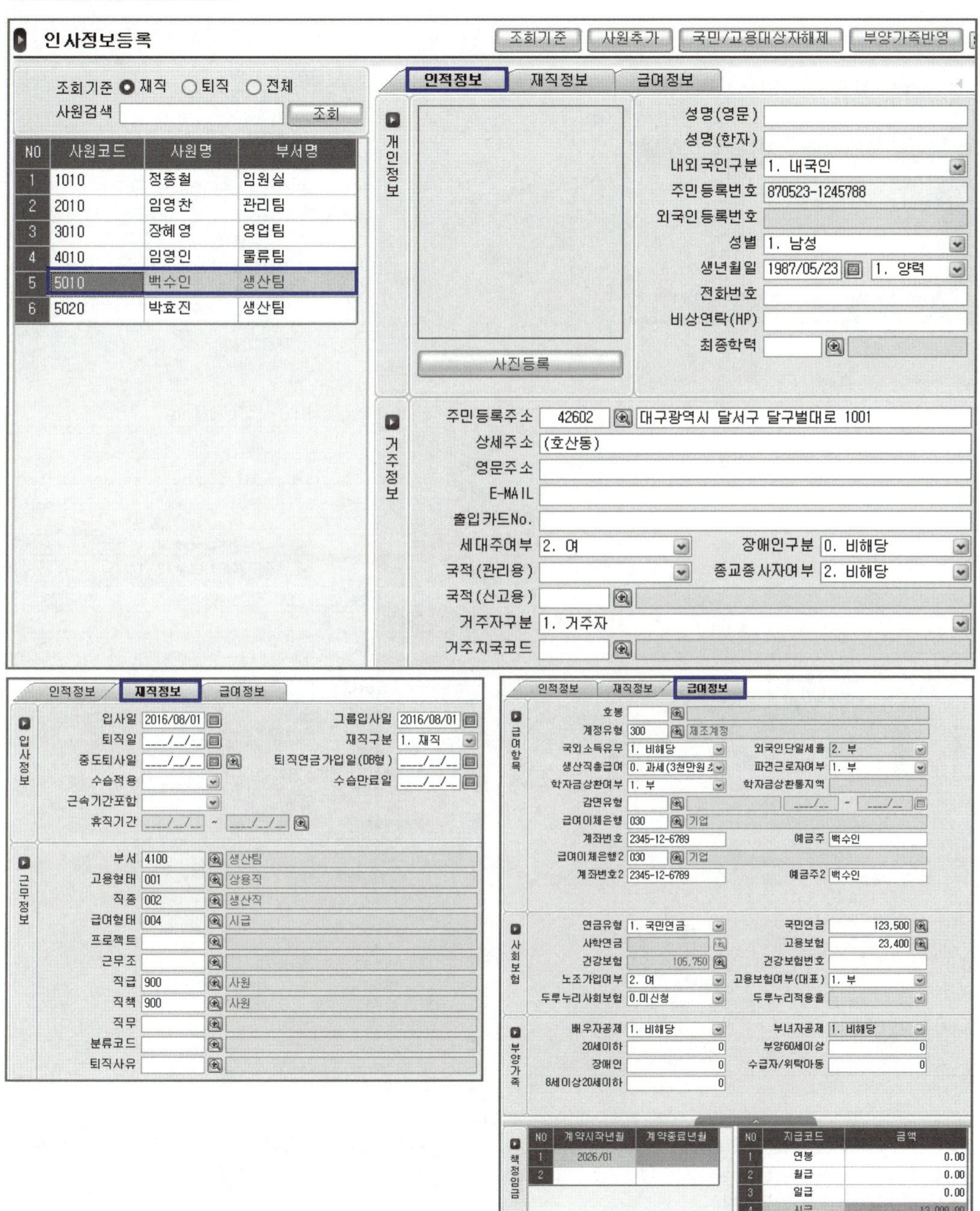

박효진 등록화면

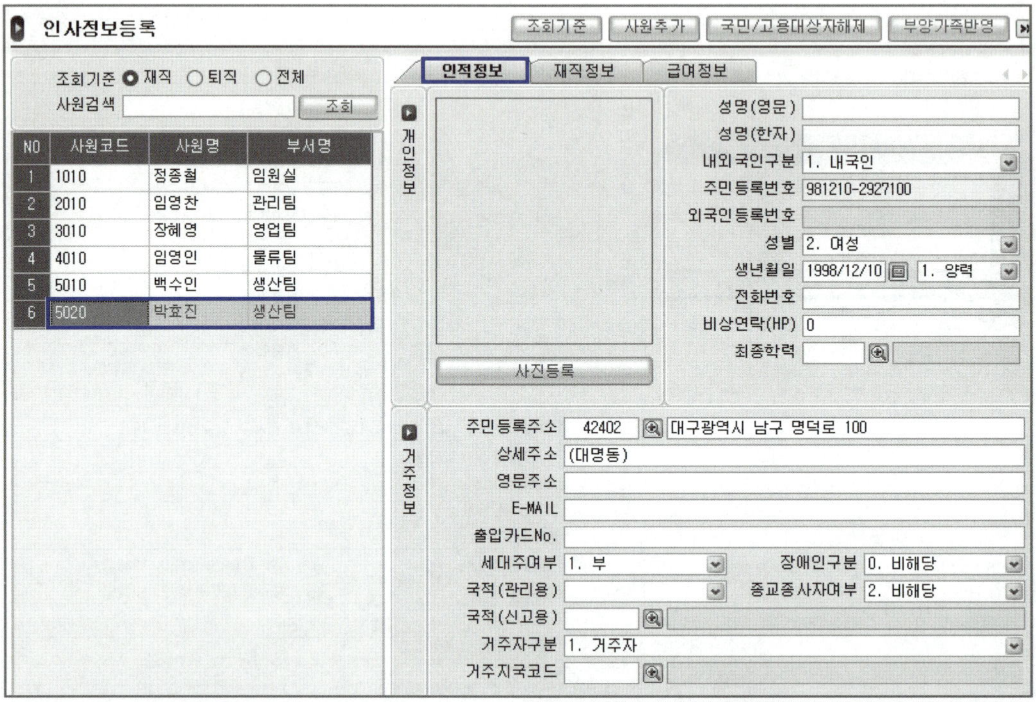

인사정보등록

조회기준 ● 재직 ○ 퇴직 ○ 전체
사원검색 [　　　　] 조회

NO	사원코드	사원명	부서명
1	1010	정종철	임원실
2	2010	임영찬	관리팀
3	3010	장혜영	영업팀
4	4010	임영인	물류팀
5	5010	백수인	생산팀
6	5020	박효진	생산팀

인적정보 / 재직정보 / 급여정보

개인정보 / 거주정보

성명(영문)
성명(한자)
내외국인구분 1. 내국인
주민등록번호 981210-2927100
외국인등록번호
성별 2. 여성
생년월일 1998/12/10 1. 양력
전화번호
비상연락(HP) 0
최종학력

사진등록

주민등록주소 42402 대구광역시 남구 명덕로 100
상세주소 (대명동)
영문주소
E-MAIL
출입카드No.
세대주여부 1. 부　　장애인구분 0. 비해당
국적(관리용)　　종교종사자여부 2. 비해당
국적(신고용)
거주자구분 1. 거주자
거주지국코드

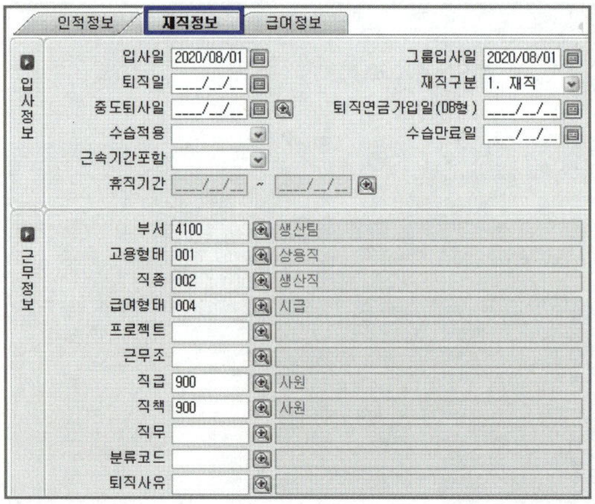

인적정보 / 재직정보 / 급여정보

입사정보 / 근무정보

입사일 2020/08/01　그룹입사일 2020/08/01
퇴직일 __/__/__　재직구분 1. 재직
중도퇴사일 __/__/__　퇴직연금가입일(DB형) __/__/__
수습적용　수습만료일 __/__/__
근속기간포함
휴직기간 __/__/__ ~ __/__/__

부서 4100 생산팀
고용형태 001 상용직
직종 002 생산직
급여형태 004 시급
프로젝트
근무조
직급 900 사원
직책 900 사원
직무
분류코드
퇴직사유

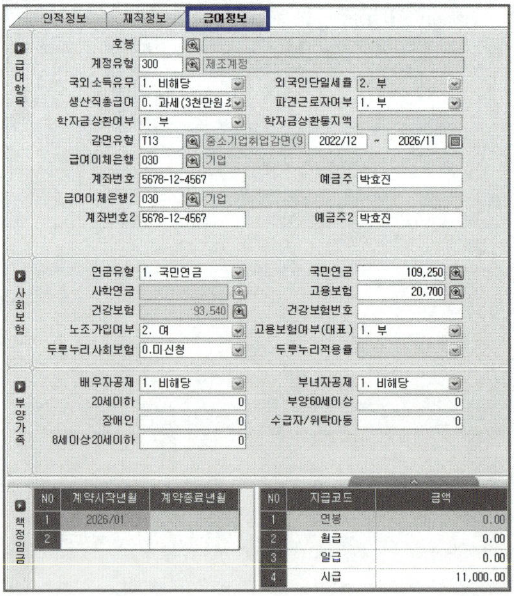

인적정보 / 재직정보 / 급여정보

급여항목 / 사회보험 / 부양가족 / 핵정임금

호봉
계정유형 300 제조계정
국외소득유무 1. 비해당　외국인단일세율 2. 부
생산직총급여 0. 과세(3천만원초)　파견근로자여부 1. 부
학자금상환여부 1. 부　학자금상환동지역
감면유형 T13 중소기업취업감면(9) 2022/12 ~ 2026/11
급여이체은행 030 기업
계좌번호 5678-12-4567　예금주 박효진
급여이체은행2 030 기업
계좌번호2 5678-12-4567　예금주2 박효진

연금유형 1. 국민연금　국민연금 109,250
사학연금　고용보험 20,700
건강보험 93,540　건강보험번호
노조가입여부 2. 여　고용보험여부(대표) 1. 부
두루누리사회보험 0.미신청　두루누리적용율

배우자공제 1. 비해당　부녀자공제 1. 비해당
20세이하 0　부양60세이상 0
장애인 0　수급자/위탁아동 0
8세이상20세이하 0

NO	계약시작년월	계약종료년월
1	2026/01	
2		

NO	지급코드	금액
1	연봉	0.00
2	월급	0.00
3	일급	0.00
4	시급	11,000.00

> 월정급여 260만원, 직전년도 총급여 3,700만원 이하인 생산직근로자가 받는 야간·연장근로 수당 등(연 240만원 한도)은 비과세 적용을 받는다.

주요항목 설명

▌ 인적정보 탭 ▌

❶ 사원코드: 시스템관리의 [사원등록] 메뉴에서 등록된 사번이며 수정이 불가능하다.

❷ 거주구분: 거주구분을 선택하며, 연말정산 시 비거주자인 경우 비거주자 세액계산 특례에 적용된다.

▌ 재직정보 탭 ▌

❶ 수습적용: [인사/급여환경설정] 의 수습직 급여계산방법을 적용할지를 선택한다. 〈1.여〉를 선택하면 수습만료일이 자동으로 계산되어 표기된다.

❷ 수습만료일: 수습적용 〈1.여〉를 선택한 경우 [인사/급여환경설정] 의 설정된 수습기간을 계산하여 자동 표기된다.

❸ 고용형태: [인사기초코드등록]에 '4.사원그룹(G)' / 'G1.고용구분'의 비고값이 '1'로 등록된 데이터 중 조회하여 선택한다(일용직은 [일용직급여관리]에서 사원등록 및 급여관리가 별도로 이루어진다).

❹ 급여형태: 월급/연봉/일급/시급을 선택한다.
→급여형태에 따라 급여지급을 별도 관리할 수 있다.

▌ 급여정보 탭 ▌

❶ 외국인단일세율: 외국인 근로자인 경우 연말정산 단일세율 신청자인 경우 '1.여'를 선택한다.

❷ 계정유형: 회계 전표처리 시 적용되는 원가 구분을 선택한다.

❸ 고용보험여부: 고용보험 가입 여/부를 선택한다. →〈1.여〉로 선택한 경우 급여산출 시 고용보험료가 자동 계산되어 공제된다.

❹ 노조가입여부: 노조가입 여/부를 선택한다. →급여에서 공제되는 노조회비는 연말정산 시 기부금공제로 자동 계산된다.

❺ 생산직총급여: 생산직 사원의 연장근로수당 비과세 요건인 전년도 총급여 3,000만원 이하 해당 여부를 선택한다.

❻ 책정임금: 사원별 책정임금의 적용 시작년월을 입력하며, 계약 종료년월은 자동 표기됨으로 입력하지 않는다. 금액입력 시 Ctrl + F3을 누른 다음 입력하고 금액입력이 완료되면 다시 한번 Ctrl + F3을 누르면 '*******'로 표시되면서 금액을 감추어 저장하게 된다. 책정임금에 입력된 급여금액은 [지급공제항목등록] 에서 급여 계산식 구성 시 F** 로 시작되는 코드와 연동된다.

출제유형 ···▶ **인사정보등록**

문1) 다음 중 인사정보등록메뉴에서 필수 입력항목에 해당하지 않은 것은?

① 주민등록번호　　　　　　　　② 고용형태
③ 직급 및 직책　　　　　　　　④ 직종 및 급여형태

문2) ㈜삼일테크의 인사정보등록 메뉴에 입력된 내용의 설명 중 올바르지 않은 것은?

① 임영찬은 세대주이며, 장애인구분은 '비해당'이다.
② 장혜영은 세대주에 해당하지 않으며, 장애인구분은 '비해당'이다.
③ 임영인은 사무직(상용직)이며, 급여형태는 '월급'이다.
④ 백수인은 생산직(상용직)이며, 급여형태는 '일급'이다.

문3) ㈜삼일테크의 인사정보등록 메뉴에 입력된 내용의 설명 중 올바르지 않은 것은?

① 임영찬은 월급제 사원으로 부장 3호봉을 적용받으며, 노조가입 여부는 '부'이다.
② 장혜영은 월급제 사원으로 과장 2호봉을 적용받으며, 계정유형은 '사원계정'이다.
③ 임영인은 월급제 사원으로 사원 6호봉을 적용받으며, 두루누리 사회보험 신청자이다.
④ 백수인은 시급제 사원으로 시급 13,000원을 적용받으며, 급여이체 은행은 기업은행이다.

문4) 생산팀 박효진 사원의 인사정보에 관련된 설명으로 올바르지 않은 것은?

① 직급과 직책은 '사원'이며, 근무조는 별도 배정되어 있지 않다.
② 계정유형은 '제조계정'이며, 연장근로 수당에 대해 비과세 적용을 받는다.
③ 2026년 12월 현재 '중소기업취업감면' 대상자이다.
④ 시급제 사원으로 시급 11,000원 적용을 받는다.

1.2 인사기록카드

필요 지식

인사정보등록 메뉴에서 급여정보나 근태관련 정보를 등록한다면 그 외의 추가적인 인사관련정보는 인사기록카드에서 등록하며, 입력된 정보는 다른 프로세스의 기초 자료로 활용된다.

┃ 인사기록카드 프로세스 ┃

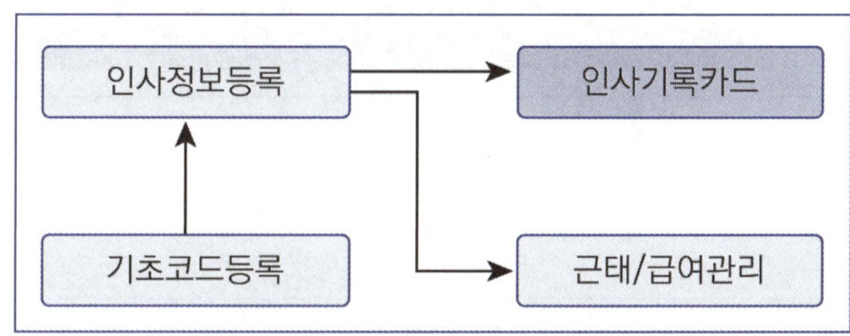

수행 내용 · 인사기록카드(면허자격)

다음은 (주)삼일테크 사원들의 자격증 보유 내역이다. 인사기록카드 면허자격 사항에 등록작업을 수행하시오.

성 명	자격증 종류	취득일	발행기관	수당여부
임영찬	ERP정보관리사	2025년 11월 25일	한국생산성본부	해당
	TAT(세무정보)	2026년 8월 28일	한국공인회계사회	해당
장혜영	ERP정보관리사	2025년 8월 23일	한국생산성본부	해당
	FAT(회계정보)	2026년 10월 23일	한국공인회계사회	해당
백수인	ERP정보관리사	2026년 11월 30일	한국생산성본부	비해당

수행 결과 인사기록카드(면허자격)

임영찬 등록화면

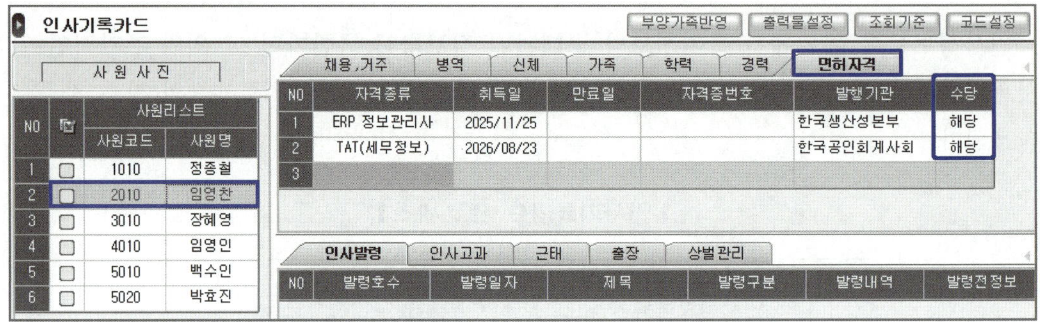

장혜영 등록화면

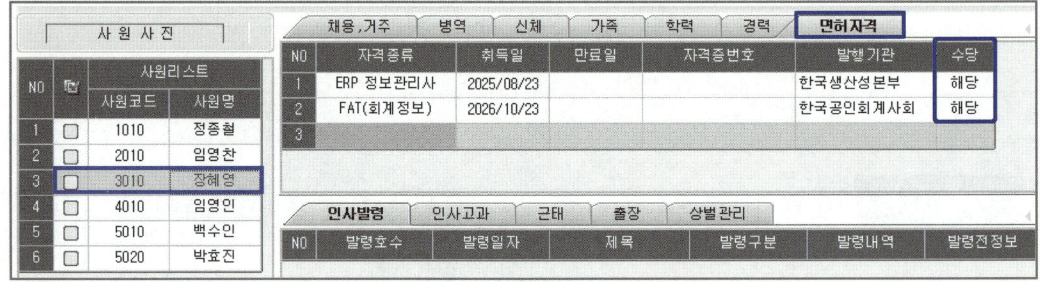

백수인 등록화면

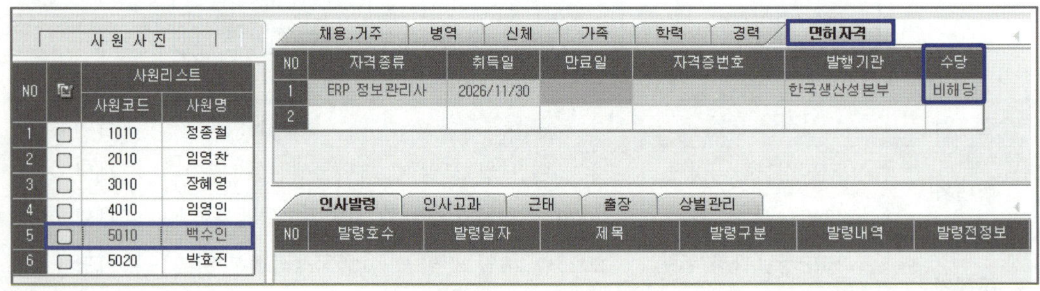

사원정보현황

[인사기록카드]에 입력된 내용은 [사원정보현황] 메뉴에서 항목별로 조회/출력이 가능하다.

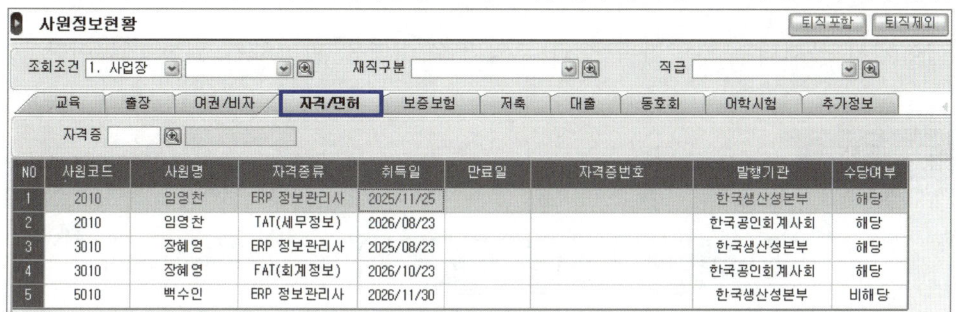

NO	사원코드	사원명	자격종류	취득일	만료일	자격증번호	발행기관	수당여부
1	2010	임영찬	ERP 정보관리사	2025/11/25			한국생산성본부	해당
2	2010	임영찬	TAT(세무정보)	2026/08/23			한국공인회계사회	해당
3	3010	장혜영	ERP 정보관리사	2025/08/23			한국생산성본부	해당
4	3010	장혜영	FAT(회계정보)	2026/10/23			한국공인회계사회	해당
5	5010	백수인	ERP 정보관리사	2026/11/30			한국생산성본부	비해당

✓ 상단의 [퇴직포함], [퇴직제외] 선택조건에 따라 조회결과가 달라질 수 있다.

✓ 자격증을 선택하는 경우 자격증별 조회가 가능하며, 수당여부가 '해당'으로 선택되어 있는 경우 급여지급 시 [지급공제항목]에 등록된 자격수당이 자동 반영된다.

출제유형 ···▶ 인사기록카드 

문1) (주)삼일테크는 모든 사업장에 대해 2026년 하반기에 자격을 취득한 사원에게 자격수당을 지급하고자 할 경우 수당 지급 대상자와 해당 자격증으로 올바른 것은?

① 임영찬(TAT(세무정보)), 장혜영(FAT(회계정보))

② 임영찬(ERP정보관리사), 장혜영(FAT(회계정보))

③ 임영찬(TAT(세무정보)), 백수인(ERP정보관리사)

④ 장혜영(ERP정보관리사), 백수인(ERP정보관리사)

문2) (주)삼일테크는 아래와 같이 자격취득자에 대해 자격수당을 지급하고 있다. 당사가 지급해야 하는 자격수당은 얼마인가? (단, 수당지급 대상이 '해당'인 경우만 지급한다.)

> ERP정보관리사: 100,000원, FAT(회계정보): 50,000원, TAT(세무정보): 80,000원

① 200,000원   ② 250,000원

③ 330,000원   ④ 430,000원

1.3 부양가족관리

필요 지식

급여에서 공제되는 부양가족 수와 부양가족 내역을 관리하기 위한 메뉴이다.

수행 내용 부양가족관리

인사/급여관리 ➡ 인사관리 ➡ 인사기록카드

다음은 (주)삼일테크의 사원별 부양가족 사항이다. 인사기록카드의 가족 탭(TAB)에 등록 작업을 수행하고, 인사정보등록 메뉴의 부양가족에 반영(기준일: 2026년 1월 1일)하시오.

1. 임영찬 부양가족명세

성명	관계	동거 여부	부양관계	주민등록번호	수당	부양여부 /연말정산	장애인 구분	내외국인
최혜란	배우자	함	배우자	901111-2111119	해당	대상	비해당	내국인
임지은	자	함	자녀	150226-4111117	해당	대상	비해당	내국인

2. 백수인 부양가족명세

성명	관계	동거 여부	부양관계	주민등록번호	수당	부양여부 /연말정산	장애인 구분	내외국인
김나영	배우자	함	배우자	911212-2111115	해당	대상	비해당	내국인
백용명	부	안함	소득자의 직계존속	551210-1774914	비해당	대상	비해당	내국인
강영미	모	안함	소득자의 직계존속	630626-2015671	비해당	대상	비해당	내국인
백정민	자	함	자녀	150122-3122221	해당	대상	비해당	내국인

수행 결과 부양가족관리

인사/급여관리 ➡ 인사관리 ➡ 인사기록카드

임영찬 등록화면

NO	성명	관계	동거여부	부양관계	주민등록번호	수당여부	부양여부	연말정산	장애인구분	내외국인
1	최혜란	배우자	함	배우자	901111-2111119	해당	☑	☑	비해당	내국인
2	임지은	자	함	자녀 및…	150226-4111117	해당	☑	☑	비해당	내국인
3							☐	☐		

사원리스트

NO		사원코드	사원명
1	☐	1010	정종철
2	☐	2010	임영찬
3	☐	3010	장혜영
4	☐	4010	임영인
5	☐	5010	백수인
6	☐	5020	박효진

백수인 등록화면

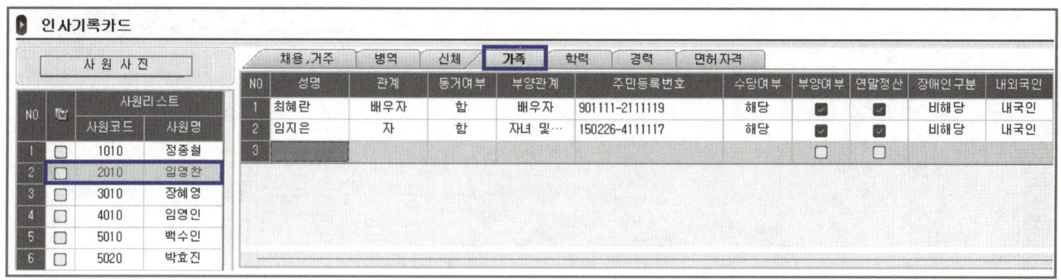

NO	성명	관계	동거여부	부양관계	주민등록번호	수당여부	부양여부	연말정산	장애인구분	내외국인
1	김나영	배우자	함	배우자	911212-2111115	해당	☑	☑	비해당	내국인
2	백용명	부	안함	소득자의…	551210-1774914	비해당	☑	☑	비해당	내국인
3	강영미	모	안함	소득자의…	630626-2015671	비해당	☑	☑	비해당	내국인
4	백정민	자	함	자녀 및…	150122-3122221	해당	☑	☑	비해당	내국인
5							☐	☐		

사원리스트

NO		사원코드	사원명
1	☐	1010	정종철
2	☐	2010	임영찬
3	☐	3010	장혜영
4	☐	4010	임영인
5	☐	5010	백수인
6	☐	5020	박효진

주요항목 설명

❶ 수당여부: 가족수당 계산 시 수당지급의 대상자인 경우 체크한다.

❷ 연말정산: 연말정산 '인적공제 및 공제항목별명세' 작성대상 가족을 체크하며 '부양여부'가
체크된 경우에는 무조건 연말정산 대상이 된다.

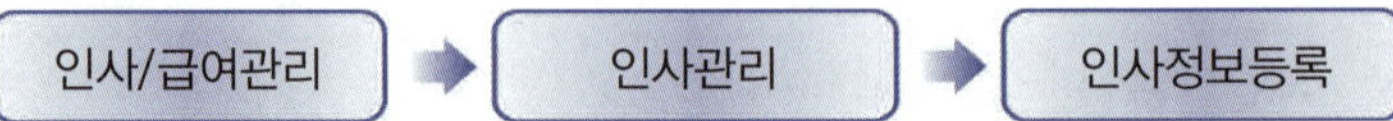

❶ [급여정보] TAB에서 오른쪽 상단부 [부양가족반영]을 클릭한다.

❷ [조회]를 클릭한 후 사원을 선택하고 [인사기록카드반영]을 누른 후 [반영]을 클릭한다.

임영찬 부양가족 반영

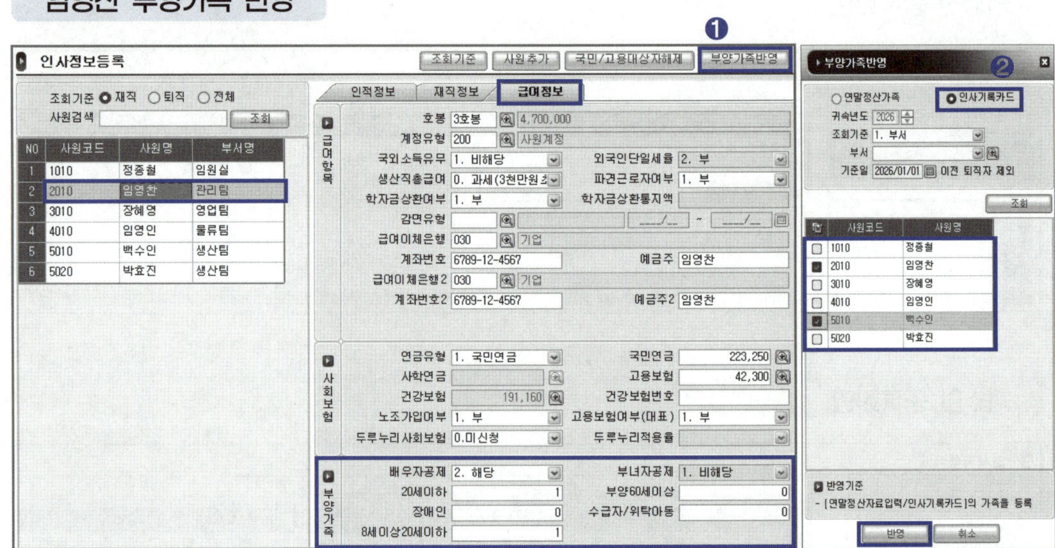

백수인 부양가족 반영

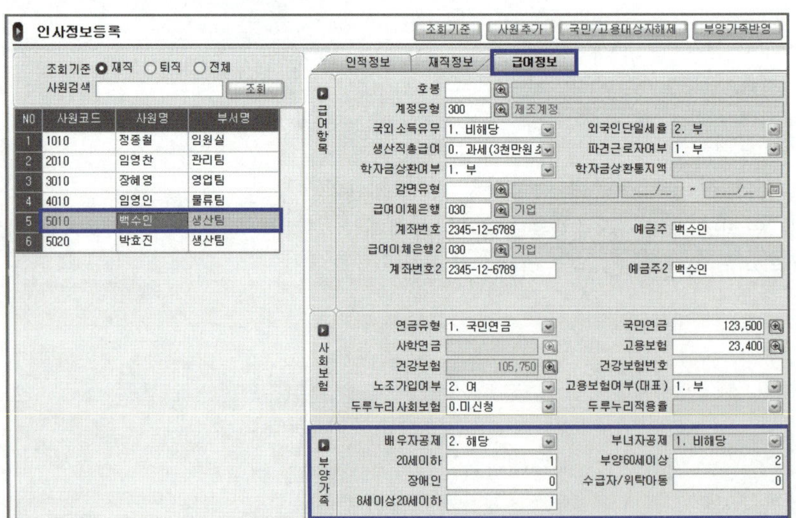

 **부양가족관리** 

문1) (주)삼일테크는 임영찬 사원의 [급여] 작업을 진행하기 위해 부양가족 정보를 반영하였다. 부양 가족 공제현황 중 올바르지 않은 것은?

① 배우자 공제: 해당
② 20세 이하: 1명
③ 장애인: 1명
④ 8세 이상 20세 이하: 1명

문2) (주)삼일테크는 백수인 사원의 [급여] 작업을 진행하기 위해 부양가족 정보를 반영하였다. 부양 가족 공제현황 중 올바르지 않은 것은?

① 배우자 공제: 해당
② 20세 이하: 1명
③ 부양 60세 이상: 2명
④ 8세 이상 20세 이하: 0명

 1.4 교육관리

필요 지식

　회사의 사내 혹은 사외에서 실시되는 각종 교육현황 및 대상자를 등록하고 관리하기 위한 메뉴이다.

수행 내용 | 교육관리

(주)삼일테크본사 직원들을 대상으로 실시한 직무역량 강화 교육에 대한 현황이다. 교육내역 및 교육대상자 등록 작업을 수행하시오.

- 교육명(코드): 100.직무역량 강화교육
- 교육일자: 2026년 7월 6일 ~ 2026년 7월 8일(2박 3일)
- 교육목적: 직무역량 강화를 통한 경영효율화 도모
- 교육장소: 제주 신라호텔
- 담당강사: 김진우
- 교육기관: 우리컨설팅(사외교육)
- 교육시간: 15시간(1일 5시간)
- 대상자 및 교육비 현황

교육대상	인원	1인당교육비	고용보험환급액	실부담금
대표이사 정종철 부　　장 임영찬 과　　장 장혜영 사　　원 임영인	4명	1,000,000원	–	1인당 1,000,000원

수행 결과　교육관리

교육관리 등록 화면

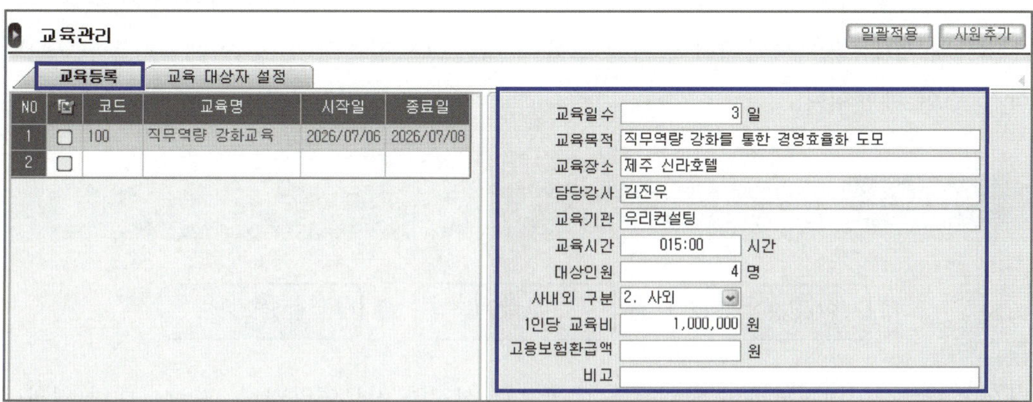

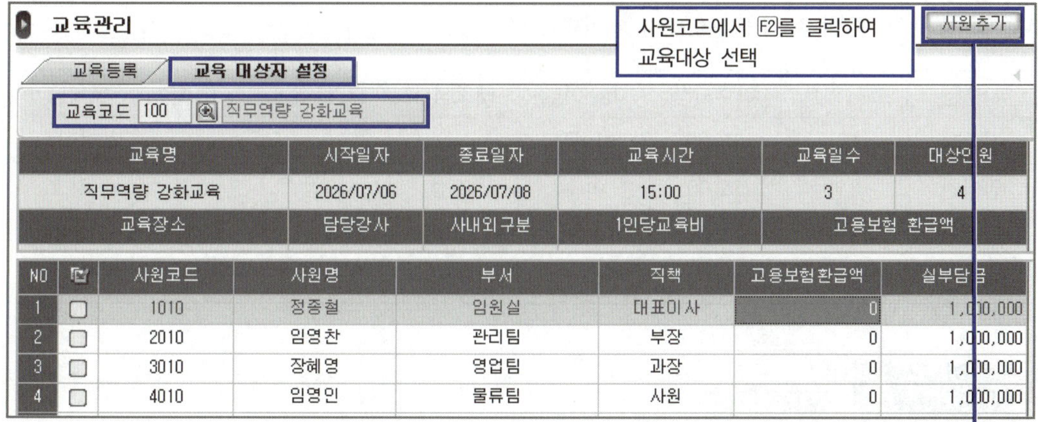

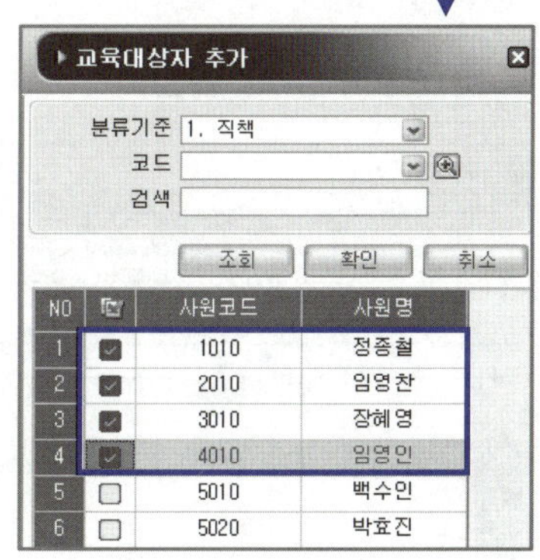

1.5 교육평가

필요 지식

회사의 사내 혹은 사외에서 실시된 교육에 대한 교육참가자의 이수여부와 결과를 관리하기 위한 메뉴이다.

수행 내용 교육평가

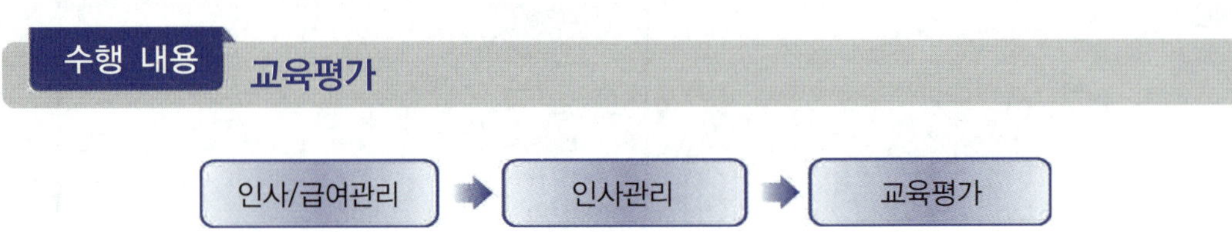

다음은 (주)삼일테크본사의 직원들을 대상으로 실시한 직무역량강화 교육에 대한 결과이다. 교육평가 관련 내용 등록작업을 수행하시오.

사원명	교육일수	이수시간	이수여부	태도점수	평가점수	합계	교육평가
정종철	1일	05:00	미이수	–	–	–	미이수
임영찬	3일	15:00	이수	40점	40점	80점	양호
장혜영	3일	15:00	이수	40점	55점	95점	우수
임영인	3일	15:00	이수	40점	45점	85점	양호

수행 결과 교육평가

교육평가 등록 화면

상단의 [마감]버튼 실행 시
입력된 교육결과의 내용을 수정할 수 없다.

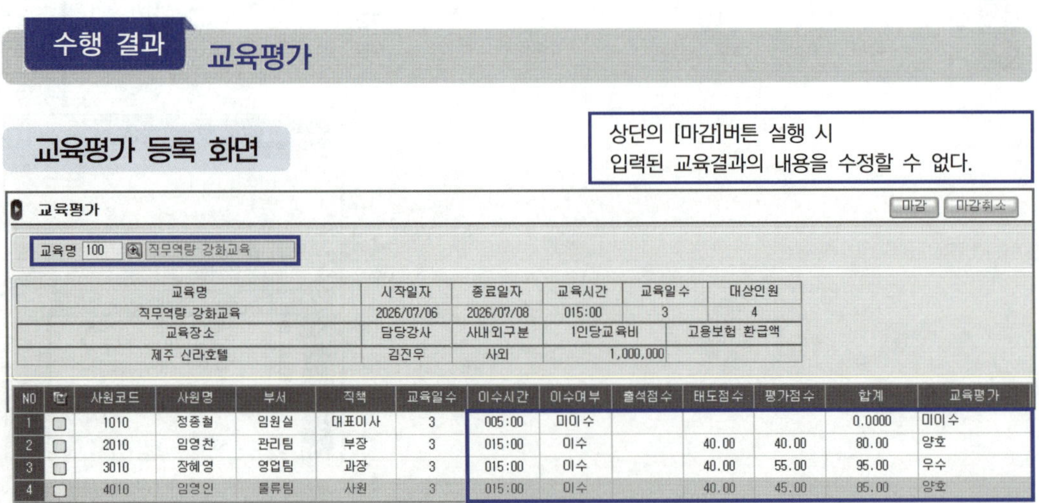

교육현황

[교육관리]와 [교육평가]에 입력된 내용을 사원별 교육현황 및 교육별 사원현황으로 조회, 출력할 수 있는 메뉴이다.

• 사원별교육현황

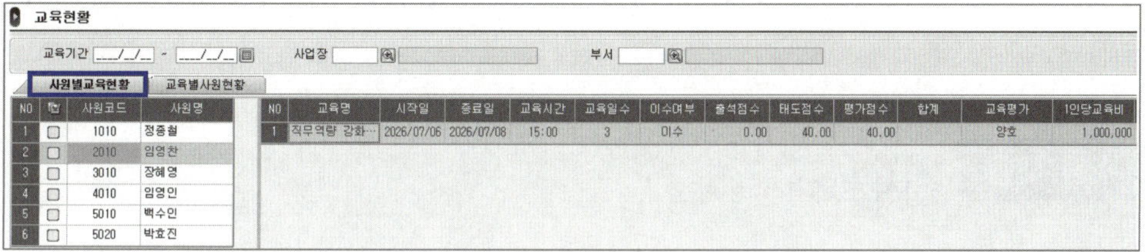

• 교육별사원현황

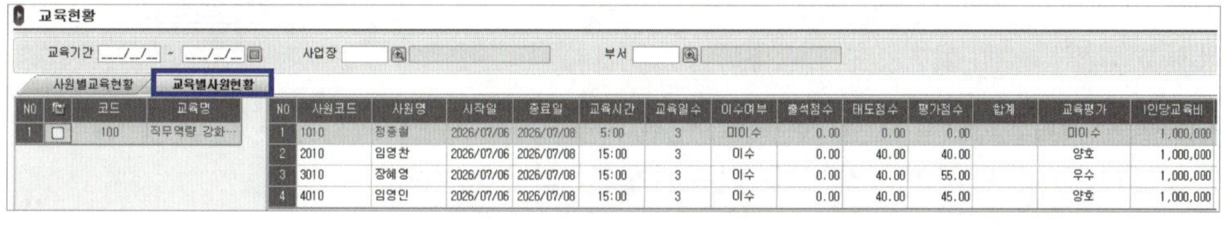

출제유형 ···▶ **교육관리(교육평가)** 

문1) (주)삼일테크에서 7월에 실시한 '직무역량 강화교육'의 교육대상자로 옳지 않은 것은?

① 임영찬　　　　　　　　　　② 장혜영
③ 임영인　　　　　　　　　　④ 백수인

문2) (주)삼일테크는 7월에 실시한 교육 중 교육평가 결과에 대해 아래와 같이 상금을 지급하고자 한다. 당사가 지급해야하는 교육평가 시상금은 얼마인가?

> • 교육명: 100. 직무역량 강화교육　　• 시상내역: 평가결과 '우수' (1인당 50,000원)

① 50,000원　　　　　　　　② 100,000원
③ 150,000원　　　　　　　　④ 200,000원

1.6 인사발령

필요 지식

인사발령은 사원의 인사관련 조건이 변경될 때 발령을 통하여 급여에 승급된 금액을 적용하고 승진이나 근무지변동 등에 대하여는 인사기록카드에 기록하여 관리할 수 있는 메뉴이다.

수행 내용 — 인사발령

인사/급여관리 ➡ 인사관리 ➡ 인사발령등록 인사발령(사원별)

(주)삼일테크는 다음과 같이 정기인사 발령을 시행하였다. 인사발령 내역 등록과 인사발령을 적용하여 인사기록카드에 변동사항을 적용하시오.

인 사 발 령 공 고

제　　목: 2026년 정기인사

2026년 정기인사 발령 내역을 다음과 같이 공고합니다.

- 발령호수: 2026-001호
- 발령일자: 2026년 1월 1일
- 발 령 자: 대표이사 정종철

발령구분	발령대상자	발령내역			
		발령내역	현정보	발령전정보	발령후정보
보직변경	장혜영	부서	영업팀	–	물류팀
	임영인	부서	물류팀	–	영업팀

2026년 1월 1일

(주)삼일테크 대표이사 정 종 철

수행 결과 인사발령

❶ 발령호수, 제목, 발령구분(F2를 누른 후 선택), 발령일자를 등록한다.

❷ 발령자를 조회하여 등록한다.

❸ 사원추가 버튼을 클릭하여 사원을 조회(조회조건: 3.사원)하고, 대상자에 적용시킨다.

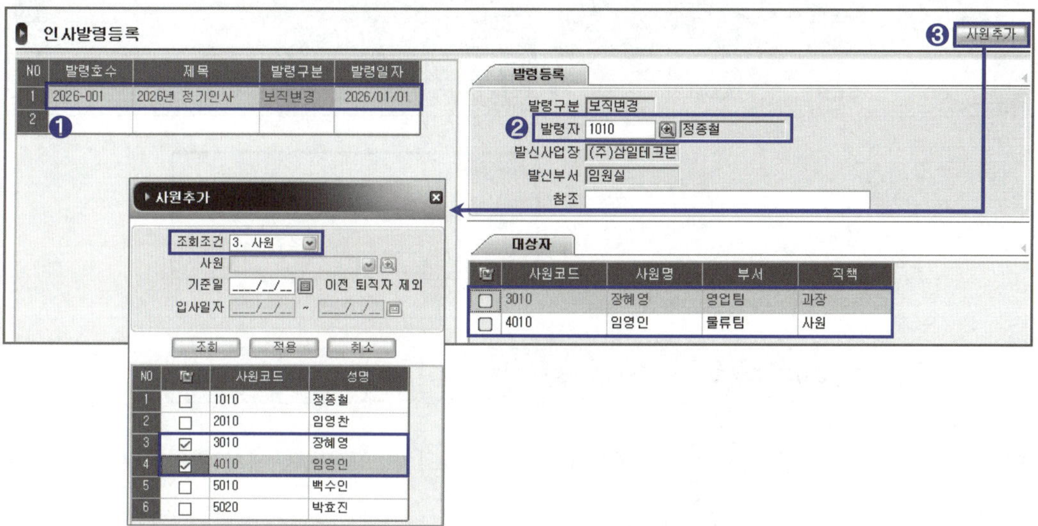

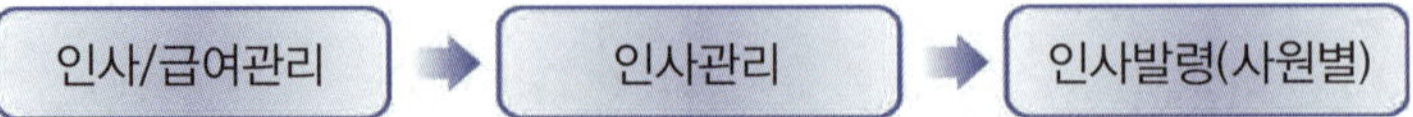

❶ 발령호수를 등록하면 [인사발령등록]에서 등록한 발령대상자가 조회된다.

❷ 각각의 발령내역을 등록하고, 발령내역에 해당하는 발령사항을 등록한다.

❸ [발령적용] 버튼으로 [인사정보등록]에 발령내역을 반영시킨다.

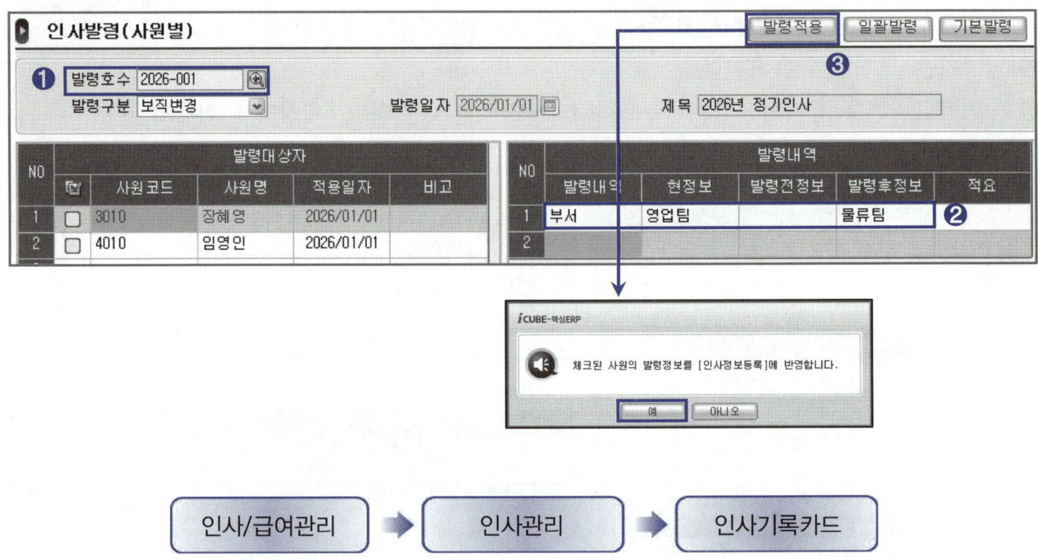

[인사정보등록]에 반영된 인사발령 사항은 [인사기록카드]의 '인사발령'에서 확인할 수 있다.

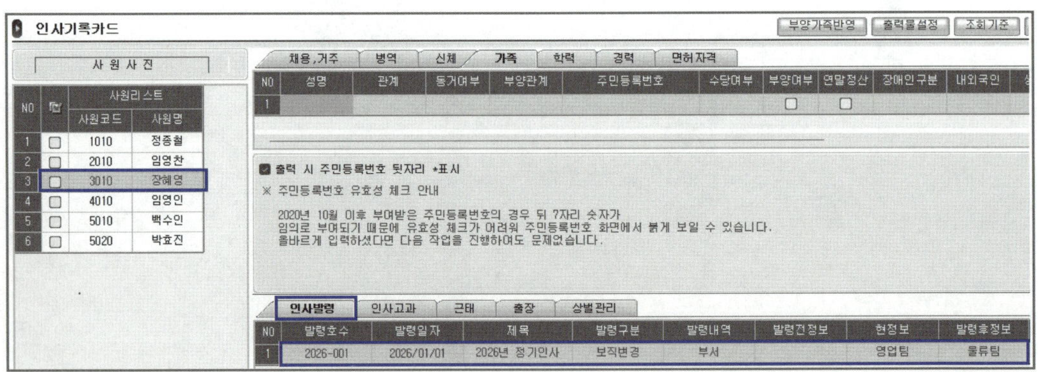

주요항목 설명

❶ 발령호수: 숫자/문자를 사용하여 등록한다.

❷ 발령구분: 인사기초코드등록 의 HD : 발령구분 에 등록된 항목이 조회되고 해당 발령구분을 선택한다.

❸ 발령대상자: 발령대상 사원과 적용일자는 [인사발령등록]에서 등록한 발령사항이 자동 표기되지만, 적용일자는 수정 가능하다.

❹ 발령내역: 발령구분에 해당하는 발령내역이 조회되고 해당 항목을 선택하여 등록한다.

❺ 기본발령 : 동시에 여러 항목의 발령내역을 적용하는 경우 기본발령에서 발령내역 코드를 등록한다.

❻ 일괄발령 : 발령대상자에 대한 발령내역을 일괄 등록하고자 하는 경우 사용한다. 발령 적용되지 않은 발령대상자가 조회되며, 적용일자와 발령내역을 입력하고 대상자를 선택 적용한다.

❼ 발령적용 : 발령대상자를 체크한 후 발령적용을 하면, '발령후정보'란에 등록한 내용이 [인사정보등록]에 적용된다. 발령적용된 사원의 발령내역은 수정이 불가능하다.

> **개념 익히기**
>
> 발령적용 버튼을 클릭하는 순간 인사정보등록의 해당 정보가 변경되므로, 발령적용 시 신중하게 작업을 해야 한다. 또한, 사원별 발령내역은 인사기록카드의 해당 부분에도 반영되어 조회. 출력이 가능하다.

출제유형 ⋯▶ **인사발령** 

문1) (주)삼일테크는 '2026년 1월 인사발령'을 사원별로 진행하고자 한다. 발령호수 '2026-001'의 발령내역에 대한 설명으로 올바르지 않은 것은 무엇인가?

① 해당 발령호수의 발령일자는 '2026년 1월 1일'이다.
② 해당 발령호수의 발령구분은 '보직변경'이다.
③ 해당 발령호수의 발령대상자는 모두 2명 이며, 대상자 모두 동일한 부서이다.
④ 해당 발령호수의 제목은 '2026년 정기인사'이다.

1.7 인사발령리포트

인사발령리포트는 인사발령 데이터를 조회/출력하는 메뉴로, 조회조건에 따라 인사발령대장을 개인별, 발령구분별, 발령호수별로 조회, 출력할 수 있는 메뉴이다.

사원코드	사원명	발령호수	제목	발령구분	발령일자	적용일자	발령내역	현정보	발령전정보	발령후정보
3010	장혜영	2026-001	2026년 정…	보직변경	2026/01/01	2026/01/01	부서	영업팀		물류팀
4010	임영인	2026-001	2026년 정…	보직변경	2026/01/01	2026/01/01	부서	물류팀		영업팀

1.8 인사고과/상벌현황

인사고과/상벌현황은 [인사기록카드]에 등록된 '인사고과'와 '상벌관리'의 현황을 조회, 출력할 수 있는 메뉴이다.

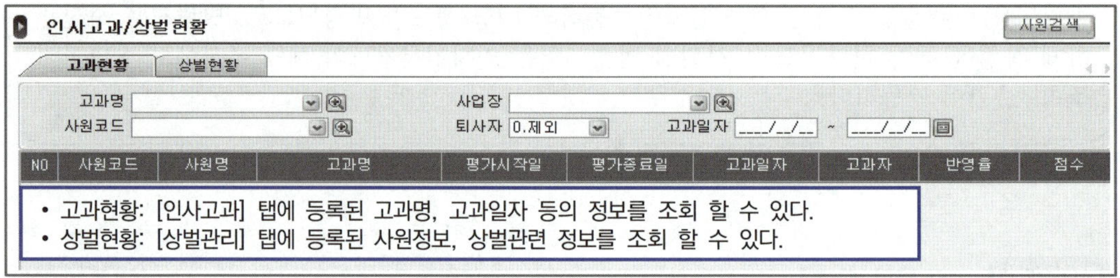

1.9 사원입퇴사현황

사원입퇴사현황은 [인사정보등록]의 입사일, 퇴사일을 기준으로 사원현황을 조회, 출력할 수 있는 메뉴이다.

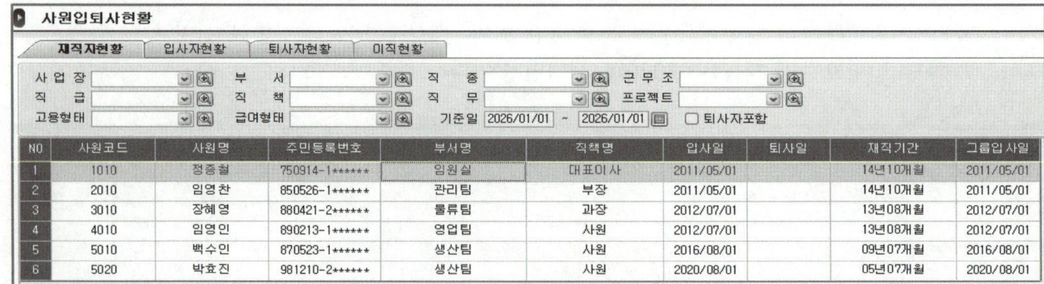

참고 재직기간은 컴퓨터 시스템에 의해 자동으로 계산되므로 조회기준일에 따라 다르게 나타난다.

 1.10 책정임금현황

책정임금현황은 [인사정보등록]에서 등록한 책정임금 내역을 조회, 출력할 수 있는 메뉴이다.

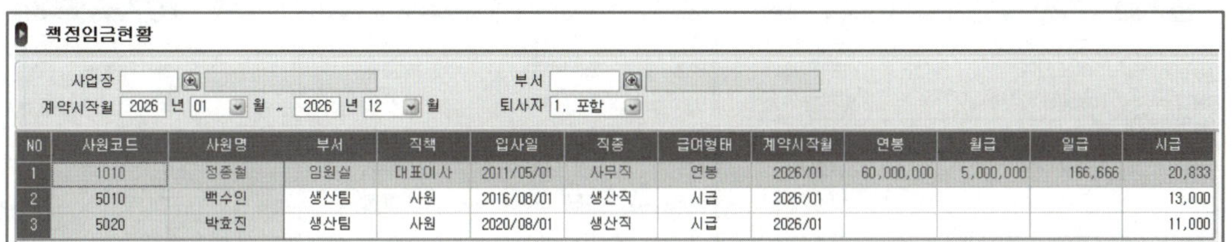

1.11 근속년수현황

근속년수현황은 사원들의 근속년수를 입사일 기준으로 조회, 출력할 수 있는 메뉴이다.

1. 인사기초코드등록에 근속년수현황 정보 조회를 위한 관리항목(관리내역) 등록 작업을을 수행하시오.
   - 출력구분: 0.인사(H,R)

코드.관리항목명	코드.관리내역명	
HT.근속년수구분	001.1년 이하(비고 1) 002.2년 이하(비고 2) 003.3년 이하(비고 3) 004.4년 이하(비고 4) 005.5년 이하(비고 5)	010.10년 이하(비고 10) 015.15년 이하(비고 15) 020.20년 이하(비고 20)

근속년수 구분 입력 화면

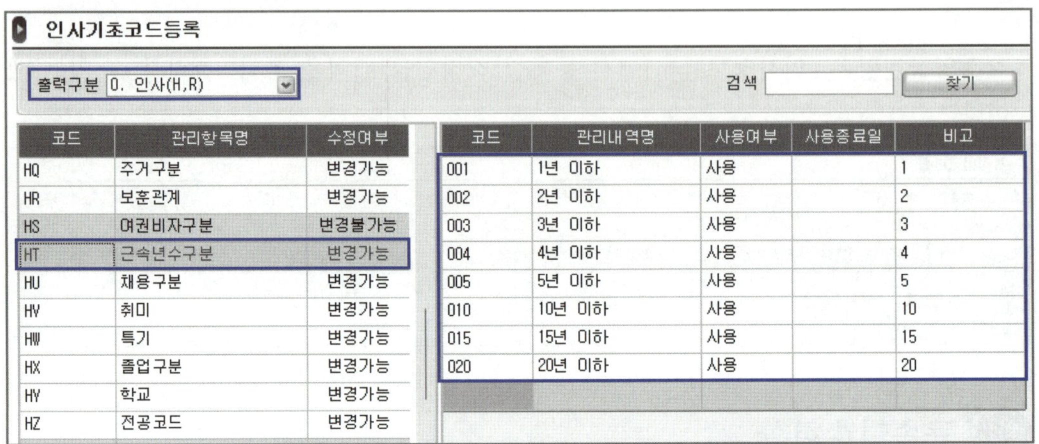

코드	관리항목명	수정여부
HQ	주거구분	변경가능
HR	보훈관계	변경가능
HS	여권비자구분	변경불가능
HT	근속년수구분	변경가능
HU	채용구분	변경가능
HV	취미	변경가능
HW	특기	변경가능
HX	졸업구분	변경가능
HY	학교	변경가능
HZ	전공코드	변경가능

코드	관리내역명	사용여부	사용종료일	비고
001	1년 이하	사용		1
002	2년 이하	사용		2
003	3년 이하	사용		3
004	4년 이하	사용		4
005	5년 이하	사용		5
010	10년 이하	사용		10
015	15년 이하	사용		15
020	20년 이하	사용		20

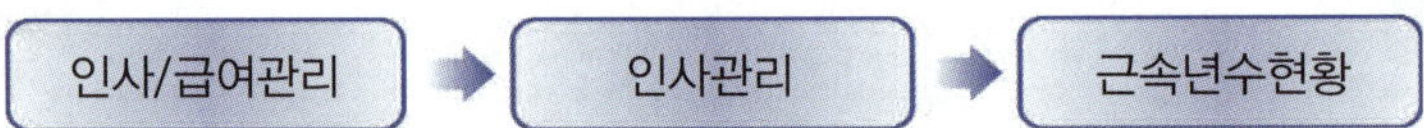

2. 아래 조건을 적용하여 근속년수현황이 5년 초과 10년 이하인 사원을 조회하시오.
   (기준일: 2026/06/30, 퇴사자: 0.제외, 년수기준: 1.미만일수 버림, 경력포함: 0.제외)

근속년수 현황 조회

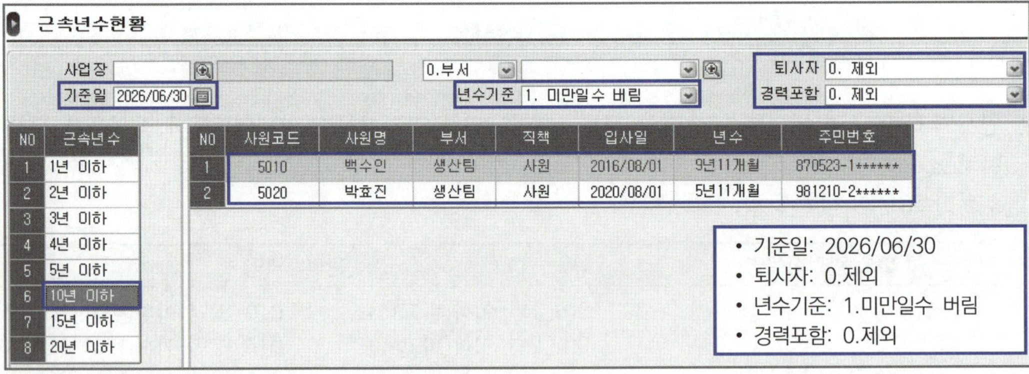

NO	근속년수
1	1년 이하
2	2년 이하
3	3년 이하
4	4년 이하
5	5년 이하
6	10년 이하
7	15년 이하
8	20년 이하

NO	사원코드	사원명	부서	직책	입사일	년수	주민번호
1	5010	백수인	생산팀	사원	2016/08/01	9년11개월	870523-1******
2	5020	박효진	생산팀	사원	2020/08/01	5년11개월	981210-2******

출제유형 ···▶ 근속년수현황

문1) (주)삼일테크는 아래와 같은 조건으로 특별근속수당을 지급하기로 하였다. 지급해야 할 특별근속수당은 얼마인가?

> – 기준일: 2026/12/31
> – 퇴사자: 0.제외
> – 년수기준: 1.미만일수 버림
> – 경력포함: 0.제외
> – 근속수당: 10년 초과 30,000원, 15년 초과 50,000원

① 　　　0원 　　　　　　　　　② 100,000원
③ 160,000원 　　　　　　　　④ 190,000원

---

02 근태/급여관리 프로세스

★ **학습목표(NCS 수행준거)**

근태 관리하기!(능력단위요소 : 0202020109_23v5.2)

2.1 각 부서에서 신청된 휴가와 근태자료를 집계할 수 있다.

2.2 집계된 자료에서 임금 지급 시 포함시켜야 할 금액을 산출할 수 있다.

2.3 산출된 금액을 급여규정 또는 관련 법규의 부합여부를 확인한 후 급여기초자료에 입력할 수 있다.

급여 계산하기!(능력단위요소 : 0202020109_23v5.3)

3.1 급여작업 수행 절차에 따라 단계별로 급여작업을 수행할 수 있다.

3.2 급여작업 검증을 위하여 급여작업 결과와 이전 급여집행 내역을 비교할 수 있다.

3.3 전결 규정에 따라 결재를 진행하기 위하여 급여에 대한 결재 자료를 작성할 수 있다.

3.4 결재 완료된 개인별 급여 지급정보를 조직 구성원에게 안내할 수 있다.

3.5 대량이체 또는 개별이체를 통하여 조직 구성원 개인의 급여계좌에 해당 급여를 송금할 수 있다.

필요 지식

기초환경설정에서 등록된 지급 및 공제항목에 대한 계산식을 토대로 근태를 등록하여 급여계산을 하고 세무보고를 한다. 상용직 급여입력 및 계산에서 계산된 급/상여데이터는 급여대장 및 명세서 출력과 각종 현황, 원천징수이행상황신고서 등의 세무신고 자료에 반영되고, 전표처리하여 회계모듈로 반영한다.

▌근태/급여관리 프로세스 ▌

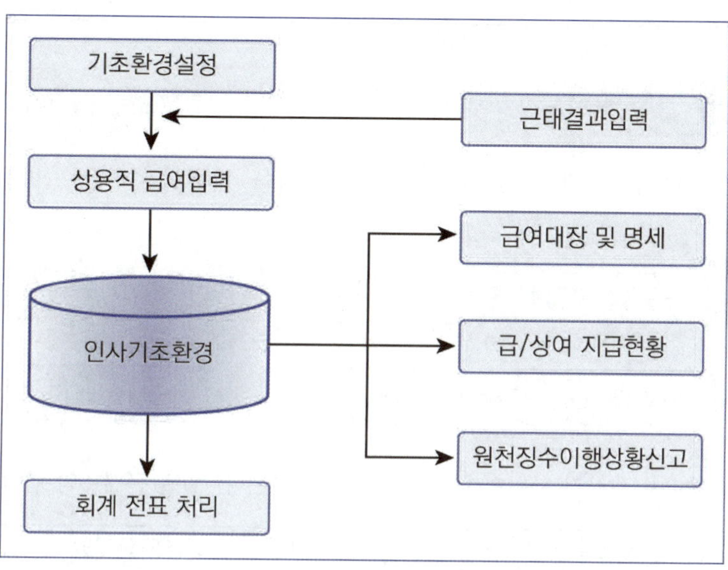

구 분	내 용
기초환경설정	급여관리를 위한 기초환경을 설정하는 부분으로, 급여지급공제 계산식과 지급공제항목, 중도 입/퇴사자, 수습직에 대한 급여지급환경을 설정한다.
근태결과입력	급여귀속기간 동안의 근태내역을 입력한다.
상용직 급여입력	[근태결과입력]에 입력된 근태집계내역을 기초로 [지급공제항목등록]에서 등록된 계산식에 의하여 급여가 계산된다.
일용직 급여관리	일용직 직원에게 지급할 급여를 입력한다.
급여대장 및 명세	확정된 급여데이터로 각종 급여대장과 명세서를 출력하는 부분이다.
급/상여 지급현황	현금별/은행별 급여현황을 조회, 출력할 수 있다.
원천징수이행상황신고	급여데이터 중 소득세 데이터를 집계하여 매월 세무서에 신고하는 원천징수 이행상황신고서를 자동으로 작성해 준다.
회계전표처리	발생된 급여 데이터를 회계관리로 자동전표 처리한다.

2.1 근태결과입력

필요 지식

개인별 연장근로시간, 지각, 휴가 등의 근태내역을 입력할 수 있는 메뉴이다.

수행 내용 근태결과입력

(주)삼일테크 대구지사 생산직 사원의 1월~3월 근태내역이다. 월별 근태내역 입력을 수행하시오.

월	성명	평일정상 근무일	평일정상 근무시간	평일연장 근무일	평일연장 근무시간
1월	백수인	22	176	12	48
	박효진	22	176	12	48
2월	백수인	20	160	10	40
	박효진	20	160	10	40
3월	백수인	23	184	12	44
	박효진	23	184	12	44

수행 결과 근태결과입력

❶ 귀속연월과 지급일을 선택한다. '출력항목이 설정되어 있지 않습니다.'라는 화면에서 '확인'을 클릭한다.

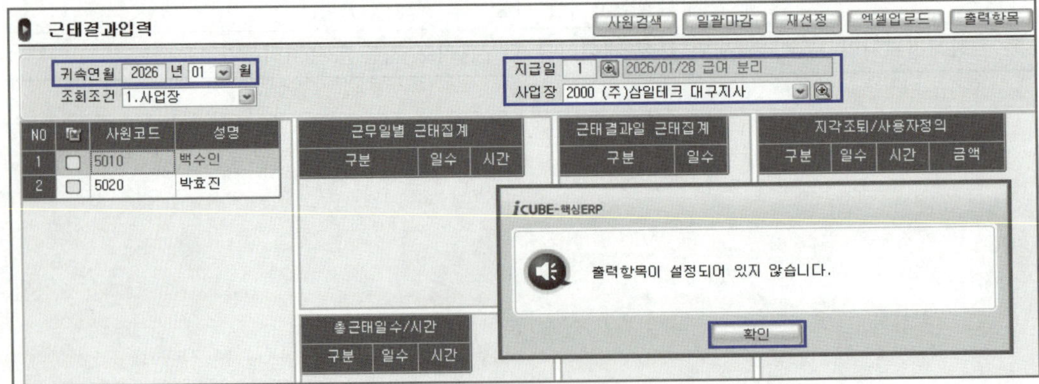

❷ 근태항목 전체를 선택하여 적용을 클릭한다.

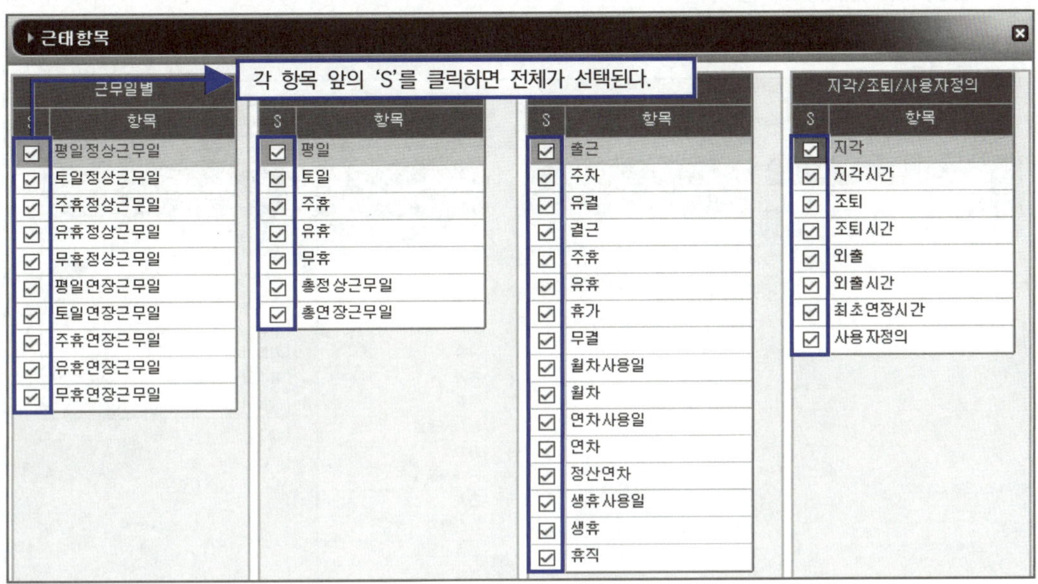

❸ 수행내용에 근거하여 개인별 1월~3월 근태내역을 입력한다.

백수인 1월 근태결과 입력

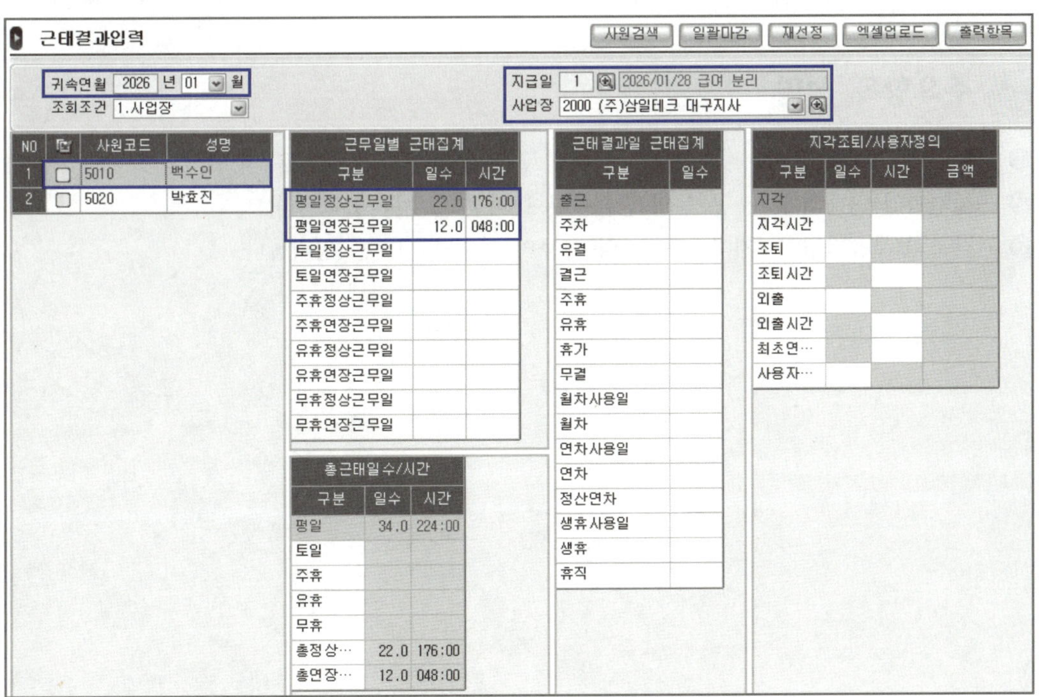

NO		사원코드	성명
1	☐	5010	백수인
2	☐	5020	박효진

근무일별 근태집계

구분	일수	시간
평일정상근무일	22.0	176:00
평일연장근무일	12.0	048:00
토일정상근무일		
토일연장근무일		
주휴정상근무일		
주휴연장근무일		
유휴정상근무일		
유휴연장근무일		
무휴정상근무일		
무휴연장근무일		

총 근태일수/시간

구분	일수	시간
평일	34.0	224:00
토일		
주휴		
유휴		
무휴		
총정상…	22.0	176:00
총연장…	12.0	048:00

근태결과일 근태집계

구분	일수
출근	
주차	
유결	
결근	
주휴	
유휴	
휴가	
무결	
월차사용일	
월차	
연차사용일	
연차	
정산연차	
생휴사용일	
생휴	
휴직	

지각조퇴/사용자정의

구분	일수	시간	금액
지각			
지각시간			
조퇴			
조퇴시간			
외출			
외출시간			
최초연…			
사용자…			

박효진 1월 근태결과 입력

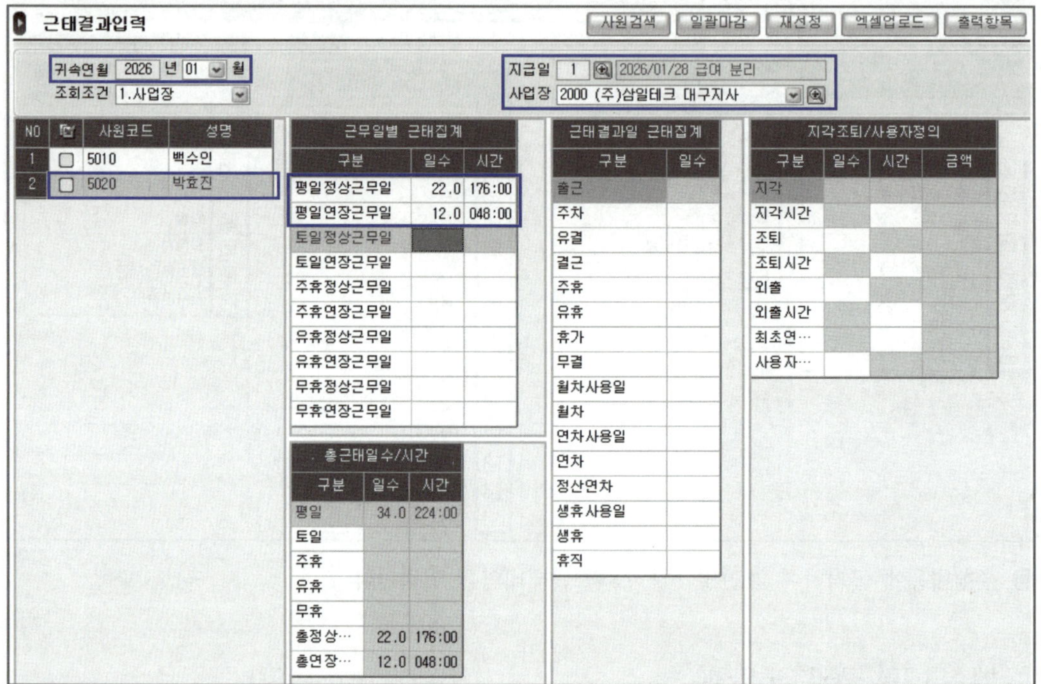

※ 개인별 2월~3월 근태내역도 동일한 방법으로 입력한다.

🐟 주요항목 설명

❶ 근무일별 근태집계: 해당 근무구분에 따른 근무일별 일수와 시간을 입력한다.
❷ 근태결과일 근태집계: 출근 등의 근태구분에 따른 일수를 입력한다.
❸ 지각조퇴/사용자정의: 지각, 조퇴, 외출 등의 일수와 시간을 입력한다.

 2.2 상용직 급여입력 및 계산

필요 지식

상용직 직원에게 지급할 급여를 계산하는 메뉴이다. [근태결과입력]에 입력된 근태집계내역을 기초로 [지급공제항목등록]에서 등록된 계산식에 의하여 해당 수당금액이 산정되어 [급여내역]에 반영된다.

수행 내용 상용직 급여입력

인사/급여관리 ➡ 급여관리 ➡ 상용직급여입력및계산

(주)삼일테크의 급여 및 상여 지급항목과 공제항목의 지급기준은 [지급공제항목등록] 메뉴에 등록이 되어 있다. [상용직급여입력및계산] 메뉴에서 1월 ~ 3월 상용직 급여와 상여를 계산하고, 각 사원별로 다음의 지급항목별 계산식 입력 작업을 수행하시오.

구 분	계산근거	대상자
기본급	호봉테이블 기본급	임영찬, 장혜영, 임영인
	책정임금 ÷ 12개월	정종철
	총정상근무시간 × 시급	백수인, 박효진
직책수당	부장 20만원	임영찬
	과장 10만원	장혜영
가족수당	배우자 5만원 + 자녀 3만원	임영찬, 백수인
자격수당	ERP정보관리사 10만원 + TAT(세무정보) 8만원	임영찬
	ERP정보관리사 10만원 + FAT(회계정보) 5만원	장혜영
식 대	월정액 20만원	전 임직원
연장근로수당	총연장근무시간 × 시급 × 1.5	백수인, 박효진
상여금	호봉테이블 기본급 × 2	임영찬, 장혜영, 임영인

참고 사용자는 근로자에게 임금을 지급할 때 임금명세서를 의무적으로 교부하여야 하며, 임금의 구성항목 및 계산방법, 법령이나 단체협약에 따른 임금의 공제내역 등을 기재해야 한다.

수행 결과　상용직 급여입력

❶ 귀속연월과 지급일을 선택하여 급여대상자를 조회한다.

❷ 급여계산을 하고자 하는 사원을 선택한다.

❸ 급여계산 버튼을 클릭하여 급여를 계산한다.

1월분 급여계산 진행 화면

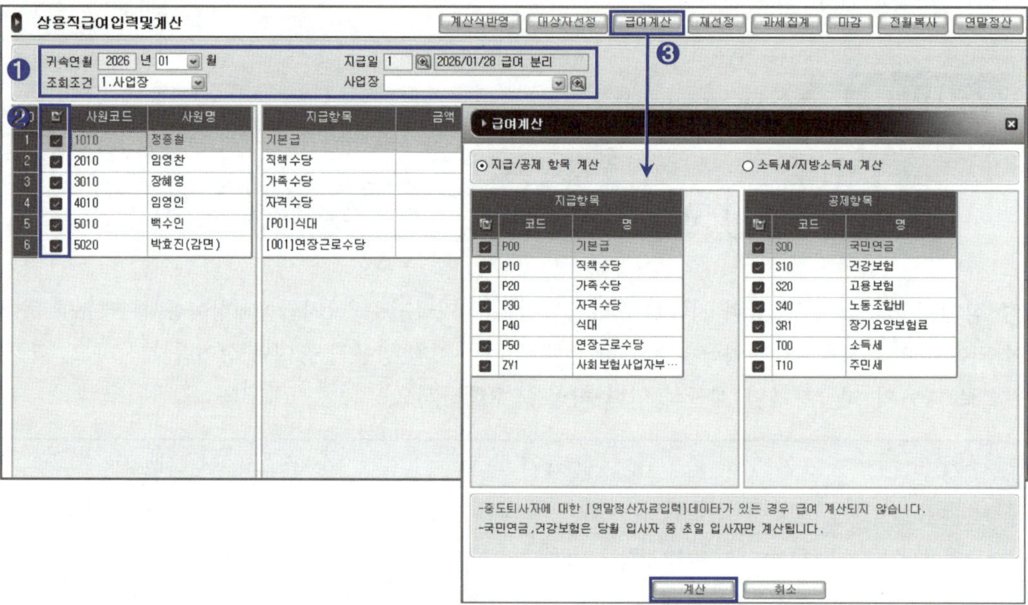

❹ 급여계산이 완료되면 각 사원별로 지급항목별 계산근거 또는 계산식을 입력한다.

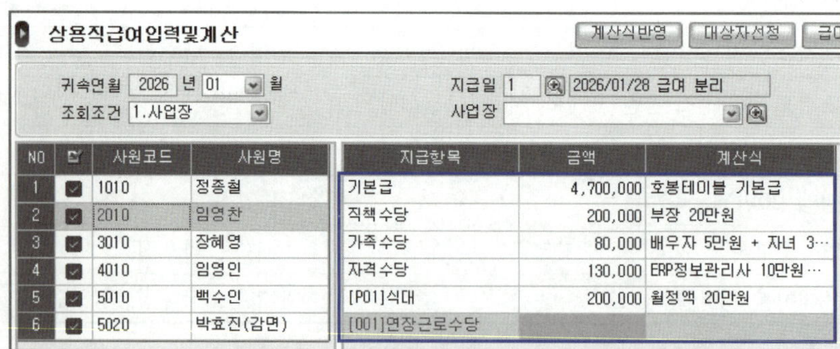

1월분 급여계산 결과

▌정종철▐

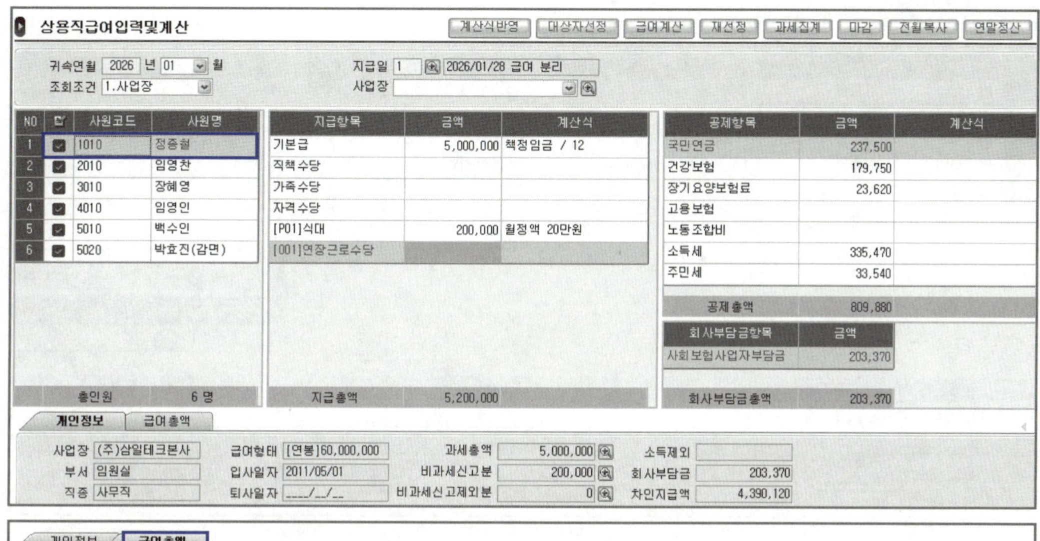

NO		사원코드	사원명
1	☑	1010	정종철
2	☑	2010	임영찬
3	☑	3010	장혜영
4	☑	4010	임영인
5	☑	5010	백수인
6	☑	5020	박효진(감면)

지급항목	금액	계산식
기본급	5,000,000	책정임금 / 12
직책수당		
가족수당		
자격수당		
[P01]식대	200,000	월정액 20만원
[001]연장근로수당		

공제항목	금액	계산식
국민연금	237,500	
건강보험	179,750	
장기요양보험료	23,620	
고용보험		
노동조합비		
소득세	335,470	
주민세	33,540	
공제총액	809,880	

회사부담금항목	금액	
사회보험사업자부담금	203,370	

총인원	6 명	지급총액	5,200,000	회사부담금총액	203,370

[개인정보] / 급여총액

사업장	(주)삼일테크본사	급여형태	[연봉]60,000,000	과세총액	5,000,000	소득제외	
부서	임원실	입사일자	2011/05/01	비과세신고분	200,000	회사부담금	203,370
직종	사무직	퇴사일자	__/__/__	비과세신고제외분	0	차인지급액	4,390,120

개인정보 / [급여총액]

총인원	6	사학연금		국민연금	966,620	소득세	802,550	/	
과세	22,142,000	지정기부금		고용보험	138,150	지방소득세	80,220	/	
비과세	1,200,000	회사부담금	965,840	농특세		건강보험	731,570	/	96,120

- [개인정보] 탭: 선택된 사원에 대한 급여정보 제공
- [급여총액] 탭: 해당 월 전 사원에 대한 급여정보 제공

▌임영찬▐

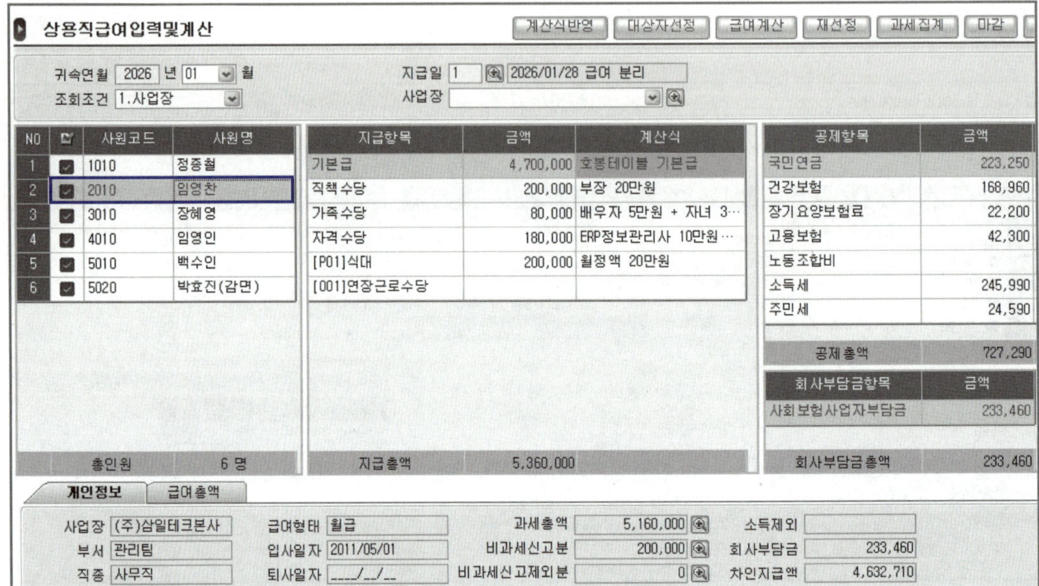

▌장혜영▐

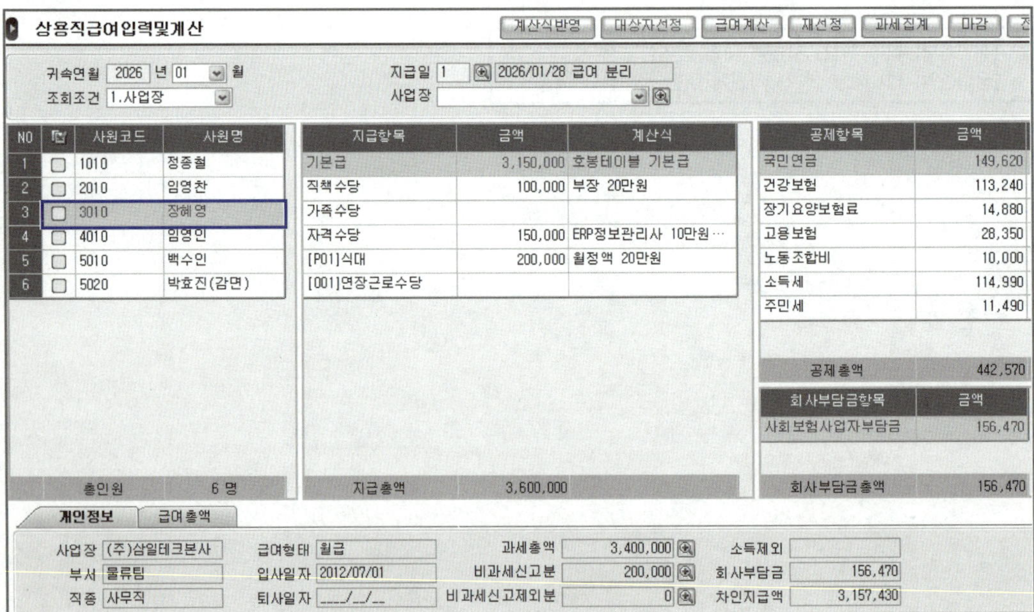

▌임영인▌

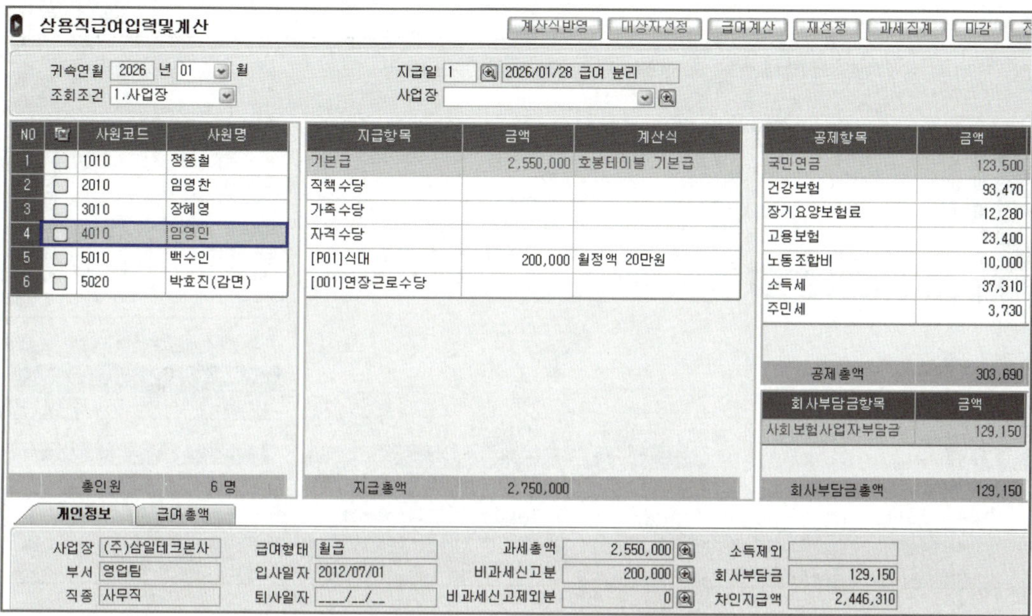

▌백수인▌

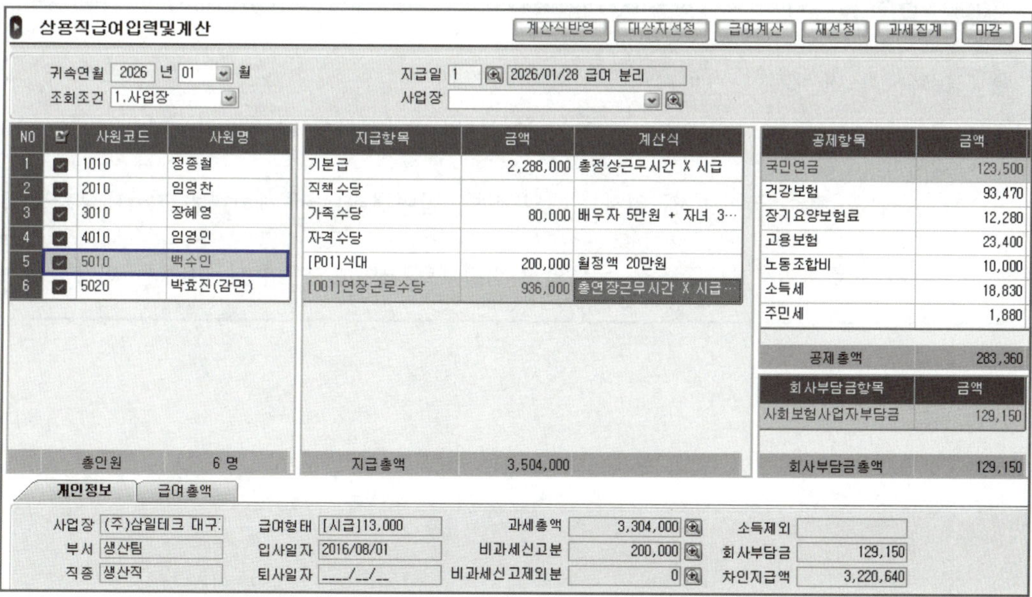

┃ 박효진 ┃

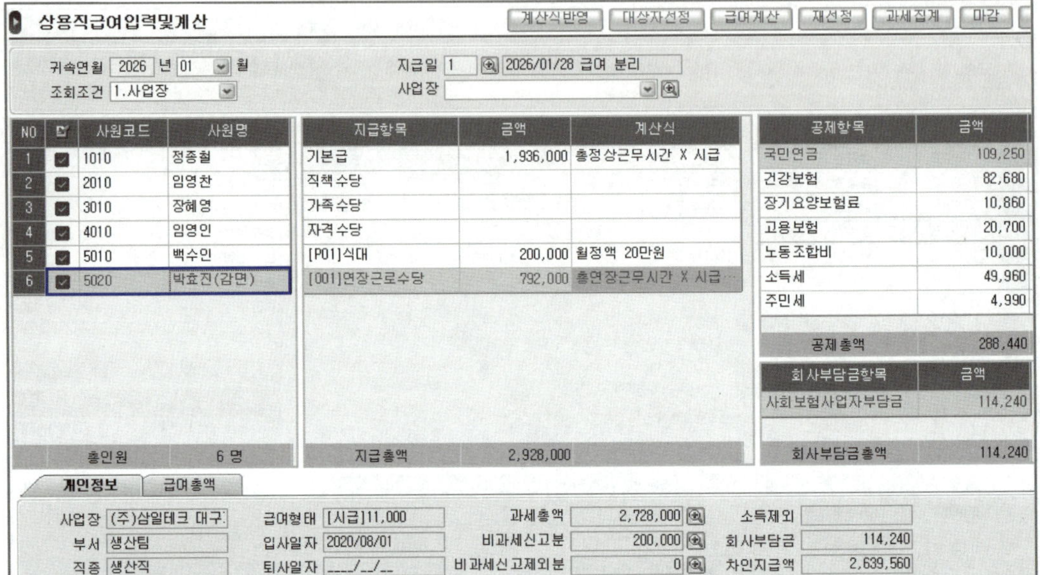

개념 익히기

⬤ 급여계산과 재선정

- 급여계산: 사원정보는 그대로 두고 지급항목 및 공제항목에 대하여 자동계산
- 재선정
  - 대상자선정: [급/상여지급일자등록]의 직종, 급여형태 등에 해당하는 지급대상자를 조회하여 추가하거나 삭제
  - 사원정보: [인사정보등록]에 등록된 사원정보로 급여대상자의 사원정보를 변경

2월분 급여계산 진행 화면

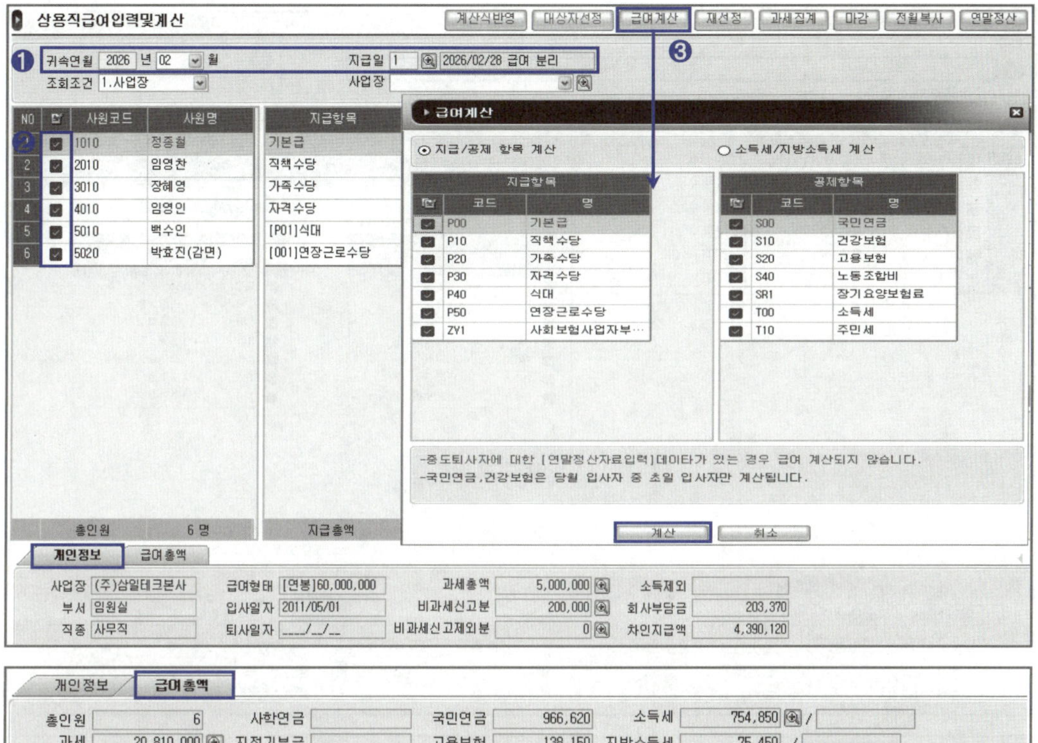

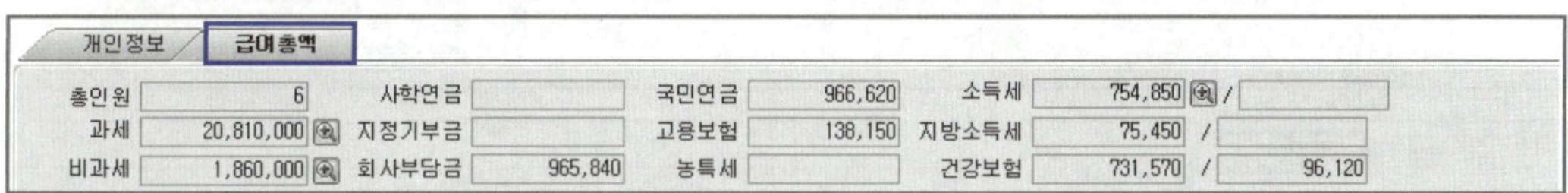

참고 지급항목별 계산근거는 편의상 1월 귀속 급여자료에만 입력하고, 2월~3월 귀속 급여자료의 입력은 생략하기로 한다.

3월분 급여계산 진행 화면

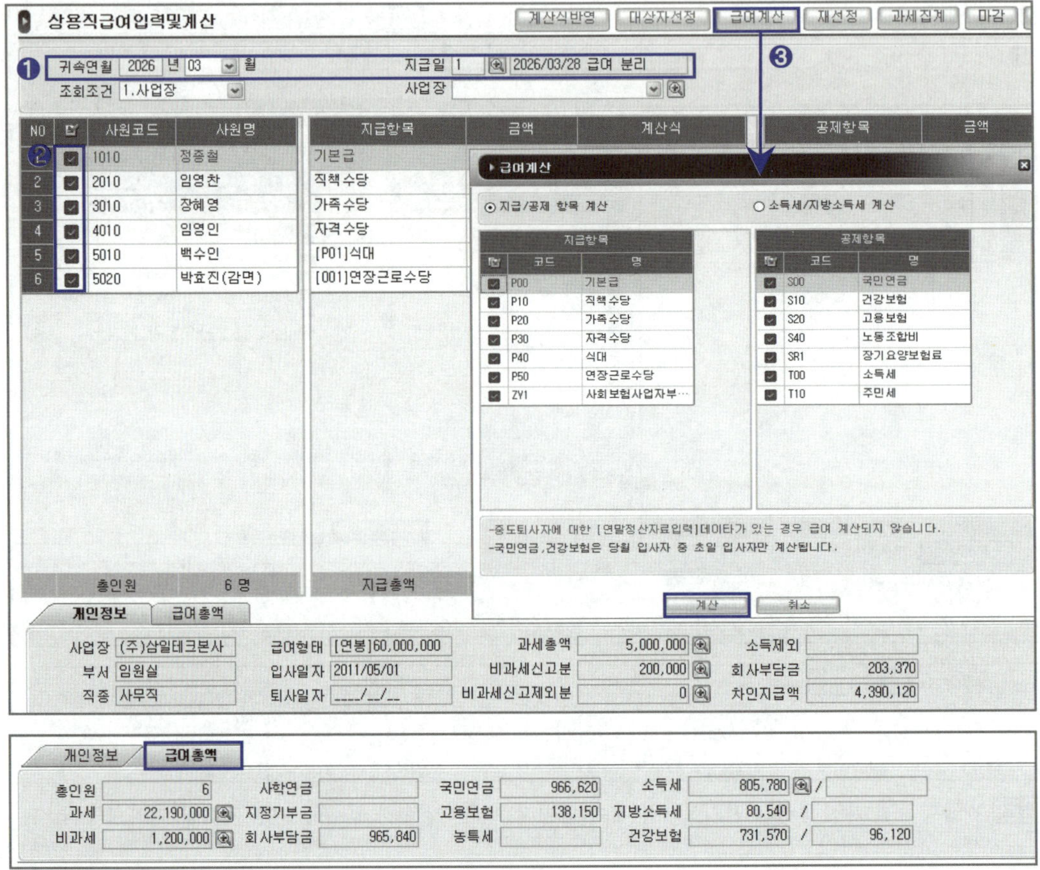

참고 지급항목별 계산근거는 편의상 1월 귀속 급여자료에만 입력하고, 2월~3월 귀속 급여자료의 입력은 생략하기로 한다.

3월분 상여계산 진행 화면

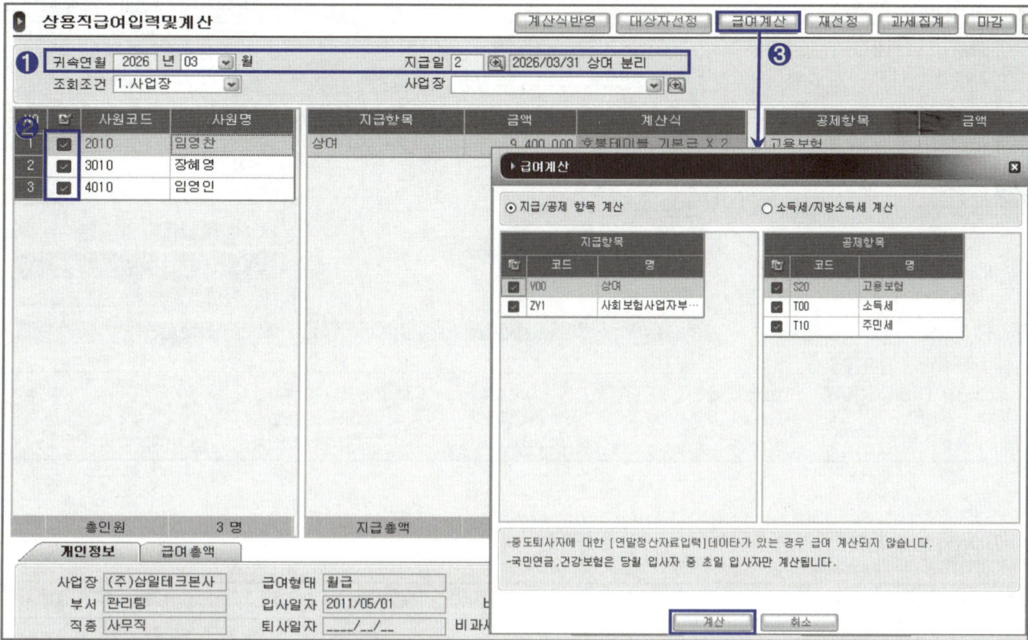

3월분 상여계산 결과 화면

▌임영찬▐

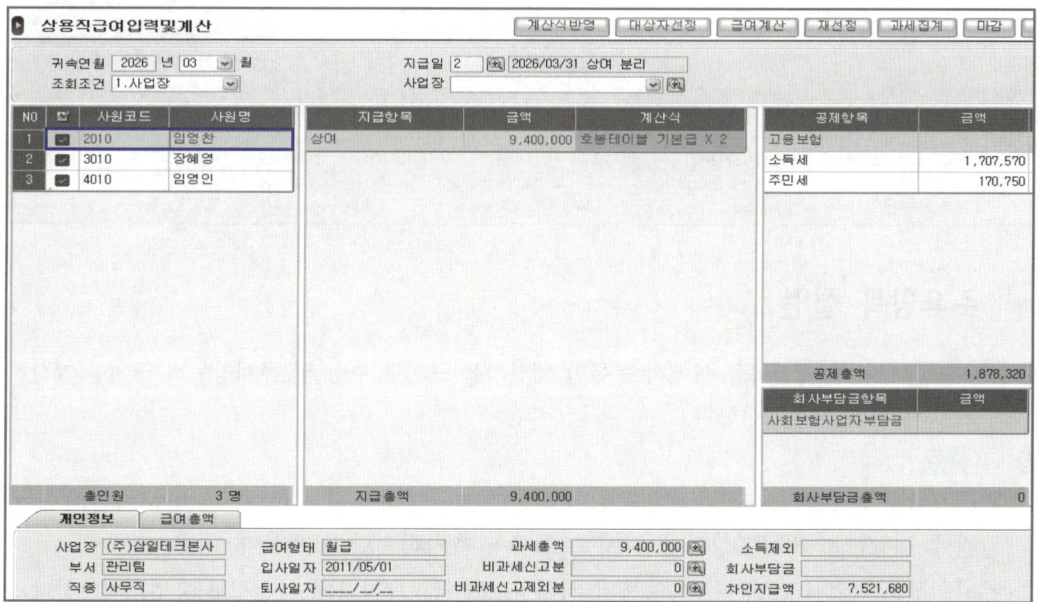

┃장혜영┃

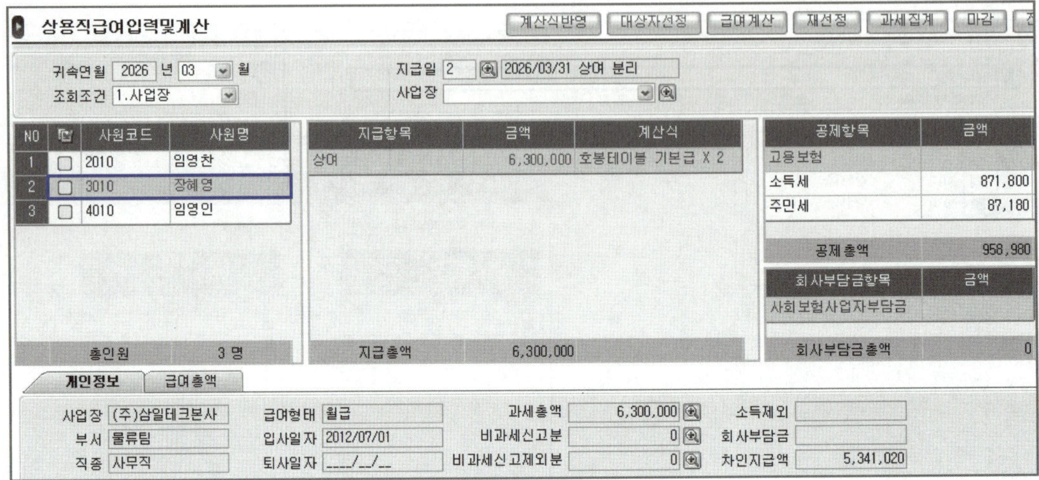

┃임영인┃

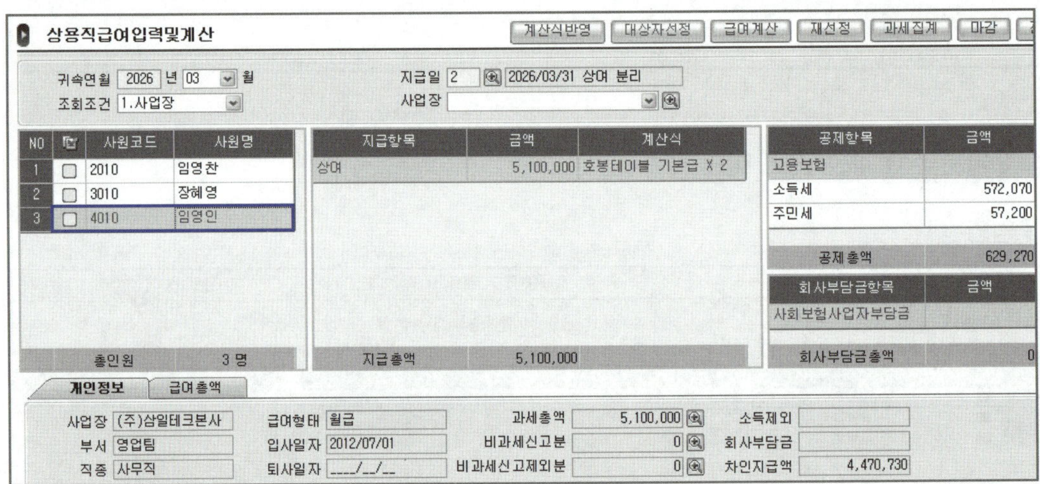

주요항목 설명

❶ 급여계산 : [지급공제항목등록]에서 등록한 계산식을 근거로 수당 및 공제항목의 급여를 계산하고 소득세 등을 자동계산한다.

❷ 재선정

✓ 대상자선정: [급/상여지급일자등록]의 지급직종, 급여형태, 사업장 및 상여지급대상 기간에 해당하는 지급대상자를 다시 조회하여 추가하거나 삭제한다.

✓ 사원정보: [인사정보등록]에 등록된 사원정보로 급여대상자의 사원정보를 업데이트한다.

❸ 과세집계 : [지급공제항목등록]의 과세구분에 따른 과세, 비과세집계를 다시 한다.

❹ 마감 : 급여데이터에 대한 수정이 불가능하도록 마감한다.

❺ 전월복사 : 다른 귀속연월의 급여데이터를 그대로 적용하고자 하는 경우에 사용한다.

❻ 연말정산 : 입력한 귀속연도의 연말정산 차감징수세액을 공제항목에 반영시킨다.

  ✓ 재계산: 입력한 귀속연도의 연말정산소득세 등을 다시 계산한다.

  ✓ 급여로 저장: 조회된 공제금액을 해당하는 급여공제 항목에 반영한다.

  ✓ 급여에서 삭제: 급여공제 항목에 반영되었던 연말정산 차감징수세액을 삭제한다.

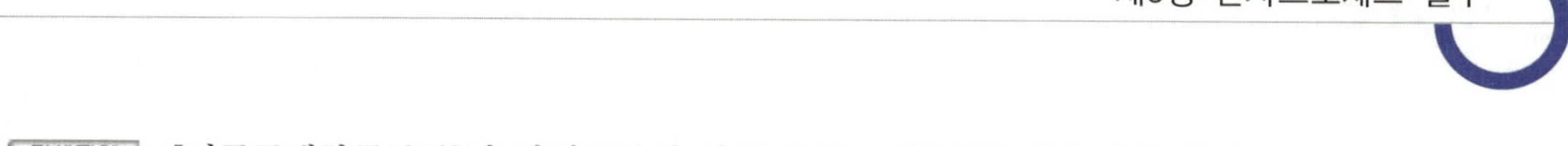

출제유형 ┈▶ **근태결과입력 / 상용직급여입력및계산**

문1) (주)삼일테크는 초과근무에 대해 수당을 지급하고 있다. 아래 [보기]의 기준을 토대로 2026년 3월 귀속 '급여' 중 ㈜삼일테크 대구지사 백수인 사원의 '초과근무수당'을 계산하면 얼마인가?

> • 초과근무수당 = 1유형근무수당 + 2유형근무수당
> • 초과근무 시급 = 책정임금 시급
> • 1유형근무수당 = (평일연장근무시간 + 토일정상근무시간) × 1.5 × 초과근무 시급
> • 2유형근무수당 = (평일심야근무시간 + 토일연장근무시간) × 2 × 초과근무 시급

① 286,000원   ② 572,000원

③ 858,000원   ④ 1,144,000원

문2) ㈜삼일테크본사의 2월 귀속 사회보험 사업자부담금 금액으로 올바른 것은?

① 200,200원   ② 240,280원

③ 722,450원   ④ 943,120원

문3) ㈜삼일테크 대구지사 박효진 사원의 2월 귀속 급여 중 차인지급액은 얼마인가?

① 1,760,000원   ② 2,370.800원

③ 2,620,000원   ④ 4,700,000원

2.3 급여대장 및 급여명세

[상용직급여입력] 메뉴에서 확정된 급/상여 데이터에 의해서 급여대장과 급여명세를
조회하거나 출력할 수 있다.

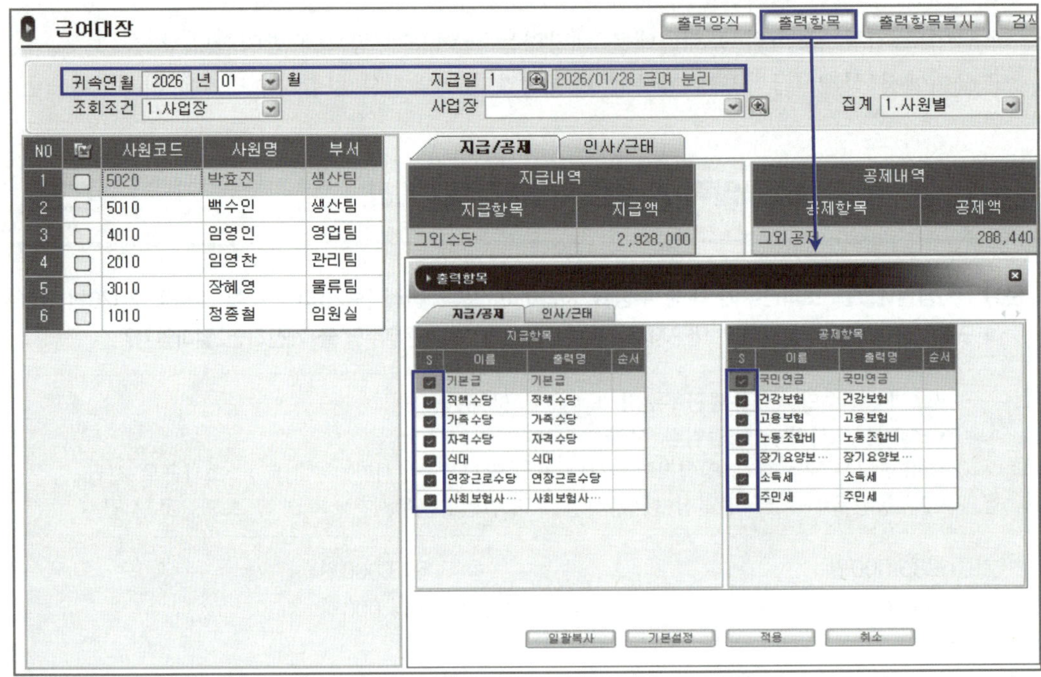

참고 급여대장의 지급/공제 항목의 내용을 확인하기 위해서는 [출력항목]설정 작업이 선행되어야 한다.

1월분 급여대장

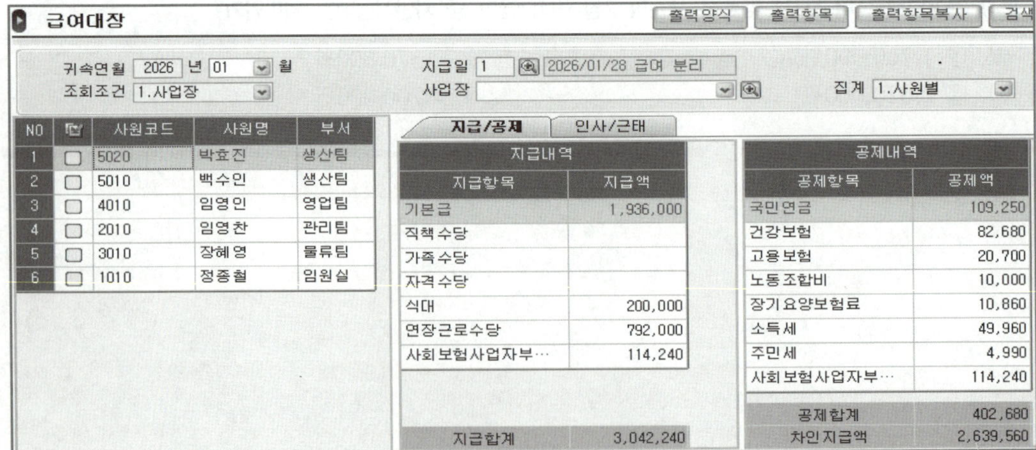

1월분 급여명세

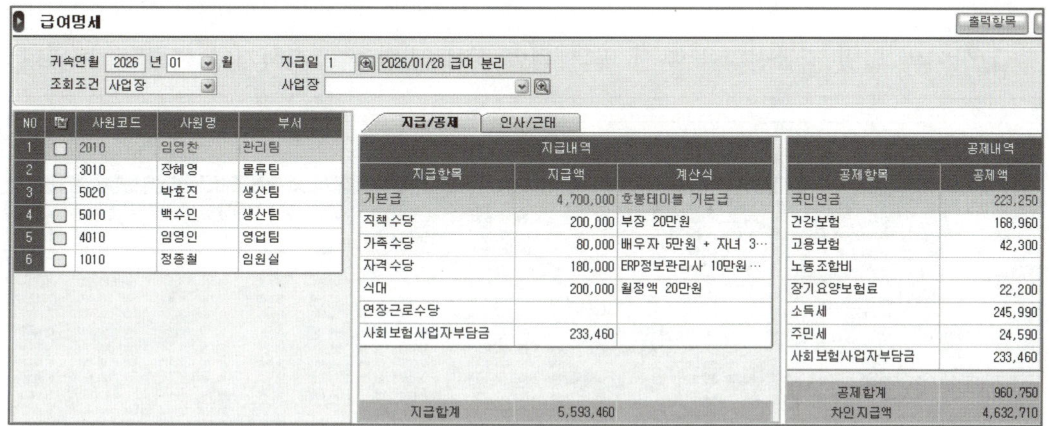

2.4 급/상여이체현황

급/상여의 이체현황을 은행별과 현금으로 조회하거나 출력할 수 있다.

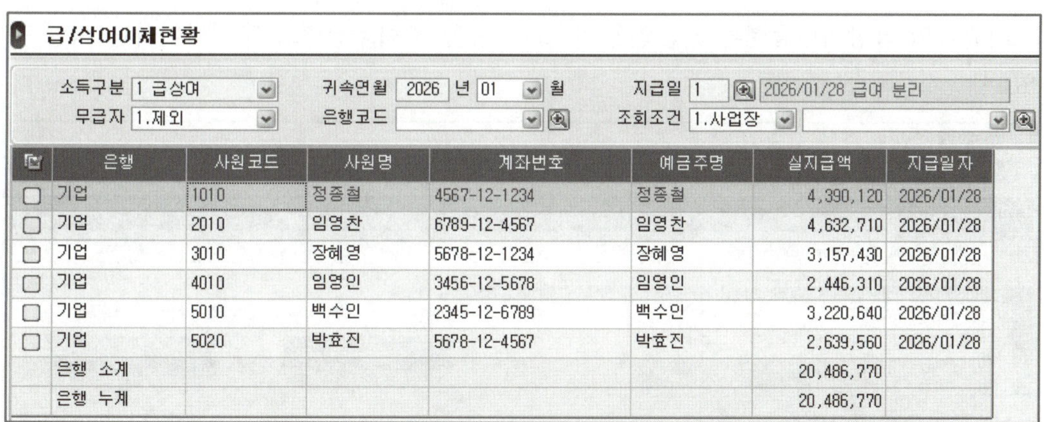

2.5 월별급/상여지급현황

급/상여의 월별 지급현황을 부서 및 사원별 상세 내역을 조회하거나 출력할 수 있다.

부서	사원코드	사원명	기본급	직책수당	가족수당	자격수당	식대	연장근로수당	사회보험사업자	지급합계	급여합계	국민연금	건강보험	고용보험	노동조합비	장기요양보	소득세	주민세	공제합계	차인지급액
관리팀	2010	임영찬	4,700,000	200,000	80,000	180,000	200,000			233,460	5,360,000	5,593,460	223,250	168,960	42,300		22,200	245,990	24,590	727,290	4,632,710
			4,700,000	200,000	80,000	180,000	200,000			233,460	5,360,000	5,593,460	223,250	168,960	42,300		22,200	245,990	24,590	727,290	4,632,710
부서 소계			4,700,000	200,000	80,000	180,000	200,000			233,460	5,360,000	5,593,460	223,250	168,960	42,300		22,200	245,990	24,590	727,290	4,632,710
물류팀	3010	장혜영	3,150,000	100,000		150,000	200,000			156,470	3,600,000	3,756,470	149,620	113,240	28,350	10,000	14,880	114,990	11,490	442,570	3,157,430
			3,150,000	100,000		150,000	200,000			156,470	3,600,000	3,756,470	149,620	113,240	28,350	10,000	14,880	114,990	11,490	442,570	3,157,430
부서 소계			3,150,000	100,000		150,000	200,000			156,470	3,600,000	3,756,470	149,620	113,240	28,350	10,000	14,880	114,990	11,490	442,570	3,157,430
생산팀	5010	백수인	2,288,000		80,000		200,000	936,000		129,150	3,504,000	3,633,150	123,500	93,470	23,400	10,000	12,280	18,830	1,880	283,360	3,220,640
생산팀	5020	박효진	1,936,000				200,000	792,000		114,240	2,928,000	3,042,240	109,250	82,680	20,700	10,000	10,860	49,960	4,990	288,440	2,639,560
			4,224,000		80,000		400,000	1,728,000		243,390	6,432,000	6,675,390	232,750	176,150	44,100	20,000	23,140	68,790	6,870	571,800	5,860,200
부서 소계			4,224,000		80,000		400,000	1,728,000		243,390	6,432,000	6,675,390	232,750	176,150	44,100	20,000	23,140	68,790	6,870	571,800	5,860,200
영업팀	4010	임영인	2,550,000				200,000			129,150	2,750,000	2,879,150	123,500	93,470	23,400	10,000	12,280	37,310	3,730	303,690	2,446,310
			2,550,000				200,000			129,150	2,750,000	2,879,150	123,500	93,470	23,400	10,000	12,280	37,310	3,730	303,690	2,446,310
부서 소계			2,550,000				200,000			129,150	2,750,000	2,879,150	123,500	93,470	23,400	10,000	12,280	37,310	3,730	303,690	2,446,310
임원실	1010	정종월	5,000,000				200,000			203,370	5,200,000	5,403,370	237,500	179,750			23,620	335,470	33,540	809,880	4,390,120
			5,000,000				200,000			203,370	5,200,000	5,403,370	237,500	179,750			23,620	335,470	33,540	809,880	4,390,120
부서 소계			5,000,000				200,000			203,370	5,200,000	5,403,370	237,500	179,750			23,620	335,470	33,540	809,880	4,390,120
총계	6명		19,624,…	300,000	160,000	330,000	1,200,…	1,728,000		965,840	23,342,…	24,307,…	966,620	731,570	138,150	40,000	96,120	802,550	80,220	2,855,…	20,486,770

2.6 사원별 급상여변동현황

사원들의 급상여변동현황(기준연월, 비교연월)을 조회조건별로 조회하거나 출력할 수 있다.

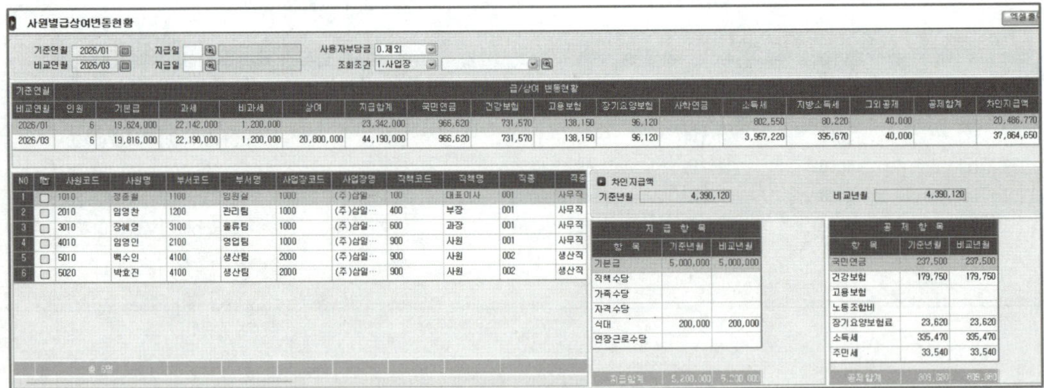

2.7 급상여집계현황

사원들의 급/상여 지급·공제 항목의 현황을 집계구분(항목, 기간)별로 조회하거나 출력할 수 있다.

급상여집계현황

조회기간 2026 년 01 월 ~ 2026 년 03 월 지급일 지급구분
조회구분 1.사업장 사업장 집계구분 1.항목별

NO	사업장	기본급	직책수당	가족수당	자격수당	식대	연장근로수	상여	사회보험사	지급합계	급여합계	국민연금	건강보험	고용보험
1	(주)삼일테크…	46,200,000	900,000	240,000	990,000	2,400,000		20,800,000	2,167,350	71,530,000	73,697,350	2,201,610	1,666,260	282,150
2	(주)삼일테크…	12,480,000		240,000		1,200,000	4,752,000		730,170	18,672,000	19,402,170	698,250	528,450	132,300

노동조합비	장기요양보	소득세	주민세	공제합계	차인지급액
60,000	218,940	5,352,720	535,180	10,316,860	61,213,140
60,000	69,420	161,900	16,160	1,666,480	17,005,520

2.8 항목별급상여집계현황

사원들의 항목별급/상여 지급현황을 집계구분별(부서, 직종, 기간, 프로젝트, 근무조)별로 조회하거나 출력할 수 있다.

항목별급상여지급현황

귀속연월 2026 년 01 월 ~ 2026 년 03 월 지급구분 100 급여
사업장 집계구분 1.부서별

항목	합계	임원실	관리팀	영업팀	물류팀	생산팀
기본급	58,680,000	15,000,000	14,100,000	7,650,000	9,450,000	12,480,000
직책수당	900,000		600,000		300,000	
가족수당	480,000		240,000			240,000
자격수당	990,000		540,000		450,000	
식대	3,600,000	600,000	600,000	600,000	600,000	1,200,000
연장근로수당	4,752,000					4,752,000
사회보험사업자부…	2,897,520	610,110	700,380	387,450	469,410	730,170
지급합계	69,402,000	15,600,000	16,080,000	8,250,000	10,800,000	18,672,000
합계	72,299,520	16,210,110	16,780,380	8,637,450	11,269,410	19,402,170
국민연금	2,899,860	712,500	669,750	370,500	448,860	698,250
건강보험	2,194,710	539,250	506,880	280,410	339,720	528,450
고용보험	414,450		126,900	70,200	85,050	132,300
노동조합비	120,000			30,000	30,000	60,000
장기요양보험료	288,360	70,860	66,600	36,840	44,640	69,420
소득세	2,363,180	1,006,410	737,970	111,930	344,970	161,900
주민세	236,210	100,620	73,770	11,190	34,470	16,160
공제합계	8,516,770	2,429,640	2,181,870	911,070	1,327,710	1,666,480
차인지급액	60,885,230	13,170,360	13,898,130	7,338,930	9,472,290	17,005,520
인원	6	1	1	1	1	2

2.9 급여통계현황

사원들의 급여통계현황을 조회조건별(사업장, 부서, 직책, 급여형태 등)로 조회하거나 출력할 수 있다.

NO	사업장	부서	직책		합계		2026/01		2026/02		2026/03
1	(주)삼일테크…	임원실	대표이사	1	13,780,470	1	4,593,490	1	4,593,490	1	4,593,490
2		관리팀	부장	1	22,120,190	1	4,866,170	1	4,866,170	1	12,387,850
3		영업팀	사원	1	12,197,110	1	2,575,460	1	2,575,460	1	7,046,190
4		물류팀	과장	1	15,282,720	1	3,313,900	1	3,313,900	1	8,654,920
5	[1000](주)삼…			4	63,380,490	4	15,349,020	4	15,349,020	4	32,682,450
6	(주)삼일테크…	생산팀	사원	2	17,735,690	2	6,103,590	2	5,484,060	2	6,148,040
7	[2000](주)삼…			2	17,735,690	2	6,103,590	2	5,484,060	2	6,148,040
		합계			81,116,180		21,452,610		20,833,080		38,830,490

2.10 급/상여증감현황

사원들의 급/상여 현황을 기준연월과 비교연월을 선택하여 증감액을 조회하거나 출력할 수 있다.

항목	기준년월	누계	2026/01	2026/02	2026/03
기본급	19,624,000	58,680,000	19,624,000	19,240,000	19,816,000
직책수당	300,000	900,000	300,000	300,000	300,000
가족수당	160,000	480,000	160,000	160,000	160,000
자격수당	330,000	990,000	330,000	330,000	330,000
식대	1,200,000	3,600,000	1,200,000	1,200,000	1,200,000
연장근로수당	1,728,000	4,752,000	1,728,000	1,440,000	1,584,000
상여		20,800,000			20,800,000
사회보험사업…	965,840	2,897,520	965,840	965,840	965,840
지급총계	23,342,000	90,202,000	23,342,000	22,670,000	44,190,000
합계	24,307,840	93,099,520	24,307,840	23,635,840	45,155,840
국민연금	966,620	2,899,860	966,620	966,620	966,620
건강보험	731,570	2,194,710	731,570	731,570	731,570
고용보험	138,150	414,450	138,150	138,150	138,150
노동조합비	40,000	120,000	40,000	40,000	40,000
장기요양보험료	96,120	288,360	96,120	96,120	96,120
소득세	802,550	5,514,620	802,550	754,850	3,957,220
주민세	80,220	551,340	80,220	75,450	395,670
공제총계	2,855,230	11,983,340	2,855,230	2,802,760	6,325,350
차인지급액	20,486,770	78,218,660	20,486,770	19,867,240	37,864,650

 2.11 연간급여현황

사원들의 일정기간(1년 이내) 동안의 급/상여 전체현황을 분류기준(지급/공제, 과세/비과세)별로 조회하거나 출력할 수 있다.

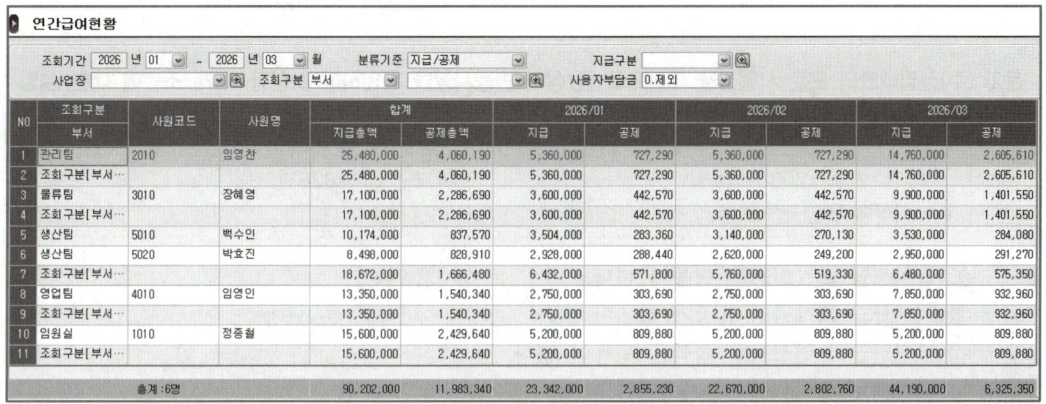

연간급여현황

조회기간 2026 년 01 ~ 2026 년 03 월 분류기준 지급/공제 지급구분
사업장 조회구분 부서 사용자부담금 0.제외

NO	조회구분 / 부서	사원코드	사원명	합계		2026/01		2026/02		2026/03	
				지급총액	공제총액	지급	공제	지급	공제	지급	공제
1	관리팀	2010	임영찬	25,480,000	4,060,190	5,360,000	727,290	5,360,000	727,290	14,760,000	2,605,610
2	조회구분[부서…			25,480,000	4,060,190	5,360,000	727,290	5,360,000	727,290	14,760,000	2,605,610
3	물류팀	3010	장혜영	17,100,000	2,286,690	3,600,000	442,570	3,600,000	442,570	9,900,000	1,401,550
4	조회구분[부서…			17,100,000	2,286,690	3,600,000	442,570	3,600,000	442,570	9,900,000	1,401,550
5	생산팀	5010	백수인	10,174,000	837,570	3,504,000	283,360	3,140,000	270,130	3,530,000	284,080
6	생산팀	5020	박효진	8,498,000	828,910	2,928,000	288,440	2,620,000	249,200	2,950,000	291,270
7	조회구분[부서…			18,672,000	1,666,480	6,432,000	571,800	5,760,000	519,330	6,480,000	575,350
8	영업팀	4010	임영인	13,350,000	1,540,340	2,750,000	303,690	2,750,000	303,690	7,850,000	932,960
9	조회구분[부서…			13,350,000	1,540,340	2,750,000	303,690	2,750,000	303,690	7,850,000	932,960
10	임원실	1010	정종철	15,600,000	2,429,640	5,200,000	809,880	5,200,000	809,880	5,200,000	809,880
11	조회구분[부서…			15,600,000	2,429,640	5,200,000	809,880	5,200,000	809,880	5,200,000	809,880
	총계 :6명			90,202,000	11,983,340	23,342,000	2,855,230	22,670,000	2,802,760	44,190,000	6,325,350

- [수당별연간급여현황] 메뉴를 통해서 조회기간(1년 이내)의 수당별 현황을 조회조건별로 조회하거나 출력할 수 있다.

문1) (주)삼일테크본사의 1월 급여 이체은행과 지급총액으로 올바른 것은?(단, 무급자는 제외한다.)

① 현금 14,626,570원   ② 기업은행 14,626,570원

③ 현금 20,486.770원   ④ 기업은행 20,486.770원

문2) (주)삼일테크의 모든 사업장을 대상으로 급/상여 변동사항을 확인하고자 한다. 아래 조건에 대한 설명으로 올바르지 않은 것은?

> • 기준연월: 2026년 3월   • 비교연월: 2026년 1월
> • 사용자부담금: 포함

① 급여지급대상 인원은 변동이 없다.

② 기본급과 과세금액이 증가 하였다.

③ 국민연금과 건강보험 금액은 변동이 없다.

④ 비과세 대상 금액은 증가하였다.

문3) ㈜삼일테크에서 1사분기(1월~3월)동안 지급된 급여에 대한 부서별 사회보험사업자부담금 금액으로 올바르지 않은 것은?

① 관리팀 610,110원   ② 영업팀 387,450원

③ 물류팀 469,410원   ④ 생산팀 730,170원

문4) ㈜삼일테크에서 1사분기(1월~3월)동안 지급된 부서별 급여 내역에 대한 설명중 올바르지 않은 것은?

① 관리팀에 지급된 가족수당과 자격수당의 합은 780,000원이다.

② 영업팀에 지급된 기본급 이외의 별도 수당은 없다.

③ 물류팀에 지급된 직책수당과 자격수당의 합은 750,000원이다.

④ 생산팀에 지급된 연장근로수당은 4,752,000원이다.

 2.12 일용직관리

일용직 직원을 상용직 직원들과 구분하여 관리하고 일용직 사원에게 지급할 급여를 계산하기 위한 메뉴이다.

구 분	내 용
일용직사원등록	일용직 사원을 상용직 직원들과 구분하여 등록하고 관리하는 메뉴
일용직급여지급일자등록	일용직 사원의 급여일와 해당 지급일자의 대상자를 등록하는 메뉴
일용직급여입력및계산	일용직 사원의 근태를 반영하여 급여를 계산하고, 급여관련 내역을 출력할 수 있는 메뉴

수행 내용　일용직관리

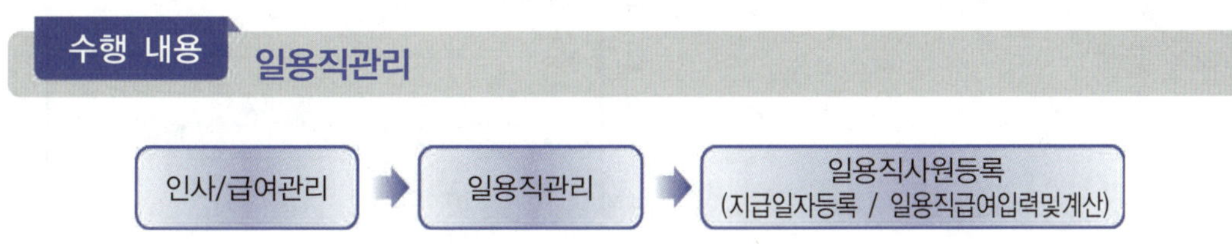

(주)삼일테크본사의 제품 출고량 증가로 물류팀에서 근무할 일용직 사원에 대한 정보이다. 일용직 사원등록, 지급일자등록, 일용직급여입력 및 계산 작업을 수행하시오.

1. 일용직 사원등록

사원코드	성명	입사일	주민번호	주소
5001	김민재	2026/03/14	730212-1152413	서울특별시 구로구 가마산로 134 (구로동)
부서	고용형태	급여형태	급여	급여이체정보
물류팀	일용직	일급	160,000원	기업은행 567-12-6655
퇴직일자	생산직비과세	고용보험	국민연금/건강보험	
2026/03/18	함	여	부	

2. 급여지급일자 등록

　일용직 사원의 급여지급은 일정 기간 정산하여 매월 말일에 지급하며, 3월에 근무한 김민재 사원은 총 5일간(3/14~3/18) 근무하였다.

3. 급여입력 및 계산

　김민재 사원은 근무기간(평일, 토요일, 일요일) 동안 계속적으로 8시간을 근무하였으며, 비과세 (신고제외분) 금액 8,000원이 포함되어 있다.

수행 결과 | 일용직관리

일용직사원등록 화면

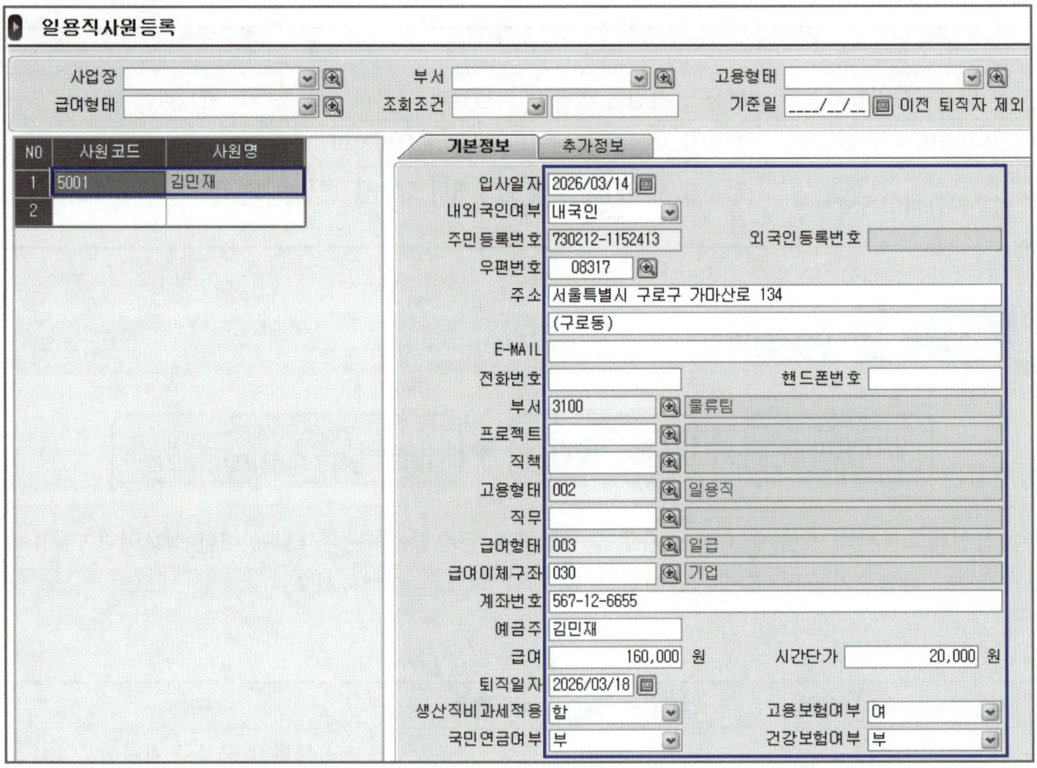

▶ 일용직사원등록

사업장	▾ 🔍	부서	▾ 🔍	고용형태	▾ 🔍
급여형태	▾ 🔍	조회조건	▾	기준일 ____/__/__ 📅 이전 퇴직자 제외	

NO	사원코드	사원명
1	5001	김민재
2		

기본정보 | 추가정보

입사일자	2026/03/14 📅
내외국인여부	내국인 ▾
주민등록번호	730212-1152413 　　　外국인등록번호
우편번호	08317 🔍
주소	서울특별시 구로구 가마산로 134
	(구로동)
E-MAIL	
전화번호	핸드폰번호
부서	3100 🔍 물류팀
프로젝트	🔍
직책	🔍
고용형태	002 🔍 일용직
직무	🔍
급여형태	003 🔍 일급
급여이체구좌	030 🔍 기업
계좌번호	567-12-6655
예금주	김민재
급여	160,000 원　　시간단가 20,000 원
퇴직일자	2026/03/18 📅
생산직비과세적용	함 ▾　　고용보험여부 여 ▾
국민연금여부	부 ▾　　건강보험여부 부 ▾

일용직급여지급일자 등록

❶ 귀속연월을 선택한다.

❷ 상단부 지급일설정 을 클릭하여 내용을 등록한다.

❸ 일용직사원리스트에서 사원을 선택한다.

❹ 추가를 클릭하여 일용직급여대상자로 설정한다.

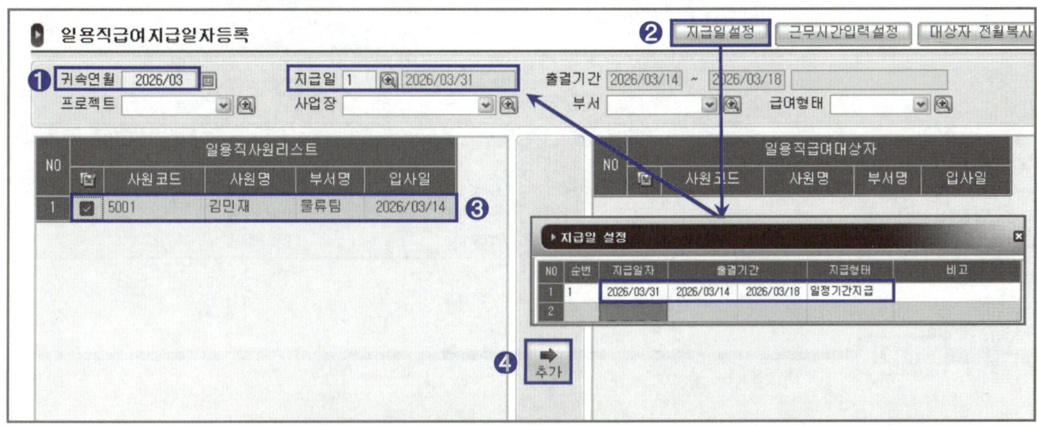

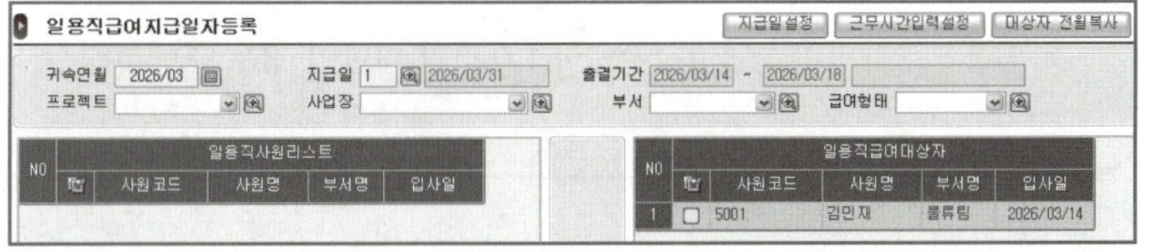

일용직급여입력 및 계산

❶ 귀속연월을 입력하고 지급일을 선택한다.

❷ 사원을 선택한 후 일괄적용 을 클릭하여 일괄적용 시간은 008:00을 입력, 일괄적용 요일은 평일, 토요일, 일요일을 선택한 후 비과세(신고제외분)란에 8,000원을 입력한다.

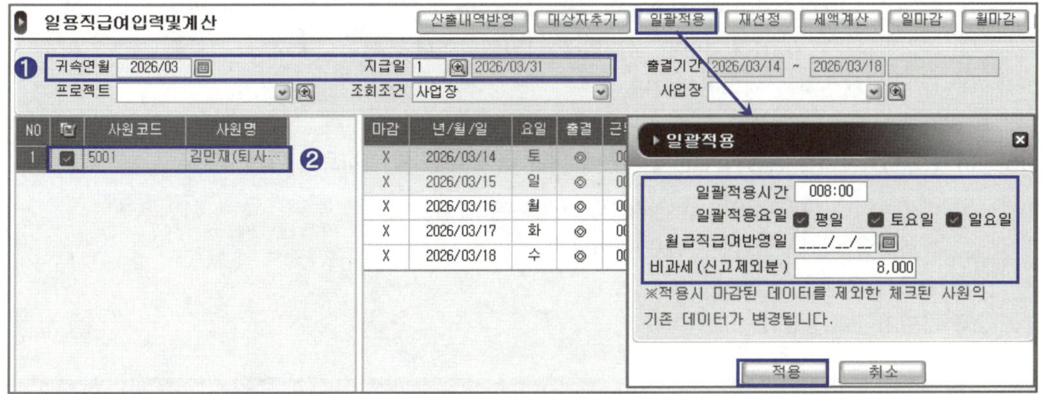

일용직급여입력 및 계산 결과

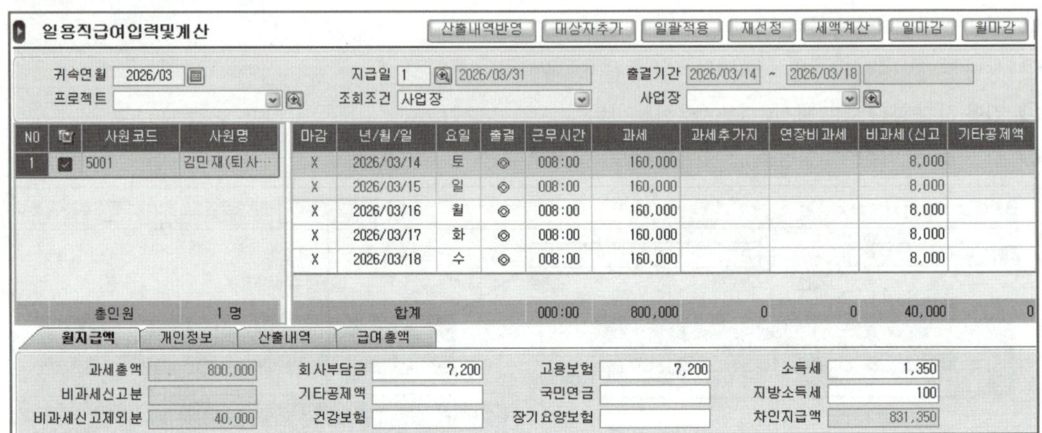

NO		사원코드	사원명	마감	년/월/일	요일	출결	근무시간	과세	과세추가지	연장비과세	비과세(신고	기타공제액
1	☑	5001	김민재(퇴사…	X	2026/03/14	토	◎	008:00	160,000			8,000	
				X	2026/03/15	일	◎	008:00	160,000			8,000	
				X	2026/03/16	월	◎	008:00	160,000			8,000	
				X	2026/03/17	화	◎	008:00	160,000			8,000	
				X	2026/03/18	수	◎	008:00	160,000			8,000	
총인원		1 명			합계			000:00	800,000	0	0	40,000	0

월지급액 | 개인정보 | 산출내역 | 급여총액

과세총액 800,000	회사부담금 7,200	고용보험 7,200	소득세 1,350
비과세신고분	기타공제액	국민연금	지방소득세 100
비과세신고제외분 40,000	건강보험	장기요양보험	차인지급액 831,350

개념 익히기

소액부징수

- 일용근로자의 1일 원천징수액이 1,000원 미만인 경우 소액부징수 특례에 의해 원천징수를 하지 않는다.

출제유형 ⋯▶ 일용직관리 / 급여관련 기타메뉴 

문1) (주)삼일테크의 3월 일용직 김민재 사원에 대한 다음 내용 중 올바르지 않은 것은?

① 물류팀 소속으로 고용형태는 일용직이며, 급여형태는 일급이다.
② 일급은 160,000원이며, 고용보험 가입대상이다.
③ 퇴직일자는 3월 18일 이며, 국민연금 가입대상이다.
④ 급여 이체은행은 기업은행이다.

문1) (주)삼일테크의 3월 일용직 김민재 사원에 대한 급여 내용 중 올바르지 않은 것은?

① 과세총액은 800,000원, 비과세신고제외분은 없다.
② 사회보험 회사부담금은 7,200원이다.
③ 소득세 총액은 1,350원이다.
④ 차인지급액은 831,350원이다.

 ## 회계연결계정과목등록

핵심ERP 물류·생산·인사모듈에서는 경상적으로 발생되는 거래에 대하여 자동으로 회계전표를 발생시킨다. 이렇게 각 모듈에서 회계모듈로 자동으로 자료를 이관할 수 있도록 회계처리(분개) 과정을 미리 설정해 놓은 메뉴가 [회계연결계정과목등록]이다.

물류·생산·인사 모듈
회계처리 '미결'
→
전표승인권자
[전표승인/해제]에서 '승인'

수행 내용 회계연결계정과목등록

시스템관리 → 기초정보관리 → 회계연결계정과목등록

영업관리, 자재관리, 생산관리, 인사관리, 서비스관리, 무역관리 모듈의 세부 전표코드별로 회계연결계정과목의 초기설정 작업을 수행하시오.

수행 결과 회계연결계정과목등록

회계연결계정과목등록 메뉴를 실행한 후 화면 우측 상단의 초기설정 아이콘을 클릭하여 전체 선택을 한 후 '연결계정을 초기화 하시겠습니까?'라는 메시지가 나오면 [예]를 선택한다.

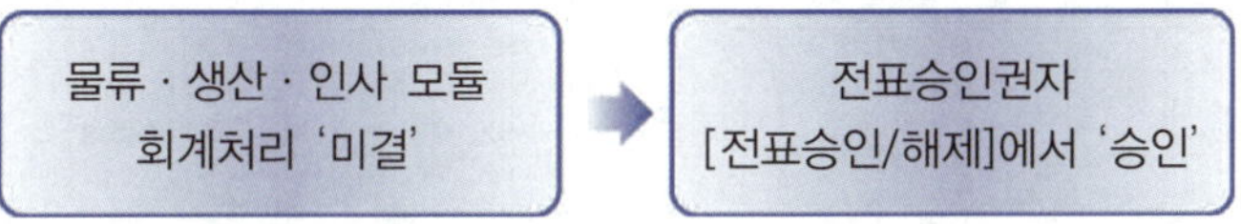

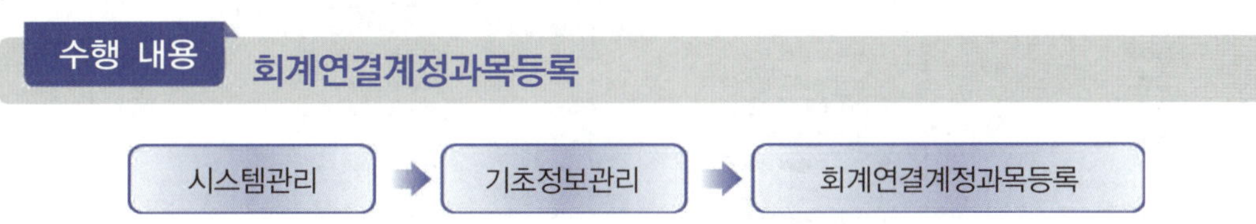

초기설정완료 화면(예: 인사관리_급여)

전표코드	전표명	순번	순번명	차대구분	계정코드	표준적요	사용
H1	급여	1	제조부문임원급여	대체차변	50300	제조부문임원급여	사용
H1	급여	2	600번대임원급여	대체차변	60300	제조부문임원급여	사용
H1	급여	3	700번대임원급여	대체차변	70300	임원급여	사용
H1	급여	4	판관부문임원급여	대체차변	80100	임원급여	사용
H1	급여	5	제조부문급료	대체차변	50300	생산직남자직원급여	사용
H1	급여	6	제조부문임금	대체차변	50400	생산직여직원급여	사용
H1	급여	7	600번대급료	대체차변	60300	생산직남자직원급여	사용
H1	급여	8	600번대임금	대체차변	60400	생산직여직원급여	사용
H1	급여	9	700번대급여	대체차변	70300	남자직원급여	사용
H1	급여	10	700번대임금	대체차변	70400	국민연금예수금	사용
H1	급여	11	제조부문잡급	대체차변	53600	제조부문잡급	사용
H1	급여	12	600번대잡급	대체차변	63600	제조부문잡급	사용
H1	급여	13	700번대잡급	대체차변	73600	관리부문잡급	사용
H1	급여	14	판관부문잡급	대체차변	80500	관리부문잡급	사용
H1	급여	15	판관부문급료와임금	대체차변	80200	관리직원급여	사용
H1	급여	17	600번대복리후생비	대체차변	61100	복리후생비	사용
H1	급여	18	700번대복리후생비	대체차변	71100	복리후생비	사용
H1	급여	19	판관부문복리후생비	대체차변	81100	복리후생비	사용
H1	급여	20	제조부문제수당	대체차변	50600	제수당	사용
H1	급여	21	600번대제수당	대체차변	60600	제수당	사용
H1	급여	22	700번대제수당	대체차변	70600	제수당	사용
H1	급여	23	판관부문제수당	대체차변	80400	제수당	사용
H1	급여	24	제조부문차량유지비	대체차변	52200	차량유지비	사용
H1	급여	25	600번대차량유지비	대체차변	62200	차량유지비	사용
H1	급여	26	700번대차량유지비	대체차변	72200	차량유지비	사용
H1	급여	27	판관부문차량유지비	대체차변	82200	차량유지비	사용
H1	급여	31	제조부문상여	대체차변	50500	제조부문상여금	사용
H1	급여	32	600번대상여	대체차변	60500	제조부문상여금	사용
H1	급여	33	700번대상여	대체차변	70500	관리부문상여금	사용
H1	급여	34	판관부문상여	대체차변	80300	관리부문상여금	사용
H1	급여	41	국민연금예수금	대체대변	25400	국민연금예수금	사용
H1	급여	42	건강보험예수금	대체대변	25400	의료보험예수금	사용
H1	급여	43	고용보험예수금	대체대변	25400	고용보험예수금	사용
H1	급여	44	노동조합비예수금	대체대변	25400	노동조합비예수금	사용
H1	급여	45	사우회비	대체대변	25400	사우회비예수금	사용

개념 익히기

회계연결계정과목등록

회계연결계정이 설정되어 있지 않다면 자동 회계전표 발행이 불가능하다.
- 각 모듈별 담당자들이 회계처리를 할 수 있도록 모듈별 전표코드를 설정하는 것이다.
- 각 모듈별 담당자들은 회계처리를 몰라도 회계연결계정이 설정되어 있으면 '전표생성'을 클릭하여 회계처리(미결전표)가 된다.
- 초기설정으로 적용된 차·대변 계정과목은 회사의 상황에 맞추어 변경이 가능하다.
- 초기 설정된 항목은 삭제가 되지 않으므로 회사에서 사용하지 않는 항목이 있을 경우에는 '사용' 항목을 '미사용'으로 설정한다.

 2.14 회계전표처리

[상용직 급여입력 및 계산]에서 계산된 급/상여 데이터 및 공제금액을 회계처리할 수 있는 메뉴이다.

▌회계전표처리 프로세스 ▌

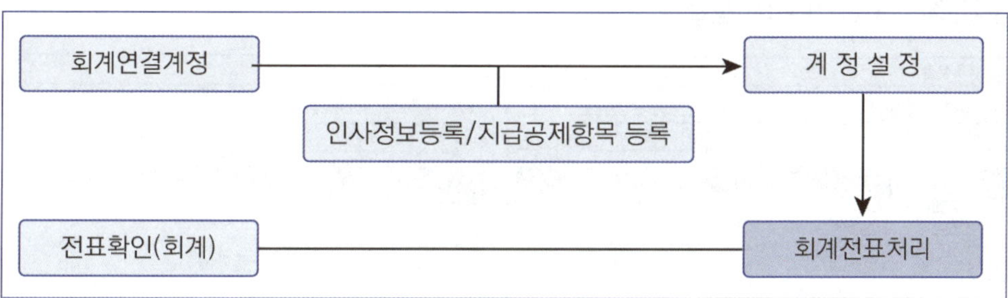

수행 내용 회계전표처리

다음은 (주)삼일테크의 계정유형별 급여 지급항목 및 공제항목별 계정과목 현황이다. 계정과목 설정 후 본사의 1월분 상용직 급여지급(결의일자 2026년 1월 28일)에 따른 회계전표를 발행하시오.

1. 지급항목(차대구분: 차변)

구분	기본급	직책수당	가족수당	자격수당	식대	연장근로수당	상여
임원계정	80100	80100	80100	80100	80100	80100	80300
사원계정	80200	80200	80200	80200	80200	80200	80300
제조계정	50400	50400	50400	50400	50400	50400	50500

2. 공제항목(차대구분: 대변)

구분	국민연금/건강보험 /장기요양/고용보험	노동조합비	소득세	주민세 (지방소득세)	차인지급액
임원계정	25400	25400	25400	25400	10301
사원계정	25400	25400	25400	25400	10301
제조계정	25400	25400	25400	25400	10301

수행 결과 회계전표처리

❶ 계정과목 설정: 지급유형별, 계정유형별, 항목구분별로 계정과목을 설정한다.

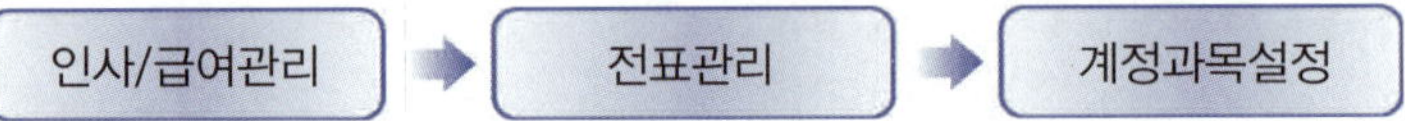

임원계정 지급공제항목 등록

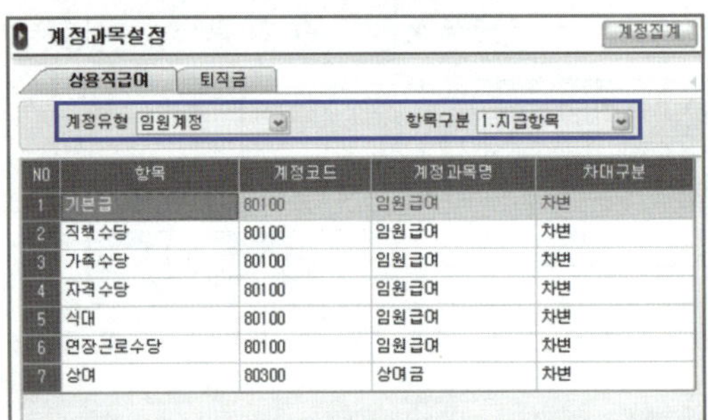

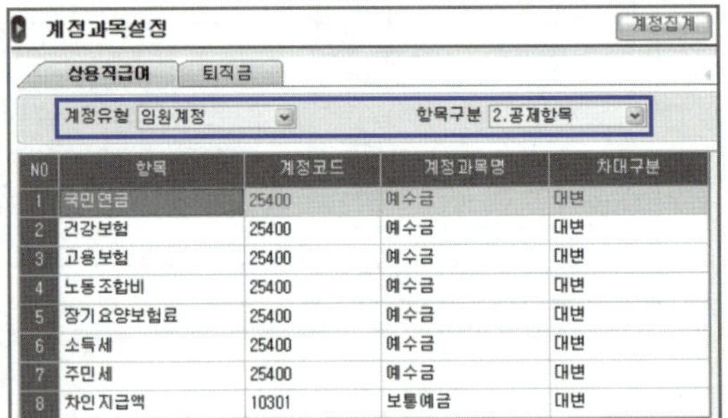

사원계정 지급공제항목 등록

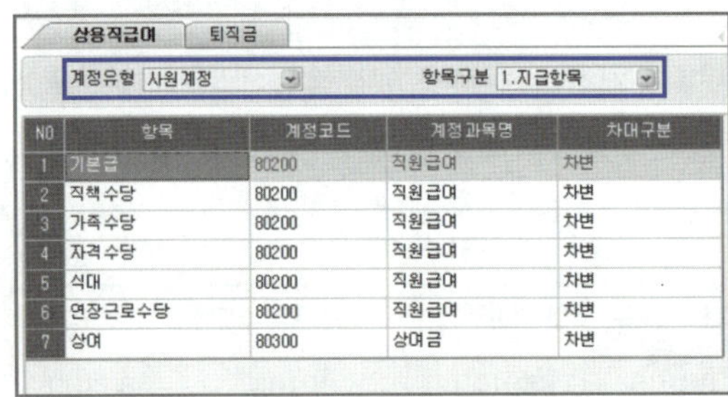

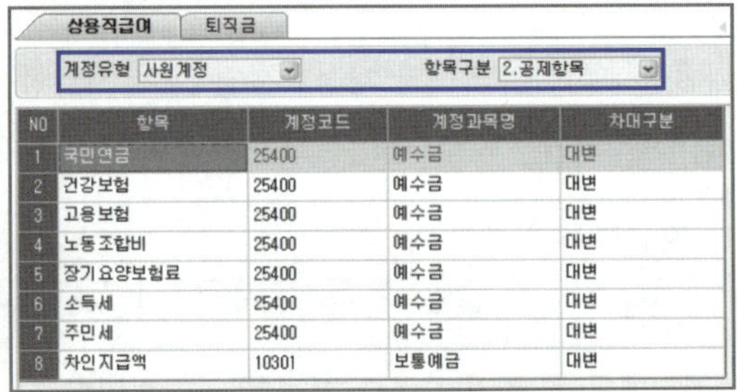

제조계정 지급공제항목 등록

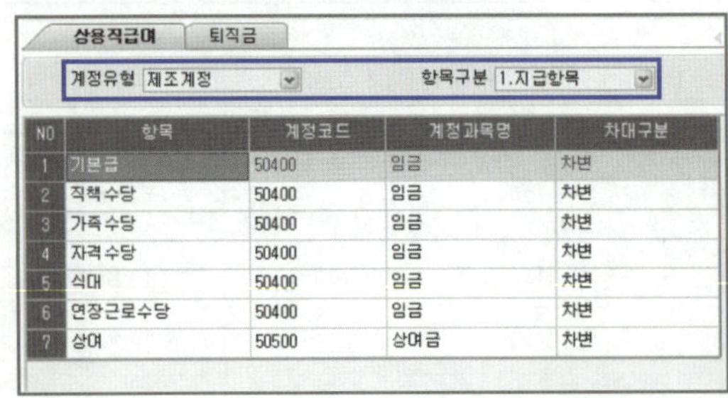

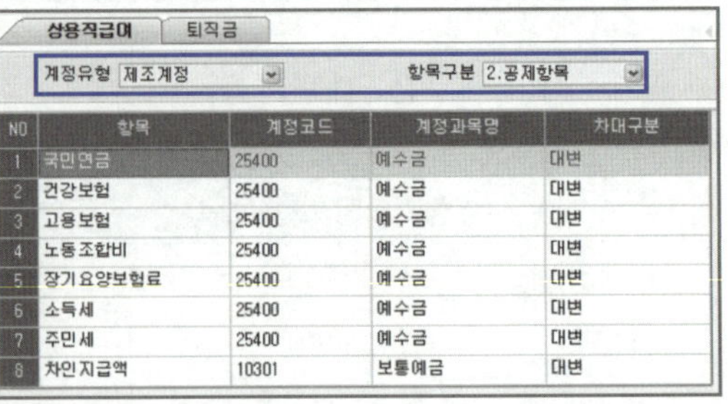

참고 계정과목설정 메뉴에서 계정유형별 지급/공제항목 계정코드 설정이 누락된 상태로 전표집계시 [계정과목이 지정되지 않은 지급/공제항목이 존재합니다]라는 오류메시지가 나타난다.

❷ 소득자별 계정유형 설정

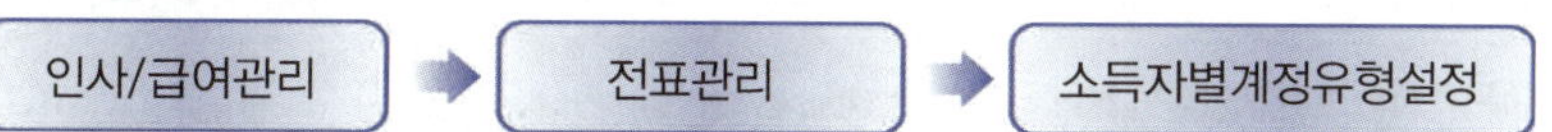

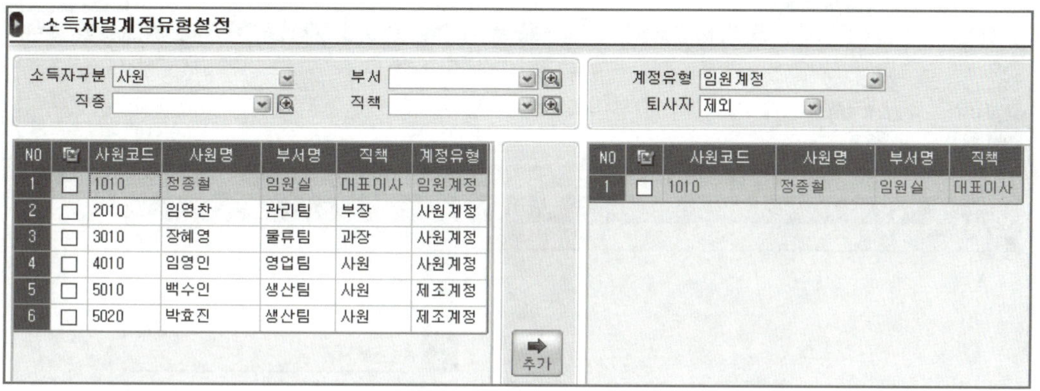

> **참고** 소득자의 계정유형은 본 메뉴에서 설정할 수도 있고, 인사정보등록 메뉴에서 등록할 수도 있다. 인사정보등록 메뉴에서 이미 설정하였으므로 본 메뉴에서는 생략한다.

❸ 전표집계 및 생성

지급유형(1.상용직급여), 귀속연월, 사업장, 결의일자를 입력한 후 [집계내역]을 클릭하여 [본사] 선택 후 확인을 하면 급여지급내역이 자동분개 되어 화면에 표시된다. 분개내역 검토 후 〔전표생성〕 을 클릭하면 회계모듈 전표입력에 반영될 회계처리가 [전표처리결과] 탭에 반영된다.

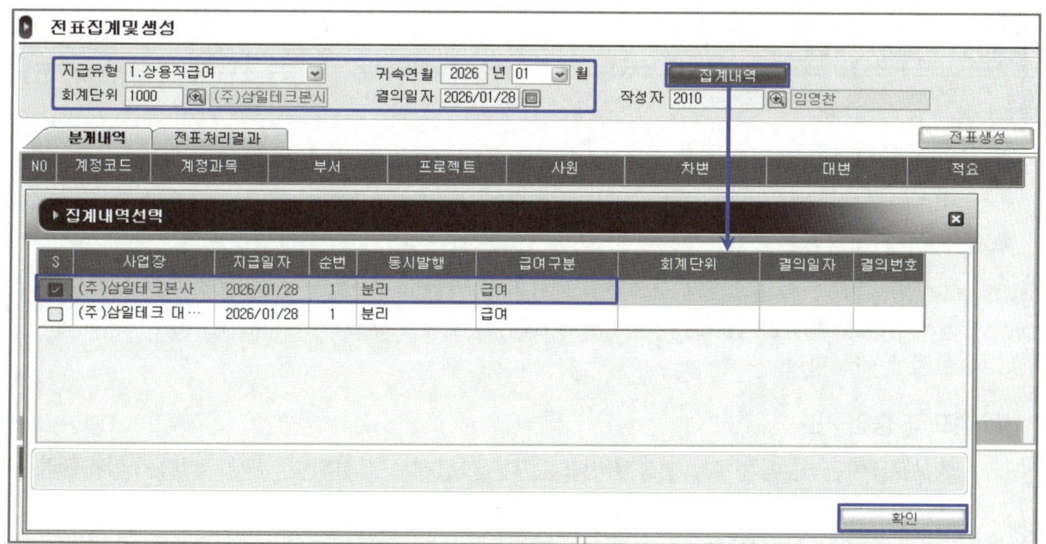

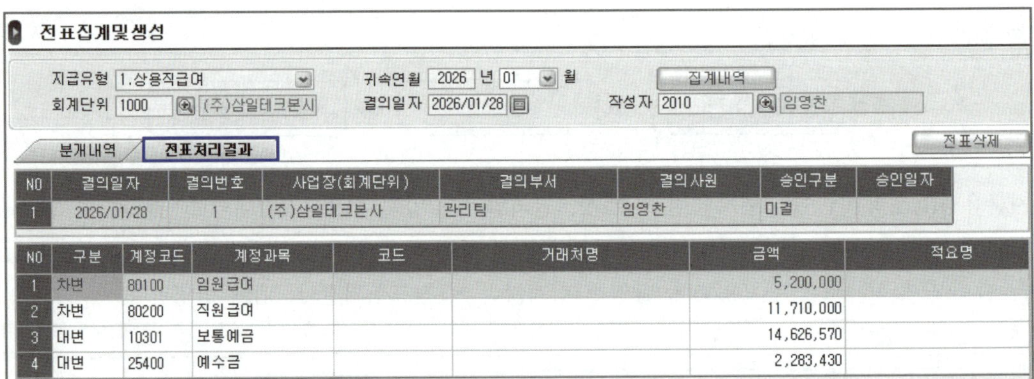

❹ 생성된 전표확인

NO	결의일자	결의번호	사업장(회계단위)	결의부서	결의사원	승인구분	승인일자
1	2026/01/28	1	(주)삼일테크본사	관리팀	임영찬	미결	

NO	구분	계정코드	계정과목	코드	거래처명	금액	적요명
1	차변	80100	임원급여			5,200,000	
2	차변	80200	직원급여			11,710,000	
3	대변	10301	보통예금			14,626,570	
4	대변	25400	예수금			2,283,430	

개념 익히기

🔵 전표집계 및 생성

- 발생한 전표는 회계모듈의 전표입력 메뉴에서 확인할 수 있으며, 해당 전표의 삭제는 전표입력 메뉴에서는 불가능하고, 인사/급여 모듈의 전표관리(전표집계및생성) 메뉴에서 삭제가 가능하다.

🔵 전표의 승인구분

- [인사/급여관리] 메뉴에서 생성된 전표는 '미결' 상태로 작성되며, 해당 전표는 [회계관리] ➔ [전표/장부관리] ➔ [전표승인해제] 메뉴에서 '승인처리' 하여야 한다.

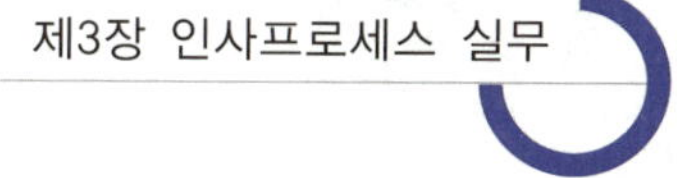

출제유형 ⋯▶ **회계전표처리**

문1) 아래 [보기]를 기준으로 2026년 2월 귀속의 전표를 생성하고, 전표처리결과 계정과목별 금액을 확인 시 올바르지 않은 것은 무엇인가?

> • 지급유형: 상용직급여
> • 회계단위: 1000.(주)삼일테크본사
> • 결의일자: 2026/02/28
> • 작성자: 2010.임영찬
> • 집계사업장: ㈜삼일테크본사, ㈜삼일테크 대구지사

① 임　금: 5,760,000원   ② 직원급여:　5,200,000원

③ 예수금: 2,802,760원   ④ 보통예금: 19,867,240원

문2) "전표집계및생성" 메뉴에서 당월귀속의 전표를 생성하려 했을 때 다음 [보기]와 같은 오류가 발생하였 다. 오류에 대한 올바른 처리는 무엇인가?

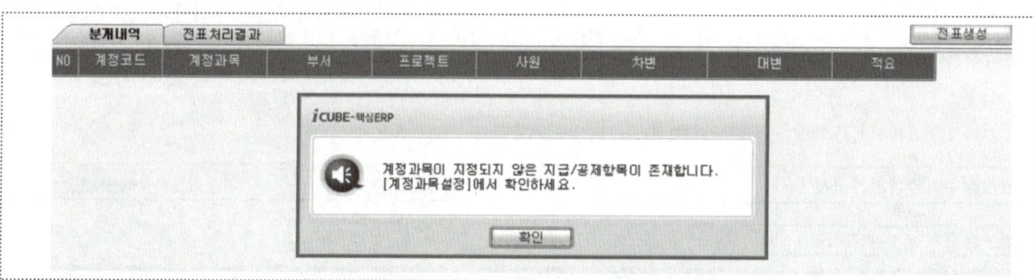

① [전표집계및생성] 메뉴의 〈전표처리결과〉 탭에서 기존에 생성해 놓은 전표를 확인한 뒤 전표 삭제를 한다.

② [소득자별계정유형설정] 메뉴에서 계정유형이 누락된 사원의 계정유형을 설정한다.

③ [계정과목설정] 메뉴의 〈상용직급여〉 탭에서 조회되는 계정유형 별 지급항목의 계정코드 중 누락된 계정코드를 설정한다.

④ [계정과목등록] 메뉴에서 급여처리 내역의 전표처리를 위한 계정과목을 등록한다.

2.15 원천징수이행상황신고서

원천징수이행상황신고서란 회사가 원천징수하고 지급한 소득세법상의 소득금액과
원천징수된 세액을 집계하여 세무서에 보고하는 보고서이다.

수행 내용 ─ 원천징수이행상황신고서

인사/급여관리 ➡ 세무관리 ➡ 원천징수이행상황신고서

(주)삼일테크본사의 2026년 3월분 상용직 급여자료 및 일용직 급여자료를 이용하여 원천징수이행
상황신고서를 작성하시오.(단, 근로소득 데이터 반영 기준은 '1. 매월 징수분(전체)'이며, 연말정산
소득세 및 농특세는 '미반영' 한다.)

수행 결과 ─ 원천징수이행상황신고서

❶ 제출연도와 신고사업장을 선택하고 신고서추가 를 한다.

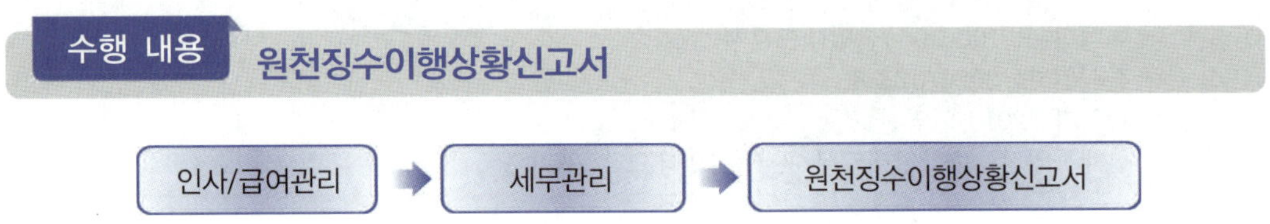

❷ 추가된 신고서의 귀속년월과 지급년월을 선택한 후 상단의 조회 아이콘을 클릭하면 해당 월에
기존 생성된 자료가 없으며 자료를 새로 생성한다.

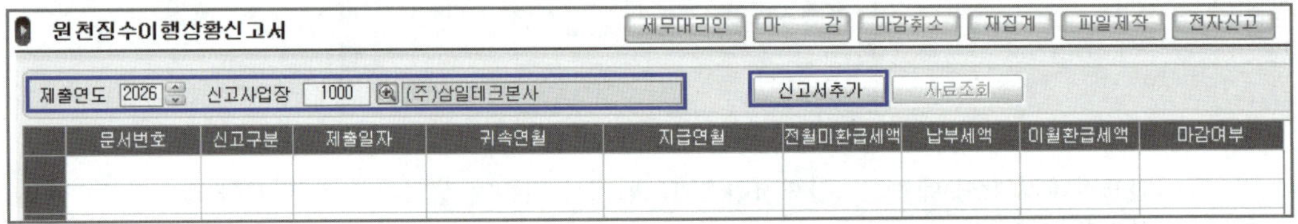

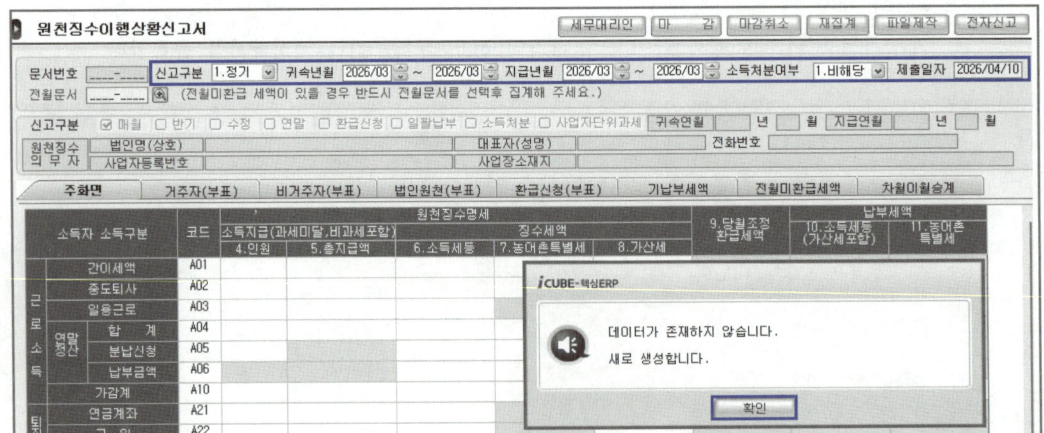

❸ [전월미환급세액] 확인 및 [근로소득 데이터 반영기준]을 선택한 후 적용을 클릭하면 원천징수
이행상황신고서가 생성된다.

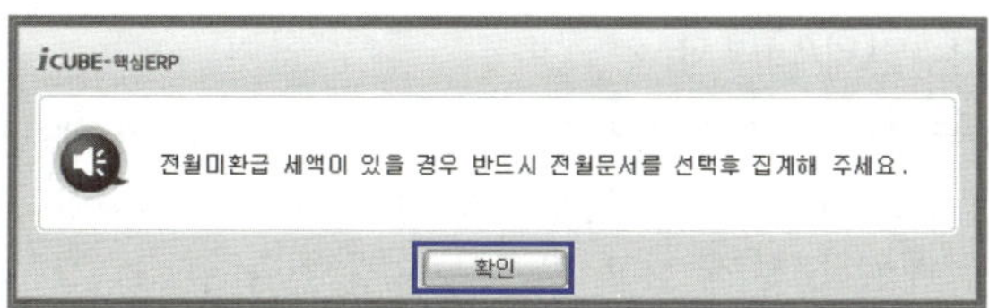

3월분 원천징수이행상황신고서

원천징수이행상황신고서　　　세무대리인　마　감　마감취소　재집계　파일제작　전자신고

문서번호 2026-0001　신고구분 1.정기　귀속년월 2026/03 ~ 2026/03　지급년월 2026/03 ~ 2026/03　소득처분여부 1.비해당　제출일자 2026/04/10
전월문서 ____-___ 🔍 (전월미환급 세액이 있을 경우 반드시 전월문서를 선택후 집계해 주세요.)

신고구분 ☐매월 ☑반기 ☐수정 ☐연말 ☐환급신청 ☐일괄납부 ☐소득처분 ☐사업자단위과세　귀속연월 2026 년 1 월 지급연월 2026 년 6 월

원천징수의무자	법인명(상호)	(주)삼일테크본사	대표자(성명)	정종철	전화번호	
	사업자등록번호	106-81-11110	사업장소재지	서울특별시 용산구 녹사평대로11길 30 (서빙고동)		

주화면　거주자(부표)　비거주자(부표)　법인원천(부표)　환급신청(부표)　기납부세액　전월미환급세액　차월이월승계

소득자 소득구분		코드	원천징수명세					9.당월조정환급세액	납부세액	
			소득지급(과세미달,비과세포함)		징수세액				10.소득세등(가산세포함)	11.농어촌특별세
			4.인원	5.총지급액	6.소득세등	7.농어촌특별세	8.가산세			
근로소득	간이세액	A01	6	44,190,000	3,957,220					
	중도퇴사	A02								
	일용근로	A03	1	800,000	1,350					
	연말정산 합계	A04								
	연말정산 분납신청	A05								
	연말정산 납부금액	A06								
	가감계	A10	7	44,990,000	3,958,570				3,958,570	
퇴직소득	연금계좌	A21								
	그 외	A22								
	가감계	A20								
사업소득	매월징수	A25								
	연말정산	A26								
	가감계	A30								
기타소득	연금계좌	A41								
종교인소득	매월징수	A43								
	연말정산	A44								

전월 미환급 세액의 계산			당월발생 환급세액				18.조정대상환급세액 (14+15+16+17)	19.당월조정환급세액계	20.차월이월환급세액 (18-19)	21.환급신청액
12.전월미환급세액	13.기 환급신청한 세액	14.차감잔액 (12-13)	15.일반환급	16.신탁재산금융회사등	17.그밖의환급세액 금융회사등	17.그밖의환급세액 합병 등				
		0		0		0	0	0	0	

(주)삼일테크　　(서명 또는 인)　용산　세무서장 귀하

개념 익히기

🔵 지방소득세특별징수명세/납부서

- 소득에 대한 소득세를 국가에 납부하는 것처럼, 지방자치단체에 납부하는 세금을 지방소득세 라고 하며, 소득세의 10%를 납부하게 된다. 소득세와 동일하게 소득 지급시 회사가 원청징수 하고, 매월 10일에 신고 및 납부하게 된다.
  '지방소득세특별징수명세/납부서'는 본점과 지점(종사업장)이 있는 경우, 원천세와 달리 각 관할 지자체에 분리신고 하여야 한다.

❶ '지방소득세특별징수명세/납부서' 생성

❷ '지방소득세특별징수명세/납부서' 조회

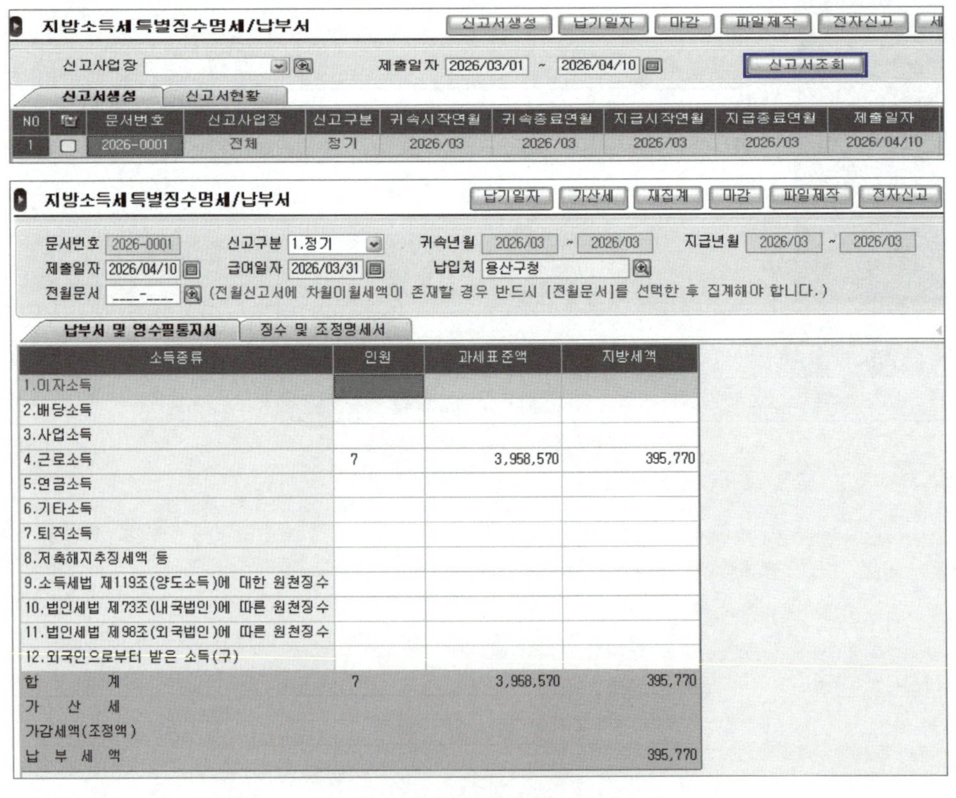

소득종류	인원	과세표준액	지방세액
1.이자소득			
2.배당소득			
3.사업소득			
4.근로소득	?	3,958,570	395,770
5.연금소득			
6.기타소득			
7.퇴직소득			
8.저축해지추징세액 등			
9.소득세법 제119조(양도소득)에 대한 원천징수			
10.법인세법 제73조(내국법인)에 따른 원천징수			
11.법인세법 제98조(외국법인)에 따른 원천징수			
12.외국인으로부터 받은 소득(구)			
합 계	7	3,958,570	395,770
가 산 세			
가감세액(조정액)			
납 부 세 액			395,770

 **원천징수이행상황신고서** 

문1) 아래 [보기]를 기준으로 '인사/급여환경설정'을 직접 확인하고 변경한 뒤, '2000.(주)삼일태크 대구 지사' 사업장의 원천세 신고서를 추가 했을 때 조회되는 내용 중 올바르지 않은 것은? 단, 신고구분은 '정기'이며, '소득처분여부는 '1.비해당'으로 설정한다.

> • 원천세 신고유형 : 사업장별신고
> • 이행상황신고서집계방식 : 지급연월
> • 신고서 생성 기준 : 귀속연월, 지급연월 : 2026/02 (제출일자: 2026/03/10)

① 해당 지급연월의 신고서에서 발생하는 소득은 근로소득 뿐이다.
② 'A01.근로소득-간이세액'의 인원이 변경된 경우 직접 입력이 가능한 항목이다.
③ 'A25.사업소득-매월징수'의 총지급액은 직접입력 및 수정이 불가능한 항목이다.
④ 근로소득 간이세액에 대한 소득세등 총액은 210,900원 이다.

문2) 아래 [보기]를 기준으로 당 회사의 지방소득세특별징수명세 신고서를 생성했을 때, [4.근로소득]의 소득자별 '산출세액'이 올바르지 않은 것은? (단, 신고서 생성기준은 '단일 사업장' 기준으로 생성한다.)

> ※ 인사/급여환경설정 '지방소득세/주민세(종업원분)집계방식' : 귀속연월
> • 매월 신고
> • 신고사업장: 0000.전체   • 신고구분: 1.정기
> • 귀속연월: 2026년 3월   • 지급연월: 2026년 3월
> • 제출일자: 2026년 4월 10일   • 급여지급일자: 2026년 3월 28일
> • 계속근무자 연말정산 환급액 반영 기준: 미적용

① 1010.정종철: 33,540원   ② 2010.임영찬: 95,340원
③ 3010.장혜영: 98,670원   ④ 4010.임영인: 60,930원

03 사회보험관리 프로세스

> **학습목표(NCS 수행준거)**
> **4대보험 관리하기!**(능력단위요소: 0202020109_23v5.4)
> 4.1 채용, 이동, 승진, 퇴직 등 인사발령에 따라 4대보험을 적용, 갱신할 수 있다.
> 4.2 집계된 자료에서 4대보험 적용시 포함시켜야 할 금액을 산출할 수 있다.
> 4.3 결재 완료된 개인별 보험관련 정보를 조직 구성원에게 안내할 수 있다.

사회보험환경등록을 통하여 설정된 사업장의 기본정보와 각종 보험요율은 사원별 인사정보등록 기본정보와 국민연금과 건강보험의 등급이 입력되어 사회보험 취득신고와 상실신고시 반영되고, 관련 신고서로도 반영된다.

▌사회보험관리 프로세스 ▌

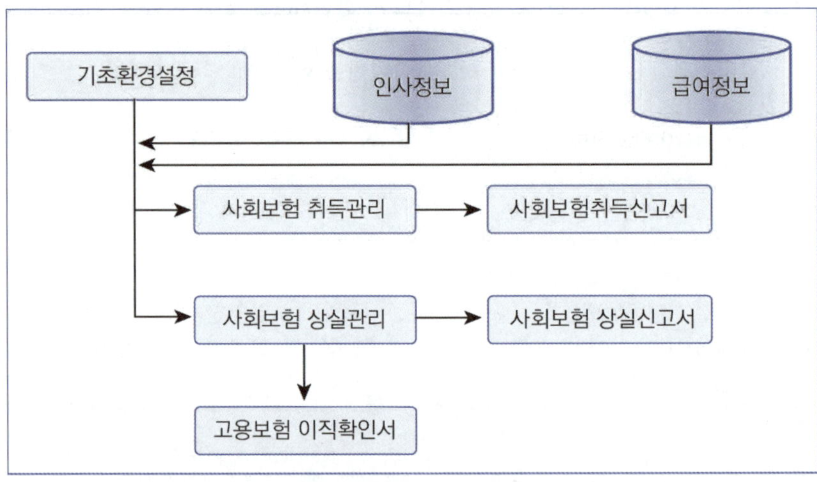

구 분	내 용
기초환경설정	보험요율 및 사업장 정보 등 각 사회보험의 기초환경을 설정한다.
사회보험 취득관리	입사자에 대한 사회보험 취득신고를 위해 기본정보를 입력하는 부분으로서, 인사정보의 입사일자, 주민등록번호 등의 인적사항과 급여정보에서의 등급 등의 정보로서 사회보험 취득신고서를 작성할 수 있다.
사회보험 상실관리	퇴사 등의 사유발생 시 인사정보의 퇴사일자, 주민등록번호 등의 정보와 급여정보의 퇴직금 및 급여 정보로서 사회보험 상실신고서를 작성할 수 있으며, 고용보험의 이직확인서도 작성 가능하다.

 사회보험취득관리

사회보험(국민연금/건강보험/고용보험)의 취득신고를 위해 해당사원의 정보를 입력하는 메뉴이다.

수행 내용 사회보험취득관리

다음은 (주)삼일테크본사 장혜영 사원의 피부양자 정보이다. 건강보험 피부양자취득신고서에 반영하시오.

신고일	신고구분	자격취득일	관계	성명	주민등록번호	첨부서류
2026/04/01	건강보험	2026/04/01	모	김고은	571217 − 2123218	부

수행 결과 사회보험취득관리

❶ 신고연도, 사업장, 사원 선택 후 신고구분 탭에서 신고일, 신고구분을 선택한다.

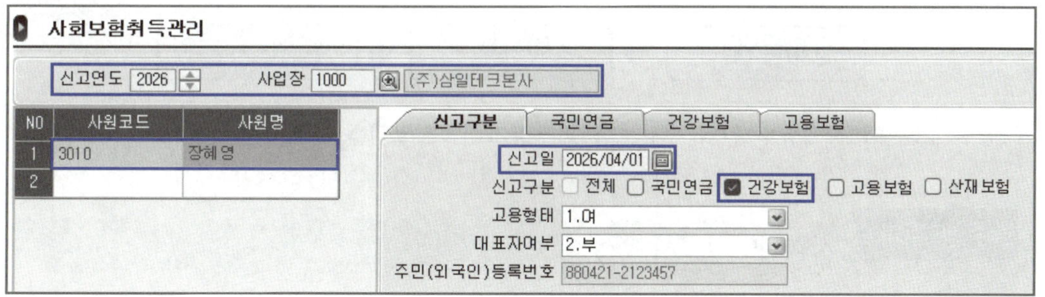

❷ 건강보험 탭에서 자격취득일을 확인하고, '건강보험－피부양자: 1.있음'으로 설정한 후 피부양자의 인적정보를 입력한다.

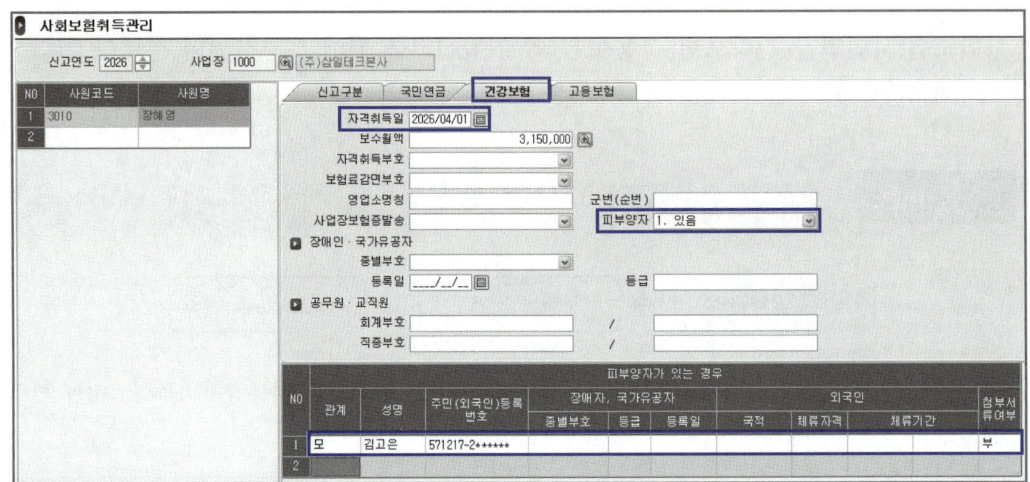

3.2 자격취득신고서

사회보험취득신고 메뉴에 등록된 데이터에 의해 취득신고서가 자동 작성된다.

수행 내용　자격취득신고서

(주)삼일테크본사 장혜영 사원의 건강보험 피부양자취득신고서를 조회하시오.

수행 결과　자격취득신고서

피부양자 탭에서 자격취득자를 확인한다.

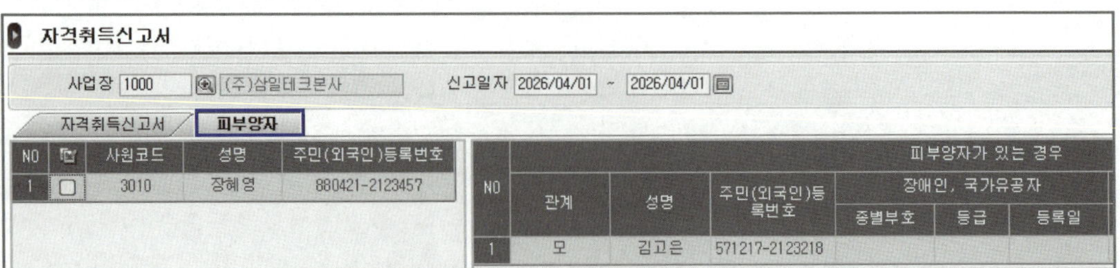

 3.3 자격상실관리

퇴사한 사원에 대해서는 퇴사 후 사회보험 상실신고를 하여야 한다. 사업장과 상실신고 대상 사원을 등록하고, 상실정보를 입력하면 사회보험상실신고서에 반영된다.

수행 내용 자격상실신고서

(주)삼일테크 대구지사 백수인은 개인적인 사정으로 4월 1일자로 퇴사하였다. 이에 따른 퇴사처리와 사회보험상실신고를 수행하시오.

신고일/상실일	신고구분	국민연금	건강보험	고용보험
2026/04/02	전체	◦ 상실코드: 003 ◦ 당월상실자 납부여부: 비해당	◦ 상실부호: 001	◦ 상실시 직종: 890 ◦ 구체적 사유: 개인사정 ◦ 구분코드: 11 ◦ 실업급여청구안내: 미안내 ◦ 대체인력채용계획: 있음

수행 결과 자격상실신고서

❶ [인사관리]-[인사정보등록]-[재직정보] 탭에서 퇴사일자를 입력한다.

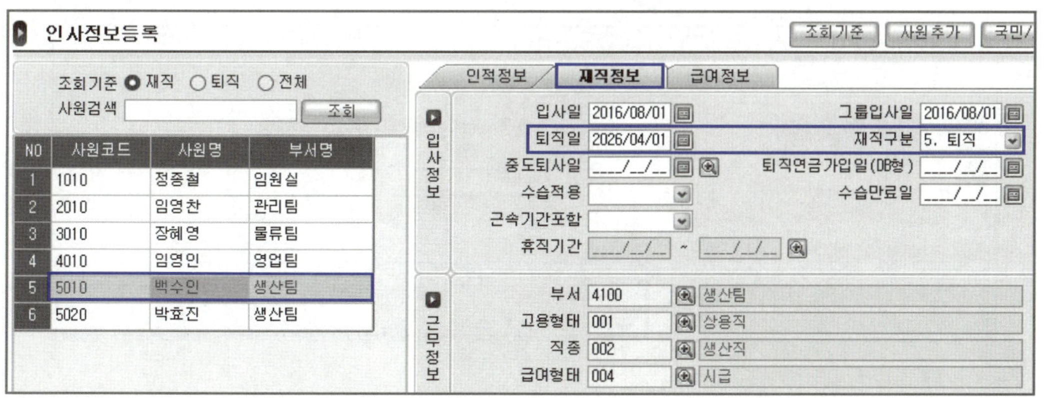

❷ [사회보험관리] – [사회보험상실관리]에서 신고일과 상실사유 등을 입력한다.

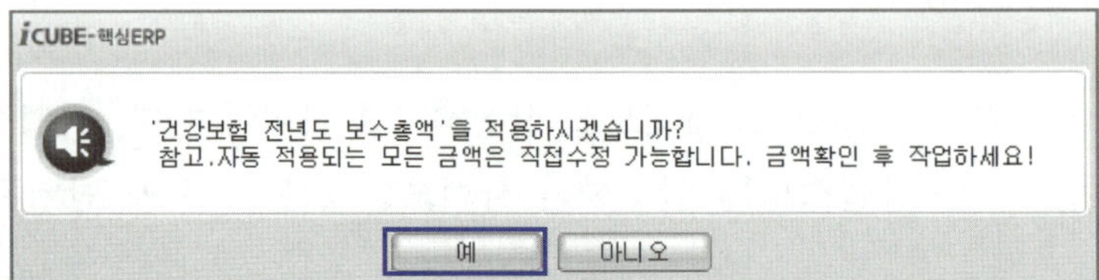

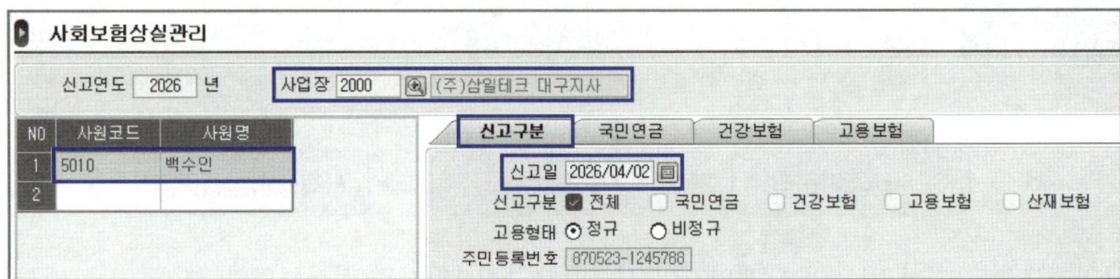

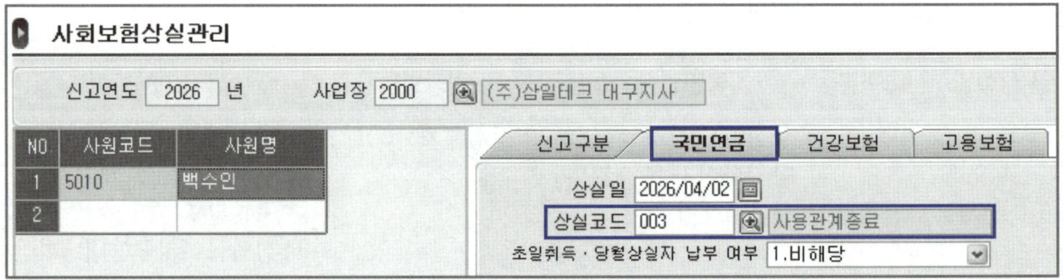

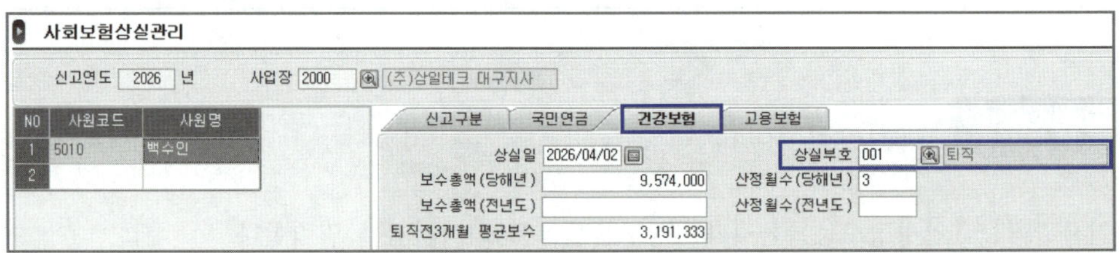

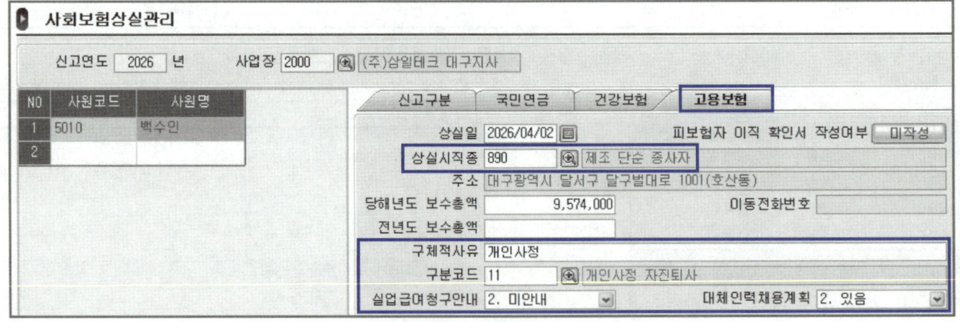

 3.4 사회보험상실신고서

사회보험상실신고 메뉴에 등록된 데이터에 의해 상실신고서가 자동 작성된다.

자격상실신고서 화면

자격상실신고서

사업장 2000	(주)삼일테크 대구지사	신고일자 2026/04/02 ~ 2026/04/02

사업장	관리번호		명칭	(주)삼일테크 대구…	전화번호		FAX번호	
	소재지			대구광역시 달서구 선원로10길 11 (신당동)			42609	
보험사무대행기관	명칭		번호		하수급인관리번호 (건설공사등의 미승인 하수급인으로 한정함)			

연번	성명	주민(외국인) 등록번호	전화번호 (이동전화)	국민연금		건강보험							퇴직 전 3개월간 평균 보수	고용보험	
				상실 연월일	상실 부호	상실 연월일	상실 부호	연간보수총액					상실 연월일	상실 사유 / 구체적 사유
								당해년도		전년도				
								보수총액	산정월수	보수총액	산정월수			
1	백수인	870523-1245788		2026/04/02	003	2026/04/02	001	9,574,000	3			3,191,333	2026/04/02	개인사정

고용보험이직확인서 화면

고용보험이직확인서

신고년도 2026 년 사업장 2000 (주)삼일테크 대구지사

No	사번	성명
1	5010	백수인

이직(퇴직)일 2026/04/01   구체적 이직사유   연차수당

기준기간연장	사유			
	기간 ___/__/__ ~ ___/__/__	___/__/__ ~ ___/__/__	___/__/__ ~ ___/__/__	

	임금계산 기간 (이직일 포함)	2026/04/01 ~ 2026/04/01	2026/03/01 ~ 2026/03/31	2026/02/01 ~ 2026/02/28	2026/01/02 ~ 2026/01/31	계
평균임금산정내역	총 일 수	1일	31일	28일	30일	90일
	임금내역 기본급	0	2,392,000	2,080,000	2,214,193	6,686,193
	기타수당	0	1,138,000	1,060,000	1,176,774	3,374,774
	상여금			0	*(0/0)	
	연차수당			0	*(0/0)	
	기타					
	평균임금	총 임금액	10,060,967	총 일수	90	111,788.52
	통상임금		0	기준임금		0
	1일 소정근로시간			퇴직금등 수령액		0
	기타	퇴직금 외 기타금품				0

참고 퇴직한 사원이 고용보험 이직확인서를 요청한 경우 이직확인서를 작성하여 신고하여야 한다. (실업급여 수급자격 제한 여부를 판단하는 기초자료로 사용된다.)

04 연말정산관리 프로세스

> **학습목표(NCS 수행준거)**
>
> **연말 정산 실시하기!**(능력단위요소 : 0202020109_23v5.5)
>
> 5.1 당해 연도 변경된 소득세법에 따라 연말정산 정보를 사전에 갱신할 수 있다.
>
> 5.2 신청된 근태자료에 따라, 기한 내에 관련서류를 수집할 수 있다.
>
> 5.3 잠정적인 연말정산결과를 산출하기 위하여 조직 구성원별 제출서류를 시스템에 등록할 수
> 있다.
>
> 5.4 정확한 연말정산을 위하여 조직 구성원에게 이의신청을 접수할 수 있다.
>
> 5.5 이의신청을 반영하여 확정된 연말정산결과를 조직 구성원에게 통지할 수 있다.

┃ 연말정산관리 프로세스 ┃

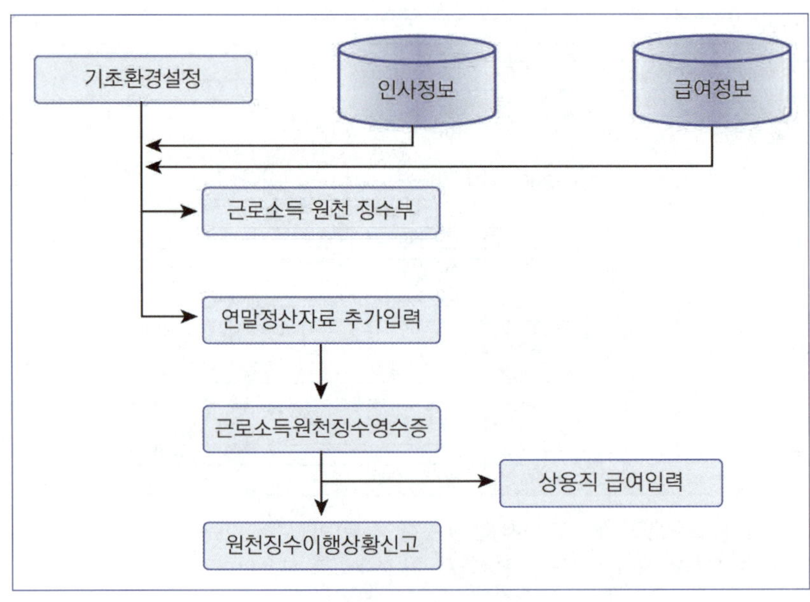

구 분	내 용
기초환경설정	소득세액환경설정 등의 연말정산을 위한 기초환경이 등록되어 있어야 한다.
근로소득 원천징수부 확인	근로소득 원천징수부의 사원별 연말정산 기초 데이터를 확인한다.
연말정산추가자료 입력	인사/급여정보를 바탕으로 신고된 소득공제신고서의 해당 데이터를 사원별로 입력한다.
근로소득원천징수영수증	연말정산추가자료 입력메뉴에서 입력한 데이터는 자동 정산처리되어 근로소득원천징수영수증을 출력할 수 있다.
원천징수이행상황신고	확정된 연말정산 데이터는 원천징수이행상황신고서에 자동 반영된다.
상용직 급여입력	연말정산이 끝난 후의 추가징수/환급되는 데이터는 자동으로 연말정산결과 데이터가 반영되는 월의 급여지급 시 자동으로 조정, 반영된다.

4.1 연말정산자료입력

근로소득자가 제출한 근로소득자소득공제신고서에 의하여 연말정산 작업을 진행하기 위한 개인별 기초 데이터를 입력하는 메뉴이다.

수행 내용 **연말정산자료입력(중도퇴사자)**

인사/급여관리 ➡ 연말정산관리 ➡ 연말정산자료입력

다음은 (주)삼일테크 대구지사 백수인의 중도퇴사(4월 1일)에 따른 연말정산을 위한 자료이다. 연말정산자료입력 메뉴에 해당사항을 입력하여 정산을 완료하시오.
(정산연월: 2026년 4월)

지출내역		지출액	대상자	비고
보험료	자동차보험	850,000원	백수인(본인)	국세청자료
의료비	골절치료	2,800,000원	백수인(본인)	국세청자료
교육비	교복구입비	500,000원	백정민(자)	그밖의 자료

수행 결과 연말정산자료입력(중도퇴사자)

❶ 정산연월: 2026년 4월로 입력하고(계속근로자는 13월로 입력, 중도퇴사자는 퇴사월을 입력) 사원코드 란에서 F2를 누르고 백수인을 선택한다.

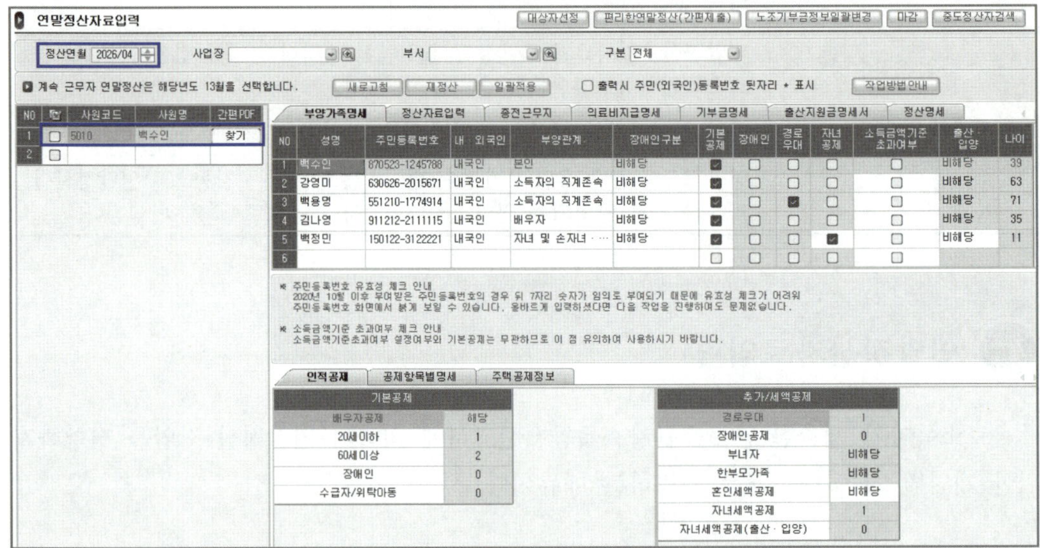

❷ 부양가족명세 탭에서 백수인(본인)을 선택하고 하단의 공제항목별명세 탭에서 보험료를 입력한다.

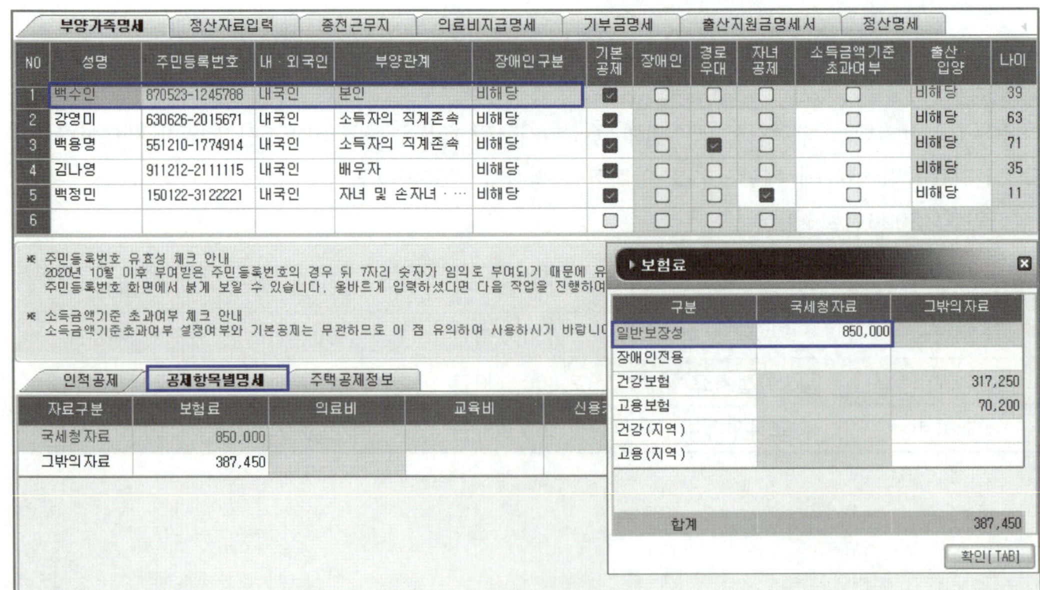

❸ 의료비 란에서 더블클릭하여 의료비명세서로 이동하여 해당 금액을 입력한 후 부양가족명세 탭
으로 복귀, 하단의 공제항목별명세 탭에 반영된 의료비 금액을 확인한다.

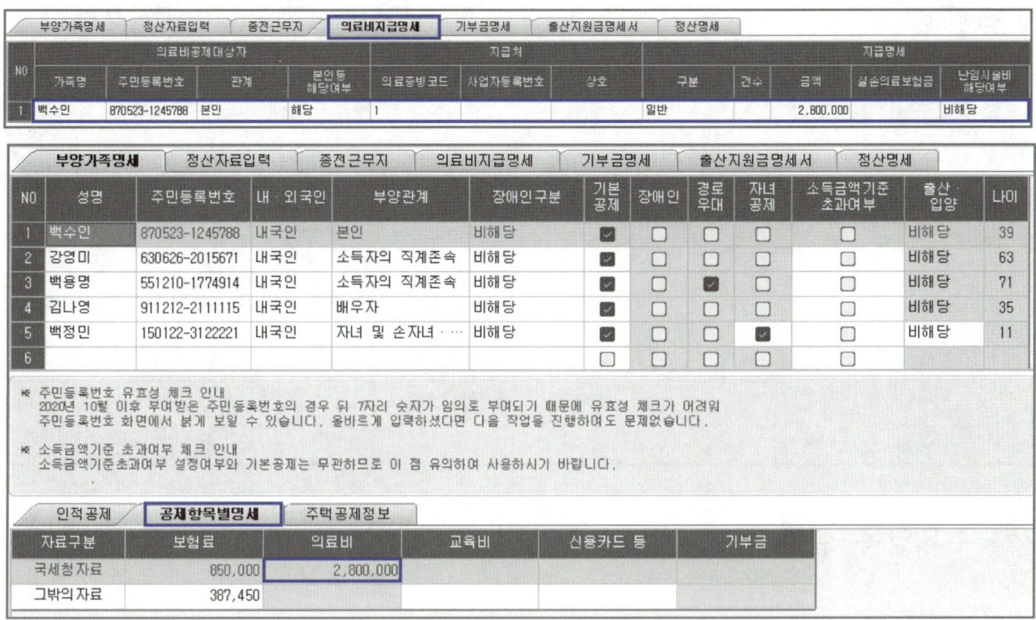

❹ 백정민(직계비속)을 선택하고 하단의 공제항목별명세 탭에서 더블클릭하여 교육비 화면에 해당
금액을 입력한다.

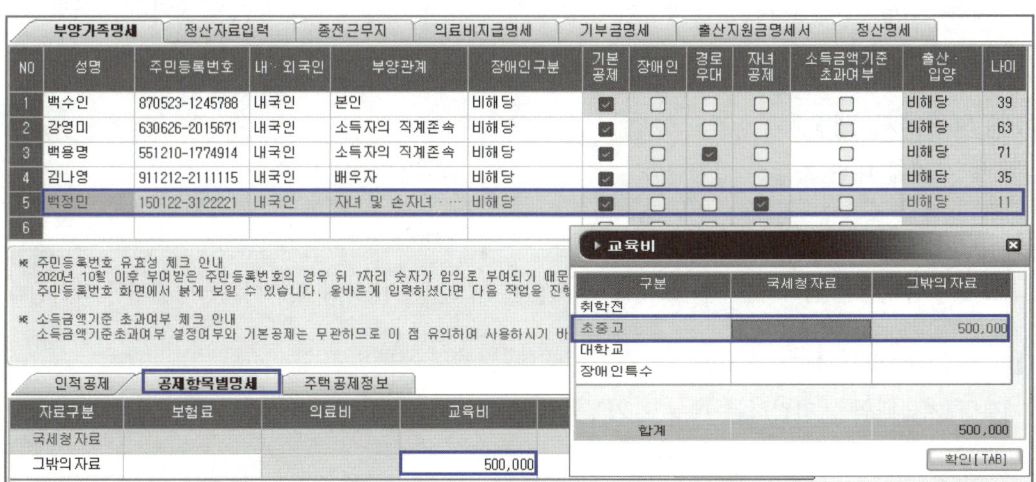

❺ 최종적으로 정산자료입력 화면에서 연말정산 입력자료의 결과를 확인할 수 있으며, 또한 상단의
[마감]을 클릭하여 마감 상태가 되어야 근로소득원천징수영수증을 조회할 수 있다.

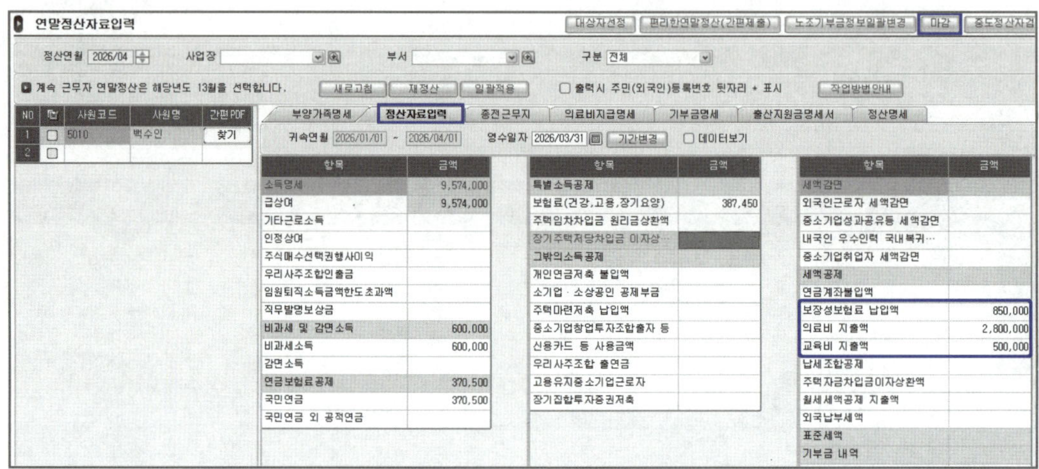

주요항목 설명

▌부양가족명세 탭▌

[인사기록카드] [가족] 탭에서 부양여부에 체크된 가족은 기본공제 대상자로 자동 반영된다.

▌정산자료입력 탭▌

[공제항목별명세]에 입력된 공제항목이 자동 반영되며, 이외 공제자료 금액을 입력하면 연말정산
에 반영된다.

▌종전근무지 탭▌

종전근무지에 대한 자료를 입력한다.

▌의료비명세 탭▌

의료비 지급내역을 입력하는 메뉴로 의료비가 있는 근로자에 대하여 의료비지급명세서를 작성한다.

▌기부금명세 탭▌

기부금 지급내역을 입력하는 메뉴로 기부금이 있는 근로자에 대하여 기부금명세서를 작성한다.

▎인적공제 탭 ▎

[인적공제]의 기본공제 및 추가공제는 기본적으로 프로그램에서 자동으로 계산되며 수정이 불가능하다. 다만, '부녀자공제'는 근로자 본인의 성별이 여성인 경우 활성화되며, 해당여부는 사용자가 직접 등록해야 한다.

구 분	내 용
기본공제	[인사기록카드] 메뉴의 부양여부가 체크된 가족 중 주민등록번호에 따라 기본공제 대상자인 경우 자동으로 체크된다.
경로우대	[인사기록카드] 메뉴의 부양여부가 체크된 가족 중 만 70세 이상인 경우, 자동으로 체크된다.
장애인공제	[인사기록카드] 메뉴의 부양여부가 체크된 가족 중 장애인 여부가 '해당'인 가족은 자동으로 체크된다.
부녀자	배우자가 있거나, 배우자가 없는 자로서 기본공제대상 부양가족이 있는 세대주(근로소득금액이 3천만원 이하인 근로자)
한부모가족	배우자가 없는 사람으로서 기본공제대상인 직계비속 또는 입양자가 있는 경우(부녀자공제와 중복되는 경우 한부모 적용)
혼인세액공제	거주자가 혼인신고를 한 경우 생애 1회(초혼 & 재혼 무관)에 한해 혼인신고를 한 해당 연도에 50만원을 종합소득세액에서 공제한다.
자녀세액공제	기본공제대상 자녀(8세 이상)가 있는 경우 (1명: 25만원, 2명: 55만원, 3명 이상: 55만원+2명 초과인원수×40만원)
자녀세액공제 (출산 · 입양)	첫째 30만원, 둘째 50만원, 셋째부터는 1인당 70만원

▎공제항목별명세 탭 ▎

[공제항목별명세]에 본인 및 각 부양가족별로 보험료 등의 각 공제항목을 등록하면 [정산자료입력]에 자동 반영된다.

출제유형 ···▶ **연말정산관리** 

문1) ㈜삼일테크 대구지사의 2026년 4월 퇴사한 '백수인' 사원에 대한 연말정산 작업 현황을 확인하였을
때, 올바르지 않은 것은?

① 본인공제: 1,500,000원   ② 배우자공제: 1,500,000원
③ 근로소득공제: 5,329,600원   ④ 경로우대 추가공제: 1,000,000원

문2) ㈜삼일테크는 2026년 4월 퇴사한 '백수인' 사원에 대해 중도정산을 진행하였다. '백수인' 사원의 연말
정산 내역에 대한 설명으로 알맞지 않은 것은 무엇인가?
(단, 모든 정보는 프로그램에 입력된 기준으로 확인한다.)

① 부양가족 중 백정민의 경우, '기본공제'와 '자녀세액공제'에 대한 중복공제가 가능하다.
② 백수인 사원의 근로소득금액은 5,329,600원 이다.
③ 기본공제대상자는 총 5명 이다.
④ 77.소득세의 차감징수세액은 '−45,120원' 이다.

문3) ㈜삼일테크본사 사업장 부서중 [관리팀]의 2026년 귀속의 근로소득 지급내역을 확인하였을 때, 실제
공제한 '소득세(지방소득세 제외)'는 얼마인가?

① 2,153,300원   ② 215,320원
③ 2,445,540원   ④ 239,920원

05 퇴직정산관리 프로세스

★ **학습목표(**  **수행준거)**

퇴직소득 원천징수하기!(능력단위요소 : 0203020204_20v5.5)

5.1 회사의 퇴직급여 규정에 따라 임직원의 평균급여를 산출하여 퇴직금을 정확하게 계산할 수 있다.

5.2 세법에 따른 퇴직소득과 근로소득을 구분하여 퇴직소득금액을 계산할 수 있다.

5.3 세법에 따라 퇴직금의 산출된 세액을 공제 후 지급할 수 있다.

▌퇴직정산관리 프로세스 ▌

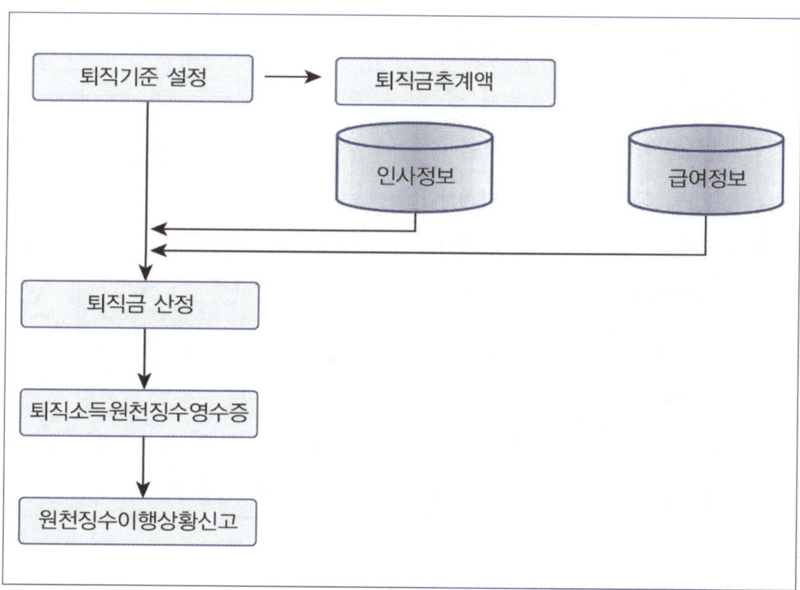

구 분	내 용
퇴직기준 설정	퇴직금을 계산하기 위한 계산기준을 설정할 수 있다.
퇴직금 추계액	퇴직기준 설정에 의해 전 사원의 퇴직금 추계액을 계산할 수 있다.
퇴직금 산정	인사정보와 급여정보를 반영하여 퇴직금을 산정할 수 있다.
퇴직소득원천징수영수증	퇴직금과 퇴직소득세는 퇴직소득원천징수영수증에 자동 반영된다.
원천징수이행상황신고	확정된 퇴직소득 데이터는 원천징수이행상황신고서에 자동 반영된다.

5.1 퇴직기준설정

퇴직금 지급 기준설정 내용을 등록하는 메뉴로 [마감취소] 후 계산식과 설정 내용을 변경한다.

(주)삼일테크의 퇴직금 계산 기준설정 작업을 수행하시오.

적용기준	노동부기준적용	안함			기본급
평균임금	평균임금기간산정	일자기준	지급항목 설정	지급항목	직책수당
	퇴사일포함여부	포함			가족수당
	급여반영(퇴직정산)	일할계산			자격수당
	급여반영(중도정산)	일할계산			식대
	상여/연차반영	일할계산			연장근로수당
누진적용	근속누진적용	적용안함		상여항목	상여
	임원누진적용	적용안함			
계산식설정	평균임금	(3개월 급여 + 3개월 상여 + 3개월 연차) / 3개월 근무일수 [일평균]			
	퇴직금	(평균임금×30) × (근무일수/365) [일할]			

수행 결과 **퇴직기준설정**

❶ 상단의 [마감취소]를 클릭한 후 적용기준, 평균임금, 누진적용 항목을 주어진 내용대로 설정(F2 이용)한다.

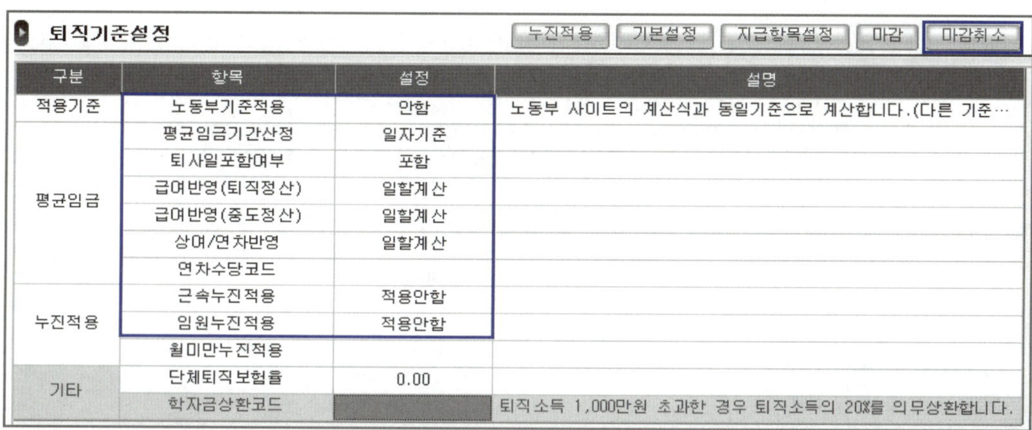

구분	항목	설정	설명
적용기준	노동부기준적용	안함	노동부 사이트의 계산식과 동일기준으로 계산합니다.(다른 기준…
평균임금	평균임금기간산정	일자기준	
	퇴사일포함여부	포함	
	급여반영(퇴직정산)	일할계산	
	급여반영(중도정산)	일할계산	
	상여/연차반영	일할계산	
	연차수당코드		
누진적용	근속누진적용	적용안함	
	임원누진적용	적용안함	
	월미만누진적용		
기타	단체퇴직보험율	0.00	
	학자금상환코드		퇴직소득 1,000만원 초과한 경우 퇴직소득의 20%를 의무상환합니다.

참고 평균임금과 퇴직금의 끝전 단수처리는 '정상'을 선택한다.

❷ 상단의 [기본설정]을 클릭한 후 평균임금과 퇴직금의 계산식을 설정한다.

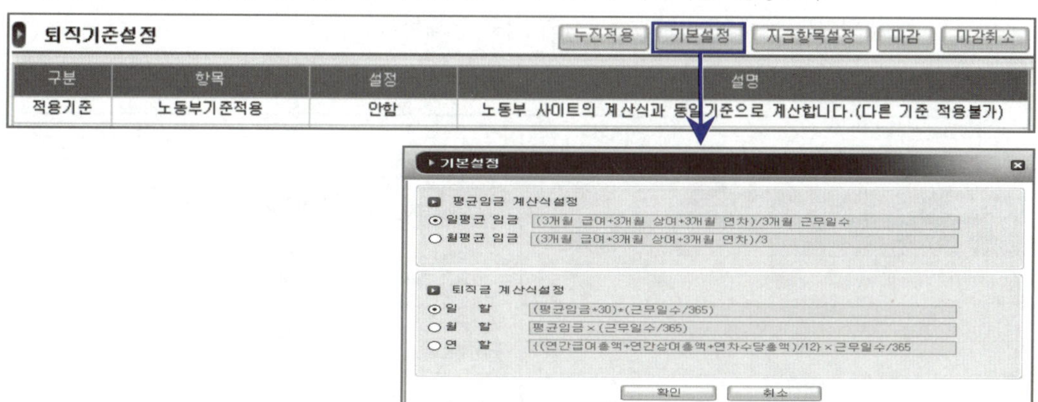

구분	항목	설정	설명
적용기준	노동부기준적용	안함	노동부 사이트의 계산식과 동일기준으로 계산합니다.(다른 기준 적용불가)

❸ 상단의 [지급항목설정]을 클릭한 후 지급항목과 상여항목 전체를 선택한다.

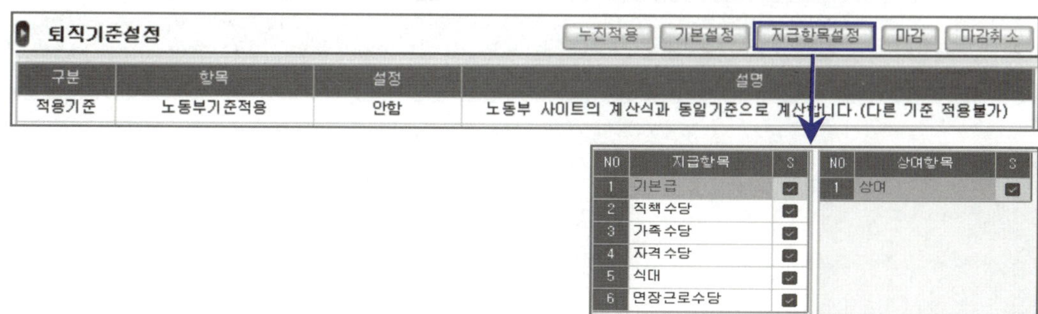

구분	항목	설정	설명
적용기준	노동부기준적용	안함	노동부 사이트의 계산식과 동일기준으로 계산합니다.(다른 기준 적용불가)

5.2 퇴직금 산정

[퇴직기준설정]에 등록되어 있는 설정에 맞게 퇴직금을 산정하는 메뉴이다.

수행 내용 **퇴직금산정**

(주)삼일테크 대구지사 백수인의 중도퇴사에 따른 퇴직금을 산정작업을 수행하시오.
(귀속연월 2026/04, 퇴직일자 2026/04/01, 지급일자 2026/04/02)

수행 결과 **퇴직금산정**

❶ 신고귀속, 귀속연도, 지급일자, 사업장, 정산구분(2.퇴직정산)을 선택한 후 상단의 [대상자선정]
을 클릭하여 귀속연월 2026/04, 퇴직일자 2026/04/01~ 2026/04/01, 지급일자 2026/04/02을
입력한다. 조회되는 백수인을 체크하고 [확인]을 클릭한다.

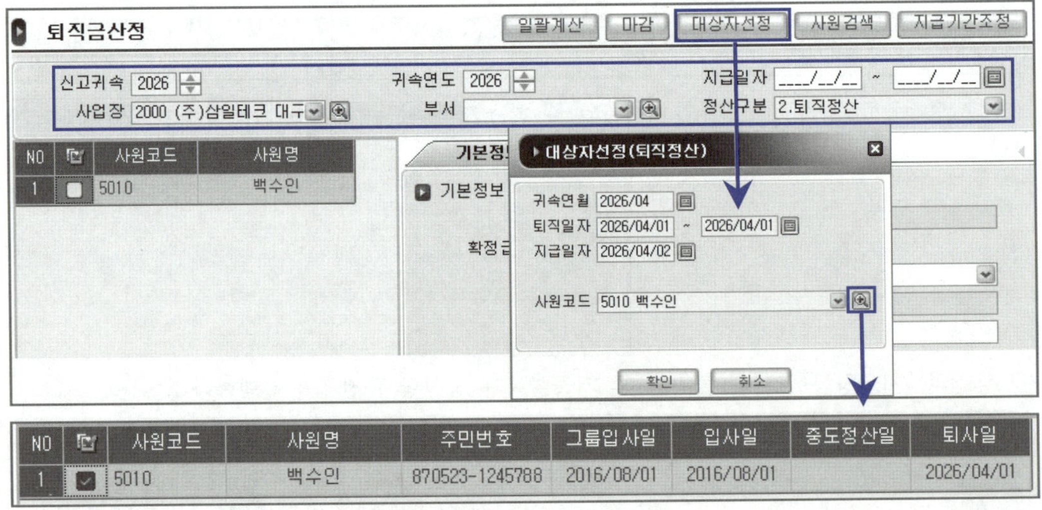

❷ 백수인의 퇴직과 관련된 [기본정보]를 확인한다.

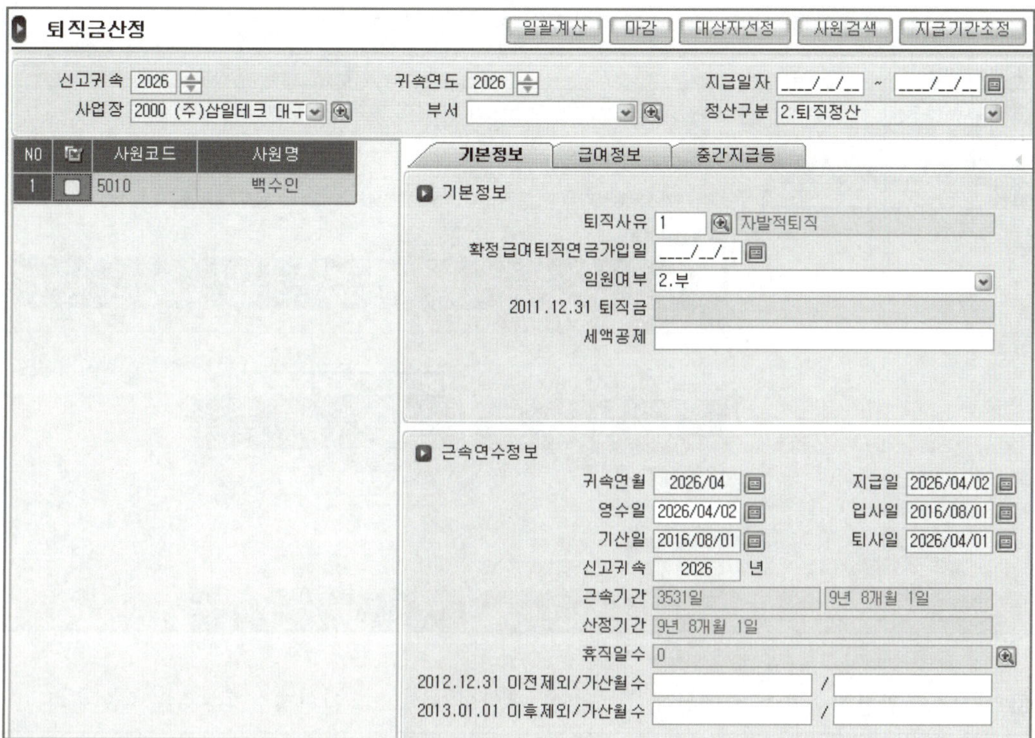

❸ [급여정보] 탭의 [퇴직금계산]을 클릭하여 퇴직금 계산을 선택한 후 확인한다.

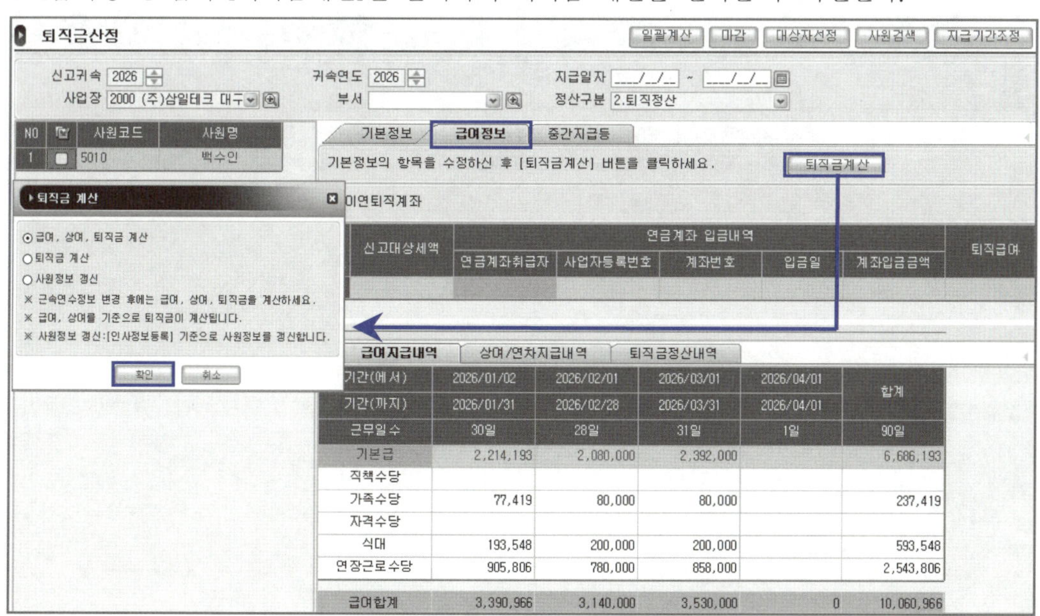

❹ 하단의 [퇴직금정산내역] 탭에서 계산된 퇴직금의 세부내역 확인한 후 상단의 [마감]을 클릭하여 마감 상태가 되어야 퇴직소득원천징수영수증을 조회할 수 있다.

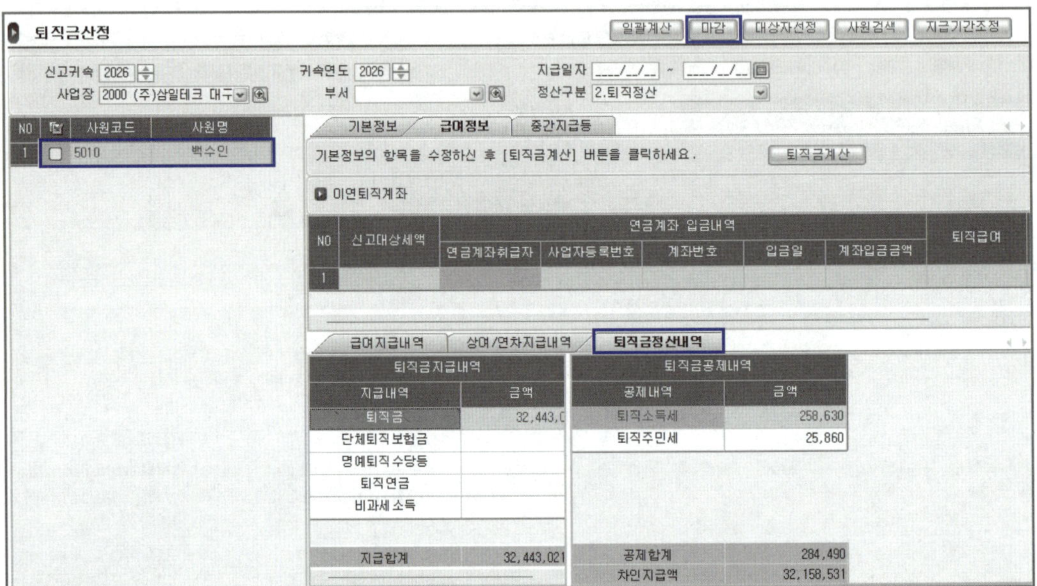

❺ 퇴직소득원천징수영수증 메뉴에서 백수인 사원의 퇴직소득원천징수영수증을 확인한다.

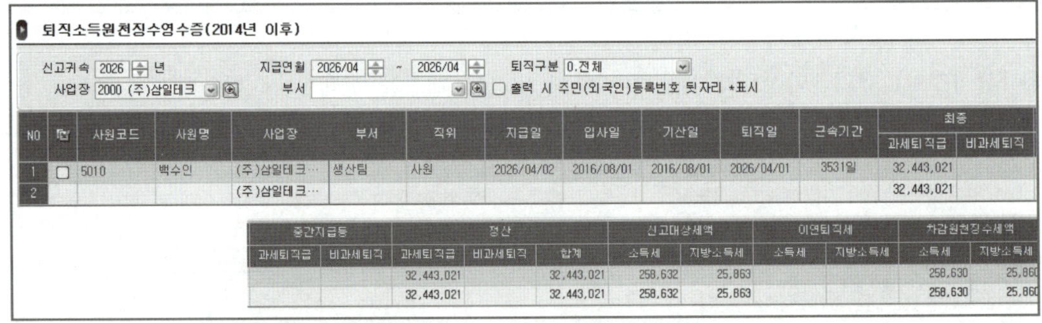

5.3 퇴직금추계액

퇴직급여충당금을 설정하기 위해 현재 재직자를 기준으로 퇴직금추계액을 계산하는 메뉴이다.

수행 내용 퇴직금추계액

(주)삼일테크의 2026년 1분기 퇴직급여추계액을 계산작업을 수행하시오.

기준설정	지급항목설정	추계코드
◦ 퇴직금 절사선택: 정상	◦ 지급항목: 전체 ◦ 상여항목: 전체	◦ 추계코드: 1000 ◦ 추계명: 2026년 1분기 퇴직금 추계액 ◦ 기준연월: 2026년 3월 ◦ 대상자: 본사 및 대구지사(전체계정)

수행 결과 퇴직금추계액

❶ 상단의 [기준설정]을 클릭하여 기준설정과 지급항목설정을 변경한다.

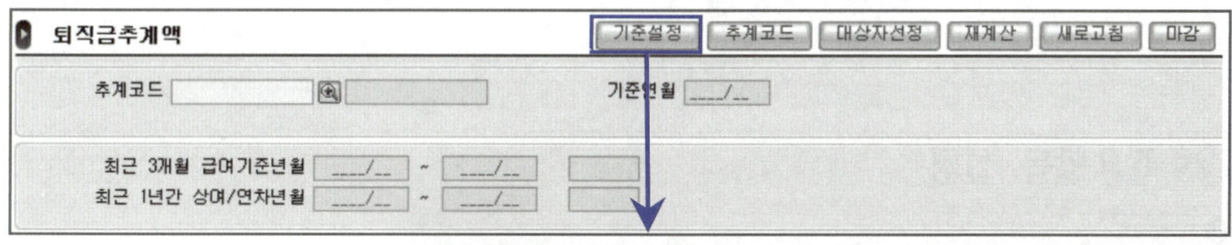

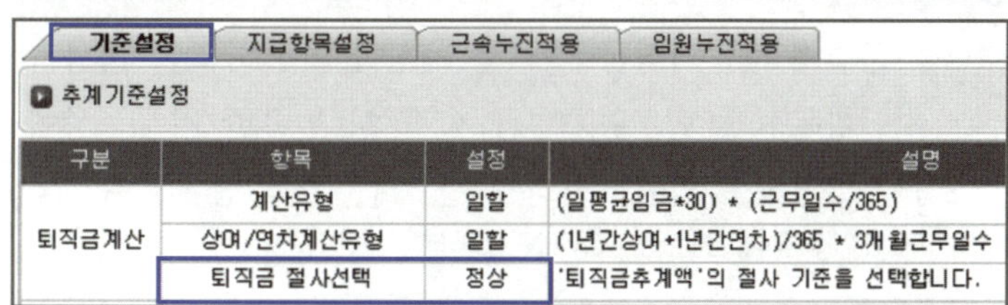

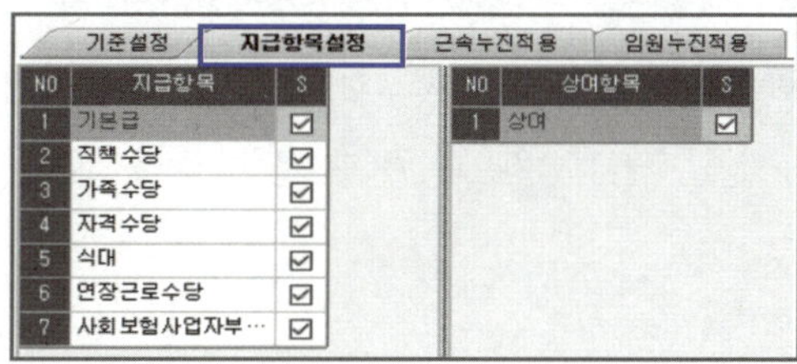

❷ 상단의 [추계코드]를 클릭하여 추계코드 및 추계명, 기준연월, 대상자를 설정한 후 확인을 클릭한다.

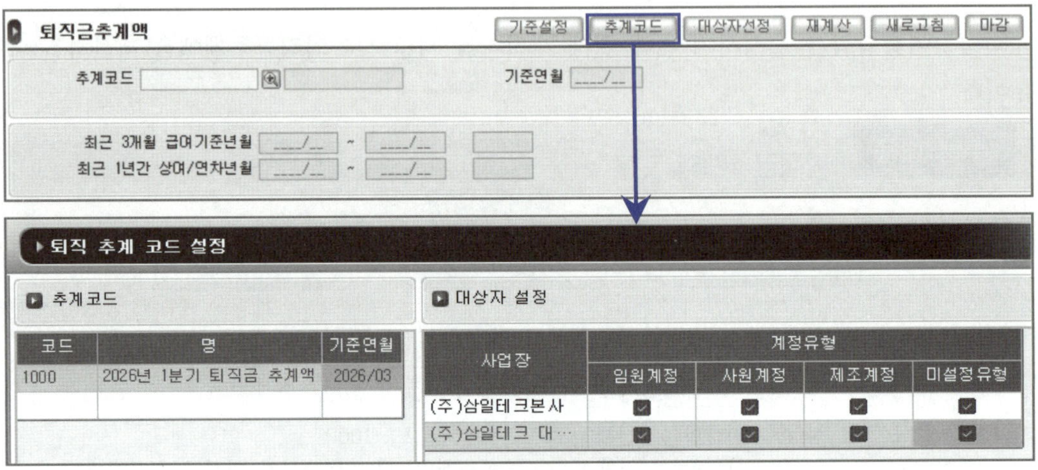

퇴직금추계액   기준설정 | 추계코드 | 대상자선정 | 재계산 | 새로고침 | 마감

추계코드 [　　] 🔍 [　　]   기준연월 [__ / __]

최근 3개월 급여기준년월 [__ / __] ~ [__ / __]
최근 1년간 상여/연차년월 [__ / __] ~ [__ / __]

▶ 퇴직 추계 코드 설정

추계코드

코드	명	기준연월
1000	2026년 1분기 퇴직금 추계액	2026/03

대상자 설정

사업장	계정유형			
	임원계정	사원계정	제조계정	미설정 유형
(주)삼일테크본사	☑	☑	☑	☑
(주)삼일테크 대⋯	☑	☑	☑	☑

❸ 추계코드를 입력하고 조회하면 추계 대상자에 대한 추계액이 자동으로 계산된다.

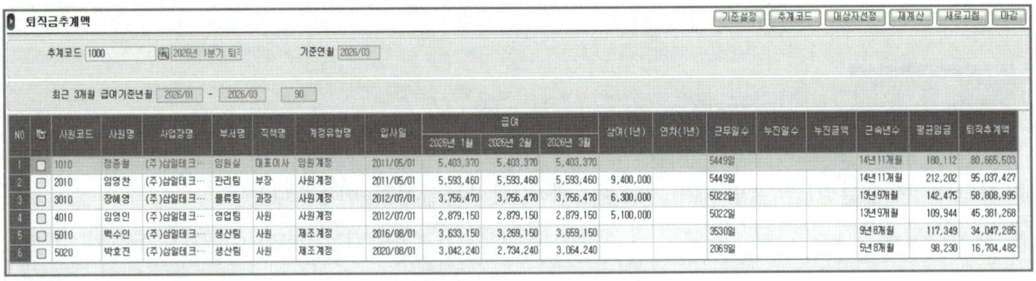

퇴직금추계액   기준설정 | 추계코드 | 대상자선정 | 재계산 | 새로고침 | 마감

추계코드 [1000] 🔍 2026년 1분기 퇴직   기준연월 2026/03

최근 3개월 급여기준년월 [2026/01] ~ [2026/03] [90]

NO	빕	사원코드	사원명	사업장명	부서명	직책명	계정유형명	입사일	급여 2026년 1월	급여 2026년 2월	급여 2026년 3월	상여(1년)	연차(1년)	근무일수	누진일수	누진금액	근속년수	평균임금	퇴직추계액
1	☐	1010	정종철	(주)삼일테크⋯	임원실	대표이사	임원계정	2011/05/01	5,403,370	5,403,370	5,403,370			5449일			14년 11개월	180,112	80,665,503
2	☐	2010	임영찬	(주)삼일테크⋯	관리팀	부장	사원계정	2011/05/01	5,593,460	5,593,460	5,593,460	9,400,000		5449일			14년 11개월	212,202	95,037,427
3	☐	3010	장혜영	(주)삼일테크⋯	물류팀	과장	사원계정	2012/07/01	3,756,470	3,756,470	3,756,470	6,300,000		5022일			13년 9개월	142,475	58,808,995
4	☐	4010	임영인	(주)삼일테크⋯	영업팀	사원	사원계정	2012/07/01	2,879,150	2,879,150	2,879,150	5,100,000		5022일			13년 9개월	109,944	45,381,268
5	☐	5010	백수인	(주)삼일테크⋯	생산팀	사원	제조계정	2016/08/01	3,633,150	3,269,150	3,659,150			3530일			9년 8개월	117,349	34,047,285
6	☐	5020	박효진	(주)삼일테크⋯	생산팀	사원	제조계정	2020/08/01	3,042,240	2,734,240	3,064,240			2069일			5년 8개월	98,230	16,704,482

🖋 주요항목 설명

❶ 기준설정

- 기준설정 탭: 퇴직금추계 시 계산유형이 나오며 대상자 조건을 선택할 수 있다.
- 지급항목설정 탭: 평균임금 산정 시 필요한 지급·상여 항목을 선택한다.
- 근속누진적용/임원누진적용 탭: 기준설정 탭에서 누진적용의 설정을 '적용함'으로 선택했을 경우에만 등록할 수 있다.

❷ 추계코드 : 추계코드를 등록하고 대상자 설정을 위한 포함여부를 선택한다.

❸ 대상자선정 : 추계코드 등록 후, 추계대상자가 존재한다면 대상자선정을 통하여 추가사원을 확인한 후 추가할 수 있다.

출제유형 ···▶ **퇴직정산관리** 

문1) ㈜삼일테크의 퇴직금 산정을 위한 퇴직기준설정을 확인했을 때, 올바르지 않은 것은? (단, 환경설정 기준은 변경하지 않는다.)

① 평균임금 기간 산정 시 전월을 기준으로 3개월을 산정한다.
② 퇴직자의 급여 반영시 해당 월의 급여를 '일할' 계산하여 반영한다.
③ 근속누진을 적용하고 있으며, 적용유형은 '001.기간' 이다.
④ 노동부 사이트의 계산식은 사용하지 않는다.

문2) ㈜삼일테크의 대구지사 백수인 사원이 중도퇴사하여 퇴직금 산정 작업을 완료하였다. 퇴직금산정에 대한 다음 내용 중 올바르지 않은 것은?

① 퇴직사유는 '1.자발적퇴직' 이다.
② 퇴직금 산정을 위한 기산일은 2016년 8월 1일 이다.
③ 퇴직금 산정기간은 8년 8개월 1일(3,160일) 이다.
④ 퇴직소득세는 258,630원이다.

문3) ㈜삼일테크는 퇴직추계총액 기준으로 40% 만큼 '퇴직급여충당부채'를 설정하고자 한다. 아래 [보기] 기준으로 퇴직금추계코드를 직접 등록하고 퇴직금 추계액을 계산 했을 때, 회사에서 설정할 수 있는 '퇴직급여충당부채'는 얼마인가? (단, 전기 퇴직급여충당부채 잔액은 없는 것으로 가정하며, 원단위는 절사한다. 그 외 기준은 프로그램 등록 기준을 따른다.)

┤ 보기 ├

- 추계코드(명): [1000.2026년 1분기 퇴직금추계액]
- 기준연월: 2026/03
- 대상 사업장(계정): 회사전체

① 20,400,000원
② 24,085,120원
③ 132,257,984원
④ 330,644,960원

제4부

합격 문제풀이

제 1 장

최신 기출문제

인사 1급　2026년 1회 (2026년 1월 24일 시행)

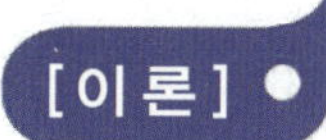

[이론]

[과목: 경영혁신과 ERP]

01 [보기]에서 빅데이터의 5V 요소에 대한 내용으로 가장 적절하지 않은 것은?

> **보기**
>
> - (가) Volume: 인사팀은 ERP에 축적된 10년치 인사이력·근태·급여·평가·교육 데이터와 계열사 인력 데이터를 통합해, AI로 적정 인력규모 및 승계 후보군을 분석했다. 대량의 데이터가 한 번에 분석되면서 인사 의사결정의 범위가 크게 확장되었다.
> - (나) Velocity: 인사팀은 ERP 근태/인력현황 데이터를 실시간으로 연동해, AI가 당일 결원·대체근무 필요 인원을 즉시 예측하고 관리자에게 추천한다. 덕분에 현장 대응이 빨라지고 인력 공백을 최소화했다.
> - (다) Vulnerability: 인사팀은 AI 분석 신뢰도를 높이기 위해 ERP에 등록된 인사 마스터(조직/직무/직급)와 평가 기준을 표준화하고, 입력 규칙을 적용해 데이터 품질을 체계적으로 관리했다. 그 결과 AI가 제시하는 성과·보상 시뮬레이션 결과가 일관되고 신뢰성 있게 활용되었다.
> - (라) Value: AI가 ERP 인사 데이터를 기반으로 이직 위험군 조기 탐지 → 면담/보상/교육 처방 추천 → 실행 결과 추적까지 연결하는 운영 체계를 구축했다. 그 결과 핵심인재 유지율이 개선되고, 인사팀의 업무가 "보고" 중심에서 "전략 실행" 중심으로 전환되었다.

① (가)　　　　　　　　　　② (나)

③ (다)　　　　　　　　　　④ (라)

02 [보기]는 무엇에 대한 설명인가?

> **보기**
>
> ㈜생산은 기존 엑셀·수기 기반 인사관리에서 벗어나 ERP 인사(HR) 모듈을 도입하기로 결정했다. 이에 따라 시스템 도입 비용뿐만 아니라 향후 유지보수, 업그레이드, 사용자 교육, 라이선스/클라우드 사용료, 데이터 이관 및 운영 인력 투입 등 다양한 비용 요소까지 고려하여 예산을 수립하고 있다. 경영진은 ERP 인사 시스템 도입 후 운영 종료 시점까지 발생할 수 있는 모든 비용을 계량화하여 분석하고자 한다.

① 총소유비용　　　　　　　② 유지보수 비용

③ 시스템 구축 비용　　　　④ 사용자 교육 비용

03 [보기]에서 가장 성공적인 ERP 도입이 기대되는 회사는 어디인가?

> **보기**
>
> - 회사 A: 실무 기반의 맞춤형 시스템을 도입하기 위해 경영진의 참여를 배제한다.
> - 회사 B: 업무 절차를 재정립하고, 경험이 많고 유능한 컨설턴트의 도움을 받는다.
> - 회사 C: 기존 업무방식이 유지되도록 업무 단위에 맞추어 ERP 도입을 추진 중이다.
> - 회사 D: IT 및 ERP전문지식이 풍부한 전산부서 직원들로 구성된 도입 TF를 결성한다.

① 회사 A
② 회사 B
③ 회사 C
④ 회사 D

04 [보기]에 대한 설명으로 가장 적절한 것은?

> **보기**
>
> ㈜생산은 ERP 인사 시스템에 블록체인 기반 인사증명 관리를 도입하였다. 직원의 경력·교육 이수·자격증·평가 이력 등을 블록체인에 기록하여, 사내 이동 및 승진 심사나 외부 제출용 경력증명 발급 시 기록의 위·변조 가능성을 낮추고, 관련 부서 및 이해관계자 간 신뢰도를 높였다.

① 계약 체결 시 법적 중개인이 반드시 필요하다.
② 데이터의 일부만 열람할 수 있어 투명성이 낮다.
③ 거래 기록을 중앙 서버에만 저장하여 처리 속도를 높인다.
④ 거래 정보를 여러 참여자가 공유하고 변경이 어려운 구조로 관리한다.

05 [보기]에서 RPA 도입의 기대 효과로 적절하지 않은 것은?

> **보기**
>
> ㈜생산의 인사팀은 매월 많은 양의 입·퇴사 서류 등록, 근태 정산 자료 입력, 급여 관련 증빙 확인, 교육 이수 현황 업데이트를 ERP 인사시스템에 수작업으로 입력하고 있었다. 그 결과 처리 시간이 길어지고 입력 오류가 발생하여, 반복 업무를 줄이기 위해 RPA 도입을 추진하였다.

① 데이터 입력 오류를 줄이고, 정확도를 향상할 수 있다.
② 문서 처리 시간을 단축하고, 업무 생산성을 향상할 수 있다.
③ 도입 초기의 RPA는 스스로 학습하여 창의적인 의사결정을 할 수 있다.
④ 단순 반복 업무를 자동화하여 직원들이 고부가가치 업무에 집중할 수 있다.

[과목: 인적자원 확보]

06 [보기]는 ㈜생산에서 조직의 유효성을 높이기 위한 인적자원관리 실무 운영에 대한 내용이다. 각 활동과 기능에 대해 올바르게 짝지은 것을 고르시오.

> **┤ 보기 ├**
>
> - A: 신사업 확대에 따라 인력 수요를 예측하고 채용계획을 수립한 뒤, 서류·면접을 통해 인력을 선발하여 부서에 배치하였다.
> - B: 재직자 직무교육을 운영하고 성과평가 결과를 바탕으로 경력개발 및 승진 대상자 리더십 교육 계획을 수립하였다.
> - C: 직무·성과에 따라 연봉 및 성과급 기준을 설계하고 복리후생(선택적 복지포인트 등)을 운영하였다.
> - D: 산업안전보건 점검과 근로환경 개선을 실시하고, 이직률·퇴사 사유를 분석하여 핵심인력 유지 및 노사관계 이슈를 관리하였다.

① A-확보 / B-개발 / C-보상 / D-유지
② A-개발 / B-확보 / C-유지 / D-보상
③ A-보상 / B-개발 / C-확보 / D-유지
④ A-확보 / B-보상 / C-개발 / D-유지

07 인적자원관리의 진행 과정(계획→실행→통제)을 제시한 것 중 '통제'에 가장 근접한 활동은?

① 사기유발, 노사분규해결
② 모집홍보, 선발면접, 배치
③ 사기향상 정도, 모집효과분석, 투입비용계산
④ 인력공급추이 파악, 임금기준 파악, 인사평가, 경력개발

08 인적자원관리의 패러다임 변화에 대한 설명으로 적절하지 않은 것은?

① 연공주의에서 성과주의로의 변화
② 일방적인 통보에서 양방향 의사소통으로의 변화
③ 수평적 상하관계에서 수직적 상하관계로의 변화
④ 획일적인 보상에서 능력과 성과주의 보상으로의 변화

09 직무 관련 용어에 대한 설명으로 가장 적절하지 않은 것은?

① 과업이란 목표를 위하여 수행되는 하나의 명확한 작업 활동을 말한다.
② 직위란 근로자 개인에게 부여된 하나 또는 그 이상의 과업들의 집단을 말한다.
③ 직종이란 직업이라고도 하며, 동일하거나 유사한 직군들의 집단을 말한다.
④ 직군이란 작업의 종류와 수준이 동일하거나 유사한 직위들의 집단을 말한다.

10 직무충실화의 특징으로 옳은 것은?

① 권한과 책임을 부여하여 업무의 깊이를 강화한다.
② 단순 반복 업무를 전문화하여 효율성을 극대화한다.
③ 일정 주기마다 직무를 변경하여 다기능성을 확보한다.
④ 직무의 수평적 확장을 통해 다양한 업무를 맡게 된다.

11 [보기]에서 설명하는 ㈜생산성의 인적자원계획의 예측기법으로 가장 적절한 것은?

| 보기 |

- ㈜생산성의 인사팀은 조직 내 특정 직무가 공석이 된다고 가정할 경우 누가 그 자리에 투입될 수 있는지를 일목요연하게 파악할 수 있는 표를 작성하였다.
- 이 기법은 조직 내에 존재하는 다양한 직무를 나타냄과 동시에 각각의 직무로 승진할 수 있는 사람들을 나타낸다.
- 일반적으로 실무 부서 단위의 인력 공급예측에 가장 많이 사용하는 방법이다.

① 델파이
③ 기능목록
② 대체도
④ 마코브분석

12 [보기]의 모집방법 중 성격(내부모집/외부모집)이 다른 하나를 고르시오.

| 보기 |

- A: 취업포털에서 "ERP정보관리사 1급 취득자 우대" 등 인사/회계 직군의 채용 공고를 올리고 온라인으로 지원서를 접수 받는다.
- B: 산학협력 대학의 취업지원센터에 채용 의뢰를 보내고, 관련 학과 교수에게 우수 졸업(예정)자를 추천받아 면접 대상으로 선발한다.
- C: 내 인트라넷에 "AI 서비스 기획자(사내 전환/이동 가능)" 공고를 게시하고, 현직 직원 중 희망자를 선발해 부서 이동(전보) 또는 내부 전환배치를 진행한다.
- D: 채용박람회 부스를 운영하며 현장 상담·이력서 접수 후, 행사 이후 서류전형 대상자를 확정한다.

① A
③ C
② B
④ D

13 [보기]는 NCS(국가직무능력표준) 기반으로 작성된 문서이다. 문서의 종류로 가장 적절한 것은?
＊ [보기]는 이미지를 참고하시오.

| 보기 |

채용분야	세무·회계	분류체계	대분류	02. 경영·회계·사무			
			중분류	03. 재무·회계			
			소분류	02. 회계		01. 재무	
			세분류	02. 세무	01. 회계·감사	01. 예산	02. 자금
직무 수행내용	○ (세무) 세법의 체계 내에서 조세부담을 최소화시키는 조세전략을 수립하고 과세당국의 세무조사 및 행정처분에 대응하는 업무를 수행함 ○ (회계·감사) 내·외부의 의사결정자들이 효율적인 의사결정을 할 수 있도록 내부 회계기준을 설정하고 내부 통제현황을 관리 및 검토하며 회계감사 및 회계법인의 요구사항에 대응하는 업무를 수행함 ○ (예산, 자금) 조직이 목표로 하는 경영성과를 효과적으로 달성하기 위해 예상되는 수익·비용을 편성 및 집행하고 영업활동의 수행을 위해 현금흐름을 관리하며 이에 수반되는 재무위험 관리 및 도출되는 성과에 대해 분석하는 업무를 수행함						
일반요건	연령	만 60세 미만인 자		직업기초 능력	○ 자원관리능력, 문제해결능력, 조직이해능력, 대인관계능력, 직업윤리		
	학력	제한 없음					
교육요건	학력	제한 없음		권장자격	○ ERP회계정보관리사 1급/2급 ○ ERP인사정보관리사 1급/2급		
	전공	제한 없음					
능력단위	○ 법인세·지방세 신고, 절세방안 등 조세전략 수립, 세무조사 대응, 회계감사 대응, 이종사업간 연결회계, 예산편성지침 및 연간종합예산 수립, 예산위험관리, 재무위험관리, 성과 및 실적분석 등			직무수행 태도	○ 개정세법 적용여부를 확인하는 적극적 태도, 신고·납부기 한을 준수하고자 하는 의지, 수정 및 경정청구사유를 발견하려는 세심한 자세, 경변화에 능동 적이고 적극적으로 대처하려는 자세, 회계감사 대응을 위한 타 부서와의 협업 태도, 부서의 목소리를 들으려는 경청 의지 등		
필요지식	○ 세법상 결산조정 및 신고조정 항목, 법인세법·지방세법 및 조세특례제한법, 수정신고·경정청구의 요건 및 절차, 정부 동향 및 기업환경변화, 세무조사 방향 및 최근 쟁점, 불복청구 및 의신청 절차, 분석을 위한 관리·재무회계 지식 등			필요기술	○ 세무정보시스템 운용능력 법인세 부속서류 작성기술, 추세분석 등 통계적 기법 활용능력, 세무조사 쟁점사항에 대한 대응요령 및 사례검토 능력, 회계감사 결과에 대한 신속한 사후조치 능력, 예산회계상 민감도 추정·분석 능력, 실적분석 및 평가결과에 대한 보고서 작성 능력 등		

① 인사발령서　　　　　　　② 직무명세서
③ 성과평가표　　　　　　　④ 직무순환표

14 [보기]에서 설명하는 직무분석 방법을 한글로 기입하시오.

| 보기 |

직무담당자가 매일 자신의 직무에 대한 작업일지와 메모사항 등을 기록하여 직무정보를 얻는 방법

정답: ___________________________________

[과목: 인적자원 개발]

15 인사고과의 고과자에 대한 평가방법의 설명으로 적절하지 않은 것은?

① 동료에 의한 평가는 구성원간의 경쟁유발과 팀워크 손상을 초래할 수 있다.
② 부하에 의한 평가는 권한위계와 반대방향이며, 평가대상 직무내용에 대한 이해가 높다.
③ 고객에 의한 평가는 직무성과에 대한 정확한 정보 부족 및 피평가자의 심리적인 반발 가능성이 높다.
④ 상사에 의한 평가는 평가오류와 부정확성에 노출되기 쉽고 상사의 편향에 대한 부하의 거부감이 발생할 수 있다.

16 인사고과에 대한 설명으로 가장 적절하지 않은 것은?

① 중심화 경향은 피평가자에 대한 평가점수가 보통 또는 척도상의 중심점에 집중하는 경향을 말한다.
② 동료에 의한 고과는 팀 내 의사소통을 원활하게 하고 피평가자와의 친소관계에 의해 영향을 받기 쉽다.
③ 강제할당법을 사용하는 경우, 고과대상자의 실제 성과분포와 각 성과집단에 미리 할당된 비율분포가 일치한다.
④ 시간적 오류는 평가자가 피평가자를 평가함에 있어서 쉽게 기억할 수 있는 최근 업적이나 능력을 중심으로 평가하려는 데서 나타나는 오류이다.

17 학습곡선(Learning Curve)에 대한 설명으로 옳은 것은?

① 학습곡선은 시간이 지날수록 생산성이 일정하게 유지되는 현상을 의미한다.
② 학습곡선은 신규 채용자의 초기 생산성이 숙련 근로자보다 더 높음을 설명한다.
③ 학습곡선은 개인의 학습능력과는 무관하며 조직 전체의 성과와만 관련이 있다.
④ 학습곡선은 반복적인 작업 수행을 통해 작업 속도와 효율성이 향상되는 현상을 설명한다.

18 직장 외 훈련(Off-JT)의 단점으로 옳지 않은 것은?

① 훈련에 필요한 시간이 많이 소요된다.
② 전문적인 지식과 기능을 전달하기 어렵다.
③ 교육훈련의 결과를 현장에서 바로 활용하기 어렵다.
④ 직무수행에 필요한 인력 감소로 남아 있는 구성원의 업무부담이 증가한다.

19 [보기]에서 설명하는 리더십 이론으로 가장 적절한 것은?

> **보기**
>
> 리더가 비전과 영감을 제시하여 구성원의 가치관과 신념을 변화시키고, 개인의 잠재력을 최대한 발휘하도록 동기부여하며 조직의 목표 달성에 헌신하도록 이끄는 리더십이다.

① 코칭 리더십 ② 변혁적 리더십
③ 서번트 리더십 ④ 거래적 리더십

20 [보기]의 사례는 레윈(Lewin)의 3단계 변화 중 어느 단계에 해당하는가?

> **보기**
>
> 인사팀이 최근 2년 데이터를 바탕으로 회사의 문제점을 인식하였다.
> - 고성과자 이직률이 증가하였고, 평가가 대부분 B(중간점수)로 몰려 평가가 무의미했다. 해당 데이터를 직원들에게 공유하였다.
> - 팀장/직원 간담회를 열어 의견을 수렴했다. "성과평가가 불공정할까 봐", "갑자기 연봉 깎이나", "평가 기준이 모호하다." 등 다양한 의견이 접수되었다.
> - 역할, 성과, 평가 기준을 명확히 하고, 평가자 교육과 이의제기 절차 마련 등 변화에 대한 원칙과 안전장치를 직원들에게 제시하고자 한다.

정답: _______________________________

[과목: 임금 및 복리후생관리]

21 임금수준 결정의 요인에 대한 설명으로 옳은 것은?

① 임금은 근로자의 소득 원천이며 생계 문제와 직결되기 때문에 최대한 많이 지급할 수 있도록 임금수준 결정의 상한선 기준이 된다.
② 복잡성으로 인해 동일 업종의 타사 임금수준, 노동력의 수요와 공급, 정부 규제 등을 고려하기 어렵다.
③ 기업 측면에서 임금은 비용에 해당하기 때문에 최소한 지급 기준을 설정하여 이윤확보를 추구해야 하므로 기업의 지급 능력은 임금수준 결정의 하한선 기준이 된다.
④ 국가가 노·사간의 임금 결정과정에 개입하여 임금의 최저수준을 정하고, 사용자에게 이 수준 이상의 임금을 지급하도록 법으로 강제함으로써 저임금 근로자를 보호한다.

22 통상임금과 평균임금에 대한 설명으로 적절하지 않은 것은?

① 평균임금 - 퇴직금 ② 평균임금 - 출산전후휴가급여
③ 통상임금 - 해고예고수당 ④ 통상임금 - 연장근로수당

23 법정 복리후생으로 적절하지 않은 것은?

① 퇴직금 제도
② 가족돌봄 휴가
③ 자녀 학자금지원
④ 산업재해보상보험

24 ㈜생산성은 소비자의 욕구를 파악하기 위해 일용근로자를 고용하여 시장조사를 실시하였다. 일용근로자의 일당 300,000원을 현금으로 지급하는 경우 당사가 원천징수해야 할 소득세는 얼마인가? (단, 지방소득세는 포함하지 않는다.)

① 3,000원
② 4,050원
③ 4,950원
④ 9,000원

25 납세자가 사망할 경우, 소득세 확정신고 기한은 상속개시일이 속하는 달의 말일부터 몇 개월이 되는 날인가?

① 1개월
② 3개월
③ 6개월
④ 12개월

26 [보기]는 건강보험료의 계산에 관한 내용으로 (   ) 안에 들어갈 보험료율(%)을 입력하시오. * 정답은 단위(%)를 제외한 소수점 둘째 자리까지 입력하시오.

┤ 보기 ├

- 건강보험료에서 말하는 보수 총액은 근로소득 원천징수영수증상의 과세대상 급여와 국외 근로 부분을 합산한 금액이다.
- 2026년 건강보험료율은 (   )%이며, 2026년 건강보험료율은 전년보다 0.1% 상승하였다.

정답: ____________________

27 [보기]는 원천징수와 관련된 서류에 관한 내용으로 (   ) 안에 들어갈 용어를 작성하시오.

┤ 보기 ├

원천징수 의무자 중 한 달 동안 여러 종류의 소득을 지급하게 되고 이 소득에 대해 원천징수를 하는 경우가 있는데 이 경우에는 (   )신고서를 작성해야 한다. 이것은 한 달 동안 원천징수한 대상 소득과 세금에 관한 내용을 정리한 표를 말한다.

정답: ____________________

28 야간근로에 대한 설명으로 옳지 않은 것은?

① 야간근로는 오후 10시부터 다음 날 오전 6시까지의 근로를 의미한다.
② 야간근로에 대해서는 통상임금의 100분의 50 이상을 가산하여 근로자에게 지급해야 한다.
③ 사용자는 18세 이상의 여성을 야간근로 시키려면 그 근로자의 동의를 받아야 한다.
④ 근로자의 동의와 고용노동부 장관의 인가를 받아도 18세 미만자에게 야간근로를 시키지 못한다.

[과목: 노사관계]

29 [보기]에서 설명하는 근로시간제의 유형은?

> **보기**
>
> 취재, 연구, 설계 및 분석, 디자인 업무 등과 같이 업무수행 방법이나 수단, 시간배분 등이 근로자의 재량에 따라 결정되어 근로시간보다 성과에 의해 근무 여부를 판단할 수 있는 경우 노사 간의 합의 시간을 근로시간으로 보는 제도를 말한다.

① 연장 근로시간제
② 재량 근로시간제
③ 선택적 근로시간제
④ 탄력적 근로시간제

30 ㈜생산성은 [보기]에서 설명하는 근무시간의 형태를 따르고 있다. 이 근무방식을 통해 ㈜생산성은 [보기]와 같은 효과를 보이고 있는데 이것은 어떠한 근무방식인가?

> **보기**
>
> • ㈜생산성 직원들은 근무시간의 시작과 종료가 전체 종업원에게 동일하게 적용되므로 직무들의 상호관련성이 높은 경우 높은 협동가능성과 업무진행의 효율성이 높아졌다.
> • 긴 주말은 작업과 개인에게 개인적 업무처리의 기회의 폭과 가족과의 레크레이션 기회가 증대되었다.
> • 1일 근무시간의 확장으로 인해 ㈜생산성 직원들의 피로도가 증가하여 작업안정에 오히려 부정적 영향을 미치고 있다.
> • 고객에 대한 서비스 기간이 주당 5일에서 4일로 줄어들어 고객이 불만이 이전보다 증가하였다.

① 파트타임제
② 원격근무제
③ 집중근무제
④ 24시간 선택적 근무제

31 [보기]에서 설명하는 내용을 바르게 짝지은 것은?

> **┤ 보기 ├**
>
> - A: 기본적인 쟁의형태로서, 근로자가 단결하여 근로조건의 유지 또는 개선이라는 목적으로 쟁취하기 위하여 집단적으로 노동의 제공을 거부하는 행위이다.
> - B: 노동조합이 파업에 돌입했을 때 사용자가 취할 수 있는 가장 대표적인 쟁의행위로 노사 간 의견불일치가 있는 경우 사용자가 자기의 주장을 관철하기 위하여 근로자 집단에 대하여 생산수단에의 접근을 차단하고, 근로자의 노동력 발휘를 조직적·집단적·임시적으로 거부하는 행위이다.

① A: 노동쟁의 / B: 직장폐쇄
② A: 파업(스트라이크) / B: 직장폐쇄
③ A: 파업(스트라이크) / B: 노동임시거부권
④ A: 직장폐쇄 / B: 파업(스트라이크)

32 [보기]의 (   ) 안에 들어갈 용어로 적절한 것은?

> **┤ 보기 ├**
>
> 단체협약의 효력 중 (   ) 구속력은 단체협약의 규범적 효력을 확대 적용하는 효력으로 하나의 공장이나 사업장을 단위로 한 동종의 과반수 이상의 노동조합원에게 적용하는 단체협약의 규범적 효력을 나머지 동종의 비조합 근로자에게도 확대 적용한다.

정답: ______________________________

33 [보기]의 (   )에 들어갈 용어를 한글로 입력하시오.

> **┤ 보기 ├**
>
> 부당노동행위의 유형에서 (   )(이)란 근로자가 노동조합에 가입하지 않을 것 또는 탈퇴할 것을 고용조건으로 하거나, 특정 노동조합의 조합원이 될 것을 고용조건으로 하는 행위를 말한다.

정답: ______________________________

[실무]

> 실무문제는 [실기메뉴]를 활용하여 답하시오.
> 웹하드(http://www.webhard.co.kr)에서 Guest(ID: samil3489, PASSWORD: samil3489)로
> 로그인하여 백데이터를 다운받아 설치한 후 인사1급 2026년 1회 '장미란 사원'으로 로그인한다.

01 다음 중 핵심 ERP 사용을 위한 기초 사업장 정보를 확인하고, 그 내역으로 알맞지 않은 것은 무엇인가?

① 〈1000.인사1급 회사본사〉 사업장의 관할세무서는 '107.영등포'이며, 종목은 '전자제품'이다.
② 〈2000.인사1급 인천지점〉 사업장의 주업종코드는 '721000.정보통신업'이며, 지방세신고지 법정동은 '2818563000.연수구청'이다.
③ 〈3000.인사1급 부산지점〉 사업장은 원천징수이행상황신고서 신고 시, '월별' 신고를 진행하는 사업장이고, 해당 회사의 '주(총괄납부)사업장'이다.
④ 〈4000.인사1급 강원지점〉 사업장의 업태는 '교육서비스업'이며, 개업년월일은 '2021/01/02' 이다.

02 다음 중 핵심 ERP 사용을 위한 기초 부서 정보를 확인하고, 내역으로 옳지 않은 것은 무엇인가?

① 〈1000.인사1급 회사본사〉 사업장에 속한 부서 중 현재 사용하지 않는 부서는 3개이다.
② '8100.영업부'는 현재는 사용하지 않는 부서이며, 사용종료일은 '2025/12/31'이다.
③ [2000.영업부문]에 속한 부서 중 현재 사용하지 않는 부서는 2개이다.
④ '7000.연구개발부'는 현재 사용하는 부서이며, [6000.연구부문]에 속한 부서 이다.

03 당 회사의 인사/급여기준에 대한 설정을 확인했을 때, 올바르게 설명한 [보기] 내용은 몇 개인가? (단, 환경설정 기준은 변경하지 않는다.)

> **보기**
>
> • A: '사무직' 직종의 출결마감 기준일은 당월 1일에서 차월 1일까지이다.
> • B: 회사의 '월일수 산정' 기준은 '당월일'이며, 일수는 30일이다.
> • C: 건강보험 정산코드로 'S15.건강보험정산' 코드가 등록되어 있다.
> • D: 퇴사자의 경우 급여 계산 시, 25일 초과 근무 시 월 급여를 '일할' 지급한다.

① 1개
② 2개
③ 3개
④ 4개

04 당 회사는 2026년 01월 [900.대리] 직급의 호봉을 아래 [보기]와 같이 일괄 등록하고자 한다. [900.대리] 직급의 호봉등록을 완료하고, 5호봉 기준의 '호봉합계'는 얼마인가?

> **보기**
>
> • 기본급 초기치: 2,500,000원 (증가액 70,000원)
> • 급호수당 초기치: 20,000원 (증가액 10,000원)
> • 연장수당 초기치: 30,000원 (증가액 5,000원)
> • 일괄인상
>   1) 정률인상 적용: 기본급 5.2%, 급호수당 2.0%
>   2) 정액인상 적용: 연장수당 3,000원

① 2,924,560원 ② 2,949,920원
③ 3,038,760원 ④ 3,127,600원

05 2026년 귀속 기준 급여 지급/공제항목설정을 확인하고, 그 설명으로 옳지 않은 것은 무엇인가? (단, 지급/공제항목설정 기준은 변경하지 않는다.)

① [P00.기본급]은 'O01.야간근로수당' 비과세 적용 기준요건인 월정급여에 포함되는 지급항목이며, 책정임금의 월급으로 지급한다.
② [P25.직무발명보상금]은 감면 비대상 항목으로 비과세유형이 'R11.직무발명보상금'으로 설정되어 있고, '005.기술직'에게 300,000원을 지급한다.
③ [P30.근속수당]은 수습직에게는 지급하지 않는 항목이며, 근속기간이 10년 일 때 225,000원을 지급한다.
④ [P50.식대보조비]는 제외분류코드가 '002.부서별'로 설정되어 있고, [P55.영업촉진비]는 '2100.국내영업부', '2200.해외영업부'에 속한 사원에게 각각 '200,000원', '400,000원'을 지급한다.

06 당 회사의 2025년 12월 귀속 급/상여 지급일자 등록을 확인하고, 그 내역으로 알맞지 않은 것은 무엇인가?

① '급여'를 지급하는 일자에 '상여'를 추가하여 지급할 수 없으며, '지급직종및급여형태'에 반영된 정보와 일치하는 대상자는 [상용직급여입력및계산] 메뉴에 자동으로 반영된다.
② '상여'는 모든 직종의 근로자에 대해서 2025/12/01 ~ 2025/12/31 내에 근로한 경우 지급하며, '상여'를 지급하는 일자에 '특별급여'를 추가하여 지급할 수 없다.
③ '상여' 지급 시 입사자의 경우 근무일수에 상관없이 상여 지급 대상 기간 내 근무일수 기준으로 지급되며, 퇴사자의 경우 기준일수 초과 근무 시 '월할'로 상여를 지급한다.
④ '상여'의 '지급직종및급여형태'에 반영된 정보와 일치하는 대상자는 [상용직급여입력및계산] 메뉴에서 직접 대상자선정을 진행하여 대상자를 반영하며, '지급직종및급여형태'에 반영된 정보와 일치하지 않는 대상자는 [상용직급여입력및계산] 메뉴에서 임의로 조회하여 추가할 수 없다.

07 당 회사는 전체 사업장의 〈920. 2025년 4분기 내부교육〉을 이수한 대상자에게 교육 지원금을 지급하기로 하였다. 교육 지원금으로 지급할 총 지급액으로 알맞은 것은 무엇인가? (교육 지원금은 이수 대상자당 100,000원을 지급한다.)

① 300,000원 ② 400,000원
③ 500,000원 ④ 600,000원

08 당 회사는 전체 사업장에 대해 사내 동호회 가입 현황을 확인하고자 한다. 다음 중 현재 '500.영화동호회' 회원이 아닌 사원은 누구인가? (단, 퇴사자는 제외한다.)

① [20000501.한국민] ② [20040301.오진형]
③ [20081201.안민서] ④ [20081203.안종남]

09 당 회사의 인사정보를 확인하고 관련된 설명으로 올바르지 않은 것은 무엇인가?

① [20080103.김소현] 사원은 노조에 가입되어 있으며, 현재 호봉은 '9호봉' 이다.
② [20081203.안종남] 사원은 수습적용 이력이 존재하며, [전표집계및생성] 메뉴에서 전표처리 시, 적용할 계정은 '200.사원계정' 으로 설정되어 있다.
③ [20081204.유지현] 사원은 배우자공제 적용 대상자이며 급여이체은행은 '010.한국' 은행이다.
④ [20160911.이자연] 사원의 급여형태는 '002.연봉'이며, [상용직급여입력및계산] 메뉴에서 급여계산 시, 장기요양보험료를 제외한 건강보험은 107,930원 만큼 공제된다.

10 당 회사는 창립기념일을 맞아 2025년 12월 31일 기준으로 전체 사업장의 만 20년 이상 장기근속자에 대해 특별근속수당을 지급하기로 하였다. 아래 [보기]를 기준으로 지급한 총 특별근속수당은 얼마인가? (단, 퇴사자는 제외하며, 미만일수는 버리고, 모든 경력사항을 포함한다.)

> **┤ 보기 ├**
>
> • 20년 초과 ~ 30년 이하: 200,000원
> • 30년 초과: 300,000원

① 2,400,000원 ② 2,600,000원
③ 3,000,000원 ④ 3,300,000원

11 당 회사의 2026년 01월 귀속 급여(지급일자: 2026/01/25)에 해당하는 대상자 중 [20090701.김성실] 사원의 '책정임금'이 변경되었다. [보기]를 기준으로 직접 '책정임금'을 변경하고 모든 지급 대상자에 대해 급여를 계산 할 때, '과세' 총액은 얼마인가? (단, 그 외 급여계산에 필요한 조건은 프로그램에 등록된 기준을 이용한다.)

┤ 보기 ├

- 사원명(사원코드): [20090701.김성실]
- 계약시작년월: 2026/01
- 연봉: 50,000,000원

① 31,292,190원 ② 33,123,110원
③ 35,622,480원 ④ 37,464,780원

12 당 회사는 2026년 01월 귀속 '명절휴가비'를 지급하고자 한다. 아래 [보기]를 기준으로 〈명절휴가비〉 지급항목의 지급 요건을 직접 변경하고 모든 지급 대상자에 대해 급여를 계산 할 때, 과세총액은 얼마인가? (단, 그 외 급여계산에 필요한 조건은 프로그램에 등록된 기준을 이용한다.)

┤ 보기 ├

- 지급항목: V10.명절휴가비
- 분류코드: 005.직종별
  - '001.사무직' (금액: 250,000원)
  - '002.생산직' (계산: 책정임금의 일급 × 10)
  - '003.환경직' (금액: 350,000원)
  - '004.연구직' (계산: 책정임금의 월급 × 0.3)
  - '005.기술직' (금액: 1,000,000원)

① 3,100,000원 ② 4,204,910원
③ 6,141,990원 ④ 8,608,460원

13 당 회사는 〈1000.인사1급 회사본사〉 사업장에 대해 2025년 12월 귀속(지급일 1번)에 이체한 급/상여를 확인하고자 한다. 이체 현황에 대한 설명으로 올바르지 않은 것은? (단, 무급자는 제외한다.)

① 해당 조회조건의 대상자는 모두 16명이고, 급여 이체 대상의 이름과 예금주명이 다른 사원이 존재한다.
② '신한은행'에서 발생한 급여 이체 금액은 '한국은행'에서 발생한 급여 이체 금액보다 적다.
③ 해당 조회조건의 실지급액은 총 57,517,410원이 발생했으며, 5개의 금융기관에서 급여 이체가 발생했다.
④ 해당 조회조건의 대상자 중 가장 적은 금액의 급여가 이체된 사원은 [20160911.이자연]이다.

14 당 회사는 초과근무에 대해 수당을 지급하고 있다. 아래 [보기]의 기준을 토대로 2025년 12월 귀속 〈급여〉구분 [20170921.최영우] 사원의 '초과근무수당'을 계산하면 얼마인가? (단, 근무수당을 계산하면서 발생되는 모든 원단위 금액은 절사하며, 책정임금 시급은 원단위 금액을 절사하지 않고 계산한다.)

| 보기 |

- 초과근무수당
  = 1유형근무 수당 + 2유형근무 수당

- 초과근무 시급: 책정임금 시급
  - 1유형근무수당 = (평일연장 근무시간 + 토일정상 근무시간) × 2 × 초과근무 시급
  - 2유형근무수당 = (평일심야 근무시간 + 토일연장 근무시간) × 2.5 × 초과근무 시급

① 1,128,880원

② 1,248,660원

③ 1,398,140원

④ 1,492,710원

15 당 회사는 〈1000.인사1급 회사본사〉 사업장에 대해 2025년 4분기에 속한 기간의 지급내역 중 '100.급여' 지급내역에 대해 부서별로 집계하여 금액을 확인하고자 한다. 내역을 확인하고 부서와 항목별 금액이 올바르지 않은 것은 무엇인가?

① 부서: 총무부 / 근속수당: 5,625,000원

② 부서: 경리부 / 식대보조비: 300,000원

③ 부서: 국내영업부 / 영업촉진비: 1,350,000원

④ 부서: 해외영업부 / 건강보험: 1,155,480원

16 당 회사는 일용직 사원에 대해 사원 별 지급형태를 구분하여 일용직 급여를 지급하고 있다. 아래 [보기]를 확인하여 2026년 01월 귀속 지급일 중 '매일지급' 대상자를 직접 반영 후 급여계산 할 때, 해당 지급일의 급여내역에 대해 바르지 않은 것은 무엇인가? (단, 급여계산에 필요한 조건은 프로그램에 등록된 기준대로 확인한다.)

| 보기 |

- 지급형태: '매일지급' 지급일
- 지급 대상자: '시급직'인 '1100.총무부', '5100.자재부' 사원
- 평일 10시간 근무, 토요일 4시간 근무
- 비과세 적용 12,000원(평일만 적용)

① 해당 지급일자의 대상자는 총 7명이며, 과세금액은 총 39,772,600원이다.

② 해당 지급일자의 대상자 중 생산직 비과세 적용 대상자가 아닌 사원이 존재하며, 모든 대상자는 소득세를 공제하고 급여를 지급 받았다.

③ 해당 지급일자에 신고 제외 대상 비과세는 총 1,848,000원 지급되었으며, 급여를 현금으로 지급 받는 사원이 존재한다.

④ 해당 지급일자에 실제 공제된 건강보험은 1,415,050원이고, 대상자 중 [1010.홍정인] 사원만 건강보험을 공제하지 않고 급여를 지급 받았다.

17 2026년 01월 귀속 일용직 급여작업 전, 아래 [보기]를 기준으로 [1019.조영욱] 사원의 사원정보를 직접 입력하고 [일용직급여지급일자등록]에 대상자를 반영하여 급여계산을 했을 때, 해당 일용직 대상자들에게 실제 지급된 금액의 총 합계는 얼마인가? (단, 그 외 급여계산에 필요한 조건은 프로그램 등록된 기준을 따른다.)

> ┤ 보기 ├
>
> • 사원정보 입력(사원코드: 1019, 사원명: 조영욱)
>   - 입사일자: 2026/01/09, 주민등록번호: 870101-1234567
>   - 부서: [4100.생산부], 급여형태: [004.시급]
>   - 급여/시간단가: 46,400원, 생산직비과세적용: 함, 국민/건강/고용보험여부: 여
> • 일용직 급여지급
>   - 지급형태: '일정기간지급' 지급일, 평일 10시간 근무 가정(비과세 적용 12,000원)

① 35,851,280원
② 37,244,740원
③ 41,409,970원
④ 43,267,520원

18 당 회사는 〈1000.인사1급 회사본사〉 사업장의 2025년 4분기의 〈과세/비과세〉 총액을 확인하고자 한다. 해당 기간의 〈과세/비과세〉 총액으로 올바른 것은 무엇인가? (단, '사용자부담금'은 포함한다.)

① 과세총액: 103,763,640원 / 비과세총액: 2,100,000원
② 과세총액: 103,763,640원 / 비과세총액: 6,553,740원
③ 과세총액: 214,660,870원 / 비과세총액: 4,800,000원
④ 과세총액: 214,660,870원 / 비과세총액: 13,180,530원

19 당 회사의 퇴직금 산정을 위한 퇴직기준설정을 확인했을 때, 올바르게 설명한 [보기] 내용은 몇 개인가? (단, 환경설정 기준은 변경하지 않는다.)

> ┤ 보기 ├
>
> • A: 퇴직 기준은 노동부 기준을 적용하지 않고, 퇴직금 계산식은 '일할'로 설정되어 있다.
> • B: 평균임금의 상여/연차반영 시 월할로 계산하고, 평균임금 기간에 퇴사일을 포함한다.
> • C: 누진은 근속누진만 적용하고 있으며, 근무년수가 20년 이상인 경우 가산율이 5.000만큼 적용된다.
> • D: 평균임금 기간 산정 시 전월을 기준으로 3개월을 산정하고, 퇴직금 계산 시 비과세 항목도 사용할 수 있다.

① 1개
② 2개
③ 3개
④ 4개

20 2026년 01월 25일 〈1000.인사1급 회사본사〉 사업장의 [20010402.박국현] 사원이 개인 사유로 중도정산을 신청하였다. 아래 [보기]의 내용에 따라 퇴직기준과 대상자를 직접 반영하여 퇴직 정산작업을 진행했을 때, 정산 결과에 대한 설명으로 옳지 않은 것은 무엇인가? (단, 그 외 퇴직금 계산에 필요한 조건은 프로그램의 등록 기준에 따른다.)

> **┤ 보기 ├**
>
> - 평균임금 계산식: '일평균 임금' 적용
> - 지급항목 설정: 기본급, 자격수당, 근속수당, 가족수당, 영업촉진비, 상여
> - 귀속연월: 2026/01
> - 재직기준: 2026/01/01 ~ 2026/01/31
> - 퇴직일자, 신청일자: 2026/01/25
> - 지급일자: 2026/01/31

① [20010402.박국현] 사원은 근속 누진으로 누진일수가 453일이 적용되었고, 근속기간은 9064일이다.

② [20010402.박국현] 사원의 퇴직금 계산 시 산정된 기본급의 합계는 10,312,500원이고, 평균임금은 146,260원이다.

③ [20010402.박국현] 사원의 퇴직금 계산 시 산정된 근무일수는 89일이며, 퇴직금은 114,407,370원이다.

④ [20010402.박국현] 사원의 퇴직금계산 기간 내 지급된 상여금은 6,156,250원이며, 퇴직금 지급 시 공제된 주민세는 102,570원이다.

21 아래 [보기]를 기준으로 2025년 12월 귀속의 전표를 생성하고, 전표처리결과 계정과목별 금액을 확인 시 올바르지 않은 것은 무엇인가?

> **┤ 보기 ├**
>
> - 지급유형: 상용직급여
> - 회계단위: [1000.인사1급 회사본사]
> - 결의일자: 2025/12/31
> - 작성자: [ERP13I01.장미란]
> - 집계사업장: <1000.인사1급 회사본사>, <3000.인사1급 부산지점>
> - 집계급여구분: 급여, 상여

① 직원급여: 92,165,320원   ② 선납세금: 6,786,240원
③ 복리후생비: 2,180,000원   ④ 예수금: 5,025,000원

22 아래 [보기]를 기준으로 '인사/급여환경설정'을 직접 확인하여 변경한 뒤, 〈1000.인사1급 회사본사〉 사업장의 원천세 신고서를 추가 시 근로소득 구분에 대한 총지급액과 소득세는 각각 얼마인가? (단, 신고구분은 '정기'이며, 소득처분여부는 '1.비해당'으로 설정한다.)

┤ 보기 ├

- 원천세 신고유형: 사업장별신고
- 이행상황신고서집계방식: 귀속, 지급연월
- 신고서 생성 기준: 귀속 2025.12 / 지급 2025.12 (제출일자 2026.01.10.)
- 일반 데이터반영: 매월징수분(전체)
- 연말정산 소득세, 농특세 반영: 미적용

① 총지급액: 64,332,560원 / 소득세: 2,780,510원
② 총지급액: 87,595,750원 / 소득세: 5,630,830원
③ 총지급액: 101,220,440원 / 소득세: 4,242,310원
④ 총지급액: 122,883,630원 / 소득세: 7,092,630원

23 아래 [보기]를 기준으로 당 회사의 지방소득세특별징수명세 신고서를 생성했을 때, [4.근로소득]의 소득자별 '과세표준' 금액을 확인 시 올바르지 않은 것은 무엇인가? (단, 신고서 생성기준은 '단일 사업장' 기준으로 생성한다.)

┤ 보기 ├

※ 인사/급여환경설정 '지방소득세/주민세(종업원분)집계방식': 귀속연월
- 매월 신고
- 신고사업장: [0000.전체]
- 신고구분: 1.정기
- 귀속연월: 2025년 12월
- 지급연월: 2025년 12월
- 제출일자: 2026년 01월 10일
- 급여지급일자: 2025년 12월 31일

① [20170921.최영우] – 산출세액: 3,910원
② [20081201.안민서] – 산출세액: 58,750원
③ [20130701.고진수] – 산출세액: 13,860원
④ [20180511.최국성] – 산출세액: 7,940원

24 당 회사 〈1000.인사1급 회사본사〉 사업장 [20100801.이서윤] 사원의 2025년 귀속의 근로소득 지급내역을 확인했을 때, 다음 보기 중 올바르지 않은 것은 무엇인가? (단, 모든 정보는 현재 프로그램에 반영되어 있는 데이터를 기준으로 확인한다.)

① 총급여 합계: 53,030,390원
② 지급명세서 작성 대상 비과세 소득 합계: 2,080,520원
③ 차감원천징수 소득세 합계: 2,894,680원
④ 고용보험 합계: 381,800원

25 당 회사는 전체 사업장 기준 2025년 12월 귀속(지급일 1번) 급여구분의 대장을 확인하고자 한다. 부서별로 대장을 집계하여 확인했을 때, 부서별 지급/공제항목의 금액으로 옳지 않은 것은?

① '3200.관리부' – 사회보험부담금: 874,970원
② '2100.국내영업부' – 근속수당: 1,625,000원
③ '7000.연구개발부' – 식대보조비: 300,000원
④ '1100.총무부' – 건강보험: 924,220원

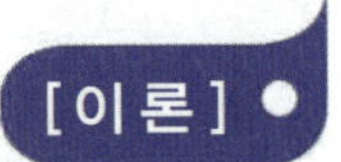

인사 1급 2025년 6회 (2025년 11월 22일 시행)

[이론]

[과목: 경영혁신과 ERP]

01 ㈜생산은 자유서술식 면접 코멘트, 사내 익명 게시글 등에서 불만 요인을 뽑아 ERP 인사 대시보드에 반영하려 한다. 적용 기술로 가장 적절한 것은?

① 강화학습
② 지도학습 – 회귀
③ 텍스트마이닝(NLP)
④ 데이터마이닝 – 유사집단화

02 인공지능의 기술발전에 대한 설명으로 옳지 않은 것은?

① 연결주의 시대는 학습에 필요한 빅데이터와 컴퓨팅 파워의 부족이라는 한계를 극복하였다.
② 연결주의는 지식을 직접 제공하기보다 지식과 정보가 포함된 데이터를 제공하고 컴퓨터가 스스로 필요한 정보를 학습한다.
③ 계산주의는 인간이 보유한 지식을 컴퓨터로 표현하고 이를 활용해 현상을 분석하거나 문제를 해결하는 지식기반시스템을 말한다.
④ 딥러닝은 입력층(input layer)과 출력층 (output layer) 사이에 다수의 숨겨진 은닉층(hidden layer)으로 구성된 심층신경망(Deep Neural Networks)을 활용한다.

03 [보기]의 사례에서 ERP 도입목표로 가장 적절하지 않은 것은?

┤ 보기 ├

㈜생산은 사업장이 여러 곳으로 분산되어 인사정보가 부서별 엑셀로 관리되고 있다. 사번 규칙이 제각각이라 입·퇴사 이력 추적이 어렵고, 근태→급여→회계 연계가 수작업으로 이뤄져 인건비 오집계가 자주 발생한다. 또한 근무자의 외근, 출장, 휴가 등 근태상황을 실시간으로 확인하기 어려워 업무 소통에도 문제가 발생하고 있다. 이러한 문제점을 해결하기 위해 ERP 인사모듈을 도입하게 되었다.

① 근태·급여·회계의 통합 처리로 인건비 집계 정확성 향상
② 직무·직급·인사코드 표준화를 통한 인사데이터 일관성 유지
③ 폐쇄형 정보시스템 구성으로 부서별 자율성과 유연성 극대화
④ ERP 인사모듈 시스템 구축 및 도입을 통해 직원별 근태 상황 공유

04 'TO-BE 프로세스 도출, 패키지 설치, 추가개발 및 수정보완 문제 논의 등'은 ERP구축절차 중 어느 단계에 해당하는가?

① 설계 단계
② 구현 단계
③ 분석 단계
④ 구축 단계

05 [보기]에서 ERP 인사 패키지 선택 및 사용 시 유의점으로 가장 적절하지 않은 것은?

┤ 보기 ├

㈜생산은 분산된 근태·급여 프로세스를 표준화하기 위해 ERP 인사(HR) 도입을 추진한다.
• 인사·조직·직무·급여항목 등의 마스터데이터 정비와 이행 규칙 수립
• 코드 표준화(사번/직무/직급)와 데이터 정합성 점검
• 사용자 교육·워크숍을 통한 변화관리 방안을 제시
• 근태 승인·급여 산정 절차가 편리한 패키지 우선 선택

① 원활한 사용을 위한 지속적 교육 및 워크숍 운영
② 도입 기업의 업종·규모·필요 모듈 등 상황에 맞는 패키지 선택
③ 데이터 신뢰도 향상을 위한 마스터 관리와 정합성 검증 체계 구축
④ 현 시점의 기업 비즈니스 프로세스를 유지할 수 있는 패키지를 최우선으로 선택

[과목: 인적자원 확보]

06 오늘날 기업이 직면한 인적자원관리의 환경적 요소에 해당하지 않은 것은?

① 일과 삶의 균형이 중요해졌다.
② 윤리경영은 중요하나, 기업의 이익을 감소시킬 수 있다.
③ 장소나 시간에 구애받지 않고 일하는 방식을 적용하였다.
④ 인력구성이 다양화되었고, 구성원의 고령화가 증가하였다.

07 인적자원관리의 패러다임 변화에 대한 설명으로 가장 적절하지 않은 것은?

① 업무를 수행하는 조직원의 전공이 다양해지고 있다.
② 스마트워크의 확산으로 일하는 방식이 변화하고 있다.
③ 직장에서의 성공을 위해 가정생활의 희생을 감수해야 한다.
④ 글로벌화의 가속화로 인한 글로벌 인재의 수요가 증대될 것이다.

08 위험도, 작업시간, 작업환경, 작업위험 같은 요소를 평가할 때, 이들은 어떤 평가 기준에 해당하는지 고르시오.

① 숙련요소 – 직무를 수행하는 데 필요한 지식, 경험 등
② 책임요소 – 직무에서 요구되는 의사결정 및 권한 수준
③ 노력요소 – 직무 수행 시 요구되는 신체적/정신적 노력
④ 작업요소 – 특정 업무 수행을 위해 필요한 환경 및 절차

09 [보기]에서 ㈜생산의 인적자원 미래예측기법으로 가장 적절한 것은?

> **┤ 보기 ├**
>
> ㈜생산의 인사팀에서는 최근 5년간의 매출 증가율과 채용 인원 간의 관계를 분석한 결과, 매출이 10% 증가할 때마다 신규 채용 인력이 평균 5% 증가한다는 패턴을 확인했다. 이에 따라, ㈜생산은 올해 매출이 20% 증가할 것으로 예상됨에 따라, 해당 데이터를 고려하여 올해 인력 충원 계획을 세우려 한다.

① 추세분석법   ② 마코프체인
③ 델파이기법   ④ 브레인스토밍

10 인적자원관리는 조직의 유효성을 높이기 위해 실천되는 하나의 과정이다. 인적자원관리 기본기능 외에 실무 운영 기능에 대한 설명으로 적합하지 않은 것은?

① 확보기능 – 인적자원계획, 조직개발
② 보상기능 – 임금관리, 복리후생관리
③ 개발기능 – 교육훈련, 경력개발, 인사고과
④ 유지기능 – 안전보건관리, 이직관리, 노사관계관리

11 선발도구의 타당성을 파악하기 위한 방법으로 적절하지 않은 것은?

① 측정대상의 취지를 어느 정도 선발도구에 담고 있는가를 해당 직무의 전문가들이 모여 판단한다.
② 지원자의 어떤 면을 측정할 때 동일한 환경에서 측정된 결과가 서로 일치하는 정도를 파악한다.
③ 선발시험에서 합격한 지원자들의 시험성적과 입사 후 어느 기간이 지난 후 그들이 달성한 직무성과를 비교하여 그 상관관계를 조사한다.
④ 신입사원의 선발에 적용하려는 선발도구를 현직 종업원에게 실시하여 현직 종업원이 획득한 시험점수와 그들의 인사고과점수간의 상관관계를 조사한다.

12 적정배치의 방법으로 적재적소주의의 장점에 해당하지 않는 것은?

① 고능력, 저임금을 실현을 통해 기업의 목표를 달성한다.
② 동기유발이 되어 일하는 보람을 얻어 창조력을 발휘한다.
③ 종업원 적성을 고려한 배치는 잠재능력을 발휘할 수 있다.
④ 개성을 존중하는 배치는 인간존중의 이념이 이루어져 직무몰입이 높다.

13 선발 의사결정에 관한 설명으로 가장 적절하지 않은 것은?

① 선발률이 일정할 때 타당성 계수가 증가하면 예측수단의 성공률이 증가하게 된다.

② 만족스러운 성과를 낼 수 있는 사람을 시험성적이 미달되어서 선발하지 않는 오류를 제1종 오류라고 한다.

③ 총 지원자 중에서 만족스러운 성과를 낼 수 있는 사람들을 많이 선발하게 되면 선발기준의 타당성이 높다고 말할 수 있다.

④ 선발률이란 총지원자 중 선발된 사람의 비율을 의미하는 것으로 선발률이 0에 가까우면 1종오류는 줄어들지만 2종오류가 증가하고, 선발률이 1에 가까우면 1종오류는 늘어나지만 2종오류는 줄어드는 효과가 있다.

14 [보기]의 (   )에 들어갈 용어를 한글로 입력하시오.

> **│ 보기 │**
>
> (   )(은)는 직무의 수평적 확대를 통해 동일 수준의 유사한 과업을 추가하여 종업원에게 다양한 과업을 수행할 기회를 제공함으로써 흥미와 만족도를 높이려는 직무설계 방법이다. 한편, 작업자가 수행해야 하는 과업 수만 높아졌다는 비판도 제기된다.

정답: ______________________________

[과목: 인적자원 개발]

15 평가요소 선정 원칙으로 적절하지 않은 것은?

① 직급, 직종, 직군별로 평가 요소 및 가중치를 달리한다.

② 객관적인 고과 요소를 선정하고 명확한 정의를 부여한다.

③ 폭넓은 범위를 망라하는 일반적 특성을 평가요소로 선정한다.

④ 중복되는 요소를 피하고 피평가자 간 차이가 없는 요소는 제외한다.

16 [보기]의 ㉠, ㉡에 해당하는 것을 고르시오.

> **│ 보기 │**
>
> • (㉠)(은)는 피평가자의 능력이나 성과를 실제보다 더 높게 평가하는 것을 말한다.
> • (㉡)(은)는 평가자가 피평가자의 어느 한 면을 기준으로 다른 것까지 함께 평가해 버리는 경향을 말한다.

① ㉠ 관대화 경향　㉡ 관대화 경향　　② ㉠ 중심화 경향　㉡ 현혹 효과

③ ㉠ 엄격화 경향　㉡ 중심화 경향　　④ ㉠ 관대화 경향　㉡ 현혹 효과

17 [보기]는 ㈜생산성의 인사고과 평가 오류 관련 내용이다. 해당 인사관리 평가 오류로 가장 적절한 것은?

| 보기 |

- 평가자가 평소 노동조합을 ㈜생산성에 발전적인 조직으로 보지 않고, 투쟁적이고 해만 끼치는 조직으로 보는 관점에서 노조에 매우 적극적인 사람의 능력과 업적을 낮게 평가한다.
- 평가자가 특정 종교에 좋지 않은 감정을 가진 상태에서 이러한 감정을 피평가자의 평가에 반영한다.

① 논리적 오류
② 상동적 오류
③ 가혹화 경향
④ 중심화 경향

18 [보기]에서 적용된 ㈜생산IT의 승진 기준과 가장 관련이 깊은 요소는 무엇인가?

| 보기 |

㈜생산IT는 업무 사기 진작과 성과 달성을 독려하기 위해, 기존의 근속연수와 조직 내 경험을 중심으로 한 연공주의 승진 제도에서 성과주의 기반의 승진 제도로 전환했다.
이제 직원의 개인 성과와 조직 기여도가 가장 중요한 평가 요소로 작용하며, 일정 기간 이상 근속한 직원이라도 성과가 부족하면 승진 대상에서 제외될 수 있다.
이는 장기적인 조직 안정성과 직무 충성도를 유지하는 장점이 있지만, 압박이 높아지는 단점도 존재한다.

① 근속연수
② 연공서열
③ 업무실적
④ 직무안정성

19 [보기]에서 설명하는 인사담당자의 역할은 무엇인가?

| 보기 |

- 기능: 인사제도 및 프로세스의 효율화
- 활동: 인사관리 시스템 개선, 비용 절감, 효율적 하부구조 설계 등

① 관리 전문가
② 변화 촉진자
③ 종업원 조력자
④ 전략적 동반자

20 [보기]는 홀(D.T.Hall)의 경력단계모형에 대한 설명이다. [보기]에서 설명하는 경력욕구를 한글로 입력하시오.

> **┤ 보기 ├**
>
> 탐색단계는 조직 구성원은 자기 자신을 인식하고 학교 교육과 직장 경험을 통하여 여러 가지를 실험해 보면서 자기에게 적합한 직업을 선택하게 된다.

정답: ___________________________

[과목: 임금 및 복리후생관리]

21 수당에 대한 설명으로 가장 적절한 것은?

① 가족수당은 법으로 지급이 의무화된 법정수당이다.
② 야간근로수당은 평균임금을 기준으로 50% 가산하여 지급한다.
③ 해고예고수당은 통상임금을 기준으로 30일분 이상 지급해야 한다.
④ 휴업수당은 천재지변으로 인한 휴업의 경우에도 통상임금을 기준으로 지급해야 한다.

22 ㈜생산성은 [보기]에 해당하는 특수임금제를 도입하려고 한다. [보기]에서 설명하는 특수임금제로 가장 적절한 것은?

> **┤ 보기 ├**
>
> 화폐 단위가 아닌 물량으로 산정하는 방식이며 표준 노동시간 대비 절약된 노동시간분을 성과급으로 배분하는 제도로, 표준 생산시간과 실제 생산시간의 차이에서 발생되는 이익을 노사 간에 50%씩 나누어 갖는 형태이다.

① 러커 플랜(Rucker Plan)
② 스캔론 플랜(Scanlon Plan)
③ 이윤분배제(Profit Sharing System)
④ 임프로쉐어 플랜(Impro-share Plan)

23 [보기]의 ㈜생산성이 가장 중요하게 생각하는 복리후생의 설계 원칙은 무엇인가?

> **┤ 보기 ├**
>
> ㈜생산성은 복리후생 제도를 개편하면서 기업의 수익성을 고려하여 현재와 미래의 복리후생비 지불 능력의 범위를 평가하였다.

① 지불능력의 원칙
② 다수혜택의 원칙
③ 근로자의 참여 원칙
④ 근로자의 욕구 충족 원칙

24 원천징수에 대한 설명으로 적절하지 않은 것은?

① 완납적 원천징수의 대상 소득에는 분리과세 이자소득, 분리과세 배당소득, 분리과세 연금소득, 분리과세 기타소득 등이 있다.

② 원천징수영수증이란 원천징수 의무자와 소득자의 인적사항과 소득금액의 지급시기, 소득금액 등을 기재한 과세 자료를 말한다.

③ 원천징수 의무자는 원천징수한 세금을 소득지급일이 속하는 달의 다음 달 10일까지 관할세무서 또는 금융기관에 납부해야 한다.

④ 예납적 원천징수란 당해 원천징수에 의하여 납세의무가 종결되는 것이 아니라 확정신고 시 납부할 세액에 대한 예납적 성격의 원천징수를 말한다.

25 고용보험 적용제외 대상이 아닌 것은?

① 외국인 근로자　　　　　　　　　　　② 별정우체국 직원
③ 60세 이후에 고용된 자　　　　　　　④ 1월간 소정근로시간이 60시간 미만인 근로자

26 종합소득세 과세표준 기준으로, 5,000만 원 초과, 8,800만 원 이하인 경우의 적용 세율(%)을 입력하시오. * 정답은 단위(%)를 제외한 숫자만 입력하시오.

정답: ___________________________________

27 ㈜생산성은 소비자의 욕구를 파악하기 위하여 시장조사를 실시하였다. 시장조사 시 일용직 사원을 활용하였다. 일용직 사원의 일당 200,000원을 현금으로 지급하는 경우 당사가 원천징수하여야 할 소득세는 얼마인가? * 단, 지방소득세는 포함하지 않는다. * 정답은 단위(원)를 제외한 숫자만 입력하시오.

정답: ___________________________________

28 [보기]에서 설명하는 근로시간제의 유형은 무엇인가?

> **│ 보기 │**
>
> 신상품·신기술의 연구개발, 자연과학분야, 정보처리시스템의 설계 또는 분석 업무, 신문 기사의 취재, 방송 제작 사업 등과 같이 업무수행 방법이나 수단, 시간배분 등이 근로자의 재량에 따라 결정되어 근로시간보다 성과에 의해 근무 여부를 판단할 수 있는 경우 노사 간의 합의시간을 근로시간으로 보는 제도를 말한다.

① 연장 근로시간제　　　　　　　　　　② 재량 근로시간제
③ 선택적 근로시간제　　　　　　　　　④ 탄력적 근로시간제

[과목: 노사관계]

29 전국적 또는 지역별·산업별 노동조합의 대표와 개별 기업의 사용자 대표 사이에 이루어지는 단체교섭 방식은 무엇인가?

① 통일교섭   ② 집단교섭

③ 공동교섭   ④ 대각선교섭

30 경영참가제도에 대한 설명으로 가장 적절하지 않은 것은?

① 종업원 지주제도는 회사가 근로자에게 회사 주식을 유상 또는 무상의 방법으로 취득하게 하여 근로자를 주주로서 기업경영에 참가시키는 제도이다.

② 스캔론 플랜이란 인건비의 절약분에 대한 배분액을 판매가치를 근거로 하여 배분하는 제도이다.

③ 럭커 플랜이란 조직이 창출한 부가가치 생산액을 종업원 인건비를 기준으로 배분하는 제도이다.

④ 노사협의제도는 노동자, 근로자 또는 노동조합의 대표가 기업의 최고결정기관에 직접 참가하여 기업경영의 여러 문제를 공동으로 결정하는 제도이다.

31 [보기]의 배우자 출산휴가 및 남녀고용평등법 관련하여 (   )에 해당하는 내용을 고르시오.

보기
사업주는 근로자가 배우자의 출산을 이유로 휴가를 고지하는 경우에 (   )일의 휴가를 주어야 한다. 이 경우 사용한 휴가기간은 유급으로 한다.

① 15일   ② 20일

③ 30일   ④ 60일

32 [보기]에서 설명하는 근무방식을 쓰시오.

보기
<장점> • 가정과 직장이 멀리 떨어져 있는 경우 종업원에게 매우 유리함 • 근로자는 워라밸을 실현시킬 수 있다. • 근무시간의 시작과 종료가 전종업원에게 동일하게 적용되기 때문에 직무들이 상호관련성이 높은 경우 높은 협동가능성, 업무진행의 효율성이 높다. <단점> • 교대근무제가 없는 작업자의 경우 장비&설비의 활용도가 낮음 • 고객에 대한 서비스 기간이 주당 5일에서 4일로 줄어들 경우 고객의 불만을 야기시킬 수 있음 • 1일 10시간 혹은 그 이상의 근무로 인한 저녁 자유시간의 단축이 개인의 불만 요인으로 나타남

정답: ______________________________

33 [보기]의 (   ) 안에 들어갈 용어를 한글로 입력하시오.

┤ 보기 ├

(   )(은)는 근로조건의 기준에 관한 권리의 형성·유지·변경 등을 둘러싼 분쟁으로, 임금 인상이나 단체협약 갱신·체결 등이 이에 해당한다.

정답: ___________________________

[실무]

✦✦ 실무문제는 [실기메뉴]를 활용하여 답하시오.
웹하드(http://www.webhard.co.kr)에서 Guest(ID: samil3489, PASSWORD: samil3489)로 로그인하여 백데이터를 다운받아 설치한 후 인사1급 2025년 6회 '장미란 사원'으로 로그인한다.

---

01 다음 중 핵심 ERP 사용을 위한 기초 사업장 정보를 확인하고, 그 내역으로 옳지 않은 것은?

① [1000.인사1급 회사본사] 사업장의 주소는 '서울특별시 중구 을지로 29' 이다.
② [2000.인사1급 인천지점] 사업장의 관할세무서는 [121.인천]이고, 법정동 지방세신고지는 [2823751000.부평구청]이다.
③ [3000.인사1급 대구지점] 사업장은 등록된 사업장 중 유일하게 원천징수이행상황신고서를 '반기'로 신고한다.
④ [4000.인사1급 강원지점] 사업장은 [1000.인사1급 회사본사] 사업장과 더불어 주사업장에 속하며, 종사업장은 [4000.인사1급 강원지점] 외엔 등록되지 않았다.

02 당 회사에 등록된 부서를 '2025/11/22' 기준으로 조회했을 때, 조회된 부서의 설명으로 옳은 것은?

① 조회기준일 기준, 현재 사용 중인 부서는 총 9개이다.
② [2000.인사1급 인천지점] 사업장에 속한 부서가 가장 많이 사용 중이다.
③ [6150.연구부]는 2026년부터는 사용하지 않을 예정인 부서이다.
④ 등록된 부서 중 가장 오랜 기간 사용된 부서는 모두 [2000.영업부문] 소속이다.

03 당 회사의 인사/급여기준에 대한 설정을 확인했을 때, 올바르게 설명한 [보기] 내용은 몇 개인가? (단, 환경설정 기준은 변경하지 않는다.)

보기

- A: '사무직'인 윤수현 사원의 출결마감기준일은 1일부터 당월 말일까지이다.
- B: 11월 3일에 입사한 길채연 대리의 정상 기본급이 450만원이고 해당 월에 28일을 근무했다면, 11월에 지급받는 기본급은 450만원이다. (해당 근로자는 현재 수습직이 아니다.)
- C: 현재 '수습직'인 김도현 사원의 정상 기본급은 300만원이고 11월에 20일을 근무했다면, 11월에 지급받는 기본급은 150만원이다.
- D: 당 회사에서 발생하는 건강보험정산 금액은 급여작업 시, [S11.건강보험정산] 코드로 관리한다.

---

① 1개   ② 2개
③ 3개   ④ 4개

04 당 회사는 2025년 11월 [800.과장] 직급의 호봉을 아래 [보기]와 같이 일괄 등록하고자 한다. [800.과장] 직급의 호봉등록을 완료했을 때, 5호봉 기준의 기본급은 얼마인가?

보기

- 기본급 초기치: 2,400,000원 (증가액 55,000원)
- 급호수당 초기치: 200,000원 (증가액 18,000원)
- 연장수당 초기치: 170,000원 (증가액 7,000원)
- 정률인상 적용: 기본급 5.0%, 급호수당 2.5%
- 정액인상 적용: 연장수당 2,300원

---

① 2,751,000원   ② 2,808,750원
③ 3,230,100원   ④ 3,313,300원

05 당 회사의 2025년도 귀속 '급여' 지급항목의 설정 기준에 대한 설명으로 옳지 않은 것은? (단, 지급/공제항목설정 기준은 변경하지 않는다.)

① [P00.기본급]은 책정된 임금의 월급을 기준으로 지급하며, 수습직은 [인사/급여환경설정] 메뉴의 환경설정에 따라 지급한다.
② [P20.자격수당]은 근로자들이 취득한 일부 자격들에 한해 금액이 지급되며, 자격을 취득한 모든 근로자들이 지급받는 수당이다.
③ 근속기간이 8년 6개월인 근로자의 [P30.근속수당]은 55,000원이다.
④ [P50.식대보조비]는 '국내영업부', '해외영업부' 소속이 아닌 근로자들에게 200,000원이 지급된다.

06 당 회사의 2025년 10월 귀속 급/상여 지급일자 등록을 확인한 내용으로 옳지 않은 것은?

① 해당 귀속연월에는 두 번의 급/상여가 지급되었으며, 급/상여를 지급할 대상자를 선정하는 방법은 각 지급일자별로 다르게 설정되어 있다.
② '명절특별급여'를 지급하는 지급일자의 대상자는 사용자가 직접 등록해야 하며, '지급직종및급여형태'에 해당하는 근로자를 모두 등록할 수 있다.
③ '급여'의 지급일자는 '2025/10/25'이며, '상여' 항목을 별도로 추가하여 관리할 수 있다.
④ '명절특별급여'와 '급여'의 지급 대상자의 직종은 '사무직', '생산직', '연구직'이다.

07 당 회사의 인사 정보를 확인하고 관련된 설명으로 옳지 않은 것은?

① [20080103.김민주] 사원은 현재 세대주이며 종교 종사자이다.
② [20081201.조선우] 사원은 '2012/06/30'에 중도정산을 받은 이력이 존재하며, 현재 직급은 [600.부장]이다.
③ [20081203.김도균] 사원은 현재 [2200.해외영업부] 소속이며, 직종은 [003.연구직]이다.
④ [20090701.김동민] 사원은 [900.카카오뱅크]를 통해 급여를 지급받으며, 노조에 가입하지 않았다.

08 당 회사에서 2025년 3분기에 진행한 [610. AI 활용 교육]의 교육정보 및 평가의 설명으로 옳지 않은 것은?

① 해당 교육의 교육목적은 '임직원들의 AI 프롬프트 작성 능력 향상'이다.
② 해당 교육은 [1.사내]에서 이뤄지는 교육이며, 각 근로자들의 실부담금은 0원이다.
③ 교육을 이수하지 못한 근로자의 교육평가는 모두 'C등급'이다.
④ 해당교육의 교육평가는 S등급, A등급, B등급, C등급으로 이뤄졌으며, S등급을 받은 인원은 총 3명이다.

09 당 회사는 2025/12/01의 날짜로 [2025년 4/4분기 인사발령]을 진행하였다. [20251201] 발령호수의 〈발령내역〉에 대한 설명으로 옳지 않은 것은?

① 해당 발령일자의 대상자의 직책은 현재 모두 '대리'이고, 모두 '발령 전 정보'가 존재한다.
② 해당 발령일자의 대상자는 모두 5명이고, 발령 후 직책은 모두 '과장'으로 변경된다.
③ 해당 발령일자의 대상자는 각각 다른 부서에 속해 있고, 발령 후 부서가 변경되는 사원은 [20090701.김동민]과 [20191118.윤태경]이다.
④ 해당 발령일자의 발령내역이 전부 존재하는 대상자 중 발령 전, 현재, 발령 후 직책이 모두 다른 사원은 [20010401.노희선]이 유일하다.

10 회사는 창립기념일을 맞아 2025년 10월 31일 기준으로 [1000.인사1급 회사본사] 사업장의 만 15년 이상 장기근속자에 대해 특별근속수당을 지급하기로 하였다. 아래 [보기]를 기준으로 지급한 총 특별근속수당은 얼마인가? (단, 퇴사자는 제외하며, 미만일수는 올리고, 이전 경력은 제외한다.)

> **┤ 보기 ├**
>
> • 15년 초과 20년 이하: 100,000원
> • 20년 초과 25년 이하: 150,000원
> • 25년 초과: 200,000원

① 900,000원   ② 1,000,000원
③ 1,700,000원   ④ 2,200,000원

11 당 회사의 2025년 11월 귀속 급여(지급일자: 2025/11/25)에 해당하는 대상자 중 [20091215.이서경] 사원이 출산휴가를 신청하였다. [20091215.이서경] 사원의 휴직 내역을 [보기]와 같이 등록하고, 해당 지급일자의 급여 계산을 진행한 뒤 확인한 정보로 옳지 않은 것은? (단, 그 외 급여계산에 필요한 조건은 프로그램에 등록된 기준을 이용한다.)

> **┤ 보기 ├**
>
> • 시작일: 2025/11/17, 종료일: 2026/02/15
> • 휴직사유: [150.출산휴가]
> • 휴직지급률: 75%
> • 퇴직기간적용: 함

① 해당 지급일자의 대상자는 모두 25명이고, 총 과세금액의 합계는 110,308,380원이다.
② 해당 지급일자에서 발생한 신고비과세 금액 중 식대(비과세포함) 금액은 3,800,000원이다.
③ [20091215.이서경] 사원에게 책정된 월급은 3,000,000원이고, 실제 지급된 급여는 4,451,740원이다.
④ [20181101.이민성] 사원에게 지급된 급여 항목 중 실제 비과세 처리된 금액은 '식대보조비'와 '직무발명보상금'이다.

12 당 회사는 2025년 11월 귀속 '특별급여' 소득을 지급하고자 한다. 아래 [보기]의 지급대상 요건으로 지급일자를 직접 추가하여 급여 계산을 진행한 뒤 확인한 정보로 옳은 것은? (단, 그 외 급여계산에 필요한 조건은 프로그램에 등록된 기준을 이용한다.)

> **| 보기 |**
>
> - 특별급여지급일자: 2025/11/30
> - 동시발행 및 대상자선정: 분리, 직종및급여형태별
> - 특별급여지급대상: 전체 사업장 소속의 생산직, 연구직이면서 급여형태가 월급인 근로자

① 해당 지급일자의 대상자는 총 6명이고, 공제되는 소득세는 총 3,238,520원이다.
② 가장 적은 과세총액이 발생한 대상자는 [20010401.노희선]이고, 과세총액은 4,162,080원이 발생했다.
③ 책정된 월급이 가장 큰 근로자가 가장 많은 특별급여를 지급받는다.
④ '특별급여'는 [1000.인사1급 회사본사] 사업장 소속이 아니면 월급의 150%를 지급받고, 그렇지 않으면 130%를 지급받는다.

13 당 회사는 [1000.인사1급 회사본사] 사업장에 대해 2025년 10월 귀속(지급일 1번)에 이체한 급/상여를 확인하고자 한다. 이체 현황에 대한 설명으로 옳지 않은 것은? (단, 무급자는 제외한다.)

① 해당 지급일자에 급/상여는 '2025/10/01'에 지급되었으며, 대상자는 총 13명이다.
② 모든 대상자가 계좌이체를 통해 급여를 지급받았으며, '신한은행'을 통해 급/상여를 지급받는 대상자가 가장 많다.
③ 각 은행에 이체된 금액은 10,000,000원을 초과하며, 가장 적은 금액이 이체된 은행의 지급액은 10,002,820원이다.
④ '국민은행'과 '신한은행'에 지급된 금액의 합은 '우리은행'과 '카카오뱅크'에 지급된 금액의 합보다 적다.

14 당 회사는 초과근무에 대해 수당을 지급하고 있다. 아래 [보기]의 기준을 토대로 2025년 10월 귀속 〈급여〉구분 [20081201.조선우] 사원의 '초과근무수당'을 계산하면 얼마인가? (단, 근무수당을 계산하면서 발생되는 모든 원단위 금액은 절사하며, 책정임금 시급은 원단위 금액을 절사하지 않고 계산한다.)

> **| 보기 |**
>
> - 초과근무수당 = 1유형근무 수당 + 2유형근무 수당
>
> - 초과근무 시급: 책정임금 시급
>   - 1유형근무 수당 = (평일연장 근무시간 + 토일정상근무시간) × 2   × 초과근무 시급
>   - 2유형근무 수당 = (평일심야 근무시간 + 토일연장근무시간) × 2.5 × 초과근무 시급

① 1,149,100원
③ 1,199,220원
② 1,179,210원
④ 1,205,080원

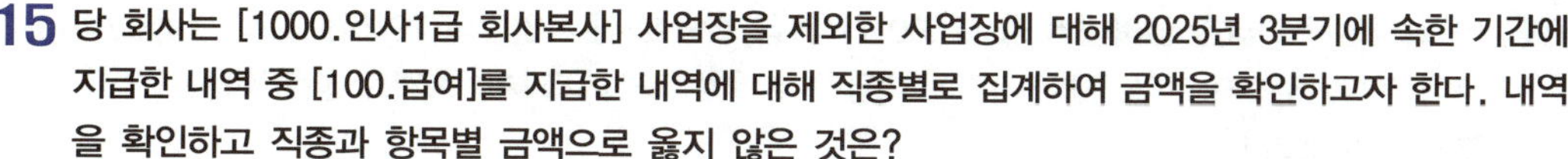

15 당 회사는 [1000.인사1급 회사본사] 사업장을 제외한 사업장에 대해 2025년 3분기에 속한 기간에 지급한 내역 중 [100.급여]를 지급한 내역에 대해 직종별로 집계하여 금액을 확인하고자 한다. 내역을 확인하고 직종과 항목별 금액으로 옳지 않은 것은?

① '사무직'의 연장근로수당: 7,311,960원
② '생산직'의 직무발명보상금: 12,000,000원
③ '연구직'의 근속수당: 3,420,000원
④ '연구직'의 식대보조비: 600,000원

16 당 회사는 일용직 사원에 대해 사원별로 지급 형태를 구분하여 일용직 급여를 지급하고 있다. 아래 [보기]를 확인하여 2025년 11월 귀속 지급일 중 '매일지급' 대상자를 직접 반영 후 급여를 계산했을 때, 해당 지급일의 급여내역에 대한 설명으로 옳지 않은 것은? (단, 그 외 급여 계산에 필요한 조건은 프로그램에 등록된 기준을 따른다.)

> **보기**
>
> • 지급형태: '매일지급' 지급일
> • 지급 대상자: [004.시급직]인 [1100.총무부] 사원
> • 평일 9시간 근무, 토요일 4시간 근무
> • 비과세 적용 12,000원(평일만 적용)

① 해당 지급일자의 대상자는 총 6명이고, 실지급액은 25,190,300원이다.
② [1002.김미연]을 제외한 나머지 사원에게서 국민연금액이 공제되었으며, 총 956,640원이 공제되었다.
③ 건강보험금액은 모든 사원에게서 공제되었으며, 총 1,043,380원이 공제되었다.
④ [1016.연희] 사원의 근무일수가 다른 사원의 근무일수와 차이가 있는 이유는 해당 사원이 11월 중도 입사자이기 때문이다.

17 2025년 11월 귀속 일용직 급여작업 전, 아래 [보기]를 기준으로 [1017.김세진] 사원의 정보를 직접 변경하고 급여를 계산했을 때, 2025년 11월 귀속 해당 지급일자의 실지급액 총계는 얼마인가? (단, 그 외 급여 계산에 필요한 조건은 프로그램에 등록된 기준을 따른다.)

> **보기**
>
> • 사원정보 변경
>   1) 생산직비과세 적용 '함'
>   2) 국민연금 여부: '여' / 건강보험여부: '여'
>   3) 급여: 30,430원 / 시간단가: 30,430원
> • 일용직 급여지급
>   1) 지급형태: '일정기간지급' 지급일
>   2) 평일 10시간 근무 가정
>   3) 비과세 적용: 12,000원 (평일만 적용)

① 21,512,440원
② 24,335,920원
③ 27,257,380원
④ 29,038,540원

18 당 회사에서 지급한 급여내역 중 [1000.인사1급 회사본사] 사업장의 2025년 3분기 〈과세/비과세〉 총액을 확인하고자 한다. 해당 기간에 지급한 부서별 〈과세/비과세〉 총계로 옳은 것은? (단, '사용자 부담금'은 제외한다.)

① 경리부 – 과세총액: 19,794,980원 / 비과세총액: 800,000원
② 국내영업부 – 과세총액: 36,839,220원 / 비과세총액: 2,000,000원
③ 총무부 – 과세총액: 35,907,880원 / 비과세총액: 2,000,000원
④ 해외영업부 – 과세총액: 54,827,460원 / 비과세총액: 3,000,000원

19 당 회사의 퇴직금 산정을 위한 퇴직기준설정을 확인했을 때, 올바르게 설명한 [보기] 내용은 몇 개인가? (단, 환경설정 기준은 변경하지 않는다.)

┤ 보기 ├
- A: 노동부기준은 적용하지 않고, 평균임금 기간 산정 시 전월을 기준으로 3개월을 산정한다.
- B: 임원누진만 적용하고 있으며, 적용유형은 [001.기간]이고 적용방식은 [000.가산율]이며 '대표이사'일 때, 가산율이 200만큼 적용된다.
- C: 비과세 항목은 퇴직금 계산 시 사용할 수 없으며, 근속일수에 퇴사일을 포함한다.
- D: 퇴직금 계산식은 '일할'로 설정되어 있고, 연차수당코드는 [P80.연차수당]을 사용한다.

① 0개 ② 1개
③ 2개 ④ 3개

20 당 회사는 퇴직추계총액 기준으로 30% 만큼 '퇴직급여충당부채'를 설정하고자 한다. 아래 [보기] 기준으로 퇴직금추계코드를 직접 등록하고 퇴직금 추계액을 계산했을 때, 회사에서 설정할 수 있는 '퇴직급여충당부채'는 얼마인가? (단, 전기 퇴직급여충당부채 잔액은 없는 것으로 가정하며, 원단위는 절사한다. 그 외 기준은 프로그램 등록 기준을 따른다.)

┤ 보기 ├
- 추계코드(명): [2025.2025년 10월 퇴직금추계액]
- 기준연월: 2025/10
- 대상 사업장(계정): [1000.인사1급 회사본사](사원)

① 327,055,300원 ② 327,055,370원
③ 342,034,300원 ④ 342,034,370원

21 2025년 10월 24일 [2000.인사1급 인천지점] 사업장의 [20090701.김동민] 사원이 주택구매를 위한 중도정산을 신청하였다. 아래 [보기]의 내용에 따라 퇴직기준과 대상자를 직접 반영하여 퇴직 정산 작업을 진행했을 때, 정산 결과에 대한 설명으로 옳지 않은 것은? (단, 그 외 퇴직금 계산에 필요한 조건은 프로그램의 등록 기준에 따른다.)

> ┤ 보기 ├
>
> • 평균임금 계산식: '일평균 임금' 적용
> • 지급항목 설정: 기본급, 연장근로수당, 자격수당
> • 귀속연월: 2025/10
> • 재직기준: 2025/10/01 ~ 2025/10/31
> • 퇴직일자, 신청일자: 2025/10/24
> • 지급일자: 2025/10/31

① 중도정산결과 해당 근로자의 근속기간은 5159일(14년 1개월 15일)이다.
② 중도정산 시 급여기간은 2025/08/25 ~ 2025/10/24이다.
③ 중도정산결과 해당 근로자에게 지급될 중도정산금은 54,724,360원이다.
④ 중도정산 시 산정된 급여지급내역의 총 금액은 11,974,980원이다.

22 당 회사는 2025년 3분기 귀속 거주자 사업소득에 대해 소득자별로 소득 현황을 확인하고자 한다. 2025년 3분기에 지급한 소득에 대해 조회한 내용으로 옳은 것은?

① 총 6명의 소득자에 대해서 소득이 지급되었고, 소득자의 소득구분은 모두 [940303.모델]이다.
② 발생한 소득은 모두 [1000.인사1급 회사본사] 사업장에서 발생한 소득이며, 총 지급액은 27,366,430원이다.
③ 당월귀속 당월지급한 소득과 당월귀속 익월지급한 소득이 같이 존재하며, 당월귀속 익월지급한 소득에서 공제한 총 소득세는 184,860원이다.
④ 가장 많은 소득이 발생한 소득자는 [20180524.고세형]이며, 총 실지급액은 6,073,690원이다.

23 당 회사 [1000.인사1급 회사본사] 사업장의 [20020603.이준상] 사원의 2024년 귀속의 근로소득 지급/공제내역 중 지급받은 총급여의 합계(상여 포함)와 실제 원천징수한 소득세의 합계로 옳은 것은?

① 총급여: 44,780,000원 / 소득세: 2,446,850원
② 총급여: 44,780,000원 / 소득세: 2,549,620원
③ 총급여: 49,655,000원 / 소득세: 2,446,850원
④ 총급여: 49,655,000원 / 소득세: 2,549,620원

24 아래 [보기]를 기준으로 당 회사의 지방소득세특별징수명세 신고서를 생성했을 때, [3.사업소득]의 소득자별 '과세표준'으로 옳지 않은 것은? (단, 신고서를 생성하기 전 [인사/급여환경설정] 메뉴의 '지방소득세/주민세(종업원분)집계방식' 설정을 '귀속연월'로 변경하고, 신고서 생성기준은 '단일 사업장' 기준으로 생성한다.)

┤ 보기 ├

- 매월 신고
- 신고사업장: [0000.전체]
- 신고구분: 1.정기
- 귀속연월: 2025년 10월
- 지급연월: 2025년 10월
- 제출일자: 2025년 11월 10일
- 급여지급일자: 2025년 10월 25일

---

① [20190301.박선우] – 과세표준: 82,700원
② [20180501.안민서] – 과세표준: 101,250원
③ [20200515.이소담] – 과세표준: 112,680원
④ [20190302.조민지] – 과세표준: 133,950원

25 아래 [보기]를 기준으로 '인사/급여환경설정'을 직접 변경한 뒤, [1000.인사1급 회사본사] 사업장의 원천세 신고서를 추가했을 때 조회된 '소득자 소득구분' 별 '6.소득세등' 금액으로 옳은 것은? (단, 신고구분은 '정기'이며, 소득처분여부는 '1.비해당'으로 설정한다.)

┤ 보기 ├

- 원천세 신고유형: 본점일괄신고
- 이행상황신고서집계방식: 지급연월
- 신고서 생성 기준: 귀속연월, 지급연월 2025/10 (제출일자: 2025/11/10)
- 일반 데이터반영: 매월징수분(전체) / 연말정산 소득세, 농특세 반영: 미적용

---

① 근로소득 간이세액(A01) – 16,984,300원
② 근로소득 일용근로(A03) – 17,515,830원
③ 사업소득 매월징수(A25) – 16,176,000원
④ 총합계(A99) – 346,621,782원

인사 1급　2025년 5회 (2025년 9월 27일 시행)

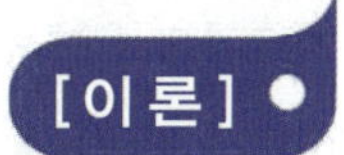

[과목: 경영혁신과 ERP]

01 [보기]의 ㈜생산솔루션의 RPA 활용 사례에 근거할 때, 현재 진행 중인 자동화 범위와 앞으로 계획된 기술 적용은 각각 RPA 적용 단계 중 무엇에 해당하는가?

> **│ 보기 │**
>
> ㈜생산솔루션은 매월 인사부서에서 반복적으로 수행하던 급여 자료 정리, 휴가 사용 내역 입력, 인사카드 자동 갱신 등 단순·반복적인 업무를 줄이기 위해 RPA(Robotic Process Automation)를 도입하였다.
> 향후에는 OCR(광학 문자 인식)과 자연어 처리 기술을 접목하여, 스캔된 증빙자료에서 근거 데이터를 추출하거나, 직원 설문 문항의 서술형 답변을 자동 분석하여 항목별로 분류하는 기능까지 구현하고자 한다.

① 현재: 기초프로세스 자동화 / 향후: 인지자동화
② 현재: 인지자동화 / 향후: 기초프로세스 자동화
③ 현재: 데이터 기반의 딥러닝 및 머신러닝 활용 / 향후: 인지자동화
④ 현재: 기초프로세스 자동화 / 향후: 데이터 애널릭틱스(Analytics) 적용

02 클라우드 서비스의 비즈니스 모델에 관한 설명으로 옳지 않은 것은?

① 공개형 클라우드는 데이터의 소유권 확보와 프라이버시 보장이 필요한 경우 사용된다.
② 폐쇄형 클라우드는 특정한 기업 내부 구성원에게만 제공되는 서비스(internal cloud)를 말한다.
③ 공개형 클라우드는 사용량에 따라 사용료를 지불하며 규모의 경제를 통해 경쟁력 있는 서비스 단가를 제공한다는 장점이 있다.
④ 혼합형 클라우드는 특정 업무는 폐쇄형 클라우드 방식을 이용하고 기타 업무는 공개형 클라우드 방식을 이용하는 것을 말한다.

03 ERP 구축 전에 수행되는 단계적으로 시간의 흐름에 따라 비즈니스 프로세스를 개선해가는 점증적 방법론은 무엇인가?

① ERD(Entity Relationship Diagram)　② BPI(Business Process Improvement)
③ MRP(Material Requirement Program)　④ SFS(Strategy Formulation & Simulation)

04 기업에서 ERP시스템을 도입하기 위해 분석, 설계, 구축, 구현 등의 단계를 거친다. 이 과정에서 필수적으로 거쳐야하는 "GAP분석" 활동의 의미를 적절하게 설명한 것은?

① TO−BE 프로세스 분석
② TO−BE 프로세스에 맞게 모듈을 조합
③ 현재업무(AS−IS) 및 시스템 문제 분석
④ 패키지 기능과 TO−BE 프로세스와의 차이 분석

05 ERP시스템의 SCM 모듈을 실행함으로써 얻는 장점으로 가장 적절하지 않은 것은?

① 공급사슬에서의 가시성 확보로 공급 및 수요변화에 대한 신속한 대응이 가능하다.
② 정보투명성을 통해 재고수준 감소 및 재고회전율(inventory turnover) 증가를 달성할 수 있다.
③ 공급사슬에서의 계획(plan), 조달(source), 제조(make) 및 배송(deliver) 활동 등 통합 프로세스를 지원한다.
④ 마케팅(marketing), 판매(sales) 및 고객서비스(customer service)를 자동화함으로써 현재 및 미래 고객들과 상호작용할 수 있다.

[과목: 인적자원 확보]

06 [보기]는 ㈜생산성의 인사관리활동과 관련된 의사결정 질문이다. 해당 인사관리 영역으로 가장 적절한 것은?

| 보기 |

• 종업원의 성과창출 의지 및 능력을 계속 유지하도록 관리하는 과정은 무엇인가?
• 종업원마다 매우 다양한 욕구들을 가지고 있는데, 기업조직이 다양한 욕구를 어떻게 충족시켜 만족을 끌어낼 수 있는가?
• 항상 더 높은 수준의 근로조건을 요구하는 노조에 대한 대책은 무엇인가?

① 인력확보활동   ② 인력개발활동
③ 인력유지활동   ④ 인력방출활동

07 [보기]는 ㈜생산컨설팅의 신규 직무를 관리하기 위한 수행 활동 내용이다. 일반적인 직무관리 절차 순서를 고르시오.

> ┤ 보기 ├
>
> - 가. 유사 직무와 비교하여 직무의 상대적 가치를 평가하고, 적정 임금 수준을 산정하였다.(직무평가)
> - 나. 인사팀은 생산직 사원의 주요 업무, 필요 도구, 근무 시간, 보고 체계 등을 파악하기 위해 인터뷰와 관찰을 실시하였다.(직무분석)
> - 다. 수집한 정보를 바탕으로 생산직 사원의 업무 내용과 책임, 직무 목적 등을 체계적으로 문서화하고, 해당 직무를 수행하기 위해 필요한 학력, 자격, 경험, 신체 조건 등의 요건을 정리하였다.(직무기술서 및 직무명세서 작성)

① 가 → 나 → 다　　　　　　② 나 → 다 → 가
③ 가 → 다 → 나　　　　　　④ 나 → 가 → 다

08 [보기]의 (　　)안에 들어가야 하는 직무평가 방법을 고르시오.

> ┤ 보기 ├
>
> - (㉠)(은)는 직무평가자가 평가하려는 직무들의 직무기술서 및 직무명세서를 가지고 이들 직무들의 상대적인 가치를 해당 직무들에 대해 기업의 목표달성관련 중요도, 직무수행상의 난이도, 작업환경 등을 포괄적으로 고려하여 그 가치에 서열을 매기는 방법이다.
> - (㉡)(은)는 여러 직무들을 전체로 비교하지 않고 직무가 갖고 있는 요소별 직무들 간의 서열을 매기는 데에서 출발하는 방법이다.

① ㉠ 서열법, ㉡ 요소비교법　　　② ㉠ 서열법, ㉡ 분류법
③ ㉠ 분류법, ㉡ 점수법　　　　　④ ㉠ 점수법, ㉡ 중요사실기록법

09 명목집단법(NGT)의 절차로 옳은 것은?

① 아이디어 공유 → 아이디어 작성 → 투표 및 의사결정 → 토론
② 아이디어 작성 → 아이디어 공유 → 토론 → 투표 및 의사결정
③ 아이디어 작성 → 투표 및 의사결정 → 토론 → 아이디어 공유
④ 토론 → 아이디어 공유 → 아이디어 작성 → 투표 및 의사결정

10 인적자원의 모집 방법 중 내부모집에 의한 방법으로만 구성된 것은?

① 광고, 인터넷 모집
② 채용박람회, 근로자 추천
③ 교육기관의 추천, 인턴십 제도
④ 사내공개모집제도, 관리자 및 기능목록 작성

11 [보기]는 ㈜생산성의 면접방법과 관련된 회의내용이다. [보기]에서 설명하는 ㈜생산성의 면접방법은 무엇인가?

> **보기**
>
> - 김대리: 이 면접은 다수의 면접자가 한 명의 피면접자를 평가하는 형태로 진행됩니다.
> - 박과장: 한 명에 대해 여러 사람이 동시에 관찰하므로 평가에 있어서 신뢰도가 높다는 장점이 있습니다.
> - 홍차장: 다수의 면접자 앞에서 피면접자가 심리적으로 위축될 경우 평가에 있어서 신뢰도가 저하될 수 있습니다.
> - 최팀장: 이 방법은 집단면접보다 시간이 많이 소요된다는 점을 인지해야 합니다.

① 집단면접
② 패널면접
③ 비지시적면접
④ 스트레스면접

12 채용 예정자를 대상으로 한 시험 성적을 먼저 측정하고, 일정 기간 근무 후의 직무성과와 비교하여 선발도구의 타당성을 검사하는 방법을 의미하는 것은?

① 동시타당성
② 예측타당성
③ 내용타당성
④ 구성타당성

13 배치관리의 원칙으로 적절하지 않은 것은?

① 연공주의
② 능력주의
③ 적재적소주의
④ 인재육성주의

14 [보기]는 ㈜생산성의 직무평가방법과 관련된 회의내용이다. [보기]에 해당하는 직무평가방법을 한글로 입력하시오.

> **보기**
>
> - 김대리: 해당 직무를 평가할 때 주어진 등급으로 분류하므로 다른 직무평가 방법보다 실시과정이 간단하고 용이합니다.
> - 박과장: 이 방법은 우리 회사에 도입하는데 비용이 별로 발생하지 않아서 좋은 것 같습니다.
> - 홍차장: 평가대상 직무들이 가지고 있는 자격요건의 수준등급이 몇 개 되지 않는 경우 매우 효과적입니다.
> - 최팀장: 이 방법은 개별 등급에 대한 정의를 내리는 것이 어렵다는 것을 인지해야 합니다. 특정 평가대상 직무를 어느 등급에 분류시키기 위해서는 개별등급에 대한 정의가 명확해야 해요. 특히 중간등급에 대한 차별화가 명확한 정의를 내리는데 어려움이 있을 수 있습니다.

정답: _______________________________

[과목: 인적자원 개발]

15 상대평가 방식 인사고과의 장점으로 적절하지 않은 것은?

① 피평가자들의 평가 수용성이 높아진다.
② 평가자의 중심화·관대화 경향을 줄일 수 있다.
③ 평가에 있어 시간과 비용이 비교적 적게 쓰인다.
④ 승진, 보상 등 제한된 자원의 효율적 분배가 가능하다.

16 [보기]가 설명하는 인사평가기법은 무엇인가?

┤ 보기 ├

- 피평가자의 능력, 개인적 특성 및 성과를 평가하기 위하여 평가요소들을 제시하고 이에 대해 단계별 차등을 두어 평가하는 기법
- 평가목적에 따른 평가요소를 개발하여 평가하게 하면 특정 평가요소에 대한 피평가자의 수준을 판단할 수 있음
- 평가결과에 대한 의미 있는 계량화가 가능하여 임금(인센티브) 책정 등에 유용한 정보를 제공할 수 있음
- 평가자가 의도적으로 특정 피평가자를 높게 평가할 수 있다는 문제가 있음

① 평정척도법
③ 행동기준평가법
② 서술식고과법
④ 강제선택서술법

17 [보기]는 ㈜생산IT의 승진 기준 변화에 대한 내용이다. 변화의 내용으로 가장 적절한 것은?

┤ 보기 ├

㈜생산IT는 과거에는 오랜 재직 기간과 조직 내 순번을 중시하여, 오래 근무한 직원이 승진 대상에서 앞설 수 있었다.
그러나 최근에는 이러한 방식이 젊은 직원들의 동기 부여에 한계를 보인다고 판단하여, 구체적인 직무 성과와 조직 기여 정도를 승진의 핵심 기준으로 삼고 있다.
이에 따라 오래 근무했더라도 성과가 부족하면 승진 대상에서 제외되며, 반대로 재직 기간이 짧더라도 탁월한 기여를 보인 직원은 승진할 수 있게 되었다.

① 연공적 승진제도 → 성과주의 승진제도
② 연공적 승진제도 → 근속연수 중심 승진제도
③ 근속연수 중심 승진제도 → 안정성 확보형 승진제도
④ 안정성 확보형 승진제도 → 직무만족 중심 승진제도

18 교육훈련의 필요성 분석방법에 대한 설명으로 적절하지 않은 것은?

① 자료조사법은 해당기업이 보유하고 있는 제 기록들을 검토하여 교육훈련의 필요성을 밝혀내는 기법이다.
② 질문지법은 종업원을 대상으로 질문지를 통해 태도조사, 문제점 조사 등을 실시하여 교육훈련의 필요성을 파악하는 기법이다.
③ 작업표본법은 일선 작업장에서 종업원이 수행한 작업결과의 일부를 검토하여 해당 작업자 혹은 작업집단에 대한 교육훈련의 필요성 여부를 판단하는 기법이다.
④ 전문가 자문법은 교육훈련에 풍부한 경험을 가진 기업 외부전문가 12~16명으로 구성된 집단이 일련의 과정을 거치면서 교육훈련의 필요성을 파악하는 기법이다.

19 홀(D. T. Hall)의 경력단계모형 중 네 번째 단계는 쇠퇴단계로 자신의 경력을 평가하고 직장 생활을 통합해 보면서 은퇴를 준비하는 단계이다. 쇠퇴단계의 경력욕구는 무엇인가?

① 친교성(Intimacy)
② 통합성(Integrity)
③ 생산성(Generativity)
④ 정체성(Identity)

20 [보기]에서 나타나는 인사고과 평가에 대한 오류를 한글로 입력하시오.

┤ 보기 ├

- 평가자가 평소 노동조합을 ㈜생산성에 발전적인 조직으로 보지 않고, 투쟁적이고 해만 끼치는 조직으로 보는 관점에서 노조에 매우 적극적인 사람의 능력과 업적을 낮게 평가한다.
- 평가자가 특정 종교에 좋지 않은 감정을 가진 상태에서 이러한 감정을 피평가자의 평가에 반영한다.
- 평가자가 "나이 많은 직원은 새로운 기술을 잘 배우지 못한다."라는 선입견 때문에 실제로는 성실히 배우고 성과를 내는 중년 직원에게도 낮은 평가를 한다.

정답: ________________________

[과목: 임금 및 복리후생관리]

21 임금관리의 차원에서 [보기]는 무엇을 실현하기 위한 것인가?

┤ 보기 ├

임금수준의 형평성은 경쟁사나 동종업계의 임금수준과 비교했을 때 공정하다고 판단하는 정도, 동일 기업 내에서 직급 간 또는 직종 간 임금 차이를 공정하다고 판단하는 정도를 의미한다.

① 임금관리의 체계성
② 임금관리의 적정성
③ 임금관리의 합리성
④ 임금관리의 공정성

22 지급의 기본 원칙으로 적절하지 않은 것은?

① 통화 지급의 원칙　　　　　　　② 직접 지급의 원칙
③ 분할 지급의 원칙　　　　　　　④ 정기 지급의 원칙

23 [보기]에서 설명하고 있는 임금형태는?

> **보기**
>
> 보통의 임금산정 방식과 같이 기본 임금을 결정한 후 연장·야간·휴일근로가 발생했을 때 각각의 수당을 산정하여 지급하는 것이 아니라 실제 근로시간을 따지지 않고 기본임금에 제수당을 포함하거나 일정액을 제수당으로 정하여 매월 지급하는 방식의 임금제도이다.

① 포괄임금제　　　　　　　　　　② 임금피크제
③ 순응임률제　　　　　　　　　　④ 표준시간급제

24 [보기]의 육아휴직 및 남녀고용평등법과 관련하여 (　　　)에 들어갈 기간을 순서대로 옳게 제시한 것은?

> **보기**
>
> 육아휴직제도는 근로자가 피고용자의 신분을 유지하면서, 일정기간 자녀의 양육을 위해 휴직을 할 수 있도록 하는 제도이다.
> 「남녀고용평등법」 제19조제2항에서는 육아휴직의 기간을 (　　　)년 이내로 한다. 다만 일정 요건을 충족하는 근로자의 경우 (　　　)개월 이내에서 추가로 육아휴직을 사용할 수 있다.

① 1년, 3개월　　　　　　　　　　② 1년, 6개월
③ 2년, 3개월　　　　　　　　　　④ 2년, 6개월

25 근로소득만 있는 경우, 연말정산의 절차로 가장 적절한 것은?

① 두 곳 이상의 근무처로부터 급여를 받는 경우 주된 근무지와 종된 근무지 모두 원천징수의무자에게 제출한다.
② 근로자가 퇴직을 하는 경우 원천징수의무자는 퇴직하는 달의 근로소득을 지급하는 때 연말정산을 하여야 한다.
③ 근로자의 고의, 과실 또는 어떤 이유로 사실과 다른 연말정산을 하게 된 경우 근로자는 당해연도 3월에 종합소득확정신고를 하여야 한다.
④ 과세기간 중도에 퇴직한 경우 재취업한 직장에 전 직장으로부터 받은 근로소득을 합산하여 소득공제 및 세액공제 신고를 하여야 하고 연말정산은 생략이 가능하다.

26 [보기]에서 설명하는 정부의 보장제도를 한글로 입력하시오.

> **┤ 보기 ├**
>
> ㈜푸른희망기업은 최근 자금난으로 인해 직원들의 급여와 퇴직금을 제때 지급하지 못하는 상황에 처했다.
> 결국 기업은 법원에 도산신청을 하였고, 일부 근로자들은 퇴직을 결정했다. 그러나 퇴직한 직원들은 미지급된 임금과 퇴직금을 받을 수 있는 방법이 없어 생활고에 시달리고 있었다.
> 이때, 정부에서 사업주를 대신하여 근로자들에게 미지급된 임금과 퇴직금을 지급하는 제도가 적용되었다. 이 제도를 통해 퇴직자들은 일정 금액을 보전받아 생계를 유지할 수 있었다.

정답: ______________________

27 [보기]에서 설명하는 용어를 한글로 입력하시오.

> **┤ 보기 ├**
>
> (　　　　)(이)란 원천징수 의무자와 소득자의 인적사항과 소득금액(근로소득, 사업소득, 퇴직소득, 이자소득, 배당소득 등), 소득금액의 지급시기 등을 기재한 과세 자료를 말한다.

정답: ______________________

28 [보기]는 무엇에 대한 설명인가?

> **┤ 보기 ├**
>
> 근로자가 일정 기간(예: 1개월) 내 총 근로시간을 기준으로 출퇴근 시각과 근로시간을 자율적으로 조정할 수 있는 제도로 근로기준법 제52조에 따라 근로자 대표와의 서면합의가 필요하며, 정산기간(1개월 이내) 내 1주 평균 근로시간이 40시간을 초과하지 않아야 합니다.

① 간주 근로시간제 　　　　② 재량 근로시간제
③ 탄력적 근로시간제 　　　④ 선택적 근로시간제

[과목: 노사관계]

29 근로시간에 대한 설명으로 적절하지 않은 것은?

① 적절한 근로시간은 노동의 재생산성을 유지시킨다.
② 1주 간의 근로시간은 휴게시간을 제외하고 40시간을 초과할 수 없다.
③ 15세 이상 18세 미만인 사람의 근로시간은 1일에 6시간, 1주에 30시간을 초과하지 못한다.
④ 근로시간을 산정하는 경우 작업을 위하여 근로자가 사용자의 지휘·감독 아래에 있는 대기시간 등은 근로시간으로 본다.

30 단체교섭의 기능으로 옳지 않은 것은?

① 근로자의 욕구불만을 조정하는 기능
② 노사의 공동체 의식을 조성하는 기능
③ 근로조건을 통일적으로 형성하는 기능
④ 근로자의 직무만족을 직접 보장하는 기능

31 단체교섭의 당사자란 자기의 이름으로 단체교섭을 행하고 단체협약을 체결할 수 있는 자를 말하는데 근로자 측의 당사자와 사용자 측의 당사자로 구분된다. 단체교섭의 당사자에 해당되지 않는 것은?

① 법인
② 사업자
③ 노동조합 대표
④ 해고자 단체 대표

32 [보기]의 (   )에 들어갈 법정수당 금액은 얼마인가?
* 정답은 단위(원)을 제외한 숫자만 입력하시오.

> **보기**
>
> • 김생산씨는 상시 근로자 수가 5인 이상인 ㈜KPC산업에서 일하고 있으며 1주 소정근로시간은 40시간, 시간당 통상임금은 15,000원이다.
> • 김생산씨는 휴일에 출근하여 10시간의 근로를 제공하였다. 회사는 근로기준법에 따라 김생산씨의 10시간 휴일근로에 대해 (   )원의 법정수당을 지급하였다.

정답: ___________________________

33 [보기]의 ㉠, ㉡에 해당하는 용어를 예와 같이 ㉠, ㉡ 순서대로 입력하시오.
* 예: ㉠이 홍삼, ㉡이 인삼일 경우 (홍삼, 인삼)으로 입력

> **보기**
>
> • 의사결정참여는 근로자 또는 노동조합이 경영의사결정권을 갖고 있느냐의 여부에 따라 (㉠)와(과) (㉡)(으)로 구분된다.
> • (㉠)(이)란 공동협의를 기본으로 하는 것으로서 노사 쌍방에게 관심이 깊은 사항으로서 보통 단체교섭에서는 취급되지 않는 사항에 대하여 노사가 협력하여 협의하는 제도를 말한다.
> • (㉡)(은)는 경영에 대한 의사결정권이 노사 공동으로 행해지는 것으로서 근로자 및 노동조합이 경영에 참가하여 의사교환 및 경영문제의 제기뿐만 아니라 경영에 공동결정을 하는 행위까지도 행한다.

정답: ___________________________

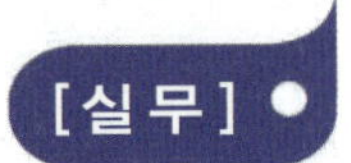

[실무]

> ❖❖ 실무문제는 [실기메뉴]를 활용하여 답하시오.
> 웹하드(http://www.webhard.co.kr)에서 Guest(ID: samil3489, PASSWORD: samil3489)로
> 로그인하여 백데이터를 다운받아 설치한 후 인사1급 2025년 5회 '장미란 사원'으로 로그인한다.

01 다음 중 핵심 ERP 사용을 위한 기초 사업장 정보를 확인하고, 그 설명으로 옳지 않은 것은?

① [1000.인사1급 회사본사] 사업장은 당 회사의 '본점' 사업장이며, 지방세 신고 시 개인법인구분
의 설정은 [21.OO주식회사]로 설정되어 있다.

② [2000.인사1급 인천지점] 사업장의 개업년월일은 '2000/01/03' 이며, 주업종은 [721000.정보
통신업]이다.

③ [3000.인사1급 부산지점] 사업장은 [1000.인사1급 회사본사] 사업장과 더불어 주사업장에 속하
며, 해당 사업장의 주(총괄납부)사업장 승인번호는 '4321'이다.

④ [4000.인사1급 강원지점] 사업장의 관할세무서는 [221.춘천] 이며, 해당 회사에 등록된 사업장
중 유일하게 원천징수이행상황신고서를 반기별로 작성한다.

02 당 회사에 등록된 부서를 '2025/09/27' 기준으로 조회했을 때, 조회된 부서에 대한 설명으로 옳은
것은?

① 조회기준일 기준 현재 사용 중인 부서는 총 9개이다.

② [1000.인사1급 회사본사] 사업장에 속한 부서는 모두 [1000.관리부문] 소속이다.

③ 2025년 이후 사용이 종료될 예정인 부서는 [3000.인사1급 부산지점]에 속해있다.

④ [5000.자재부문]에 속한 부서는 [4000.인사1급 강원지점]에 속해있다.

03 당 회사의 인사/급여기준에 대한 설정을 확인했을 때, 올바르게 설명한 [보기] 내용은 몇 개인가?
(단, 환경설정 기준은 변경하지 않는다.)

> **│ 보기 │**
>
> • 1. 입사자의 급여는 근무일수와는 무관하게 월급여를 지급받는다.
> • 2. 월급이 300만원인 근로자가 현재 수습직인 경우, 실제로 월급은 210만원을 지급받는다.
> • 3. 당 회사에서 2025년 07월 귀속, 2025년 08월 지급한 건에 대해 지방소득세특별징수명세 신고
>   서를 생성하는 경우, 2025년 08월에 지급한 모든 소득 데이터가 집계된다.
> • 4. 당 회사의 건강보험정산코드는 [S10.건강보험]이다.

① 0개　　　　　　　　　　② 1개
③ 2개　　　　　　　　　　④ 3개

04 당 회사는 2025년 09월 [800.과장] 직급의 호봉을 아래 [보기]와 같이 일괄 등록하고자 한다. [800.과장] 직급의 호봉등록을 완료하고, 5호봉 기준의 '호봉합계'는 얼마인가?

> ┤ 보기 ├
>
> • 기본급 초기치: 3,100,000원 (증가액 120,000원)
> • 급호수당 초기치: 150,000원 (증가액 16,000원)
> • 연장수당 초기치: 50,000원 (증가액 5,000원)
> • 일괄인상
>   1) 정률인상 적용: 기본급 4.5%, 급호수당 2.0%
>   2) 정액인상 적용: 연장수당 2,000원

① 3,615,700원
② 3,741,100원
③ 3,884,660원
④ 4,031,380원

05 당 회사의 2025년도 귀속 '급여' 지급항목의 설정 기준에 대한 설명으로 옳지 않은 것은? (단, 지급/공제항목설정 기준은 변경하지 않는다.)

① [P00.기본급]은 책정된 임금의 월급을 기준으로 지급하며, 입사자는 [인사/급여환경설정] 메뉴의 환경설정에 따라 지급한다.
② [P20.자격수당]은 특정 자격증을 취득한 경우에 지급하며, 자격별로 금액이 다르게 책정되어 있다.
③ [P55.영업촉진비]는 [2100.국내영업부]와 [2200.해외영업부]에 속한 대상자인 경우에만 지급하며, 동일한 금액을 지급받는다.
④ [P90.출산지원금(1회)] 수당은 2024년에는 지급하지 않은 수당이며, 해당 수당의 계산식은 설정 되어있지 않다.

06 당 회사의 2025년 08월 귀속 급/상여 지급일자 등록을 확인하고, 그 설명으로 옳지 않은 것은?

① 해당 귀속연월에는 '하계휴가비'와 '급여'를 각각 다른 지급일자에 지급했다.
② '급여'를 지급하는 일자에 '상여'를 직접 추가하여 지급할 수 있다.
③ '하계휴가비'의 경우 입사자와 퇴사자를 제외하고 지급했다.
④ '급여' 지급 대상자는 '지급직종및급여형태'에 반영된 정보와 일치하는 대상자를 [상용직급여입력및계산] 메뉴에서 직접 선택하여 반영한다.

07 당 회사는 2025년 2분기에 [918.2025년 2분기 내부교육]을 진행하였으며, 해당 교육을 미이수한 대상자에 대해 3분기에 내부교육을 다시 진행할 예정이다. 전체 사업장을 기준으로 조회했을 때 3분기에 내부교육을 다시 진행할 인원은 몇 명인가?

① 7명
② 8명
③ 9명
④ 10명

08 당 회사는 전체 사업장의 근로자를 대상으로 2025년 3분기에 [보기]에 해당하는 자격증을 취득한 대상자에게 자격수당을 지급하기로 하였다. [보기]와 같이 자격수당을 지급 할 때, 그 지급액은 얼마인가? 단, 퇴사자는 제외한다.

| 보기 |

- [800. AI-POT 1급]: 100,000원
- [810. AI-POT 2급]: 70,000원

① 750,000원　　　　　　　　　　② 800,000원
③ 850,000원　　　　　　　　　　④ 900,000원

09 당 회사의 인사 정보를 확인하고 관련된 설명으로 옳은 것은?

① [20000601.이수희] 사원은 현재 세대주이며, 수습기간을 거친 이력이 있다.
② [20080103.김소현] 사원은 현재 [2100.국내영업부] 소속이며, 직종은 [001.사무직]이다.
③ [20081201.안민서] 사원의 급여형태는 [002.연봉]이며, 20세이하 부양가족이 존재한다.
④ [20081204.유지현] 사원은 [010.한국] 은행을 통해 급여를 지급받으며, 최근 책정된 월급은 4,619,166원이다.

10 당 회사는 2025/09/30에 [2025년 4/4분기 인사발령]이 진행될 예정이다. [20250930] 발령호수의 〈발령내역〉에 대한 설명으로 옳지 않은 것은?

① 발령 대상자들은 모두 현재 '국내영업부' 소속이며, 5명이 발령대상자이다.
② 발령 전 부서와 현재 부서가 동일한 사원은 [20010402.박국현]이 유일하다.
③ 발령 후, '해외영업부'로 부서가 변경되는 사원은 [20001101.박용덕]이 유일하다.
④ 발령 후, 직책과 직급이 모두 변경되는 사원은 [20170921.최영우]가 유일하다.

11 당 회사의 2025년 09월 귀속 급여(지급일자: 2025/09/25)를 작업하기 전, [P25.직무발명보상금]의 지급 조건을 설정한 뒤 작업을 하고자 한다. [보기]의 내용을 참고하여 지급 조건을 설정하고, 전체 급여 지급 대상자의 급여를 계산했을 때 '비과세' 총액은 얼마인가? (단, 문제에서 제시한 조건 외의 급여계산에 필요한 조건은 프로그램에 등록된 기준을 이용한다.)

| 보기 |

- 지급코드: [P25.직무발명보상금]
- 지급기준
  - 분류기준[002.부서별] / 지급대상부서: [7000.연구개발부]
  - 계산구분계산 / 계산식: 책정임금의 월급 × 0.15

① 3,894,240원　　　　　　　　　　② 4,020,430원
③ 4,215,570원　　　　　　　　　　④ 4,420,850원

12 당 회사는 다가오는 추석을 맞이하여 [202.명절휴가비]를 지급하고자 한다. [보기]와 같이 지급대상 요건을 직접 추가하여 급여 계산을 진행한 뒤 확인한 정보로 옳지 않은 것은? (단, 그 외 급여계산에 필요한 조건은 프로그램에 등록된 기준을 이용한다.)

┤ 보기 ├

- 귀속연월: 9월, 상여지급일자: 2025/09/30
- 동시발행여부 및 대상자선정: 분리, 직종및급여형태별(입사자와 퇴사자는 상여계산에서 제외함.)
- 명절휴가비 지급대상: 전체 사업장 기준 직종이 '생산직' 또는 '연구직'이고, 급여형태가 '월급'인 근로자
- 명절휴가비의 상여지급대상기간: 2025/01/01~2025/08/31

① 해당 지급일자의 대상자는 모두 6명이고, 모두 [1000.인사1급 회사본사] 사업장 소속이다.
② 명절휴가비는 책정임금의 월급의 130%에 해당하는 금액을 지급한다.
③ 명절휴가비는 모두 차등 지급되었으며, [20081204.유지현] 사원이 가장 많은 금액을 지급받았다.
④ 해당 지급일자의 총 과세금액은 30,080,350원이다.

13 당 회사는 [1000.인사1급 회사본사] 사업장을 제외한 나머지 사업장에 대해 2025년 08월 귀속(지급일 2번)에 이체한 급/상여를 확인하고자 한다. 이체 현황에 대한 설명으로 옳지 않은 것은? (단, 무급자는 제외한다.)

① 해당 조회조건의 대상자는 모두 7명이고, 총 실지급액은 30,874,530원이다.
② 해당 조회조건의 대상자 중 가장 적은 금액의 급/상여가 계좌로 이체된 사원은 [20090701.김성실]이다.
③ 해당 조회조건의 '신한은행'에서 발생한 급/상여 이체 금액은 '카카오뱅크'와 '한국은행'에서 발생한 급/상여 이체 금액보다 크다.
④ 해당 조회조건의 급/상여는 2025/08/25에 지급되었고, 급/상여 이체 대상의 이름과 예금주명이 다른 사원이 존재한다.

14 당 회사는 초과근무에 대해 수당을 지급하고 있다. 아래 [보기]의 기준을 토대로 2025년 08월 귀속(지급일 1번)의 [20081203.안종남] 사원의 '초과근무수당'을 계산하면 얼마인가? (단, 근무수당을 계산하면서 발생되는 모든 원단위 금액은 절사하며, 책정임금 시급은 원단위 금액을 절사하지 않고 계산한다.)

┤ 보기 ├

- 초과근무수당 = 1유형근무 수당 + 2유형근무 수당

- 초과근무 시급: 책정임금 시급
  - 1유형 근무수당: 총 연장근무시간에 초과근무 시급을 곱한 후 150% 가산하여 산정
  - 2유형 근무수당: 총 심야근무시간에 초과근무 시급을 곱한 후 200% 가산하여 산정

① 729,770원　　　　　　　② 745,640원
③ 760,660원　　　　　　　④ 789,220원

15 당 회사는 [1000.인사1급 회사본사] 사업장의 2025년 상반기에 지급한 [100.급여] 내역을 집계하여 확인하고자 한다. [100.급여] 내역을 기간별로 확인했을 때, 기간과 지급항목 금액에 대한 내용으로 옳지 않은 것은?

① 2025년 01월의 연장근로수당: 200,000원
② 2025년 03월의 직무발명보상금: 600,000원
③ 2025년 04월의 근속수당: 4,850,000원
④ 2025년 06월의 영업촉진비: 5,700,000원

16 당 회사는 일용직 사원에 대해 사원별 지급형태를 구분하여 일용직 급여를 지급하고 있다. 아래 [보기]를 확인하여 2025년 09월 귀속 지급일 중 '매일지급' 대상자를 직접 반영 후 급여를 계산할 때, 해당 지급일의 급여내역에 대한 설명으로 옳은 것은? (단, 급여계산에 필요한 조건은 프로그램에 등록된 기준대로 확인한다.)

> **보기**
>
> • 지급형태: '매일지급' 지급일
> • 지급 대상자: [004.시급직]인 [3200.관리부], [5100.자재부] 사원
> • 평일 10시간 근무, 토요일 4시간 근무
> • 비과세 적용 12,000원(평일만 적용)

① 해당 지급일자의 대상자는 총 6명이고, 총 실지급액은 29,223,920원이다.
② 해당 지급일자의 대상자는 모두 30일 중 26일을 근무하였다.
③ 해당 지급일자에서 공제된 총 소득세는 251,460원이고, 모든 대상자에게서 소득세가 공제되었다.
④ 해당 지급일자의 총 비과세 금액은 8,162,820원이고, 모든 대상자에게서 비과세 금액이 발생했다.

17 2025년 09월 귀속 일용직 급여작업 전, 아래 [보기]를 기준으로 [1019.하윤서] 사원의 사원정보를 직접 입력하고 [일용직급여지급일자등록] 메뉴에 대상자를 반영하여 모든 대상자들의 급여계산을 진행했을 때, 해당 일용직 대상자들에게 실제 지급된 금액의 총 합계는 얼마인가? (단, 그 외 급여계산에 필요한 조건은 프로그램 등록된 기준을 따른다.)

> **보기**
>
> • 사원정보 입력 (사원코드: 1019, 사원명: 하윤서)
>   – 입사일자: 2025/09/08, 주민등록번호: 030508-4123456, 부서: [1100.총무부], 급여형태: [004.시급],
>   – 급여/시간단가: 10,030원, 생산직비과세적용: 함, 국민/건강/고용보험여부: 여
> • 일용직 급여지급
>   – 지급형태: '일정기간지급' 지급일, 평일 10시간 근무 가정 (비과세 적용 12,000원)

① 26,275,250원
② 28,000,750원
③ 30,448,770원
④ 32,612,990원

18 당 회사의 [1000.인사1급 회사본사] 사업장을 제외한 사업장의 2025년 상반기의 〈과세/비과세〉총액으로 옳은 것은? (단, '사용자부담금'은 제외한다.)

① 과세총액:　60,336,210원 / 비과세총액:　1,500,000원
② 과세총액: 121,695,710원 / 비과세총액:　5,000,000원
③ 과세총액: 182,031,920원 / 비과세총액:　3,500,000원
④ 과세총액: 390,760,990원 / 비과세총액: 13,200,000원

19 당 회사의 퇴직금 산정을 위한 퇴직기준설정을 확인했을 때, 올바르게 설명한 [보기] 내용은 몇 개인가? (단, 환경설정 기준은 변경하지 않는다.)

| 보기 |

- A: 노동부기준은 적용하지 않고, 평균임금 기간 산정 시 당월을 기준으로 3개월을 산정한다.
- B: 근속누진과 임원누진 적용을 동시에 사용하고 있으며, 근속누진의 적용유형은 [001.기간]이다.
- C: 상여 항목은 퇴직금 계산 시 선택할 수 없으며, 근속일수에 퇴사일을 포함한다.
- D: 퇴직금 계산식은 '일할'로 설정되어 있고, 연차수당코드는 [P60.월차수당]을 사용한다.

① 0개　　　　　　　　　　　　　② 1개
③ 2개　　　　　　　　　　　　　④ 3개

20 2025년 08월 25일 [1000.인사1급 회사본사] 사업장의 [20080103.김소현] 사원이 주택구매를 사유로 중도정산을 신청하였다. 아래 [보기]의 내용에 따라 퇴직기준과 대상자를 직접 반영하여 퇴직정산작업을 진행했을 때, 정산 결과에 대한 설명으로 옳지 않은 것은? (단, 그 외 퇴직금 계산에 필요한 조건은 프로그램의 등록 기준에 따른다.)

| 보기 |

- 평균임금 계산식: '일평균 임금' 적용
- 지급항목 설정: 기본급, 연장근로수당, 근속수당
- 귀속연월: 2025/08
- 재직기준: 2025/08/01 ~ 2025/08/31
- 퇴직일자, 신청일자: 2025/08/25
- 지급일자: 2025/08/25

① [20080103.김소현] 사원의 중도 정산 시의 근속기간은 6445일이다.
② [20080103.김소현] 사원의 퇴직금 계산 시 산정된 기본급의 합계는 10,813,740원이다.
③ [20080103.김소현] 사원의 퇴직금 계산 시 산정된 급여내역은 2025/05/01~2025/07/31까지의 기간이다.
④ [20080103.김소현] 사원에게 실제로 지급될 중도정산 퇴직금은 73,273,970원이다.

21 아래 [보기]를 기준으로 2025년 08월 귀속의 전표를 생성하려 했을 때 발생하는 오류에 대한 처리로 올바른 것은 무엇인가? (현재 반영되어 있는 데이터를 기준으로 오류내역을 조회한다.)

> ┤ 보기 ├
>
> • 지급유형: [1.상용직급여]
> • 회계단위: [1000.인사1급 회사본사]
> • 결의일자: 2025/08/25
> • 작성자: [ERP13I01.장미란]
> • 집계사업장: [1000.인사1급 회사본사]

① [계정과목설정] 메뉴의 상용직급여 탭에서 조회되는 계정유형 별 지급항목의 계정코드 중 누락된 계정코드를 설정한다.

② [계정과목설정] 메뉴의 상용직급여 탭에서 조회되는 계정유형 별 공제항목의 계정코드 중 누락된 계정코드를 설정한다.

③ [소득자별계정유형설정] 메뉴에서 계정유형이 누락된 사원의 계정유형을 설정한다.

④ [전표집계및생성] 메뉴의 전표처리결과 탭에서 기존에 생성해 놓은 전표를 확인한 뒤 전표삭제를 한다.

22 당 회사 [3000.인사1급 부산지점] 사업장의 [20090701.김성실] 사원의 2024년 귀속의 근로소득 지급/공제내역 중 지급받은 총급여의 합계(상여 포함)와 실제 원천징수한 소득세의 합계로 옳은 것은?

① 총급여: 47,149,920원 / 소득세: 3,368,480원

② 총급여: 47,149,920원 / 소득세: 3,739,040원

③ 총급여: 57,962,400원 / 소득세: 3,368,480원

④ 총급여: 57,962,400원 / 소득세: 3,739,040원

23 당 회사는 2025년 상반기 귀속 거주자 사업소득에 대해 소득자별로 소득 현황을 확인하고자 한다. 2025년 상반기에 지급한 소득에 대해 조회한 내용으로 옳은 것은?

① 상반기에는 총 6명의 소득자에게서 소득이 발생했고, 가장 많은 소득세를 공제한 소득구분은 [940302.배우]이다.

② 상반기에 발생한 소득 중 가장 많은 소득이 발생한 소득자는 [20210802.안민서]이고, 실제 지급받은 총 소득금액은 12,881,220원이다.

③ 상반기에 발생한 소득은 모두 [1000.인사1급 회사본사] 사업장에서만 발생했고, 총 지급액은 41,308,600원이다.

④ 상반기에 발생한 당월 귀속의 소득은 모두 당월에 지급되었으며, [940907.음료배달]의 경우 매월 소득이 발생하였다.

24 아래 [보기]를 기준으로 당 회사의 지방소득세특별징수명세 신고서를 생성했을 때, [3.사업소득]의 소득자별 '과세표준'이 옳지 않은 것은? (단, 신고서 생성기준은 '단일 사업장' 기준으로 생성한다.)

> ┤ 보기 ├
>
> • 매월 신고
> • 신고사업장: [1000.인사1급 회사본사]
> • 신고구분: 1.정기
> • 귀속연월: 2025년 08월
> • 지급연월: 2025년 08월
> • 제출일자: 2025년 09월 10일
> • 급여지급일자: 2025년 08월 25일

① [20210802.안민서] – 과세표준: 190,000원
② [20220114.윤태경] – 과세표준: 139,980원
③ [20200813.이의리] – 과세표준: 142,500원
④ [20180601.조한영] – 과세표준: 96,000원

25 아래 [보기]를 기준으로 '인사/급여환경설정'을 직접 확인하여 변경한 뒤, [1000.인사1급 회사본사] 사업장의 원천세 신고서를 추가했을 때 조회된 내용 중 옳은 것은? (단, 신고구분은 '정기'이며, 소득 처분여부는 '1.비해당'으로 설정한다.)

> ┤ 보기 ├
>
> • 원천세 신고유형: 본점일괄신고
> • 이행상황신고서집계방식: 지급연월
> • 신고서 생성 기준: 귀속연월, 지급연월 2025/08 (제출일자 2025/09/10)
> • 일반 데이터반영: 매월징수분(전체) / 연말정산 소득세, 농특세 반영: 미적용

① 해당 신고서에서는 근로소득(간이세액), 일용근로소득, 사업소득(매월징수)이 집계되었으며, 각 소득들의 총지급액 합은 182,482,040원이다.
② 근로소득 구분에 집계된 근로소득(간이세액)과 일용근로소득의 내역은 해당 신고서에서 직접 수정이 불가한 항목이다.
③ 주화면 탭의 사업소득(매월징수)에 집계된 인원과 총지급액은 거주자(부표) 탭의 사업소득(매월징수)계에 집계된 인원과 총지급액은 동일하며, 해당 항목의 수정은 거주자(부표) 탭에서만 가능하다.
④ 일용근로소득에서 발생한 소득세는 사업소득(매월징수)에서 발생한 소득세보다 50,070원만큼 더 발생했다.

인사 1급 2025년 4회 (2025년 7월 26일 시행)

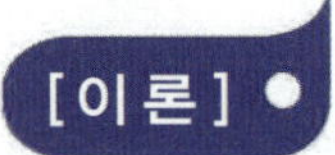

[이론]

[과목: 경영혁신과 ERP]

01 [보기]의 ㈜생산솔루션 회사가 도입한 인공지능 기술에 대한 설명으로 가장 적절한 것은?

> **보기**
>
> ㈜생산인사솔루션은 최근 급변하는 인사 환경에 대응하기 위해 인공지능 기반의 인사관리 시스템을 도입하였다. 인사팀은 이 시스템을 활용하여 입사 지원자의 이력서와 자기소개서를 자동으로 분석하고, 적합한 인재를 선별하는 과정에서 이미지 인식 및 문장 분석 기능을 활용하고 있다. 또한 근무태도 및 성과 데이터를 시계열로 분석하여 인사 평가에 반영하고자 한다.

① RNN은 이미지 데이터를 효과적으로 분류할 수 있는 딥러닝 알고리즘이다.
② RNN은 고정입력값만을 처리할 수 있으며, 순차적인 자연어 분석에는 적합하지 않다.
③ CNN은 시계열 데이터 분석에 최적화되어 있으며, 인사 평가 예측에 주로 활용할 수 있다.
④ CNN은 필터링을 기반으로 이미지 인식에 효과적이며, 이력서 내 사진 판별 등에 활용될 수 있다.

02 [보기]의 ㈜생산에이아이의 블록체인 기술 도입 사례이다. ㈜생산에이아이의 인사정보 관리 방식에 대한 설명으로 가장 적절한 것은?

> **보기**
>
> ㈜생산에이아이는 최근 임직원의 근로계약, 인사 이력, 근태 및 급여 정보 등 주요 인사 데이터를 보다 투명하고 신뢰성 있게 관리하기 위해 블록체인 기반 인사정보 관리 시스템을 도입하였다. 이 시스템은 인사 정보의 위변조를 방지하고, 구성원 간 정보 접근 투명성을 확보하는 데 초점을 두고 있다.

① 블록체인은 중앙 서버를 기반으로 하여 인사 정보를 단일 시스템에 집중 저장한다.
② 블록체인에서는 블록 단위의 정보가 시간 순서와 무관하게 저장되며 수정이 용이하다.
③ 블록체인은 인사정보 보호를 위해 거래 내역을 개별 참여자에게만 분산 저장하지 않는다.
④ 블록체인 기반 인사정보 관리는 정보 위·변조 방지와 참여자 간 투명한 공유를 가능하게 한다.

03 [보기]에서 ㈜생산인재개발의 ERP 인사모듈 도입 기대 효과로 가장 적절하지 않은 것은?

| 보기 |

㈜생산인재개발은 인사 업무의 정확성과 효율성을 높이기 위해 ERP 인사 모듈을 도입하였다. 도입 이후 입·퇴사자 관리, 급여정산, 인사평가 등 각종 인사 업무가 통합되어 진행되고, 실시간으로 인사 데이터를 조회할 수 있게 되었다. 또한 직원들은 본인의 근태 및 인사기록을 셀프서비스 방식으로 확인할 수 있게 되어, 인사팀의 반복 업무 부담도 줄어들었다.

① 인사 관련 업무의 사이클 타임 단축
② 급여정산과 인사기록 관리의 효율화
③ ERP 인사 모듈 교육으로 인한 비용 증가
④ 통합 인사정보를 통한 경영 의사결정 지원

04 e-Business 지원 시스템을 구성하는 단위 시스템에 해당되지 않는 것은?

① 성과측정관리(BSC) ② EC(전자상거래) 시스템
③ 의사결정지원시스템(DSS) ④ 고객관계관리(CRM) 시스템

05 ERP시스템 투자비용에 관한 개념 중 '시스템의 전체 라이프사이클(life-cycle)을 통해 발생하는 전체 비용을 계량화한 비용'에 해당하는 것은?

① 유지보수 비용(Maintenance Cost)
② 시스템 구축비용(Construction Cost)
③ 총소유비용(Total Cost of Ownership)
④ 소프트웨어 라이선스비용(Software License Cost)

[과목: 인적자원 확보]

06 [보기]의 내용은 인사부문 관리활동 중 어느 활동에 해당하는가?

| 보기 |

㈜생산의 인사팀은 현재 진행중인 '업무 동기 전략' 프로그램이 어느 정도 효과를 나타내고 있는지를 평가하기 위해 다양한 지표를 개발하였다.

• 일반 종업원의 사기 수준이 타 기업에 비해 어느 정도인가?
• 일반 종업원은 관리자에 대해 만족하는가?
• 일반 결근율, 지각률 등 불만지표는 감소하고 있는가?

본 질문을 바탕으로 다양한 논의를 거쳐 정확한 평가를 위한 측정지표를 개발할 예정이다.

① 구조조정 ② 인력계획
③ 인력실천 ④ 인력통제

07 직무분석에 대한 설명으로 가장 적절한 것은?

① 인사관리 직군의 급여관리 업무 담당자의 급여자료 입력은 과업(Task)에 해당하며, 근무일 수 입력은 과업을 이루는 직종(Occupation)에 해당한다.

② 비서직은 하나의 직무이며, 비서직이 수행하는 회의록 작성은 요소(Element)에 해당하며, 회의록 작성을 위한 타이핑, 회의록 내용 검토 등은 과업(Task)에 해당한다.

③ 사무관리 직군의 교육훈련 담당자의 직위(Position)는 교육 프로그램 일정 관리이며, 일정 관리를 위한 강의 일정표 작성, 강사 스케줄 확인 등은 직무(Job)에 해당한다.

④ 생산직군에 종사하는 조립 공정 작업자의 과업(Task)는 부품조립이며, 드라이버로 나사 줄이기, 부품 위치 맞추기 등과 같이 가장 단위의 일은 요소(Element)에 해당한다.

08 [보기]는 ㈜생산 인사팀의 회의 내용이다. 주제에 가장 밀접한 직무설계 방법은 무엇인가?

| 보기 |

- 김대리: 회사 입장에서 해당 직무설계 방법은 작업자의 훈련이 용이하고, 단순·반복 작업으로 대량생산이 가능하기 때문에 높은 생산성을 달성할 수 있습니다. 또한 숙련공의 필요성이 적어지기 때문에 노무비 절감하고, 작업의 관리가 용이해질 수 있습니다.
- 박사원: 그러나 근로자 입장에서는 작업의 반복으로 인한 권태감이 생기고, 세분화된 작업으로 작업에 대한 만족도가 감소하게 됩니다. 또한 작업방법이나 수단을 개선하여 능력을 발휘할 기회도 상실하게 됩니다.
- 정과장: 회사 입장에서도 여러 리스크는 존재합니다. 제품 전체에 대한 책임 규명이 힘들고, 품질 관리도 어렵습니다. 또한 작업자의 이직, 지각 및 결근, 생산공정의 고의적인 지체, 작업자의 고충 등으로 인한 비용 증가도 발생합니다.
- 이차장: 반대로 근로자에게도 여러 이점이 있습니다. 한 작업자가 수행하는 여러 종류의 일(Task)를 숫자 면에서 줄여주기 때문에 작업 결과에 대한 책임 부담이 적어지고, 정신적 스트레스나 피로도도 줄어듭니다. 또한 전문적인 직무 교육을 받을 필요가 없어지고, 미숙련공들의 취업 기회가 확대될 수 있습니다.

① 직무순환(Job Rotation) ② 직무확대(Job Enlargement)

③ 직무충실화(Job Enrichment) ④ 직무전문화(Job Specialization)

09 [보기]는 NCS(국가직무능력표준) 기반으로 작성된 문서이다. 문서의 종류로 가장 적절한 것은?

┤ 보기 ├

채용분야	세무·회계	분류체계	대분류	02. 경영·회계·사무			
			중분류	03. 재무·회계			
			소분류	02. 회계		01. 재무	
			세분류	02. 세무	01. 회계·감사	01. 예산	02. 자금

직무
수행내용
	○ (세무) 세법의 체계 내에서 조세부담을 최소화시키는 조세전략을 수립하고 과세당국의 세무조사
	  및 행정처분에 대응하는 업무를 수행함
	○ (회계·감사) 내·외부의 의사결정자들이 효율적인 의사결정을 할 수 있도록 내부 회계기준율 설정
	  하고 내부 통제현황을 관리 및 검토하며 회계감사 및 회계법인의 요구사항에 대응하는 업무를 수행함
	○ (예산, 자금) 조직이 목표로 하는 경영성과를 효과적으로 달성하기 위해 예상되는 수익·비용을
	  편성 및 집행하고 영업활동의 수행을 위해 현금흐름을 관리하며 이에 수반되는 재무위험 관리 및 도출되는
	  성과에 대해 분석하는 업무를 수행함

일반요건	연령	만 60세 미만인 자	직업기초 능력	○ 자원관리능력, 문제해결능력, 조직이해능력, 대인관계능력, 직업윤리
	학력	제한 없음		

교육요건	학력	제한 없음	권장자격	○ ERP회계정보관리사 1급/2급 ○ ERP인사정보관리사 1급/2급
	전공	제한 없음		

능력단위	○ 법인세·지방세 신고, 절세방안 등 조세전략 수립, 세무조사 대응, 회계감사 대응, 이종사업간 연결회계, 예산편성지침 및 연간종합예산 수립, 예산위험관리, 재무위험관리, 성과 및 실적분석 등	직무수행 태도	○ 개정세법 적용여부를 확인하는 적극적 태도, 신고·납부기 한을 준수하고자 하는 의지, 수정 및 경정청구사유를 발견하려는 세심한 자세, 경변화에 능동 적이고 적극적으로 대처하려는 자세, 회계감사 대응을 위한 타 부서와의 협업 태도, 부서의 목소리를 들으려는 경청 의지 등

필요지식	○ 세법상 결산조정 및 신고조정 항목, 법인세법·지방세법 및 조세특례제한법, 수정신고·경정청구의 요건 및 절차, 정부 동향 및 기업환경변화, 세무조사 방향 및 최근 쟁점, 불복청구 및 의신청 절차, 분석을 위한 관리·재무회계 지식 등	필요기술	○ 세무정보시스템 운용능력 법인세 부속서류 작성기술, 추세분석 등 통계적 기법 활용능력, 세무조사 쟁점사항에 대한 대응요령 및 사례검토 능력, 회계감사 결과에 대한 신속한 사후조치 능력, 예산회계상 민감도 추정·분석 능력, 실적분석 및 평가결과에 대한 보고서 작성 능력 등

① 회계보고서

② 성과평가표

③ 직무명세서

④ 인사발령서

10 인력예측기법에 대한 설명으로 적절하지 않은 것은?

① 자격요건기법: 기업 환경이 미래에도 안정적이며, 직무내용, 구조, 기술에 큰 변화가 없는 경우 개별 직무에 요구되는 요건과 과업에 대한 분석을 병행하여 인력 수요예측 자료로 활용한다.

② 시나리오기법: 과거 인력변화를 가져다 주었던 요인을 찾아서 시간에 따른 변화 정보를 파악하고 이를 인력의 변화정도와 연결시켜 미래의 인력 변화정도(인력수요)를 예측하는 분석 방법이다.

③ 노동과학적기법(작업연구기법): 작업시간연구를 기초로 조직의 하위 작업장별 필요한 인력을 산출하는 기법으로, 표준 작업동작, 표준 작업시간, 생산단위당 표준작업시간 등을 인력 예측 자료로 활용한다.

④ 생산성비율분석: 기업에 필요한 인력의 수는 작업량에 따라 비례한다는 가정을 바탕으로, 과거 기업이 달성했던 생산성의 변화 정보를 가지고 미래에 필요한 생산라인 투입 인력을 예측하는 기법이다.

11 선발 의사결정에 관한 설명으로 가장 적절하지 않은 것은?

① 선발률이 일정할 때 타당성 계수가 증가하면 예측수단의 성공률이 증가하게 된다.

② 만족스러운 성과를 낼 수 있는 사람을 시험성적이 미달되어서 선발하지 않는 오류를 제1종 오류라고 한다.

③ 총 지원자 중에서 만족스러운 성과를 낼 수 있는 사람들을 많이 선발하게 되면 선발기준의 타당성이 높다고 말할 수 있다.

④ 선발률이란 총지원자 중 선발된 사람의 비율을 의미하는 것으로 선발률이 0에 가까우면 1종오류는 줄어들지만 2종오류가 증가하고, 선발률이 1에 가까우면 1종오류는 늘어나지만 2종오류는 줄어드는 효과가 있다.

12 [보기]는 ㈜생산전자의 직무평가 순서 및 방법에 대한 내용이다. 해당 방법은 개별 직무에 대한 가치가 점수로 명확하게 산정되기 때문에 직무간 비교가 용이하다. 하지만 평가요소에 대한 가중치 설정에 문제가 제기될 수 있으며, 다른 평가방법보다 상대적으로 시간과 비용이 많이 발생한다. ㈜생산전자의 직무평가 방법으로 가장 적절한 것은?

┤ 보기 ├

- 평가순서
  ① 평가요소 선정 → ② 평가요소에 대한 가중치 설정 → ③ 평가요소에 대한 점수 부여
- 평가요소의 가중치 선정

평가요소		가중치(%)	
대분류	소분류	소분류	대분류
숙련	– 직무경험 – 교육수준 – 문제해결능력	20 15 15	50
노력	– 육체적 노력 – 정신적 노력	5 5	10
책임	– 안전 – 직무개선 – 원재료관리	10 10 10	30
직무조건	– 작업환경 – 위험도	5 5	10

① 서열법
② 점수법
③ 요소비교법
④ 쌍대비교법

13 배치관리의 원칙으로 적합하지 않은 것은?

① 연공주의 원칙
② 적재적소의 원칙
③ 균형주의의 원칙
④ 인재육성주의 원칙

14 [보기]에서 설명하는 용어를 한글로 입력하시오.

┤ 보기 ├

- 조직 내부 인력이 부족하거나 전문성이 부족할 때, 특정 업무를 외부 전문기관에 위탁하여 수행하는 방식
- 상시 고용보다 외부 위탁이 더 저렴할 경우 경제적인 효과를 거둘 수 있음
- 일시적인 인력 수요 증가 시 인력 부족의 대응 방안으로 대응할 수 있는 전략 중 하나이다.

정답: ______________________________

[과목: 인적자원 개발]

15 [보기]는 무엇에 대한 설명인가?

> **보기**
>
> - 가장 단순한 방법으로 근로자의 장단점과 성과 및 잠재적인 요인의 향상을 위한 제언을 사실적으로 서술하는 방법
> - 간편하지만 비교가 어려우며, 평가 결과가 상이할 수 있음
> - 일종의 자기고과 방법으로 자기평가는 자유롭게 기술함

① 강제선택법   ② 자유기술법
③ 대조표고과법   ④ 서술식고과법

16 교육훈련에 관한 설명으로 적절하지 않은 것은?

① 액션러닝(action learning)은 현장경험을 중시하는 경험위주의 교육훈련 학습방법이다.
② 교육훈련의 프로세스는 크게 필요성분석(수요조사), 계획설계, 실시, 평가의 과정을 거친다.
③ OJT(on the job training)는 훈련받은 내용을 바로 활용할 수 있지만 잘못된 관행이 전수될 가능성이 있다.
④ 중요사건법은 직무성과에 영향을 미치는 중요한 상황을 가정하고 시뮬레이션을 통해 훈련시키는 교육방법이다.

17 [보기]는 ㈜생산의 승진제도 내용이다. 본 사례에서 '능력주의 승진'에 대한 설명으로 가장 적절하지 않은 것은?

> **보기**
>
> ㈜생산은 최근 승진제도를 개편하였다. 회사는 기존의 연공서열 중심 승진 방식에서 벗어나, 각 직원의 역량과 직무 수행 능력을 중심으로 평가하고, 그 결과에 따라 승진 여부를 결정하고 있다. 승진 시 고려되는 기준은 직무의 중요도, 성과 평가 결과, 직무 적합성 등이다. 반면, 일반직 하위계층 근로자들은 여전히 승진 가능성이 낮고, 조직 내에서는 목적보다는 절차와 능력 기준이 강조되고 있다.

① 합리적 기준에 따라 승진이 이루어진다.
② 승진 기준은 직무 성과 중심으로 설정된다.
③ 일반직 하위계층 직종에도 잘 적용되는 방식이다.
④ 승진 기준은 가치적·목적적 기준보다는 능력 중심의 절차적 기준이다.

18 경력관리 및 경력개발에 대한 설명으로 가장 적절하지 않은 것은?

① 기업 조직에 대한 일체감을 제고시켜 기업 내 협동시스템의 구축이 원활해진다.

② 기업은 인력의 외적 유입과 다양한 인재풀 확보를 통해 조직의 경력을 개발시킬 수 있다.

③ 종업원에게 직장에 대한 안정감(Job security)을 주고 미래에 대한 설계 가능성을 제시함으로써 비전을 제공한다.

④ 직원의 성장욕구를 충족시켜주며, 직원이 지닌 기술 및 역량이 노후화되는 것을 막고 도전적인 직무경험을 하게 함으로써 성장의 기쁨을 준다.

19 Lewin의 변화과정 중 환경의 변화를 인지하여 고정관념을 탈피하여 개방적이고 새로운 관점을 수용하려는 준비단계는?

① 변화　　　　　　　　　　　　② 해빙

③ 재동결　　　　　　　　　　　④ 정착화

20 [보기]에서 교육훈련방법을 한글로 기입하시오.

> **┤ 보기 ├**
>
> 관리자를 대상으로 직무지식을 획득하기 위한 교육기법이다. 특정 부서의 직속상사 밑에 미래에 그 자리를 계승할 예정있는 자가 같이 일을 하면서 그 상사로부터 업무에 관한 자세한 내용을 교육받는 제도이다. 해당 교육훈련에는 직장 내 훈련법(OJT)가 동시에 포함되기도 한다.
>
> • 장점: 실무의 내용을 그대로 교육받기 때문에 실무 적용성과 학습 효과성이 높다.
> • 단점: 우수한 상사의 교육훈련이 무조건 우수하지 못할 수 있으며, 교육이 의례적으로 흐를 가능성도 있다.

정답: ________________________________

[과목: 임금 및 복리후생관리]

21 [보기]에서 김대리가 인식하는 임금의 의미로 가장 적절한 것은?

> **┤ 보기 ├**
>
> ㈜생산의 김대리는 최근 직무 재조정으로 인해 임금에 변화가 생기자 큰 혼란을 겪고 있다. 그는 "임금은 단순히 생계를 위한 수단만이 아니라, 내가 조직에서 어느 정도 인정받고 있는지, 어떤 위치에 있는지를 보여주는 지표 같다"고 말한다. 또한 "회사의 경영성과만을 기준으로 임금이 결정되는 것은 종업원 입장에서는 공정하지 않다"고 주장한다.

① 기업의 비용 요소　　　　　　② 생산성 향상 수단

③ 경쟁력 확보 수단　　　　　　④ 신분 및 지위의 상징

22 통상임금과 평균임금에 대한 설명으로 옳지 않은 것은?

① 평균임금이란 이를 산정해야 할 사유가 발생한 날 이전 3개월 동안에 그 근로자에게 지급된 임금의 총액을 그 기간의 총일수로 나눈 금액을 의미한다.

② 통상임금이란 근로자에게 정기적이고 일률적으로 소정근로 또는 총 근로에 대하여 지급하기로 정한 시간급 금액, 일급 금액, 주급 금액, 월급 금액 또는 도급 금액을 의미한다.

③ 퇴직금, 휴업수당, 재해보상금, 육아휴직급여, 구직급여는 평균임금을 기준으로 적용된다.

④ 연차유급휴가수당, 연장·야간·휴일근로수당은 통상임금을 기준으로 적용된다.

23 [보기]의 사업부별 적용해야 할 성과급제로 가장 적절하게 짝지어진 것은?

> **┤ 보기 ├**
>
> ㈜생산은 조직의 생산성과 효율성을 높이기 위해 부서 단위 성과급 제도 도입을 검토하고 있다. 이에 따라 3가지 사업부에서 각각 다른 방식으로 성과급을 운영하고자 한다.
>
> - A사업부는 제품 단위당 표준시간 대비 실제 작업시간을 기준으로 하여 절감된 시간만큼 성과급을 지급한다.
> - B사업부는 직원들이 자발적으로 생산성 개선 제안을 내고 이를 통해 절감된 비용을 기준으로 성과급을 지급한다.
> - C사업부는 매출에서 외부 비용(원재료, 외주비 등)을 제외한 부가가치 수준을 기준으로 성과급을 지급하고 있다.

① A: 스캔론 플랜   B: 임프로셰어   C: 럭커 플랜

② A: 임프로셰어   B: 스캔론 플랜   C: 럭커 플랜

③ A: 럭커 플랜   B: 임프로셰어   C: 스캔론 플랜

④ A: 임프로셰어   B: 럭커 플랜   C: 스캔론 플랜

24 소득을 지급하는 자가 그 지급받는 자의 조세를 징수하여 국가 및 지방자치단체에 납부하는 제도는 무엇인가?

① 종합과세   ② 분류과세

③ 기타과세   ④ 원천징수

25 [보기]는 ㈜생산의 복리후생에 대한 내용이다. ㈜생산의 복리후생 종류로 가장 적절한 것은?

> **┤ 보기 ├**
>
> ㈜생산은 직원들이 아래의 내용을 선택할 수 있는 복리후생 프로그램을 채택하고 있다.
>
> - 휴가: 추가 휴가 제공 vs 휴가 수당 지급
> - 보험: 생명보험 혜택 vs 자동차보험 혜택
> - 상담: 세무상담 vs 기타 법률상담료 지원
> - 재산 형성: 저축 vs 증권투자
>
> 직원들의 선택을 통해 복리후생 혜택이 제공되기 때문에 동기부여에 효과적이며, 기업은 직원들이 선택하지 않는 복리후생 항목을 줄여 예산을 합리적으로 배분할 수 있다.

① 홀리스틱 복리후생 ② 문화지원 복리후생
③ 라이프사이클 복리후생 ④ 카페테리아형 복리후생

26 [보기]에서 설명하는 용어를 한글로 입력하시오.

> **┤ 보기 ├**
>
> 근로자가 근로의 의사와 능력이 있음에도 불구하고 취업하지 못한 상태에 있는 피보험자의 생활에 필요한 급여를 실시하여 근로자 등의 생활안정과 구직활동을 촉진하기 위한 제도이다.

정답: ________________________________

27 [보기]에서 설명하는 용어를 한글로 입력하시오.

> **┤ 보기 ├**
>
> 근로자의 업무상 재해를 신속하고 공정하게 보상하며, 재해근로자의 재활 및 사회 복귀를 촉진하기 위한 시설을 설치·운영하고, 재해 예방과 그 밖에 근로자의 복지 증진을 위한 사업을 시행하기 위한 사회제도

정답: ________________________________

28 근로시간에 대한 설명으로 가장 적절한 것은?

① 근로기준법은 노동을 할 수 있는 대한민국 국민 누구나, 연령·성별 등에 차별을 두지 않고 동일한 기준을 적용한다.

② 근로시간은 휴게시간을 제외하고 1일 8시간, 1주 40시간을 초과할 수 없으나, 당사자 간 합의를 통해 1주 16시간 한도안에서 연장할 수 있다.

③ 사용자는 야간근무 진행 시 통상임금의 100분의 100을 지급해야 하며, 여기서 야간근무는 12시 자정부터 다음날 오전 6시 사이의 근로를 의미한다.

④ 사용자는 8시간을 초과한 휴일근로를 진행할 경우 통상임금의 100분의 100을 가산하여 지급해야 하며, 8시간 이내의 휴일근로 진행 시 통상임금의 100분의 50을 가산하여 지급해야 한다.

[과목: 노사관계]

29 [보기]는 제품의 디자인부터 제작 설비까지 만드는 ㈜생산프로덕트의 사례이다. 해당 회사 문제점에 대한 대응 방안으로 가장 적절하지 않은 것은?

> **┤ 보기 ├**
>
> ㈜생산프로덕트는 고객의 요청에 따라 제품을 설계하고, 제작 설비까지 구축해 줄 수 있는 큰 규모의 기업이다. 제품 디자인, 맞춤형 설비 제작 등 다양한 사업을 수행하고 있다.
> 직원들의 사기 진작과 효율적인 인사 관리를 위해 다양한 근로제도를 일찍부터 도입해 왔으나, 최근에는 사업군별로 다음과 같은 운영상의 고민이 발생하고 있다.
>
> • 디자인 직군은 완성된 프로토타입을 직접 확인한 후 대면 회의가 필수적이나, 근무시간을 자유롭게 조정할 수 있는 선택적 근로시간제 도입 이후 회의 일정 조율과 커뮤니케이션에 차질이 생기면서 업무 리드타임이 증가하였다.
> • 맞춤형 제작 설비에 대한 수요가 증가함에 따라 야간근무와 주말근무가 불가피해졌으며, 이로 인해 주 52시간제 준수가 어려운 상황에 직면하고 있다.
> • 디자인 업무는 안정적인 수요를 유지하고 있으며, 설비 제작 수요는 지속적으로 증가하고 있어 전체적으로 사업의 안정성은 견고한 편이다.

① 박사원: 디자인 직군의 경우, 직원들과의 협의를 통해 의무적으로 근무해야 하는 회의 시간을 설정함으로써, 선택적 근로시간제를 유지하는 방안을 고려해야 합니다.

② 이대리: 설비 직군의 경우, 업무량이 많아지는 주요 시기에는 3개월 단위 이내의 탄력적 근로시간제를 도입하고, 환산시간이 주 52시간을 초과하지 않는 범위 안에서 업무가 수행될 수 있도록 관리해야 합니다.

③ 김팀장: 설비 직군의 경우, 지속적으로 증가하는 수요에 탄력적으로 대응하기 위해 상시 연장근로를 허용하고, 야간 및 주말근무를 포함한 총 근로시간을 자율에 맡기죠. 자율권을 제공함으로써 직원들의 사기가 증대될 수 있어요.

④ 배부장: 중장기적인 관점에서 안정적인 사업구조를 바탕으로 수요가 증가하는 설비 파트의 인력 충원을 위한 계획을 수립해야겠네요.

30 경영참가제도의 유형 중 이윤참가(성과참가)로만 구성된 것은?

① 스캔론플랜, 럭커플랜
② 종업원지주제, 스캔론플랜
③ 종업원지주제, 노사협의제도
④ 노사공동결정제도, 노사협의제도

31 단체교섭 및 단체협약에 대한 설명으로 가장 적절하지 않은 것은?

① 단체교섭은 노동조합과 사용자가 임금, 근로시간, 복지 등에 대해 협상하는 활동을 의미한다.
② 단체교섭은 일반적으로 교섭준비, 예비교섭, 본 교섭, 마무리 교섭, 교섭의 평가 순으로 진행된다.
③ 단체협약은 교섭 결과를 바탕으로 서면으로 체결한 계약으로, 법적 효력을 가지는 문서를 의미한다.
④ 단체협약을 체결하지 못할 경우 사용자는 파업, 태업, 보이콧 등 쟁의행위를 통해 분쟁상태를 만들 수 있다.

32 대한민국헌법에서 명시하는 노동 3권 세 가지를 모두 한글로 입력하시오.

정답: ______________________________

33 [보기]에서 설명하는 근무유형을 한글로 입력하시오.

> **┤ 보기 ├**
>
> 동일한 작업 또는 직무를 둘 이상의 근로자가 시간대를 나누어 순차적으로 수행하는 근무 형태. 즉, 일정한 시간마다 근무자를 바꾸어 가며 하는 근무형태

정답: ______________________________

[실무]

실무문제는 [실기메뉴]를 활용하여 답하시오.
웹하드(http://www.webhard.co.kr)에서 Guest(ID: samil3489, PASSWORD: samil3489)로
로그인하여 백데이터를 다운받아 설치한 후 인사1급 2025년 4회 '장미란 사원'으로 로그인한다.

01 다음 중 핵심 ERP 사용을 위한 기초 사업장 정보를 확인하고, 그 내역으로 알맞지 않은 것은 무엇인가?

① 〈1000.인사1급 회사본사〉 사업장은 해당 회사의 '본점' 사업장이며, 종목은 '레저용품' 이다.
② 〈2000.인사1급 인천지점〉 사업장의 주업종코드는 '369301.제조업' 이며, 원천징수이행상황신고서 신고 시 '반기' 신고를 진행하는 사업장이다.
③ 〈3000.인사1급 대구지점〉 사업장의 지방세신고지 행정동은 '2714051000.동구청' 이며, 관할 세무서는 '502.동대구' 이고, 개업년월일은 '2005/01/09' 이다.
④ 〈4000.인사1급 강원지점〉 사업장은 사업자단위과세 신고 시, 주(총괄납부)사업장으로 신고한다.

02 다음 중 핵심 ERP 사용을 위한 기초 부서 정보를 확인하고, 내역으로 옳지 않은 것은 무엇인가?

① '2000.영업부'는 현재는 사용하지 않는 부서이며, 사용종료일은 '2025/03/31' 이다.
② 〈4000.인사1급 강원지점〉 사업장에 속한 부서는 현재 모두 사용 중이다.
③ [6000.연구부문]에 속한 부서는 현재 모두 사용 중이다.
④ '8100.육성부'는 [8000.육성부문]에 속한 부서이며, 사용시작일은 '2021/01/02' 이다.

03 당 회사의 인사/급여기준에 대한 설정을 확인했을 때, 올바르게 설명한 [보기] 내용은 몇 개인가? (단, 환경설정 기준은 변경하지 않는다.)

> **| 보기 |**
>
> • A: 생산직 비과세를 적용할 직종으로 '002.생산직', '003.연구직' 직종이 등록되어 있다.
> • B: 회사의 '월일수 산정' 기준은 '당월일'이며, 7월 귀속 기준으로 일수 산정 시 일수는 30일이다.
> • C: 입사자의 경우 급여 계산 시, 25일 초과 근무 시 월 급여를 '월할' 지급한다.
> • D: 건강보험정산 코드로 'S11.건강보험정산' 코드가 설정되어 있다.

① 1개 ② 2개
③ 3개 ④ 4개

04 당 회사는 2025년 07월 [800.과장] 직급의 호봉을 아래 [보기]와 같이 일괄 등록하고자 한다. 호봉 등록을 완료하고 호봉 금액을 확인 시, 6호봉 기준의 '호봉합계'는 얼마인가?

| 보기 |

- 기본급 초기치:　　3,300,000원 (증가액　100,000원)
- 급호수당 초기치:　　150,000원 (증가액　　15,000원)
- 연장수당 초기치:　　100,000원 (증가액　　10,000원)
- 일괄인상
　1) 정률인상 적용: 기본급 5.5%, 급호수당 2.3%
　2) 정액인상 적용: 연장수당 3,000원
---

① 3,903,500원 　　　　　　　　② 4,130,485원
③ 4,261,330원 　　　　　　　　④ 4,392,175원

05 2025년 귀속 기준 급여 지급/공제항목설정을 확인하고, 그 설명으로 옳지 않은 것은 무엇인가? (단, 지급/공제항목설정 기준은 변경하지 않는다.)

① [P10.연장근로수당]은 '001.야간근로수당' 비과세 적용 기준요건인 월정급여에 포함되지 않는 지급항목이며, '002.생산직' 직종일 때 책정임금의 월급×0.1로 지급한다.
② [P25.직무발명보상금]은 분류 여부가 제외조건으로 설정되어 있으며, '오진형', '장기영' 사원을 제외한 모든 사원에 대해서 1,000,000원을 지급하고 감면 비대상 항목이다.
③ [P30.근속수당]은 근속기간이 07년 01개월 일 때 55,000원을 지급하고, 퇴사자인 경우에는 지급하지 않는 항목이다.
④ [P50.식대보조비]는 '2100.국내영업부', '2200.해외영업부'에 속한 사원에게는 지급하지 않고 [P55.영업촉진비]는 해당 부서에 속한 사원에게만 지급한다.

06 당 회사의 2025년 06월 귀속 급/상여 지급일자 등록을 확인하고, 그 내역으로 알맞지 않은 것은 무엇인가?

① '급여'의 '지급직종및급여형태'에 반영된 정보와 일치하는 대상자는 [상용직급여입력및계산] 메뉴에서 직접 대상자 선정을 진행하여 대상자를 반영한다.
② '급여'를 지급하는 일자에 '상여'를 추가하여 지급할 수 있다.
③ '상여' 지급 시, '상여지급대상기간'은 '2025/06/01~2025/06/30'이며 모든 직종에 대해서 지급한다.
④ 입사자의 경우 '상여' 지급 시, 근무일수에 상관없이 '일할'로 지급한다.

07 당 회사는 전체 사업장의 〈620. ERP 활용 교육〉 교육평가가 우수한 사원을 대상으로 포상을 지급하기로 하였다. 아래 [보기]를 기준으로 지급한 대상자들의 총 지급 금액으로 알맞은 것은 무엇인가?

> ┤ 보기 ├
>
> • 교육평가 A등급: 300,000원
> • 교육평가 B등급: 100,000원

① 1,000,000원　　　　　　　　② 1,300,000원
③ 1,400,000원　　　　　　　　④ 1,600,000원

08 당 회사는 전체 사업장에 대해 사내 동호회 가입 현황을 확인하고자 한다. 다음 중 현재 '500.런닝동호회' 가입자가 아닌 사원은 누구인가? (단, 퇴사자는 제외한다.)

① [20001101.박용덕]　　　　　　② [20020603.이준상]
③ [20040301.오진형]　　　　　　④ [20081201.조선우]

09 당 회사의 인사정보를 확인하고 관련된 설명으로 올바르지 않은 것은 무엇인가?

① [20010401.노희선] 사원은 장애인복지법에 의한 장애인이며, 배우자 공제를 적용 받는다.
② [20030701.엄현애] 사원은 '2015/06/01~2015/08/31'에 육아휴직 이력이 존재하며, 급여이체은행은 '260.신한'은행으로 설정되어 있다.
③ [20081204.박성호] 사원은 60세 이상 부양가족이 1명 존재하며, 급여형태는 '004.시급'으로 설정되어 있다.
④ [20191118.윤태경] 사원의 직급은 '대리' 이며, 학자금상환 대상자로 상환통지액은 '500,000원'이다.

10 당 회사는 창립기념일을 맞아 2025년 06월 30일 기준으로 전체 사업장의 만 15년 이상 장기근속자에 대해 특별근속수당을 지급하기로 하였다. 아래 [보기]를 기준으로 지급한 총 특별근속수당은 얼마인가? (단, 퇴사자는 제외하며, 미만일수는 버리고, 모든 경력사항을 제외한다.)

> ┤ 보기 ├
>
> • 15년 초과 ~ 20년 이하: 150,000원
> • 20년 초과 ~ 25년 이하: 200,000원
> • 25년 초과: 250,000원

① 2,850,000원　　　　　　　　② 2,900,000원
③ 3,150,000원　　　　　　　　④ 3,200,000원

11 당 회사의 2025년 07월 귀속 급여(지급일자: 2025/07/25)에 해당하는 대상자 중 [20181101.이민성] 사원이 개인적인 사유로 휴직을 신청하였다. [20181101.이민성] 사원의 휴직 내역을 [보기]와 같이 등록한 뒤 모든 지급 대상자에 대해 급여를 계산 할 때, '과세' 총액은 얼마인가? (단, 그 외 급여계산에 필요한 조건은 프로그램에 등록된 기준을 이용한다.)

> **보기**
> • 시작일: 2025/07/01, 종료일: 2025/07/18
> • 휴직사유: [200.병가]
> • 휴직지급율: 80%
> • 퇴직기간적용: 함

① 50,621,580원
② 51,150,150원
③ 52,745,920원
④ 53,166,870원

12 당 회사는 2025년 07월 귀속 특별급여(지급일자: 2025/07/31) 소득을 지급하고자 한다. 아래 [보기]를 기준으로 특별급여 지급항목의 지급 요건을 직접 변경하고 모든 지급 대상자에 대해 급여를 계산 할 때, 해당 지급일자의 과세총액은 얼마인가? (단, 그 외 급여계산에 필요한 조건은 프로그램에 등록된 기준을 이용한다.)

> **보기**
> • 지급항목: [P05.특별급여]
> • 분류코드: [005.직종별]
>   '001.사무직' - 계산: 책정임금의 월급 × 30%
>   '002.생산직' - 금액: 1,000,000원
>   '003.연구직' - 금액: 1,500,000원

① 17,360,380원
② 18,220,470원
③ 19,245,680원
④ 20,120,790원

13 당 회사는 〈1000.인사1급 회사본사〉 사업장에 대해 2025년 06월 귀속(지급일 2번)에 이체한 급/상여를 확인하고자 한다. 이체 현황에 대한 설명으로 옳지 않은 것은 무엇인가? (단, 무급자는 제외한다.)

① 해당 조회조건의 대상자는 모두 13명이고, 총 실지급액은 63,379,470원이다.
② 해당 조회조건의 대상자 중 가장 많은 금액의 급/상여가 계좌로 이체된 사원은 [20081202.장명훈]이다.
③ 해당 조회조건의 '신한은행'에서 발생한 급/상여 이체 금액은 '우리은행'에서 발생한 급/상여 이체 금액보다 적다.
④ 해당 조회조건의 급/상여는 2025/07/10에 지급되었고, 급/상여 이체 대상의 이름과 예금주명이 다른 사원이 존재한다.

14 당 회사는 초과근무에 대해 수당을 지급하고 있다. 아래 [보기]의 기준을 토대로 2025년 06월 귀속 (지급일 1번)의 [20081203.김도균] 사원의 '초과근무수당'을 계산하면 얼마인가? (단, 근무수당을 계산하면서 발생되는 모든 원단위 금액은 절사하며, 책정임금 시급은 원단위 금액을 절사하지 않고 계산한다.)

> ┤ 보기 ├
>
> • 초과근무수당 = 1유형근무 수당 + 2유형근무 수당
>
> • 초과근무 시급: 책정임금 시급
> – 1유형 근무수당: 총 연장근무시간에 초과근무 시급을 곱한 후 150% 가산하여 산정
> – 2유형 근무수당: 총 심야근무시간에 초과근무 시급을 곱한 후 200% 가산하여 산정

① 1,087,990원 ② 1,102,810원

③ 1,372,540원 ④ 1,494,950원

15 당 회사는 〈1000.인사1급 회사본사〉 사업장에 대해 2025년 2분기에 속한 기간의 지급내역 중 '100.급여', '200.상여' 지급내역에 대해 부서별로 집계하여 금액을 확인하고자 한다. 내역을 확인하고 부서와 항목별 금액이 올바르지 않은 것은 무엇인가?

① 부서: 총무부 / 공제합계: 15,170,740원
② 부서: 경리부 / 직무발명보상금: 6,000,000원
③ 부서: 국내영업부 / 소득세: 5,743,710원
④ 부서: 해외영업부 / 지급합계: 70,546,170원

16 당 회사는 일용직 사원에 대해 사원 별 지급형태를 구분하여 일용직 급여를 지급하고 있다. 아래 [보기]를 확인하여 2025년 07월 귀속 지급일 중 '매일지급' 대상자를 직접 반영 후 급여계산 할 때, 해당 지급일의 급여내역에 대해 바르지 않은 것은 무엇인가? (단, 급여계산에 필요한 조건은 프로그램에 등록된 기준대로 확인한다.)

> ┤ 보기 ├
>
> • 지급형태: '매일지급' 지급일
> • 지급 대상자: '004.시급직'인 '1100.총무부', '1200.경리부' 사원
> • 평일 10시간 근무, 토요일 4시간 근무
> • 비과세 적용 10,000원(평일만 적용)

① 해당 지급일자에 실제 지급된 금액은 총 36,413,614원이며, 대상자 중 [1004.박현지] 사원만 소득세가 공제되지 않고 급여를 지급 받았다.
② 해당 지급일자의 대상자는 총 6명이고, 연장 비과세는 총 4,719,554원 지급 되었다.
③ 해당 지급일자에 실제 공제된 건강보험은 총 1,414,900원이며, 건강보험이 공제되지 않고 급여를 지급 받은 사원은 존재하지 않는다.
④ 해당 지급일자의 회사부담금은 총 1,901,610원이며, 급여를 계좌로 지급 받지 않고 현금으로 지급 받는 사원이 존재한다.

17 2025년 07월 귀속 일용직 급여작업 전, 아래 [보기]를 기준으로 [1016.이재문] 사원의 사원정보를
직접 입력하고 [일용직급여지급일자등록]에 대상자를 반영하여 급여계산을 했을 때, 해당 일용직 대
상자들에게 실제 지급된 금액의 총 합계는 얼마인가? (단, 그 외 급여계산에 필요한 조건은 프로그램
등록된 기준을 따른다.)

> **보기**
>
> • 사원정보 입력 (사원코드: 1016, 사원명: 이재문)
>   – 입사일자: 2025/07/07, 주민등록번호: 920101-1234567, 부서: [4100.생산부], 급여형태: [004.시급]
>   – 급여/시간단가: 36,140원, 생산직비과세적용: 함, 국민/건강/고용보험여부: 여
> • 일용직 급여지급
>   – 지급형태: '일정기간지급' 지급일, 평일 10시간 근무 가정(비과세 적용 12,000원)

① 31,569,990원   ② 33,994,250원

③ 35,702,810원   ④ 37,124,700원

18 당 회사의 〈1000.인사1급 회사본사〉 사업장의 2025년 2분기의 〈과세/비과세〉 총액을 확인하고자
한다. 해당 기간의 〈과세/비과세〉 총액으로 올바른 것은 무엇인가? (단, '사용자부담금'은 포함한다.)

① 과세총액: 249,708,780원 / 비과세총액: 7,458,660원

② 과세총액: 249,708,780원 / 비과세총액: 11,658,660원

③ 과세총액: 481,313,700원 / 비과세총액: 83,400,000원

④ 과세총액: 481,313,700원 / 비과세총액: 97,666,080원

19 당 회사의 퇴직금 산정을 위한 퇴직기준설정을 확인했을 때, 올바르게 설명한 [보기] 내용은 몇 개인
가? (단, 환경설정 기준은 변경하지 않는다.)

> **보기**
>
> • A: 노동부기준은 적용하지 않고, 평균임금 기간 산정 시 당월을 기준으로 3개월을 산정한다.
> • B: 임원누진만 적용하고 있으며, 적용유형은 [001.기간]이고 적용방식은 [000.가산율]이며 '대표
>   이사'일 때, 가산율이 200만큼 적용된다.
> • C: 비과세 항목은 퇴직금 계산 시 사용할 수 없으며, 근속일수에 퇴사일을 포함한다.
> • D: 퇴직금 계산식은 '일할'로 설정되어 있고, 연차수당코드는 [P60.월차수당]을 사용한다.

① 0개   ② 1개

③ 2개   ④ 3개

20 2025년 07월 25일 〈1000.인사1급 회사본사〉 사업장의 [20080103.김민주] 사원이 개인 사유로 중도정산을 신청하였다. 아래 [보기]의 내용에 따라 퇴직기준과 대상자를 직접 반영하여 퇴직 정산작업을 진행했을 때, 정산 결과에 대한 설명으로 올바른 것은 무엇인가? (단, 그 외 퇴직금 계산에 필요한 조건은 프로그램의 등록 기준에 따른다.)

> **보기**
>
> - 평균임금 계산식: '일평균 임금' 적용
> - 지급항목 설정: 기본급, 연장근로수당, 자격수당, 직무발명보상금, 근속수당, 영업촉진비, 상여
> - 귀속연월: 2025/07
> - 재직기준: 2025/07/01 ~ 2025/07/31
> - 퇴직일자, 신청일자: 2025/07/25
> - 지급일자: 2025/07/31

① [20080103.김민주] 사원은 중도 정산 시 누진이 적용되지 않았고, 산정된 급여의 합계는 11,880,810원이다.

② [20080103.김민주] 사원의 중도 정산 시 퇴직금은 119,017,020원이고, 퇴직금 계산 기간 내 지급된 상여금은 5,940,410원이다.

③ [20080103.김민주] 사원의 중도 정산 시 근속기간은 17년 9개월 23일이고 근무일수는 89일이며, 퇴직금 지급 시 실제 지급된 금액은 116,342,900원이다.

④ [20080103.김민주] 사원의 중도 정산 시 평균임금은 222,570원이고, 퇴직금 계산 기간 내 지급된 연차수당은 존재하지 않는다.

21 아래 [보기]를 기준으로 2025년 06월 귀속의 전표를 생성하고, 전표처리결과 계정과목별 금액을 확인 시 올바르지 않은 것은 무엇인가?

> **보기**
>
> - 지급유형: 상용직급여
> - 회계단위: [1000.인사1급 회사본사]
> - 결의일자: 2025/06/30
> - 작성자: [ERP13I01.장미란]
> - 집계사업장: <1000.인사1급 회사본사>, <2000.인사1급 인천지점>
> - 집계급여구분: 급여, 상여

① 직원급여: 235,494,820원

② 미지급세금: 29,348,480원

③ 당좌예금: 264,634,820원

④ 경상연구개발비: 22,000,000원

22 아래 [보기]를 기준으로 '인사/급여환경설정'을 직접 확인하여 변경한 뒤, 〈1000.인사1급 회사본사〉 사업장의 원천세 신고서를 추가 시 근로소득 구분에 대한 총지급액과 소득세는 각각 얼마인가? (단, 신고구분은 '정기'이며, 소득처분여부는 '1.비해당'으로 설정한다.)

> **┤ 보기 ├**
>
> • 원천세 신고유형: 본점일괄신고
> • 이행상황신고서집계방식: 귀속, 지급연월
> • 신고서 생성 기준: 귀속 2025.06 / 지급 2025.06 (제출일자 2025.07.10.)
> • 일반 데이터반영: 매월징수분(전체)
> • 연말정산 소득세, 농특세 반영: 미적용

① 총지급액: 127,164,150원 / 소득세: 5,046,530원
② 총지급액: 110,551,640원 / 소득세: 5,294,260원
③ 총지급액: 264,634,820원 / 소득세: 26,680,560원
④ 총지급액: 288,010,420원 / 소득세: 28,467,790원

23 아래 [보기]를 기준으로 당 회사의 지방소득세특별징수명세 신고서를 생성했을 때, [4.근로소득]의 소득자별 '과세표준' 금액을 확인 시 올바르지 않은 것은 무엇인가? (단, 신고서 생성기준은 '단일 사업장' 기준으로 생성한다.)

> **┤ 보기 ├**
>
> ※ 인사/급여환경설정 '지방소득세/주민세(종업원분)집계방식': 귀속연월
> • 매월 신고
> • 신고사업장: [0000.전체]
> • 신고구분: 1.정기
> • 귀속연월: 2025년 06월
> • 지급연월: 2025년 06월
> • 제출일자: 2025년 07월 10일
> • 급여지급일자: 2025년 06월 30일
> • 계속근무자 연말정산 환급액 반영 기준: 미적용

① [20001101.박용덕] − 산출세액: 80,160원
② [20000601.이수희] − 산출세액: 208,770원
③ [20081201.조선우] − 산출세액: 39,110원
④ [20130701.최현주] − 산출세액: 73,070원

24 당 회사는 퇴직추계총액 기준으로 40% 만큼 '퇴직급여충당부채'를 설정하고자 한다. 아래 [보기] 기준으로 퇴직금추계코드를 직접 등록하고 퇴직금 추계액을 계산 했을 때, 회사에서 설정할 수 있는 '퇴직급여충당부채'는 얼마인가? (단, 전기 퇴직급여충당부채 잔액은 없는 것으로 가정하며, 원단위는 절사하고, 그 외 기준은 프로그램의 등록 기준에 따른다.)

> **┤ 보기 ├**
>
> • 추계코드(명): [2025.2025년 퇴직금추계액]
> • 기준연월: 2025/06
> • 대상 사업장(계정): [1000.인사1급 회사본사], [3000.인사1급 대구지점] (사원)

① 458,342,010원   ② 521,672,150원
③ 644,825,970원   ④ 703,321,120원

25 당 회사는 〈1000.인사1급 회사본사〉 사업장에 대해 수당 별 지급/공제현황을 확인하고자 한다. 다음 중 2025년 상반기동안 'T10.지방소득세'가 가장 적게 공제된 사원은 누구인가?

① [20001101.박용덕]   ② [20020603.이준상]
③ [20081202.장명훈]   ④ [20130701.최현주]

인사 1급　2025년 3회 (2025년 5월 24일 시행)

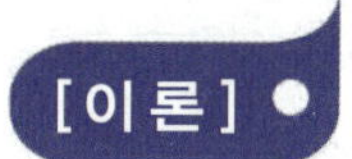

[이론]

[과목: 경영혁신과 ERP]

01 [보기]의 ㈜생산이노베이션 사례와 같이 스마트ERP를 도입하여 경영혁신을 추진하는 기업의 인사관리 내용으로 적절하지 않은 것은?

> **보기**
>
> (주)생산이노베이션은 4차 산업혁명 시대에 발맞춰 경영혁신을 추진하고 있다. 이 회사는 기존 ERP 시스템을 스마트ERP로 전환하여 인공지능 기반의 빅데이터 분석 기능을 도입하고, 이를 통해 인사 부서에서 조직 내 이직 예측, 인재 확보 전략 수립, 교육훈련 효과 분석 등을 실시간으로 수행하고자 한다. 또한 경영진은 비즈니스 애널리틱스를 활용한 과학적이고 합리적인 의사결정을 통해 전략적 인사관리 체계를 구축하려 한다.

① 인사부서 내 경험 많은 관리자 개인의 직관에 따라 승진자 명단을 결정한다.
② 인공지능 기반의 교육 분석 시스템을 통해 직무별 최적 교육 콘텐츠를 자동 추천한다.
③ 비즈니스 애널리틱스를 활용하여 인사성과를 수치화하고, 전략적 인사결정을 지원한다.
④ 빅데이터 분석을 통해 고성과 인재의 이직 가능성을 사전에 예측하고, 유지 전략을 수립한다.

02 [보기]의 ㈜생산에이아이의 RPA 도입 사례에 비추어 볼 때, 현재 수행 중인 자동화 업무와 향후 계획된 기술 도입은 각각 RPA 적용단계 중 어떤 것에 해당하는가?

> **보기**
>
> ㈜생산에이아이(AI)는 반복적인 인사 데이터를 수작업으로 정리하던 기존 방식에서 벗어나, 인사기록 자동 작성, 근태 데이터 수집 및 분류, 채용 공고 자동 등록 등 다양한 단순 업무를 자동화하고자 RPA(Robotic Process Automation, 로봇 프로세스 자동화)를 도입하였다.
> 향후에는 OCR(광학 문자 인식)과 자연어 처리 기술을 연동하여, 이미지에서 이력서 정보를 추출하거나, 면접 후 피드백 텍스트를 분석하여 평가 항목별로 자동 분류하는 기능도 구현할 예정이다.

① 현재: 인지자동화 / 향후: 인지자동화
② 현재: 인지자동화 / 향후: 기초프로세스 자동화
③ 현재: 데이터 기반의 딥러닝 및 머신러닝 활용 / 향후: 인지자동화
④ 현재: 기초프로세스 자동화 / 향후: 데이터 기반의 딥러닝 및 머신러닝 활용

03 [보기]의 ㈜생산디지털 사례에서 나타난 클라우드 ERP의 특징으로 가장 적절한 것은?

> **보기**
>
> (주)생산디지털은 급변하는 시장 환경에 빠르게 대응하기 위해 클라우드 ERP 시스템을 도입하기로 결정했다. 이 회사는 서버장비 구매 없이 시스템을 구축할 수 있었으며, 도입 초기 비용이 낮아 소규모 팀에서도 운영이 가능했다. 또한, 클라우드 ERP 내 인공지능 기능을 활용해 인사 이직 예측, 직무 분석 자동화 등도 가능해졌다.

① 기업 맞춤형 온프레미스 ERP 시스템을 활용하여 초기 구축 비용이 증가하였다.
② 클라우드 ERP는 단기적인 데이터 저장 기능 등의 일부 기능을 축소하여 효율화를 달성한다.
③ 인공지능 기반 세무신고 등의 기능은 클라우드 ERP에 통합되지 않지만, 별도 시스템을 제공한다.
④ 큰 비용이 발생하는 서버 장비의 구매 없이 ERP 설치 및 운영이 가능하며, 초기 진입 장벽이 낮다.

04 ERP의 발전과정으로 가장 적절한 것은 무엇인가?

① MRP Ⅱ → MRP Ⅰ → ERP → 확장형ERP
② ERP → 확장형ERP → MRP Ⅰ → MRP Ⅱ
③ MRP Ⅰ → ERP → 확장형ERP → MRP Ⅱ
④ MRP Ⅰ → MRP Ⅱ → ERP → 확장형ERP

05 [보기]의 (   ) 안에 들어갈 용어로 가장 적절한 것은 무엇인가?

> **보기**
>
> ㈜생산인텔리전스는 최근 퇴직률 증가에 대한 원인을 파악하고 미래 인력계획을 수립하기 위해 ERP 시스템 내 고급 분석 기능을 도입하였다.
> 이 시스템은 인사평가 점수, 근무 시간, 부서 이동 이력 등 구조화된 데이터뿐 아니라, 퇴사 면담 기록이나 사내 커뮤니티 게시글 등 비구조화된 데이터까지 분석한다.
> 회사는 이를 통해 이직 예측 모델을 수립하고, 부서별 인재 유지 전략과 교육 투자 시나리오를 수립하고 있다. ERP 시스템 내에 도입된 데이터 분석 솔루션인 (   )은(는) 과거 분석에 머무르지 않고, 예측 및 전략적 시나리오 수립을 지원하는 기능을 수행한다.

① 리포트(Report)
② SQL(Structured Query Language)
③ 비즈니스 애널리틱스(Business Analytics)
④ 대시보드(Dashboard)와 스코어카드(Scorecard)

[과목: 인적자원 확보]

06 [보기]에서 설명하는 인사관리의 영역으로 가장 적절한 것은?

> **보기**
>
> 제조기업에서는 기술 변화가 빠르게 이루어지며, 작업자들이 보유한 기술이 쉽게 노후화되기 때문에 이를 보완하기 위한 인력개발이 필수적이다. 이러한 배경에서 근로자의 기술 향상과 직무 유지 능력을 장기적으로 지원하며, 안전한 작업환경과 복리후생 등 노동 조건을 포함하여 근로자 전반의 생활 질 향상을 도모한다.

① 노무관리

② 인적자원개발

③ 인적자원계획

④ 인적자원활용

07 [보기]는 ㈜생산컨설팅의 신규 직무를 관리하기 위한 수행 활동 내용이다. 일반적인 직무관리 절차 순서를 고르시오.

> **보기**
>
> - 가. 유사 직무와 비교하여 직무의 상대적 가치를 평가하고, 적정 임금 수준을 산정하였다.(직무평가)
> - 나. 인사팀은 생산직 사원의 주요 업무, 필요 도구, 근무 시간, 보고 체계 등을 파악하기 위해 인터뷰와 관찰을 실시하였다.(직무분석)
> - 다. 수집한 정보를 바탕으로 생산직 사원의 업무 내용과 책임, 직무 목적 등을 체계적으로 문서화하고, 해당 직무를 수행하기 위해 필요한 학력, 자격, 경험, 신체 조건 등의 요건을 정리하였다.(직무명세서 및 직무기술서 작성)

① 가 → 나 → 다

② 가 → 다 → 나

③ 나 → 가 → 다

④ 나 → 다 → 가

08 [보기]는 직무평가 진행을 위한 ㈜생산 인사팀의 회의내용이다. 일반적인 직무평가 방법을 적용하고자 한다. 접근방법으로 가장 적절하지 않은 의견을 제시한 사람은 누구인가?

> **보기**
>
> - 김사원: 자격담당부서와 컨설팅담당부서의 직무들을 중요한 순서대로 상하로 나열하면 좋은 인사이트를 도출할 수 있을 것입니다.
> - 이대리: 각 직무를 수행하는 데 필요한 기술, 책임, 노력, 작업 조건 등의 요소별로 나누어 비교하면 목적에 부합하는 평가를 수행할 수 있을 겁니다.
> - 박과장: 직무별로 사전에 설정된 등급 기준에 따라 1등급~5등급으로 분류하는건 어떤가요?
> - 최팀장: 특정 직무를 선정하여 기준으로 삼고, 나머지 직무를 그 기준과 단순히 대조하여 상대 가치를 판단하는게 좋을 것 같습니다.

① 김사원

② 이대리

③ 박과장

④ 최팀장

09 [보기]에서 ㈜생산의 인적자원 미래예측기법으로 가장 적절한 것은?

> **보기**
>
> ㈜생산 인사팀은 향후 3년 동안 부서별 인력의 승진, 전보, 이직률 등을 반영하여 인력 수급을 예측하고자 한다. 이를 위해 다음과 같은 방식으로 인력 변동을 시뮬레이션하고 있다.
> - 검정사업팀의 현재 인원이 100명일 때, 연간 10%는 교육사업팀으로 이동하고 5%는 퇴사하며, 3%는 타부서로 전보된다.
> - 이러한 이동 확률을 바탕으로 다음 해와 그다음 해의 인력 수를 예측하여 중장기 인력계획을 수립하고 있다.

① 관리자목록
② 델파이기법
③ 마코브분석
④ 명목집단법

10 인력이 과잉 시 대응 전략 중 조직의 경쟁력을 높이기 위해 다수의 인력을 계획적으로 감축하는 것은?

① 아웃소싱
② 다운사이징
③ 무급휴가제도
④ 조직 내 직무 재배치

11 현직 근로자의 시험 성적과 직무성과를 비교하여 선발도구의 타당성을 검사하는 방법을 의미하는 것은?

① 동시타당성
② 예측타당성
③ 내용타당성
④ 구성타당성

12 모집에 대한 설명으로 가장 적절하지 않은 것은?

① 종업원의 사기가 높고 공헌의욕이 강한 기업일수록 재직자의 추천제도를 활용할 수 있다. 다만, 조직 내 파벌을 형성하게 하는 등 문제점이 발생할 수 있다.

② 대학, 고등학교, 직업훈련기관 등 교육기관은 지원자의 능력, 적성 등에 다양한 정보를 확보하고 있다. 고용주는 교육기관 추천을 통해 우수한 인재를 확보할 수 있다.

③ 고용24(워크넷)은 고용노동부와 한국고용정보원이 운영하는 취업정보사이트이다. 지원자에게는 취업을 위한 정보를 제공하고, 고용주에게 빠른 모집과 채용을 가능하게 해준다.

④ 사내공모제도를 활용한다면 기업은 저렴한 모집비용 및 이직률 감소 등의 효과를 달성할 수 있다. 특히, 특정부서가 연고주의 기반의 모집이 이루어진다면, 소속감 증대 등의 장점을 가진다.

13 [보기]의 기업들은 동일한 면접방식을 채택하였다. 사례를 기반으로 추론하였을 때, 적용된 면접기법은 무엇인가?

> **┤ 보기 ├**
>
> - A사는 코딩테스트와 상황면접 중심으로 채용하여 학벌보다 프로젝트 수행 능력을 평가하며 빠르게 성장 중이다.
> - B사는 마케팅 직무에서 SNS 콘텐츠 기획 과제를 제출하게 하고, 그 결과만 보고 평가했다. 결과적으로 비전공자이자 이직 경력이 많은 지원자가 창의성과 타겟 설정 능력을 높이 평가받아 채용되었으며, 실제로 입사 후 바이럴 콘텐츠 성과를 낸 주역이 되었다.
> - C사는 해외 유학 경험 있는 지원자에게 영어 능력 관련 질문을 하지 못해 인재 발굴 기회를 놓쳤다.
> - D사에서 경영학 전공자가 물류직에 지원한 사실을 모르고 평가하여, 나중에 직무 미스매칭이 발생하였다.

① 패널면접   ② 압박면접

③ 블라인드면접   ④ 스트레스면접

14 [보기]는 어느 직무분석방법(직무정보수집)에 대한 내용이다. 해당하는 직무분석방법을 한글로 입력하시오.

> **┤ 보기 ├**
>
> - 면접이나 질문지 작성이 어려운 경우 적용하기 좋다.
> - 작업자의 육체적인 활동은 분석이 가능하지만 정신적인 활동(연구개발, 법률 관련 직무 등)에는 적용하기 어렵다.
> - 특정 직무를 오래 분석할 경우 직무수행에 방해가 될 수 있다.
> - 직무자가 본인의 활동이 분석되고 있다고 인지할 경우 직무수행의 왜곡현상이 발생할 수 있다.

정답: _______________________________

[과목: 인적자원 개발]

15 인사평가에 대한 설명으로 가장 적절하지 않은 것은?

① 교육훈련 대상자의 현재 수준을 진단하고, 향후 개발 방향을 설정하기 위해 인사평가 결과가 적극적으로 활용된다.

② 인사평가는 인재선발 시 지원자의 응시 태도나 면접 태도를 평가하는 도구로 활용되며, 직무적합성과 무관하게 정성적 평가만을 실시한다.

③ 인사평가는 기업이 향후 인력 운용계획을 세우는 데 필요한 정보를 제공하며, 인력 수급이나 배치 방향을 결정하는 데 기초 자료로 활용된다.

④ 승진 및 경력 개발과 관련된 의사결정의 공정성을 높이기 위해 인사평가가 사용되며, 특히 구성원의 적성이나 역량을 파악하는 수단으로서 중요성이 강조된다.

16 인사고과에 대한 설명으로 가장 적절하지 않은 것은?

① 자기고과는 동료고과에 비해 관대화 경향이 크게 나타난다.
② 상동적 태도란 타인에 대한 평가가 그에 속한 특정 집단에 대한 지각을 기초로 이루어지는 것을 말한다.
③ 현혹효과는 고과자가 고과대상자의 어느 한 면을 기준으로 다른 것까지 함께 평가해 버리는 경향을 말한다.
④ 강제할당법을 사용하는 경우, 고과대상자의 실제 성과분포와 각 성과집단에 미리 할당된 비율분포가 일치한다.

17 [보기]는 홀(D. T. Hall)의 경력단계모형이다. (가) ~ (다) 해당하는 경력욕구와 그 단계의 설명이 옳은 것은?

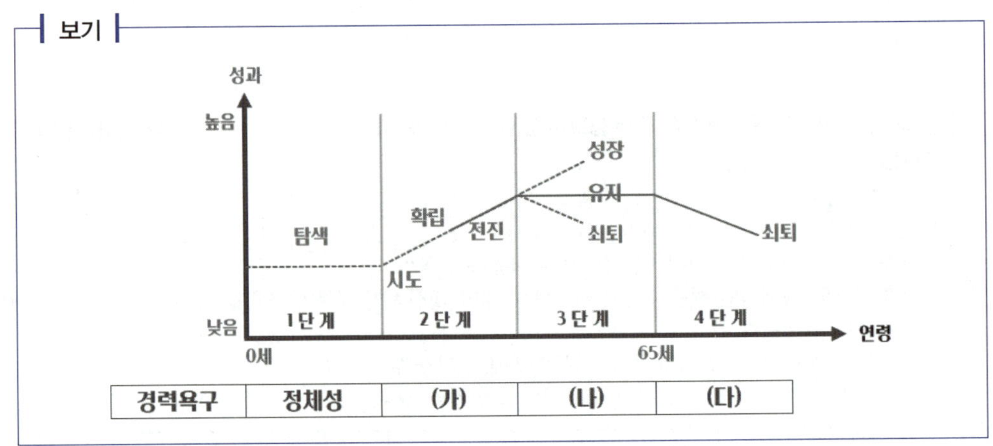

경력욕구	정체성	(가)	(나)	(다)

① (가) 연장성 – 개인은 특정한 직무영역에 정착하고, 정체성의 연장 기간을 갖는다. 자신에게 적합한 분야를 탐구하고 전 생애 걸쳐 나아갈 경력을 설계하는 시기이다.
② (가) 친교성 – 직무에 정착하는 시기이다. 정착 후 업무의 성과가 향상되며, 조직에 대해서는 귀속감을 갖는다. 한편, 다른 동료들 간에 경쟁심이 유발되는 시기이다.
③ (나) 통제성 – 끊임없는 자기통제를 통해 유지하는 단계이다. 일의 일관성이 존재하며, 자신과 조직을 동일시하게 되는 경향이 강해지며, 자신의 직무를 조직의 목표와 관련시켜 바라보게 된다.
④ (다) 생산성 – 개인이 인생에 대한 의미를 총정리하는 단계이다. 가족, 회사, 지인들과의 관계를 재정립하고 은퇴 이후의 인생 설계를 위해 새로운 생산성 및 가치를 창출해야하는 위기의 시기이며, 위기를 얼마나 잘 극복하느냐에 따라 다시 성장할 수도 쇠퇴해 버릴 수 있다.

18 [보기]는 교육훈련 시스템 구조에 대한 내용이다. [보기]를 참고하여, 교육훈련에 대한 설명으로 옳지 않은 것을 고르시오.

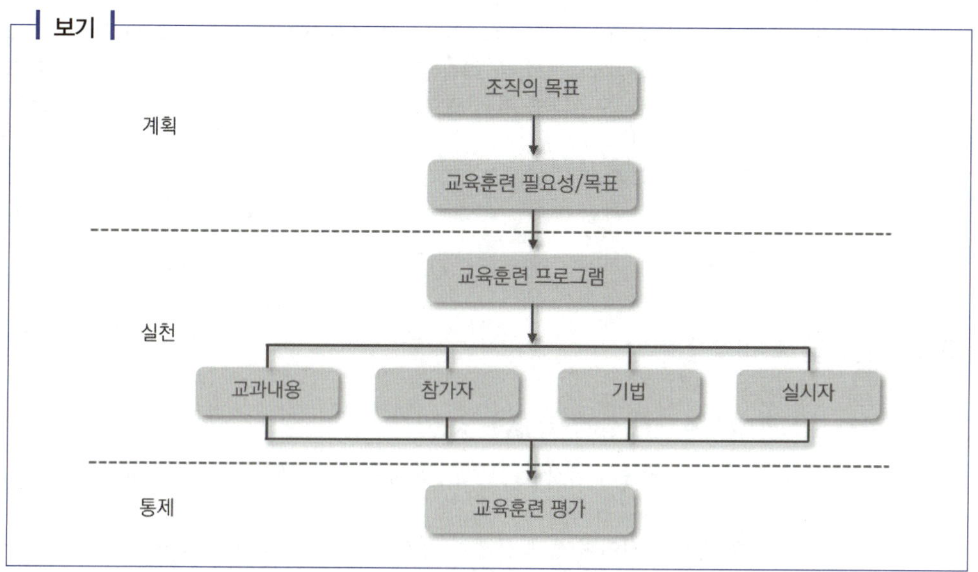

① 본질적으로 교육훈련은 조직 목표에서부터 출발하여 조직의 목표 달성에 기여하는 방향으로 설계되어야 한다.
② 계획(교육훈련 필요성/목표) → 실천(교육훈련 및 교육내용, 참가자, 기법, 실시자 선정) → 통제(교육훈련 평가) 순으로 진행된다.
③ 교육훈련을 실시하기 위해서는 교과내용(교육훈련의 내용), 참가자, 교육훈련 기법, 실시자(담당자)가 세팅되어야 한다.
④ 교육훈련 평가단계에서 조직수준, 직무수준, 개인수준을 고려하기 위해 자료조사법, 질문지법, 작업표본법, 전문가 자문법, 델파이 기법 등 다양한 방법론을 활용할 수 있다.

19 인사이동에 대한 설명으로 가장 적절하지 않은 것은?

① 근로자의 능력이나 조직 변화에 의해 인력을 이동시키는 행위를 말한다.
② 장기간 특정 근무를 수행하는 직원에 대해 강제로 인사이동을 시킬 수 있다.
③ 근로자의 능력과 직무를 고려하여 성과와 목표를 달성할 수 있도록 실시해야 한다.
④ 공정한 수행을 위해 개인적 상황(통근시간, 자녀의 교육문제, 배우자와의 거리 등)을 고려할 수 없다.

20 [보기]에서 설명하는 리더십의 종류를 한글로 입력하시오.

> **┤ 보기 ├**
>
> 구성원의 자율성과 성장 가능성을 믿고, 명령이나 지시보다는 질문과 경청을 통해 스스로 문제를 인식하고 해결하도록 지원하는 리더십이다. 리더는 방향을 제시하기보다는 구성원이 스스로 목표를 설정하고 실행방안을 찾을 수 있도록 돕는 역할을 수행한다. 즉, 대화와 성찰을 통한 자율적 문제 해결 지원에 초점을 둔다.

정답: ___________________________

[과목: 임금 및 복리후생관리]

21 임금수준 결정의 요인에 대한 설명으로 옳은 것은?

① 복잡성으로 인해 동일 업종의 타사 임금수준, 노동력의 수요와 공급, 정부 규제 등을 고려하기 어렵다.

② 임금은 근로자의 소득 원천이며 생계 문제와 직결되기 때문에 최대한 많이 지급할 수 있도록 임금수준 결정의 상한선 기준이 된다.

③ 기업 측면에서 임금은 비용에 해당하기 때문에 최소한 지급 기준을 설정하여 이윤확보를 추구해야 하므로 기업의 지급 능력은 임금수준 결정의 하한선 기준이 된다.

④ 국가가 노·사간의 임금 결정 과정에 개입하여 임금의 최저수준을 정하고, 사용자에게 이 수준 이상의 임금을 지급하도록 법으로 강제함으로써 저임금 근로자를 보호한다.

22 임금체계에 관한 설명으로 가장 적절하지 않은 것은?

① 금융업과 같이 종업원 대부분이 사무직으로 이루어진 경우에는 성과급이 적절하다.

② 직능급이란 직무의 내용과 개별 종업원의 직무수행능력을 모두 고려한 임금결정체계이다.

③ 직무급은 동일직무에 대해서 동일급여를 지급하는 제도로 직무가 충분히 분화되고 표준화 되어야 적용하기 용이하다.

④ 자격급이란 직무의 전문화를 실시한 후 자격기준을 설정하고 임금을 결정하는 방법으로 높은 자격에 높은 임금을 지급하게 됨으로 종업원의 근로의욕을 향상시킨다.

23 수당에 대한 설명으로 가장 적절한 것은?

① 가족수당은 법으로 지급이 의무화된 법정수당이다.

② 연장근로수당은 평균임금을 기준으로 50% 가산하여 지급한다.

③ 해고예고수당은 통상임금을 기준으로 30일분 이상 지급해야 한다.

④ 휴업수당은 사용자의 귀책사유가 없는 경우에도 통상임금을 기준으로 지급해야 한다.

24 [보기]가 설명하는 과세방법은 무엇인가?

> **보기**
>
> 원천이나 유형이 다른 종류의 소득을 모두 하나의 과세표준에 합산하여 과세하는 방법이다. 이자, 배당, 사업, 근로, 연금, 기타소득을 합산한다.

① 분류과세　　　　　　　　　② 분리과세
③ 종합과세　　　　　　　　　④ 병합과세

25 근로소득의 연말정산과 관련하여 인적공제의 추가공제에 해당하지 않는 항목은?

① 장애인 공제　　　　　　　② 위탁아동 공제
③ 경로우대자 공제　　　　　④ 한부모 소득공제

26 [보기]에서 설명하고 있는 용어를 한글로 입력하시오.

> **보기**
>
> 세금을 신고하고 납부할 때, 신고·납부 대상자의 주소지, 사업장 소재지, 본점 소재지 등과 같이 세금을 관리하는 기준이 되는 장소. 즉, 세무서의 관할을 결정하는 기준이 되는 장소를 의미한다.

정답: _______________

27 [보기]는 국민연금보험료의 계산에 관한 내용으로 (　　) 안에 들어갈 보험료율을 작성하시오. 단, 정답은 단위(%)를 제외한 숫자만 입력하시오.

> **보기**
>
> 국민연금보험료 = 가입자의 기준 소득월액 × (　　)%(연금보험료율)

정답: _______________

28 [보기]에서 설명하는 근로시간제의 유형은 무엇인가?

> **보기**
>
> 신상품·신기술의 연구개발, 자연과학분야, 정보처리시스템의 설계 또는 분석 업무, 신문 기사의 취재, 방봉 제작 사업 등과 같이 업무수행 방법이나 수단, 시간배분 등이 근로자의 재량에 따라 결정되어 근로시간보다 성과에 의해 근무 여부를 판단할 수 있는 경우 노사 간의 합의시간을 근로시간으로 보는 제도를 말한다.

① 연장 근로시간제　　　　　② 재량 근로시간제
③ 선택적 근로시간제　　　　④ 탄력적 근로시간제

[과목: 노사관계]

29 연장·야간 및 휴일근로에 대한 설명으로 가장 적절한 것은?

① 1일 8시간, 1주 최대 52시간을 초과하는 경우 통상임금의 50%를 가산하여 지급해야 한다.

② 18세 미만의 경우 1일 7시간, 1주 최대 40시간을 초과하는 경우 통상임금의 150%를 지급해야 한다.

③ 오후 10시부터 다음날 오전 6시까지는 야간근로에 해당하며, 통상임금에 50%를 가산하여 지급해야 한다.

④ 8시간 이내의 휴일근로에 대해서 통상임금의 50%를 가산해야 하며, 8시간 초과 근무 시 150%를 가산해야 한다.

30 근로자 측 쟁의행위 유형 중 제품구입 거절, 근로계약의 거절 등의 형태로 나타나는 집단적 불매운동은 무엇인가?

① 파업
② 태업
③ 보이콧
④ 피케팅

31 조합원이 되면 일정기간 탈퇴가 불가능한 변형적 숍제도에 해당하는 것은?

① 클로즈드숍(Closed Shop)

② 에어전시숍(Agency Shop)

③ 메인터넌스숍(Maintenance of Membership Shop)

④ 프리퍼렌셜숍(Preferential Shop)

32 [보기]의 (   ) 안에 들어갈 용어로 적절한 것은?

> | 보기 |
>
> 단체협약의 효력 중 (   ) 효력은 협약 당사자의 권리, 의무에 관한 조항이며, 평화의무, 평화조항, 유일교섭 단체조항, 숍조항, 단체교섭의 절차 및 기타 규칙 등이 있다.

정답: ______________________________

33 [보기]의 이미지에서 A에 해당하는 교섭의 종류를 한글로 입력하시오.

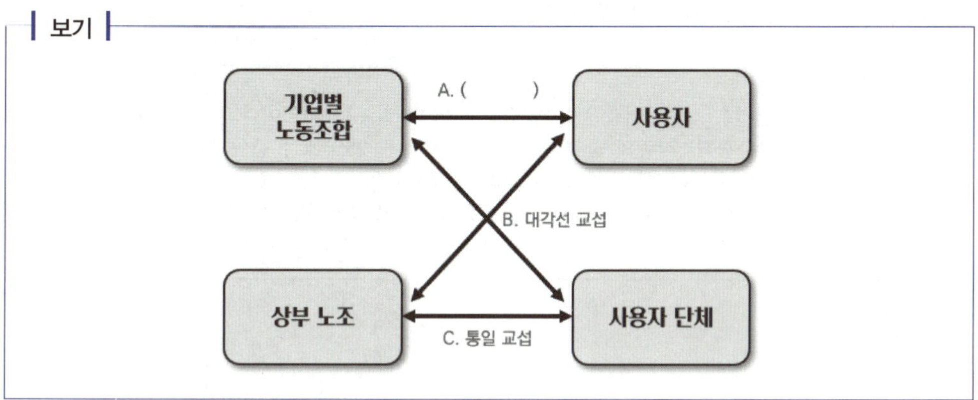

정답: _______________________________

[실무]

실무문제는 [실기메뉴]를 활용하여 답하시오.
웹하드(http://www.webhard.co.kr)에서 Guest(ID: samil3489, PASSWORD: samil3489)로
로그인하여 백데이터를 다운받아 설치한 후 인사1급 2025년 3회 '장미란 사원'으로 로그인한다.

01 다음 중 핵심 ERP 사용을 위한 기초 사업장 정보를 확인하고, 그 내역으로 알맞지 않은 것은 무엇인가?

① 〈1000.인사1급 회사본사〉 사업장의 대표자는 '한국민' 이며, 주업종코드는 '369401.제조업' 이다.

② 〈2000.인사1급 인천지점〉 사업장은 사업자단위과세 신고 시, 〈1000.인사1급 회사본사〉 사업장의 종사업장으로 포함하여 신고한다.

③ 〈3000.인사1급 부산지점〉 사업장의 업태는 '제조.도매' 이며, 지방세신고지 법정동은 '2635010500. 부산광역시 해운대구 우동' 이다.

④ 〈4000.인사1급 강원지점〉 사업장은 원천징수이행상황신고서 신고 시, '월별' 신고를 진행하는 사업장이며 관할세무서는 '221.춘천' 이다.

02 다음 중 핵심 ERP 사용을 위한 기초 부서 정보를 확인하고, 내역으로 옳지 않은 것은 무엇인가?

① 〈2000.인사1급 인천지점〉 사업장에 속한 부서 중 현재 사용하지 않는 부서는 2개이다.

② '6100.영업부'는 현재는 사용하지 않는 부서이며, 사용종료일은 '2010/12/31' 이다.

③ [1000.관리부문]에 속한 부서 중 현재 사용하지 않는 부서는 2개이다.

④ '7000.연구개발부'는 현재 사용하는 부서이며, [6000.연구부문]에 속한 부서 이다.

03 당 회사의 인사/급여기준에 대한 설정을 확인했을 때, 올바르게 설명한 [보기] 내용은 몇 개인가?
(단, 환경설정 기준은 변경하지 않는다.)

> **보기**
>
> - A: 회사의 '월일수 산정' 기준은 '한달정상일'이며, 일수는 30일이다.
> - B: '생산직', '환경직' 직종의 출결마감 기준일은 전월 25일에서 당월 24일까지이다.
> - C: 퇴사자의 경우 급여 계산 시, 20일 초과 근무 시 월 급여를 '월할' 지급한다.
> - D: [인사정보등록] 메뉴에서 관리할 고용구분으로 '001.상용직', '005.관리직', '006.파견직'이 등록
>   되어 있다.

① 1개 ② 2개

③ 3개 ④ 4개

04 당 회사는 2025년 05월 [800.과장] 직급의 호봉을 아래 [보기]와 같이 일괄 등록하고자 한다.
[800.과장] 직급의 호봉등록을 완료하고, 5호봉 기준의 '호봉합계'는 얼마인가?

> **보기**
>
> - 기본급 초기치   3,000,000원 (증가액 100,000원)
> - 급호수당 초기치   200,000원 (증가액   10,000원)
> - 연장수당 초기치   70,000원 (증가액   5,000원)
> - 일괄인상
>   1) 정률인상 적용: 기본급 4.5%, 급호수당 2.0%
>   2) 정액인상 적용: 연장수당 2,000원

① 3,770,100원 ② 3,889,800원

③ 4,009,500원 ④ 4,129,200원

05 2025년 귀속 기준 급여 지급/공제항목설정을 확인하고, 그 설명으로 옳지 않은 것은 무엇인가?
(단, 지급/공제항목설정 기준은 변경하지 않는다.)

① [P10.연장근로수당]은 '생산직' 직종에게 100,000원을 지급하며, 'O01.야간근로수당' 비과세
적용 기준요건인 월정급여에 포함되는 지급항목이다.

② [P25.직무발명보상금]은 휴직자인 경우에 휴직 계산식이 적용되어 지급하는 항목이며, 휴직기
간 계산식은 '직무발명보상금×휴직지급율×(휴직일/당월일)'로 설정되어 있다.

③ [P40.가족수당]은 퇴사자인 경우에는 지급하지 않는 항목이며, 배우자가 존재할 때 50,000원을
지급한다.

④ [P55.영업촉진비]는 수습직 사원에게 지급 시, 환경등록에 따라 지급하며 감면대상인 지급항목
이다.

06 당 회사의 2025년 04월 귀속 급/상여 지급일자 등록을 확인하고, 그 내역으로 알맞지 않은 것은 무엇인가?

① '급여'의 '지급직종및급여형태'에 반영된 정보와 일치하는 대상자만 [상용직급여입력및계산] 메뉴에서 조회하여 추가할 수 있다.
② '상여지급대상기간'은 상여지급 대상자를 선정하는 기준일로 산출 적용 기간을 의미한다.
③ '상여지급대상기간' 내 '생산직', '기술직' 근로자에 대해서만 상여를 지급한다.
④ 퇴사자의 경우 '상여' 지급 시, 근무일수에 상관없이 '일할'로 지급한다.

07 당 회사는 전체 사업장의 〈917. 2025년 1분기 내부교육〉 교육평가가 우수한 사원을 대상으로 포상을 지급하기로 하였다. 아래 [보기]를 기준으로 지급한 대상자들의 총 지급금액으로 알맞은 것은 무엇인가?

┤ 보기 ├

• 교육평가 A등급: 200,000원
• 교육평가 B등급: 100,000원

① 900,000원
② 1,000,000원
③ 1,200,000원
④ 1,300,000원

08 당 회사는 전체 사업장의 2025/05 기준 유효한 자격증을 보유한 사원에 대해 아래 [보기]와 같이 〈특별자격수당〉을 지급하기로 하였다. 아래 [보기]를 기준으로 〈특별자격수당〉을 지급 시, 그 지급액은 얼마인가? (단, 퇴사자는 제외한다.)

┤ 보기 ├

• 100. 정보기술자격(ITQ): 40,000원
• 200. ERP정보관리사1급: 60,000원
• 수당여부: 해당

① 240,000원
② 300,000원
③ 340,000원
④ 380,000원

09 당 회사의 인사정보를 확인하고 관련된 설명으로 올바르지 않은 것은 무엇인가?

① [20000501.한국민] 사원의 고용보험여부(대표)는 '여'로 설정되어 있고, [전표집계및생성] 메뉴에서 전표처리 시, 적용할 계정은 '100.임원계정'으로 설정되어 있다.
② [20001101.박용덕] 사원은 종교관련 종사자이며 '2009/06/30'에 중도정산 이력이 존재한다.
③ [20081201.안민서] 사원의 직급은 '상무이사' 이며, '2012/06/30', '2018/04/04'에 중도정산 이력이 존재한다.
④ [20130701.고진수] 사원은 생산직총급여 비과세 대상자로 설정되어 있고, 배우자 공제를 적용받는다.

10 당 회사는 창립기념일을 맞아 2025년 04월 30일 기준으로 전체 사업장의 만 15년 이상 장기근속자에 대해 특별근속수당을 지급하기로 하였다. 아래 [보기]를 기준으로 지급한 총 특별근속수당은 얼마인가? (단, 퇴사자는 제외하며, 미만일수는 버리고, 모든 경력사항을 제외한다.)

┤ 보기 ├

- 15년 이상 ~ 20년 미만: 150,000원
- 20년 이상 ~: 200,000원

① 2,700,000원　　　　　　　　② 2,850,000원
③ 2,900,000원　　　　　　　　④ 3,100,000원

11 당 회사의 2025년 05월 귀속 급여(지급일자: 2025/05/25)에 해당하는 대상자 중 [20101001.최명수] 사원의 '책정임금'이 변경되었다. [보기]를 기준으로 직접 '책정임금'을 변경하고 모든 지급 대상자에 대한 급여를 계산 할 때, '과세' 총액은 얼마인가? (단, 그 외 급여계산에 필요한 조건은 프로그램에 등록된 기준을 이용한다.)

┤ 보기 ├

- 사원명(사원코드): [20101001.최명수]
- 계약시작년월: 2025/05
- 연봉: 52,000,000원

① 61,883,760원　　　　　　　　② 62,943,520원
③ 63,124,130원　　　　　　　　④ 64,622,320원

12 당 회사는 2025년 05월 귀속 '특별급여' 소득을 지급하고자 한다. 아래 [보기]의 지급대상 요건으로 지급일자를 직접 추가하여 급여 계산을 진행한 뒤 확인한 정보로 올바르지 않은 것은 무엇인가? (단, 그 외 급여계산에 필요한 조건은 프로그램에 등록된 기준을 이용한다.)

┤ 보기 ├

- 특별급여지급일자: 2025/05/31
- 동시발행 및 대상자선정: 분리, 직종및급여형태별
- 특별급여지급대상: <1000.인사1급 회사본사> 사업장을 제외한 사업장의 모든 직종 및 급여형태

① 해당 지급일자의 과세총액은 24,305,520원이며, 지급인원 중 소득세가 공제되지 않은 사원이 존재한다.
② 해당 지급일자의 지급인원 중 실제 지급액이 가장 적은 사원은 [20090701.김성실]이며, 모두 동일한 금액의 특별급여를 지급 받았다.
③ 해당 지급일자의 직종수당은 '직종별'로 지급되었고, [20130701.고진수] 사원의 직종수당은 '책정임금의 월급/30×0.2'로 계산된 금액이 지급되었다.
④ 해당 지급일자의 국민연금의 총 합계는 1,291,760원이고, 회사부담금 총액은 1,230,690원이다.

13 당 회사는 〈1000.인사1급 회사본사〉 사업장을 제외한 사업장에 대해 2025년 04월 귀속(지급일 1번)에 이체한 급/상여를 확인하고자 한다. 이체 현황에 대한 설명으로 옳지 않은 것은 무엇인가? (단, 무급자는 제외한다.)

① 해당 조회조건의 대상자 중 가장 많은 금액의 급여가 계좌로 이체된 사원은 [20000501.한국민]이다.
② 해당 조회조건의 대상자는 모두 7명이고, 총 5개의 금융기관에서 급여 이체가 발생했다.
③ 해당 조회조건의 '국민은행'에서 발생한 급여 이체 금액은 '카카오뱅크'에서 발생한 급여 이체 금액보다 많다.
④ 해당 조회조건의 급여는 2025/04/25에 지급되었고, 총 실지급액은 30,339,030원이다.

14 당 회사는 초과근무에 대해 수당을 지급하고 있다. 아래 [보기]의 기준을 토대로 2025년 04월 귀속(지급일 1번)의 [20100801.이서윤] 사원의 '초과근무수당'을 계산하면 얼마인가? (단, 근무수당을 계산하면서 발생되는 모든 원단위 금액은 절사하며, 책정임금 시급은 원단위 금액을 절사하지 않고 계산한다.)

> **│ 보기 │**
>
> • 초과근무수당 = 1유형근무 수당 + 2유형근무 수당
>
> • 초과근무 시급: 책정임금 시급
>   - 1유형 근무수당: 총 연장근무시간에 초과근무 시급을 곱한 후 100% 가산하여 산정
>   - 2유형 근무수당: 총 심야근무시간에 초과근무 시급을 곱한 후 150% 가산하여 산정

① 687,220원　　　　　　　　　② 702,920원
③ 712,600원　　　　　　　　　④ 734,140원

15 당 회사는 〈1000.인사1급 회사본사〉 사업장에 대해 2025년 1분기에 속한 기간의 지급내역 중 '100.급여' 지급내역에 대해 직종별로 집계하여 금액을 확인하고자 한다. 내역을 확인하고 직종과 항목별 금액이 올바르지 않은 것은 무엇인가?

① 직종: 사무직 / 건강보험: 3,510,690원
② 직종: 생산직 / 식대보조비: 600,000원
③ 직종: 연구직 / 근속수당: 2,250,000원
④ 직종: 기술직 / 공제합계: 1,741,050원

16 당 회사는 일용직 사원에 대해 사원 별 지급형태를 구분하여 일용직 급여를 지급하고 있다. 아래 [보기]를 확인하여 2025년 05월 귀속 지급일 중 '매일지급' 대상자를 직접 반영 후 급여계산 할 때, 해당 지급일의 급여내역에 대해 바르지 않은 것은 무엇인가? (단, 급여계산에 필요한 조건은 프로그램에 등록된 기준대로 확인한다.)

┤ 보기 ├

- 지급형태: '매일지급' 지급일
- 지급 대상자: '시급직'인 '3200.관리부', '5100.자재부' 사원
- 평일 10시간 근무, 토요일 4시간 근무
- 비과세 적용 12,000원(평일만 적용)

① 해당 지급일자에 실제 지급된 금액은 총 33,793,190원이며, 대상자 중 소득세가 가장 적게 공제된 대상자는 [1011.안지황] 사원이다.
② 해당 지급일자의 대상자는 총 5명이며, 모두 생산직 비과세 적용 대상자이다.
③ 해당 지급일자에 신고 대상 비과세는 총 4,948,900원 지급되었으며, 4대 사회보험이 공제되지 않고 급여를 지급 받은 사원이 존재한다.
④ 해당 지급일자에 실제 공제된 국민연금은 1,110,600원이며, 대상자 중 [1008.이민구] 사원만 연장 비과세 항목이 지급되지 않았다.

17 2025년 05월 귀속 일용직 급여작업 전, 아래 [보기]를 기준으로 [1018.조선우] 사원의 사원정보를 직접 입력하고 [일용직급여지급일자등록]에 대상자를 반영하여 급여계산을 했을 때, 해당 일용직 대상자들에게 실제 지급된 금액의 총 합계는 얼마인가? (단, 그 외 급여계산에 필요한 조건은 프로그램 등록된 기준을 따른다.)

┤ 보기 ├

- 사원정보 입력 (사원코드: 1018, 사원명: 조선우)
  - 입사일자: 2025/05/07, 주민등록번호: 000101-3234567, 부서: [4100.생산부], 급여형태: [004.시급],
  - 급여/시간단가: 54,100원, 생산직비과세적용: 함, 국민/건강/고용보험여부: 여
- 일용직 급여지급
  - 지급형태: '일정기간지급' 지급일, 평일 10시간 근무 가정 (비과세 적용 12,000원)

① 46,152,900원
③ 48,772,240원
② 47,814,650원
④ 49,748,130원

18 당 회사의 〈1000.인사1급 회사본사〉 사업장의 2025년 1분기의 〈과세/비과세〉 총액을 확인하고자 한다. 해당 기간의 〈과세/비과세〉 총액으로 올바른 것은 무엇인가? (단, '사용자부담금'은 제외한다.)

① 과세총액: 184,290,150원 / 비과세총액: 4,800,000원
② 과세총액: 184,290,150원 / 비과세총액: 14,547,120원
③ 과세총액: 285,968,820원 / 비과세총액: 10,500,000원
④ 과세총액: 285,968,820원 / 비과세총액: 22,805,880원

19 당 회사의 퇴직금 산정을 위한 퇴직기준설정을 확인했을 때, 올바르게 설명한 [보기] 내용은 몇 개인가? (단, 환경설정 기준은 변경하지 않는다.)

┤ 보기 ├

- A: 평균임금 기간 산정 시 전월을 기준으로 3개월을 산정하고, 퇴사일은 포함하지 않는다.
- B: 평균임금의 상여/연차반영 시 월할로 계산하고, 노동부 기준은 적용하지 않는다.
- C: 근속누진만 적용하고 있으며, 근무년수가 20년 이상인 대상자인 경우 가산율이 2.000만큼 적용된다.
- D: 퇴직금 계산식은 '일할'로 설정되어 있고, 상여 항목이 선택되어 있다.

① 1개
② 2개
③ 3개
④ 4개

20 2025년 05월 25일 〈1000.인사1급 회사본사〉 사업장의 [20170921.최영우] 사원이 개인 사유로 중도정산을 신청하였다. 아래 [보기]의 내용에 따라 퇴직기준과 대상자를 직접 반영하여 퇴직 정산작업을 진행했을 때, 정산 결과에 대한 설명으로 옳지 않은 것은 무엇인가? (단, 그 외 퇴직금 계산에 필요한 조건은 프로그램의 등록 기준에 따른다.)

┤ 보기 ├

- 평균임금 계산식: '일평균 임금' 적용
- 지급항목 설정: 기본급, 근속수당, 가족수당, 영업촉진비
- 귀속연월: 2025/05
- 재직기준: 2025/05/01 ~ 2025/05/31
- 퇴직일자, 신청일자: 2025/05/25
- 지급일자: 2025/05/31

① [20170921.최영우] 사원은 근속 누진으로 누진일수가 37일이 적용되었고, 퇴직금 계산 시 산정된 급여의 합계는 10,605,000원이다.
② [20170921.최영우] 사원의 중도 정산 시의 퇴직금은 18,871,400원이고, 근속기간은 5년 2개월 3일이다.
③ [20170921.최영우] 사원의 퇴직금 계산 시 산정된 근무일수는 89일이며, 퇴직금 지급 시 공제된 금액은 총 188,910원이다.
④ [20170921.최영우] 사원의 평균임금은 119,150원이고, 퇴직금계산 기간 내 지급된 상여금은 존재하지 않는다.

21 아래 [보기]를 기준으로 2025년 04월 귀속의 전표를 생성하고, 전표처리결과 계정과목별 금액을 확인 시 올바르지 않은 것은 무엇인가?

> **보기**
>
> - 지급유형: 상용직급여
> - 회계단위: [1000.인사1급 회사본사]
> - 결의일자: 2025/04/30
> - 작성자: [ERP13I01.장미란]
> - 집계사업장: <1000.인사1급 회사본사>, <4000.인사1급 강원지점>
> - 집계급여구분: 급여, 상여

① 복리후생비: 2,340,000원
② 경상연구개발비: 1,200,000원
③ 가지급금: 4,850,000원
④ 예수금: 8,331,570원

22 아래 [보기]를 기준으로 '인사/급여환경설정'을 직접 확인하여 변경한 뒤, 〈1000.인사1급 회사본사〉 사업장의 원천세 신고서를 추가 시 근로소득 구분에 대한 총지급액과 소득세는 각각 얼마인가? (단, 신고구분은 '정기'이며, 소득처분여부는 '1.비해당'으로 설정한다.)

> **보기**
>
> - 원천세 신고유형: 본점일괄신고
> - 이행상황신고서집계방식: 귀속연월
> - 신고서 생성 기준: 귀속 2025.04 / 지급 2025.04 (제출일자 2025.05.10.)
> - 일반 데이터반영: 매월징수분(전체)
> - 연말정산 소득세, 농특세 반영: 미적용

① 총지급액: 63,630,050원 / 소득세: 2,451,810원
② 총지급액: 80,105,720원 / 소득세: 5,052,410원
③ 총지급액: 98,822,940원 / 소득세: 3,823,830원
④ 총지급액: 123,671,090원 / 소득세: 8,056,630원

23 아래 [보기]를 기준으로 당 회사의 지방소득세특별징수명세 신고서를 생성했을 때, [4.근로소득]의 소득자별 '과세표준' 금액을 확인 시 올바르지 않은 것은 무엇인가? (단, 신고서 생성기준은 '단일 사업장' 기준으로 생성한다.)

> **┤ 보기 ├**
>
> ※ 인사/급여환경설정 '지방소득세/주민세(종업원분)집계방식': 귀속, 지급연월
> • 매월 신고
> • 신고사업장: [0000.전체]
> • 신고구분: 1.정기
> • 귀속연월: 2025년 04월
> • 지급연월: 2025년 04월
> • 제출일자: 2025년 05월 10일
> • 급여지급일자: 2025년 04월 30일
> • 계속근무자 연말정산 환급액 반영 기준: 미적용

① [20000502.김종욱] – 산출세액: 32,580원
② [20030701.엄현애] – 산출세액: 19,590원
③ [20040301.오진형] – 산출세액: 4,820원
④ [20101001.최명수] – 산출세액: 100,070원

24 당 회사 〈1000.인사1급 회사본사〉 사업장 [20180511.최국성] 사원의 2024년 귀속의 근로소득 지급내역을 확인했을 때, 총 '지급명세서 작성 제외대상 비과세 소득'과 실제 공제된 총 '연금보험'은 각각 얼마인가? (단, 모든 정보는 현재 프로그램에 반영되어 있는 데이터를 기준으로 확인한다.)

① 지급명세서 작성 제외대상 비과세 소득: 1,156,560원 / 연금보험: 960,560원
② 지급명세서 작성 제외대상 비과세 소득: 1,156,560원 / 연금보험: 1,080,000원
③ 지급명세서 작성 제외대상 비과세 소득: 1,200,000원 / 연금보험: 960,560원
④ 지급명세서 작성 제외대상 비과세 소득: 1,200,000원 / 연금보험: 1,080,000원

25 당 회사는 전체 사업장 기준 2025년 04월 귀속(지급일 1번) 급여구분의 대장을 확인하고자 한다. 직종별로 대장을 집계하여 확인했을 때, 직종별 지급/공제항목의 금액으로 옳지 않은 것은?

① 사무직 – 근속수당: 4,675,000원
② 생산직 – 자격수당: 190,000원
③ 연구직 – 국민연금: 245,270원
④ 환경직 – 영업촉진비: 100,000원

인사 1급   2025년 2회 (2025년 3월 22일 시행)

[이론]

[과목: 경영혁신과 ERP]

01 [보기]에서 설명하는 디지털 전환(Digital Transformation)의 개념으로 가장 적절한 것은?

> **보기**
>
> ㈜생산컨설팅의 인사팀에서 근무하는 홍과장은 최근 회사가 '디지털 전환(Digital Transformation)' 전략을 추진한다는 발표를 들었다. 이에 따라, 인사팀에서도 기존 종이 기반의 평가 및 급여 관리 시스템을 클라우드 기반의 HR 시스템으로 전환하고, AI를 활용한 직원 성과 분석 및 맞춤형 교육 추천 시스템을 도입할 계획이다.
> 또한, 회사 전체적으로 빅데이터 분석을 활용한 고객 맞춤형 서비스 제공, 비대면 협업 플랫폼 확대, AI 챗봇을 통한 고객 응대 자동화 등을 추진하고 있다. 이를 통해 기업 내부뿐만 아니라, 고객과의 접점에서도 디지털 기술을 활용한 혁신이 이루어지고 있다.

① 클라우드 컴퓨팅만을 적용하여 기업 운영을 최적화하는 과정
② 디지털 기술을 활용하여 전통적인 사회 구조를 혁신하는 과정
③ 디지털 기술을 활용하여 기업 내부의 IT 부서만 개선하는 과정
④ 스마트폰 보급과 같은 개별 디지털 기기 보급에 초점을 맞춘 과정

02 [보기]에서 빅데이터의 5V 요소 중 'Veracity'가 의미하는 것은?

> **보기**
>
> ㈜KPC의 인사팀은 직원 성과 평가를 위해 빅데이터 기반의 AI 분석 시스템을 도입하였다. 그러나, 직원들의 성과 데이터를 수집하는 과정에서 일부 직원의 근태 기록이 부정확하게 저장되거나, 설문조사에서 응답이 일관되지 않은 사례가 발견되었다. 이로 인해 AI 분석 결과에 대한 신뢰도가 낮아지고, 잘못된 데이터로 인해 직원들의 평가 결과가 왜곡될 가능성이 제기되었다. 따라서 인사팀은 데이터의 정확성과 신뢰성을 높이는 것이 중요하다고 판단하고, 수집된 데이터를 검증하고 정제하는 과정을 강화하기로 하였다.

① 데이터의 속도   ② 데이터의 규모
③ 데이터의 정확성   ④ 데이터의 다양성

03 컨설팅 기업인 ㈜생산옵티마이즈는 ERP시스템 도입 후 회계 모듈과 인사 모듈을 연계하여 급여 관리를 자동화하고자 한다. 그러나 두 모듈 간 데이터 동기화가 원활하지 않아 급여 계산 오류가 발생하고 있다. 이 문제를 해결하기 위한 가장 적절한 방법은?

① ERP 시스템 폐기
② 급여 계산을 수작업으로 병행하여 오류를 보완
③ 회계 모듈을 제외하고 급여 관리를 수동으로 진행
④ ERP 시스템의 모듈 간 데이터 관리 프로세스를 개선

04 'Best Practice'를 목표로 ERP 시스템을 도입할 때 가장 적절한 방법은?

① 1위 기업이 사용하는 ERP S/W 제품을 선택한다.
② ERP 시스템을 도입하면서 기존 업무 프로세스를 효율적으로 개선한다.
③ ERP 도입 시 기존 업무 방식을 유지하는 것이 효율성을 높이는 최선의 방법이다.
④ 커스터마이징(Customizing) 및 시스템 유지보수 비용을 줄이기 위해 표준 기능만을 사용한다.

05 [보기]에서 가장 성공적인 ERP 도입이 기대되는 회사는 어디인가?

> **┤ 보기 ├**
>
> - 회사 A: 실무담당자의 참여를 유도하기 위해 경영자는 배제한다.
> - 회사 B: IT 전문지식이 풍부한 전산부서 직원들로 구성된 도입 TF를 결성한다.
> - 회사 C: 기존 업무방식이 유지되도록 업무 단위에 맞추어 ERP 도입을 추진 중이다.
> - 회사 D: 업무 프로세스를 재정립하고, 경험이 많고 유능한 컨설턴트의 도움을 받는다.

① 회사 A   ② 회사 B
③ 회사 C   ④ 회사 D

[과목: 인적자원 확보]

06 인적자원관리의 패러다임 변화에 대한 설명으로 적절하지 않은 것은?

① 연공중심에서 성과중심으로의 변화
② 일방적 통보에서 양방향 의사소통으로의 변화
③ 수직적 상하관계에서 수평적 상하관계로의 변화
④ 성과 위주의 보상에서 공평하고 획일적인 보상으로의 변화

07 ㈜생산성의 인사팀에서는 직무를 체계적으로 정의하기 위해 직무관리를 진행하려고 한다. 절차로 가장 적절한 것은?

① 먼저 직무명세서를 작성하고, 이후 직무평가, 직무분석, 직무기술서 순으로 진행한다.
② 먼저 직무기술서를 작성하고, 이어서 직무명세서를 작성한 후, 직무평가를 진행하고 마지막으로 직무분석을 수행한다.
③ 먼저 직무평가를 수행한 후, 해당 내용을 바탕으로 직무분석을 진행하고, 이후 직무기술서와 직무명세서를 작성한다.
④ 먼저 직무분석을 수행한 후, 해당 내용을 바탕으로 직무기술서를 작성하고, 이를 기반으로 직무명세서를 작성한 후, 최종적으로 직무평가를 진행한다.

08 기술, 교육, 몰입, 도전성, 판단력과 같은 요소를 평가할 때, 이들은 어떤 평가 기준에 해당하는지 고르시오.

① 숙련요소 – 직무를 수행하는 데 필요한 지식, 경험 등
② 책임요소 – 직무에서 요구되는 의사결정 및 권한 수준
③ 노력요소 – 직무 수행 시 요구되는 신체적/정신적 노력
④ 작업요소 – 특정 업무 수행을 위해 필요한 환경 및 절차

09 [보기]에서 ㈜생산의 인적자원 미래예측기법으로 가장 적절한 것은?

| 보기 |

㈜생산의 인사팀에서는 최근 5년간의 매출 증가율과 채용 인원 간의 관계를 분석한 결과, 매출이 10% 증가할 때마다 신규 채용 인력이 평균 5% 증가한다는 패턴을 확인했다. 이에 따라, ㈜생산은 올해 매출이 20% 증가할 것으로 예상됨에 따라, 해당 데이터만을 고려하여 올해 인력 충원 계획을 세우려 한다.

① 회귀분석법　　　　　　　　　② 추세분석법
③ 델파이기법　　　　　　　　　④ 브레인스토밍

10 모집평가의 주요 지표 중 수용률에 대한 설명으로 옳은 것은?

① 지원자 가운데 최종 선발된 인원의 비율이다.
② 단계별로 지원자들이 어떻게 축소, 배치되는지를 보여주는 비율이다.
③ 선발에 최종 합격한 사람 중 회사의 입사 제의를 받아들여 실제 입사하는 인원의 비율이다.
④ 지원자들 가운데 선발 과정을 거치지 않고 무작위로 선택하여 채용했을 때 일정 기간이 경과한 후 업무를 잘하는 사람의 비율을 말한다.

11 ㈜생산은 창의적이고 자기주도적인 인재를 채용하기 위해 기존의 획일적인 질문 방식에서 벗어나 [보기]와 같이 면접을 진행하였다. ㈜생산의 면접방법은 무엇인가?

> **┤ 보기 ├**
>
> ㈜생산의 면접관 홍길동씨는 면접 진행 중 지원자의 답변에 따라 즉석에서 추가 질문을 던지고, 지원자가 자유롭게 자신의 생각을 표현할 수 있도록 유도한다.
> 이러한 방식에서는 면접관의 경청 능력, 고도의 질문 기술 및 훈련이 필요하며, 정해진 답변이 아니라 지원자의 자유로운 사고와 솔직한 의견을 확인할 수 있다.

① 집단면접   ② 구조화면접
③ 비지시적면접   ④ 스트레스면접

12 [보기]에서 나타난 ㈜생산의 신입사원 인력배치 원칙으로 가장 적절한 것은 무엇인가?

> **┤ 보기 ├**
>
> ㈜생산은 신입사원의 배치를 진행하면서, 직원들의 현재 실력뿐만 아니라 미래 성장 가능성을 고려하여 배치하는 원칙을 적용하려 한다. 이를 통해 단순히 현재 업무 수행 능력이 뛰어난 사람을 배치하는 것이 아니라, 향후 해당 직무에서 더욱 성장할 가능성이 높은 인재를 고려하는 것이 목표이다.
> 예를 들어, 현재 실력은 부족하지만 기술 습득 능력이 뛰어난 직원은 R&D 부서에 배치하고, 영업 경험은 없지만 설득력이 강한 인재는 영업팀에 배치하는 방안을 고려하고 있다.
> 이처럼 ㈜생산은 현재 역량만이 아니라 성장 가능성까지 평가한 후, 각 부서의 중장기적인 인재 육성 전략과 맞추어 배치하는 방식을 도입하고 있다.

① 균형주의 원칙   ② 적재적소 원칙
③ 실력주의 원칙   ④ 인재육성주의 원칙

13 [보기]는 무엇이 대한 설명인가?

> **┤ 보기 ├**
>
> ㈜생산의 인사팀은 직원들의 업무 효율성을 높이기 위한 직무설계 방법을 도입했다. 이전에는 한 직원이 계약서 작성 및 검토만 담당했으나, 최근에는 계약서 관리뿐만 아니라 클라이언트와의 소통 및 데이터 분석 업무도 추가적으로 수행하도록 하였다. 이를 통해 직원들이 보다 다양한 업무를 경험할 수 있도록 하고, 업무 몰입도를 높이는 효과를 기대하고 있다.

① 직무순환   ② 직무확대
③ 직무단순화   ④ 직무전문화

14 [보기]의 모집관리 및 충원과 관련된 용어를 한글로 입력하시오.

> **┤ 보기 ├**
>
> (   )제도란 기업에서 특정 프로젝트나 신규 사업에 필요한 인재를 모으기 위해 기업(관) 내에 있는 인재를 널리 활용하는 제도이다. 구성원들에게 새로운 직무수행에 대한 동기부여를 할 수 있으며, 구성원들은 이직을 하지 않고도 원하는 직무로 기회를 제공 받을 수 있는 기회가 있다는 장점이 있다. 반면, 구성원들이 선호하는 일부 포지션, 업무 등에 지원이 몰리는 현상이 발생할 수 있으며, 구성원들의 이동으로 특정 직무의 연쇄적인 인력 이탈이 발생할 수 있다.

정답: ______________________________

[과목: 인적자원 개발]

15 인사고과의 구성요건 중 수용성에 대한 설명으로 옳은 것은?

① 평가내용이 평가의 목적을 잘 반영하고 있는지에 대한 점검
② 측정하고자 하는 내용을 정확하게 측정되었는지에 대한 점검
③ 피평가자들이 평가결과와 활용목적에 동의하는가에 대한 점검
④ 인사고과의 설계와 실행에 들어가는 비용이 적정한가에 대한 점검

16 직장 내 훈련(O.J.T)의 단점으로 옳지 않은 것은?

① 교육시간의 통일이 어렵다.
② 교육내용과 수준의 통일이 어렵다.
③ 작업수행의 지장 초래 가능성이 높다.
④ 교육생들의 능력 차이를 고려하기 힘들다.

17 [보기]에서 적용된 ㈜생산IT의 승진 기준과 가장 관련이 깊은 요소는 무엇인가?

> **┤ 보기 ├**
>
> ㈜생산IT는 업무 사기 진작과 성과 달성을 독려하기 위해, 기존의 근속연수와 조직 내 경험을 중심으로 한 연공주의 승진 제도에서 성과주의 기반의 승진 제도로 전환했다.
> 이제 직원의 개인 성과와 조직 기여도가 가장 중요한 평가 요소로 작용하며, 일정 기간 이상 근속한 직원이라도 성과가 부족하면 승진 대상에서 제외될 수 있다.
> 이는 장기적인 조직 안정성과 직무 충성도를 유지하는 장점이 있지만, 단기 성과 압박이 높아지는 단점도 존재한다.

① 근속연수   ② 업무실적
③ 연공서열   ④ 직무안정성

18 [보기]에서 설명하는 조직개발기법은 무엇인가?

> **│ 보기 │**
>
> ㈜생산컨설팅은 최근 관리자의 리더십 역량 강화 및 조직 내 원활한 의사소통 개선을 목표로 새로운 조직개발기법을 도입했다.
>
> 이를 위해 외부 컨설턴트가 관리자와 협력하여 조직 내 작업 흐름, 비공식적 관계, 의사소통 문제 등을 분석하고, 보다 효과적인 관리 방식을 제안하도록 돕고 있다. 이 과정에서 컨설턴트는 직접적인 해결책을 제공하기보다는 관리자 스스로 문제를 인식하고 해결하도록 조력하는 역할을 수행한다.

① 팀 구축법   ② 과정 자문법
③ 감수성 훈련   ④ 조사연구 피드백

19 [보기]에서 설명하는 교육훈련방법을 고르시오.

> **│ 보기 │**
>
> ㈜생산은 직원들의 문제 해결 역량을 높이기 위해 실제 조직 내 발생하는 문제를 팀 단위로 해결하는 방식의 교육훈련을 도입하였다.
>
> 직원들은 실제 프로젝트나 업무 개선 과제를 수행하면서 학습하고, 이 과정에서 팀원 간 협력 및 실행 과정을 반복적으로 경험하며 학습 효과를 극대화하고 있다. 또한, 과정이 끝난 후 팀별로 결과를 발표하고 피드백을 받으며 조직 내 최적의 해결 방법을 도출한다.

① 코칭(Coaching)   ② E-러닝(E-Learning)
③ 액션 러닝(Action Learning)   ④ 강의식 교육(Lecture Training)

20 [보기]에서 설명하는 선발오류의 유형을 입력하시오.

> **│ 보기 │**
>
> ㈜생산은 신입사원을 채용하는 과정에서 필기시험과 면접을 통해 최종 합격자를 선발하고 있다. 하지만 최근 채용 평가 결과를 분석한 결과, 지원자 중 실제로는 업무 수행 능력이 뛰어나고 높은 성과를 낼 수 있었던 인재들이 시험이나 면접에서 탈락하는 현상이 발생하고 있음이 확인되었다. 이로 인해 우수한 인재를 놓치는 문제가 반복되고 있으며, 인사팀은 평가 방식의 개선을 검토하고 있다.

정답: ________________________________

[과목: 임금 및 복리후생관리]

21 임금의 성격 중 기업의 특성에 해당하지 않는 것은?

① 생산 원가 요소　　　　　　　　② 사회적 신분 상징
③ 기업 경쟁력 요인　　　　　　　④ 근로자의 유치와 유지의 요인

22 근로기준법에 대한 설명으로 적절하지 않은 것은?

① 근로기준법상 '근로'란 정신노동과 육체노동을 의미한다.
② 1일의 근로시간은 휴게시간을 제외하고 8시간을 초과할 수 없다.
③ 사용자는 휴일의 야간 근로 시 통상임금의 100분의 50만을 가산한 임금을 지급하여야 한다.
④ 임금이란 사용자가 근로의 대가로 근로자에게 임금, 봉급, 그 밖에 어떠한 명칭으로든지 지급하는 모든 금품을 말한다.

23 [보기]에서 설명하고 있는 임금형태는 무엇인가?

| 보기 |

기업 임금 산정에 있어서 경제적 조건의 변화(물가 변동)나 기업의 사정에 순응하여 임금률을 자동으로 변동·조정하여 지급하는 제도

① 포괄임금제　　　　　　　　　　② 임금피크제
③ 순응임률제　　　　　　　　　　④ 표준시간급제

24 [보기]의 ㈜생산이 가장 중요하게 생각하는 복리후생의 설계 원칙은 무엇인가?

| 보기 |

복리후생 제도를 개편하면서 근로자들의 의견을 적극 반영하는 방식을 도입했다.
이를 위해 사내 여론조사를 실시하고, 노사 대표가 함께 참여하는 복리후생 협의회를 운영하고 있다.
이를 통해 직원들은 자신들에게 필요한 복리후생 항목을 직접 제안할 수 있으며, 제도의 공정성과 만족도를 높이는 효과를 기대하고 있다.

① 지불능력의 원칙　　　　　　　　② 다수혜택의 원칙
③ 근로자의 참여 원칙　　　　　　④ 근로자의 욕구 충족 원칙

25 원천징수에 대한 설명으로 적합하지 않은 것은?

① 완납적 원천징수란 원천징수에 의하여 납세의무가 종결되는 원천징수를 말한다.

② 원천징수 의무자는 원천징수한 세금을 소득지급일이 속하는 달의 마지막 날까지 관할세무서 또는 금융기관에 납부해야 한다.

③ 예납적 원천징수란 당해 원천징수에 의하여 납세의무가 종결되는 것이 아니라 확정신고시 납부할 세액에 대한 예납적 성격의 원천징수를 말한다.

④ 원천징수란 소득 또는 수입금액을 지급하는 원천징수 의무자가 그 금액을 지급할 때, 상대방인 원천납세 의무자가 내야 할 세금을 국가를 대신하여 징수하고 납부하는 조세 징수 방법이다.

26 [보기]에서 설명하는 사회보장제도를 한글로 입력하시오.

> **│ 보기 │**
>
> 사기업인 ㈜생산에서 근무했던 홍길동씨는 30년 동안 근무한 후 정년퇴직을 앞두고 있다. 그동안 매월 일정 금액을 보험료로 납부해왔으며, 퇴직 후에도 매달 일정 금액을 지급받아 안정적인 노후를 보장받을 예정이다. 만약 그가 불의의 사고로 사망할 경우, 그의 배우자나 자녀가 받을 수 있도록 보장되는 제도도 포함되어 있다. 이와 같이 근로자가 일정 기간 보험료를 납부하고, 이후 소득이 없을 때 본인이나 유족이 일정 금액을 받을 수 있도록 설계된 지원제도가 있어 노후를 대비할 수 있었다.

정답: ___________________________

27 [보기]에서 설명하는 정부의 보장제도를 한글로 입력하시오.

> **│ 보기 │**
>
> ㈜푸른희망기업은 최근 자금난으로 인해 직원들의 급여와 퇴직금을 제때 지급하지 못하는 상황에 처했다.
> 결국 기업은 법원에 도산을 신청했고, 일부 근로자들은 퇴직을 결정했다. 그러나 퇴직한 직원들은 미지급된 임금과 퇴직금을 받을 수 있는 방법이 없어 생활고에 시달리고 있었다.
> 이때, 정부에서 사업주를 대신하여 근로자들에게 미지급된 임금과 퇴직금을 지급하는 제도가 적용되었다. 이 제도를 통해 퇴직자들은 일정 금액을 보전받아 생계를 유지할 수 있었다.

정답: ___________________________

28 법정근로시간에 대한 설명으로 옳은 것은?

① 법정근로시간과 소정근로시간은 항상 일치한다.

② 1주라 함은 반드시 일요일에서 토요일까지를 의미한다.

③ 근로시간이라 함은 사용자의 지휘에 종속하는 시간이므로 휴게시간은 포함되지 않는다.

④ 1일이라 함은 0~24시까지를 의미하므로 오후 6시에서 익일 오전 6시 근무는 2일에 해당한다.

[과목: 노사관계]

29 교대근무제에 대한 설명으로 가장 적절한 것은?

① 종업원들이 일정한 제약조건 내에서 자유롭게 출퇴근 시간을 정해놓고 근무하는 제도를 말한다.
② 1일 근로시간을 정규직 근로자와 달리 4~7시간 정도 일하며 임금은 직무에 따른 시간급을 지급한다.
③ 두 사람 이상의 시간제 근무자가 직무시간 교대를 통해서 일주일 40시간의 근무를 나누어 수행하도록 하는 제도를 말한다.
④ 회사가 1일 근무시간을 두 개 이상의 시간계열로 구분하고 근로자들을 2개조 이상으로 편성하여 교대로 작업하도록 하는 근로시간제를 말한다.

30 [보기]는 무엇에 대한 설명인가?

> **┤ 보기 ├**
>
> 일정지역 동종 노동자 중 소수에 속하는 노동자들에게도 하나의 단체협약의 효력이 미치게 함으로써 그 지역 사용자들이 낮은 근로조건으로 노동력을 공급받는 것을 방지하고, 이에 따라 단체협약의 실효성을 확보함으로써 노동조합의 단결력 강화, 균등한 근로조건의 보장으로 소수 노동자들을 보호하기 위한 것

① 규범적 효력
② 채무적 효력
③ 지역적 구속력
④ 일반적 구속력

31 사용자와 노동조합 간의 정당한 권리를 침해하는 일련의 행위인 '부당노동행위'로 가장 적절하지 않은 것은?

① 근로자의 배치전환, 전근, 휴직 등의 불이익 대우
② 단체교섭을 정당한 이유 없이 거부하거나 방해하는 경우
③ 종업원의 경영의사결정 참가를 권장하여 노사협의체를 구성
④ 노동조합에 가입하지 않거나, 탈퇴를 조건으로 고용하는 경우

32 [보기]의 연차유급휴가 및 근로기준법 관련하여 (   )에 들어갈 내용을 숫자로 입력하시오.

> **┤ 보기 ├**
>
> 연차유급휴가는 1년간 계속 근로한 근로자에 대하여 일정한 기간 유급으로 근로의무가 면제되는 날을 말한다.
> 「근로기준법」 제60조제1항에서는 "사용자는 1년간 80% 이상 출근한 근로자에게 (   )일의 유급휴가를 주어야 한다"라고 정하고 있다.

정답: ________________________________

33 [보기]에서 설명하는 자본참여 방법을 한글로 입력하시오.

> **⊣ 보기 ⊢**
>
> ㈜생산성은 직원들의 동기 부여와 장기 근속을 유도하기 위해 근로자들에게 주식 100주를 무상 지급하여, 이들이 회사의 주주로 참여하게 하였다. 주식을 제공한 것이며, 구매 권리나 주가 차익을 전제로 하지 않는다. 또한, 기존에 제공되었던 성과금과는 별도로 주식을 지급한 방식이다.

정답: ______________________________

[실 무]

✨ 실무문제는 [실기메뉴]를 활용하여 답하시오.
웹하드(http://www.webhard.co.kr)에서 Guest(ID: samil3489, PASSWORD: samil3489)로 로그인하여 백데이터를 다운받아 설치한 후 인사1급 2025년 2회 '장미란 사원'으로 로그인한다.

01 다음 중 핵심 ERP 사용을 위한 기초 사업장 정보를 확인하고, 그 내역으로 올바르지 않은 것은?

① [1000.인사1급 회사본사] 사업장의 관할세무서는 [104.남대문]이다.
② [2000.인사1급 인천지점] 사업장은 주(총괄납부)사업장 신고 시, [1000.인사1급 회사본사] 사업장에 속해 신고되는 종사업장이다.
③ [3000.인사1급 대구지점] 사업장은 원천징수이행상황신고서를 '월별'로 작성하여 신고하는 사업장이다.
④ [4000.인사1급 강원지점] 사업장의 지방세신고지 행정동은 [4211067500.춘천시청]이다.

02 당 회사에 등록된 부서를 '2025/03/22' 기준으로 조회했을 때, 조회된 부서의 설명으로 올바른 것은?

① 현재 사용 중인 부서는 총 11개이다.
② [4000.인사1급 강원지점] 사업장에 속한 부서는 모두 [7000.교육부문]에 속해있다.
③ 가장 오래 사용된 부서는 모두 [1000.관리부문]에 속해있다.
④ 현재 사용 중인 부서 중 [2000.영업부]는 사용종료일이 2025/03/31이다.

03 당 회사의 인사/급여기준에 대한 설정을 확인했을 때, 올바르게 설명한 [보기] 내용은 몇 개인가? (단, 환경설정 기준은 변경하지 않는다.)

> **보기**
>
> - A: 모든 직종의 출결마감 기준일은 당월 1일에서 말일까지이다.
> - B: 당 회사의 기본급이 책정임금의 '월급'을 기준으로 지급하고 [지급공제항목등록] 메뉴에서 기본급의 수습적용 설정이 '환경등록적용'인 경우, 2025년 3월 10일에 입사한 사무직 사원 (월급: 3,100,000원)의 3월 귀속 급여 기본급은 1,650,000원(수습기간 적용)이다.
> - C: 3월 귀속의 급여를 계산할 때, 3월 21일 퇴사한 사무직 사원의 경우 해당 월의 실제 근무일수 만큼 급여가 지급된다.
> - D: 3월 귀속의 급여를 계산할 때 한달 정상일로 기재한 30일을 기준으로 급여가 계산된다.

① 0개   ② 1개

③ 2개   ④ 3개

04 당 회사는 2025년 03월 [800.과장] 직급의 호봉을 아래 [보기]와 같이 일괄 등록하고자 한다. [800.과장] 직급의 호봉등록을 완료하고, 5호봉 기준의 '기본급'은 얼마인가?

> **보기**
>
> - 기본급 초기치: 3,280,000원 (증가액 71,500원)
> - 급호수당 초기치: 110,000원 (증가액 14,500원)
> - 연장수당 초기치: 52,000원 (증가액 17,000원)
> - 정률인상 적용: 기본급 7.5%

① 3,833,450원   ② 3,910,312원

③ 4,121,450원   ④ 4,229,812원

05 당 회사의 2025년도 귀속 급여 지급항목에 대한 설정 기준의 설명으로 올바르지 않은 것은?

① 2025년에 지급하는 지급항목 중 지급코드가 'P'로 시작하는 비과세 항목의 분류여부 설정이 '분류'인 항목은 [P10.연장근로수당] 하나만 존재한다.

② [P20.자격수당]을 지급하는 기준의 자격증을 모두 취득한 경우 총 20만원을 지급하며, [150. SMAT 1급]의 금액이 가장 높게 책정되어 있다.

③ 10년 이상 근속한 사원은 105,000원의 근속수당을 지급받는다.

④ [P50.식대보조비]는 '국내영업부'와 '해외영업부'에 속하지 않는 근로자만 200,000원을 지급한다.

06 당 회사의 2025년 01월 귀속 급/상여 지급일자 등록을 확인하고, 그 내역으로 올바른 것은?

① 급여와 상여를 같은 일자에 지급하며, 하나의 지급 순번에서 관리된다.
② [상용직급여입력및계산] 메뉴의 대상자는 '지급직종및급여형태' 기준으로 급여 대상자를 조회하여, 사용자가 직접 선택하여 반영한다.
③ '상여지급대상기간' 내 사무직 근로자에 대해서만 상여를 지급한다.
④ '상여지급대상기간' 내 입사자와 퇴사자는 실제 근무한 일 수만큼 상여를 지급한다.

07 당 회사는 2025년 1분기에 진행한 [610. AI 활용 교육] 교육평가가 우수한 사원을 대상으로 포상을 지급하기로 하였다. 아래 [보기]를 확인하여 대상자들의 총 지급 금액으로 올바른 것은?

┤ 보기 ├

• 교육평가 S등급: 100,000원
• 교육평가 A등급: 50,000원

① 600,000원   ② 750,000원
③ 900,000원   ④ 950,000원

08 당 회사는 [1000.인사1급 회사본사] 사업장의 2024년 4분기에 자격증을 취득한 사원에 대해 아래 [보기]와 같이 '특별자격수당'을 자격취득자에게 지급하기로 하였다. [보기]와 같이 '특별자격수당'을 지급 할 때, 그 지급액은 얼마인가? 단, 퇴사자는 제외한다.

┤ 보기 ├

• [150. SMAT 1급]: 20,000원
• [200. ERP정보관리사1급]: 40,000원
• 수당여부: 해당

① 100,000원   ② 120,000원
③ 140,000원   ④ 180,000원

09 당 회사의 인사정보를 확인하고 관련된 설명으로 올바른 것은?

① [20000601.이수희] 사원은 [2100.국내영업부]에 속하며, 직종은 [002.생산직]이다.
② [20010401.노희선] 사원은 수습기간을 거친 이력이 없으며, 2025/01의 날짜로 새롭게 임금을 책정했다.
③ [20081201.조선우] 사원은 배우자공제를 받고 있으며, 현재 책정된 월급은 5,352,500원이다.
④ [20191118.윤태경] 사원은 현재 노조에 가입되어 있으며, 부녀자공제를 받는다.

10 당 회사 [20081203.김도균] 사원의 '가족' 정보를 확인했을 때, 등록된 정보에 대한 설명으로 올바르지 않은 것은?

① 등록된 가족은 모두 현재 해당 사원이 부양하고 있는 가족이다.

② 해당 사원이 부양하고 있는 가족의 부양관계는 '배우자', '소득자의 직계존속', '직계비속((손)자녀/입양자)'로 이루어져 있다.

③ 연말정산 경로우대공제를 받을 수 있는 나이요건이 만 70세 이상인 경우, 2024년 기준 해당 사원이 부양하고 있는 가족 중 경로우대공제에 해당하는 구성원은 2명이다.

④ 연말정산 자녀공제를 받을 수 있는 나이요건이 만 8세 이상부터 만 20세 이하까지 해당할 때, 2024년 기준 해당 사원이 부양하고 있는 가족 중 자녀공제에 해당하는 구성원은 1명이다.

11 당 회사의 2025년 03월 귀속 급여(지급일자: 2025/03/25)에 해당하는 대상자 중 [20010401.노희선] 사원이 개인 질병 치료를 위한 휴직을 신청하였다. [20010401.노희선] 사원의 휴직 내역을 [보기]와 같이 등록한 뒤 모든 급여 지급 대상자들의 급여를 계산했을 때, 해당 지급일자의 '과세' 총액으로 올바른 것은? (단, 그 외 급여 계산에 필요한 조건은 프로그램에 등록된 기준을 이용한다.)

> ┤ 보기 ├
>
> • 시작일, 종료일: 2025/03/10, 2025/03/18
> • 휴직사유: [000.일반휴직]
> • 휴직지급율: 80%
> • 퇴직기간적용: 함

① 110,368,640원 ② 110,551,640원
③ 138,168,640원 ④ 138,351,640원

12 당 회사는 2025년 1분기에 대한 [101.특별급여]를 2025년 03월 귀속분에 지급하고자 한다. 아래 [보기]와 같이 지급대상 요건을 직접 추가하여 급여 계산을 진행한 뒤 확인한 정보로 올바르지 않은 것은? (단, 그 외 급여계산에 필요한 조건은 프로그램에 등록된 기준을 이용한다.)

> ┤ 보기 ├
>
> • 특별급여지급일자: 2025/04/10
> • 동시발행여부 및 대상자선정: 분리, 직종및급여형태별
> • 특별급여지급대상: 전체 사업장 기준 직종이 '생산직' 또는 '연구직' 이고, 급여형태가 '월급'인 근로자

① 해당 지급일자의 대상자는 모두 6명이고, 총 과세금액은 19,350,310원이다.

② 해당 지급일자에서 지급된 특별급여는 책정된 임금의 [월급] 항목에 80%만큼 계산되었다.

③ 해당 지급일자의 대상자 중 특별급여 금액이 가장 큰 사원은 [20081202.장명훈]이다.

④ 해당 지급일자에서 발생한 소득세와 지방소득세의 총합은 514,860원이다.

13 당 회사는 [1000.인사1급 회사본사] 사업장을 제외한 나머지 사업장에 대해 2025년 02월 귀속(지급일 1번)에 이체한 급/상여를 확인하고자 한다. 이체 현황에 대한 설명으로 올바르지 않은 것은? (단, 무급자는 제외한다.)

① 해당 조회조건의 대상자는 모두 12명이고, 4개의 금융기관에서 급여이체가 발생했다.
② 해당 조회조건의 대상자 중 가장 적은 금액의 급여가 이체된 사원은 [20181101.이민성]이다.
③ 국민은행을 통해 지급된 급상여금액은 나머지 금융기관을 통해 지급된 급상여금액보다 크다.
④ 해당 조회조건에서 발생한 급상여금액은 총 48,857,730원이며, 2025/02/25에 지급되었다.

14 당 회사는 초과근무에 대해 수당을 지급하고 있다. 아래 [보기]의 기준을 토대로 2025년 02월 귀속 〈급여〉구분 [20080103.김민주] 사원의 '초과근무수당'을 계산하면 얼마인가? (단, 근무수당을 계산하면서 발생되는 모든 원단위 금액은 절사하며, 책정임금 시급은 원단위 금액을 절사하지 않고 계산한다.)

> **보기**
>
> • 초과근무수당 = 1유형 근무수당 + 2유형 근무수당
> • 초과근무 시급: 책정임금 시급
>   – 1유형 근무수당: 총 연장근무시간에 초과근무 시급을 곱한 후 50% 가산하여 산정
>   – 2유형 근무수당: 총 심야근무시간에 초과근무 시급을 곱한 후 150% 가산하여 산정

① 570,100원
③ 577,530원
② 574,220원
④ 581,650원

15 당 회사는 [2000.인사1급 인천지점] 사업장에 대해 2024년 4분기에 속한 기간의 지급내역 중 [100.급여] 지급내역에 대해 기간별로 집계하여 금액을 확인하고자 한다. 내역을 확인했을 때, 기간과 지급항목 금액이 올바르지 않은 것은?

① 2024년 10월의 연장근로수당: 1,949,990원
② 2024년 10월의 직무발명보상금: 9,000,000원
③ 2024년 11월의 근속수당: 930,000원
④ 2024년 12월의 식대보조비: 6,000,000원

16 당 회사는 일용직 사원에 대해 사원 별 지급형태를 구분하여 일용직 급여를 지급하고 있다. 아래 [보기]를 확인하여 2025년 03월 귀속 지급일 중 '매일지급' 대상자를 직접 반영 후 급여계산 할 때, 해당 지급일의 급여내역에 대해 올바르지 않은 것은? (단, 그 외 급여계산에 필요한 조건은 프로그램 등록된 기준을 따른다.)

> ┤ 보기 ├
>
> - 지급형태: '매일지급' 지급일
> - 지급 대상자: '시급직'인 [1100.총무부] 사원
> - 평일 9시간 근무
> - 비과세(신고제외분) 10,000원

① 해당 지급일자의 대상자는 모두 5명이며, 모든 대상자가 21일을 근무했다.
② [1001.심순애] 사원을 제외한 모든 사원에게서 '연장비과세' 금액이 발생했다.
③ 실지급액이 가장 큰 사원은 [1002.김미연] 사원이며, 7,233,200원을 지급받았다.
④ 해당 지급일자의 과세총액의 합은 22,441,692원이고, 비과세 신고제외분의 금액은 발생하지 않았다.

17 2025년 03월 귀속 지급일 2번(2025.03.25.) 일용직 급여작업 전, 아래 [보기]를 기준으로 [1015.노혜수] 사원의 사원정보를 직접 변경하고 급여계산을 했을 때, 2025년 03월 귀속 해당 일용직 대상자들의 실지급액의 총계는 얼마인가? (단, 그 외 급여계산에 필요한 조건은 프로그램 등록된 기준을 따른다.)

> ┤ 보기 ├
>
> - 사원정보 변경
>   - 생산직비과세 적용 '함'
>   - 국민/건강/고용보험여부 '여'
>
> - 일용직 급여지급
>   - 지급형태: '일정기간지급' 지급일
>   - 평일 9시간 근무 가정
>   - 비과세(신고제외분): 8,000원

① 21,007,456원
② 21,291,888원
③ 22,047,198원
④ 22,315,848원

18 당 회사의 [2000.인사1급 인천지점] 사업장 기준으로 2024년 하반기의 〈과세/비과세〉총액은 각각 얼마인가? (단, '사용자부담금'은 제외한다.)

① 과세총액: 47,747,850원 / 비과세총액: 6,000,000원
② 과세총액: 47,747,850원 / 비과세총액: 28,000,000원
③ 과세총액: 240,887,550원 / 비과세총액: 20,000,000원
④ 과세총액: 240,887,550원 / 비과세총액: 10,000,000원

19 당 회사의 퇴직금 산정을 위한 퇴직기준설정을 확인하고, 그 내역으로 올바르지 않은 것은?

① 퇴직금은 고용노동부 기준의 계산식이 아닌 당 회시의 퇴직금 산정 기준으로 계산한다.
② 퇴직금 계산 시 급여 지급항목에 대해서만 선택이 가능하고, 상여 지급항목에 대해서는 선택이 불가하다.
③ 퇴직금 계산 시 평균임금 산출 기간은 퇴사일로부터 3개월을 일수로 계산하여 산정한다.
④ 퇴직금 계산 시 임원누진에 대해 적용하고 있으며, 적용유형은 [001.기간]이고 적용방식은 [001.가산일수] 이다.

20 2025년 02월 19일 [2000.인사1급 인천지점] 사업장의 [20040301.오진형] 사원이 주택구매를 위한 중도정산을 신청하였다. 아래 [보기]의 내용에 따라 퇴직기준과 대상자를 직접 반영하여 퇴직 정산작업을 진행했을 때, 정산 결과에 대한 설명으로 올바르지 않은 것은? (단, 그 외 퇴직금 계산에 필요한 조건은 프로그램의 등록 기준에 따른다.)

> **│ 보기 │**
>
> • 평균임금 계산식: '일평균 임금' 적용
> • 지급항목 설정: 기본급, 자격수당, 근속수당
> • 귀속연월: 2025/02
> • 재직기준: 2025/02/01 ~ 2025/02/28
> • 퇴직일자, 신청일자: 2025/02/19
> • 지급일자: 2025/02/25

① [20040301.오진형] 사원의 중도 정산 시의 근속기간은 7636일이다.
② [20040301.오진형] 사원의 퇴직금계산 시 산정된 급여는 2024/11/20~2025/02/19까지의 내역이다.
③ [20040301.오진형] 사원에게 실제로 지급 될 퇴직금액은 72,370,450원이다.
④ [20040301.오진형] 사원의 퇴직금계산 시 산정된 급여의 총 지급합계는 10,608,856원이다.

21 당 회사는 퇴직추계총액 기준으로 40% 만큼 '퇴직급여충당부채'를 설정하고자 한다. 아래 [보기] 기준으로 퇴직금추계코드를 직접 등록하고 퇴직금 추계액을 계산 했을 때, 회사에서 설정할 수 있는 '퇴직급여충당부채'는 얼마인가? (단, 전기 퇴직급여충당부채 잔액은 없는 것으로 가정하며, 원단위는 절사한다. 그 외 기준은 프로그램 등록 기준을 따른다.)

> **│ 보기 │**
>
> • 추계코드(명): [2025.2025년 퇴직금추계액]
> • 기준연월: 2025/02
> • 대상 사업장(계정): [2000.인사1급 인천지점], [3000.인사1급 대구지점] (사원)

① 348,915,490원   ② 578,332,450원
③ 751,911,090원   ④ 809,997,060원

22 당 회사는 2024년 귀속 거주자 기타소득에 대해 소득자별 소득현황을 확인하고자 한다. 2024년 4분기에 지급한 소득에 대해 조회한 내용 중 올바른 것은? (단, 모든 정보는 프로그램에 입력된 기준으로 확인한다.)

① 해당 조회조건의 대상자는 모두 6명이 조회되고, 총 소득금액의 합은 63,380,000원이다.

② 해당 조회조건의 대상자에게서 발생한 소득은 모두 [79.자문료]이고, 총 5,150,400원의 소득세가 공제되었다.

③ 해당 조회조건에서 발생한 소득 중 2024/12에 지급된 소득은 모두 2024/12 귀속의 소득이며, 총 3,320,000원의 소득금액이 발생했다.

④ 해당 조회조건에서 발생한 실지급액의 합이 가장 큰 소득자는 [20200715.권정문]이며, 총 19,015,200원의 금액이 지급되었다.

23 아래 [보기]를 기준으로 2025년 02월 귀속의 전표를 생성하고, 전표처리결과 계정과목별 금액을 확인 시 올바르지 않은 것은?

┤ 보기 ├

- 지급유형: 상용직급여
- 회계단위: [1000.인사1급 회사본사]
- 결의일자: 2025/02/25
- 작성자: [ERP13I01.장미란]
- 집계사업장: [2000.인사1급 인천지점], [3000.인사1급 대구지점]
- 집계급여구분: 급여

① 직원급여: 46,568,960원

② 복리후생비: 3,720,000원

③ 당좌예금: 60,288,960원

④ 미지급세금: 2,086,580원

24 아래 [보기]를 기준으로 당 회사의 지방소득세특별징수명세 신고서를 생성했을 때, '사업소득'의 소득자별 '과세표준'과 '산출세액'이 올바르지 않은 것은?

┤ 보기 ├

- 매월 신고
- 신고사업장: [1000. 인사1급 회사본사]
- 신고구분: 1.정기
- 귀속연월: 2025년 02월
- 지급연월: 2025년 02월
- 제출일자: 2025년 03월 10일
- 급여지급일자: 2025년 02월 25일
- 계속근무자 연말정산 환급액 반영 기준: 미적용

① [20180524.고세형] – 과세표준: 113,400원 / 산출세액: 11,340원

② [20180501.안민서] – 과세표준: 90,000원 / 산출세액: 9,000원

③ [20180601.이준성] – 과세표준: 300,000원 / 산출세액: 30,000원

④ [20200601.최성연] – 과세표준: 101,200원 / 산출세액: 10,120원

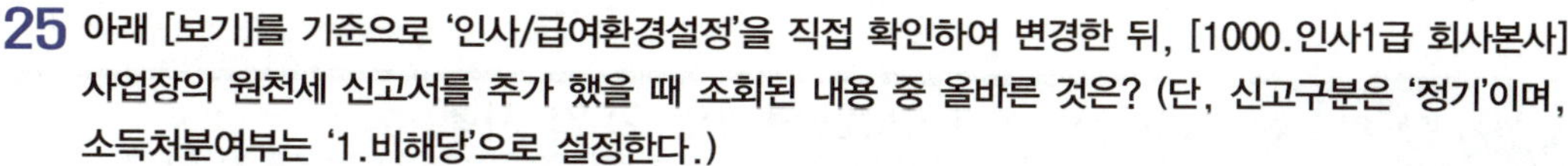

25 아래 [보기]를 기준으로 '인사/급여환경설정'을 직접 확인하여 변경한 뒤, [1000.인사1급 회사본사] 사업장의 원천세 신고서를 추가 했을 때 조회된 내용 중 올바른 것은? (단, 신고구분은 '정기'이며, 소득처분여부는 '1.비해당'으로 설정한다.)

┤ 보기 ├

- 원천세 신고유형: 사업장별신고
- 이행상황신고서집계방식: 지급연월
- 신고서 생성 기준: 귀속연월, 지급연월 2025/02 (제출일자 2025/03/10)
- 일반 데이터반영: 매월징수분(전체) / 연말정산 소득세, 농특세 반영: 미적용
- 집계데이타선택: 매월징수분 + 사업연말/종교인연말정산

---

① 해당 지급연월의 신고서에서 발생한 소득은 근로소득과 사업소득 뿐이며, 총 지급액의 합은 78,187,010원이다.

② 신고서 생성을 한 뒤 근로소득-간이세액의 총지급액과 소득세는 해당 신고서에서 바로 수정이 가능하다.

③ A25. 사업소득-매월징수에 집계된 금액의 상세 소득내역은 비거주자(부표)탭에서 확인할 수 있다.

④ 근로소득의 1인당 평균 총지급액(원단위절사)는 사업소득의 1인당 평균 총지급액(원단위절사)보다 더 크다.

인사 1급 · 2025년 1회 (2025년 1월 25일 시행)

[이론]

[과목: 경영혁신과 ERP]

01 [보기]는 무엇에 대한 설명인가?

> **보기**
>
> - 자연어(natural language) 형태로 구성된 비정형 또는 반정형 데이터에서 패턴 또는 관계를 추출하여 의미 있는 정보를 찾아내는 기법
> - 온라인 쇼핑몰에 남긴 제품리뷰(구매후기)로부터 제품에 대한 정보를 수집하고, 분석하여 구매자의 행동예측과 제품선호도 등을 분석할 수 있다.

① 블록체인(Block Chain)
② 가상현실(Virtual Reality)
③ 텍스트마이닝(Text Mining)
④ 시뮬레이션학습(Simulation Learning)

02 기업의 업무처리에 필요한 서버, 스토리지, 데이터베이스, 네트워크 등의 IT 인프라 자원을 클라우드 서비스로 빌려 쓰는 형태의 클라우드 서비스 유형은 무엇인가?

① SaaS(Software as a Service)
② PaaS(Platform as a Service)
③ IaaS(Infrastructure as a Service)
④ MaaS(Manufacturing as a Service)

03 ERP 구축절차 중 TO-BE Process 도출, 패키지 설치, 인터페이스 문제논의를 하는 단계로 옳은 것은?

① 분석단계
② 구축단계
③ 설계단계
④ 구현단계

04 ERP시스템의 SCM 모듈을 실행함으로써 얻는 장점으로 가장 적절하지 않은 것은?

① 공급사슬에서의 가시성 확보로 공급 및 수요변화에 대한 신속한 대응이 가능하다.
② 정보투명성을 통해 재고수준 감소 및 재고회전율(inventory turnover) 증가를 달성할 수 있다.
③ 공급사슬에서의 계획(plan), 조달(source), 제조(make) 및 배송(deliver) 활동 등 통합 프로세스를 지원한다.
④ 마케팅(marketing), 판매(sales) 및 고객서비스(customer service)를 자동화함으로써 현재 및 미래 고객들과 상호작용할 수 있다.

05 ERP 도입전략 중 ERP자체개발 방법에 비해 ERP패키지를 선택하는 방법의 장점으로 가장 적절하지 않은 것은?

① 커스터마이징을 최대화할 수 있다.
② 검증된 기술과 기능으로 위험 부담을 최소화할 수 있다.
③ 검증된 방법론 적용으로 구현기간의 최소화가 가능하다.
④ 향상된 기능과 최신의 정보기술이 적용된 버전(version)으로 업그레이드(upgrade)가 가능하다.

[과목: 인적자원 확보]

06 인적자원관리에 대한 설명으로 적절하지 않는 것은?

① 종업원들의 노동생산성을 향상시키기 위한 관리활동이다.
② 자동화시스템의 발달로 인적자원의 중요성은 점차 감소할 전망이다.
③ 기업의 목표를 달성하기 위해 필요로 하는 인력을 조달, 유지, 개발 및 활용하는 관리활동이다.
④ 최근에는 종업원들의 역량개발 등을 통해 개인과 조직의 목표를 일치시켜 나가는 것을 중요하게 여긴다.

07 직무기술서 양식과 내용에 관한 설명으로 옳지 않은 것은?

① 직무확인은 직무에 대한 기본사항을 확인하고 관련정보를 기술한다.
② 직무개요는 직무의 주요 기능과 활동 등 직무의 일반적 성격에 대해 묘사한다.
③ 직무요건은 직무를 구성요소인 과업들로 나누고 상세한 묘사와 부연설명을 한다.
④ 보고 및 감독관계는 직무담당자와 관계있는 사내외 관계자의 직무를 기입한다.

08 직무평가 방법 중 분석적 평가방법의 특징으로 옳은 것은?

① 간명하고 탄력적이다.
② 직무의 상대적 가치를 계량적으로 표시한다.
③ 직무의 상대적 가치를 서열 내지 등급으로 표시한다.
④ 인원이 적은 중소기업의 직무평가에서 많이 활용한다.

09 인력계획의 수요예측 방법 중 산업공학적 접근법에 대한 내용으로 가장 적절한 것은?

① 시뮬레이션　　　　　　　② 시계열 분석
③ 경영자 판단　　　　　　　④ 작업표본 기법

10 인적자원관리의 진행 과정(계획→실행→통제)을 제시한 것 중 '통제'에 가장 근접한 활동은?

① 사기유발, 노사분규해결
② 모집홍보, 선발면접, 배치
③ 사기향상 정도, 모집효과분석, 투입비용계산
④ 인력공급추이 파악, 임금기준 파악, 인사평가, 경력개발

11 [보기]는 무엇에 대한 설명인가?

> **│ 보기 │**
>
> 다수의 면접자가 한 사람의 피면접자를 상대로 하는 면접방식으로 피면접자에 대한 면접자의 면접 결과에 대해 의견교환의 절차를 거쳐 광범위한 정보수집 및 정확한 평가를 할 수 있으며, 관리직이나 전문직 선발 시 많이 활용되고 있는 면접시험의 유형이다.

① 집단면접   ② 개별면접
③ 패널면접   ④ 스트레스면접

12 '도전성, 교육, 경험, 몰입, 창의성'은 직무평가의 어느 요소에 해당하는지 고르시오.

① 작업요건   ② 숙련요소
③ 책임요소   ④ 노력요소

13 인적자원관리 목표와 실천에 대한 설명으로 가장 적절하지 않은 것은?

① 경영자는 종업원들을 기업의 생산요소 중 자본으로 취급하여 기업의 성과를 낼 수 있어야 한다.
② 인적자원관리의 기준은 효율성과 공정성을 추구하지만 상충될 때가 있기 때문에 균형을 유지하는 것이 중요하다.
③ 인사담당자가 정책을 실현할 때 제도적 측면과 인간적 측면에 직면하게 될 때에는 사람에 대한 관리보다 인사제도에 치중하여야 한다.
④ 기업의 입장에서는 성과를, 종업원 입장에서는 만족을, 그리고 사회의 입장에서는 사회적 공헌을 이룩하였을 때 효율적 인사관리라고 할 수 있다.

14 ㈜KPC가구는 나무의자를 생산하는 기업이다. 기존에는 1명의 직원이 A ~ F 까지의 작업을 모두 수행해왔다. 경영효율화를 위해 [보기]와 같이 변경하였는데, ㈜KPC가 선택한 직무구조설계 방법은 무엇인가?

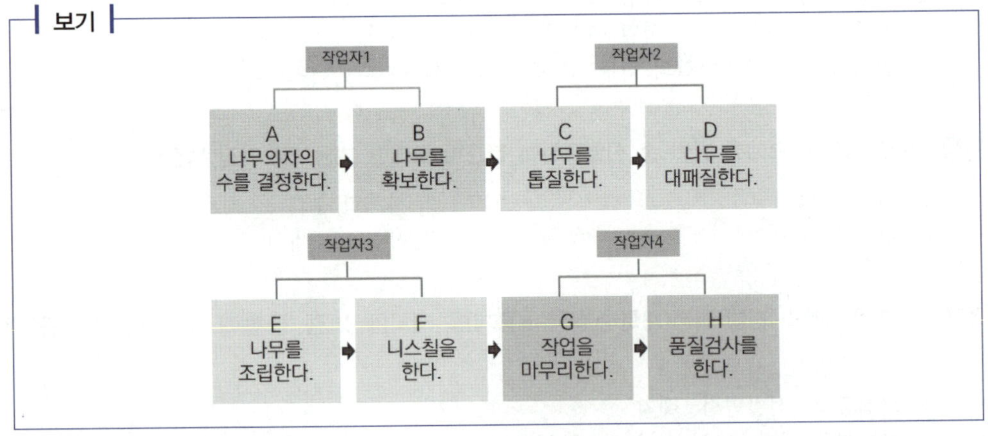

정답: _______________________

[과목: 인적자원 개발]

15 인사평가의 목표에 대한 설명으로 가장 적절한 것은?

① 신뢰성(Reliability): 평가내용이 평가목적을 얼마나 잘 반영하고 있는가?
② 타당성(Validity): 평가내용이 평가목적을 얼마나 잘 반영하고 있는가?
③ 실용성(Practicability): 평가하고자 하는 내용에 대해서 피평가자가 정당하게 느끼고 있는가?
④ 수용성(Acceptability): 평가제도가 비용 및 효과 측면에서 얼마나 효율적인가?

16 직장내 훈련(O.J.T)의 훈련내용과 가장 관련이 없는 것은?

① 코칭   ② 직무순환
③ 위원회 참석   ④ 훈련기관 위탁

17 [보기]에 해당하는 교육훈련방법으로 가장 적절한 것은?

┤ 보기 ├

- 조속한 시일 내에 은퇴나 승진, 전보 등을 앞둔 사람의 직무를 승계할 계획으로, 주로 관리자의 직무지식을 습득하는데 사용되는 교육기법
- 상사로부터 업무에 관한 자세한 사항을 교육받아 관리자의 공석을 대비하는 방법

① 대역법   ② 사례연구
③ 감수성 훈련   ④ 상호작용분석

18 [보기]에서 설명하는 인사담당자의 역할은 무엇인가?

┤ 보기 ├

- 기능: 전략적 인적자원관리
- 활동: 인적자원관리를 기업의 전략으로 동일화, 사업전략에 따른 인적자원의 확립 등

① 관리 전문가   ② 변화 촉진자
③ 종업원 조력자   ④ 전략적 동반자

19 인사이동관리에서 능력주의 사회문화적 전통으로 가장 적절하지 않은 것은?

① 개인주의   ② 단기고용제
③ 능력서열관   ④ 운명공동체적 풍토

20 [보기]에서 설명하는 승진방법을 한글로 입력하시오.

> **┤ 보기 ├**
>
> ㈜생산성은 대외업무를 담당하는 홍길동 대리의 승진을 진행하였다. 대외업무 수행 시 고객에게 신뢰감을 높이기 위해 더 높은 직급을 부여하였고, 오랫동안 승진을 못한 사원에게 승진을 시켜줌으로써 정체된 조직분위기를 개선시키고자 한다. 다만, 승진으로 인한 보상(임금)에는 변화가 없다.

정답: ______________________________________

[과목: 임금 및 복리후생관리]

21 임금의 체계에서 부가적 임금에 해당하는 것은?

① 퇴직금
② 장려수당
③ 직무수당
④ 초과근무수당

22 일정한 기준에 따라 분류한 집단별로 임금을 산정하여 지급하는 특수임금제도는?

① 연봉제
② 순응임률제
③ 종업원지주제
④ 집단자극임금제

23 기업에서 추구하는 복리후생에 대한 설명으로 가장 적절한 것은?

① 사회적 목적: 돈을 번 기업이 가난한 개인을 도와야 한다는 목적에서 복지후생제도가 발전되었다.
② 윤리적 목적: 복지후생이 잘 된 종업원은 직장생활에 만족하고 사기가 오르고 생산성이 올라가 결국은 회사에 이바지하게 된다.
③ 경제적 목적: 기업의 복지후생제도는 노동 이외의 부가급부로서 직원의 가족 중 노동에 참여하지 않은 사람들을 보호하는 의미가 있다.
④ 정치적 목적: 기업에서는 종업원들로부터 환심과 충성을 얻고 노조의 영향력을 줄이기 위해 자발적으로 복지후생을 실시하기도 한다.

24 근로소득의 연말정산과 관련하여 인적공제의 추가공제에 해당하지 않는 항목은?

① 부녀자 공제
② 장애인 공제
③ 위탁아동 공제
④ 경로우대자 공제

25 ㈜생산성은 소비자의 욕구를 파악하기 위하여 시장조사를 실시하였다. 시장조사 시 일용직 사원을 활용하였다. 일용직 사원의 일당 250,000원을 현금으로 지급하는 경우 당사가 원천징수하여야 할 소득세는 얼마인가? (단, 지방소득세는 포함하지 않는다.)

① 2,300원
② 2,700원
③ 3,000원
④ 3,300원

26 [보기]의 (   ) 들어갈 내용을 숫자로 입력하시오.

> **보기**
>
> 고용보험법령상 일용근로자란 (   )개월 미만 동안 고용되는 사람을 말한다.

정답: ______________________________

27 [보기]에서 설명하는 용어를 한글로 입력하시오.

> **보기**
>
> • 원천징수 의무자가 소득을 받는 사람에게 소득을 지급했다는 것을 증명하기 위해 소득자에게 주는 서류를 의미한다.
> • 해당 서류에는 소득의 지급 사실뿐아니라 소득자로부터 세금을 원천징수했다는 것을 증명하는 서류로도 사용된다.

정답: ______________________________

28 [보기]에서 설명하는 근무방식을 고르시오.

> **보기**
>
> <장점>
> • 가정과 직장이 멀리 떨어져 있는 경우 종업원에게 매우 유리함
> • 근로자는 워라벨을 실현시킬 수 있다.
> • 근무시간의 시작과 종료가 관련 종업원에게 동일하여 적용되기 때문에 직무들이 상호관련성이 높은 경우 높은 협동업무진행의 효율성이 높다.
>
> <단점>
> • 교대근무제가 없는 작업자의 경우 장비&설비의 활용도가 낮음
> • 고객에 대한 서비스 기간이 주당 5일에서 4일로 줄어들 경우 고객의 불만을 야기 시킬 수 있음
> • 1일 10시간 혹은 그 이상의 근무로 인한 저녁 자유시간의 단축이 개입의 불만요인으로 나타남

① 집중근무제　　　　　　　　② 파트타임제
③ 원격근무제　　　　　　　　④ 24시간 선택적 근무제

[과목: 노사관계]

29 단체교섭의 절차로 옳은 것은?

① 교섭준비 – 예비교섭 – 본교섭 – 마무리교섭 – 교섭의 평가
② 예비교섭 – 교섭준비 – 본교섭 – 마무리교섭 – 교섭의 평가
③ 예비교섭 – 본교섭 – 교섭준비 – 마무리교섭 – 교섭의 평가
④ 교섭준비 – 본교섭 – 예비교섭 – 마무리교섭 – 교섭의 평가

30 [보기]에서 (ㄱ), (ㄴ)에 해당하는 용어를 고르시오.

┤ 보기 ├

- (ㄱ) 근로자가 어느 노동조합에 가입하지 아니할 것 또는 탈퇴할 것을 고용조건으로 하거나 특정한 노동조합의 조합원이 될 것을 고용조건으로 하는 행위를 부당노동행위로 규정하고 이러한 고용조건에 따라 고용계약을 체결하는 경우
- (ㄴ) 노동조합의 대표자 또는 노동조합으로부터 위임을 받은 자와의 단체협약체결, 기타의 단체교섭을 정당한 이유 없이 거부하거나 해태하는 행위에 해당하는 부당노동행위

① (ㄱ) 단체교섭거부　　(ㄴ) 황견계약
② (ㄱ) 황견계약　　　　(ㄴ) 불매운동
③ (ㄱ) 피케팅　　　　　(ㄴ) 단체교섭거부
④ (ㄱ) 황견계약　　　　(ㄴ) 단체교섭거부

31 경영참가제도에 대한 설명으로 가장 적절하지 않은 것은?

① 이윤참가는 이윤의 일부를 임금 이외의 형태로 근로자에게 배분하는 방식이다.
② 노사협의제란 노사의 공동협의를 기본으로하여, 최종결정에도 경영자와 동일한 의사결정권을 가진다.
③ 경영참가제도란 근로자 또는 노동조합이 기업경영과 관련하여 제기되는 제반 의사결정에 영향력을 행사하는 과정을 의미한다.
④ 자본참가는 근로자들로 하여금 자본의 출자자로서 기업경영에 참가시키고자 하는 것으로서 주된 형태로는 종업원지주제도가 있다.

32 다음 [보기]의 연차유급휴가 및 근로기준법 관련하여 (　　　) 안에 들어갈 숫자를 입력하시오.

┤ 보기 ├

3년 이상 계속하여 근로한 근로자에게는 제1항에 따른 휴가에 최초 1년을 초과하는 계속 근로연수 매 2년에 대하여 1일을 가산한 유급휴가를 주되, 가산휴가를 포함한 총 휴가일수는 (　)일을 한도로 한다.

정답: ________________________

33 [보기]에서 설명하는 제도를 한글로 입력하시오.

> **│ 보기 │**
>
> - 근무시간·근무일을 변경하거나 근로자와 사용자가 근로시간이나 근로장소 등을 선택·조정하여 일과 생활을 조화롭게 하고, 인력활용의 효율성을 높일 수 있는 제도입니다.
> - 대표적으로 시차출퇴근제, 선택적 근로시간제, 재량근로시간제, 원격근무제, 재택근무제 등이 해당합니다.
> - 근로기준법에 따르면 탄력적 근로시간제, 선택적 근로시간제, 사업장 밖 간주근로시간제, 재량근로시간제 등이 해당 제도의 유형으로 구분된다.
> - 승진, 금전적 보상과 같은 전통적인 동기부여요소 외에 업무에 대한 자기 주도성, 일과 생활의 균형(Work-Life Balance)을 높게 평가하는 젊은 인재들의 유인요소로 작용하며, 일·가정이 양립할 수 있는 근로환경을 조성할 수 있습니다.

정답: ______________________

[실 무]

> ❖❖ 실무문제는 [실기메뉴]를 활용하여 답하시오.
> 웹하드(http://www.webhard.co.kr)에서 Guest(ID: samil3489, PASSWORD: samil3489)로 로그인하여 백데이터를 다운받아 설치한 후 인사1급 2025년 1회 '장미란 사원'으로 로그인한다.

01 다음 중 핵심 ERP 사용을 위한 기초 사업장 정보를 확인하고, 그 내역으로 알맞지 않은 것은 무엇인가?

① 〈1000.인사1급 회사본사〉 사업장은 해당 회사의 '본점' 사업장이며, 대표자는 '한국민' 이고, 개업년월일은 '2000/03/20' 이다.

② 〈2000.인사1급 인천지점〉 사업장의 종목은 '스포츠' 이며, 관할세무서는 '121.인천' 이다.

③ 〈3000.인사1급 부산지점〉 사업장의 주업종코드는 '729000.정보통신업' 이며, 사업자단위과세 신고 시 〈1000.인사1급 회사본사〉 사업장의 종사업장으로 포함하여 신고한다.

④ 〈4000.인사1급 강원지점〉 사업장의 지방세신고지(행정동)은 '4211067500.춘천시청' 이며, 원천징수이행상황신고서 신고 시 '반기' 신고를 진행하는 사업장이다.

02 다음 중 핵심 ERP 사용을 위한 기초 부서 정보를 확인하고, 내역으로 옳지 않은 것은 무엇인가?

① 〈2000.인사1급 인천지점〉 사업장에 속한 부서 중 현재 사용 중인 부서는 2개 이다.

② [1000.관리부문]에 속한 부서 중 현재 사용하지 않는 부서는 4개 이다.

③ '1300.인사부', '1400.영업부'는 현재는 사용하지 않는 부서이다.

④ 〈4000.인사1급 강원지점〉 사업장에 속한 부서는 모두 사용 중이다.

03 당 회사의 인사/급여 설정기준을 확인하고 관련된 설명으로 옳지 않은 것은 무엇인가? (단, 환경설정 기준은 변경하지 않는다.)

① 퇴사자의 경우 급여 계산 시, '20일' 초과 근무 시, 월 급여를 정상 지급한다.
② 사회보험정산코드로는 어떠한 코드도 등록되어 있지 않다.
③ 생산직 비과세를 적용할 직종으로 '002.생산직', '003.환경직', '005.기술직' 이 등록되어 있다.
④ 회사의 월일수 산정기준에 따라 2025년 1월 귀속 근태 기준 일수는 30일로 산정한다.

04 당 회사는 2025년 01월 [900.대리] 직급의 호봉을 아래 [보기]와 같이 일괄 등록하고자 한다. [900.대리] 직급의 호봉등록을 완료하였을 때, 4호봉 기준의 '호봉합계'는 얼마인가?

> **보기**
>
> • [900.대리] 직급의 '2022.01' 호봉이력 기준 적용
> • 정률인상 적용: 기본급 4.5%, 급호수당 2.0%
> • 정액인상 적용: 연장수당 5,000원

① 2,774,700원 ② 2,778,257원
③ 2,825,680원 ④ 2,902,289원

05 당 회사의 2024년 12월 귀속 급/상여 지급일자 등록을 확인하고, 그 내역으로 알맞지 않은 것은 무엇인가?

① '상여' 지급 시, '상여지급대상기간' 내 '생산직', '기술직' 근로자에 대해서만 상여를 지급한다.
② '급여'의 '지급직종및급여형태'에 반영된 정보와 일치하지 않는 대상자는
   [상용직급여입력및계산] 메뉴에서 직접 대상자 선정을 진행하여 추가 반영할 수 있다.
③ '급여'를 지급하는 일자에 '상여'를 추가하여 지급할 수 있다.
④ '상여' 지급 시, 퇴사자의 경우 근무일수에 상관없이 상여 지급 대상 기간 내 근무일수 기준으로 지급한다.

06 2025년 귀속 기준 급여 지급/공제항목설정을 확인하고, 그 설명으로 옳지 않은 것은 무엇인가? (단, 지급/공제항목설정 기준은 변경하지 않는다.)

① [P10.연장근로수당]은 직종이 '생산직'인 사원에게만 100,000원을 지급한다.
② [P20.자격수당]은 'ERP정보관리사1급' 자격 대상자에게는 50,000원을 지급한다.
③ [P30.근속수당]은 근속기간이 9년 3개월인 대상자에게는 225,000원을 지급한다.
④ [P55.영업촉진비]는 '국내영업부'와 '해외영업부'에 속한 직원들에게 100,000원을 지급한다.

07 당 회사는 발령일자 2025/01/31 날짜로 [2025년 1/4분기 인사발령]을 진행하였다. [20250131] 발령호수의 〈발령내역〉에 대한 설명으로 옳지 않은 것은? (단, 발령적용은 진행하지 않고, 모든 정보는 현재 프로그램에 반영되어 있는 데이터를 기준으로 확인한다.)

① 발령대상자는 모두 4명이며, 모든 대상자는 발령일자 이후에 동일한 근무조에서 근무한다.
② 해당 발령 전, '장명훈' 사원의 발령전 부서는 '관리부' 였으며, 발령 후 부서는 '생산부' 로 변경된다.
③ '안종남' 사원의 현재 부서는 '국내영업부' 이고, 발령 후 호봉은 '7호봉' 으로 변경된다.
④ 해당 발령 후, '유지현' 사원의 부서, 근무조 및 호봉이 변경된다.

08 당 회사는 전체 사업장의 〈916. 2025년 임직원역량강화교육〉 교육평가가 우수한 사원을 대상으로 포상을 지급하기로 하였다. 아래 [보기]를 확인하여 대상자들의 총 지급액으로 알맞은 것은 무엇인가?

> **보기**
>
> • 교육평가 A등급: 150,000원
> • 교육평가 B등급: 100,000원

① 900,000원　　　　　　　　　　② 1,000,000원
③ 1,050,000원　　　　　　　　　　④ 1,200,000원

09 당 회사는 창립기념일을 맞아 2024년 12월 31일 기준으로 전체 사업장의 만 15년 이상 장기근속자에 대해 특별근속수당을 지급하기로 하였다. 아래 [보기]를 기준으로 지급한 총 특별근속수당은 얼마인가? (단, 퇴사자는 제외하며, 미만일수는 올리고, 모든 경력사항을 제외한다.)

> **보기**
>
> • 15년 초과 ~ 20년 이하: 100,000원
> • 20년 초과: 300,000원

① 3,000,000원　　　　　　　　　　② 3,300,000원
③ 3,400,000원　　　　　　　　　　④ 3,600,000원

10 당 회사의 인사정보를 확인하고 관련된 설명으로 올바르지 않은 것은 무엇인가?

① [20010401.노희선] 사원의 직급은 '700.차장'이며, 급여 이체은행은 '040.국민'은행으로 설정되어 있다.
② [20030701.엄현애] 사원은 노조에 가입되어 있으며, [상용직급여입력및계산] 메뉴에서 급여 계산 시, 15,770원 만큼 장기요양보험료가 공제된다.
③ [20040301.오진형] 사원은 학자금상환 대상자로 상환통지액은 500,000원이며, 배우자공제를 적용 받는다.
④ [20160911.이자연] 사원은 국외소득이 존재하지 않으며, 현재 책정된 임금의 '연봉'은 26,500,000원이다.

11 당 회사의 2025년 01월 귀속 급여(지급일자: 2025/01/25)에 해당하는 대상자 중 [20100801.이서윤] 사원이 개인적인 사유로 휴직을 신청하였다. [20100801.이서윤] 사원의 휴직 내역을 [보기]와 같이 등록한 뒤 모든 지급 대상자에 대해 급여를 계산할 때, '과세' 총액은 얼마인가? (단, 그 외 급여계산에 필요한 조건은 프로그램에 등록된 기준을 이용한다.)

> **보기**
>
> - 시작일, 종료일: 2025/01/01, 2025/01/17
> - 휴직사유: [200.병가]
> - 휴직지급율: 80%
> - 퇴직기간적용: 함

① 58,922,180원   ② 59,762,130원

③ 60,693,190원   ④ 61,430,050원

12 당 회사는 2025년 01월 귀속 '특별급여' 소득을 지급하고자 한다. 아래 [보기]의 지급대상 요건으로 지급일자를 직접 추가하여 급여 계산을 진행한 뒤 확인한 정보로 올바르지 않은 것은 무엇인가? (단, 그 외 급여계산에 필요한 조건은 프로그램에 등록된 기준을 이용한다.)

> **보기**
>
> - 특별급여지급일자: 2025/01/31
> - 동시발행 및 대상자선정: 분리, 직종및급여형태별
> - 특별급여지급대상: <1000.인사1급 회사본사> 사업장을 제외한 사업장의 모든 직종 및 급여형태

① 해당 지급일자의 지급인원은 직종별로 다른 특별급여를 지급 받았고, 총 과세금액은 24,305,520원이다.

② 해당 지급일자의 지급인원은 모두 7명이고, 장기요양보험료의 총 합계는 155,140원이다.

③ [20040301.오진형] 사원에게 실제 지급된 금액은 2,656,730원이고, 고용보험료는 공제되지 않았다.

④ [20130701.고진수] 사원에게 지급된 금액은 총 2,819,260원이고, 소득세는 13,010원 공제되었다.

13 당 회사는 〈1000.인사1급 회사본사〉 사업장을 제외한 사업장에 대해 2024년 12월 귀속(지급일 1번)에 이체한 급/상여를 확인하고자 한다. 이체 현황에 대한 설명으로 옳지 않은 것은 무엇인가? (단, 무급자는 제외한다.)

① 해당 조회조건의 대상자 중 급여 이체 대상의 이름과 예금주명이 다른 사원이 존재한다.

② 해당 지급일자에 계좌로 급여를 이체 받는 인원은 총 6명이며, 총 이체 금액은 26,868,840원이다.

③ '국민'은행을 통해 급여를 지급 받는 인원은 2명이며, 총 이체 금액은 9,174,920원이다.

④ '20040301.오진형' 사원에게 이체된 금액은 현금으로 급여를 지급 받는 사원에게 지급된 금액보다 적다.

14 당 회사는 〈1000.인사1급 회사본사〉 사업장에 대해 2024년 4분기에 속한 기간의 지급내역 중 '100.급여' 지급내역에 대해 직종별로 집계하여 금액을 확인하고자 한다. 내역을 확인하고 직종과 항목별 금액이 올바르게 짝지어지지 않은 것은 무엇인가?

① 직종: 사무직 / 가족수당: 420,000원
② 직종: 생산직 / 연장근로수당: 600,000원
③ 직종: 연구직 / 고용보험: 104,730원
④ 직종: 기술직 / 차인지급액: 10,572,810원

15 당 회사는 초과근무에 대해 수당을 지급하고 있다. 아래 [보기]의 기준을 토대로 2024년 12월 귀속 〈급여〉구분 [20130701.고진수] 사원의 '초과근무수당'을 계산하면 얼마인가? (단, 근무수당을 계산하면서 발생되는 모든 원단위 금액은 절사하며, 책정임금 시급은 원단위 금액을 절사하지 않고 계산한다.)

> **보기**
>
> - 초과근무수당 = 1유형근무 수당 + 2유형근무 수당
> - 초과근무 시급: 책정임금 시급
>   - 1유형근무 수당 = (평일연장근무시간 + 토일정상근무시간) × 2 × 초과근무 시급
>   - 2유형근무 수당 = (평일심야근무시간 + 토일연장근무시간) × 2.5 × 초과근무 시급

① 527,790원　　　　　　　　　　② 534,210원
③ 552,160원　　　　　　　　　　④ 564,950원

16 당 회사는 일용직 사원에 대해 사원 별 지급형태를 구분하여 일용직 급여를 지급하고 있다. 아래 [보기]를 확인하여 2025년 01월 귀속 지급일 중 '매일지급' 대상자를 직접 반영 후 급여계산 할 때, 해당 지급일의 급여내역에 대해 올바르지 않은 것은 무엇인가? (단, 급여계산에 필요한 조건은 프로그램에 등록된 기준대로 확인한다.)

> **보기**
>
> - 지급형태: '매일지급' 지급일
> - 지급 대상자: '시급직'인 '1100.총무부' 사원
> - 평일 10시간 근무, 토요일 4시간 근무
> - 비과세 적용 12,000원 (평일만 적용)

① 해당 지급일자의 대상자는 총 31일 중 27일을 근무하였으며, 과세총액은 28,596,250원 이다.
② [1010.홍정인] 사원의 연장비과세 총액은 1,219,000원이고, 해당 금액은 신고대상인 비과세이다.
③ [1014.주희정] 사원은 생산직 비과세 적용 여부가 '안함'으로 설정되어 있으며, 소득세가 공제되지 않았다.
④ 해당 지급일자의 회사부담금 총액은 1,393,350원이고, 모든 사원은 건강보험이 공제되었다.

17 2025년 01월 귀속 일용직 급여작업 전, 아래 [보기]를 기준으로 [1008.이민구] 사원의 사원정보를 직접 변경하고 급여계산을 했을 때, 2025년 01월 귀속 해당 일용직 대상자들의 실지급액의 총계는 얼마인가? (단, 그 외 급여계산에 필요한 조건은 프로그램 등록된 기준을 따른다.)

> ┤ 보기 ├
>
> • 사원정보 변경
>   1) 생산직비과세 적용 '함'
>   2) 국민연금 여부: '여' / 건강보험 여부: '여'
>   3) 급여: 43,420원 / 시간단가: 43,420원
> • 일용직 급여지급
>   1) 지급형태: '일정기간지급' 지급일
>   2) 평일 10시간 근무 가정
>   3) 비과세 적용: 10,000원 (평일만 적용)

① 42,208,680원　　　　　　　　　② 42,805,300원
③ 47,933,870원　　　　　　　　　④ 48,536,520원

18 당 회사는 2024년 4분기 귀속 급여 작업에 대해 수당 별 지급현황을 확인하고자 한다. 다음 중 〈1000.인사1급 회사본사〉 사업장 기준 'T10.지방소득세'가 가장 적게 공제된 사원은 누구인가?

① [20010402.박국현]　　　　　　② [20080103.김소현]
③ [20081202.장명훈]　　　　　　④ [20101001.최명수]

19 2025년 01월 25일 〈1000.인사1급 회사본사〉 사업장의 [20001101.박용덕] 사원이 개인 사유로 중도정산을 신청하였다. 아래 [보기]의 내용에 따라 퇴직기준과 대상자를 직접 반영하여 퇴직 정산작업을 진행했을 때, 정산 결과에 대한 설명으로 옳지 않은 것은 무엇인가? (단, 그 외 퇴직금 계산에 필요한 조건은 프로그램의 등록 기준에 따른다.)

> ┤ 보기 ├
>
> • 평균임금 계산식: '일평균 임금' 적용
> • 지급항목 설정: 기본급, 연장근로수당, 근속수당, 식대보조비, 상여
> • 귀속연월: 2025/01
> • 재직기준: 2025/01/01 ~ 2025/01/31
> • 퇴직일자, 신청일자: 2025/01/25
> • 지급일자: 2025/01/31

① 퇴직금 계산 시, 산정된 상여금의 합계는 6,556,240원이고 연차수당은 존재하지 않는다.
② 중도 정산 시의 기산일은 2009/07/01 이고, 산정기간은 15년 6개월 25일이다.
③ 퇴직금 계산 시, 산정된 기본급의 합계는 14,837,490원이다.
④ 퇴직금은 87,067,170원이고, 퇴직금 지급 시 공제된 금액은 총 1,224,970원이다.

20 당 회사는 퇴직추계총액 기준으로 40% 만큼 '퇴직급여충당부채'를 설정하고자 한다. 아래 [보기] 기준으로 퇴직금추계코드를 직접 등록하고 퇴직금 추계액을 계산 했을 때, 회사에서 설정할 수 있는 '퇴직급여충당부채'는 얼마인가? (단, 전기 퇴직급여충당부채 잔액은 없는 것으로 가정하며, 원단위는 절사하고, 그 외 기준은 프로그램의 등록 기준에 따른다.)

> **보기**
>
> • 추계코드(명): [2024.2024년 퇴직금추계액]
> • 기준연월: 2024/12
> • 대상 사업장(계정): [1000.인사1급 회사본사], [4000.인사1급 강원지점] (사원)

① 339,148,960원
② 356,262,140원
③ 402,781,130원
④ 425,890,620원

21 당 회사 〈4000.인사1급 강원지점〉 사업장 [20081204.유지현] 사원의 2024년 귀속의 근로소득에 대해 실제 원천징수한 총 '소득세'와 '연금보험'은 각각 얼마인가?

① 소득세: 2,179,200원 / 연금보험: 2,099,120원
② 소득세: 2,179,200원 / 연금보험: 2,359,800원
③ 소득세: 2,342,740원 / 연금보험: 2,099,120원
④ 소득세: 2,342,740원 / 연금보험: 2,359,800원

22 아래 [보기]를 기준으로 '인사/급여환경설정'을 직접 확인하여 변경한 뒤, 〈1000.인사1급 회사본사〉 사업장의 원천세 신고서를 생성했을 때, 근로소득 구분에 대한 '총지급액'과 '소득세'는 각각 얼마인가? (단, 신고구분은 '정기'이며, 소득처분여부는 '1.비해당'으로 설정한다.)

> **보기**
>
> • 원천세 신고유형: 본점일괄신고
> • 이행상황신고서집계방식: 귀속연월
> • 신고서 생성 기준: 귀속 2024.12 / 지급 2025.01 (제출일자: 2025.02.10.)
> • 일반 데이터반영(사업소득 동일): 매월징수분(전체)
> • 연말정산 소득세, 농특세 반영: 미적용

① 총지급액: 16,475,670원 / 소득세: 1,186,170원
② 총지급액: 28,348,150원 / 소득세: 1,720,300원
③ 총지급액: 123,621,090원 / 소득세: 5,555,290원
④ 총지급액: 145,298,150원 / 소득세: 7,448,500원

23 아래 [보기]를 기준으로 당 회사의 지방소득세특별징수명세 신고서를 생성했을 때, [4.근로소득]의 소득자별 '과세표준'이 올바르지 않은 것은 무엇인가? (단, 신고서 생성기준은 '단일 사업장' 기준으로 생성한다.)

> **보기**
>
> ※ 인사/급여환경설정 '지방소득세/주민세(종업원분)집계방식' : 귀속, 지급연월
> - 매월 신고
> - 신고사업장: [0000.전체]
> - 신고구분: 1.정기
> - 귀속연월: 2024년 12월
> - 지급연월: 2024년 12월
> - 제출일자: 2025년 01월 10일
> - 급여지급일자: 2024년 12월 31일
> - 계속근무자 연말정산 환급액 반영 기준: 미적용

① [20101001.최명수] – 과세표준: 616,200원
② [20000502.김종욱] – 과세표준: 317,540원
③ [20001101.박용덕] – 과세표준: 329,860원
④ [20081201.안민서] – 과세표준: 514,980원

24 당 회사는 〈퇴직금〉에 대해 전표집계 및 생성 작업을 진행하고 있다. 전표집계를 위한 〈사원계정〉 퇴직금 항목 별 계정과목 설정을 확인하고, 그 내역으로 알맞지 않은 것은? (단, 모든 정보는 프로그램에 입력된 기준으로 확인한다.)

① 퇴직금 – 80800.퇴직급여
② 비과세소득 – 60900.퇴직급여
③ 퇴직소득세 – 25400.예수금
④ 차인지급액 – 10301.보통예금

25 당 회사는 전체 사업장 기준 2024년 12월 귀속(지급일 1번) 급여구분의 대장을 확인하고자 한다. 직종별로 대장을 집계하여 확인했을 때, 직종별 지급/공제항목의 금액으로 옳지 않은 것은?

① 사무직 – 국민연금: 2,384,690원
② 생산직 – 직무발명보상금: 1,450,000원
③ 연구직 – 소득세: 228,590원
④ 환경직 – 근속수당: 125,000원

인사 1급　2024년 6회 (2024년 11월 23일 시행)

[이론]

[과목: 경영혁신과 ERP]

01 기계학습의 종류에 해당하지 않는 것은?

① 지도학습(Supervised Learning)
② 강화학습(Reinforcement Learning)
③ 비지도학습(Unsupervised Learning)
④ 시뮬레이션학습(Simulation Learning)

02 [보기]에서 설명하는 RPA 적용단계는 무엇인가?

┤ 보기 ├

빅데이터 분석을 통해 사람이 수행한 복잡한 의사결정을 내리는 수준이다. 이것은 RPA가 업무 프로세스를 스스로 학습하면서 자동화하는 단계이다.

① 인지자동화
② 데이터 전처리
③ 기초프로세스 자동화
④ 데이터 기반의 머신러닝(기계학습) 활용

03 ERP와 기존의 정보시스템(MIS) 특성 간의 차이점에 대한 설명으로 가장 적절하지 않은 것은?

① 기존 정보시스템의 업무범위는 단위업무이고, ERP는 통합업무를 담당한다.
② 기존 정보시스템의 전산화 형태는 중앙집중식이고, ERP는 분산처리구조이다.
③ 기존 정보시스템은 수평적으로 업무를 처리하고, ERP는 수직적으로 업무를 처리한다.
④ 기존 정보시스템은 파일시스템을 이용하고, ERP는 관계형 데이터베이스시스템(RDBMS)을 이용한다.

04 'Best Practice'를 목적으로 ERP 패키지를 도입하여 시스템을 구축하고자 할 경우 가장 적절하지 않은 방법은?

① BPR과 ERP 시스템 구축을 병행하는 방법
② ERP 패키지에 맞추어 BPR을 추진하는 방법
③ 기존 업무처리에 따라 ERP 패키지를 수정하는 방법
④ BPR을 실시한 후에 이에 맞도록 ERP 시스템을 구축하는 방법

05 ERP시스템 투자비용에 관한 개념 중 '시스템의 전체 라이프사이클(life-cycle)을 통해 발생하는 전체 비용을 계량화한 비용'에 해당하는 것은?

① 유지보수 비용(Maintenance Cost)
② 시스템 구축비용(Construction Cost)
③ 총소유비용(Total Cost of Ownership)
④ 소프트웨어 라이선스비용(Software License Cost)

[과목: 인적자원확보]

06 인적자원관리는 조직의 유효성을 높이기 위해 실천되는 하나의 과정이다. 인적자원관리 기본기능 외에 실무 운영 기능에 대한 설명으로 적합하지 않은 것은?

① 확보기능 – 직무관리, 인적자원계획
② 개발기능 – 교육훈련, 경력개발, 경력관리
③ 보상기능 – 임금관리, 복리후생관리
④ 유지기능 – 안전보건관리, 이직관리, 노사관계관리

07 직무정보의 수집방법 중 직무수행에 있어서 성공과 실패를 결정할 수 있는 특수한 작업행동의 사례 정보를 수집 및 활용하는 것은?

① 관찰법　　　　　　　　　　　② 체험법
③ 질문지법　　　　　　　　　　④ 중요사건기록법

08 [보기]에서 설명하고 있는 인력계획의 미래예측기법은?

> **┤ 보기 ├**
>
> 독립변수들의 선형관계를 기초로 종속변수를 예측하는 방법으로 인적자원에 대한 미래 수요를 예측하는 경우에도 효과적으로 활용되는 분석방법이다.

① 회귀분석법　　　　　　　　　② 추세분석법
③ 델파이기법　　　　　　　　　④ 브레인스토밍

09 모집방법 중 사외모집방법으로 옳지 않은 것은?

① 헤드헌터　　　　　　　　　　② 인턴사원제
③ 기능목록표 활용　　　　　　④ 기존 종업원의 추천

10 ㈜생산성의 인사팀에서 본 신입사원 최종면접을 [보기]와 같이 실시하였다. ㈜생산성의 면접방법으로 가장 적절한 것은?

┤ 보기 ├

- 면접위원을 내부위원 2명과 외부위원 3명으로 섭외하여 실시합니다.
- 지원자는 1명씩 지정된 공간에서 15분간 면접에 참여합니다.

① AI면접   ② 패널면접
③ 토론면접   ④ 압박면접

11 선발시험을 실시하여 합격한 지원자의 시험성적(예측치)과 입사 후의 직무성과(표준치)를 비교하여 선발시험의 타당성을 측정하는 방법은 무엇인가?

① 동시타당성   ② 예측타당성
③ 내용타당성   ④ 구성타당성

12 종업원의 직무능력 및 잠재력 등을 기준으로 적정배치가 될 수 있도록 하는 원칙은?

① 능력주의 원칙   ② 균형주의 원칙
③ 공정보상의 원칙   ④ 인재육성주의 원칙

13 인적자원관리의 진행 과정(계획→실행→통제)을 제시한 것 중 '통제'에 가장 근접한 활동은?

① 사기유발, 노사분규해결
② 모집홍보, 선발면접, 배치
③ 사기향상 정도, 모집효과분석, 투입비용계산
④ 인력공급추이 파악, 임금기준 파악, 인사평가, 경력개발

14 [보기]의 (　　)에 들어갈 용어를 한글로 입력하시오.

┤ 보기 ├

(　　)는 허즈버그의 2요인 이론에 기초하여 종업원이 자신의 직무를 스스로 계획하고 실천하며 평가할 수 있도록 자율과 책임을 증대시키고 자신의 성과를 평가하고 수정할 수 있도록 피드백을 제공하며, 도전적이고 보람된 일이 되도록 하는 직무설계방법이다.

정답: ___________________________________

[과목: 인적자원개발]

15 [보기]는 무엇에 대한 설명인가?

| 보기 |

- 가장 단순한 방법으로 근로자의 장단점과 성과 및 잠재적인 요인의 향상을 위한 제언을 사실적으로 서술하는 방법
- 간편하지만 비교가 어려우며, 평가 결과가 상이할 수 있음
- 일종의 자기고과 방법으로 자기평가는 자유롭게 기술함

① 자유기술법　　　　　　　　② 강제선택법
③ 대조표고과법　　　　　　　④ 서술식고과법

16 인사고과의 오류 중 중심화경향을 줄이기 위한 개선방향으로 가장 효과적인 것은?

① 평가시기에 즈음하여 평가자료를 확보한다.
② 평가자의 가치관 등을 평가 내용에 반영한다.
③ 피평가자의 특징적인 전반적 인상을 강조한다.
④ 평가기간을 늘리고, 다양한 평가자료를 확보한다.

17 [보기]가 설명하는 교육훈련방법은?

| 보기 |

특정한 상황을 설정하여 피훈련자에게 그 상황 속의 특정 역할을 맡기고 그 역할에 관한 행동을 실행하도록 하는 방법이다.

① 그리드훈련　　　　　　　　② 역할연기법
③ 감수성훈련　　　　　　　　④ 인바스켓훈련

18 [보기]에서 설명하는 리더십 이론으로 가장 적절한 것은?

| 보기 |

리더가 먼저 리더의 행동을 보임으로써 부하에게 대리학습의 모델이 되고 부하 스스로 리더가 될 수 있도록 목표 설정을 지원하고 코치의 역할을 하며 조직이 스스로 변화할 수 있도록 변화담당자로서의 역할을 하는 리더십

① 코칭리더십　　　　　　　　② 셀프리더십
③ 슈퍼리더십　　　　　　　　④ 변혁적 리더십

19 [보기]에서 설명하는 조직변화의 방향은 무엇인가?

> **보기**
>
> 지식의 중요성을 인식하여 지식을 창출하고, 체계적인 지식관리를 실시하여 교육조직을 설계하고 운영하는 것을 의미한다.

① 고객 지향　　　　　　　　　② 개인 지향
③ 공생 지향　　　　　　　　　④ 학습 지향

20 [보기]에서 설명하는 조직의 형태를 한글로 입력하시오.

> **보기**
>
> • 기존 기능부서의 상태를 유지하면서 특정한 프로젝트를 위해 서로 다른 부서의 인력이 함께 일하는 조직으로, 기능별 조직 또는 부문별 조직형태로 프로젝트팀 조직을 결합시킨 독특한 형태의 조직이다.
> • 해당 조직 형태는 경쟁이 심하고, 새로운 아이디어에 대한 수명주기가 짧은 고성장 산업 등에서 시작되었지만, 현재는 정부, 학교, 일반 기업 등 다양한 조직에서 광범위하게 사용되고 있다.

정답: ＿＿＿＿＿＿＿＿＿＿＿＿＿＿＿＿＿＿＿

[과목: 임금 및 복리후생관리]

21 임금관리의 차원에서 [보기]는 무엇을 실현하기 위한 것인가?

> **보기**
>
> 임금수준은 임금액 또는 임금률의 크기를 나타내는 개념으로서, 기업 전체의 임금총액 수준이나 각 종업원의 개별임금 수준, 초과근무 임금의 수준을 나타내는 의미로 쓰이고 있다.

① 임금관리의 체계성　　　　　② 임금관리의 적정성
③ 임금관리의 합리성　　　　　④ 임금관리의 공정성

22 통상임금과 평균임금에 대한 설명으로 옳지 않은 것은?

① 평균임금 - 퇴직금　　　　　② 평균임금 - 해고예고수당
③ 통상임금 - 연장근로가산수당　　④ 통상임금 - 야간근로가산수당

23 복리후생관리의 3원칙으로 가장 옳지 않은 것은?

① 적정성의 원칙　　　　　　　② 합리성의 원칙
③ 협력성의 원칙　　　　　　　④ 지불능력의 원칙

24 연말정산 시 근로자 제출서류로 가장 적절하지 않은 것은?

① 기부금명세서
② 의료비지급명세서
③ 근로소득공제신고서
④ 원천징수이행상황신고서

25 [보기]에 해당하는 것을 고르시오.

┤ 보기 ├

㈜생산성은 다음과 같이 성과급을 포함하여 임금을 지급하기로 하였다.(단위: 천원)

• 지급임금액	70,000	• 표준생산성	2,100
• 표준부가가치	229,600	• 실제부가가치	259,000
• 초과된 부가가치	29,400	• 종업원 측 분배	11,760
• 기업 측 분배	17,640		

① 럭커플랜
② 스캔론플랜
③ 이윤분배제
④ 임프로쉐어플랜

26 종합소득 기본 세율을 적용하였을 때, 종합소득 10억원 초과가 될 경우 기본세율은 몇 % 인가?

정답: ____________________

27 [보기]에서 설명하는 용어를 한글로 입력하시오.

┤ 보기 ├

• 정년까지 고용을 보장하는 조건으로 일정한 연령에 이른 근로자의 임금을 삭감하는 제도
• 사측과 노조의 협의에 따라 정년보장형, 정년연장형, 고용연장형 중에서 선택할 수 있다.

정답: ____________________

28 교대근무제에 대한 설명으로 적합한 것은?

① 종업원들이 일정한 제약조건 내에서 자유롭게 출퇴근 시간을 정해놓고 근무하는 제도를 말한다.
② 1일 근로시간을 정규직 근로자와 달리 4~7시간 정도 일하며 임금은 직무에 따른 시간급을 지급한다.
③ 두 사람 이상의 시간제 근무자가 직무시간 교대를 통해서 일주일 40시간의 근무를 나누어 수행하도록 하는 제도를 말한다.
④ 회사가 1일 근무시간을 두 개 이상의 시간계열로 구분하고 근로자들을 2개조 이상으로 편성하여 교대로 작업하도록 하는 근로시간제를 말한다.

[과목: 노사관계]

29 기업별 노동조합의 단위조합 또는 지부가 산업별의 상부 노동단체와 공동으로 당해 기업의 사용자 대표와 교섭하는 방식은 무엇인가?

① 통일교섭 ② 집단교섭
③ 공동교섭 ④ 대각선교섭

30 부당노동행위로 적절하지 않은 것은?

① 사용자의 조업계속
② 사용자의 단체교섭 거부행위
③ 노동조합에 대한 자금을 원조하는 행위
④ 노동조합의 가입을 이유로 노동자의 해고 등의 불이익대우

31 경영참가제도를 직접참가와 간접참가로 구분할 때 간접참가의 유형에 해당하는 것은?

① 노사협의제 ② 공동의사결정
③ 이윤분배제도 ④ 종업원지주제

32 [보기] 근로기준법에 따른 휴게시간에 대한 설명이다. (   )에 들어갈 내용을 숫자로 입력하시오.

> **┤ 보기 ├**
>
> • 근로기준법 제54조에 따르면 사용자는 근로시간이 4시간인 경우 30분 이상 휴게시간을 제공해야 한다.
> • 근로시간이 8시간인 경우 (   ) 시간 이상 휴게시간을 근로시간 도중에 제공해야 한다.

정답: ________________________

33 [보기]에서 설명하는 노동 3권은 무엇인가?

> **┤ 보기 ├**
>
> • 노동조건의 유지·개선과 기타 경제적 지위향상을 위해 단결하는 권리를 의미한다.
> • 노동자가 자주적 단체인 노동조합을 통해 집단적 압력을 행사함으로써 사용자와 대등한 위치에서 교섭을 하도록 하는 것을 목적으로 한다. 따라서 단체교섭권, 쟁의권 등 단체행동을 할 권리가 뒷받침되어야 실질적인 의미가 있다.

정답: ________________________

> 실무문제는 [실기메뉴]를 활용하여 답하시오.
> 웹하드(http://www.webhard.co.kr)에서 Guest(ID: samil3489, PASSWORD: samil3489)로
> 로그인하여 백데이터를 다운받아 설치한 후 인사1급 2024년 6회 '장미란 사원'으로 로그인한다.

01 다음 중 핵심 ERP 사용을 위한 기초 사업장 정보를 확인하고, 그 설명으로 옳지 않은 것은?

① [1000.인사1급 회사본사] 사업장은 당 회사의 '본점' 사업장이다.

② [2000.인사1급 인천지점] 사업장은 당 회사에 등록된 사업장 중 유일하게 '반기'로 이행상황신고
서를 작성하는 사업장이다.

③ [3000.인사1급 대구지점] 사업장은 [1000.인사1급 회사본사] 사업장에 속한 종사업장이며,
[1000.인사1급 회사본사] 사업장에 속한 종사업장은 [4000.인사1급 강원지점]을 제외한 모든
사업장이 등록되어있다.

④ [4000.인사1급 강원지점] 사업장의 지방세신고지 법정동은 [4211040024.강원도 춘천시 남산
면 수동리] 이다.

**02 핵심 ERP 사용을 위해 사용자별 권한을 설정해야 한다. [ERP13I01.장미란] 사원에게 부여된 메뉴
권한의 설명으로 옳지 않은 것은?**

① [인사정보등록] 메뉴에 등록된 근로자의 정보를 수정할 수 있다.

② [급여명세] 메뉴를 통해 당 회사에 속한 모든 근로자의 급여명세서를 출력할 수 있다.

③ [전표관리]에 속한 메뉴는 권한이 있지만, 일부 메뉴의 변경/삭제/출력은 불가하다.

④ [사업/기타/이자배당소득관리]에 속한 메뉴 권한이 없어, 소득자들의 정보와 소득 내역을 등록
할 수 없다.

03 당 회사에 등록된 부서를 '2024/11/23' 기준으로 조회했을 때, 조회된 부서의 설명으로 옳은 것은?

① 현재 사용 중인 부서는 총 11개 이다.

② [2000.인사1급 인천지점] 사업장에 속한 부서의 사용시작일은 모두 '2005/01/01'이다.

③ 2021년 이후 사용한 부서는 모두 [4000.인사1급 강원지점] 사업장에 속해있다.

④ 현재 사용 중인 부서 중 2021년에 등록된 부서의 수가 제일 많다.

04 당 회사의 인사/급여 설정기준을 [보기]와 비교했을 때, 옳지 않은 설명은 몇 개인가? (단, 환경설정 기준은 변경하지 않는다.)

> **보기**
>
> - 퇴사자의 급여는 25일 이상 근무한 경우에만 급여를 모두 지급하고 그렇지 않은 경우엔 일할 지급한다.
> - 수습직은 지급하기로 한 급여의 75%를 3개월간 지급한다.
> - 당 회사에 등록된 직종 중 생산직의 출결시작일은 전월 25일이며, 그 외 직종은 모두 당월 1일이다.
> - 지방소득세특별징수명세서는 '귀속연월' 또는 '지급연월'이 같은 데이터만 집계한다.

① 0개   ② 1개
③ 2개   ④ 3개

05 당 회사는 2024년 01월 [800.과장] 직급의 호봉을 아래 [보기]와 같이 일괄 등록하고자 한다. [800.과장] 직급의 호봉등록을 완료 후, 5호봉 기준의 '기본급'으로 옳은 것은?

> **보기**
>
> - 기본급 초기치: 3,125,000원 (증가액 178,000원)
> - 급호수당 초기치: 18,000원 (증가액 9,860원)
> - 연장수당 초기치: 13,250원 (증가액 7,500원)
> - 정률인상 적용: 기본급 5.5%, 연장수당 4.5%
> - 정액인상 적용: 급호수당 3,000원

① 3,837,000원   ② 3,937,690원
③ 4,048,035원   ④ 4,153,671원

06 2024년 귀속 기준 급여의 지급/공제항목설정을 확인하고, 그 설명으로 옳지 않은 것은? (단, 지급/공제항목설정 기준은 변경하지 않는다.)

① 입사자의 [P00.기본급]은 [인사/급여환경설정] 메뉴의 설정에 따라 지급된다.
② [P10.연장근로수당]은 직종별로 지급되며, 모든 직종이 [책정임금의 월급]×0.1로 계산하여 지급된다.
③ [P20.자격수당]에 등록된 자격증 중 [200.ERP정보관리사1급]이 가장 높은 금액으로 책정되어 있다.
④ [P45.육아수당]은 [E01.육아휴직급여]에 해당하는 비과세 수당이며, 해당 귀속월에 육아휴직일이 하루라도 존재하는 직원은 30만원을 지급받는다.

07 당 회사의 인사 정보를 확인하고 관련된 설명으로 옳은 것은?

① [20040301.오진형] 사원의 입사일자와 그룹입사일자는 다르다.
② [20081201.조선우] 사원은 2012년 중도 퇴사를 한 적이 있으며, 현재 60세 이상 부양가족 공제를 받고 있다.
③ [20081203.김도균] 사원은 국외 소득이 발생하는 사원이며, 노조에 가입되어 있다.
④ [20090701.김동민] 사원은 파견근로자이며, 가장 최근 책정된 임금의 시작년월은 '2023/01'이다.

08 다음 중 [인사기초코드등록] 메뉴의 [4.사원그룹(G)] 출력구분에 대한 설명으로 옳은 것은?

① [G1.고용구분] 관리내역의 '비고'가 '1'인 경우, [일용직사원등록] 메뉴에서 조회되는 코드이다.
② [G1.고용구분]의 기초코드 중 [인사정보등록] 메뉴의 '고용형태'에서 조회되는 코드는 [001.상용직]만 해당한다.
③ [G2.직종] 관리내역의 '비고'가 '0'인 경우, 생산직 연장근로 비과세 적용대상 직종이다.
④ [G2.직종]의 기초코드 중 생산직 연장근로 비과세 적용 대상이 되는 코드는 [002.생산직], [003.연구직]이다

09 당 회사 [20091215.이서경] 사원의 '가족' 정보를 확인했을 때, 등록된 정보에 대한 설명으로 옳지 않은 것은?

① 등록된 가족은 모두 현재 해당 사원이 부양하고 있는 가족이다.
② 해당 사원이 부양하고 있는 가족의 부양관계는 '배우자', '소득자의 직계존속', '직계비속((손)자녀/입양자)'로 이루어져 있다.
③ 부양가족 중 연말정산 장애인공제를 받을 수 있는 구성원이 존재한다.
④ 연말정산 자녀공제를 받을 수 있는 나이요건이 만 8세 이상부터 만 20세 이하까지 해당할 때, 2024년 현재 해당 사원이 부양하고 있는 가족 중 자녀공제에 해당하는 구성원은 존재하지 않는다.

10 당 회사에서 2024년 4분기에 진행 중인 [650.2024년 법정의무교육]에서 보기의 대상자 중 이수 여부가 다른 대상자로 옳은 것은?

① [20080103.김민주]
② [20081201.조선우]
③ [20130701.최현주]
④ [20181101.이민성]

11 당 회사의 2024년 11월 귀속 급여(지급일자: 2024/11/25)에 해당하는 대상자 중 [20081201.조선우] 사원이 개인 질병 치료를 위한 휴직을 신청하였다. [20081201.조선우] 사원의 휴직 내역을 [보기]와 같이 등록한 뒤 모든 급여 지급 대상자들의 급여를 계산했을 때, '과세' 총액으로 옳은 것은? (단, 그 외 급여 계산에 필요한 조건은 프로그램에 등록된 기준을 이용한다.)

> ┤ 보기 ├
>
> • 시작일: 2024/11/11, 종료일: 2024/11/22
> • 휴직사유: [000.일반휴직]
> • 휴직지급율: 80%
> • 퇴직기간적용: 함

① 102,440,940원 ② 126,440,940원
③ 130,240,940원 ④ 130,607,340원

12 당 회사는 2024년 11월 귀속 '상여' 소득을 지급하고자 한다. 아래 [보기]의 지급대상 요건으로 지급일자를 직접 추가하여 상여를 계산했을 때, 대상자별로 계산된 상여금액으로 옳지 않은 것은? (단, 그 외 급여 계산에 필요한 조건은 프로그램에 등록된 기준을 이용한다.)

> ┤ 보기 ├
>
> • 상여지급일자: 2024/12/10
> • 상여지급대상기간: 2024/07/01~2024/09/30
> • 동시발행 및 대상자선정: 분리, 직종및급여형태별
> • 입/퇴사자의 상여계산 방법: 제외
> • 상여지급대상: 당 회사에 등록된 모든 사업장의 생산직, 연구직의 급여형태가 '월급'인 근로자

① [20000501.한국민]: 7,712,490원 ② [20081202.장명훈]: 7,062,490원
③ [20081203.김도균]: 4,762,690원 ④ [20101001.최명수]: 6,919,990원

13 당 회사는 [1000.인사1급 회사본사] 사업장에 대해 2024년 10월 귀속(지급일 1번)에 이체한 급/상여를 확인하고자 한다. 이체 현황에 대한 설명으로 옳지 않은 것은? (단, 무급자는 제외한다.)

① 근로자의 계좌로 이체되는 총 급여는 57,092,130원이다.
② 해당 사업장의 급여가 지급된 일자는 모두 2024/10/25이다.
③ 급여를 이체한 근로자 수가 가장 적은 금융기관은 '카카오뱅크'이며, 총 3명이다.
④ 이체된 급여 금액이 가장 큰 금융기관은 '우리은행'이며, 총 18,039,200원이 이체되었다.

14 당 회사에 등록된 전체 사업장의 [100.급여]내역을 직종별로 집계하여 확인하고자 한다. 2024년 3분기에 지급된 내역을 확인하고, 직종별 지급 항목 금액으로 옳은 것은?

① 사무직의 자격수당: 3,330,000원 ② 생산직의 근속수당: 910,000원
③ 연구직의 식대보조비: 2,000,000원 ④ 연구직의 영업촉진비: 1,350,000원

15 당 회사는 사원별 '지각/조퇴/외출시간'을 기준으로 '근태 공제액'을 계산하여 해당 금액을 '기본급'에서 공제하고 지급한다. 아래 [보기]의 기준을 토대로 2024년 10월 귀속 〈급여〉구분 [20081202.장명훈] 사원의 근태내역을 확인하고, '기본급 공제액'을 계산한 결과로 옳은 것은? (단, 공제액을 계산하면서 발생되는 모든 원단위 금액은 절사하며, 책정임금 시급은 원단위 금액을 절사하지 않고 계산한다.)

> **│ 보기 │**
>
> • 기본급 공제액
>   = 1유형 공제액 + 2유형 공제액
> • 1유형 공제액: (지각시간 + 조퇴시간) × 1.2 × 책정임금 시급
> • 2유형 공제액: (외출시간) × 1.5 × 책정임금 시급

① 47,370원   ② 63,260원
③ 78,440원   ④ 96,280원

16 당 회사에서 2024년 상반기에 지급한 급/상여를 '직책'별, '과세/비과세'로 구분하여 조회했을 때, 직책별 과세총액/비과세총액으로 옳지 않은 것은? (단, '사용자부담금'은 제외한다.)

① 사원 – 과세총액: 114,659,910원 / 비과세총액: 6,000,000원
② 주임 – 과세총액: 70,620,700원 / 비과세총액: 15,600,000원
③ 대리 – 과세총액: 126,695,540원 / 비과세총액: 3,600,000원
④ 과장 – 과세총액: 177,779,030원 / 비과세총액: 3,600,000원

17 당 회사는 일용직 사원에 대해 사원 별 지급형태를 구분하여 일용직 급여를 지급하고 있다. 아래 [보기]를 확인하여 2024년 11월 귀속 지급일 중 '매일지급' 대상자를 직접 반영 후 급여계산 할 때, 해당 지급일의 급여내역에 대해 옳지 않은 것은? (단, 그 외 급여계산에 필요한 조건은 프로그램에 등록된 기준을 따르며, 지급형태는 관련 메뉴에서 직접 확인한다.)

> **│ 보기 │**
>
> • 지급형태: '매일지급' 지급일
> • 지급 대상자: '시급직'인 [1100.총무부] 사원
> • 평일 8시간 근무, 토요일 4시간 근무
> • 비과세 적용 10,000원(평일만 적용)

① 해당 지급일자의 비과세 신고제외분 총액은 1,050,000원이다.
② 해당 지급일자의 실지급 총액은 19,021,664원이다.
③ 모든 사원들은 소득세를 공제하고 급여를 지급받는다.
④ 모든 사원들은 건강보험 금액을 공제하며, 총 735,730원이 공제되었다.

18 2024년 11월 귀속 일용직 급여작업 전, 아래 [보기]를 기준으로 [1015.현단비] 사원의 사원정보를 직접 입력하고 일용직급여지급일자등록에 대상자를 반영하여 급여계산을 했을 때, 2024년 11월 귀속 해당 일용직 대상자들의 실지급액의 총계로 옳은 것은? (단, 그 외 급여 계산에 필요한 조건은 프로그램에 등록된 기준을 따른다.)

┤ 보기 ├

- 사원정보 입력(사원코드: 1015, 사원명: 현단비)
  - 입사일자: 2024/11/11, 주민등록번호: 900514-1234567, 부서: [3100.관리부],
  - 급여형태: [004.시급], 급여/시간단가: 28,450원, 생산직비과세 적용: 함,
  - 국민/건강/고용보험 여부: 여
- 일용직 급여지급
  - 지급형태: '일정기간지급' 지급일, 평일 9시간 근무 가정

① 8,736,000원   ② 8,985,540원
③ 12,150,000원   ④ 12,422,490원

19 당 회사의 퇴직금 산정을 위한 퇴직기준설정을 확인했을 때, 올바르게 설명한 [보기] 내용은 몇 개인가? (단, 환경설정 기준은 변경하지 않는다.)

┤ 보기 ├

- A: 평균임금 기간 산정 시 전월을 기준으로 3개월을 산정하며, 퇴직금 계산식은 '일할'로 설정되어 있다.
- B: 퇴직자의 급여는 해당 월의 급여를 '일할' 계산하여 반영하며, 퇴직금 계산항목은 상여지급 항목을 제외한 급여 지급 항목만 조회하고 선택하여 사용할 수 있다.
- C: 평균임금기간 산정 시 퇴사일을 포함하며, 평균임금 계산 시 10원 단위 절사 처리한다.
- D: 임원누진만 적용하고 있으며, 해당 누진항목의 적용유형은 [001.기간]이고 적용방식은[000.가산율]이다.

① 1개   ② 2개
③ 3개   ④ 4개

20 2024년 10월 25일 [1000.인사1급 회사본사] 사업장의 [20191118.윤태경] 사원이 주택구매를 사유로 중도정산을 신청하였다. 아래 [보기]의 내용에 따라 퇴직기준과 대상자를 직접 반영하여 퇴직정산작업을 진행했을 때, [20191118.윤태경] 사원의 퇴직금산정 내용으로 옳지 않은 것은? 그 외 퇴직금 계산에 필요한 조건은 프로그램의 등록 기준에 따른다.

> **┤ 보기 ├**
>
> - 평균임금 계산식: '일평균임금' 적용
> - 지급항목 설정: 기본급, 직무발명보상금, 근속수당
> - 귀속연월: 2024/10
> - 재직기준: 2024/10/01 ~ 2024/10/31
> - 퇴직일자, 신청일자: 2024/10/25
> - 지급일자: 2024/10/31

① 해당 사원이 중도정산 받는 퇴직금의 실 지급액은 19,512,220원이다.
② 퇴직금 계산 시 집계된 기본급의 총 합계는 9,249,990원이다.
③ 해당 사원이 중도정산을 신청한 기산일로부터 중도퇴직일자까지의 근속기간은 1800일이다.
④ 퇴직금 계산 시 책정된 급여지급 산정기간은 2024/07/01 ~ 2024/09/30 이다.

21 당 회사는 2024년 귀속 거주자 기타소득에 대해 소득자별 소득현황을 확인하고자 한다. 2024년 10월에 지급한 소득에 대해 조회한 내용 중 옳은 것은? (단, 모든 정보는 프로그램에 입력된 기준으로 확인한다.)

① 대상자는 모두 5명이 조회되고, 총 소득금액의 합은 19,080,000원이다.
② 대상자의 소득은 모두 2024년 10월 귀속에 발생한 소득이다.
③ [2000.인사1급 인천지점] 사업장에서 발생한 소득구분은 모두 [79.자문료]이다.
④ 가장 많은 실지급액이 발생한 소득자는 [20180312.정용주]이며, 총 7,040,640원이 발생했다.

22 아래 [보기]를 기준으로 2024년 10월 귀속의 전표를 생성하려 했을 때 발생하는 오류에 대한 처리로 옳은 것은? (단, 현재 반영되어 있는 데이터를 기준으로 오류내역을 조회한다.)

> **┤ 보기 ├**
>
> - 지급유형: 상용직급여
> - 결의일자: 2024/10/25
> - 집계사업장: [1000.인사1급 회사본사]
> - 회계단위: [1000.인사1급 회사본사]
> - 작성자: [ERP13I01.장미란]

① [소득자별계정유형설정] 메뉴에서 계정유형이 누락된 사원의 계정유형을 설정한다.
② [계정과목설정] 메뉴의 상용직급여 탭에서 조회되는 계정유형 별 지급항목의 계정코드 중 누락된 계정코드를 설정한다.
③ [계정과목설정] 메뉴의 상용직급여 탭에서 조회되는 계정유형 별 공제항목의 계정코드 중 누락된 계정코드를 설정한다.
④ [전표집계및생성] 메뉴의 전표처리결과 탭에서 기존에 생성해 놓은 전표를 확인한 뒤 전표삭제를 한다.

23 당 회사는 퇴직추계총액 기준으로 40% 만큼 '퇴직급여충당부채'를 설정하고자 한다. 아래 [보기] 기준으로 퇴직금추계코드를 직접 등록하고 퇴직금 추계액을 계산 했을 때, 회사에서 설정할 수 있는 '퇴직급여충당부채'는 얼마인가? (단, 전기 퇴직급여충당부채 잔액은 없는 것으로 가정하며, 원단위는 절사한다. 그 외 기준은 프로그램 등록 기준을 따른다.)

> **보기**
>
> - 추계코드(명): [2024.2024년 10월 퇴직금추계액]
> - 기준연월: 2024/10
> - 대상 사업장(계정): [1000.인사1급 회사본사](사원), [4000.인사1급 강원지점](사원)

① 176,619,880원 ② 289,745,040원

③ 373,697,860원 ④ 560,546,790원

24 아래 [보기]를 기준으로 당 회사의 지방소득세특별징수명세 신고서를 생성했을 때, 〈사업소득〉의 소득자별 '과세표준'과 '산출세액'이 옳지 않은 것은? (단, 신고서 생성기준은 '단일 사업장' 기준이며 [인사/급여환경설정]은 프로그램 기준을 따른다.)

> **보기**
>
> - 매월 신고
> - 신고사업장: [1000. 인사1급 회사본사]
> - 신고구분: 1.정기
> - 귀속연월: 2024년 10월
> - 지급연월: 2024년 10월
> - 제출일자: 2024년 11월 11일
> - 급여지급일자: 2024년 10월 25일

① [20180501.안민서] – 과세표준: 98,250원 / 산출세액: 9,820원

② [20190502.오준영] – 과세표준: 74,560원 / 산출세액: 7,450원

③ [20200515.이소담] – 과세표준: 108,780원 / 산출세액: 10,870원

④ [20180601.이준성] – 과세표준: 137,850원 / 산출세액: 13,780원

25 아래 [보기]를 기준으로 '인사/급여환경설정'을 직접 확인하여 변경한 뒤, [1000.인사1급 회사본사]
사업장의 원천세 신고서를 추가 했을 때 조회된 내용의 설명으로 옳은 것은? (단, 신고구분은 '정기'
이며, 소득처분여부는 '1.비해당'으로 설정한다.)

보기

- 원천세 신고유형: 사업장별신고
- 이행상황신고서집계방식: 지급연월
- 신고서 생성 기준: 귀속연월, 지급연월 2024/10 (제출일자: 2024/11/11)
- 일반 데이터반영: 매월징수분(전체) / 연말정산 소득세, 농특세 반영: 미적용

---

① 해당 신고서에 집계된 소득은 근로소득과 사업소득이며, 총 18명이 집계되었다.

② 근로소득의 일용근로(A03) 항목의 데이터는 [일용직급여입력] 메뉴에서 입력한 데이터를 집계
하며, 직접 입력 및 수정이 불가한 항목이다.

③ 사업소득에 집계된 세무코드는 A25이며, 해당 항목의 '5.총지급액'은 '주화면' 탭에서 직접 수정
이 가능하다.

④ 해당 신고서에 집계된 '5.총지급액'의 합은 92,849,310원이며, 집계된 소득 중 근로소득의 '5.
총지급액'이 가장 많이 집계되었다.

인사 1급 | 2024년 5회 (2024년 9월 28일 시행)

[이론]

[과목: 경영혁신과 ERP]

01 [보기]는 무엇에 대한 설명인가?

> **보기**
>
> 조직의 효율성을 제고하기 위해 업무흐름 뿐만 아니라 전체 조직을 재구축하려는 경영혁신전략 기법이다. 주로 정보기술을 통해 기업경영의 핵심과 과정을 전면 개편함으로 경영성과를 향상시키려는 경영기법인데 매우 신속하고 극단적인 그리고 전면적인 혁신을 강조하는 이 기법은 무엇인가?

① 지식경영
② 벤치마킹
③ 리스트럭처링
④ 리엔지니어링

02 차세대 ERP의 비즈니스 애널리틱스(Business Analytics)에 관한 설명으로 가장 적절하지 않은 것은?

① 비즈니스 애널리틱스는 구조화된 데이터(structured data)만 분석대상으로 한다.
② ERP시스템의 방대한 데이터 분석을 위해 비즈니스 애널리틱스가 차세대 ERP의 핵심요소가 되고 있다.
③ 비즈니스 애널리틱스는 리포트, 쿼리, 대시보드, 스코어카드뿐만 아니라 예측모델링과 같은 진보된 형태의 분석기능도 제공한다.
④ 비즈니스 애널리틱스는 질의 및 보고와 같은 기본적 분석기술과 예측 모델링과 같은 수학적으로 정교한 수준의 분석을 지원한다.

03 ERP시스템의 기능적 특징 중에서 오픈 멀티-벤더(Open Multi-vendor) 지원기능에 대한 설명으로 적절하지 않은 것은?

① ERP는 특정 하드웨어 업체에 의존하지 않는다.
② ERP는 커스터마이징이 최대한 가능하도록 지원한다.
③ ERP는 어떠한 운영체제에서도 운영될 수 있도록 설계되어 있다.
④ ERP는 다양한 소프트웨어와 병행하여 사용할 수 있도록 지원한다.

04 [보기]에서 가장 성공적인 ERP 도입이 기대되는 회사를 고르시오.

> ┤ 보기 ├
>
> - 회사 A: 현재 업무 방식이 최대한 반영될 수 있도록 업무 단위에 맞추어 ERP 도입을 추진 중이다.
> - 회사 B: 시스템의 전문지식이 풍부한 IT 및 전산 관련 부서 구성원으로 도입 TF를 결성하였다.
> - 회사 C: 프로세스 개선을 위해 효율적인 업무 프로세스를 재정립하고, 성공적인 ERP 도입을 위해 유능한 컨설턴트를 고용하고자 한다.
> - 회사 D: ERP 도입 과정에서 부서 간 갈등 발생 시, 최고경영층의 개입이 최소화 될 수 있도록 하향식 (Top-Down) 의사결정을 배제한다.

① 회사 A
② 회사 B
③ 회사 C
④ 회사 D

05 클라우드 서비스 기반 ERP와 관련된 설명으로 가장 적절하지 않은 것은?

① PaaS에는 데이터베이스 클라우드 서비스와 스토리지 클라우드 서비스가 있다.
② ERP 소프트웨어 개발을 위한 플랫폼을 클라우드 서비스로 제공받는 것을 PaaS라고 한다.
③ ERP 구축에 필요한 IT인프라 자원을 클라우드 서비스로 빌려 쓰는 형태를 IaaS라고 한다.
④ 기업의 핵심 애플리케이션인 ERP, CRM 솔루션 등의 소프트웨어를 클라우드 서비스를 통해 제공받는 것을 SaaS라고 한다.

[과목: 인적자원확보]

06 인적자원관리의 주요 기능 중 보상기능에 해당하는 것은?

① 채용관리
② 임금관리
③ 노사관계관리
④ 안전보건관리

07 직무관리 절차의 순서 중 가장 먼저 진행되는 것은?

① 직무평가
② 직무분석
③ 직무기술서 작성
④ 직무명세서 작성

08 관리감독, 기계설비, 직무개선, 원재료 책임 등은 직무평가의 요소 중 무엇에 해당하는가?

① 작업조건
② 노력요소
③ 책임요소
④ 숙련요소

09 인력이 과잉일 경우의 대응방안으로 가장 적절하지 않은 것은?

① 일시해고
② 파견근로
③ 사내벤처
④ 소사장제

10 인적자원의 모집 방법 중 내부모집에 의한 방법으로만 구성된 것은?

① 교육기관의 추천, 광고

② 채용박람회, 인터넷 모집

③ 인턴십 제도, 근로자 추천

④ 사내공개모집제도, 관리자 및 기능목록 작성

11 선발오류란 직무요건의 적임자를 선발하지 못하는 현상을 말한다. 선발할 때 여러 가지 방법을 통해 인력을 선발하지만 1종 오류와 2종 오류를 가져올 수 있다. 이러한 오류 없이 올바른 결정을 하기 위해서 선발 도구가 갖추어야 할 것으로 가장 적절하지 않은 것은?

① 신뢰성

② 타당성

③ 효용성

④ 공정성

12 현재의 직무에 직접적으로 관련된 전문 지식이나 기술을 측정하는데 활용할 수 있는 가장 적절한 검사 방법은 무엇인가?

① 적성검사

② 지능검사

③ 흥미검사

④ 성취도검사

13 적정배치의 원칙에서 직무와 인재의 유기적인 결합관리를 통한 조직성과와 개인만족의 통합적 실현에 주요목적을 두고 있는 원칙은?

① 균형주의 원칙

② 능력주의 원칙

③ 적재적소의 원칙

④ 인재육성주의 원칙

14 [보기]에서 설명하는 인력계획 예측기법을 한글로 입력하시오.

| 보기 |

- 인적자원의 공급에 대한 예측방법 중 하나로 시간이 경과함에 따라 한 직급에서 다른 직급으로 이동해 나가는 확률을 기술함으로써 인적자원계획에 사용된다.
- 조직내부 인력흐름이 비교적 안정적인 패턴을 보일 때, 해당 분석을 통한 인력예측 기법의 유효성이 보장될 수 있다. 승진, 이직, 퇴사 등 인력 변동 현상이 심하다면 해당 기법 예측의 정확도는 낮아지게 된다.

정답: ________________________

[과목: 인적자원개발]

15 [보기]의 (   ) 안에 들어갈 용어로 적절한 것은?

> **보기**
>
> (   )은(는) 인사평가의 타당성, 신뢰성, 객관성을 높이고자 개발된 평가방법으로 근무평가를 위해 자신, 직속상사, 부하직원, 동료, 고객 등 외부인까지 평가자에 참여시킨다.

① 면접법
② 다면평가
③ 목표관리법
④ 균형성과표

16 인사고과 또는 근무평정을 실시할 때 생길 수 있는 것으로 과거 행위보다는 바로 최근의 행위에 영향을 받음으로써 평가에 오류를 미치는 것은?

① 현혹효과
② 근접오류
③ 상동적 태도
④ 중심화 경향

17 다음 중 참가자들이 소규모집단을 구성하여 개인과 집단이 팀워크를 바탕으로 경영상의 실제 문제를 정해진 시점까지 해결하도록 하여 문제해결 과정에 대한 성찰을 통해 학습하도록 지원하는 교육훈련 실기기법은?

① 액션러닝
② 감수성훈련
③ 그리드훈련
④ 역할연기법

18 직무에 따른 승진이기보다는 조직운영의 원리에 의한 승진방식에 가장 가까운 것은?

① 직급승진
② 자격승진
③ 대용승진
④ 역직승진

19 종업원의 적성·지식·경험·기타 능력과 조직의 목표 달성에 필요한 직무가 잘 조화되도록 자격요건과 적성 및 선호구조에 대한 정보를 충분히 파악하여야 하는 원칙과 관련된 경력개발관리의 기본개념은?

① 후진양성의 원칙
② 승진경로의 원칙
③ 경력기회개발의 원칙
④ 적재적소배치의 원칙

20 [보기]는 홀(D.T.Hall)의 경력단계모형에 대한 일부 설명이다. [보기]에서 설명하는 단계를 한글로 입력하시오.

> **보기**
>
> 개인은 자신의 적성과 가능성을 평가하고 자신의 성장 정도를 설정하여 노력하게 되며, 직무성과의 발전과 조직에 대한 귀속감을 갖게 된다. 그러나 이 시기는 경쟁자들과의 경쟁심이 작용하게 되므로, 경쟁과정에서 나타나는 갈등 및 실패에 대한 감정적 처리가 중요한 단계이다.

정답: ___________________________________

[과목: 임금 및 복리후생관리]

21 임금의 성격 중 종업원에 대한 특성을 고르시오.

① 생산원가의 요소
② 기업경쟁력의 요인
③ 사회적 신분의 상징
④ 종업원 유치와 유지의 요인

22 근로기준법에 대한 설명으로 적절하지 않은 것은?

① 근로기준법상 '근로'란 정신노동과 육체노동을 의미한다.
② 1일의 근로시간은 휴게시간을 제외하고 8시간을 초과할 수 없다.
③ 사용자는 근로자에게 1주에 평균 1회 이상의 유급휴일을 보장하여야 한다.
④ 사용자는 휴일의 야간 근로시 통상임금의 100분의 50 이상을 가산한 임금을 지급하여야 한다.

23 [보기]에 해당하는 특수임금제는 무엇인가?

> **보기**
>
> 기본적 보상 외에 영업 수익의 일부를 근로자에게 지급하는 임금형태로, 근로자들을 기업의 소유주처럼 생각하게 이끄는 제도

① 럭커 플랜(Rucker Plan)
② 스캔론 플랜(Scanlon Plan)
③ 이윤분배제(Profit Sharing System)
④ 임프로쉐어 플랜(Impro-share Plan)

24 사용자 입장에서의 복리후생의 효과로 가장 적절한 것은?

① 기업의 이미지 개선
② 사기와 동기부여 향상
③ 복지확대에 대한 요구
④ 경력개발을 통한 자아실현

25 산업재해보상보험에 대한 설명으로 적절하지 않은 것은?

① 보험사업에 소요되는 재원인 보험료는 원칙적으로 근로자가 전액 부담한다.
② 산재근로자와 그 가족의 생활을 보장하기 위해 국가가 책임을 지는 의무보험이다.
③ 근로자의 업무상 재해에 대하여 사용자에게는 고의·과실의 유무를 불문하는 무과실 책임주의에 따른다.
④ 산재보험 급여는 재해 발생에 따른 손해 전체를 보상하는 것이 아니라 평균임금을 기초로 하는 정률보상 방식으로 행한다.

26 [보기]는 건강보험료의 계산에 관한 내용으로 (   ) 괄호 안에 들어갈 보험료율(%)을 입력하시오. 단위(%)를 제외한 소수점 둘째자리까지 입력하시오.

> **┤ 보기 ├**
>
> 건강보험료에서 말하는 보수 총액은 근로소득 원천징수영수증상의 과세 대상 급여와 국외 근로 부분을 합산한 금액이다.
> 2026년 건강보험료율은 (   )%이며, 근로자와 사용자가 50%씩 부담한다.

정답: _______________________

27 (주)인사는 소비자의 시장조사를 위해 일용직을 고용하였다. 해당 일용직 사원에게 일당 250,000원을 현금으로 지급할 경우 (주)인사가 원천징수하여야 할 소득세는 얼마인가?

정답: _______________________

28 [보기]가 설명하는 근로시간제는 무엇인가?

> **┤ 보기 ├**
>
> 근로자가 출장, 기타의 사유로 인하여 근로시간의 전부 또는 일부를 사업장 밖에서 근로하여 근로시간 산정이 어려운 경우 근로시간에 관계없이 일정 합의시간을 근로시간으로 본다.

① 간주 근로시간제 ② 재량 근로시간제
③ 선택적 근로시간제 ④ 탄력적 근로시간제

[과목: 노사관계]

29 재량근로시간제에 대한 설명으로 가장 적절한 것은?

① 하루의 근로시간대에서 일정의 근로시간을 정하여 특정의 고유 업무에만 집중하도록 하는 근무 제도이다.

② 근로자가 본사나 영업소로 출근하지 않고 현장의 거래처로 직행하여 업무를 수행하고 일이 끝나면 곧바로 귀가하게 하는 등의 근무형태이다.

③ 업무의 성질상 업무수행방법을 근로자에게 맡길 필요가 있는 경우 사용자가 근로자 대표와 서면 합의로 정한 시간대에서 근로자에게 근로시간의 관리를 위임하는 제도이다.

④ 근로자가 출장, 기타의 사유로 인하여 근로시간의 전부 또는 일부를 사업장 밖에서 근로하여 근로시간 산정이 어려운 경우 근로시간에 관계없이 일정 합의시간을 근로시간으로 보는 제도이다.

30 노동조합의 가입방법 중 노조의 통제력(지배력)이 가장 높은 형태는 무엇인가?

① 오픈 숍(open shop)   ② 유니온 숍(union shop)
③ 클로즈드 숍(closed shop)   ④ 에이전시 숍(agency shop)

31 [보기]에서 설명하고 있는 노동쟁의 관련 개념은 무엇인가?

┤ 보기 ├

법령·단체협약·취업규칙·근로계약 등으로 이미 확정된 권리를 두고 일어나는 노사 간 해석·적용·준수 등을 둘러싼 분쟁으로, 체불임금 청산, 해고자 복직, 단체협약 이행, 부당노동행위 구제 등이 이에 해당한다.

① 권리분쟁   ② 이익분쟁
③ 황견계약   ④ 직장폐쇄

32 [보기]의 (   )에 들어갈 근로유형을 한글로 입력하시오.

┤ 보기 ├

• (   )(이)란 근로자가 근로시간의 전부 또는 일부를 회사가 제공하는 통상의 사무실이 아닌 장소에서 정보통신기기(컴퓨터 통신, 팩스 등)를 이용하여 근무하는 형태를 말한다.
• 재택근무와 다르게 (   )(은)는 근로 장소가 집으로 한정되는 것은 아니다.

정답: ________________________________

33 [보기]는 무엇에 대한 설명인가?

│ 보기 │

- 조합비를 징수할 때 사용자가 노동조합의 의뢰를 받아 급여 계산 시 조합비를 공제하여 노동조합으로 교부하는 징수방식
- 단체협약에 해당 징수방식에 대한 사항이 명시되어 있어야 한다.

정답: ________________________

❖❖ 실무문제는 [실기메뉴]를 활용하여 답하시오.
웹하드(http://www.webhard.co.kr)에서 Guest(ID: samil3489, PASSWORD: samil3489)로 로그인하여 백데이터를 다운받아 설치한 후 인사1급 2024년 5회 '장미란 사원'으로 로그인한다.
---

01 다음 중 핵심 ERP 사용을 위한 기초 사업장 정보를 확인하고, 그 내역으로 알맞지 않은 것은 무엇인가?

① 〈1000.인사1급 회사본사〉 사업장의 관할세무서는 '107.영등포'이며, 주업종코드는 '369401.제조업'이다.
② 〈2000.인사1급 인천지점〉 사업장은 원천징수이행상황신고서 신고 시, '월별' 신고를 진행하는 사업장이며 종목은 '스포츠'이다.
③ 〈3000.인사1급 부산지점〉 사업장의 지방세신고지 행정동은 '2635056000.해운대구청'이며, 사업자단위과세 신고 시 〈1000.인사1급 회사본사〉 사업장의 종사업장으로 포함하여 신고한다.
④ 〈4000.인사1급 강원지점〉 사업장의 대표자는 '김창현'이며, 업태는 '교육서비스업'이다.

02 다음 중 핵심 ERP 사용을 위한 기초 부서 정보를 확인하고, 내역으로 옳은 것은 무엇인가?

① 〈2000.인사1급 인천지점〉 사업장에 속한 부서는 모두 사용 중이다.
② '3100.관리부'는 현재는 사용하지 않는 부서이며, 사용종료일은 '2022/12/31' 이다.
③ [4000.생산부문]에 속한 부서는 모두 사용 중이다.
④ [2000.영업부문]에 속한 부서 중 현재 사용 중인 부서는 2개이다.

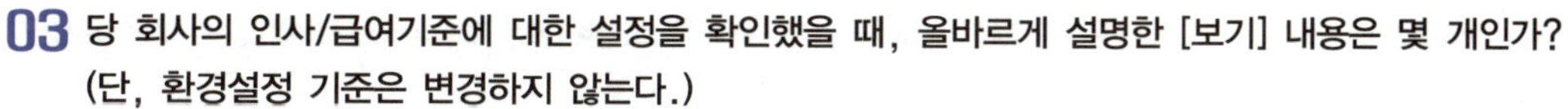

03 당 회사의 인사/급여기준에 대한 설정을 확인했을 때, 올바르게 설명한 [보기] 내용은 몇 개인가?
(단, 환경설정 기준은 변경하지 않는다.)

> **보기**
>
> - A: '환경직' 직종의 출결마감 기준일은 전월 25일에서 당월 24일까지이다.
> - B: 퇴사자의 경우 급여 계산 시, 지정한 '기준일수' 미만 근무 시 월 급여를 '일할' 지급한다.
> - C: 생산직 비과세를 적용하는 직종으로 '002.생산직', '003.환경직'만 등록되어 있다.
> - D: 회사의 '월일수 산정' 기준은 '당월일'이며, 일수는 30일이다.

① 1개   ② 2개
③ 3개   ④ 4개

04 당 회사는 2024년 09월 [900.대리] 직급의 호봉을 아래 [보기]와 같이 일괄 등록하고자 한다.
[900.대리] 직급의 호봉등록을 완료하고, 6호봉 기준의 '호봉합계'는 얼마인가?

> **보기**
>
> - 기본급 초기치: 2,500,000원 (증가액 100,000원)
> - 급호수당 초기치: 15,000원 (증가액 10,000원)
> - 연장수당 초기치: 10,000원 (증가액 5,000원)
> - 일괄인상
>   1) 정률인상 적용: 기본급 5.5%, 급호수당 3.0%
>   2) 정액인상 적용: 연장수당 3,000원

① 3,149,150원   ② 3,269,950원
③ 3,390,750원   ④ 3,489,600원

05 2024년 귀속 기준 급여 지급/공제항목설정을 확인하고, 그 설명으로 옳지 않은 것은 무엇인가?
(단, 지급/공제항목설정 기준은 변경하지 않는다.)

① [P00.기본급]은 책정된 임금의 월급을 기준으로 지급하며, '연장근로수당' 비과세 적용 기준요건
인 월정급여에 포함되는 지급항목이다.

② [P25.직무발명보상금]은 휴직자인 경우에 휴직 계산식이 적용되어 지급하는 항목이며, 비과세
지급 항목으로 비과세 유형은 'R11.직무발명보상금'으로 설정되어 있다.

③ [P40.가족수당]은 입사자인 경우에는 지급하지 않는 항목이며, 배우자가 존재할 때 50,000원을
지급한다.

④ [P50.식대보조비]는 수습직 사원에게는 지급하지 않는 항목이며, 모든 대상자에게 100,000원
을 지급한다.

06 당 회사의 2024년 08월 귀속 급/상여 지급일자 등록을 확인하고, 그 내역으로 알맞은 것은 무엇인가?

① 퇴사자의 경우 '상여' 지급 시, 근무일수에 상관없이 '일할'로 지급한다.
② '급여'의 '지급직종및급여형태'에 반영된 정보와 일치하지 않는 대상자도 [상용직급여입력및계산] 메뉴에서 임의로 조회하여 추가할 수 있다.
③ '상여지급대상기간' 내 기술직 근로자에 대해서만 상여를 지급한다.
④ '상여지급대상기간'은 상여지급 대상자를 선정하는 기준으로, 상여세액 계산과는 관련이 없다.

07 당 회사는 전체 사업장의 〈915. 2024년 2분기 내부교육〉 교육평가가 우수한 사원을 대상으로 포상을 지급하기로 하였다. 아래 [보기]를 기준으로 지급한 대상자들의 총 지급금액으로 알맞은 것은 무엇인가?

┤ 보기 ├
- 교육평가 S등급: 200,000원
- 교육평가 A등급: 100,000원

① 700,000원　　　　　　　　　② 　800,000원
③ 900,000원　　　　　　　　　④ 1,000,000원

08 당 회사는 전체 사업장의 2024/09 기준 유효한 자격증을 보유한 사원에 대해 아래 [보기]와 같이 〈특별자격수당〉을 자격취득자에게 지급하기로 하였다. 아래 [보기]를 기준으로 〈특별자격수당〉을 지급 시, 그 지급액은 얼마인가? (단, 퇴사자는 제외한다.)

┤ 보기 ├
- 100. 정보기술자격(ITQ): 30,000원
- 200. ERP정보관리사1급: 50,000원
- 수당여부: 해당

① 130,000원　　　　　　　　　② 180,000원
③ 200,000원　　　　　　　　　④ 240,000원

09 당 회사의 인사정보를 확인하고 관련된 설명으로 올바르지 않은 것은 무엇인가?

① [20000502.김종욱] 사원은 국외소득이 존재하지 않으며, 장애인복지법에 의한 장애인이다.
② [20000601.이수희] 사원의 급여형태는 '월급'이며, [전표집계및생성] 메뉴에서 전표처리 시, 적용할 계정은 '임원계정'으로 설정되어 있다.
③ [20010402.박국현] 사원의 근무조는 '3조'이며, 생산직총급여 비과세 대상자로 설정되어 있다.
④ [20080103.김소현] 사원은 휴직이력이 존재하고, 휴직사유는 '육아휴직'이며 노조에 가입되어 있다.

10 당 회사는 창립기념일을 맞아 2024년 08월 31일 기준으로 전체 사업장의 만 10년 이상 장기근속자에 대해 특별근속수당을 지급하기로 하였다. 아래 [보기]를 기준으로 지급한 총 특별근속수당은 얼마인가? (단, 퇴사자는 제외하며, 미만일수는 올리고, 모든 경력사항을 제외한다.)

┤ 보기 ├

- 10년 초과 ~ 15년 이하: 100,000원
- 15년 초과 ~ 20년 이하: 150,000원
- 20년 초과: 200,000원

① 3,050,000원 　　　　　　② 3,150,000원
③ 3,300,000원 　　　　　　④ 3,400,000원

11 당 회사의 2024년 09월 귀속 급여(지급일자: 2024/09/25)에 해당하는 대상자 중 [20081201.안민서] 사원의 '책정임금'이 변경되었다. [보기]를 기준으로 직접 '책정임금'을 변경하고 모든 지급 대상자에 대해 급여를 계산할 때, '과세' 총액은 얼마인가? (단, 그 외 급여계산에 필요한 조건은 프로그램에 등록된 기준을 이용한다.)

┤ 보기 ├

- 사원명(사원코드): [20081201.안민서]
- 계약시작년월: 2024/09
- 연봉: 75,000,000원

① 61,380,050원 　　　　　　② 61,963,390원
③ 62,138,430원 　　　　　　④ 62,412,350원

12 당 회사는 2024년 09월 귀속 '특별급여' 소득을 지급하고자 한다. 아래 [보기]의 지급대상 요건으로 지급일자를 직접 추가하여 급여 계산을 진행한 뒤 확인한 정보로 올바른 것은 무엇인가? (단, 그 외 급여계산에 필요한 조건은 프로그램에 등록된 기준을 이용한다.)

┤ 보기 ├

- 특별급여지급일자: 2024/09/30
- 동시발행 및 대상자선정: 분리, 직종및급여형태별
- 특별급여지급대상: <1000.인사1급 회사본사> 사업장을 제외한 사업장의 모든 직종 및 급여형태

① 해당 지급일자의 과세총액은 24,305,520원이며, 실제 지급액이 가장 적은 사원은 [20130701. 고진수]이다.
② 해당 지급일자의 직종수당은 '직종별'로 지급되었고, [20090701.김성실] 사원의 직종수당은 책정임금의 월급/30×0.2로 계산된 금액이 지급되었다.
③ 해당 지급일자의 지급인원은 모두 소득세가 공제되었고, 모두 동일한 금액의 특별급여를 지급받았다.
④ 해당 지급일자의 회사부담금의 총 합계는 1,291,760원이고, 비과세 항목은 지급되지 않았다.

최신 기출문제

13 당 회사는 〈1000.인사1급 회사본사〉 사업장에 대해 2024년 08월 귀속(지급일 1번)에 이체한 급/상여를 확인하고자 한다. 이체 현황에 대한 설명으로 옳지 않은 것은 무엇인가? (단, 무급자는 제외한다.)

① 해당 조회조건의 대상자는 모두 16명이고, 총 5개의 금융기관에서 급여 이체가 발생했다.

② 해당 조회조건의 대상자 중 가장 적은 금액의 급여가 계좌로 이체된 사원은 [20180511.최국성]이다.

③ 해당 조회조건의 '국민은행'에서 발생한 급여 이체 금액은 '기업은행'과 '신한은행'에서 발생한 급여 이체 금액의 합보다 적다.

④ 해당 조회조건의 급여는 2024/08/25에 지급되었고, 총 이체 금액은 55,211,200원이다.

14 당 회사는 초과근무에 대해 수당을 지급하고 있다. 아래 [보기]의 기준을 토대로 2024년 08월 귀속(지급일 1번)의 [20081202.장명훈] 사원의 '초과근무수당'을 계산하면 얼마인가? (단, 근무수당을 계산하면서 발생되는 모든 원단위 금액은 절사하며, 책정임금 시급은 원단위 금액을 절사하지 않고 계산한다.)

> ┤ 보기 ├
>
> • 초과근무수당 = 1유형근무 수당 + 2유형근무 수당
> • 초과근무 시급: 책정임금 시급
> − 1유형 근무수당: 총 연장근무시간에 초과근무 시급을 곱한 후 100% 가산하여 산정
> − 2유형 근무수당: 총 심야근무시간에 초과근무 시급을 곱한 후 150% 가산하여 산정

① 836,040원 ② 842,160원
③ 872,250원 ④ 893,120원

15 당 회사는 〈1000.인사1급 회사본사〉 사업장에 대해 2024년 2분기에 속한 기간의 지급내역 중 '100.급여' 지급내역에 대해 직종별로 집계하여 금액을 확인하고자 한다. 내역을 확인하고 직종과 항목별 금액이 올바르지 않은 것은 무엇인가?

① 직종: 사무직 / 국민연금: 4,347,180원
② 직종: 생산직 / 자격수당: 330,000원
③ 직종: 연구직 / 건강보험: 735,810원
④ 직종: 기술직 / 공제합계: 2,698,820원

16 당 회사는 일용직 사원에 대해 사원별 지급형태를 구분하여 일용직 급여를 지급하고 있다. 아래 [보기]를 확인하여 2024년 09월 귀속 지급일 중 '매일지급' 대상자를 직접 반영 후 급여 계산할 때, 해당 지급일의 급여내역 중 바르지 않은 것은 무엇인가? (단, 급여계산에 필요한 조건은 프로그램에 등록된 기준대로 확인한다.)

> **보기**
>
> - 지급형태: '매일지급' 지급일
> - 지급 대상자: '시급직'인 '3200.관리부', '4100.생산부' 사원
> - 평일 10시간 근무, 토요일 2시간 근무
> - 비과세 적용 12,000원(평일만 적용)

① 해당 지급일자의 대상자는 총 5명이며, 해당 지급일자의 대상자는 모두 급여를 현금으로 지급받는다.

② 해당 지급일자에 연장 비과세(비과세 신고분)는 총 5,542,110원 지급되었으며, [1015.백록담] 사원만 연장 비과세 항목이 지급되지 않았다.

③ 해당 지급일자에 실제 지급된 금액은 총 32,598,050원이며, 대상자 중 4대 사회보험이 공제되지 않고 급여를 지급받은 직원이 존재한다.

④ 해당 지급일자의 대상자 중 소득세가 가장 적게 공제된 대상자는 [1017.박선우] 사원으로 35,700원이 공제되었다.

17 2024년 09월 귀속 일용직 급여작업 전, 아래 [보기]를 기준으로 [1018.정용빈] 사원의 사원정보를 직접 입력하고 [일용직급여지급일자등록]에 대상자를 반영하여 급여계산을 했을 때, 해당 일용직 대상자들에게 실제 지급한 금액의 총 합계는 얼마인가? (단, 그 외 급여계산에 필요한 조건은 프로그램에 등록된 기준을 따른다.)

> **보기**
>
> - 사원정보 입력 (사원코드: 1018, 사원명: 정용빈)
>   - 입사일자: 2024/09/05, 주민등록번호: 941222-1234567, 부서: [1100.총무부],
>   - 급여형태: [004.시급], 급여/시간단가: 51,250원, 생산직비과세적용: 함,
>   - 국민/건강/고용보험 여부: 여
> - 일용직 급여지급
>   - 지급형태: '일정기간지급' 지급일, 평일 10시간 근무 가정(비과세 적용 10,000원)

① 45,232,150원 ② 47,216,430원

③ 49,510,480원 ④ 51,224,350원

18 당 회사의 〈1000.인사1급 회사본사〉 사업장의 2024년 상반기의 〈과세/비과세〉 총액을 확인하고자 한다. 해당 기간의 〈과세/비과세〉 총액으로 올바른 것은 무엇인가? (단, '사용자부담금'은 포함한다.)

① 과세총액: 368,080,300원 / 비과세총액: 13,200,000원
② 과세총액: 368,080,300원 / 비과세총액: 25,208,760원
③ 과세총액: 381,280,300원 / 비과세총액: 46,298,470원
④ 과세총액: 396,889,060원 / 비과세총액: 46,298,470원

19 당 회사의 퇴직금 산정을 위한 퇴직기준설정을 확인했을 때, 올바르게 설명한 [보기] 내용은 몇 개인가? (단, 환경설정 기준은 변경하지 않는다.)

┤ 보기 ├
- A: 평균임금 기간 산정 시 전월을 기준으로 3개월을 산정하고, 노동부기준은 적용하지 않는다.
- B: 비과세 항목도 퇴직금 계산 시 사용할 수 있으며, 중도정산자인 경우 급여반영 시 월할로 계산한다.
- C: 근속누진만 적용하고 있으며, 적용유형은 [001.기간]이고 적용방식은 [001.가산일수]이며 근무년수가 5년 이상인 대상자인 경우에만 근속누진이 적용된다.
- D: 퇴직금 계산식은 '일할'로 설정되어 있고, 연차수당코드는 [P80.연차수당]을 사용한다.

① 1개　　　　　　　　　　　② 2개
③ 3개　　　　　　　　　　　④ 4개

20 2024년 09월 25일 〈3000.인사1급 부산지점〉 사업장의 [20130701.고진수] 사원이 개인 사유로 중도정산을 신청하였다. 아래 [보기]의 내용에 따라 퇴직기준과 대상자를 직접 반영하여 퇴직 정산작업을 진행했을 때, 정산 결과에 대한 설명으로 옳지 않은 것은 무엇인가? (단, 그 외 퇴직금 계산에 필요한 조건은 프로그램의 등록 기준에 따른다.)

┤ 보기 ├
- 평균임금 계산식: '일평균 임금' 적용
- 지급항목 설정: 기본급, 근속수당, 가족수당, 상여
- 귀속연월: 2024/09
- 재직기준: 2024/09/01 ~ 2024/09/30
- 퇴직일자, 신청일자: 2024/09/25
- 지급일자: 2024/09/30

① [20130701.고진수] 사원의 중도 정산 시의 퇴직금은 54,360,490원이고, 근속기간은 4105일이다.
② [20130701.고진수] 사원의 퇴직금 계산 시 산정된 급여내역은 2024/06/01 ~ 2024/08/31까지의 기간이며, 퇴직금계산 기간 내 지급된 상여금은 존재하지 않는다.
③ [20130701.고진수] 사원은 근속 누진으로 누진일수가 123일이 적용되었고, 퇴직소득세는 632,650원이 공제되었다.
④ [20130701.고진수] 사원의 퇴직금 계산 시 산정된 급여의 합계는 11,696,250원이며, 산정기간은 11년 2개월 25일이다.

21 아래 [보기]를 기준으로 2024년 08월 귀속의 전표를 생성하고, 전표처리결과 계정과목별 금액을 확인 시 올바르지 않은 것은 무엇인가?

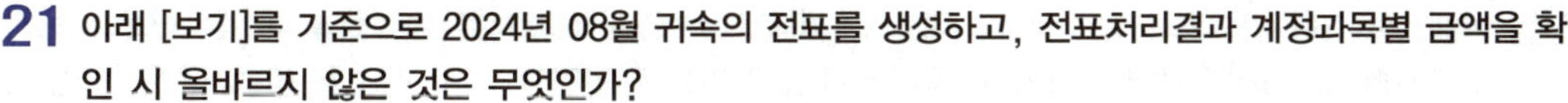

> **보기**
>
> • 지급유형: 상용직급여
> • 회계단위: [1000.인사1급 회사본사]
> • 결의일자: 2024/08/31
> • 작성자: [ERP13I01.장미란]
> • 집계사업장: <1000.인사1급 회사본사>, <3000.인사1급 부산지점>
> • 집계급여구분: 급여, 상여

① 가지급금: 4,875,000원   ② 복리후생비: 2,180,000원

③ 선납세금: 3,254,900원   ④ 여비교통비: 950,000원

22 아래 [보기]를 기준으로 '인사/급여환경설정'을 직접 확인하여 변경한 뒤, 〈1000.인사1급 회사본사〉 사업장의 원천세 신고서를 추가 시 근로소득 구분에 대한 총지급액과 소득세는 각각 얼마인가? (단, 신고구분은 '정기'이며, 소득처분여부는 '1.비해당'으로 설정한다.)

> **보기**
>
> • 원천세 신고유형: 본점일괄신고
> • 이행상황신고서집계방식: 귀속연월
> • 신고서 생성 기준: 귀속 2024.08 / 지급 2024.08 (제출일자: 2024.09.10.)
> • 일반 데이터반영: 매월징수분(전체)
> • 연말정산 소득세, 농특세 반영: 미적용

① 총지급액: 63,580,050원 / 소득세: 2,477,760원

② 총지급액: 98,772,940원 / 소득세: 3,834,990원

③ 총지급액: 115,382,300원 / 소득세: 6,087,350원

④ 총지급액: 138,262,520원 / 소득세: 9,725,240원

23 아래 [보기]를 기준으로 당 회사의 지방소득세특별징수명세 신고서를 생성했을 때, [4.근로소득]의 소득자별 '과세표준' 금액을 확인 시 올바르지 않은 것은 무엇인가? (단, 신고서 생성기준은 '단일 사업장' 기준으로 생성한다.)

> **보기**
>
> ※ 인사/급여환경설정 '지방소득세/주민세(종업원분)집계방식': 귀속, 지급연월
> - 매월 신고
> - 신고사업장: [0000.전체]
> - 신고구분: 1.정기
> - 귀속연월: 2024년 08월
> - 지급연월: 2024년 08월
> - 제출일자: 2024년 09월 10일
> - 급여지급일자: 2024년 08월 31일
> - 계속근무자 연말정산 환급액 반영 기준: 미적용

① [20001101.박용덕] – 과세표준: 329,860원
② [20090701.김성실] – 과세표준: 943,120원
③ [20101001.최명수] – 과세표준: 195,960원
④ [20180511.최국성] – 과세표준: 24,990원

24 당 회사 〈4000.인사1급 강원지점〉 사업장 [20081204.유지현] 사원의 2023년 귀속의 근로소득 지급내역을 확인했을 때, 총 '지급명세서 작성 대상 비과세 소득'과 실제 공제된 총 '고용보험'은 각각 얼마인가? (단, 모든 정보는 현재 프로그램에 반영되어 있는 데이터를 기준으로 확인한다.)

① 지급명세서 작성 대상 비과세 소득: 2,359,800원 / 고용보험: 192,960원
② 지급명세서 작성 대상 비과세 소득: 2,408,830원 / 고용보험: 423,890원
③ 지급명세서 작성 대상 비과세 소득: 3,600,000원 / 고용보험: 192,960원
④ 지급명세서 작성 대상 비과세 소득: 4,800,000원 / 고용보험: 423,890원

25 당 회사는 전체 사업장 기준 2024년 08월 귀속(지급일 1번) 급여구분의 대장을 확인하고자 한다. 부서별로 대장을 집계하여 확인했을 때, 부서별 지급/공제항목의 금액으로 옳지 않은 것은?

① 관리부 – 소득세: 736,160원
② 국내영업부 – 가족수당: 220,000원
③ 연구개발부 – 사회보험부담금: 542,960원
④ 총무부 – 근속수당: 1,775,000원

인사 1급 2024년 4회 (2024년 7월 27일 시행)

[이론]

[과목: 경영혁신과 ERP]

01 ERP시스템 투자비용에 관한 개념 중 '시스템의 전체 라이프사이클(life-cycle)을 통해 발생하는 전체 비용을 계량화한 비용'에 해당하는 것은?

① 유지보수 비용(Maintenance Cost)
② 시스템 구축비용(Construction Cost)
③ 총소유비용(Total Cost of Ownership)
④ 소프트웨어 라이선스비용(Software License Cost)

02 클라우드 ERP의 특징 혹은 효과에 대한 설명 중 가장 옳지 않은 것은?

① 안정적이고 효율적인 데이터관리
② IT자원관리의 효율화와 관리비용의 절감
③ 필요한 어플리케이션을 자유롭게 설치 가능
④ 원격근무 환경 구현을 통한 스마트워크 환경 정착

03 e-Business 지원 시스템을 구성하는 단위 시스템에 해당되지 않는 것은?

① 성과측정관리(BSC)   ② EC(전자상거래) 시스템
③ 의사결정지원시스템(DSS)   ④ 고객관계관리(CRM) 시스템

04 효과적인 ERP교육을 위한 고려사항으로 가장 적절하지 않은 것은?

① 다양한 교육도구를 이용하라.
② 교육에 충분한 시간을 배정하라.
③ 비즈니스 프로세스가 아닌 트랜잭션에 초점을 맞춰라.
④ 조직차원의 변화관리활동을 잘 이해하도록 교육을 강화하라.

05 ERP 아웃소싱(Outsourcing)에 대한 설명으로 적절하지 않은 것은?

① ERP 자체개발에서 발생할 수 있는 기술력 부족을 해결할 수 있다.
② ERP 아웃소싱을 통해 기업이 가지고 있지 못한 지식을 획득할 수 있다.
③ ERP 개발과 구축, 운영, 유지보수에 필요한 인적 자원을 절약할 수 있다.
④ ERP시스템 구축 후에는 IT아웃소싱 업체로부터 독립적으로 운영할 수 있다.

[과목: 인적자원확보]

06 생산중심 관점의 인적자원관리에 해당하는 것은?

① 호손실험
② 협력관계설
③ 인간관계론
④ 과학적 관리

07 일반적인 직무관리 절차를 고르시오.

① 직무기술서 작성–직무분석–직무명세서 작성–직무평가
② 직무분석–직무명세서 작성–직무기술서 작성–직무평가
③ 직무분석–직무기술서 작성–직무명세서 작성–직무평가
④ 직무명세서 작성–직무기술서 작성–직무분석–직무평가

08 인적자원의 수요예측 방법 중 계량적 방법으로 옳은 것은?

① 델파이법
② 명목집단법
③ 작업연구기법
④ 자격요건분석기법

09 인력부족에 대한 대응전략으로 가장 적절한 것은?

① 근로시간 단축
② 자회사로 파견근무
③ 훈련을 통한 능력개발
④ 자연 감소 및 신규채용 동결

10 인적자원의 모집 방법 중 성격이 다른 하나는?

① 채용박람회를 통해 공개 모집
② 외부 전문 헤드 헌터를 이용한 모집
③ 인턴사원제도를 통해 우수자를 모집
④ 사내 사보에 필요한 직무 및 충원 인원을 공개 모집

11 [보기]에서 설명하는 배치관리 원칙으로 가장 적절한 것은?

> **┤ 보기 ├**
>
> 근로자가 능력을 발휘할 수 있는 영역을 제공하여 그 일에 대해 올바르게 평가하고 평가된 능력과 업적에 만족할 수 있는 대우를 하는 원칙

① 균형주의 원칙　　　　　　　② 인재육성주의 원칙

③ 적재적소주의 원칙　　　　　④ 실력(능력)주의 원칙

12 인적자원 패러다임 변화에 대한 설명으로 가장 적절하지 않은 것은?

① 다원관리 → 일원관리　　　　② 수직적 구조 → 수평적 구조

③ 반응적 관리 → 선행적 관리　④ 표준화 인재 → 창조적 인재

13 직업인으로서 기본적으로 갖추어야 하는 공통능력과 직무수행에 필요한 역량을 측정하기 위한 검사 방법은?

① 인성검사　　　　　　　　　　② 적성검사

③ 성취도검사　　　　　　　　　④ 직무능력검사

14 [보기]의 (ⓐ), (ⓑ)안에 들어갈 적절한 용어를 순서대로 입력하시오.

> **┤ 보기 ├**
>
> 선발오류란 직무요건의 적임자를 선발하지 못하는 현상을 말한다. 이 중 (ⓐ)오류란, 채용이 되었을 경우에는 만족할 만한 성과를 낼 수 있는 지원자가 시험이나 면접에서 불합격되는 일이 발생하는 오류를 말하며, (ⓑ)오류란 선발하지 말았어야 하는 인원을 뽑은 오류를 말한다.

정답: ＿＿＿＿＿＿＿＿＿＿＿＿＿＿＿

[과목: 인적자원개발]

15 인사고과의 절대평가방법 중 자유기술법에 대한 설명으로 적절하지 않은 것은?

① 행동기준의 선택이 어렵고 점수화 절차가 복잡하다.

② 간편하나 비교가 어려우며, 평가결과가 상이할 수 있다.

③ 일종의 자기고과 방법으로 자기평가는 자유롭게 기술한다.

④ 가장 단순한 방법으로 근로자의 장단점과 성과 및 잠재적인 요인의 향상을 위한 제언을 사실적으로 서술한다.

16 인사고과를 실시할 때의 유의점에 대한 설명이다. [보기]의 (   )안에 들어갈 가장 적절한 용어는 무엇인가?

┤ 보기 ├

(   )(은)는 고과대상자의 특정한 고과요소로부터 받은 호의적 또는 비호의적 인상이 다른 고과요소에까지 영향을 미쳐 동일하게 평가하는 경향상을 의미한다. 이를 피하기 위해서는 여러 평가자들이 같은 사람을 독립적으로 평가하게 하는 것이 필요하다.

① 현혹효과　　　　　　　　　　　② 대비오류
③ 논리적 오류　　　　　　　　　　④ 시간적 오류

17 교육훈련 방법 중 직장 내 훈련(OJT)에 해당하는 것은?

① 사례연구　　　　　　　　　　　② 도제훈련
③ 강의식 훈련　　　　　　　　　　④ 비즈니스 게임

18 홀(D. T. Hall)의 경력단계모형 중 네 번째 단계는 쇠퇴단계로 자신의 경력을 평가하고 직장 생활을 통합해 보면서 은퇴를 준비하는 단계이다. 쇠퇴단계의 경력욕구는 무엇인가?

① 친교(Intimacy)　　　　　　　　② 통합(Integrity)
③ 생산(Generativity)　　　　　　④ 주체형성(Identity)

19 [보기]에서 설명하는 조직변화의 방향은 무엇인가?

┤ 보기 ├

기업 활동을 내부화하거나 지나치게 경쟁함으로써 발생하는 비용의 최소화, 기업 간 상호협력과 신뢰를 통해 상호의 이익을 극대화할 수 있도록 설계하고 관리하는 것을 의미한다.

① 고객 지향　　　　　　　　　　　② 개인 지향
③ 공생 지향　　　　　　　　　　　④ 학습 지향

20 [보기]에서 설명하는 경력개발제도를 한글로 입력하시오.

┤ 보기 ├

(   )제도는 근로자별로 기능보유 색인을 작성하여 데이터베이스에 저장하고 인적자원관리와 경력개발에 활용하는 방법이다. 근로자의 직무수행 능력평가에 있어서 필요한 정보를 파악하기 위한 개인별 능력평가표를 활용한다.

정답 : _______________________________

[과목: 임금 및 복리후생관리]

21 근로기준법의 법정수당에 해당되지 않은 것은?

① 가족수당 ② 야간근로수당
③ 산전산후수당 ④ 해고예고수당

22 특별한 자격, 면허, 기능 보유자에게 지급되는 수당은 무엇인가?

① 기능수당 ② 직책수당
③ 특수작업수당 ④ 특수근무수당

23 많은 사람에게 혜택을 부여할 수 있는 제도를 우선적으로 채택하는 복리후생의 설계 원칙은 무엇인가?

① 지불능력의 원칙 ② 다수혜택의 원칙
③ 근로자의 참여원칙 ④ 근로자의 욕구충족 원칙

24 [보기]의 (   )에 들어갈 내용은 무엇인가?

> **┤ 보기 ├**
>
> 직장가입자의 보험료율은 1천분의 (   )의 범위에서 심의위원회의 의결을 거쳐 대통령령으로 정한다.

① 10 ② 50
③ 80 ④ 100

25 연말정산시 근로자 제출서류로 적합하지 않은 것은?

① 기부금명세서 ② 의료비지급명세서
③ 신용카드소득공제신청서 ④ 원천징수이행상황신고서

26 [보기]에서 설명하고 있는 퇴직급여제도를 한글로 입력하시오.

> **┤ 보기 ├**
>
> • 퇴직 시 지급할 급여수준 및 내용을 노사가 사전에 확정한다.
> • 근로자 퇴직 시 사용자는 사전에 약정된 퇴직급여를 지급한다.

정답: ________________________________

27 김생산씨는 종업원수가 150명 미만인 (주)인사에 다니고 있다. 김생산씨의 월급여가 300만원인 경우 사업주가 부담해야 할 고용보험료는 얼마인가?

정답: ______________________________

28 근로시간에 대한 설명으로 적절하지 않은 것은?

① 적절한 근로시간은 노동의 재생산성을 유지시킨다.
② 1일의 근로시간은 휴게시간을 제외하고 8시간을 초과할 수 없다.
③ 법정 근로시간 기준 휴게시간을 제외한 1일 8시간, 1주 40시간을 초과할 수 없다.
④ 단, 15세 이상 18세 미만인 자의 근로시간은 1일 6시간, 1주 30시간으로 제한한다.

[과목: 노사관계]

29 산업별 노동조합의 특징으로 가장 적절하지 않은 것은?

① 조직성격 – 개방적
② 조직원리 – 1직업 1조합
③ 조직관리 – 조합민주주의 원칙에 따름
④ 조직기반 – 동일산업에 종사하는 모든 근로자

30 기업별 노동조합 또는 산업별 노동조합의 기업 단위 지부가 해당 기업과 단체교섭을 할 때, 상부 단체인 전국 노동조합이 이에 참가하는 교섭 방식은 무엇인가?

① 통일교섭
② 집단교섭
③ 공동교섭
④ 대각선교섭

31 회사가 일정 기준으로 종업원에게 자사주, 즉 우리사주를 취득하게 하는 것으로 안정 주주의 확보, 주가의 안정, 노사협조체제의 확립 등의 목적이 있는 경영참가 유형은 무엇인가?

① 스캔론 플랜
② 노사협의제도
③ 종업원지주제
④ 노사공동결정제도

32 [보기]의 연차유급휴가 및 근로기준법 관련하여 (   )에 들어갈 내용을 숫자로 입력하시오.

┤ 보기 ├

• 연차유급휴가는 1년간 계속 근로한 근로자에 대하여 일정한 기간 유급으로 근로의무가 면제되는 날을 말한다.
• 「근로기준법」 제60조제1항에서는 "사용자는 1년간 80% 이상 출근한 근로자에게 (   )일의 유급휴가를 주어야 한다"라고 정하고 있다.

정답: ______________________________

33 [보기]의 (   )에 들어갈 용어를 한글로 입력하시오.

> **│ 보기 │**
>
> • 단체협약의 효력 중에서 (   )적 효력은 근로조건 기타 근로자의 대우에 관한 기준을 정한 부분에 대한 강제적 효력이다.
> • 임금, 퇴직금, 상여금, 복리후생, 근로시간, 재해보상, 정년제 등이 해당된다.

정답: ___________________________

[실무]

> ❖❖ 실무문제는 [실기메뉴]를 활용하여 답하시오.
> 웹하드(http://www.webhard.co.kr)에서 Guest(ID: samil3489, PASSWORD: samil3489)로 로그인하여 백데이터를 다운받아 설치한 후 인사1급 2024년 4회 '장미란 사원'으로 로그인한다.

01 다음 중 핵심 ERP 사용을 위한 기초 사업장 정보를 확인하고, 그 내역으로 알맞지 않은 것은 무엇인가?

① 〈1000.인사1급 회사본사〉 사업장의 종목은 '레저용품'이며, 관할세무서는 '107.영등포'이다.

② 〈2000.인사1급 인천지점〉 사업장의 업태는 '제조.도매'이며, 원천징수이행상황신고서 신고 시 '월별' 신고를 진행하는 사업장이다.

③ 〈3000.인사1급 대구지점〉 사업장의 주업종코드는 '512214.도매 및 소매업'이며, 지방세신고지 행정동은 '2714051000.동구청'이다.

④ 〈4000.인사1급 강원지점〉 사업장은 해당 회사의 '본점' 사업장이 아니며, 사업자단위과세 신고 시 〈1000.인사1급 회사본사〉 사업장의 종사업장으로 포함하여 신고한다.

02 다음 중 핵심 ERP 사용을 위한 기초 부서 정보를 확인하고, 내역으로 옳은 것은 무엇인가?

① [1000.관리부문]에 속한 부서는 모두 사용 중이다.

② 〈1000.인사1급 회사본사〉 사업장에 속한 부서 중 현재 사용 중인 부서는 6개 이다.

③ '2100.국내영업부'는 현재는 사용하지 않는 부서이다.

④ 〈3000.인사1급 대구지점〉 사업장에 속한 부서는 모두 사용 중이다.

03 당 회사의 인사/급여 설정기준을 확인하고 관련된 설명으로 옳지 않은 것은 무엇인가? (단, 환경설정 기준은 변경하지 않는다.)

① [인사정보등록]에서 관리할 고용형태로 '001.상용직', '003.관리직'이 등록되어 있다.

② 입사자의 경우 급여 계산 시, 지정한 '기준일수' 초과 근무 시, 월 급여를 정상 지급한다.

③ 국민연금정산코드로 'S01.국민연금정산' 코드가 등록되어 있다.

④ 7월 귀속의 급여를 계산할 때, 7월 15일 퇴사한 사무직 사원의 경우 해당 월의 실제 근무일수 만큼 급여가 지급된다.

04 당 회사는 2024년 07월 [700.차장] 직급의 호봉을 아래 [보기]와 같이 일괄 등록하고자 한다. [700.차장] 직급의 호봉등록을 완료하였을 때, 5호봉 기준의 '호봉합계'는 얼마인가?

> ┤ 보기 ├
>
> • [700.차장] 직급의 '2022.09' 호봉이력 기준 적용
> • 정률인상 적용: 기본급 3.5%, 급호수당 1.5%
> • 정액인상 적용: 연장수당 10,000원

① 5,022,855원   ② 5,529,528원

③ 6,114,780원   ④ 6,277,714원

05 당 회사의 2024년 06월 귀속 급/상여 지급일자 등록을 확인하고, 그 내역으로 옳지 않은 것은 무엇인가?

① '급여'를 지급하는 일자에 '특별급여'를 추가하여 지급할 수 있다.

② '상여'의 '지급직종및급여형태'에 반영된 정보와 일치하는 대상자는 [상용직급여입력및계산] 메뉴에서 직접 대상자 선정을 진행하여 대상자를 반영한다.

③ '상여' 지급 시, 퇴사자의 경우 근무일수에 상관없이 상여 지급 대상 기간 내 근무일수 기준으로 지급한다.

④ '상여' 지급 시, '상여지급대상기간' 내 생산직 근로자에 대해서만 상여를 지급한다.

06 2024년 귀속 기준 급여 지급/공제항목설정을 확인하고, 그 설명으로 옳지 않은 것은 무엇인가? (단, 지급/공제항목설정 기준은 변경하지 않는다.)

① [P05.특별급여]는 책정된 임금의 월급을 기준으로 70% 금액으로 지급한다.

② [P20.자격수당]은 'ERP정보관리사1급' 자격 대상자에게는 80,000원을 지급한다.

③ [P30.근속수당]은 '휴직자'에 대해서 별도의 휴직계산식 기준을 적용하여 지급한다.

④ [P50.식대보조비]는 '국내영업부'와 '해외영업부'에 속한 직원들에게 200,000원을 지급한다.

07 다음 중 [인사기초코드등록]의 〈4.사원그룹(G)〉 출력구분에 대한 설명으로 올바르지 않은 것은 무엇인가?

① [일용직사원등록] 메뉴에서 조회되는 고용형태 코드를 만들려면, 〈G1.고용구분〉에 비고가 '0'인 고용형태 코드를 생성해야 한다.

② 출력구분에 해당하는 '관리항목' 중 사용하지 않는 '관리항목'은 사용자가 변경할 수 있다.

③ 〈G4.직급〉은 [인사정보등록] 메뉴에서만 관리하고 있는 코드이다.

④ 생산직 연장근로 비과세 적용 대상 코드를 만들려면, 〈G2.직종〉의 비고에 '1'을 입력해야 한다.

08 당 회사는 전체 사업장의 〈590.2024년 2분기 임직원역량강화교육〉 교육평가가 우수한 사원을 대상으로 포상을 지급하기로 하였다. 아래 [보기]를 기준으로 지급한 총 지급액은 얼마인가?

> **보기**
>
> • 교육평가 A등급: 150,000원
> • 교육평가 B등급: 100,000원

① 550,000원   ② 600,000원
③ 700,000원   ④ 850,000원

09 당 회사는 창립기념일을 맞아 2024년 06월 30일 기준으로 전체 사업장의 만 15년 이상 장기근속자에 대해 특별근속수당을 지급하기로 하였다. 아래 [보기]를 기준으로 지급한 총 특별근속수당은 얼마인가? (단, 퇴사자는 제외하며, 미만일수는 올리고, 모든 경력사항을 제외한다.)

> **보기**
>
> • 15년 초과 ~ 20년 이하: 150,000원
> • 20년 초과 ~: 200,000원

① 2,400,000원   ② 2,600,000원
③ 2,750,000원   ④ 3,000,000원

10 당 회사는 전체 사업장의 사원을 대상으로 어학시험에 대한 수당을 지급하기로 하였다. 아래 [보기]와 같이 〈어학시험수당〉을 지급 시, 그 지급액은 얼마인가? (단, 퇴사자는 제외하며, 유효기간 내 어학시험만 인정한다.)

> **보기**
>
> • <2024년 07월> 기준 유효한 어학시험
> • <E06. KPC> − 800점 이상: 100,000원
> • <E06. KPC> − 900점 이상: 200,000원

① 400,000원   ② 500,000원
③ 600,000원   ④ 700,000원

11 당 회사의 2024년 07월 귀속 급여(지급일자: 2024/07/25)에 해당하는 대상자 중 [2010201.길선미] 사원이 개인적인 사유로 휴직을 신청하였다. [2010201.길선미] 사원의 휴직 내역을 [보기]와 같이 등록한 뒤 모든 지급 대상자에 대해 급여를 계산 할 때, '과세' 총액은 얼마인가? (단, 그 외 급여계산에 필요한 조건은 프로그램에 등록된 기준을 이용한다.)

> **│ 보기 │**
>
> • 시작일: 2024/07/01, 종료일: 2024/07/20
> • 휴직사유: [200.병가]
> • 휴직지급율: 70%
> • 퇴직기간적용: 함

① 48,722,120원   ② 49,512,390원
③ 50,933,860원   ④ 51,687,810원

12 당 회사는 2024년 07월 귀속 '특별급여' 소득을 지급하고자 한다. 아래 [보기]의 지급대상 요건으로 지급일자를 직접 추가하여 급여 계산을 진행한 뒤 확인한 정보로 올바른 것은? (단, 그 외 급여계산에 필요한 조건은 프로그램에 등록된 기준을 이용한다.)

> **│ 보기 │**
>
> • 특별급여지급일자: 2024/07/31
> • 동시발행 및 대상자선정: 분리, 직종및급여형태별
> • 특별급여지급대상: [2000.인사1급 인천지점], [3000.인사1급 대구지점] 사업장의 모든 직종 및 급여형태

① 해당 지급일자의 지급인원은 모두 11명이고, 총 과세금액의 합계는 28,676,630원 이다.
② 해당 지급일자의 지급인원은 모두 고용보험료가 공제되지 않았고, 총 국민연금의 합계는 1,843,320원 이다.
③ [20081204.박성호] 사원의 사회보험부담금은 187,470원이고, 지급총액은 2,916,660원 이다.
④ [ERP1301.김연주] 사원의 실지급액은 1,947,410원이고, 소득세가 공제되지 않았다.

13 당 회사는 〈1000.인사1급 회사본사〉 사업장에 대해 2024년 06월 귀속(지급일 1번)에 이체한 급/상여를 확인하고자 한다. 이체 현황에 대한 설명으로 옳지 않은 것은 무엇인가? (단, 무급자는 제외한다.)

① '카카오뱅크'를 통해 급여를 지급 받는 인원은 3명이며, 총 이체 금액은 10,035,860원이다.
② 해당 조회조건의 대상자 중 급여 이체 대상의 이름과 예금주명이 다른 사원이 존재한다.
③ 해당 지급일자에 계좌로 급여를 이체 받는 인원은 총 11명이며, 총 이체 금액은 38,580,950원이다.
④ '신한은행'에 이체된 금액은 '우리은행'에 이체된 금액보다 많다.

14 당 회사는 전체 사업장에 대해 2024년 상반기에 속한 기간의 지급내역 중 '100.급여' 지급내역에 대해 직종별로 집계하여 금액을 확인하고자 한다. 내역을 확인하고 직종과 항목별 금액이 올바르게 짝지어진 것은 무엇인가?

① 직종: 사무직 / 근속수당: 2,730,000원
② 직종: 생산직 / 공제합계: 14,696,060원
③ 직종: 생산직 / 자격수당: 1,380,000원
④ 직종: 연구직 / 고용보험: 4,437,150원

15 당 회사는 초과근무에 대해 수당을 지급하고 있다. 아래 [보기]의 기준을 토대로 2024년 06월 귀속 〈급여〉구분 [20020603.이준상] 사원의 '초과근무수당'을 계산하면 얼마인가? (단, 근무수당을 계산하면서 발생되는 모든 원단위 금액은 절사하며, 책정임금 시급은 원단위 금액을 절사하지 않고 계산한다.)

> **보기**
>
> • 초과근무수당
>   = 1유형근무 수당 + 2유형근무 수당
> • 초과근무 시급: 책정임금 시급
>   − 1유형근무 수당 = (평일연장근무시간 + 토일정상근무시간) × 2 × 초과근무 시급
>   − 2유형근무 수당 = (평일심야근무시간 + 토일연장근무시간) × 2.5 × 초과근무 시급

① 428,220원
② 472,410원
③ 524,360원
④ 546,150원

16 당 회사는 일용직 사원에 대해 사원 별 지급형태를 구분하여 일용직 급여를 지급하고 있다. 아래 [보기]를 확인하여 2024년 07월 귀속 지급일 중 '매일지급' 대상자를 직접 반영 후 급여계산 할 때, 해당 지급일의 급여내역에 대해 올바르지 않은 것은 무엇인가? (단, 급여계산에 필요한 조건은 프로그램에 등록된 기준대로 확인한다.)

> **보기**
>
> • 지급형태: '매일지급' 지급일
> • 지급 대상자: '시급직'인 '총무부' 사원
> • 평일 10시간 근무, 토요일 2시간 근무
> • 비과세 적용 12,000원 (평일만 적용)

① 해당 지급일자의 대상자는 총 31일 중 27일을 근무하였으며, 실제 지급된 금액은 총 24,182,274원이다.
② [1002.김미연] 사원은 급여를 '신한'은행으로 지급 받으며, 건강보험은 338,830원 공제되었다.
③ 해당 지급일자의 비과세 신고분 총액은 3,520,748원이고, 모든 사원은 소득세가 공제되었다.
④ [1014.제갈민주] 사원의 연장비과세 총액은 1,143,100원이고, 회사부담금은 290,550원이다.

17 2024년 07월 귀속 일용직 급여작업 전, 아래 [보기]를 기준으로 [1012.박민희] 사원의 사원정보를 직접 변경하고 급여계산을 했을 때, 2024년 07월 귀속 해당 일용직 대상자들의 실지급액 총계는 얼마인가? (단, 그 외 급여계산에 필요한 조건은 프로그램 등록된 기준을 따른다.)

> **보기**
>
> • 사원정보 변경
>   - 생산직비과세 적용 '함'
>   - 국민연금 여부: '여' / 건강보험 여부: '여'
>   - 급여형태: '004.시급' / 급여: 41,200원 / 시간단가: 41,200원
> • 일용직 급여지급
>   - 지급형태: '일정기간지급' 지급일
>   - 평일 10시간 근무 가정
>   - 비과세 적용: 10,000원 (평일만 적용)

① 32,793,400원

② 35,663,800원

③ 37,453,330원

④ 40,760,140원

18 당 회사는 2024년 2분기 귀속 급여 작업에 대해 수당 별 지급현황을 확인하고자 한다. 다음 중 〈2000.인사1급 인천지점〉 사업장 기준 'P10.연장근로수당'을 가장 적게 지급 받은 사원은 누구인가?

① [20090701.김성실]

② [20160715.최영우]

③ [20091215.이서경]

④ [20081201.조선우]

19 2024년 07월 25일 〈1000.인사1급 회사본사〉 사업장의 [20081203.안종남] 사원이 개인 사유로 중도정산을 신청하였다. 아래 [보기]의 내용에 따라 퇴직기준과 대상자를 직접 반영하여 퇴직 정산작업을 진행했을 때, 정산 결과에 대한 설명으로 옳지 않은 것은 무엇인가? (단, 그 외 퇴직금 계산에 필요한 조건은 프로그램의 등록 기준에 따른다.)

> **보기**
>
> • 평균임금 계산식: '일평균 임금' 적용
> • 지급항목 설정: 기본급, 연장근로수당, 자격수당, 근속수당, 상여
> • 귀속연월: 2024/07
> • 재직기준: 2024/07/01 ~ 2024/07/31
> • 퇴직일자, 신청일자: 2024/07/25
> • 지급일자: 2024/07/31

① [20081203.안종남] 사원의 중도 정산 시의 기산일은 2010/12/01이고, 근속기간은 4986일이다.

② [20081203.안종남] 사원의 퇴직금 계산 시, 산정된 급여의 합계는 11,565,000원이다.

③ [20081203.안종남] 사원의 퇴직금 58,414,060원이고, 퇴직금 지급 시 공제된 금액은 총 577,930원이다.

④ [20081203.안종남] 사원의 퇴직금 계산 시, 산정된 상여금의 합계는 5,625,000원이고 연차수당은 존재하지 않는다.

20 당 회사는 퇴직추계총액 기준으로 40% 만큼 '퇴직급여충당부채'를 설정하고자 한다. 아래 [보기] 기준으로 퇴직금추계코드를 직접 등록하고 퇴직금 추계액을 계산 했을 때, 회사에서 설정할 수 있는 '퇴직급여충당부채'는 얼마인가? (단, 전기 퇴직급여충당부채 잔액은 없는 것으로 가정하며, 원단위는 절사하고, 그 외 기준은 프로그램의 등록 기준에 따른다.)

> **보기**
>
> • 추계코드(명): [2024.2024년 퇴직금추계액]
> • 기준연월: 2024/06
> • 대상 사업장(계정): [1000.인사1급 회사본사], [3000.인사1급 대구지점] (사원)

① 331,799,850원   ② 372,249,120원

③ 414,285,530원   ④ 445,290,120원

21 당 회사 〈1000.인사1급 회사본사〉 사업장 [20101001.최명수] 사원의 2023년 귀속의 근로소득에 대해 실제 원천징수한 총 '소득세'와 '건강보험'은 각각 얼마인가?

① 소득세: 4,532,430원 / 건강보험: 2,310,160원
② 소득세: 4,547,430원 / 건강보험: 2,203,350원
③ 소득세: 4,718,330원 / 건강보험: 2,646,150원
④ 소득세: 5,718,330원 / 건강보험: 2,490,960원

22 아래 [보기]를 기준으로 '인사/급여환경설정'을 직접 확인하여 변경한 뒤, 〈1000.인사1급 회사본사〉 사업장의 원천세 신고서를 생성 시, 근로소득 구분에 대한 '총지급액'과 '소득세'는 각각 얼마인가? (단, 신고구분은 '정기'이며, 소득처분여부는 '1.비해당'으로 설정한다.)

> **보기**
>
> • 원천세 신고유형: 본점일괄신고
> • 이행상황신고서집계방식: 귀속,지급연월
> • 신고서 생성 기준: 귀속 2024.06 / 지급 2024.06 (제출일자: 2024.07.10.)
> • 일반 데이터반영: 매월징수분(전체)
> • 연말정산 소득세, 농특세 반영: 미적용

① 총지급액: 119,237,770원 / 소득세: 3,919,870원
② 총지급액: 129,987,340원 / 소득세: 4,147,480원
③ 총지급액: 160,063,970원 / 소득세: 9,966,320원
④ 총지급액: 175,563,530원 / 소득세: 10,448,500원

23 아래 [보기]를 기준으로 당 회사의 지방소득세특별징수명세 신고서를 생성했을 때, [4.근로소득]의 소득자별 '과세표준'과 '산출세액'이 올바르지 않은 것은 무엇인가? (단, 신고서 생성기준은 '단일 사업장' 기준으로 생성한다.)

> **보기**
>
> ※ 인사/급여환경설정 '지방소득세/주민세(종업원분)집계방식': 귀속연월
> - 매월 신고
> - 신고사업장: [0000.전체]
> - 신고구분: 1.정기
> - 귀속연월: 2024년 06월
> - 지급연월: 2024년 06월
> - 제출일자: 2024년 07월 10일
> - 급여지급일자: 2024년 06월 30일
> - 계속근무자 연말정산 환급액 반영 기준: 미적용

① [20080103.김소형] – 과세표준: 149,220원 / 산출세액: 14,920원
② [20130701.최현주] – 과세표준: 122,330원 / 산출세액: 12,230원
③ [20091215.이서경] – 과세표준: 163,920원 / 산출세액: 16,390원
④ [20010401.노희선] – 과세표준: 152,020원 / 산출세액: 15,200원

24 당 회사는 〈퇴직금〉에 대해 전표집계 및 생성 작업을 진행하고 있다. 전표집계를 위한 〈사원계정〉 퇴직금 항목 별 계정과목 설정을 확인하고, 그 내역으로 알맞지 않은 것은? (단, 모든 정보는 프로그램에 입력된 기준으로 확인한다.)

① 퇴직금 – 80800.퇴직급여
② 단체퇴직보험금 – 19200.단체퇴직보험예치금
③ 명예퇴직수당등 – 10301.보통예금
④ 퇴직소득세 – 26100.미지급세금

25 당 회사는 〈4000.인사1급 강원지점〉 사업장 [20161121.장기영] 사원의 2024년도 귀속 사회보험 상실관리를 진행하였다. 사회보험 상실신고 세부 내역으로 옳지 않은 것은? (단, 모든 정보는 프로그램에 입력된 기준으로 확인한다.)

① 사회보험 '신고일'과 '상실일'은 다르며, 건강보험 퇴직전 3개월 평균보수는 3,186,937원이다.
② 모든 4대보험에 대해 신고대상이며 국민연금 상실사유 코드는 '003.사용관계종료'이다.
③ 당해연도 건강보험 보수총액은 31,534,090원이며, 피보험자 이직 확인서는 미작성 상태이다.
④ 국민연금 초일취득·당월상실자 납부 해당 대상자이며, 고용형태는 정규직이다.

국가공인 ERP® 정보관리사 합격지름길 수험서

삼일아이닷컴 www.samili.com 에서 유용한 정보 확인!
ERP 전체모듈 자료는 웹하드(http://www.webhard.co.kr)에서 다운로드!

- 교재의 실무예제(수행내용) 입력이 완성된 각 부문별 백데이터 제공
- 출제경향을 완벽히 분석한 유형별 연습문제와 해설 수록
- 최신 기출문제 수록 및 통합DB 제공
- 저자들의 빠른 Q&A

정가 25,000원

13320

ISBN 979-11-6784-540-5

답안 및 풀이

2026 ERP 정보관리사

인사

1급

김진우 · 임상종 · 김혜숙 지음

합격문제 답안

01 핵심ERP 인사실무 출제유형
02 최신 기출문제

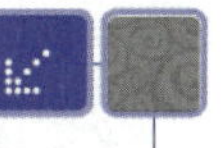

핵심ERP 인사실무 출제유형

01 핵심ERP Master DB설정

1.1 회사등록정보(사업장등록)

1	2	3	4					
②	②	④	③					

[풀이]

01 ② 핵심 ERP를 사용하기 위해서는 회사의 조직을 등록하여야 하며, 조직등록은 [회사등록] → [사업장등록] → [부문등록] → [부서등록] → [사원등록]의 순서로 작업

02 ② [시스템관리] → [회사등록정보] → [사업장등록] 신고관련사항 탭에서 세무서코드, 주업종 코드와 전자신고 ID 설정가능

03 ④ [시스템관리] → [회사등록정보] → [사업장등록] 기본등록사항 탭에서 관할세무서 확인, 신고관련사항 탭에서 지방세신고지(행정동) 확인

04 ③ [시스템관리] → [회사등록정보] → [사업장등록] 관련 내용 확인
㈜삼일테크 대구지사의 이행상황신고구분은 '반기'이다.

1.2 회사등록정보(부서&사원등록)

1	2	3	4					
②	②	③	③					

[풀이]

01 ② [시스템관리] → [회사등록정보] → [부서등록] 사업장(1000.(주)삼일테크본사), 조회기준일 적용(2026/12/01) 후 조회되는 부서 확인

02 ② [시스템관리] → [회사등록정보] → [사원등록] 조회 후 임영인 사원의 조회권한 확인

03 ③ [시스템관리] → [회사등록정보] → [사원등록] 조회 후 사원별 조회권한 확인
본사 물류팀 임영인 사원은 조회권한이 '부서'이므로, 본인이 속한 부서의 정보만 조회할 수 있다.

04 ③ [시스템관리] → [회사등록정보] → [사원등록] 조회 후 정종철 임원의 전표입력 방식(미결) 확인
미결전표에 대해서만 수정 및 삭제가 가능하며, 승인전표의 경우 수정권자의 승인해제 작업 후 수정 및
삭제가 가능하다.

1.3 회사등록정보(시스템환경설정&사용자권한설정)

1	2	3	4					
②	③	④	④					

[풀이]

01 ② [시스템관리] → [회사등록정보] → [시스템환경설정] 조회구분(1.공통) 끝전 단수처리 유형 확인

02 ③ [시스템관리] → [회사등록정보] → [시스템환경설정] 조회구분(1.공통, 3.인사) 관련 내용 확인
➜ 일용직사원에 대한 대용량데이터는 '0.미사용'으로 설정되어 있다.

03 ④ [시스템관리] → [회사등록정보] → [사용자권한설정] 사원별 모듈구분(B.영업관리)확인
➜ 백수인 사원은 영업관리 모듈에 대한 권한이 설정되지 않아 영업현황과 영업분석 메뉴를 조회 할 수 없다.

04 ④ [시스템관리] → [회사등록정보] → [사용자권한설정] 임영찬 사원의 모듈별 권한 확인
➜ 관리팀 임영찬 사원은 전체모듈에 대해 전권이 설정되어 있으므로, 영업관리 정보를 조회할 수 있다.

02 인사 기초정보 관리

2.1 인사기초코드등록

1	2	3	4					
②	④	③	③					

[풀이]

01 ② 급여지급시에 처리될 자격수당을 지급하기 위해서는 [인사/급여관리] → [기초환경설정] → [인사기초코드등록]
자격수당관련 기초코드등록 작업이 선행되어야 한다.

02 ④ [인사/급여관리] → [기초환경설정] → [인사기초코드등록] 출력구분(0.인사) 관리항목별 수정여부 확인
➜ HF.발령내역은 관리내역의 수정이 변경불가능한 항목이다.

03 ③ 사용하지 않는 인사기초코드는 삭제하지 말고, 사용여부를 '0.미사용'으로 설정하여야 한다.

04 ③ 생산직 연장근로 비과세 적용 시 'G2.직종'의 비고에 '1'을 입력해야 한다.

 2.2 소득/세액공제환경설정

1	2	3							
③	③	④							

[풀이]

01 ③ [인사/급여관리] → [기초환경설정] → [소득/세액공제환경설정] 관련 내용 확인
→ 인적공제 항목 중 70세 이상의 경로자에 대해 1,000,000원이 공제 가능하다.

02 ③ [인사/급여관리] → [기초환경설정] → [소득/세액공제환경설정] 비과세 및 감면항목에서 지급명세서 제출대상 확인

03 ④ [인사/급여관리] → [기초환경설정] → [소득/세액공제환경설정] 소득공제 항목의 과세표준 구간 확인

2.3 사회보험환경등록

1									
④									

[풀이]

01 ④ [인사/급여관리] → [기초환경설정] → [사회보험환경설정] 사회보험별 근로자부담 요율 확인
→ 건강보험, 국민연금, 고용보험은 근로자와 사업주가 각각 50%를 부담하며, 장기요양보험은 건강보험료 부담액의 13.14%를 근로자와 사업주가 각각 부담한다.

2.4 인사/급여환경설정

1	2								
④	①								

[풀이]

01 ④ [인사/급여관리] → [기초환경설정] → [인사/급여환경설정] 환경설정 내용 확인
→ 퇴사자의 경우 25일 초과 근무한 경우 월급여를 정상 지급하고, 25일 미만 근무하는 경우, 일할 계산하여 지급한다.

02 ① [인사/급여관리] → [기초환경설정] → [인사/급여환경설정] 환경설정 내용 확인
→ 월일수 산정 시, 귀속 월의 실 일수(당월일)를 적용한다.

2.5 호봉테이블등록

1	2	3						
④	③	②						

[풀이]

01 ④ 호봉테이블의 호봉코드 [인사기초코드등록] 메뉴와 [호봉테이블등록]메뉴의 '코드설정' 메뉴에서도 등록
가능하다.

02 ③ [인사/급여관리] → [기초환경설정] → [호봉테이블등록] 직급(사원), 호봉이력(2026년 7월) 선택 후
5호봉 급여액 확인

03 ② [인사/급여관리] → [기초환경설정] → [호봉테이블등록] 직급(주임) 선택 후 호봉이력(2026년 9월) 입력,
일괄등록(초기치 2,300,000원, 증가액 50,000원), 일괄인상(기본급 정률 5%), 정률적용 후 3호봉
호봉합계액 확인

2.6 지급공제항목등록

1	2	3	4	5				
④	③	③	③	②				

[풀이]

01 ④ [지급공제항목등록] 메뉴는 항목 수정 후 창을 닫으면 자동마감 되므로 별도의 마감작업이 필요없다.

02 ③ [인사/급여관리] → [기초환경설정] → [지급공제항목등록] 급여구분(급여), 지급/공제구분(지급),
지급항목(P.00 기본급) 기본급의 지급형태 확인
➜ 기본급의 형태는 연봉, 월급, 시급 등 3가지이다.

03 ③ [인사/급여관리] → [기초환경설정] → [지급공제항목등록] 급여구분(급여), 지급/공제구분(지급),
지급항목(P.10 직책수당) 직책별 직책수당 확인
➜ 과장의 직책수당은 100,000원이다.

04 ③ [인사/급여관리] → [기초환경설정] → [지급공제항목등록] 급여구분(급여), 지급/공제구분(지급)
가족수당과 자격수당 항목 확인
➜ ERP정보관리사 자격 취득자에게는 100,000원의 자격수당을 지급하고 있다.

05 ② [인사/급여관리] → [기초환경설정] → [지급공제항목등록] 급여구분(급여), 지급/공제구분(지급),
지급항목(P.50 연장근로수당) 관련 내용 확인
➜ 연장근로수당은 월정급에 제외되는 항목이다.

2.7 급/상여지급일자등록

1								
②								

[풀이]

01 ② [인사/급여관리] → [기초환경설정] → [급/상여지급일자등록] 귀속연월(2026년 3월) 관련 내용 확인
➔ 입사자와 퇴사자는 상여금 지급 대상자에서 제외된다.

03 인사프로세스 실무

3.1 인사정보등록

1	2	3	4						
③	④	③	③						

[풀이]

01 ③ [인사/급여관리] → [인사관리] → [인사정보등록] 노란색의 필수입력 항목 확인
➔ 직급은 필수입력항목은 아니지만, 월급제 사원의 급여계산을 위해서는 반드시 작성되어야 한다.

02 ④ [인사/급여관리] → [인사관리] → [인사정보등록] 사원별 인사정보등록 내용 확인
➔ 백수인의 급여형태는 시급이다.

03 ③ [인사/급여관리] → [인사관리] → [인사정보등록] 사원별 인사정보등록 내용 확인
➔ 임영인은 두루리 사회보험 신청자가 아니다.

04 ③ [인사/급여관리] → [인사관리] → [인사정보등록] 박효진 사원의 인사정보등록 내용 확인
➔ 중소기업취업감면(감면유형 T13)은 2026년 11월까지 적용받는다.

3.2 인사기록카드

1	2							
①	③							

[풀이]

01 ① [인사/급여관리] → [인사관리] → [사원정보현황] 자격/면허 탭, 자격수당 지급 대상자 확인
→ 2026년 하반기 자격취득자 중 수당여부가 '해당'인 사원은 임영찬(TAT(세무정보)), 장혜영(FAT(회계정보))이다.

02 ③ [인사/급여관리] → [인사관리] → [사원정보현황] 자격/면허 탭, 자격수당 지급 대상자 확인
→ (ERP정보관리사 100,000원 × 2명) + (FAT(회계정보) 50,000원 × 1명) + (TAT(세무정보) 80,000원 × 1명) = 330,000원

3.3 부양가족관리

1	2							
③	④							

[풀이]

01 ③ [인사/급여관리] → [인사관리] → [인사정보등록] 임영찬 사원의 부양가족 현황 확인
→ 임영찬 사원의 부양가족 중 장애인 공제대상 인원은 0명이다.

02 ④ [인사/급여관리] → [인사관리] → [인사정보등록] 백수인 사원의 부양가족 현황 확인
→ 백수인 사원의 부양가족 중 8세 이상 20세 이하 공제대상 인원은 1명이다.

3.4 교육관리(교육평가)

1	2							
④	①							

[풀이]

01 ④ [인사/급여관리] → [인사관리] → [교육관리] 교육대상자설정 탭, 교육코드(100.직무역량 강화교육) 교육대상자 확인
→ 교육대상자는 총 4명(정종철, 임영찬, 장혜영, 임영인)이다.

02 ① [인사/급여관리] → [인사관리] → [교육평가] 교육명(100.직무역량 강화교육) 교육 평가결과 확인
→ 교육평가 결과가 '우수'인 사원은 장혜영 1명이므로, 시상금은 50,000원이다.

3.5 인사발령

1									
③									

[풀이]

01 ③ [인사/급여관리] → [인사관리] → [인사발령등록(사원별)] 발령호수(2026-001), 발령구분(보직변경), 발령일자(2026/01/01), 제목(2026년 정기인사) 조회되는 발령내역 확인
→ 발령대상자인 장혜영(영업팀 → 물류팀)과 임영인(물류팀 → 영업팀)의 부서는 서로 다르다.

3.6 근속년수현황

1									
④									

[풀이]

01 ④ [인사/급여관리] → [인사관리] → [근속년수현황] 기준일(2026/12/31), 퇴사자(0.제외), 년수기준(1.미만일수 버림), 경력포함(0.제외) 특별근속수당 대상자 확인
→ 10년 초과 15년 이하(30,000원 × 3명) + 15년 초과 20년 이하(50,000원 × 2명) = 190,000원

3.7 근태결과/상용직급여입력및계산

1	2	3							
③	③	②							

[풀이]

01 ③ [인사/급여관리] → [급여관리] → [근태결과입력] 귀속연월(2026년 3월), 지급일(1.2026/03/28 급여), 조회조건(1.사업장), 사업장(2000.(주)삼일태크 대구지사) 백수인 사원의 근태결과 확인
사원명(백수인)선택, 마우스 오른쪽 버튼 누른 후 사원정보 메뉴에서 책정임금의 시급 확인
→ 1유형근무수당: (평일연장근무시간 44시간 + 토일정상시간 0시간) × 1.5 × 13,000원 = 858,000원
2유형근무수당: (평일심야근무시간 0시간 + 토일연장근무시간 0시간) × 2 × 13,000원 = 0원

02 ③ [인사/급여관리] → [급여관리] → [상용직급여입력및계산] 귀속연월(2026년 2월), 지급일(1.2026/02/28 급여), 조회조건(1.사업장), 사업장(1000.(주)삼일태크본사) 급여총액 탭, 회사부담금 총액 확인

03 ② [인사/급여관리] → [급여관리] → [상용직급여입력및계산] 귀속연월(2026년 2월), 지급일(1.2026/02/28 급여), 조회조건(1.사업장), 사업장(2000.(주)삼일태크 대구지사) 개인정보 탭, 차인지급액 확인

3.8 급여관련 조회메뉴

1	2	3	4						
②	④	①	②						

[풀이]

01 ② [인사/급여관리] → [급여관리] → [급/상여이체현황] 소득구분(1.급상여), 귀속연월(2026년 1월), 지급일
(1.2026/01/28 급여), 무급자(1.제외), 조회조건(1.사업장, 1000.(주)삼일테크본사) 이체은행 및 금액 확인
→ 급여이체 은행은 기업은행이며, 지급총액은 14,626,570원이다.

02 ④ [인사/급여관리] → [급여관리] → [사원별급상여변동현황] 기준연월(2026/03), 사용자부담금(1.포함),
비교연월(2026/01) 급여지급내역 확인
→ 비과세 대상 금액은 변화가 없다.

03 ① [인사/급여관리] → [급여관리] → [급상여집계현황] 조회기간(2026/01~2026/03),
지급구분(100.급여), 조회구분(2.부서), 집계구분(1.항목별) 부서별 사회보험사업자부담금 확인
→ 관리팀의 사회보험사업자부담금은 700,380원이다.

04 ② [인사/급여관리] → [급여관리] → [항목별급상여지급현황] 귀속연월(2026년01월~2026년03월),
지급구분(100.급여), 집계구분(1.부서별) 부서별 급여 지급내역 확인
(급상여집계현황 메뉴에서도 관련 내용 조회가능)
→ 영업팀은 기본급 이외에 식대 600,000원이 지급되었다.

3.9 일용직관리

1	2								
③	①								

[풀이]

01 ③ [인사/급여관리] → [일용직관리] → [일용직사원등록] 김민재 사원의 관련 내용 확인
→ 고용보험은 가입대상이지만, 국민연금과 건강보험은 가입대상이 아니다.

02 ① [인사/급여관리] → [일용직관리] → [일용직급여입력및계산] 귀속연월(2026/03), 지급일(1.2026/03/31)
일용직 김민재 사원의 급여 내역 확인
→ 비과세신고제외분 40,000원이 있다.

3.10 회계전표처리

1	2								
②	④								

[풀이]

01 ② [인사/급여관리] → [전표관리] → [전표집계및생성] 지급유형(1.상용직급여), 귀속연월(2026/02),
회계단위(1000.㈜삼일테크본사), 결의일자(2026/02/28), 작성자(2010.임영찬)
'집계내역' 메뉴실행 → 집계내역선택(㈜삼일테크본사, ㈜삼일테크 대구지사) 계정과목별 금액 확인
→ 직원급여는 11,710,000원이다.

02 ④ 오류내역: 전표 집계 시 '계정과목이 지정되지 않은 지급/공제항목이 존재합니다.'
→ 해당 오류는 '계정과목설정' 메뉴의 계정유형 별 지급/공제항목의 계정코드가 누락되었기 때문에 발생한
문제이며, 해당 계정과목에 계정코드를 설정하면 해당 오류는 발생하지 않는다.

3.11 원천징수이행상황신고서

1	2								
④	②								

[풀이]

01 ④ [인사/급여관리] → [기초환경설정] → [인사/급여환경설정] 관련 내용 수정,
원천세 신고유형(2.사업장별신고), 이행상황신고서집계방식(2.지급연월)
[인사/급여관리] → [세무관리] → [원천징수이행상황신고서] 제출연도(2026),
신고사업장(2000.㈜삼일테크 대구지사) → 신고서 추가, 귀속연월(2026/02), 지급연월(2026/02),
제출일자(2026/03/10) → 신고서 생성, 일반 데이터 반영(1.매월 징수분(전체)),
연말정산 소득세, 농특세 반영(미적용)
→ 근로소득 간이세액에 대한 소득세등 총액: 21,090원

02 ② [인사/급여관리] → [기초환경설정] → [인사/급여환경설정] 관련 내용 수정,
지방소득세/주민세(종업원분)집계방식(1.귀속연월)
[인사/급여관리] → [세무관리] → [지방소득세특별징수명세/납부서]
신고서생성 탭, '신고서생성 메뉴' 실행 → 매월/반기 구분(1.매월), 신고사업장(전체), 신고구분(1.정기),
귀속연월(2026/03), 지급연월(2026/03), 제출일자(2026/04/10), 급여지급일자(2026/03/28),
신고서생성 → 계속근무자 연말정산 환급액 반영 기준(미적용), 제출일자(2026/04/10), 신고서현황 탭,
조회되는 신고서 선택후 신고서조회, 징수 및 조정명세서 탭, 소득구분(4.근로소득) 관련내용 확인
→ 임영찬의 산출세액: 195,340원

3.12 연말정산관리

1	2	3						
④	②	③						

[풀이]

01 ④ [인사/급여관리] → [연말정산관리] → [연말정산현황] 정산년월(2026/04~2026/04),
사업장(2000.㈜삼일테크 대구지사) 공제현황 탭에서 관련내용 확인
→ 백수인 사원의 경로우대 추가공제 금액: 0원

02 ② [인사/급여관리] → [연말정산관리] → [연말정산자료입력] 정산년월(2026/04) 연말정산 관련내용 확인
→ 정산명세 탭에서 확인되는 근로소득금액: 4,244,400원

03 ③ [인사/급여관리] → [연말정산관리] → [근로소득원천징수부] 귀속연도(2026),
사업장(1000.㈜삼일테크본사), 부서(1200.관리팀) 실제원천징수한 소득세 확인
→ 실제 원천징수한 소득세: 2,445,540원
(실제 원천징수한 소득세는 '2.차감원천징수액 − 64.소득세'의 합계금액을 확인하여야 한다.)

3.13 퇴직정산관리

1	2	3						
③	③	③						

[풀이]

01 ③ [인사/급여관리] → [퇴직정산관리] → [퇴직기준설정] 퇴직기준 관련내용 확인
→ 누진적용 여부는 '적용안함'이다.

02 ③ [인사/급여관리] → [퇴직정산관리] → [퇴직금산정] 신고귀속(2026년), 귀속연도(2026년),
사업장(2000.(주)삼일테크 대구지사), 정산구분(2.퇴직정산) 백수인 사원의 퇴직금 관련내용 확인
→ 퇴직금 산정기간은 9년 8개월 1일 이며, 근속기간은 3,531일 이다.

03 ③ [인사/급여관리] → [퇴직정산관리] → [퇴직금추계액] 추계코드(1000.2026년 1분기 퇴직금 추계액)
기준년월(2026/03) 전체사원의 퇴직금추계액을 기준으로 퇴직급여충당부채 계산
→ 퇴직급여충당부채: 퇴직급추계액(330,644,960원) × 0.4 = 132,257,984원

최신 기출문제 답안 및 해설

인사 1급 · 2026년 1회 (2026년 1월 24일 시행)

[이론 답안]

1	2	3	4	5	6	7	8	9	10
③	①	②	④	③	①	③	③	④	①

11	12	13	14	15	16	17	18	19	20
②	③	②	작업기록법	②	③	④	②	②	해빙단계

21	22	23	24	25	26	27	28	29	30
④	②	③	②	③	7.19	원천징수 이행상황	④	②	③

31	32	33							
②	일반적	황건계약							

[풀이]

01 ③ 빅데이터의 주요 특징(5V)은 규모(Volume), 다양성(Variety), 속도(Velocity), 정확성(Veracity), 가치(Value) 등이 해당되며, (다)는 정확성(Veracity)에 대한 설명이다.

02 ① 시스템의 전체 라이프사이클을 통해 발생하는 전체 비용을 계량화한 비용은 총소유비용에 대한 설명이다.

03 ② · 회사 A: ERP 도입 효과를 극대화하기 위해서는 경영진의 적극적인 의지가 필요하다. (X)
· 회사 B: TF는 최고 엘리트 사원으로 구성되어야 하며, 유능한 컨설턴트를 활용하여야 한다. (O)
· 회사 C: ERP 도입 시 현재 업무방식을 그대로 고수하거나, 업무 단위에 맞추지 않아야 한다. (X)
· 회사 D: ERP 도입효과를 극대화하기 위해서는 관련 있는 모든 부서의 엘리트 사원으로 구성하여야 한다. (X)

04 ④ 블록체인(Block Chain)이란 분산형 데이터베이스의 형태로 데이터를 저장하는 연결구조체이며, 모든 구성원이 네트워크를 통해 데이터를 검증 및 저장하여 특정인의 임의적인 조작이 어렵도록 설계된 저장플랫폼이다.

05 ③ RPA(로봇 프로세스 자동화)의 도입 초기는 정형화된 데이터를 기반으로 단순 반복 업무처리만 가능했다.
[RPA 적용단계]
· 기초프로세스 자동화: 정형화된 데이터를 기반으로 단순 반복 업무처리, 고정된 프로세스 단위 업무 수행
· 데이터 기반의 머신러닝 활용: 이미지에서 텍스트 추출, 자연어 처리로 정확도와 기능성을 향상
· 인지자동화: 빅데이터 분석을 통해 사람이 수행하는 복잡한 작업과 의사결정을 내리는 수준

06 ① 인적자원관리의 기능은 '기본기능', '확보기능', '개발기능', '보상기능', '유지기능'으로 구분되며 세부 내용은 다음과 같다.
[인적자원관리의 기능]
- 기본기능: 직무분석 및 평가, 직무설계의 영역(중장기적인 인력예측 등 인적자원계획 수립)
- 확보기능: 인적자원의 확보과정(채용, 모집, 선발, 인사이동, 배치 등)
- 개발기능: 채용된 인재의 지속적인 경력개발(교육훈련, 경력관리, 인사평가 등)
- 보상기능: 구성원에 대한 금전적 혹은 비금전적 보상의 공정성 확보(임금관리, 복리후생관리 등)
- 유지기능: 근로자들의 능력 유지 및 상승으로 근로생활의 질 향상(안전보건관리, 노사관계관리 등)
  → A: 확보, B: 개발, C: 보상, D: 유지

07 ③ 인사부분의 관리 활동 중 인력통제는 사후관리의 개념으로 보기의 내용 중 사기향상 정도, 모집효과 분석, 투입비용 계산 등이 해당된다.
[인사부분의 3대 관리 활동(인적자원관리 실시 절차)]
- 인력계획: 인적자원정책 결정과 계획 수립 및 조직화(모집, 선발, 배치, 교육, 업무분장 등)
- 인력실천(실행): 인력계획의 내용을 실제로 실행하는 단계(사기유발, 노사분규해결 등)
- 인력통제: 인사관리 활동이 계획대로 수행되고 있는지를 점검·평가·조정 하는 사후 관리 단계
  (사기향상 정도, 모집효과 분석, 투입비용 계산 등)

08 ③ 인적자원관리의 패러다임은 수직적 상하관계에서 수평적 상호관계로 변화하였다.

09 ④ 작업의 종류와 수준이 동일하거나 유사한 직위들의 집단은 직무에 대한 설명이며, 동일하거나 유사한 직무의 집단을 직군이라고 한다.

10 ① 직무충실화는 직무의 내용을 고도화하여 작업상의 책임과 권한을 늘리며, 도전성 있는 직무를 만드는 방식으로 직무의 중요성을 높이는 것이 특징이다.

11 ② 조직 내 특정 직무가 공석이 된다고 가정할 경우 누가 그 자리에 투입될 수 있는지를 정리한 것으로 승진 가능성과 직무성과가 기재된 것은 대체도에 대한 설명이다.
- 델파이기법: 설문조사 등의 방법으로 다수 전문가들의 의견을 수렴하여 미래 상황을 예측하는 기법
- 기능목록: 종업원의 직무수행능력 평가에 있어서 필요한 정보를 파악하기 위한 개인별 능력평가표
- 마코브분석: 다른 부서로의 이동확률을 계산하고, 이를 기반으로 미래를 예측하는 것은 인적자원의 내부적 공급예측 방법

12 ③ A, B, D는 인적자원 모집 방법 중 외부모집에 해당하고, C의 사례처럼 사내공모 게시판 등을 통해 희망자를 모집하는 것은 내부모집에 대한 설명이다.

13 ② NCS(국가직무능력표준) 기반으로 작성된 보기의 문서는 직무를 수행하기 위한 학력, 기술, 태도 등 인적특성을 정리한 것은 직무명세서에 대한 설명이다.
- 직무명세서(job specification): 직무분석을 통해 나타난 결과를 직무내용 보다는 직무요건인 인적특성에 중심을 두고 기술한 것으로, 교육 및 훈련, 직무경험, 신체적 요건 등이 포함된다.
- 직무기술서(job description): 직무분석을 통해 나타난 결과를 직무의 특성을 중심으로 관계자 모두가 이해 할 수 있도록 기술한 것으로, 직무내용, 성격, 수행방법 등이 포함된다.

14 작업기록법
직무담당자가 매일 자신의 직무에 대한 작업일지와 메모사항 등을 기록하여 직무정보를 얻는 방법은 직무분석 방법 중 작업기록법에 대한 설명이다.

15 ② 부하에 의한 평가는 상사에 대해 부하 직원들이 평가하도록 하는 방법으로 상사와 부하직원 간의 신뢰관계 파악에 유리하지만, 권한위계와 반대방향이고 평가대상 직무내용에 대한 이해가 부족하다는 특징이 있다.

16 ③ 강제할당법은 미리 정해놓은 비율에 따라 피평가자들을 평가하는 방법으로 실제 성과분포와 미리 정해 놓은 비율이 다르게 나타나므로, 실제 성과분포와 일치하지 않을 수 있다.

17 ④ 학습곡선이란 어떤 제품을 생산하는데 필요한 제품 1단위당 노동투입량이 누적생산량 증가에 따라 일정비율로 감소한다는 경험적 사실을 나타내는 곡선을 의미한다.

18 ② 전문적인 지식과 기능을 전달하기 어려운 것은 직장 내 훈련(OJT)의 특징이다.

19 ② 카리스마를 지닌 리더가 조직의 변화를 가져올 수 있는 새로운 목표를 제시하고 성취할 수 있도록 하는 리더십은 변혁적 리더십에 대한 설명이다.
- 코칭리더십: 문제해결 방안을 전문가가 직접 제시하기보다는 해결 당사자가 해결방안을 스스로 발견할 수 있도록 지원하는 리더십
- 서번트리더십: 리더가 권위를 내세우기보다 구성원들이 자신의 역량을 최대한 발휘할 수 있도록 돕는 조력자이자 봉사자의 역할을 강조하는 리더십
- 거래적리더십: 지도자와 부하들 간에 각자 필요로 하는 것의 거래를 통해 변화를 가져오는 리더십

20 해빙단계
레윈의 조직변화 단계(해빙, 변화, 재동결)중 환경의 변화를 인지하여 고정관념을 탈피하여 개방적이고 새로운 관점을 수용하려는 단계는 '해빙'에 대한 설명이다.
- 변화: 기존의 태도, 가치, 행동 등을 새로운 것들로 대체하기 위한 단계
- 재동결: 조직의 새로운 가치, 행동, 정책 등을 공식화하고 변화에 부합하는 직원들을 보상하는 단계

21 ④
① 근로자의 생계는 임금 수준 결정의 하한선이며, 기업의 지불능력은 상한선 요인이다.
② 임금수준 결정시 노동시장의 요인(동일 업종의 임금수준, 노동력의 수요와 공급, 정부규제 등)을 고려하여야 한다.
③ 최저임금제도는 근로자의 생계를 보호가 목적이지 기업의 이윤확보를 위한 것은 아니다.

22 ② 출산전후휴가급여 통상임금을 기준으로 적용한다.
- 통상임금: 평균임금의 최저한도, 해고예고수당, 연장.야간.휴일근로수당, 출산전후휴가급여 등
- 평균임금: 퇴직급여, 휴업수당, 재해보상 및 산업재해보상보험급여, 구직급여 등

23 ③ 복리후생 제동 중 자녀 학자금지원은 임의 복리후생 제도에 해당한다.
- 법정 복리후생: 사회보장보험(건강, 산재, 고용, 국민연금), 퇴직금(퇴직연금), 휴일, 연차유급휴가, 산전·산후 유급휴가, 가족돌봄 휴가 등
- 임의 복리후생: 기숙사 제공, 사내 편의시설, 사내대출제도, 경조금, 학자금 지원 등

24 ② · 과세표준: 300,000원 – 150,000원(비과세) = 150,000원
- 산출세액: 150,000원(과세표준) × 6% = 9,000원
- 납부세액: 9,000원(산출세액) – 4,950원(산출세액 9,000원 × 55%) = 4,050원

25 ③ 납세자 사망 시 소득세의 확정신고 기한은 상속개시일이 속하는 달의 말일부터 6개월이 되는 날이다.

26 7.19(%)
2026년 건강보험요율은 7.19%이며, 2025년 건강보험요율보다 0.1% 상승하였다.

27 원천징수이행상황(신고서)
원천징수의무자가 한 달 동안 여러 종류이 소득을 지급하면서 원천징수한 경우, 원천징수이행상황신고서를 작성하여 월별신고 사업장의 경우 익월 10일까지 신고하여야 한다.

28 ④ 사용자는 18세 미만인 자에게 원칙적으로 야간근로를 시키지 못한다. 다만, 18세 미만인 자의 동의가 있으며, 고용노동부장관의 인가를 받은 경우는 야간근로를 시킬 수 있다.

29 ② 업무의 성질상 업무수행 방법을 근로자 재량에 맡길 필요가 있는 경우 사용자가 근로자 대표와 서면합의로 정한 시간을 근로한 것으로 인정하는 제도는 재량근로시간에 대한 설명이다.
- 선택적 근로시간제: 1개월 이내의 정산기간을 평균으로 1주 평균 근로시간이 주 40시간을 초과하지 않는 범위 내에서 종업원이 자율적으로 1일 또는 1주 근무시간을 자유롭게 조정하는 근무형태
- 탄력적 근로시간제: 일정한 기간 내에서 어느 주 또는 어느 날의 근로시간을 탄력적으로 배치하여 운영하는 근무형태

30 ③ 근무시간의 시작과 종료가 전체 종업원들에게 동일하게 적용되어 직무의 관련성이 높은 경우 협동가능성과 업무진행의 효율성이 높아지는 것은 집중근무제에 대한 설명이다.

31 ② A: 파업(근로자 측의 쟁의행위), B: 직장패쇄(사용자 측의 쟁의행위)

32 일반적(구속력)
[단체협약의 효력]
- 규범적 효력: 단체협약 체결 당사자 간이 아닌 근로자와 사용자 간의 근로관계를 구속하는 효력으로 근로자의 대우 및 근로조건(임금, 퇴직금, 상여금, 복리후생, 근로시간, 정년, 재해보상)에 대한 강제적 효력
- 채무적 효력: 단체협약의 효력 중 협약 당사자의 권리, 의무에 관한 조항을 의미
- 지역적 구속력: 동일 지역의 동종 근로자에 대하여 단체협약의 효력을 확대·적용하는 효력
- 조직적 구속력: 제도·기관의 조직과 운영 등에 관한 조항과 같이 집단적 노사관계에 적용되면서도 개별적인 근로관계와 관련된 효력
- 일반적 구속력: 단체협약의 규범적 효력을 확대 적용하는 하나의 공장이나 사업장을 단위로 한 동종의 과반수 노동조합원에 대하여 적용하는 단체협약의 규범적 효력을 나머지 동종의 비조합 근로자에 대해서도 확대 적용하는 사업장 단위의 일반적 구속력

33 황견계약
[부당 노동행위]
- 불이익 대우: 사용자의 부당행위로 해고, 전근, 배치전환, 출근정지, 휴직 등으로 근로자에게 주는 불이익
- 황견계약: 근로자가 노동조합에 가입하지 않거나, 탈퇴할 것을 고용조건으로 하여 근로자에게 주는 불이익
- 단체교섭 거부: 정당한 사유 없이 단체교섭을 거부하거나 방해하여 근로자에게 주는 불이익
- 지배·개입 및 경비원조: 사용자가 노동조합의 운영을 지배하거나 노동조합의 운영비를 지원하는 행위

[실무 답안]

1	2	3	4	5	6	7	8	9	10
②	③	①	③	①	②	④	②	④	①

11	12	13	14	15	16	17	18	19	20
③	④	②	②	③	②	③	④	④	③

21	22	23	24	25
④	①	①	②	①

[풀이]

01 ② [시스템관리] → [회사등록정보] → [사업장등록] 관련내용 확인
→ '2000.인사1급 인천지점' 사업장의 주업종코드는 '721000.정보통신업'이며, 지방세신고지 법정동은 '2818500000.인천광역시 연수구'이다.

02 ③ [시스템관리] → [회사등록정보] → [부서등록] 관련내용 확인
→ '2000.영업부문'에 속한 부서 중 현재 사용기간이 만료된 부서는 모두 3개이다.

03 ① [인사/급여관리] → [기초환경설정] → [인사/급여환경설정] 관련 내용 확인
→ (A): 사무직의 출결마감 기준일은 1일부터 당월 말일까지이다. (X)
(B): 당사의 월일수 산정 기준은 '한달정상일'이며, 일수는 30일이다. (X)
(C): 집계항목 탭에서 확인되는 건강보험 정산코드는 'S15.건강보험정산'이다. (O)
(D): 퇴사자의 급여 계산 기준이 '월일, 25일'이므로, 25일 초과 근무 시 월 급여가 지급된다. (X)

04 ③ [인사/급여관리] → [기초환경설정] → [호봉테이블등록] 대상직급(대리) 호봉 등록 후 5호봉 기본급 확인
- 호봉이력(시작년월: 2026/01) 입력
- [일괄등록] 기본급: 초기치(2,500,000원) 증가액(70,000원), 급호수당: 초기치(20,000원)
  증가액(10,000원), 연장수당: 초기치(30,000원) 증가액(5,000원)
- [일괄인상] 기본급: 정률 5.2%, 급호수당: 정률 2% → '정률적용'
- [일괄인상] 연장수당: 3,000원 → '정액적용'
- ➜ 호봉 등록 후 확인되는 900.대리 직급의 5호봉 기본급은 3,038,760원이다.

05 ① [인사/급여관리] → [기초환결성정] → [지급공제항목등록] 급여구분(급여), 지급/공제구분(지급),
  귀속연도(2026년) '마감취소' 후 수당별 관련내용 확인
- ➜ 'P00.기본급'은 'O01.야간근로수당' 비과세 적용 기준요건인 월정급여에 포함되는 항목이며, 급여형태에
  따라 계산식을 다르게 적용하고 있다.

06 ② [인사/급여관리] → [기초환경설정] → [급/상여지급일자등록] 귀속연월(2025/12) 급/상여 관련내용 확인
- ➜ '상여'는 모든 직종의 근로자에 대해서 '2025/12/01 ~ 2025/12/31' 내에 근로한 경우 지급하며, 동시
  발행 여부가 '동시'이므로 '상여'를 지급하는 일자에 '특별급여'를 추가하여 지급할 수 있다.

07 ④ [인사/급여관리] → [인사관리] → [교육현황] 교육별사원현황 탭, 교육명(920.2025년 4분기 내부교육)
  교육평가 결과 확인
- ➜ 교육지원금: 교육 이수 대상자 6명 × 100,000원 = 600,000원

08 ② [인사/급여관리] → [인사관리] → [사원정보현황] 조회조건(1.사업장: 전체), 동호회 탭,
  퇴직자 제외 선택, '500.영화동호회'에 가입된 사원 확인
- ➜ 오진형 사원은 동호회에서 탈퇴(2024/12/31)한 상태이다.

09 ④ [인사/급여관리] → [인사관리] → [인사정보등록] 사원별 관련내용 확인
- ➜ 이자연 사원의 급여형태는 '002.연봉'이며, 상용직급여입력및계산 메뉴에서 급여계산시 장기요양보험료를
  제외한 건강보험은 95,560원이 공제되며, 197,930원은 장기요양보험료가 포함된 금액이다.

10 ① [인사/급여관리] → [인사관리] → [근속년수현황] 사업장(전체사업장), 퇴사자(0.제외),
  기준일(2025/12/31), 년수기준(1.미만일수 버림), 경력포함(2.포함) 근속년수현황별 수당 지급 대상자 확인
- ➜ 특별근속수당: 20년 초과(1,800,000원) + 30년 초과(600,000원) = 2,400,000원
  (20년 초과(30년 이하) 9명 × 200,000원 + 30년 초과 2명 × 30,000원)

11 ③ [인사/급여관리] → [인사관리] → [인사정보등록] 김성실 사원 선택, 급여정보 탭, 책정임금 등록
  (계약시작년월: 2026/01, Ctrl+F3 실행, 연봉: 50,000,000원)
  [인사/급여관리] → [급여관리] → [상용직급여입력및계산] 귀속연월(2026/01),
  지급일(1.2026/01/25, 급여), 전체사원 선택, '급여계산' 후 과세총액 확인
- ➜ 해당지급일자의 과세총액은 35,622,480원이다.

12 ④ [인사/급여관리] → [기초환결성정] → [지급공제항목등록] 급여구분(급여), 지급/공제구분(지급),
  귀속연도(2026년) '마감취소' 후 지급항목(V10.명절휴가비)선택, 분류구분(005.직종별),
  분류명(001.사무직), 계산구분(금액), 금액(250,000원),
  분류명(002.생산직), 계산구분(계산), 계산식(책정임금의 일급 × 10)
  분류명(003.환경직), 계산구분(금액), 금액(350,000원),
  분류명(004.연구직), 계산구분(계산), 계산식(책정임금의 월급 × 0.3)
  분류명(005.기술직), 계산구분(금액), 금액(1,000,000원),
  [인사/급여관리] → [급여관리] → [상용직급여입력및계산] 귀속연월(2026/01),
  지급일(2.2026/01/31 명절휴가비), 조회되는 전체사원 선택, '급여계산' 후 과세총액 확인
- ➜ 해당지급일자의 과세총액은 8,608,460원이다.

13 ② [인사/급여관리] → [급여관리] → [급/상여이체현황] 소득구분(1.급상여), 귀속연월(2025/12),
  지급일(1.2025/12/01 급여), 무급자(1.제외), 조회조건(1사업장, 1000.인사1급 회사본사)
  급/상여 이체현황 확인
- ➜ '신한은행(7,986,300원)'에서 이체된 금액은 '한국은행(7,397,000원)' 이체된 금액보다 많다.

14 ② [인사/급여관리] → [급여관리] → [근태결과입력] 귀속연월(2025/12), 지급일(1.2025/12/25 급여),
최영우 사원의 근태결과 확인
(평일연장근무: 16시간 30분, 토일정상근무: 12시간 45분, 평일심야근무: 6시간 15분, 토일연장근무: 4시간)
사원명(최영우)선택, 마우스 오른쪽 버튼 누른 후 사원정보 메뉴에서 책정임금의 시급(14,843원) 확인
 ➡ 1유형근무수당: (평일연장 16.5 + 토일정상 12.75) × 2 × 14,843원 = 868,310원(868,315.5원)
   2유형근무수당: (평일심야 6.25 + 토일연장 4) × 2.5 × 14,843원 = 380,350원(380,351.875원)
   초과근수당: 1유형근무수당(868,310원) + 2유형근무수당(380,350원) = 1,248,660원

15 ③ [인사/급여관리] → [급여관리] → [항목별급상여지급현황] 귀속연월(2025/10~2025/12),
지급구분(100.급여), 사업장(1000.인사1급 회사본사), 집계구분(1.부서별)
부서별 급여(수당) 지급현황 확인
 ➡ 4분기의 국내영업부 영업촉진비는 1,500,000원이다.

16 ② [인사/급여관리] → [일용직관리] → [일용직급여지급일자등록] 귀속연월(2026/01), 지급일(1.매일지급)
부서(1100.총무부, 5100.자재부)), 급여형태(004.시급) 조회되는 대상자 전체 선택후 대상자 추가
[인사/급여관리] → [일용직관리] → [일용직급여입력및계산] 귀속연월(2026/01), 지급일(1.매일지급)
조회되는 전체사원 선택, 일괄적용(일괄적용시간: 평일 10시간, 비과세(신고제외분): 12,000원)
일괄적용(일괄적용시간: 토요일 4시간) 일용직급여 관련내용 확인
 ➡ 해당 지급일자의 대상자 중 생산직 비과세 적용 대상자가 아닌 사원이 존재하며, 주희정 사원은 소득세를
   공제하지 않고 급여를 지급 받았다.

17 ③ [인사/급여관리] → [일용직관리] → [일용직사원등록] 사원코드(1019), 사원명(조영욱) 등록
기본정보 탭, 조영욱 사원의 정보등록, 입사일자(2026/01/09), 주민등록번호(870101-1234567),
부서(4100.생산부), 급여형태(004.시급), 급여/시간단가(46,400원), 생산직비과세적용(함),
고용보험여부(여), 국민연금여부(여), 건강보험여부(여)
[인사/급여관리] → [일용직관리] → [일용직급여입력및계산] 귀속연월(2026/01), 지급일(2.일정기간지급)
'대상자추가' 메뉴실행 → 조영욱 사원 추가, 전체사원 선택
일괄적용(일괄적용시간: 평일 10시간, 비과세(신고제외분): 12,000원) 급여총액 탭, 차인지급액 확인
 ➡ 급여총액 탭에서 확인되는 지급대상자(7명)의 차인지급액은 41,409,970원이다.

18 ④ [인사/급여관리] → [급여관리] → [연간급여현황] 조회기간(2025/10~2025/12), 분류기준(과세/비과세),
사업장조회조건(1사업장, 1000.인사1급 회사본사) 사용자부담금(1.포함) 해당 기간의 과세/비과세 총액 확인
 ➡ 과세총액: 214,660,870원, 비과세총액: 13,180,530원

19 ④ 인사/급여관리] → [퇴직정산관리] → [퇴직기준설정] '마감취소' 후 관련내용 확인
 ➡ A, B, C, D 모두 맞는 설명이다.

20 ③ [인사/급여관리] → [퇴직정산관리] → [퇴직기준설정] '마감취소' 후 관련기준 설정, 기본설정 탭
(평균임금: 일평균 임금), 지급항목설정 탭(지급항목: 기본급, 자격수당, 근속수당, 가족수당, 영업촉진비, 상여)
[인사/급여관리] → [퇴직정산관리] → [퇴직금산정] 신고귀속(2026), 귀속연도(2026),
사업장(1000.인사1급 회사본사), 정산구분(1.중도정산) '대상자선정' 메뉴실행, 귀속연월(2026/01),
재직기준(2026/01/01~2026/01/31), 지급일자(2026/01/31), 퇴직일자(2026/01/25),
신청일자(2026/10/25), 사원코드(20010402.박국현) 기본정보 탭(퇴직금계산내역 확인),
급여정보 탭(퇴직금계산 → 급여, 상여, 퇴직금 계산 → 급여 및 퇴직금정산내역 확인)
 ➡ 박국현 사원의 퇴직금 계산 시 산정된 근무일수는 92일 이며, 퇴직금은 114,407,370원이다.

21 ④ [인사/급여관리] → [전표관리] → [전표집계및생성] 지급유형(1.상용직급여), 귀속연월(2025/12),
회계단위(1000.인사1급 회사본사), 결의일자(2025/12/31),
집계사업장(인사1급 회사본사, 인사1급 부산지점, 급여구분: 급여, 상여) 전표생성 후 계정과목별 금액 확인
 ➡ 예수금은 6,435,190원이다.

22 ① [인사/급여관리] → [기초환경설정] → [인사/급여환경설정] 관련 내용 수정,
원천세 신고유형(2.사업장별신고), 이행상황신고서집계방식(3.귀속, 지급연월)
[인사/급여관리] → [세무관리] → [원천징수이행상황신고서] 제출연도(2026),
신고사업장(1000.인사1급 회사본사) → 신고서 추가, 신고구분(1.정기), 귀속연월(2025/12),
지급연월(2025/12), 소득처분여부(1.비해당), 제출일자(2026/01/10) → 신고서 생성,
일반 데이터 반영(1.매월 징수분(전체)), 연말정산 소득세, 농특세 반영(미적용)
근로소득 총지급액과 소득세 확인
　　→ 근로소득 총지급액: 64,332,560원, 소득세: 2,780,510원

23 ① [인사/급여관리] → [세무관리] → [지방소득세특별징수명세/납부서]
신고서생성 탭, 신고서생성 메뉴실행 → 매월/반기 구분(1.매월), 신고사업장(0000.회사전체),
신고구분(1.정기), 귀속연월(2025/12), 지급연월(2025/12), 제출일자(2026/01/10),
급여지급일자(2025/12/31), 신고서생성 → 계속근무자 연말정산 환급액 반영 기준(미적용),
제출일자(2026/01/10), 신고서현황 탭, 조회되는 신고서 선택후 신고서조회, 징수 및 조정명세서 탭,
소득구분(4.근로소득) 소득자별 산출세액 확인
　　→ 최영우 사원의 산출세액은 68,090원이다.

24 ② [인사/급여관리] → [연말정산관리] → [근로소득원천징수부] 귀속연도(2025),
사업장(1000.인사1급 회사본사) 이서윤 사원의 근로소득 지급내역 확인
　　→ 이서윤 사원의 지급내역 중 지급명세서 작성 대상 비과세 소득의 합계는 0원이다.

25 ① [인사/급여관리] → [급여관리] → [급여대장] 귀속연월(2025/12), 지급일(1.2025/12/25.급여),
집계(2.부서별) 직종별 급여관련 내용 확인
　　→ 관리부의 '사회보험부담금'은 748,360원이다.

인사 1급 ｜ 2025년 6회 (2025년 11월 22일 시행)

[이론 답안]

1	2	3	4	5	6	7	8	9	10
③	①	③	①	④	①	③	④	①	①

11	12	13	14	15	16	17	18	19	20
②	①	④	직무확대	③	④	②	③	①	주체형성

21	22	23	24	25	26	27	28	29	30
③	④	①	②	③	24	1,350	②	④	④

31	32	33							
②	집중근무제	이익분쟁							

[풀이]

01 ③ 자연어 형태로 구성된 비정형 또는 반정형 텍스트데이터에서 패턴 또는 관계를 추출하여 의미있는 정보를 찾아내는 자연어처리(NLP)가 핵심기술인 텍스트마이닝에 대한 설명이며, 온라인 쇼핑몰에서 구매자가 남긴 제품리뷰에서 제품에 대한 정보를 수집하는 것이 대표적인 사례이다.

02 ① 인공지능 기술의 발전은 '계산주의 시대', '연결주의 시대', '딥러닝 시대'로 구분되며, 연결주의 시대는 인간의 두뇌를 묘사하는 인공신경망을 기반으로 한 모델로 막대한 컴퓨팅 성능과 방대한 학습데이터가 필수적이지만, 빅데이터와 컴퓨팅 파워의 부족이라는 한계를 극복하지 못해 비즈니스 활용에 한계가 있었다.

03 ③ ERP 도입을 통해 인사정보를 서로 공유하여 원활한 의사소통이 가능해지며, 실시간 경영체제를 실현하여 신속한 의사결정이 가능해진다.

04 ① ERP 구축단계(분석 → 설계 → 구축 → 구현)중 TO-BE 프로세스(업무 프로세스 개선 후 미래상태)도출, 패키지 설치, 추가개발 및 수정보완 문제 논의 등은 설계단계에서 진행되는 작업이다.

05 ④ ERP의 도입 효과 극대화를 위해서는 현재의 업무 방식을 그대로 고수하지 말고, BPR을 통한 업무프로세스 표준화가 선행 또는 동시에 진행되어야 한다.

06 ① 윤리경영은 기업에 대한 고객의 긍정적 이미지를 제고시킬 수 있으므로, 고객의 구매선택으로 연결되어 궁극적으로 이익이 증가될 수 있다.

07 ③ 가족 구성원에 대한 배려와 봉사가 직장생활 못지않게 중요하다는 인식으로 변화하고 있다.

08 ④ 직무평가 기준 요소 중 위험도, 작업환경, 작업위험 등은 작업요소(작업조건요소)에 대한 설명이다.
- 책임요소: 관리감독, 기계설비, 원자재, 직무개선, 책임 등
- 숙련요소: 지식, 기술, 경험, 교육, 몰입, 도전성, 판단력 등
- 노력요소: 육체적, 정신적 등

09 ① 인적자원의 수요와 밀접한 관계를 가진 변수 하나를 선정하여 그 변수와 인적자원 수요 간의 관계가 어떠한 추세인지를 분석(과거 5년 동안 매출 증가율과 인력 충원 간의 패턴을 분석)하는 것은 추세분석법에 해당한다.
  - 마코브체인: 시간의 흐름에 따른 개별 종업원의 직무이동 확률을 파악하기 위해 개발된 기법으로 승진, 이동, 이직 등의 일정 비율을 적용하여 미래의 인원변동을 예측하는 방법
  - 델파이기법: 설문조사 등의 방법으로 다수 전문가들의 의견을 수렴하여 미래 상황을 예측하는 기법
  - 브레인스토밍: 소수의 회의를 통해 둘 이상의 아이디어 결합이라는 연쇄반응을 통해 새로운 아이디어를 창출하는 방법으로 두뇌풍선이라고도 함

10 ① 인적자원의 개발, 조직개발 등은 인적자원관리의 기능 중 기본기능에 대한 설명이다.
  [인적자원관리의 기능]
  - 기본기능: 직무분석 및 평가, 직무설계의 영역(중장기적인 인력예측 등 인적자원계획 수립)
  - 확보기능: 인적자원의 확보과정(채용, 모집, 선발, 인사이동, 배치 등)
  - 개발기능: 채용된 인재의 지속적인 경력개발(교육훈련, 경력관리, 인사평가 등)
  - 보상기능: 구성원에 대한 금전적 혹은 비금전적 보상의 공정성 확보(임금관리, 복리후생관리 등)
  - 유지기능: 근로자들의 능력 유지 및 상승으로 근로생활의 질 향상(안전보건관리, 노사관계관리 등)

11 ② 지원자의 어떤 면을 측정할 때 동일한 환경에서 측정된 결과가 서로 일치하는 정도를 파악하는 것은 선발도구의 평가기준 중 '신뢰성'에 대한 설명이다.
  [선발 도구의 평가 기준]
  - 신뢰성: 도구가 선발 대상자들에게 적용되었을 때 안정적이고 일관성 있는 결과를 얻을 수 있는지를 판단
  - 타당성: 시험이 당초에 측정하려고 의도하였던 것을 얼마나 정확하게 측정하고 있는지를 판단
  - 효용성: 선발 도구의 효용성이 높으면 선발에 있어서 평가도구의 성적이 미래의 직무성과를 예측하는 능력이 크다는 것을 의미
  - 형평성: 모든 지원자들에게 동등한 기회를 부여해야 한다는 조건

12 ① 배치관리 원칙 중 적재적소주의는 현재 역량뿐만 아니라 성장 가능성까지 평가한 후, 각 부서의 중장기적인 인재 육성과 잘 맞추어 배치하는 것으로 고능률, 고임금의 실현으로 근로자의 만족도 상승과 기업의 목표 달성을 가능하게 해준다.

13 ④ 총지원자 중 선발된 사람의 비율을 의미하는 선발률이 0에 가까우면 2종 오류는 줄어들지만 1종 오류가 증가하고, 선발률이 1에 가까우면 2종 오류는 늘어나지만 1종 오류는 줄어드는 효과가 있다.
  - 1종 오류: 선발했어야 하는 인원을 놓치게 된 오류
  - 2종 오류: 선발하지 말았어야 하는 인원을 뽑은 오류

14 직무확대
  과업의 다양성을 늘리는 내용으로 개인수준 직무설계 방법 중 직무설계에 대한 설명이다.

15 ③ 평가요소는 목적에 따라 단일한 특정 내용을 지닌 요소로 선정하는 것이 바람직하며, 폭넓은 범위를 망라하는 일반적 특성은 평가요소로 적합하지 않다.

16 ④ 피평가자의 능력이나 성과를 실제보다 더 높게 평가하는 것은 인사고과의 평가오류 중 관대화 경향에 대한 설명이고, 피평가자의 어느 한 기준으로 다른 것까지 평가하는 것은 현혹효과(후광효과)에 대한 설명이다.
  - 중심화 경향: 피고과자의 대다수를 중간 정도로 평가하는 경향
  - 엄격화 경향: 피고과자를 가혹하게 평가하는 경향(가혹화 경향)

17 ② 평가자가 평소 특정 종교, 사회단체 등에 좋지 않은 감정을 갖고 있을 때 이러한 감정이 평가에 나타나는 것은 평가오류 중 상동적 오류에 대한 설명이다.
  - 논리적 오류: 서로 상관관계가 높은 평가요소 간에 어느 한쪽이 우수하면 다른 요소도 당연히 그럴 것이라고 판단하는 경향

18 ③ 승진 기준을 성과주의 기반의 승진 제도로 전환하였으므로, '업무실적'이 가장 관련이 깊은 요소이다.

19 ① 인사담당자의 역할 중 인사제도 및 프로세스의 효율화를 위해 시스템 개선, 비용 절감, 효율적 하부구조 설계 등의 활동을 주요 활동으로 하는 것은 관리전문가(행정전문가)에 대한 설명이다.
- 변화촉진자(변화주도자): 변화하는 환경에 대한 조직효과성 제고, 변화역량 개발, 코칭과 컨설팅 제공
- 종업원조력자(직원지지자): 종업원 이슈와 관심사에 대한 해결사, 구성원의 만족도 및 역량개발 기회 제공
- 전략적동반자(전략적파트너): 조직 전략에 대한 인적자원의 기여도 제고, 인적 경쟁력 강화

20 주체형성(정체성)
[홀(Hall)의 경력단계모형]
- 탐색(1단계): 다양한 진로 탐색 → 자아개념 정립 및 경력방향 결정을 통한 주체형성(정체성)
- 확립(2단계): 직업에 정착하기 위한 노력 → 특정 직무에 정착(친교성)
- 유지(3단계): 자신의 위치를 위한 노력 → 생산의 시기, 중년 위기(생산성)
- 쇠퇴(4단계): 퇴직과 노후를 준비 → 은퇴 준비(통합성)

21 ③ 해고예고수당이란 사용자가 근로자를 해고할 때 30일 전에 예고하지 않은 경우, 30일분 이상의 통상임금을 지급하는 법정수당에 해당한다.
① 가족수당은 법정수당이 아니라, 회사 내규에 따라 결정되는 약정수당 항목이다.
② 야간근로수당은 통상임금을 기준으로 지급한다.
④ 휴업수당은 사용자 귀책일 경우에 지급하며, 평균임금을 기준으로 지급한다.

22 ④ 표준시간과 실제시간을 비교하여 효율성을 기반으로 성과급 산정하는 것은 임프로쉐어(집단성과급제)에 대한 설명이다.
- 럭커 플랜: 부가가치 수준을 기준으로 성과급을 산정(집단성과급제)
- 스캔론 플랜: 제안제도와 참여 중심으로 성과급을 산정(집단성과급제)
- 이윤분배제: 기본적 보상 외에 결산 이익의 일부를 근로자에게 지급하는 임금형태(기업성과급제)

23 ① 복리후생의 설계 원칙 중 기업 재정 상황에 맞춰 복리후생을 설계하는 것은 지불능력의 원칙에 대한 설명이다.
- 다수혜택의 원칙: 최대한 많은 근로자가 혜택을 받을 수 있도록 설계하는 제도
- 근로자의 참여 원칙: 근로자들의 의견을 적극 반영하는 제도
- 근로자의 욕구총족 원칙: 기본적인 욕구(의식주, 안전)를 충족하도록 설계하는 제도

24 ② 원천징수 의무자와 소득자의 인적사항과 소득금액의 지급시기, 소득금액 등을 기재한 과세 자료는 지급명세서에 대한 설명이다.
- 원천징수이행상황신고서: 원천징수일이 속하는 익월 10일까지 제출 총인원, 총지급액, 원천세 등을 포함
- 지급명세서: 당해연도의 원천징수내역을 다음연도(근로·퇴직·사업: 3월 10일까지, 연금·금융·기타: 2월말)에 제출하며, 원천세 산출과정과 소득자 인적사항을 포함

25 ③ 65세 이후에 고용된 자의 경우 고용보험 적용대상에서 제외된다.

26 24(%)
[종합소득세 세율] "8단계 누진세율"
- 14,000,000원 이하: 6%
- 14,000,000원 초과　50,000,000원 이하: 15% (누진공제:　1,260,000원)
- 50,000,000원 초과　88,000,000원 이하: 24% (누진공제:　5,760,000원)
- 88,000,000원 초과　150,000,000원 이하: 35% (누진공제: 15,440,000원)
- 150,000,000원 초과　300,000,000원 이하: 38% (누진공제: 19,940,000원)
- 300,000,000원 초과　500,000,000원 이하: 40% (누진공제: 25,940,000원)
- 500,000,000원 초과　1,000,000,000원 이하: 42% (누진공제: 35,940,000원)
- 1,000,000,000원 초과: 45%(누진공제: 65,940,000원)

27 1,350(원)
- 과세표준: 200,000원 − 150,000원(비과세) = 50,000원
- 산출세액: 50,000원(과세표준) × 6% = 3,000원
- 납부세액: 3,000원(산출세액) − 1,650원(산출세액 3,000원 × 55%) = 1,350원

28 ② 업무의 성질상 업무수행 방법을 근로자 재량에 맡길 필요가 있는 경우 사용자가 근로자 대표와 서면합의로 정한 시간을 근로한 것으로 인정하는 근로시간제는 재량 근로제에 대한 설명이다.
- 선택적 근로시간제: 근로자가 근로시간을 자율적으로 조정할 수 있으며, 특정 주에 40시간을 초과하더라도 정산기간 평균이 기준을 총족하면 연장근로수당이 발생하지 않는 형태
- 탄력적 근로시간제: 일정한 기간 내에서 어느 주 또는 어느 날의 근로시간을 탄력적으로 배치하여 운영하는 근무형태

29 ④ 전국적 또는 지역별·산업별 노동조합의 대표와 개별 기업의 사용자 대표 사이에 이루어지는 단체교섭 방식은 대각선 교섭에 대한 설명이다.
- 통일교섭: 적국적 혹은 지역적인 산업별 또는 직업별 노동조합 대표와 사용자 단체와의 교섭
- 집단교섭: 복수의 기업별 노동조합이 집단을 구성하여 복수기업의 사용자 대표와 집단으로 하는 교섭
- 공동교섭: 기업별 노동조합의 단위조합 또는 지부가 산업별 상부단체와 공동으로 사용자 대표와 교섭

30 ④ 노사협의제도는 노사가 함께 협의기구를 만들어 기업경영의 여러 문제를 노사공동으로 해결하기 위한 협의·자문제도이며, 노동자, 근로자 또는 노동조합의 대표가 기업의 최고결정기관에 직접 참여하는 것은 노사공동결정제도에 대한 설명이다.

31 ② 배우자 출산휴가란 근로자의 배우자가 출산한 경우 배우자와 태아의 건강보호 등을 위해 신청, 사용하는 총 20일의 유급휴가이며, 우선지원대상기업 소속 근로자의 경우 휴가 기간에 대해 정부에서 지원하는 배우자 출산휴가 급여를 지원받을 수 있다.

32 집중근무제(집중근무, 집중근무제도)

33 이익분쟁

[실무 답안]

1	2	3	4	5	6	7	8	9	10
②	③	④	①	②	③	①	④	①	②

11	12	13	14	15	16	17	18	19	20
③	④	②	②	③	①	④	①	③	④

21	22	23	24	25
②	③	④	①	①

[풀이]

01 ② [시스템관리] → [회사등록정보] → [사업장등록] 관련내용 확인
→ '2000.인사1급 인천지점' 사업장의 법정동 지방세신고지는 '2823700000.인천광역시 부평구'이다.

02 ③ [시스템관리] → [회사등록정보] → [부서등록] 관련내용 확인
→ ① 초회기준일 기준 현재 사용 중인 부서는 '6150.연구부(2025/12/31 종료)'를 포함해 모두 10개이다.
② '1000.인사1급 회사본사' 사업장에 속한 부서가 가장 많이 사용중이다.
④ 등록된 부서 중 가장 오랜기간 사용된 부서는 모두 '1000.관리부문' 소속이다.

03 ④ [인사/급여관리] → [기초환경설정] → [인사/급여환경설정] 관련 내용 확인
→ (A): 사무직의 출결마감 기준일은 1일부터 당월 말일까지이다. (O)
(B): 해당 입사자의 근무일수가 25일 이상 이므로, 월 기본급여를 모두 지급받는다. (O)
(C): 수습직의 급여는 일할계산 하며, 지급되는 금액은 1,500,000원이다. (O)
    [월 급여 3,000,000원 / 30일(11월 당월일) × 20일(근무일수) × 75%(지급율)]
(D): 집계항목 확인 시 건강보험료정산 코드로 'S11.건강보험정산' 코드가 설정되어 있다. (O)

04 ① [인사/급여관리] → [기초환경설정] → [호봉테이블등록] 대상직급(과장) 호봉 등록 후 5호봉 기본급 확인
- 호봉이력(시작년월: 2025/11) 입력
- [일괄등록] 기본급: 초기치(2,400,000원) 증가액(55,000원), 급호수당: 초기치(200,000원) 증가액(18,000원), 연장수당: 초기치(170,000원) 증가액(7,000원)
- [일괄인상] 기본급: 정률 5%, 급호수당: 정률 2.5% → '정률적용'
- [일괄인상] 연장수당: 2,300원 → '정액적용'
- ➜ 호봉 등록 후 확인되는 800.과장 직급의 5호봉 기본급은 2,751,000원이다.

05 ② [인사/급여관리] → [기초환결성정] → [지급공제항목등록] 급여구분(급여), 지급/공제구분(지급), 귀속연도(2025년) '마감취소' 후 수당별 관련내용 확인
- ➜ 'P20.자격수당'은 입퇴사자를 제외한 근로자들이 지급받는 수당이다.

06 ③ [인사/급여관리] → [기초환경설정] → [급/상여지급일자등록] 귀속연월(2025/10) 급/상여 관련내용 확인
급여를 지급하는 일자의 동시발행 구분이 '분리'이므로, 해당 지급일자에 '상여'는 추가할 수 없다.
(동시: 급/상여 동시지급, 분리: 급여와 상여를 분리하여 지급)

07 ① [인사/급여관리] → [인사관리] → [인사정보등록] 사원별 관련내용 확인
- ➜ 김민주 사원은 현재 세대원이며, 종교 종사자가 아니다.

08 ④ [인사/급여관리] → [인사관리] → [교육관리] 교육등록 탭, '610.AI 활용 교육'의 관련내용 확인
[인사/급여관리] → [인사관리] → [교육현황] 교육별사원현황 탭, 교육명(610.AI 활용 교육)
교육평가 결과 확인
- ➜ 해당 교육에서 S등급을 받은 인원은 총 4명이다.

09 ① [인사/급여관리] → [인사관리] → [인사발령등록(사원별)] 발령호수(20250930), 발령구분(보직변경), 발령일자(2025/09/30), 제목(2025년 4/4분기 인사발령) 조회되는 발령내역 확인
- ➜ 발령대상자 중 '김민주' 사원은 발령전정보가 존재하지 않는다.

10 ② [인사/급여관리] → [인사관리] → [근속년수현황] 사업장(1000.인사1급 회사본사), 퇴사자(0.제외), 기준일(2025/10/31), 년수기준(2.미만일수 올림), 경력포함(0.제외) 근속년수현황별 수당 지급 대상자 확인
- ➜ 특별근속수당: 15년 초과(300,000원) + 20년 초과(300,000원) + 25년 초과(400,000원)
  = 1,000,000원
  (15년 초과(20년 이하) 3명 × 100,000원 + 20년 초과(25년 이하) 2명 × 150,000원
  + 25년 초과(30년 이하) 2명 × 200,000)

11 ③ [인사/급여관리] → [인사관리] → [인사정보등록] 이서경 사원 선택, 재직정보 탭에서 휴직기간 등록, 시작일(2025/11/17), 종료일(2026/02/15), 휴직사유(150.출산휴가), 휴직지급률(75%), 퇴직기간적용(001.함)
[인사/급여관리] → [급여관리] → [상용직급여입력및계산] 귀속연월(2025/11), 지급일(1.2025/11/25 급여), 조회되는 전체사원 선택, '급여계산' 후 관련내용 확인
- ➜ 개인정보 팁에서 확인되는 '이서경' 사원의 실제 지급 급여는 4,237,760원이다.

12 ④ [인사/급여관리] → [기초환경설정] → [급/상여지급일자등록] 귀속연월(2025/11), 지급일자등록
(지급일: 2025/11/30, 동시발행: 분리, 대상자선정: 직종및급여형태별, 급여구분: 특별급여, 지급직종및급여형태: 전체 사업장 선택, 직종: 생산직, 연구직 선택, 급여형태: 월급)
[인사/급여관리] → [급여관리] → [상용직급여입력및계산] 귀속연월(2025/11), 지급일(2.2025/11/30 특별급여), 조회되는 전체사원 선택, '급여계산' 후 관련내용 확인
- ➜ ① 해당 지급일자에 공제되는 소득세 총액은 2,944,140원이다.
  ② 지급 대상자 중 가장 과세총액이 가장 적은 사원은 '노희선'이며 과세총액은 4,739,580원이다.
  ③ '장명훈' 사원의 책정 월급이 가장 많지만, 해당 사업장의 지급율이 낮아 '장명훈' 사원보다 '한국민' 사원의 특별급여 지급액이 더 많다.
  (특별급여의 지급율은 '지급공제항목등록' 메뉴에서 확인 가능함)

13 ② [인사/급여관리] → [급여관리] → [급/상여이체현황] 소득구분(1.급상여), 귀속연월(2025/10),
지급일(1.2025/10/01 명절특별급여), 무급자(1.제외), 조회조건(1사업장, 1000.인사1급 회사본사)
급/상여 이체현황 확인
→ '신한은행'과 '우리은행'을 통해 급/상여를 지급받는 대상자가 4명으로 동일하다.

14 ② [인사/급여관리] → [급여관리] → [근태결과입력] 귀속연월(2025/10), 지급일(1.2025/10/25 급여),
조선우 사원의 근태결과 확인
(평일연장근무: 12시간 45분, 토일정상근무: 9시간, 평일심야근무: 2시간 30분, 토일연장근무: 1시간 15분)
사원명(조선우)선택, 마우스 오른쪽 버튼 누른 후 사원정보 메뉴에서 책정임금의 시급(22,302원) 확인
→ 1유형근무수당: (평일연장 12.75 + 토일정상 9) × 2 × 22,302원 = 970,130원(970,137원)
2유형근무수당: (평일심야 2.5 + 토일연장 1.25) × 2.5 × 22,302원 = 209,080원(209,081.25원)
초과근수당: 1유형근무수당(970,130원) + 2유형근무수당(209,080원) = 1,179,210원

15 ③ [인사/급여관리] → [급여관리] → [항목별급상여지급현황] 귀속연월(2025/07~2025/09),
지급구분(100.급여), 사업장(1000.인사1급 회사본사), 집계구분(2.직종별)
직종별 급여(수당) 지급현황 확인
→ 3분기에 지급된 '연구직'의 근무수당은 315,000원이다.

16 ① [인사/급여관리] → [일용직관리] → [일용직급여지급일자등록] 귀속연월(2025/11), 지급일(1.매일지급)
부서(1100.총무부), 급여형태(004.시급) 조회되는 대상자 전체 선택후 대상자 추가
[인사/급여관리] → [일용직관리] → [일용직급여입력및계산] 귀속연월(2025/11), 지급일(1.매일지급)
조회되는 전체사원 선택, 일괄적용(일괄적용시간: 평일 9시간, 비과세(신고제외분): 12,000원)
일괄적용(일괄적용시간: 토요일 4시간) 일용직급여 관련내용 확인
→ 해당 지급일자의 실지급 총액은 26,890,030원이다.

17 ④ [인사/급여관리] → [일용직관리] → [일용직사원등록] 1017.김세진 사원선택 후 사원정보 변경,
생산직비과세 적용(함), 국민연금여부(여), 건강보험여부(여), 급여(30,430원), 시간단가(30,430원)
[인사/급여관리] → [일용직관리] → [일용직급여입력및계산] 귀속연월(2025/11), 지급일(2.일정기간지급)
일괄적용(일괄적용시간: 평일 10시간, 비과세(신고제외분): 12,000원) 급여총액 탭, 차인지급액 확인
→ 급여총액 탭에서 확인되는 지급대상자(6명)의 차인지급액은 29,038,540원이다.

18 ① [인사/급여관리] → [급여관리] → [연간급여현황] 조회기간(2025/07~2025/09), 분류기준(과세/비과세),
사업장조회조건(1사업장, 1000.인사1급 회사본사) 사용자부담금(0.제외) 해당 기간의 과세/비과세 총액 확인
→ ① 경리부: 과세총액 19,794,980원, 비과세총액 800,000원 (O)
② 국내영업부: 과세총액 36,839,220원, 비과세총액 0원 (X)
③ 총무부: 과세총액 54,827,460원, 비과세총액 2,000,000원 (X)
④ 해외영업부: 과세총액 35,907,880원, 비과세총액 0원 (X)

19 ③ 인사/급여관리] → [퇴직정산관리] → [퇴직기준설정] '마감취소' 후 관련내용 확인
→ A: 평균임금 기간 산정 시 전월을 기준으로 3개월을 산정한다. (O)
B: 누진적용 방식은 '001.가산일수'이며, '대표이사'의 경우 가산일수가 200만큼 적용된다. (X)
C: 퇴직금 계산시 비과세 항목을 사용할 수 있다. (X)
D: 퇴직금 계산식은 '일할'이고, 연차수당코드는 'P80.연차수당'을 사용한다. (O)

20 ④ [인사/급여관리] → [퇴직정산관리] → [퇴직금추계액] 추계코드 메뉴에서 퇴직 추계코드 설정
(코드: 2025, 코드명: 2025년 10월 퇴직금추계액, 기준연월: 2025/10, 대상자: 1000.인사1급 회사본사
'사원'), 추계코드(2025.2025년 10월 퇴직금추계액) 선택 후 퇴직추계액 확인
→ 퇴직급여충당부채: 퇴직급여추계액(1,140,114,570원) × 30% = 342,034,370원(324,034,371원)

21 ② [인사/급여관리] → [퇴직정산관리] → [퇴직기준설정] '마감취소' 후 관련기준 설정, 기본설정 탭
(평균임금: 일평균 임금), 지급항목설정 탭(지급항목: 기본급, 연장근로수당, 자격수당)
[인사/급여관리] → [퇴직정산관리] → [퇴직금산정] 신고귀속(2025), 귀속연도(2025),
사업장(2000.인사1급 인천지점), 정산구분(1.중도정산) '대상자선정' 메뉴실행, 귀속연월(2025/10),
재직기준(2025/10/01~2025/10/31), 지급일자(2025/10/31), 퇴직일자(2025/10/24),
신청일자(2025/10/24), 사원코드(20090701.김동민) 기본정보 탭(퇴직금계산내역 확인),
급여정보 탭(퇴직금계산 → 급여, 상여, 퇴직금 계산 → 급여 및 퇴직금정산내역 확인)
→ 김동민 사원의 퇴직금 중도정산 계산 시 급여기간은 '2025/07/01 ~ 2025/09/30'이다.

22 ③ [인사/급여관리] → [사업/기타/이자배당소득관리] → [소득자별소득현황] 소득구분(1.거주자 사업소득),
귀속연월(2025/07~2025/09), 지급기간(2025/07/01~2025/09/30) 관련내용 확인
→ ① 소득구분은 모델 이외에, '학습지방문강사', '학원강사', '배우', '보험설계' 등이 있다.
   ② 해당 기간에 발생한 소득은 '1000.인사1급 회사본사'사업장과 '2000.인사1급 인천지점' 사업장에서
   발생하였다.
   ④ 소득이 가장 많이 발생한 소득자는 '20190302.조민지'이다.

23 ④ [인사/급여관리] → [연말정산관리] → [근로소득원천징수부] 귀속연도(2024),
사업장(1000.인사1급 회사본사), 이준상 사원의 총급여(상여포함)와 실제원천징수한 소득세 확인
→ 총 급여(상여포함): 49,655,000원, 실제 원천징수한 소득세: 2,549,620원
   (실제 원천징수한 소득세는 '2.차감원천징수액 - 64.소득세'의 합계금액을 확인하여야 한다.)

24 ① [인사/급여관리] → [세무관리] → [지방소득세특별징수명세/납부서]
신고서생성 탭, 신고서생성 메뉴실행 → 매월/반기 구분(1.매월), 신고사업장(0000.회사전체),
신고구분(1.정기), 귀속연월(2025/10), 지급연월(2025/10), 제출일자(2025/11/10),
급여지급일자(2025/10/25), 신고서생성 → 계속근무자 연말정산 환급액 반영 기준(미적용),
제출일자(2025/11/10), 신고서현황 탭, 조회되는 신고서 선택후 신고서조회, 징수 및 조정명세서 탭,
소득구분(3.사업소득) 소득자별 과세표준 확인
→ 박선우 사원의 과세표준은 82,740원이다.

25 ① [인사/급여관리] → [기초환경설정] → [인사/급여환경설정] 관련 내용 수정,
원천세 신고유형(1.본점일괄신고), 이행상황신고서집계방식(2.지급연월), 신고서생성기준(귀속연월, 지급연월)
[인사/급여관리] → [세무관리] → [원천징수이행상황신고서] 제출연도(2025),
신고사업장(1000.인사1급 회사본사) → 신고서 추가, 귀속연월(2025/10), 지급연월(2025/10),
제출일자(2025/11/10) → 신고서 생성, 일반 데이터 반영(1.매월 징수분(전체)),
연말정산 소득세, 농특세 반영(미반영) 소득구분별 '6.소득세등' 금액 확인
→ 근소득 간이세액: 16,984,300원, 근로소득 일용근로: 531,530원, 사업소득 매월징수: 485,280원,
   총합계: 18,001,110원

인사 1급 **2025년 5회 (2025년 9월 27일 시행)**

[이론 답안]

1	2	3	4	5	6	7	8	9	10
①	①	②	④	④	③	②	①	②	④
11	12	13	14	15	16	17	18	19	20
②	②	①	분류법	①	①	①	④	②	상동적오류
21	22	23	24	25	26	27	28	29	30
④	③	①	②	②	임금채권 보장제도	지급명세서	④	③	④
31	32	33							
④	240,000원	㉠ 노사협의제 ㉡ 노사공동결정제도							

[풀이]

01 ① RPA(로봇 프로세스) 적용단계는 [기초프로세스 자동화 → 데이터 기반의 머신러닝 활용 → 인지자동화]이며, 단순한 반복업무는 기초프로세스 자동화 단계에 해당하고, 데이터분석을 통해 의사결정까지 지원하는 것은 인지자동화 단계에 해당한다.
[RPA(로봇 프로세스) 적용단계]
• 1단계(기초프로세스 자동화): 정형화된 단순 데이터 자료작성, 반복업무 처리, 고정 프로세스 업무
• 2단계(데이터 기반의 머신러닝 활용): 이미지에서 텍스트 추출, 자연어 처리로 정확도와 기능성 향상
• 3단계(인지자동화): 빅데이터 분석을 통해 사람이 수행하는 복잡한 작업과 의사결정

02 ① 데이터 소유권 확보와 프라이버시 보장이 필요한 경우 사용되는 클라우드 서비스는 폐쇄형(사설)클라우드에 대한 설명이다.
[클라우드 서비스 유형]
• 퍼블릭(공개형): 소비자, 기업고객, 공공기관 등 모든 주체가 컴퓨팅 가능하며, 사용량에 따른 대금 지불
• 사설(폐쇄형): 특정 기업의 구성원만 접근가능하며, 초기 추가비용은 높지만 보안과 프리이버시가 보장
• 하이브리드(혼합형): 특정 데이터의 저장은 폐쇄형을 이용하고, 중요도가 낮은 부분은 공개형을 적용

03 ② ERP 구축 전에 수행되는 것으로, 단계적인 시간의 흐름에 따라 비즈니스 프로세스를 개선하는 점증적 방법은 BPI(업무프로세스 개선)에 대한 설명이다.

04 ④ ERP 구축단계(분석 → 설계 → 구축 → 구현)중 GAP분석은 설계단계에서 진행되며, 패키지 기능과 TO-BE 프로세스(업무 프로세스 개선 후 미래상태)와의 차이를 분석하는 작업이다.

05 ④ 마케팅, 판매 및 고객서비스를 자동화함으로써 현재 및 미래 고객들과 상호작용을 가능하게 하는 것은 CRM(고객관계관리)에 대한 설명이다.

06 ③ 종업원의 성과창출 의지 및 능력을 계속 유지가능하도록 관리하는 것은 인력유지활동에 대한 설명이다.
[인적자원관리의 기능]
• 기본기능: 직무분석 및 평가, 직무설계의 영역(중장기적인 인력예측 등 인적자원계획 수립)
• 확보기능: 인적자원의 확보과정(채용, 모집, 선발, 인사이동, 배치 등)
• 개발기능: 채용된 인재의 지속적인 경력개발(교육훈련, 경력관리, 인사평가 등)
• 보상기능: 구성원에 대한 금전적 혹은 비금전적 보상의 공정성 확보(임금관리, 복리후생관리 등)
• 유지기능: 근로자들의 능력 유지 및 상승으로 근로생활의 질 향상(안전보건관리, 노사관계관리 등)

07 ② 직무관리의 절차는 [직무분석 → 직무기술서(직무명세서) → 직무평가] 순으로 진행된다.

08 ① 직무 전체를 종합적으로 평가해 순위를 매기는 직무평가 방법은 서열법에 대한 설명이며, 직무를 세분화된 요소로 비교하여 서열화하는 것은 요소비교법에 대한 설명이다.

09 ② 인적자원의 수요예측 방법 중 명목집단법은 참가자들이 독자적으로 '아이디어를 작성'하고, '공유'한 뒤 '토론'을 거쳐 '투표로 의사결정'을 하는 방법으로 집단적 의사결정기법에 활용된다.

10 ④ 광고, 인터넷 모집, 채용박람회, 교육기관의 추천, 인턴십 등은 인적자원 모집 방법 중 외부모집에 해당한다.

11 ② 다수의 면접자가 한 명의 지원자를 면접하기 때문에 선발결과의 타당성을 확보할 수 있으나, 지원자가 심리적으로 위축될 수 있는 것은 패널면접에 대한 설명이다.
• 스트레스면접: 피면접자의 스트레스 상태에서 나타나는 감정 조절 및 인내도를 관찰하기 위해 공격적으로 지원자를 압박하는 등의 면접 방법

12 ② 선발시험을 실시하여 합격한 지원자의 시험성적(예측치)과 입사 후의 직무성과(표준치)를 비교하여 선발시험의 타당성을 측정하는 것은 예측타당성에 대한 설명이다.
• 동시타당성: 현직 근로자의 시험성적과 직무성과를 비교하여 선발 도구의 타당성 측정
• 내용타당성: 요구하는 내용을 선발 도구가 얼마나 잘 나타내는지를 논리적으로 판단하여 선발시험의 문항 내용이 직무성과와의 관련성을 잘 나타내는지를 측정
• 구성타당성: 시험의 이론적 구성과 가정을 측정

13 ① 배치관리 원칙은 적재적소주의, 능력(실력)주의, 균형주의, 인재 육성주의 등이 있다.

14 분류법

15 ① 상대평가는 평가 기준이 명확하지 않아 피평가자에게 평가결과를 납득시키는 것이 절대평가에 비해 어렵다.

16 ① 피평가자의 능력, 개인적 특성 및 성과를 평가하기 위하여 평가요소들을 제시하고 이에 대해 단계별차등을 두어 평가하는 인사평가기법은 평정척도법(절대평가)에 대한 설명이다.
• 서술식고과법: 주로 상사와 직원 사이에서 사용되는 고과 방법으로 서술형 보고서를 작성(상대평가)
• 행동기준평가법: 피평가자의 실제 행동을 관찰하여 평가하며, 중요사건 평가법을 기초로 하여 발전(절대평가)
• 강제선택법: 근로자의 행동이나 능력을 가장 적합하게 기술한 서술문 두 개와 적합하지 않은 서술문 두 개로 구성(절대평가)

17 ① 전통적인 연공적 승진제도에서 최근 성과주의 승진제도로 변화된 상황에 대한 내용이다.

18 ④ 전문가 자문법은 기업의 내부 및 외부에서 교육훈련 전문가에게 해당기업의 교육훈련의 필요성을 파악하도록 하는 방법이다.

19 ② 홀의 경력단계모형 중 쇠퇴단계(4단계)의 경력욕구는 통합성이다.
[홀(Hall)의 경력단계모형]
• 탐색(1단계): 다양한 진로 탐색 → 자아개념 정립 및 경력방향 결정을 통한 주체형성(정체성)
• 확립(2단계): 직업에 정착하기 위한 노력 → 특정 직무에 정착(친교성)
• 유지(3단계): 자신의 위치를 위한 노력 → 생산의 시기, 중년위기(생산성)
• 쇠퇴(4단계): 퇴직과 노후를 준비 → 은퇴준비(통합성)

20 상동적 오류

21 ④ 경쟁사나 동종업계의 임금수준관 비교했을 때, 공정하다고 판단하는 정도, 동일 기업 내에서 직급 간 또는 직종간 임금차이를 공정하다고 판단하는 것은 임금관리의 공정성에 대한 설명이다.

22 ③ 임금 지급의 원칙에는 '통화지불의 원칙', '전액지불의 원칙', '직접지불의 원칙', '정기지불의 원칙' 등이 해당된다.

23 ① 실제 근로시간을 따지지 않고 기본임금에 제수당을 포함하거나 일정액을 제수당으로 정하여 매월 지급하는 방식의 임금제도는 포괄임금제에 대한 설명이다.
- 임금피크제: 근로자가 일정 연령에 도달하면 임금을 삭감하는 대신 고용을 연장해주는 제도
- 순응임율제: 기업의 임금 산정에 있어 경제적 조건의 변화나 기업의 사정에 순응하여 임금률을 자동으로 반영

24 ② 육아휴직의 기간은 1년 이내로 한다. 다만, 일정요건을 충족하는 근로자의 경우 6개월 이내에 추가로 육아휴직을 사용할 수 있다.

25 ②
① 두 곳 이상의 근무처로부터 급여를 받는 경우, 주근무지와 종근무지를 정한 후 주근무지의 원천징수의무자에게 제출하여야 한다.
③ 근로자의 고의 또는 과실로 사실과 다른 연말정산을 한 경우 5월에 종합소득세 확정신고를 하여야 한다.
④ 과세기간 중 퇴직한 경우 재취업한 직장에 전 직장으로부터 받은 근로소득을 합산하여 신고하고, 그에 따라 연말정산을 하여야 한다.

26 임금채권 보장제도

27 지급명세서
- 원천징수이행상황신고서: 원천징수일이 속하는 익월 10일까지 제출 총인원, 총지급액, 원천세 등을 포함
- 지급명세서: 당해연도의 원천징수내역을 다음연도(근로·퇴직·사업: 3월 10일까지, 연금·금융·기타: 2월말)에 제출하며, 원천세 산출과정과 소득자 인적사항을 포함

28 ④ 근로자가 근로시간을 자율적으로 조정할 수 있으며, 특정 주에 40시간을 초과하더라도 정산 기간 평균이 기준을 총족하면 연장근로수당이 발생하지 않는 선택적 근로시간제에 대한 설명이다.
- 재량 근로시간제: 업무의 성질상 업무수행 방법을 근로자 재량에 맡길 필요가 있는 경우 사용자가 근로자 대표와 서면합의로 정한 시간을 근로한 것으로 인정하는 형태
- 탄력적 근로시간제: 일정한 기간 내에서 어느 주 또는 어느 날의 근로시간을 탄력적으로 배치하여 운영하는 근무형태

29 ③ 15세 이상 18세 미만인 경우 근로시간은 1일에 7시간, 1주에 35시간을 초과할 수 없다.

30 ④ 단체교섭은 근로조건 개선을 통해 직무만족에 간접적인 영향을 줄 수는 있지만, 직무만족을 직접 보장하지는 않는다.

31 ④ 단체교섭의 당사자는 단체교섭을 실제 진행할 수 있는 법적 자격이 있는 자를 말하며, 근로차 측 교섭주체(노동조합 대표)와 사용자 측 교섭주체(법인, 개인기업의 사업주)로 구분된다.

32 240,000원
사용자는 8시간 이내의 휴일근로에 대해서 통상임금의 100분의 50을, 8시간을 초과한 휴일근로에 대해서는 100분의 100을 가산하여 지급하여야 한다.(8시간 × 15,000원 × 1.5) + (2시간 × 15,000원 × 2)

33 ㉠ 노사협의제 ㉡ 노사공동결정제도

[실무 답안]

1	2	3	4	5	6	7	8	9	10
②	③	①	④	③	②	②	①	④	③

11	12	13	14	15	16	17	18	19	20
②	①	③	①	④	④	②	③	①	④

21	22	23	24	25					
③	④	②	①	③					

[풀이]

01 ② [시스템관리] → [회사등록정보] → [사업장등록] 관련내용 확인
➔ '2000.인사1급 인천지점' 사업장의 개업연월일은 '2000/05/01'이다.

02 ③ [시스템관리] → [회사등록정보] → [부서등록] 관련내용 확인
➔ ① 초회기준일 기준 현재 사용 중인 부서는 모두 10개이다.
② '1000.인사1급 회사본사'사업장에 속한 부서는 '1000.관리부문'과 '2000.영업부문' 소속이다.
④ '5000.자재부문'에 속한 자재부는 '2000.인사1급 인천지점'사업장 소속이다.

03 ① [인사/급여관리] → [기초환경설정] → [인사/급여환경설정] 관련 내용 확인
➔ (1): 입사자의 기준은 월일(25일) 이므로, 25일 초과 근무 시 월 급여를 지급한다. (X)
(2): 수습직인 경우 월급(300만원)의 75%인 225만의 급여를 지급받는다. (X)
(3): 집계방식이 귀속연월 이므로, 2025년 7월 귀속의 건에 대한 데이터를 집계한다. (X)
(4): 집계항목 확인 시 건강보험료정산 코드로 'S15.건강보험정산' 코드가 설정되어 있다. (X)

04 ④ [인사/급여관리] → [기초환경설정] → [호봉테이블등록] 대상직급(과장) 호봉 등록 후 5호봉 합계금액 확인
• 호봉이력(시작년월: 2025/09) 입력
• [일괄등록] 기본급: 초기치(3,100,000원) 증가액(120,000원), 급호수당: 초기치(150,000원)
  증가액(16,000원), 연장수당: 초기치(50,000원) 증가액(5,000원)
• [일괄인상] 기본급: 정률 4.5%, 급호수당: 정률 2% → '정률적용'
• [일괄인상] 연장수당: 2,000원 → '정액적용'
➔ 호봉 등록 후 확인되는 800.과장 직급의 5호봉 합계액은 4,031,380원이다.

05 ③ [인사/급여관리] → [기초환결성정] → [지급공제항목등록] 급여구분(급여), 지급/공제구분(지급),
귀속연도(2025년) '마감취소' 후 수당별 관련내용 확인
➔ 'P55.영업촉진비'는 '2200.해외영업부'에 속한 대상자가 50,000원을 더 지급받는다.

06 ② [인사/급여관리] → [기초환경설정] → [급/상여지급일자등록] 귀속연월(2025/08) 급/상여 관련내용 확인
급여를 지급하는 일자의 동시발행 구분이 '분리'이므로, 해당 지급일자에 '상여'는 추가할 수 없다.
(동시: 급/상여 동시지급, 분리: 급여와 상여를 분리하여 지급)

07 ② [인사/급여관리] → [인사관리] → [교육현황] 교육별사원현황 탭, 교육명(918.2025년 2분기 내부교육)
교육평가 결과 확인
➔ 2분기 내부교육의 이수여부가 '미이수'인 대상자 확인
(엄현애, 오진형, 장명훈, 안종남, 유지현, 김성실, 이서윤, 장미란 → 총 8명)

08 ① [인사/급여관리] → [인사관리] → [사원정보현황] 조회조건(1.사업장: 전체), 자격/면허 탭,
'800.AI-POT 1급' 자격과 '810.AI-POT 2급' 자격취득자의 자격수당 대상자 확인
→ '800.AI-POT 1급' 자격수당: 한국민, 박국현, 이서윤, 최국성(4명 × 100,000원)
'810.AI-POT 2급' 자격수당: 한국민, 김종욱, 오진형, 김소현, 최영우(5명 × 70,000원)
자격수당: AI-POT 1급(400,000원) + AI-POT 2급(350,000원) = 750,000원

09 ④ [인사/급여관리] → [인사관리] → [인사정보등록] 사원별 관련내용 확인
→ ① 이수희 사원은 현재 세대원에 해당한다.
② 김소현 사원의 직종은 '002.생산직'이다.
③ 안민서 사원은 20세 이하 부양가족 공제 대상이 아니다.

10 ③ [인사/급여관리] → [인사관리] → [인사발령등록(사원별)] 발령호수(20250930), 발령구분(보직변경),
발령일자(2025/09/30), 제목(2025년 4/4분기 인사발령) 조회되는 발령내역 확인
→ 발령대상자 중 '해외영업부'로 부서가 변경되는 사원은 '박용덕'과 '김소현' 2명이다.

11 ② [인사/급여관리] → [기초환경설정] → [지급공제항목등록] 급여구분(급여), 지급/공제구분(지급),
귀속연도(2025년) '마감취소' 후 지급항목(P25.직무발명보상금)선택, 분류구분(002.부서별),
분류명(7000.연구개발부),계산구분(계산), 계산식(책정임금의 월급 × 0.15)
[인사/급여관리] → [급여관리] → [상용직급여입력및계산] 귀속연월(2025/09),
지급일(2.2025/09/25 급여), 조회되는 전체사원 선택, '급여계산' 후 급여총액 탭에서 비과세총액 확인
→ 비과세총액: 4,020,430원

12 ① [인사/급여관리] → [기초환경설정] → [급/상여지급일자등록] 귀속연월(2025/09), 지급일자등록
(지급일: 2025/09/30), 동시발행: 분리, 대상자선정: 직종및급여형태별,
급여구분: 명절휴가비(입사자 및 퇴사자 제외), 지급직종및급여형태: 전체사업장, 직종: 생산직, 연구직,
급여형태: 월급, 대상기간: 2025/01/01~2025/08/31
[인사/급여관리] → [급여관리] → [상용직급여입력및계산] 귀속연월(2025/09),
지급일(2.2025/09/30 명절휴가비), 조회되는 전체사원 선택, '급여계산' 후 관련내용 확인
→ 해당지급일자의 대상자들은 '1000.인사1급 회사본사'와 '4000.인사1급 강원지점' 사업장 소속이다.
(명절휴가비의 지급 기준(책정임금의 월급 × 1.3)은 지급공제항목등록 메뉴에서 확인 가능함)

13 ③ [인사/급여관리] → [급여관리] → [급/상여이체현황] 소득구분(1.급상여), 귀속연월(2025/08),
지급일(2.2025/08/25 급여), 무급자(1.제외), 조회조건(1사업장, 1000.인사1급 회사본사 제외한 사업장 선택)
급/상여 이체현황 확인
→ '신한은행(9,352,180원)'에서 발생한 급/상여 이체 금액은 '카카오뱅크(7,790,480원)'와 '한국은행
(4,566,120원)'에서 발생한 급/상여 이체 금액보다 적다.

14 ① [인사/급여관리] → [급여관리] → [근태결과입력] 귀속연월(2025/08), 지급일(1.2025/08/10 하계휴가비),
안종남 사원의 근태결과 확인
(평일연장근무: 14시간, 토일연장근무: 0시간 15분, 평일심야근무: 2시간 45분)
사원명(안종남)선택, 마우스 오른쪽 버튼 누른 후 사원정보 메뉴에서 책정임금의 시급(16,633원) 확인
→ 1유형근무수당: (총 연장근무 14.25) × 2.5 × 16,633원 = 592,550원(592,550.625원)
2유형근무수당: (총 심야근무 2.75) × 3 × 16,633원 = 137,220원(137,222.25원)
초과근무수당: 1유형근무수당(592,550원) + 2유형근무수당(137,220원) = 729,770원

15 ④ [인사/급여관리] → [급여관리] → [항목별급상여지급현황] 귀속연월(2025/01~2025/06),
지급구분(100.급여), 사업장(1000.인사1급 회사본사), 집계구분(3.기간별)
기간별 급여(수당) 지급현황 확인
→ 6월의 영업촉진비는 950,000원이다.

16 ④ [인사/급여관리] → [일용직관리] → [일용직급여지급일자등록] 귀속연월(2025/09), 지급일(1.매일지급)
부서(3200.관리부, 5100.자재부), 급여형태(004.시급) 조회되는 대상자 전체 선택후 대상자 추가
[인사/급여관리] → [일용직관리] → [일용직급여입력및계산] 귀속연월(2025/07), 지급일(1.매일지급)
조회되는 전체사원 선택, 일괄적용(일괄적용시간: 평일 10시간, 비과세(신고제외분): 12,000원)
일괄적용(일괄적용시간: 토요일 4시간) 일용직급여 관련내용 확인
  ➜ ① 해당 지급일 대상자(6명)의 실지급액은 33,857,940원이다.
     ② 정우택의 입사일은 '2025/09/15'이며, 16일 중 14일을 근무하였다.
     ③ 정우택은 소득세가 공제되지 않았다.

17 ② [인사/급여관리] → [일용직관리] → [일용직사원등록] 사원코드(1019), 사원명(하윤서) 등록
기본정보 탭, 하윤서 사원의 정보등록, 입사일자(2025/09/08), 주민등록번호(030508-4123456),
부서(1100.총무부), 급여형태(004.시급), 급여/시간단가(10,030원), 생산직비과세적용(함),
고용보험여부(여), 국민연금여부(여), 건강보험여부(여)
[인사/급여관리] → [일용직관리] → [일용직급여입력및계산] 귀속연월(2025/09), 지급일(2.일정기간지급)
'대상자추가' 메뉴실행 → 하윤서 사원 추가, 전체사원 선택
일괄적용(일괄적용시간: 평일 10시간, 비과세(신고제외분): 12,000원) 급여총액 탭, 차인지급액 확인
  ➜ 급여총액 탭에서 확인되는 지급대상자(6명)의 차인지급액은 28,000,750원이다.

18 ③ [인사/급여관리] → [급여관리] → [연간급여현황] 조회기간(2025/01~2025/06), 분류기준(과세/비과세),
사업장조회조건(1사업장, 1000.인사1급 회사본사) 사용자부담금(0.제외) 해당 기간의 과세/비과세 총액 확인
  ➜ 과세총액: 182,031,920원, 비과세총액: 3,500,000원

19 ① 인사/급여관리] → [퇴직정산관리] → [퇴직기준설정] '마감취소' 후 관련내용 확인
  ➜ A: 평균임금 기간 산정 시 전월을 기준으로 3개월을 산정한다. (X)
     B: 임원누진 적용은 사용하고 있지 않다. (X)
     C: 필요시에 상여 항목은 퇴직금 계산 시 선택할 수 있다. (X)
     D: 연차수당코드는 'P80.연차수당'을 사용한다. (X)

20 ④ [인사/급여관리] → [퇴직정산관리] → [퇴직기준설정] '마감취소'후 관련기준 설정, 기본설정 탭
(평균임금: 일평균 임금), 지급항목설정 탭(지급항목: 기본급, 연장근로수당, 근속수당)
[인사/급여관리] → [퇴직정산관리] → [퇴직금산정] 신고귀속(2025), 귀속연도(2025),
사업장(1000.인사1급 회사본사), 정산구분(1.중도정산) '대상자선정' 메뉴실행, 귀속연월(2025/08),
재직기준(2025/08/01~2025/08/31), 지급일자(2025/08/31), 퇴직일자(2025/08/25),
신청일자(2025/08/25), 사원코드(20080103.김소현) 기본정보 탭(퇴직금계산내역 확인),
급여정보 탭(퇴직금계산 → 급여, 상여, 퇴직금 계산 → 급여 및 퇴직금정산내역 확인)
  ➜ 2024

21 ③ [인사/급여관리] → [전표관리] → [전표집계및생성] 지급유형(1.상용직급여), 귀속연월(2025/08),
회계단위(1000.인사1급 회사본사), 결의일자(2025/08/25), 집계사업장(인사1급 회사본사)
  ➜ 오류내역: 전표 집계 시 '계정과목이 지정되지 않은 지급/공제항목이 존재합니다.'
     해당 오류는 '계정과목설정' 메뉴의 계정유형 별 지급/공제항목의 계정코드가 누락되었기 때문에 발생한
     문제이며, 해당 계정과목에 계정코드를 설정하면 해당 오류는 발생하지 않는다.

22 ④ [인사/급여관리] → [연말정산관리] → [근로소득원천징수부] 귀속연도(2024),
사업장(3000.인사1급 부산지점), 김성실 사원의 총급여(상여포함)와 실제원천징수한 소득세 확인
  ➜ 총 급여(상여포함): 57,962,400원, 실제 원천징수한 소득세: 3,739,040원
     (실제 원천징수한 소득세는 '2.차감원천징수액 – 64.소득세'의 합계금액을 확인하여야 한다.)

23 ② [인사/급여관리] → [사업/기타/이자배당소득관리] → [소득자별소득현황] 소득구분(1.거주자 사업소득),
귀속연월(2025/01~2025/06), 지급기간(2025/10/01~2025/06/30) 관련내용 확인
  ➜ ① 가장 많은 소득세를 공제한 소득구분은 '94030.모델'이다.
     ③ 상반기에 발생한 소득은 '1000.인사1급 회사본사' 사업장과 '2000.인사1급 인천지점' 사업장에서 발생
        하였다.
     ④ '940907.음료배달'의 경우 2025/06에만 소득이 발생하였다.

24 ① [인사/급여관리] → [세무관리] → [지방소득세특별징수명세/납부서]
신고서생성 탭, 신고서생성 메뉴실행 → 매월/반기 구분(1.매월), 신고사업장(1000.인사1급 회사본사),
신고구분(1.정기), 귀속연월(2025/08), 지급연월(2025/08), 제출일자(2025/09/10),
급여지급일자(2025/08/25), 신고서생성 → 계속근무자 연말정산 환급액 반영 기준(미적용),
제출일자(2025/09/10), 신고서현황 탭, 조회되는 신고서 선택후 신고서조회, 징수 및 조정명세서 탭,
소득구분(3.사업소득) 소득자별 과세표준 확인
→ 안민서 사원의 과세표준은 190,500원이다.

25 ③ [인사/급여관리] → [기초환경설정] → [인사/급여환경설정] 관련 내용 수정,
원천세 신고유형(1.본점일괄신고), 이행상황신고서집계방식(2.지급연월), 신고서생성기준(귀속연월, 지급연월)
[인사/급여관리] → [세무관리] → [원천징수이행상황신고서] 제출연도(2025),
신고사업장(1000.인사1급 회사본사) → 신고서 추가, 귀속연월(2025/08), 지급연월(2025/08),
제출일자(2025/09/10) → 신고서 생성, 일반 데이터 반영(1.매월 징수분(전체)),
연말정산 소득세, 농특세 반영(미반영) 관련내용 확인
→ ① 각 소득의 총지급액의 합은 198,571,040원이다.
  ② 근로소득 구분에 집계된 근로소득과 일용근로소득은 신고서에서 직접 수정이 가능하다.
  ④ 일용근로소득의 소득세보다 사업소득(매월징수)에서 발생한 소득이 50,070원 더 발생하였다.

인사 1급　2025년 4회 (2025년 7월 26일 시행)

[이론 답안]

1	2	3	4	5	6	7	8	9	10
④	④	③	①	③	④	④	④	③	②
11	12	13	14	15	16	17	18	19	20
④	②	①	아웃소싱	②	④	③	②	②	대역법
21	22	23	24	25	26	27	28	29	30
④	③	②	④	④	실업급여	산업재해 보상보험	④	③	①
31	32	33							
④	단결권 단체행동권 단체교섭권	교대근무							

[풀이]

01 ④
① 이미지 데이터를 효과적으로 분류할 수 있는 딥러닝 알고리즘은 CNN(순환신경망)에 대한 설명이다.
② 고정입력값을 처리하므로, 자연어 분석에 적합하지 않는 것은 CNN(순환신경망)에 대한 설명이다.
③ 시계열 데이터 분석에 최적화되어 인사 평가 등에 주로 활용되는 것은 RNN(합성곱 신경망)에 대한 설명이다.

02 ④ 블록체인은 분산형 데이터베이스의 형태로 데이터를 저장하는 연결구조체이며, 모든 구성원이 네트워크를 통해 데이터를 검증 및 저장하여 특정인의 임의적인 조작이 어렵도록 설계된 저장플랫폼이다. 블록은 거래 건별 정보가 기록되는 단위이며, 블록의 정보와 거래내용을 기록하고 이를 네트워크 참여자들에게 분산 및 공유하는 분산원장 또는 공공거래장부에 해당한다.

03 ③

04 ① 성과측정관리(BSC)는 전략적 기업경영 시스템에 해당한다.
- 전략적 기업경영 시스템: 성과측정관리 '균형성과표'(BSC), 가치중심경영(VBM), 전략계획 수립 및 시물레이션(SFS), 활동기준경영(ABM)
- e-비지니스 지원 시스템: 지식관리시스템(KMS), 의사결정지원시스템(DSS), 경영자정보시스템(EIS), 고객관계관리(CRM), 공급망관리(SCM), 전자상거래(EC)

05 ③ 시스템의 전체 라이프사이클을 통해 발생하는 전체 비용을 계량화한 비용은 총소유비용에 대한 설명이다.

06 ④ 인사부분의 관리 활동 중 인사활동에 대한 평가와 관련된 부분은 인력통제와 관련된 내용이다.
[인사부분의 3대 관리 활동]
- 인력계획: 조직의 목표 달성을 위해 얼마나, 어떤 인력이, 언제, 어디에 필요한지 등을 예측하는 단계
- 인력실천: 인력계획의 내용을 실제로 실행하는 단계(모집, 선발, 배치, 교육, 보상업무 등)
- 인력통제: 인사활동이 계획대로 수행되고 있는지를 점검·평가·조정하는 단계(사후 관리 과정)

07 ④
① 급여관리 업무 중 근무일수를 입력하는 등의 작은 일은 '요소'에 해당한다.
② 비서직의 회의록 작성은 '과업'에 해당하며, 내용의 검토 등은 '요소'에 해당한다.
③ 교육훈련 담당자는 '직무'에 해당하며, 스케줄 확인 등은 '요소'에 해당한다.
• 직종: 직업이라고도 불리며 동일하거나 유사한 직군의 집단
• 직무: 직책상이나 직업상의 맡은 임무
• 과업: 근로자에게 할당된 작업의 최소단위
• 요소: 관련된 동작, 움직임, 정신적 과정을 따로 분리하지 않고 작업이 나누어질 수 있는 최소단위

08 ④ 1명의 작업자가 모든 작업을 수행하던 기존 방식과 달리, 공정들이 여러 개로 나누어져 한 사람이 복수 개의 공정을 전담으로 수행하는 방식은 직무구조설계 방식 중 직무전문화에 해당한다.
• 직무순환: 서로 다른 직무로 종업원을 순환시킴으로써 근로자에게 다른 기술을 경험할 수 있는 기회를 제공하여 여러 직무를 전체적으로 이해하도록 하는 것
• 직무확대: 과업의 다양성을 늘리기 위해 단순히 수평적으로 직무를 확대하는 것
• 직무충실화: 직무 내용의 수직적 측면을 강화하여 직무의 중요성을 높이는 것

09 ③ 직무를 수행하기 위한 학력, 기술, 태도 등을 정리하여, 채용 과정에서 적합한 인재를 선발하는 기준을 제시하고 있는 것으로 직무명세서와 관련된 내용이다.

10 ② 인적자원의 수요와 밀접한 관계를 가진 변수 하나를 선정하여 그 변수와 인적자원 수요 간의 관계가 어떠한 추세인지를 분석하여 미래 수요를 예측하는 것은 추세분석에 대한 설명이다.

11 ④ 선발률이 0에 가까우면 2종 오류는 줄어들지만, 1종 오류가 증가하고, 선발률이 1에 가까우면 2종 오류는 늘어나지만, 1종 오류는 줄어드는 효과가 있다.
• 선발률: 선발 예정자 수에서 총지원자 수로 나눈 값
• 1종 오류: 선발했어야 하는 인원을 놓치게 되는 오류
• 2종 오류: 선발하지 말았어야 하는 인원을 뽑은 오류

12 ② 직무의 요소를 선정하고, 특정 직무의 가중치를 점수화하는 직무평가 방법은 점수법에 대한 설명이다.

13 ① 배치관리 원칙은 적재적소, 능력(실력)주의, 균형주의, 인재 육성주의 등이 있다.

14 아웃소싱
아웃소싱은 내부 인력이나 역량이 부족한 경우 유용한 전략이다.

15 ② 근로자의 장단점과 성과 및 잠재적인 요인의 향상을 위한 제언을 사실적으로 서술하는 방법은 자유기술법에 대한 설명이며, 자유기술법은 간편하지만 비교가 어렵고 평가결과가 상이할 수 있다.

16 ④ 중요사건 기록법은 중요한 사건이 발생할 때마다 그것을 기록한 후 인사평가 시 활용하는 인사평가 방법이다.

17 ③ 능력주의 승진은 일반적으로 전문직, 고위직, 관리자급 계층에 적합하며, 일반직종이나 하위 계층에는 적용이 어려운 구조적 한계가 있다.

18 ② 인력의 외적 유입과 인재풀 확보는 인재관리 영역(채용)에 해당하는 내용이다.

19 ② 레윈의 조직변화 단계(해빙, 변화, 재동결)중 환경의 변화를 인지하여 고정관념을 탈피하여 개방적이고 새로운 관점을 수용하려는 단계는 '해빙'에 대한 설명이다.
• 변화: 기존의 태도, 가치, 행동 등을 새로운 것들로 대체하기 위한 단계
• 재동결: 조직의 새로운 가치, 행동, 정책 등을 공식화하고 변화에 부합하는 직원들을 보상하는 단계

20 대역법

21 ④ 임금의 의미 중 종업원의 입장에서의 신분 및 지위의 상징에 대한 설명이다.

22 ③ 육아휴직 급여는 통상임금을 기준으로 적용한다.
• 통상임금: 평균임금의 최저한도, 해고예고수당, 연장.야간.휴일근로수당, 출산전후휴가급여 등
• 평균임금: 퇴직급여, 휴업수당, 재해보상 및 산업재해보상보험급여, 구직급여 등

23 ② A(임프로쉐어), B(스캔론 플랜), C(럭커 플랜)
- A: 표준시간과 실제시간을 비교하여 효율성을 기반으로 성과급 산정 ➜ 임프로쉐어
- B: 제안제도와 참여 중심으로 성과급 산정 ➜ 스캔론 플랜
- C: 부가가치 수준을 기준으로 성과급 산정 ➜ 럭커 플랜

24 ④ 소득을 지급하는 자가 그 지급받는 자의 조세를 징수하여 국가 및 지방자치단체에 납부하는 제도는 원천징수에 대한 설명이다.
- 종합과세: 이자, 배당, 사업, 근로, 연금, 기타소득 등을 합산하여 하나의 과세표준을 대상으로 세율을 적용
- 장기간에 걸쳐 발생하는 퇴직소득 또는 양도소득이 해당하며, 다른 소득과 합산하지 않고 별도로 과세하는 제도

25 ④ 직원들에게 복리후생에 대한 선택권을 부여하여, 자기 필요에 맞는 복지항목을 선택하게 하는 복리후생 제도는 카페테리아형 복리후생에 대한 설명이다.
- 홀리스틱: 근로자를 전인적 인간으로서 육체적·심리적·정신적 측면에서 균형된 삶을 추구할 수 있도록 지원하는 제도
- 라이프 사이클: 근로자의 초기 직장생활에서 정년퇴직할 때까지 연령에 따라 변하는 생활패턴과 의식 변화를 고려하여 복리후생 프로그램을 달리하는 제도

26 실업급여

27 산업재해보상보험(산재보험)

28 ④
① 근로기준법은 연소근로자 등 대상에 따라 일부 기준이 다르게 적용된다.
② 연장근로시간은 휴게시간을 제외하고 52시간 한도 내에서 가능하다.
③ 야간근로는 오후 10시부터 다음날 오전 6시까지를 의미하며, 야간근로수당은 통상임금의 50%를 가산한다.

29 ③ 상시 연장근로를 허용하거나 야간 및 주말근무를 자율에 맡기는 것은 근로기준법에 위배되는 내용이다.

30 ① 종업원지주제와 스톡옵션제도는 자본참가 제도이며, 노사공동결정제도, 노사협의제도는 의사결정참가제도이다.

31 ④ 단체협약을 체결하지 못할 경우 선택할 수 있는 파업, 태업, 보이콧 등은 근로자 측의 쟁의행위에 해당한다.

32 단결권, 단체행동권, 단체교섭권
[노동(근로) 3권]
- 단결권: 노동자들이 근로 조건 향상을 위하여 노동조합을 조직할 권리
- 단체교섭권: 노동조합을 통해 사용자와 협상할 권리
- 단체행동권: 자신들의 주장을 관철하기 위해 쟁의행위를 할 수 있는 권리

33 교대근무(교대근무제도, 교대근무제)

[실무 답안]

1	2	3	4	5	6	7	8	9	10
②	③	③	④	①	①	②	②	④	①

11	12	13	14	15	16	17	18	19	20
③	①	②	④	③	①	④	②	①	④

21	22	23	24	25					
③	②	③	①	④					

[풀이]

01 ② [시스템관리] → [회사등록정보] → [사업장등록] 관련내용 확인
→ '2000.인사1급 인천지점' 사업장의 주업종코드는 '369301.제조업'이며, 원천징수이행상황신고서 신고 시 '월별' 신고를 진행하는 사업장이다.

02 ③ [시스템관리] → [회사등록정보] → [부서등록] 관련내용 확인
→ '6000.연구부문'에 속한 부서 중 '6100.연구개발부'는 현재 사용기간이 만료 된 부서이다.

03 ③ [인사/급여관리] → [기초환경설정] → [인사/급여환경설정] 관련 내용 확인
→ A: '코드설정' 메뉴에서 확인되는 비과세 적용 직종은 '002.생산직', '003.연구직'이다. (O)
B: 월일수 산정 기준이 '당월일'이므로, 7월 귀속 기준일수는 '31일'이다. (X)
C: 입사자의 기준은 월일(25일)이므로, 25일 초과 근무 시 월 급여를 지급한다. (O)
D: 집계항목 확인 시 건강보험료정산 코드로 'S11.건강보험정산' 코드가 설정되어 있다. (O)

04 ④ [인사/급여관리] → [기초환경설정] → [호봉테이블등록] 대상직급(과장) 호봉 등록 후 6호봉 합계금액 확인
• 호봉이력(시작년월: 2025/07) 입력
• [일괄등록] 기본급: 초기치(3,300,000원) 증가액(100,000원), 급호수당: 초기치(150,000원) 증가액(15,000원), 연장수당: 초기치(100,000원) 증가액(10,000원)
• [일괄인상] 기본급: 정률 5.5%, 급호수당: 정률 2.3% → '정률적용'
• [일괄인상] 연장수당: 3,000원 → '정액적용'
→ 호봉 등록 후 확인되는 800.과장 직급의 6호봉 합계액은 4,392,175원이다.

05 ① [인사/급여관리] → [기초환결성정] → [지급공제항목등록] 급여구분(급여), 지급/공제구분(지급), 귀속연도(2025년) '마감취소' 후 수당별 관련내용 확인
→ 'P10.연장근로수당'은 'O01.야간근로수당' 비과세 적용 기준요건인 월정급여에 포함되지 않는 항목이며, '002.생산직' 직종일 경우 '총연장근무시간 × 시급 × 1.5'로 지급된다.

06 ① [인사/급여관리] → [기초환경설정] → [급/상여지급일자등록] 귀속연월(2025/06) 급/상여 관련내용 확인 급여의 '지급직종및급여형태'에 반영된 정보와 일치하는 대상자는 '상용직급여입력및계산' 메뉴에 자동 반영된다.

07 ② [인사/급여관리] → [인사관리] → [교육현황] 교육별사원현황 탭, 교육명(620.ERP 활용 교육) 교육평가 결과 확인
→ 교육평가 결과가 'A등급'인 사원: 김민주, 박성호, 최영우 등 총 3명
교육평가 결과가 'B등급'인 사원: 김도균, 최명수, 최현주, 윤태경 등 총 4명
교육결과 포상금: (교육평가 A등급(300,000원) × 3명 + 교육평가 B등급(100,000원) × 4명)
= 1,300,000원

08 ② [인사/급여관리] → [인사관리] → [사원정보현황] 조회조건(1.사업장: 전체), 동호회 탭, 퇴직자 제외 선택, '500.런닝동호회'에 가입된 사원 확인
→ '이준상' 사원은 동호회에서 탈퇴(2021/12/31)한 상태이다.

09 ④ [인사/급여관리] → [인사관리] → [인사정보등록] 사원별 관련내용 확인
→ 윤태경 사원의 직급은 '대리'이며, 학자금상환 대상자로 상환통지액은 '200,000원'이다.

10 ① [인사/급여관리] → [인사관리] → [근속년수현황] 퇴사자(0.제외), 기준일(2025/06/30), 년수기준(1.미만일수 버림), 경력포함(0.제외) 근속년수현황별 수당 지급 대상자 확인
→ 특별근속수당: 15년 초과(900,000원) + 20년 초과(1,200,000원) + 25년 초과(750,000원)
= 2,850,000원
(15년 초과(20년 이하) 6명 × 150,000원 + 20년 초과(25년 이하) 6명 × 200,000원
+ 25년 초과(30년 이하) 3명 × 250,000원)

11 ③ [인사/급여관리] → [인사관리] → [인사정보등록] 이민성 사원 선택, 재직정보 탭에서 휴직기간 등록,
시작일(2025/07/01), 종료일(2025/07/18), 휴직사유(200.병가), 휴직지급률(80%), 퇴직기간적용(001.함)
[인사/급여관리] → [급여관리] → [상용직급여입력및계산] 귀속연월(2025/07),
지급일(1.2025/07/25 급여), 조회되는 전체사원 선택, '급여계산' 후 급여총액 탭에서 과세총액 확인
→ 해당 지급일자의 지급인원(12명)의 과세총액은 52,745,920원이다.

12 ① [인사/급여관리] → [기초환결성정] → [지급공제항목등록] 급여구분(특별급여), 지급/공제구분(지급),
귀속연도(2025년) '마감취소' 후 지급항목(P05.특별급여)의 직종별 특별수당 입력(001.사무직: 계산
'책정임금의 월급 × 0.3', 002.생산직: 금액 '1,000,000원', 003.연구직: 금액 '1,500,000원')
[인사/급여관리] → [급여관리] → [상용직급여입력및계산] 귀속연월(2025/07),
지급일(2.2025/07/25 특별급여), 조회되는 전체사원 선택, '급여계산' 후 급여총액 탭에서 과세총액 확인
→ 과세총액: 17,360,380원

13 ② [인사/급여관리] → [급여관리] → [급/상여이체현황] 소득구분(1.급상여), 귀속연월(2025/06),
지급일(2.2025/07/10 상여), 무급자(1.제외), 조회조건(1사업장, 1000.인사1급 회사본사)
급/상여 이체현황 확인
→ 해당 조건의 대상자 중 가장 많은 금액의 급/상여가 이체된 사원은 '최명수' 사원이며, 금액이 가장 큰
'장명훈' 사원은 현금으로 지급 받았다.

14 ④ [인사/급여관리] → [급여관리] → [근태결과입력] 귀속연월(2025/06), 지급일(1.2025/06/25 급여),
김도균 사원의 근태결과 확인
(평일연장근무: 16시간, 토일연장근무: 6시간 45분, 평일심야근무: 6시간, 토일심야근무: 2시간 15분)
사원명(김도균)선택, 마우스 오른쪽 버튼 누른 후 사원정보 메뉴에서 책정임금의 시급(18,315원) 확인
→ 1유형근무수당: (총 연장근무 22.75) × 1.5 × 18,315원 = 1,041,660원(1,041,665.625원)
2유형근무수당: (총 심야근무 8.25) × 2 × 18,315원 = 453,290원(453,296.25)
초과근수당: 1유형근무수당(1,041,660원) + 2유형근무수당(453,290원) = 1,494,950원

15 ③ [인사/급여관리] → [급여관리] → [항목별급상여지급현황] 귀속연월(2025/04~2025/06),
지급구분(200.상여), 사업장(1000.인사1급 회사본사), 집계구분(1.부서별)
부서별 상여 지급현황 확인
→ 국내영업부의 소득세 총액은 5,857,620원이다.

16 ① [인사/급여관리] → [일용직관리] → [일용직급여지급일자등록] 귀속연월(2025/07), 지급일(1.매일지급)
부서(1100.총무부, 1200.경리부), 급여형태(004.시급) 조회되는 대상자 전체 선택후 대상자 추가
[인사/급여관리] → [일용직관리] → [일용직급여입력및계산] 귀속연월(2025/07), 지급일(1.매일지급)
조회되는 전체사원 선택, 일괄적용(일괄적용시간: 평일 10시간, 비과세(신고제외분): 10,000원)
일괄적용(일괄적용시간: 토요일 4시간) 일용직급여 관련내용 확인
→ 해당 지급일의 사원 중 '박현지', '김유라'는 소득세를 공제하지 않고 급여를 지급 받았다.

17 ④ [인사/급여관리] → [일용직관리] → [일용직사원등록] 사원코드(1016), 사원명(이재문) 등록
기본정보 탭, 이재문 사원의 정보등록, 입사일자(2025/07/07), 주민등록번호(920101-1234567),
부서(4100.생산부), 급여형태(004.시급), 급여/시간단가(36,140원), 생산직비과세적용(함),
고용보험여부(여), 국민연금여부(여), 건강보험여부(여)
[인사/급여관리] → [일용직관리] → [일용직급여입력및계산] 귀속연월(2025/07), 지급일(2.일정기간지급)
'대상자추가' 메뉴실행 → 이재문 사원 추가, 전체사원 선택
일괄적용(일괄적용시간: 평일 10시간, 비과세(신고제외분): 12,000원) 급여총액 탭, 차인지급액 확인
→ 급여총액 탭에서 확인되는 지급대상자(7명)의 차인지급액은 37,124,700원이다.

18 ② [인사/급여관리] → [급여관리] → [연간급여현황] 조회기간(2025/04~2025/06), 분류기준(과세/비과세),
사업장조회조건(1사업장, 1000.인사1급 회사본사) 사용자부담금(1.포함) 해당 기간의 과세/비과세 총액 확인
→ 과세총액: 249,708,780원, 비과세총액: 11,658,660원

19 ① 인사/급여관리] → [퇴직정산관리] → [퇴직기준설정] '마감취소' 후 관련내용 확인
→ A: 노동부기준은 적용하지 않고, 평균임금 기간 산정 시 전월을 기준으로 3개월을 산정한다. (X)
B: 임원누진만 적용하고 있으며, 적용유형은 '001.기간'이고, 적용방식은 '001.가산일수'이며, 대표이사일 때 가산일수가 200일 적용된다. (X)
C: 비과세 항목은 퇴직금 계산 시 사용할 수 있으며, 근속일수에 퇴사일을 포함한다. (X)
D: 퇴직금 계산시 '일할'로 설정되어 있으며, 연차수당코드는 'P80.연차수당'을 사용한다. (X)

20 ④ [인사/급여관리] → [퇴직정산관리] → [퇴직기준설정] '마감취소' 후 관련기준 설정, 기본설정 탭
(평균임금: 일평균 임금), 지급항목설정 탭(지급항목: 기본급, 직무발명보상금, 근속수당, 영업촉진비, 상여)
[인사/급여관리] → [퇴직정산관리] → [퇴직금산정] 신고귀속(2025), 귀속연도(2025),
사업장(1000.인사1급 회사본사), 정산구분(1.중도정산) '대상자선정' 메뉴실행, 귀속연월(2025/07),
재직기준(2025/07/01~2025/07/31), 지급일자(2025/07/31), 퇴직일자(2025/07/25),
신청일자(2025/07/25), 사원코드(20080103.김민주) 기본정보 탭(퇴직금계산내역 확인),
급여정보 탭(퇴직금계산 → 급여, 상여, 퇴직금 계산 → 급여 및 퇴직금정산내역 확인)
→ ① 중도 정산 시 누진이 적용되지 않았으며, 산정된 급여의 합계는 17,283,870원이다.
② 중도 정산 시 퇴직금은 119,017,020원 이며, 퇴직금 계산 기간 내 지급된 상여금은 11,880,820원이다.
③ 근속기간은 17년 9개월 23일, 근무일수는 91일 이며, 실제 지급된 퇴직금은 116,342,900원이다.
(중도 퇴사자의 평균임금은 급여정보 아래쪽 '퇴직금 계산 상세내역'에서 확인 가능함)

21 ③ [인사/급여관리] → [전표관리] → [전표집계및생성] 지급유형(1.상용직급여), 귀속연월(2025/06),
회계단위(1000.인사1급 회사본사), 결의일자(2025/06/30), 집계사업장(인사1급 회사본사,
인사1급 인천지점, 급여구분: 급여, 상여) 계정과목별 금액 확인
→ 당좌예금은 226,889,190원이다.

22 ② [인사/급여관리] → [기초환경설정] → [인사/급여환경설정] 관련 내용 수정,
원천세 신고유형(1.본점일괄신고), 이행상황신고서집계방식(3.귀속, 지급연월)
[인사/급여관리] → [세무관리] → [원천징수이행상황신고서] 제출연도(2025),
신고사업장(1000.인사1급 회사본사) → 신고서 추가, 신고구분(1.정기), 귀속연월(2025/06),
지급연월(2025/06), 소득처분여부(1.비해당), 제출일자(2025/07/10) → 신고서 생성,
일반 데이터 반영(1.매월 징수분(전체)), 연말정산 소득세, 농특세 반영(미적용))
근로소득 총지급액과 소득세 확인
→ 근로소득 총지급액: 110,551,640원, 소득세: 5,294,260원

23 ③ [인사/급여관리] → [기초환경설정] → [인사/급여환경설정] 관련 내용 수정,
지방소득세/주민세(종업원분)집계방식(1.귀속연월)
[인사/급여관리] → [세무관리] → [지방소득세특별징수명세/납부서]
신고서생성 탭, 신고서생성 메뉴실행 → 매월/반기 구분(1.매월), 신고사업장(0000.전체),
신고구분(1.정기), 귀속연월(2025/06), 지급연월(2025/06), 제출일자(2025/07/10),
급여지급일자(2025/06/30), 신고서생성 → 계속근무자 연말정산 환급액 반영 기준(미적용),
제출일자(2025/07/10), 신고서현황 탭, 조회되는 신고서 선택후 신고서조회, 징수 및 조정명세서 탭,
소득구분(4.근로소득) 소득자별 과세표준 확인
→ 조선우 사원의 산출세액은 186,280원이다.

24 ① [인사/급여관리] → [퇴직정산관리] → [퇴직금추계액] 추계코드 메뉴에서 퇴직 추계코드 설정
(코드: 20245, 코드명: 2025년 퇴직금추계액, 기준연월: 2025/06, 대상자: 인사1급 회사본사 '사원',
인사1급 대구지점 '사원'), 추계코드(2025.2025년 퇴직금추계액) 선택 후 퇴직추계액 확인
→ 퇴직급여충당부채: 퇴직급여추계액(1,145,855,030원) × 40% = 458,342,010원

25 ④ [인사/급여관리] → [급여관리] → [수당별연간급여현황] 조회기간(2025/01~2025/06),
수당코드(T10.지방소득세), 사업장(1000.인사1급 회사본사) 사원별 지방소득세 공제액 확인
→ 지방소득세: 박용덕(233,200원), 이준상(218,020원) 장명훈(619,420원), 최현주(216,580원)

인사 1급 2025년 3회 (2025년 5월 24일 시행)

[이론 답안]

1	2	3	4	5	6	7	8	9	10
①	④	④	④	③	①	④	④	③	②
11	12	13	14	15	16	17	18	19	20
①	④	③	관찰법	②	④	②	④	④	코칭리더십
21	22	23	24	25	26	27	28	29	30
④	①	③	③	②	납세지	9.5	②	③	③
31	32	33							
③	채무적효력	기업별교섭							

[풀이]

01 ① 인사부서 내 경험 많은 관리자 개인의 직관에 따라 승진자 명단을 결정하는 것은 보기의 내용과 무관하다.

02 ④ 인사 자료와 관련된 단순 업무를 자동화하고자 RPA(로봇 프로세스 자동화)를 도입하는 것은 RPA 적용 단계 중 '기초프로세스 자동화' 단계에 대한 설명이며, 자연어 처리 기술을 연동하여 이미지에서 이력서 정보를 추출하는 것은 '데이터 기반의 딥러닝 및 머신러닝 활용' 단계이다.

03 ④ 클라우드 ERP는 장소와 시간에 무관하게 사용 가능하며, 별도의 서버 장비의 구매가 필요 없어 초기 진입 장벽이 낮고 기술적인 관리부담이 없다는 장점이 있다.

04 ④ ERP의 발전과정은 'MRP Ⅰ(자재수급관리) → MRP Ⅱ(제조자원관리) → ERP(전사적 자원관리) → 확장형 ERP(기업간 최적화)'이다.

05 ③ 구조화된 데이터와 문서, 소셜미디어 포스트, 영상자료 등 비구조화된 데이터를 동시에 활용 가능한 것은 비즈니스 애널리틱스에 대한 설명이다.

06 ① 근로자들의 안전한 작업환경과 복리후생 및 노동조건을 포함하여 근로자 생활의 질 향상을 도모하는 것은 인적자원개발(교육훈련, 경력개발)의 범위를 초과하는 노무관리에 대한 설명이다.

07 ④ 직무관리의 절차는 '직무분석 ➡ 직무기술서(업무) 및 직무명세서(사람) 작성 ➡ 직무평가'이다.
(가) 직무의 상대적 가치를 평가하고, 적정 임금 수준을 산정 ➡ 직무평가
(나) 근로자들의 근무 환경을 파악하기 위해 인터뷰와 관찰을 실시 ➡ 직무분석
(다) 근로자들의 업무 내용과 책임, 직무목적을 문서화하고, 해당 직무에 필요한 인적 요건을 정리
　　➡직무명세서 및 직무기술서 작성

08 ④ 특정 직무를 기준으로 삼고, 나머지 직무를 그 기준과 단순히 대조하여 상대적 가치를 판단하는 것은 인사 평가 방법 중 대조법에 대한 설명으로, 직무평가 방법과는 무관하다.

09 ③ 다른 부서로의 이동확률을 계산하고, 이를 기반으로 미래를 예측하는 것은 인적자원의 내부적 공급예측 방법 중 마코드분석에 대한 설명이다.
- 관리자 목록: 조직 내 모든 관리자의 관리능력을 포함하여 그들의 자세한 정보를 모아놓은 목록
- 델파이기법: 설문조사 등의 방법으로 다수 전문가들의 의견을 수렴하여 미래 상황을 예측하는 기법
- 명목집단법: 서로 다른 분야에 근무하는 사람들을 명목상으로 집단으로 간주하여 그들에게 자유로운 아이디어를 문서로 받아 반대 논쟁을 최소화하는 과정을 통해 문제해결을 시도하는 기법

10 ② 인력 과잉에 대한 전략 중 조직의 경쟁력을 높이기 위해 다수의 인력을 감축하는 것은 다운사이징에 대한 설명이다.

11 ① 현직 근로자의 시험성적과 직무성과를 비교하여 선발 도구의 타당성을 검사하는 것은 동시타당성에 대한 설명이다.
- 예측타당성: 선발시험을 실시하여 합격한 지원자의 시험성적(예측치)과 입사 후의 직무성과(표준치)를 비교하여 선발시험의 타당성을 측정
- 내용타당성: 요구하는 내용을 선발 도구가 얼마나 잘 나타내는지를 논리적으로 판단하여 선발시험의 문항 내용이 직무성과와의 관련성을 잘 나타내는지를 측정
- 구성타당성: 시험의 이론적 구성과 가정을 측정

12 ④ 사내공모제도를 통한 특정부서 선발 시 연고주의를 고집할 경우, 조직 내 파벌이 조성될 수 있다는 단점이 있다.

13 ③ 피면접자에 대한 정보가 없는 상태에서 면접을 진행하여, 출신지, 학력, 성별 등 차별을 야기할 수 있는 항목을 배제하는 선발 방법은 블라인드 면접에 대한 설명이다.
- 패널면접: 다수의 면접자가 한 명의 지원자를 면접하기 때문에 선발결과의 타당성을 확보할 수 있으나, 지원자는 심리적으로 위축될 수 있다.
- 스트레스면접: 피면접자의 스트레스 상태에서 나타나는 감정 조절 및 인내도를 관찰하기 위해 공격적으로 지원자를 압박하는 등의 면접 방법

14 관찰법

15 ② 인사평가는 정성·정량을 포함하며, 직무적합성도 중요한 평가요소에 해당된다.

16 ④ 강제할당법은 미리 정해놓은 비율에 따라 피평가자들을 평가하는 방법으로 실제 성과분포와 미리 정해 놓은 비율이 다르게 나타나므로, 실제 성과분포와 일치하지 않을 수 있다.

17 ② (가) 친교성, (나) 생산성, (다) 통합성

18 ④ 조직수준, 직무수준, 개인수준을 고려하기 위해 자료조사법, 질문지법, 작업표본법, 전문가 자문법, 델파이기법 등 다양한 방법론을 활용하는 것은 교육훈련의 필요성을 분석하는 초기단계에서 진행되는 내용이다.

19 ④ 인사이동은 공정성을 훼손하지 않는 상황에서 종업원의 만족도 극대화를 위해 일부 개인적인 상황이 고려되는 경우도 있다.

20 코칭리더십

21 ④
- ① 임금수준 결정 시 노동시장의 요인(동일 업종의 임금수준, 노동력의 수요와 공급, 정부규제 등)을 고려하여야 한다.
- ② 근로자의 생계는 임금 수준 결정의 하한선이며, 기업의 지불능력은 상한선 요인이다.
- ③ 최저임금제도는 근로자의 생계를 보호가 목적이지 기업의 이윤확보를 위한 것은 아니다.

22 ① 대부분 사무직인 은행의 경우 직무에 따라 급여를 지급하는 직무급 혹은 직능급이 적절하다.

23 ③
　① 가족수당은 법정수당이 아니며, 주로 회사 내규에 따라 결정된다.
　② 연장근로수당은 통상임금을 기준으로 산정된다.
　④ 휴업수당은 사용자 귀책일 경우에 지급하며, 평균임금을 기준으로 산정된다.
　• 통상임금: 평균임금의 최저한도, 해고예고수당, 연장.야간.휴일근로수당, 출산전후휴가급여 등
　• 평균임금: 퇴직급여, 휴업수당, 재해보상 및 산업재해보상보험급여, 구직급여 등

24 ③ 과세방법 중 이자, 배당, 사업, 근로, 연금, 기타소득 등을 합산하여 하나의 과세표준을 대상으로 세율을 적용하는 것은 종합과세에 대한 설명이다.
　• 분류과세: 장기간에 걸쳐 발생하는 퇴직소득 또는 양도소득이 해당하며, 다른 소득과 합산하지 않고 별도로 과세하는 제도
　• 분리과세: 특정 소득에 대해 원천징수로 납세의무가 종결되는 과세 제도
　　(2,000만원 이하의 금융소득 및 일용근로소득, 복권당첨소득 등이 해당)

25 ② 위탁아동공제는 인적공제 중 기본공제에 해당한다.
　• 기본공제: 본인, 배우자, 부양가족(직계존속, 형제자매, 직계비속, 위탁아동, 수급자 등)
　• 추가공제: 경로우대, 장애인, 부녀자, 한부모

26　납세지

27　9.5
　국민연금보험료는 가입자의 [기준 소득월액 x 9.5%]이며, 가입자와 사용자가 각각 4.75% 부담하게 된다.

28 ② 업무의 성질상 업무수행 방법을 근로자 재량에 맡길 필요가 있는 경우 사용자가 근로자 대표와 서면합의로 정한 시간을 근로한 것으로 인정하는 제도는 재량근로시간에 대한 설명이다.
　• 선택적 근로시간제: 1개월 이내의 정산기간을 평균으로 1주 평균 근로시간이 주 40시간을 초과하지 않는 범위 내에서 종업원이 자율적으로 1일 또는 1주 근무시간을 자유롭게 조정하는 근무형태
　• 탄력적 근로시간제: 일정한 기간 내에서 어느 주 또는 어느 날의 근로시간을 탄력적으로 배치하여 운영하는 근무형태

29 ③
　① 주 40시간 초과 시 100분의 50 이상을 가산하여 지급하여야 한다.
　② 18세 미만의 경우 35시간 초과 시 100분의 50 이상을 가산하여 지급하여야 한다.
　④ 8시간을 초과하는 휴일 근로 시 100분의 50 이상을 가산하여 지급하여야 한다.

30 ③ 제품구입 거절 등의 형태로 나타나는 집단적인 불매운동은 보이콧에 대한 설명이다.
　• 파업: 노동조합의 대표적 쟁의행위로 사용자에 대한 근로자의 노동력 제공을 거부하는 행위
　• 태업: 노동조합이 조합원의 노동력을 부분적으로 통제하여 작업능률을 떨어뜨리는 행위
　• 피케팅: 파업의 효율성을 위하여 파업 피참여자에게 쟁의행위에 참여할 것을 호소하는 행위

31 ③ 노동조합에 가입된 이후 일정기간 동안은 노동조합원으로서 자격을 유지하어여야 하는 것은 노동조합의 가입 방법(변형적 형태)중 메인터넌스 숍에 대한 설명이다.
　• 클로즈드 숍: 노동조합에 가입된 근로자만 채용하는 제도
　• 에이전시 숍: 노동조합의 가입을 강제하지는 않지만, 모든 종업원에게 노동조합비를 징수하는 제도
　• 프리퍼렌셜 숍: 종업원 채용 시 비조합원보다는 조합원에게 고용상의 혜택을 부여하는 제도

32　채무적효력

33　기업별교섭

[실무 답안]

1	2	3	4	5	6	7	8	9	10
④	③	③	②	①	④	①	②	④	①

11	12	13	14	15	16	17	18	19	20
①	②	②	③	③	②	④	①	①	③

21	22	23	24	25					
④	④	④	②	③					

[풀이]

01 ④ [시스템관리] → [회사등록정보] → [사업장등록] 관련내용 확인
→ '4000.인사1급 강원지점' 사업장은 원천징수이행상황신고는 '반기'이며, 관할세무서는 '221.춘천'이다.

02 ③ [시스템관리] → [회사등록정보] → [부서등록] 관련내용 확인
→ '1000.관리부문'에 속한 부서 중 현재 사용기간이 만료된 부서는 총 3개이다.

03 ③ [인사/급여관리] → [기초환경설정] → [인사/급여환경설정] 관련 내용 확인
→ A: 월일수 산정 기준은 '당월일'이며, 적용 일수는 30일이다. (O)
　 B: '생산직'과 '환경직'의 출결마감 기준일은 전월 25일에서 당월 24일 까지이다. (O)
　 C: 퇴사자의 급여 계산 기준은 '월일(25일)'이므로, 25일 초과 근무 시 월 급여를 지급한다. (X)
　 D: 관리할 고용구분으로 '001.상용직', '005.관리직', '006.파견직' 코드가 설정되어 있다. (O)

04 ② [인사/급여관리] → [기초환경설정] → [호봉테이블등록] 대상직급(과장) 호봉 등록 후 5호봉 합계금액 확인
• 호봉이력(시작년월: 2025/08) 입력
• [일괄등록] 기본급: 초기치(3,000,000원) 증가액(100,000원), 급호수당: 초기치(200,000원)
　증가액(10,000원), 연장수당: 초기치(70,000원) 증가액(5,000원)
• [일괄인상] 기본급: 정률 4.5%, 급호수당: 정률 2% → '정률적용'
• [일괄인상] 연장수당: 2,000원 → '정액적용'
→ 호봉 등록 후 확인되는 800.과장 직급의 5호봉 합계액은 3,889,800원이다.

05 ① [인사/급여관리] → [기초환결성정] → [지급공제항목등록] 급여구분(급여), 지급/공제구분(지급),
귀속연도(2025년) '마감취소' 후 수당별 관련내용 확인
→ 'P10.연장근로수당'은 'O01.야간근로수당' 비과세 적용 기준요건인 월정급여에 포함되지 않는 항목이다.

06 ④ [인사/급여관리] → [기초환경설정] → [급/상여지급일자등록] 귀속연월(2025/04) 급/상여 관련내용 확인
퇴사자의 상여 지급기준이 '월'이므로, 근무일수에 상관없이 '월할'로 지급한다.

07 ① [인사/급여관리] → [인사관리] → [교육현황] 교육별사원현황 탭, 교육명(917.2025년 1분기 내부교육)
교육평가 결과 확인
→ 교육평가 결과가 'A등급'인 사원: 3명, 교육평가 결과가 'B등급'인 사원: 3명
　 교육결과 포상금: (교육평가 A등급(200,000원) × 3명 + 교육평가 B등급(100,000원) × 3명)
　 = 900,000원

08 ② [인사/급여관리] → [인사관리] → [사원정보현황] 조회조건(1.사업장: 전체), 자격/면허 탭,
퇴직자 제외 선택, 특별자격수당 지급을 위한 자격별(유효기간: 2025/05, 수당여부: 해당) 인원 확인
• 자격증(100.정보기술자격(ITQ)): 박국현, 오진형, 이자연 등 총 3명
• 자격증(200.ERP정보관리사1급): 김종욱, 엄현애, 오진형 등 총 3명
→ 자격증(100.정보기술자격(ITQ)) 수당: 40,000원 × 3명 = 120,000원
　 자격증(200.ERP정보관리사1급) 수당: 60,000원 × 3명 = 180,000원
　 특별자격수당은 총 300,000원

09 ④ [인사/급여관리] → [인사관리] → [인사정보등록] 사원별 관련내용 확인
→ 고진수 사원은 생산직총급여 과세 대상자이며, 배우자 공제를 적용 받는다.

10 ① [인사/급여관리] → [인사관리] → [근속년수현황] 퇴사자(0.제외), 기준일(2025/04/30),
년수기준(1.미만일수 버림), 경력포함(0.제외) 근속년수현황별 수당 지급 대상자 확인
→ 특별근속수당: 15년 초과(900,000원) + 20년 초과(1,800,000원) = 2,700,000원
(15년 초과(20년 이하) 6명 × 150,000원 + 20년 초과(25년 이하) 9명(30년 이하 1명 포함) × 200,000원)

11 ① [인사/급여관리] → [인사관리] → [인사정보등록] 최명수 사원선택, 급여정보 탭, 책정임금 등록
(계약시작년월: 2025/05, Ctrl+F3 실행, 연봉: 52,000,000원)
[인사/급여관리] → [급여관리] → [상용직급여입력및계산] 귀속연월(2025/05),
지급일(1.2025/05/25, 급여), 전체사원 선택, '급여계산' 후 과세총액 확인
→ 해당지급일자의 과세총액은 61,883,760원이다.

12 ② [인사/급여관리] → [기초환경설정] → [급/상여지급일자등록] 귀속연월(2025/05), 지급일자등록
(지급일: 2025/05/31, 동시발행: 분리, 대상자선정: 직종및급여형태별, 급여구분: 특별급여,
지급직종및급여형태: '1000.인사1급 회사본사'를 제외한 전체 사업장 선택, 직종: 전체, 급여형태: 전체)
[인사/급여관리] → [급여관리] → [상용직급여입력및계산] 귀속연월(2025/05),
지급일(2.2025/05/31 특별급여), 조회되는 전체사원 선택, '급여계산' 후 관련내용 확인
→ 해당 지급일의 지급인원 중 실제 지급액이 가장 적은 사원은 '김성실'이며, 직종별로 다른 특별급여를
지급받았다.

13 ② [인사/급여관리] → [급여관리] → [급/상여이체현황] 소득구분(1.급상여), 귀속연월(2025/04),
지급일(1.2025/04/25 급여), 무급자(1.제외), 조회조건(1사업장, 1000.인사1급 회사본사)
급/상여 이체현황 확인
→ 총 4개의 금융기관에서 급여를 이체하였으며, 김성실 사원은 현금으로 지급하였다.

14 ③ [인사/급여관리] → [급여관리] → [근태결과입력] 귀속연월(2025/04), 지급일(1.2025/04/25 급여),
이서윤 사원의 근태결과 확인
(평일연장근무: 12시간 45분, 토일연장근무: 4시간, 평일심야근무: 6시간 15분)
사원명(이서윤)선택, 마우스 오른쪽 버튼 누른 후 사원정보 메뉴에서 책정임금의 시급(14,506원) 확인
→ 1유형근무수당: (총 연장근무 16.75) × 2 × 14,506원 = 485,950원(485,951원)
2유형근무수당: (총 심야근무 6.25) × 2.5 × 14,506원 = 226,650원(226,656.25원)
초과근수당: 1유형근무수당(485,950원) + 2유형근무수당(226,650원) = 712,600원

15 ③ [인사/급여관리] → [급여관리] → [항목별급상여지급현황] 귀속연월(2025/01~2025/03),
지급구분(100.급여), 사업장(1000.인사1급 회사본사), 집계구분(2.직종별)
직종별 급여 지급현황 확인
→ 연구직의 근속수당은 2,100,000원이다.

16 ② [인사/급여관리] → [일용직관리] → [일용직급여지급일자등록] 귀속연월(2025/05), 지급일(1.매일지급)
부서(3200.관리부, 5100.자재부), 급여형태(004.시급) 조회되는 대상자 전체 선택후 대상자 추가
[인사/급여관리] → [일용직관리] → [일용직급여입력및계산] 귀속연월(2025/05), 지급일(1.매일지급)
조회되는 전체사원 선택, 일괄적용(일괄적용시간: 평일 10시간, 비과세(신고제외분): 12,000원)
일괄적용(일괄적용시간: 토요일 4시간) 일용직급여 관련내용 확인
→ 해당 지급일의 사원 중 '이민구' 사원은 생산직 비과세 적용 대상자가 아니다.

17 ④ [인사/급여관리] → [일용직관리] → [일용직사원등록] 사원코드(1018), 사원명(조선우) 등록
기본정보 탭, 조선우 사원의 정보등록, 입사일자(2025/05/07), 주민등록번호(000101-3234567),
부서(4100.생산부), 급여형태(004.시급), 급여/시간단가(54,100원), 생산직비과세적용(함),
고용보험여부(여), 국민연금여부(여), 건강보험여부(여)
[인사/급여관리] → [일용직관리] → [일용직급여입력및계산] 귀속연월(2025/05), 지급일(2.일정기간지급)
'대상자추가' 메뉴실행 → 조선우 사원 추가, 전체사원 선택
일괄적용(일괄적용시간: 평일 10시간, 비과세(신고제외분): 12,000원) 급여총액 탭, 차인지급액 확인
→ 급여총액 탭에서 확인되는 지급대상자(8명)의 차인지급액은 49,748,130원이다.

18 ① [인사/급여관리] → [급여관리] → [연간급여현황] 조회기간(2025/01~2025/03), 분류기준(과세/비과세),
사업장조회조건(1사업장, 1000.인사1급 회사본사) 사용자부담금(0.제외) 해당 기간의 과세/비과세 총액 확인
➔ 과세총액: 184,290,150원, 비과세총액: 4,800,000원

19 ① [인사/급여관리] → [퇴직정산관리] → [퇴직기준설정] '마감취소' 후 관련내용 확인
➔ A: 평균임금 기간 산정 시 전월을 기준으로 3개월을 산정하며, 퇴사일을 포함한다. (X)
  B: 평균임금의 상여/연차반영 시 월할 계산하며, 노동부 기준은 적용하지 않는다. (O)
  C: 누진적용 확인 시 근속누진만 적용하며, 근무년수가 20년 이상인 대상자인 경우 가산율이 5.000 적용
    된다. (X)
  D: 퇴직금 계산식은 '일할'로 설정되어 있으며, 지급항목 확인시 상여 항목은 현재 미선택 상태이다 (.X)

20 ③ [인사/급여관리] → [퇴직정산관리] → [퇴직기준설정] '마감취소' 후 관련기준 설정, 기본설정 탭
(평균임금: 일평균 임금), 지급항목설정 탭(지급항목: 기본급, 근속수당, 가족수당, 영업촉진비)
[인사/급여관리] → [퇴직정산관리] → [퇴직금산정] 신고귀속(2025), 귀속연도(2025),
사업장(1000.인사1급 회사본사), 정산구분(1.중도정산) '대상자선정' 메뉴실행, 귀속연월(2025/05),
재직기준(2025/05/01~2025/05/31), 지급일자(2025/05/31), 퇴직일자(2025/05/25),
신청일자(2025/05/25), 사원코드(20170921.최영우) 기본정보 탭(퇴직금계산내역 확인),
급여정보 탭(퇴직금계산 → 급여, 상여, 퇴직금 계산 → 급여 및 퇴직금정산내역 확인)
➔ 최영우 사원의 퇴직금 계산 시 산정된 근무일수는 89일이며, 퇴직금 지급 시 공제된 금액은 207,800원
  (퇴직소득세: 188,910원, 퇴직주민세: 18,890원)이다. 근속 누진으로 인한 누진일수는 근무년수(5년)에
  따른 가산율이 2% 이므로, 37일(근무일 1,890일 x 2%)이다.

21 ④ [인사/급여관리] → [전표관리] → [전표집계및생성] 지급유형(1.상용직급여), 귀속연월(2025/04),
회계단위(1000.인사1급 회사본사), 결의일자(2025/04/30), 집계사업장(인사1급 회사본사,
인사1급 인천지점, 급여구분: 급여, 상여) 계정과목별 금액 확인
➔ 예수금은 6,746,890원이다.

22 ④ [인사/급여관리] → [기초환경설정] → [인사/급여환경설정] 관련 내용 수정,
원천세 신고유형(1.본점일괄신고), 이행상황신고서집계방식(1.귀속연월)
[인사/급여관리] → [세무관리] → [원천징수이행상황신고서] 제출연도(2025),
신고사업장(1000.인사1급 회사본사) → 신고서 추가, 신고구분(1.정기), 귀속연월(2025/04),
지급연월(2025/04), 소득처분여부(1.비해당), 제출일자(2025/05/10) → 신고서 생성,
일반 데이터 반영(1.매월 징수분(전체)), 연말정산 소득세, 농특세 반영(미적용)
근로소득 총지급액과 소득세 확인
➔ 근로소득 총지급액: 123,671,090원, 소득세: 8,056,630원

23 ④ [인사/급여관리] → [기초환경설정] → [인사/급여환경설정] 관련 내용 수정,
지방소득세/주민세(종업원분)집계방식(3.귀속,지급연월)
[인사/급여관리] → [세무관리] → [지방소득세특별징수명세/납부서]
신고서생성 탭, 신고서생성 메뉴실행 → 매월/반기 구분(1.매월), 신고사업장(0000.전체),
신고구분(1.정기), 귀속연월(2025/04), 지급연월(2025/04), 제출일자(2025/05/10),
급여지급일자(2025/04/30), 신고서생성 → 계속근무자 연말정산 환급액 반영 기준(미적용),
제출일자(2025/05/10), 신고서현황 탭, 조회되는 신고서 선택후 신고서조회, 징수 및 조정명세서 탭,
소득구분(4.근로소득) 소득자별 산출세액 확인
➔ 최명수 사원의 산출세액은 19,590원이다.

24 ② [인사/급여관리] → [연말정산관리] → [근로소득원천징수부] 귀속연도(2024),
사업장(1000.인사1급 회사본사) 최국성 사원의 지급명세서 작성 제외대상 비과세 소득과 연금보험 확인
➔ 지급명세서 제외대상 비과세 소득 '60.합계': 1,156,560원, '68.연금보험': 1,080,000원

25 ③ [인사/급여관리] → [급여관리] → [급여대장] 귀속연월(2025/04), 지급일(1.2025/04/25.급여),
집계(2.부서별) 직종별 급여관련 내용 확인
➔ 연구직의 '국민연금'은 311,300원이다.

인사 1급   2025년 2회 (2025년 3월 22일 시행)

[이론 답안]

1	2	3	4	5	6	7	8	9	10
②	③	④	②	④	④	④	①	②	③

11	12	13	14	15	16	17	18	19	20
③	②	②	사내공모제도	③	④	②	②	③	1종오류

21	22	23	24	25	26	27	28	29	30
②	③	③	③	②	국민연금	임금채권 보장제도	③	④	③

31	32	33							
③	15일	종업원 지주제도							

[풀이]

01 ② 4차 산업혁명 시대의 경제 패러다임의 핵심인 디지털전환은 디지털 기술을 사회 전반에 적용하여 전통적인 사회구조를 혁신하는 과정으로 4차산업의 핵심기술(사물인터넷, 클라우드, 빅데이터, 인공지능 등)을 활용하여 기존의 구조, 운영방식, 서비스 방법 등을 혁신하는 것을 의미한다.

02 ③ 빅데이터의 주요 특징(5V)은 규모(Volume), 다양성(Variety), 속도(Velocity), 정확성(Veracity), 가치(Value) 등이 해당되며, 데이터의 정확성과 신뢰성에 관계되는 특징은 데이터의 정확성에 대한 내용이다.

03 ④ ERP 시스템의 데이터 호환 관련 문제이므로 모듈 간 데이터 관리 프로세스를 개선하여야 한다.

04 ② 선진 업무프로세스(Best Practice) 도입을 목적으로 ERP 패키지를 도입하는 경우, 기존 업무처리에 따라 ERP 패키지를 수정한다면 BPR은 전혀 이루어지지 않으므로, 기존 업무 프로세스를 효율적으로 개선하여야 한다.

05 ④ • 회사 A: ERP 도입 효과를 극대화하기 위해서는 경영진의 적극적인 의지가 필요하다. (X)
   • 회사 B: TF는 최고 엘리트 사원으로 구성되어야 하며, 유능한 컨설턴트를 활용하여야 한다. (X)
   • 회사 C: ERP 도입 시 현재 업무 방식을 그대로 고수하거나, 업무 단위에 맞추지 않아야 한다. (X)

06 ④ 인적관리의 패러다임은 과거 획일적인 보상에서 능력과 성과 위주의 보상으로 변화하였다.

07 ④ 직무관리의 절차는 '직무분석 ➡ 직무기술서(업무) 및 직무명세서(사람) 작성 ➡ 직무평가'이다.
   • 직무명세서(job specification): 직무분석을 통해 나타난 결과를 직무내용보다는 직무요건인 인적특성에 중심을 두고 기술한 것으로, 교육 및 훈련, 직무경험, 신체적 요건 등이 포함된다.
   • 직무기술서(job description): 직무분석을 통해 나타난 결과를 직무의 특성을 중심으로 관계자 모두가 이해할 수 있도록 기술한 것으로, 직무내용, 성격, 수행방법 등이 포함된다.

08 ① 도전성, 교육, 경험, 몰입, 창의성 등은 직무평가의 기준 요소 중 숙련요소에 해당한다.
[직무평가 기준 요소]
- 책임요소: 관리감독, 기계설비, 원자재, 직무개선, 책임 등
- 작업조건요소: 위험도, 작업시간, 작업환경, 작업위험 등
- 숙련요소: 지식, 기술, 경험, 교육, 몰입, 도전성, 판단력 등
- 노력요소: 육체적, 정신적 등

09 ② 인적자원의 수요와 밀접한 관계를 가진 변수 하나를 선정하여 그 변수와 인적자원 수요 간의 관계가 어떠한 추세인지를 분석(과거 5년 동안 매출 증가율과 인력 충원 간의 패턴을 분석)하는 것은 추세분석법에 해당한다.
- 회귀분석: 인적자원 수요 결정의 다양한 요인들의 상관관계를 도출하여 미래의 수요를 예측
- 델파이기법: 설문조사 등의 방법으로 다수 전문가들의 의견을 수렴하여 미래 상황을 예측하는 기법
- 브레인스토밍: 소수의 회의를 통해 둘 이상의 아이디어 결합이라는 연쇄반응을 통해 새로운 아이디어를 창출하는 방법으로 두뇌풍선이라고도 함

10 ③ 모집평가의 주요 지표 중 수용률은 선발에 최종 합격한 사람 중 회사의 입사 제의를 받아들여 실제 입사하는 인원의 비율을 의미한다.
① 지원자 중 최종 선발된 인원의 비율 ➜ 선발율
② 단계별로 지원자들이 어떻게 축소, 배치되었는지의 비율 ➜ 산출율
④ 지원자들 가운데 선발 과정을 거치지 않고 무작위로 채용한 직원중 업무를 잘하는 직원의 비율 ➜ 기초율

11 ③ 면접방법 중 면접자가 획일적인 질문을 하지 않고, 지원자의 답변을 바탕으로 자유롭게 질문을 변화시키며 진행하는 것은 비지시적면접에 대한 설명이다.
- 집단면접: 여러 명의 지원자를 한꺼번에 면접하며 집단단위별로 특정 문제에 대한 토론을 통해 참석자의 개별적 능력 및 적격여부를 판정하는 방식
- 스트레스면접: 피면접자의 스트레스 상태에서 나타나는 감정 조절 및 인내도를 관찰하기 위해 공격적으로 지원자를 압박하는 등의 면접 방법

12 ② 현재 역량뿐만 아니라 성장 가능성까지 평가한 후, 각 부서의 중장기적인 인재 육성과 잘 맞추어 배치하는 것은 인력배치 원칙 중 적재적소 원칙에 대한 설명이다.
- 균형주의 원칙: 기업 내 인재가 특정 직무(직종)에 편중되지 않게 배치
- 실력주의 원칙: 종업원의 직무능력 및 잠재력 등을 기준으로 적정배치가 가능하도록 하는 원칙
- 인재 육성주의 원칙: 기업 내 모든 직무에 대한 풍부한 경험 축적을 통해 미래지향적 인재 육성을 위한 배치

13 ② 종업원의 업무 범위를 넓혀 다양한 기능을 담당하도록 하는 내용으로 직무확대에 대한 설명이다.
- 직무순환: 서로 다른 직무로 종업원을 순환시키는 것으로, 종업원들이 여러 직무를 이해하도록 하는 방법
- 직무충실화: 직무 내용의 수직적 측면을 강화하여 직무의 중요성을 높이는 방법
- 직무전문화: 전체적인 과업을 작은 요소로 분할하고 나누어 담당하도록 하는 방법
 (수평적 전문화: 과업의 내용과 양에 따른 직무분화)
 (수직적 전문화: 의사결정 권한과 책임의 배분에 따른 분화)

14 사내공모제도
기업에서 특정 프로젝트나 신규 사업에 필요한 인재를 모으기 위해 사내에 있는 인재를 널리 활용하는 것은 사내공모제도에 대한 설명이다.

15 ③ 인사고과의 구성요건 중 수용성은 인사고과 결과에 대해 피평가자들이 평가결과를 받아들이고 동의하는 것을 말한다.
① 평가내용이 평가목적을 얼마나 잘 반영하고 있는가? ➜ 타당성
② 측정하고자 하는 내용이 정확하게 반영되었는가? ➜ 신뢰성
④ 평가제도가 비용 및 효과 측면에서 얼마나 효율적인가? ➜ 실용성

16 ④ 교육생들의 능력 차이를 고려하기 힘든 것은 직장 외 훈련(OFF-JT)의 단점에 해당한다.

17 ② 성과주의 승진제도의 가장 핵심은 '업무실적'이다.

18 ② 외부의 경영상담 전문가가 관리자를 도와 작업 흐름, 비공식적 관계, 의사소통 문제 등을 분석하고, 효과적인 관리 방식을 제안하여 문제 해결책을 제시하기보다는 관리자 스스로 문제를 인식하여 해결하도록 하는 조직개발기법은 과정 자문법에 대한 설명이다.
- 팀 구축법: 작업집단 구성원들이 특별 훈련에 참가하여 성과에 대한 관심 및 생산성에 미치는 여러 요인들을 토론하는 방법
- 감수성훈련: 다른 사람이 생각하고 느끼는 것을 정확하게 감지하고 이에 대응하여 유연한 태도와 행동을 취할 수 있는 능력을 개발하기 위한 방법

19 ③ 실제 기업 과제를 수행하며, 팀 단위로 문제 해결 능력을 기르는 것은 액션 러닝에 대한 설명이다.
- 코칭: 개별 직원에게 멘토가 지속적인 피드백과 조언을 제공
- 강의식 교육: 강사가 이론적인 내용을 전달하는 방식
- E-러닝; 인터넷 기반으로 이뤄지는 자기주도형 학습 방식

20 1종오류

21 ② 사회적 신분 상징은 임금의 특성 중 종업원 입장의 특성에 해당한다.
- 종업원의 입장: 사회적 신분의 상징, 생계비 및 가계수입의 원천, 욕구충족의 수단
- 기업의 입장: 기업경쟁력 요소, 인건비 요소, 종업원 채용 및 유지의 요인

22 ③ 사용자는 근로자의 연장근로와 야간근로 또는 휴일근로에 대해서 통상임금의 100분의 50 이상을 가산하여 지급하여야 하며, 8시간을 초과한 휴일근로 또는 휴일의 야간근로는 100분의 100을 가산하여 지급하여야 한다.

23 ③ 기업의 임금 산정에 있어 경제적 조건의 변화나 기업의 사정에 순응하여 임금률을 자동으로 반영하는 것은 순응임률제에 대한 설명이다.

24 ③ 복리후생의 설계 원칙 중 근로자들의 의견을 적극 반영하는 방식은 근로자의 참여 원칙에 대한 설명이다.
- 지불능력의 원칙: 기업 재정 상황에 맞춰 복리후생을 설계하는 제도
- 다수혜택의 원칙: 최대한 많은 근로자가 혜택을 받을 수 있도록 설계하는 제도
- 근로자의 욕구총족 원칙: 기본적인 욕구(의식주, 안전)를 충족하도록 설계하는 제도

25 ② 원천징수 의무자는 원천징수한 세금을 소득지급일이 속하는 달의 다음 달 10일까지 관할세무서 또는 금융기관에 납부하여야 한다.

26 국민연금

27 임금채권 보장제도

28 ③
① 법정근로시간 내에서 소정근로시간을 정할 수 있으므로, 일치하지 않을 수 있음
② 근로기준법상 1주일은 7일이며, 사업장에서 지정한 일주일의 기준은 다를 수 있음
④ 연속된 근무로 보고 하루 근무한 것으로 계산됨

29 ④ 교대근무제는 근로자들을 2개조 이상으로 편성하여 교대로 작업하도록 하는 근로시간제를 의미한다.
- 제약조건 내에서 자유롭게 출퇴근 시간을 정하는 근무제도 ➜ 선택적 근로시간제
- 정규직 근로자와 달리 4~7시간 정도 일하며 직무에 따라 시급제를 적용 ➜ 파트타임제
- 두 사람 이상의 시간제 근무자가 직무시간 교대를 통해 주당 40시간의 근무를 나누어 근무하는 제도 ➜ 직무분할제

30 ③ 동일 지역의 동종 근로자에 대하여 단체협약의 효력을 확대·적용하는 효력에 대한 내용으로 지역적 구속력에 대한 설명이다.
- 규범적 효력: 단체협약 체결 당사자 간이 아닌 근로자와 사용자 간의 근로관계를 구속하는 효력으로 근로자의 대우 및 근로조건(임금, 퇴직금, 상여금, 복리후생, 근로시간, 정년, 재해보상)에 대한 강제적 효력
- 채무적 효력: 단체협약의 효력 중 협약 당사자의 권리, 의무에 관한 조항을 의미
- 일반적 구속: 단체협약의 규범적 효력을 확대 적용하는 하나의 공장이나 사업장을 단위로 한 동종의 과반수 노동조합원에 대하여 적용하는 단체협약의 규범적 효력을 나머지 동종의 비조합 근로자에 대해서도 확대 적용하는 사업장 단위의 일반적 구속력

31 ③ 노사협의체를 구성하는 것은 경영참가 제도 중 하나에 해당한다.
　　[부당 노동행위]
　　• 불이익 대우: 사용자의 부당행위로 해고, 전근, 배치전환, 출근정지, 휴직 등으로 근로자에게 주는 불이익
　　• 황견계약: 근로자가 노동조합에 가입하지 않거나, 탈퇴할 것을 고용조건으로 하여 근로자에게 주는 불이익
　　• 단체교섭 거부: 정당한 사유 없이 단체교섭을 거부하거나 방해하여 근로자에게 주는 불이익
　　• 지배·개입 및 경비원조: 사용자가 노동조합의 운영을 지배하거나 노동조합의 운영비를 지원하는 행위

32 15일

33 종업원지주제도

[실무 답안]

1	2	3	4	5	6	7	8	9	10
③	④	②	①	②	①	②	①	③	③

11	12	13	14	15	16	17	18	19	20
①	②	③	④	④	④	③	④	②	③

21	22	23	24	25					
①	④	③	④	②					

[풀이]

01 ④ [시스템관리] → [회사등록정보] → [사업장등록] 관련내용 확인
　➜ '3000.인사1급 대구지점' 사업장은 원천징수이행상황신고를 반기마다 신고하는 사업장이다.

02 ④ [시스템관리] → [회사등록정보] → [부서등록] 관련내용 확인
　➜ ① 현재 사용중인 부서는 총 12개이다.
　　② '4000.인사1급 강원지점' 사업장에 속하는 부서는 '7000.교육부'와 '8000.육성부문'에 속해있다.
　　③ 가장 오래 사용된 부서 중 '2000.영업부'는 '2000.영업부문'에 속한다.

03 ② [인사/급여관리] → [기초환경설정] → [인사/급여환경설정] 관련 내용 확인
　➜ A: 생산직의 출결은 전월 25일부터 당월 24일까지이다. (X)
　　B: 입사자의 급여계산 기준이 '월할(25일)'이므로 급여는 일할 계산된다.
　　　(월급 3,100,000원 × (근무일수 22일 / 31일) × 75%(수습적용) = 1,650,000원) (O)
　　C: 퇴사자의 급여 계산 기준은 '월일(20일)'이므로, 20일 초과 근무 시 월 급여를 지급한다. (X)
　　D: 월일수 산정 기준이 '당월일'이므로, 3월의 기준일수는 31일이다. (X)

04 ① [인사/급여관리] → [기초환경설정] → [호봉테이블등록] 대상직급(과장) 호봉 등록 후 5호봉 합계금액 확인
　• 호봉이력(시작년월: 2025/03) 입력
　• [일괄등록] 기본급: 초기치(3,280,000원) 증가액(71,500원), 급호수당: 초기치(110,000원)
　　증가액(14,500원), 연장수당: 초기치(52,000원) 증가액(17,000원)
　• [일괄인상] 기본급: 정률 7.5% → '정률적용'
　➜ 호봉 등록 후 확인되는 800.과장 직급의 5호봉 합계액은 3,833,450원이다.

05 ② [인사/급여관리] → [기초환결성정] → [지급공제항목등록] 급여구분(급여), 지급/공제구분(지급),
　　귀속연도(2025년) '마감취소' 후 수당별 관련내용 확인
　➜ 'P20.자격수당' 지급 항목 중 '200.ERP정보관리사1급' 자격 취득 시 수당(80,000원)이 가장 크다.

06 ① [인사/급여관리] → [기초환경설정] → [급/상여지급일자등록] 귀속연월(2025/01) 급/상여 관련내용 확인
➔ ② '지급직종및급여형태' 기준으로 급여 대상자는 자동으로 반영된다.
③ '상여지급대상기간' 내 사무직 이외에 생산직, 연구직 에게도 상여를 지급한다.
④ '상여지급대상기간' 내 입사자와 퇴사자는 제외하고 상여를 지급한다.

07 ② [인사/급여관리] → [인사관리] → [교육현황] 교육별사원현황 탭, 교육명(610.AI 활용 교육)
교육평가 결과 확인
➔ 교육평가 결과가 'S등급'인 사원: 4명, 교육평가 결과가 'A등급'인 사원: 7명
교육결과 포상금: (교육평가 S등급(100,000원) × 4명 + 교육평가 A등급(50,000원) × 7명)
= 750,000원

08 ① [인사/급여관리] → [인사관리] → [사원정보현황] 조회조건(1.사업장: 1000.인사1급 회사본사),
자격/면허 탭, 퇴직자 제외 선택, 특별자격수당 지급을 위한 자격별(24년 4분기 취득, 수당여부: 해당) 인원 확인
• 자격증(150.SMAT 1급): 이수희, 박용덕, 최광용 등 총 3명
• 자격증(200.ERP정보관리사1급): 박용덕 총 1명
➔ 자격증(150.SMAT 1급) 수당: 20,000원 × 3명 = 60,000원
자격증(200.ERP정보관리사1급) 수당: 40,000원 × 1명 = 40,000원
특별자격수당은 총 100,000원

09 ③ [인사/급여관리] → [인사관리] → [인사정보등록] 사원별 관련내용 확인
➔ ① 이수희 사원은 국내영업부 소속이며, 직종은 '001.사무직'이다.
② 노희선 사원의 책정임금 마지막 계약일은 2023년 1월이다.
④ 윤태경 사원은 현재 노조에 가입되어 있지 않으며, 부녀자공제를 적용받지 않는다.

10 ③ [인사/급여관리] → [인사관리] → [인사기록카드] 김도균 사원 선택 후 가족 탭에서 관련내용 확인
➔ 현재 김도균 사원이 부양하고 있는 가족 중 '조순자'는 1958년생으로 경로우대세액공제를 받을 수 없다.
(2024년 기준 직계존속 나이: 김중현(2024년-1954년) ➔ 70세, 조순자(2024년-1958년) ➔ 66세)

11 ① [인사/급여관리] → [인사관리] → [인사정보등록] 노희선 사원 선택, 재직정보 탭에서 휴직기간 등록,
시작일(2025/03/10), 종료일(2025/03/18), 휴직사유(000.일반휴직), 휴직지급률(80%), 퇴직기간적용(001.함)
[인사/급여관리] → [급여관리] → [상용직급여입력및계산] 귀속연월(2025/03),
지급일(1.2025/03/25 급여), 조회되는 전체사원 선택, '급여계산' 후 급여총액 탭에서 과세총액 확인
➔ 해당 지급일자의 지급인원(25명)의 과세총액은 110,368,640원이다.

12 ② [인사/급여관리] → [기초환경설정] → [급/상여지급일자등록] 귀속연월(2025/03), 지급일자등록
(지급일: 2025/04/10), 동시발행: 분리, 대상자선정: 직종및급여형태별, 급여구분: 특별급여,
지급직종및급여형태: 전체 사업장 선택, 직종: 생산직, 연구직, 급여형태: 월급)
[인사/급여관리] → [급여관리] → [상용직급여입력및계산] 귀속연월(2025/04),
지급일(2.2025/04/10 특별급여), 조회되는 전체사원 선택, '급여계산' 후 관련내용 확인
➔ 해당 지급일에 지급된 특별급여는 책정된 임금의 '월급' 항목에 70%가 적용되어 계산되었다.
(특별급여의 계산식은 '지급공제항목등록' 메뉴에서 확인 가능함)

13 ③ [인사/급여관리] → [급여관리] → [급/상여이체현황] 소득구분(1.급상여), 귀속연월(2025/02),
지급일(1.2025/02/25 급여), 무급자(1.제외), 조회조건(1사업장, 1000.인사1급 회사본사)
급/상여 이체현황 확인
➔ 국민은행을 통해 이체된 금액(22,262,440원)은 나머지 금융기관(26,595,290원)을 통해 이체된 금액보다 적다.

14 ④ [인사/급여관리] → [급여관리] → [근태결과입력] 귀속연월(2025/02), 지급일(1.2025/02/25 급여),
김민주 사원의 근태결과 확인
(평일연장근무: 18시간 15분, 토일연장근무: 1시간 30분, 평일심야근무: 30분, 토일심야근무: 1시간 45분)
사원명(김민주)선택, 마우스 오른쪽 버튼 누른 후 사원정보 메뉴에서 책정임금의 시급(16,510원) 확인
➔ 1유형근무수당: (총 연장근무 19.75) × 1.5 × 16,510원 = 488,840원(488,842.125원)
2유형근무수당: (총 심야근무 2.25) × 2.5 × 16,510원 = 92,810원(92,818.125원)
초과근수당: 1유형근무수당(488,840원) + 2유형근무수당(92,810원) = 581,650원

15 ④ [인사/급여관리] → [급여관리] → [항목별급상여지급현황] 귀속연월(2024/10~2024/12),
지급구분(100.급여), 사업장(2000.인사1급 인천지점), 집계구분(3.기간별) 기간별 급여 지급현황 확인
➜ 2024년 10월의 식대보조비는 2,000,000원이다.

16 ④ [인사/급여관리] → [일용직관리] → [일용직급여지급일자등록] 귀속연월(2025/03), 지급일(1.매일지급)
부서(1100.총무부), 급여형태(004.시급) 조회되는 대상자 전체 선택후 대상자 추가
[인사/급여관리] → [일용직관리] → [일용직급여입력및계산] 귀속연월(2025/03), 지급일(1.매일지급)
조회되는 전체사원 선택, 일괄적용(일괄적용시간: 평일 9시간, 비과세(신고제외분): 10,000원)
일용직급여 관련내용 확인
➜ 해당 지급일에서 비과세 신고/신고제외분은 모두 발생하였다.

17 ③ [인사/급여관리] → [일용직관리] → [일용직사원등록] 노혜수 사원의 사원정보 변경,
생산직비과세적용(함), 고용보험여부(여), 국민연금여부(여), 건강보험여부(여)
[인사/급여관리] → [일용직관리] → [일용직급여입력및계산] 귀속연월(2025/03), 지급일(2.일정기간지급)
일괄적용(일괄적용시간: 평일 9시간, 비과세(신고제외분): 8,000원) 급여총액 탭, 차인지급액 확인
➜ 급여총액 탭에서 확인되는 지급대상자(5명)의 차인지급액은 22,047,198원이다.

18 ④ [인사/급여관리] → [급여관리] → [연간급여현황] 조회기간(2024/07~2024/12), 분류기준(과세/비과세),
사업장조회조건(1사업장, 2000.인사1급 인천지점) 사용자부담금(0.제외) 해당 기간의 과세/비과세 총액 확인
➜ 과세총액: 240,887,550원, 비과세총액: 10,000,000원

19 ② 인사/급여관리] → [퇴직정산관리] → [퇴직기준설정] ‘마감취소’ 후 관련내용 확인
➜ 퇴직금 계산 시 ‘지급항목설정’에서 조회되는 급/상여 지급항목에 대해 자유로이 선택 할 수 있다.

20 ③ [인사/급여관리] → [퇴직정산관리] → [퇴직기준설정] ‘마감취소’ 후 관련기준 설정, 기본설정 탭
(평균임금: 일평균 임금), 지급항목설정 탭(지급항목: 기본급, 자격수당, 근속수당)
[인사/급여관리] → [퇴직정산관리] → [퇴직금산정] 신고귀속(2025), 귀속연도(2025),
사업장(2000.인사1급 인천지점), 정산구분(1.중도정산) ‘대상자선정’ 메뉴실행, 귀속연월(2025/02),
재직기준(2025/02/01~2025/02/28), 지급일자(2025/02/25), 퇴직일자(2025/02/19),
신청일자(2025/02/19), 사원코드(20040301.오진형) 기본정보 탭(퇴직금계산내역 확인),
급여정보 탭(퇴직금계산 → 급여, 상여, 퇴직금 계산 → 급여 및 퇴직금정산내역 확인)
➜ 오진형 사원에게 실제 지급된 퇴직금액은 퇴직소득세/주민세를 제외한 71,964,690원이다.

21 ① [인사/급여관리] → [퇴직정산관리] → [퇴직금추계액] 추계코드 메뉴에서 퇴직 추계코드 설정
(코드: 2025, 코드명: 2025년 퇴직금추계액, 기준연월: 2025/02, 대상자: 2000.인사1급 인천지점
‘사원’, 3000.인사1급 대구지점 ‘사원’), 추계코드(2025.2025년 퇴직금추계액) 선택 후 퇴직추계액 확인
➜ 퇴직급여충당부채: 퇴직급여추계액(872,288,740원) × 40% = 348,915,490원(348,915,496원)

22 ④ [인사/급여관리] → [사업/기타/이자배당소득관리] → [소득자별소득현황] 소득구분(2.거주자 기타소득),
귀속연월(2024/01~2024/12), 지급기간(2024/10/01~2024/12/31) 소득자별소득현황 확인
➜ ① 해당 조회조건의 지급 대상자(6명)의 소득금액 합은 26,952,000원이다.
② 해당 조회조건에서 발생한 소득은 ‘62.그외 필요경비있는 기타소득’과 ‘79.자문료’이며,
공제된 소득세의 합은 5,390,400원이다.
③ 2024/12에 지급된 소득은 2024/11과 2024/12 귀속 소득이며, 소득금액의 합은 3,320,000원이다.

23 ③ [인사/급여관리] → [전표관리] → [전표집계및생성] 지급유형(1.상용직급여), 귀속연월(2025/02),
회계단위(1000.인사1급 회사본사), 결의일자(2025/02/25),
집계사업장(인사1급 인천지점, 인사1급 대구지점, 급여구분: 급여) 계정과목별 금액 확인
➜ 당좌예금은 54,233,800원이다.

24 ④ [인사/급여관리] → [세무관리] → [지방소득세특별징수명세/납부서]
신고서생성 탭, 신고서생성 메뉴실행 → 매월/반기 구분(1.매월), 신고사업장(1000.인사1급 회사본사),
신고구분(1.정기), 귀속연월(2025/02), 지급연월(2025/02), 제출일자(2025/03/10),
급여지급일자(2025/02/25), 신고서생성 → 계속근무자 연말정산 환급액 반영 기준(미적용),
제출일자(2025/03/10), 신고서현황 탭, 조회되는 신고서 선택후 신고서조회, 징수 및 조정명세서 탭,
소득구분(3.사업소득) 소득자별 과세표준과 산출세액 확인
→ 최성연 사원의 과세표준은 101,230원, 산출세액은 10,120원이다.

25 ② [인사/급여관리] → [기초환경설정] → [인사/급여환경설정] 관련 내용 수정,
원천세 신고유형(2.사업장별신고), 이행상황신고서집계방식(2.지급연월)
[인사/급여관리] → [세무관리] → [원천징수이행상황신고서] 제출연도(2025),
신고사업장(1000.인사1급 회사본사) → 신고서 추가, 귀속연월(2025/02), 지급연월(2025/02),
제출일자(2025/03/10) → 신고서 생성, 일반 데이터 반영(1.매월 징수분(전체)),
연말정산 소득세, 농특세 반영(미반영) 관련내용 확인
→ ① 해당 지급연월의 신고서상 총 지급액은 101,086,560원이다.
③ 'A25.사업소득-매월징수'에 집계된 금액의 상세 소득내역은 거주자(부표)탭에서 확인할 수 있다.
④ 근로소득의 1인당 평균 총지급액(원단위절사)은 사업소득의 1인당 평균 총지급액(원단위절사)보다
작다.(근로소득: 78,187,010원/18명 = 4,343,7722원, 사업소득: 22,899,550원/5명 = 4,579,910원)

<table>
<tr><td colspan="2" align="center">인사 1급</td><td colspan="8" align="center">2025년 1회 (2025년 1월 25일 시행)</td></tr>
</table>

[이론 답안]

1	2	3	4	5	6	7	8	9	10
③	③	③	④	①	②	③	②	④	③
11	12	13	14	15	16	17	18	19	20
③	②	③	직무전문화	②	④	①	④	④	대용승진
21	22	23	24	25	26	27	28	29	30
①	④	④	③	②	1개월	원천징수 영수증	①	①	④
31	32	33							
②	25일	유연근무제							

[풀이]

01 ③ 자연어 형태로 구성된 비정형 또는 반정형 텍스트데이터에서 패턴 또는 관계를 추출하여 의미 있는 정보를 찾아내는 기법으로 자연어처리가 핵심기술인 것은 텍스트마이닝에 대한 설명이다.
- 블록체인: 분산형 데이터베이스의 형태로 데이터를 저장하는 연결구조체이며, 모든 구성원이 네트워크를 통해 데이터를 검증 및 저장하여 특정인의 임의적인 조작이 어렵도록 설계된 저장플랫폼
- 가상현실(VR): 컴퓨터 시스템 등을 사용해 인공적인 기술로 만들어 낸, 실제와 유사하지만 실제가 아닌 어떤 특정한 환경이나 상황 혹은 그 기술 자체를 의미
- 시뮬레이션 학습: 컴퓨터를 활용하여 가상 장면 속에 실제 장면을 투여함으로써 교육생들이 실제상황에 참여하여 반응연습을 할 수 있는 기회를 제공

02 ③ 클라우드 서비스와 스토리지 서비스는 클라우드 서비스 유형 중 IaaS에 관한 설명이다.
[클라우드 서비스 유형]
- SaaS: 소프트웨어 서비스 ➜ 웹 브라우저를 통해 응용소프트웨어를 사용할 수 있는 서비스를 제공
- PaaS: 플랫폼 서비스 ➜ 응용소프트웨어를 개발하는데 필요한 플랫폼과 도구를 서비스로 제공
- IaaS: 인프라 서비스 ➜ 업무처리에 필요한 서버, 스토리지, 데이터베이스 등 IT 자원을 서비스로 제공

03 ③ TO-BE Process도출, 패키지 설치 및 피라미터 설정, GAP분석, 인터페이스 논의 등은 ERP의 구축절차 중 설계단계에 해당한다.
[ERP의 구축절차]
- 분석: AS-IS파악, TFT결성, 성공요인 도출, 경영전략 및 비전도출, 세부추진일정 계획 수립
- 구축: 모듈조합화, 테스트, 출력물 제시, 인터페이스 프로그램 연계
- 구현: 시스템 운영, 시험가동, 데이터전환, 유지보수

04 ④ 마케팅(marketing), 판매(sales) 및 고객서비스(customer service)를 자동화하는 것은 고객관계관리(CRM)에 대한 설명이다.

05 ① ERP는 '주문제작하다'라는 의미의 커스터마이징이 최소화 되어야 한다.

06 ② 자동화시스템의 도입이 확대 되더라도 인적자원의 중요성은 감소하지 않는다.

07 ③ 직무를 구성요소인 과업들로 나누고 상세한 묘사하는 것은 직무내용에 대한 설명이다.
[직무기술서 내용]
- 직무표지: 직명, 소속 과, 부, 공장, 코드번호 등
- 직무개요: 직무수행의 목적이나 내용을 간략히 기술
- 직무내용: 직무수행에 관계되는 제 상황을 상세하게 기술
- 직무요건: 직무수행에 필요한 의무, 절차, 작업조건 등을 기술

08 ② 직무의 상대적 가치를 계량적으로 표시하는 것은 분석적(계량적) 평가방법에 해당한다.
- 종합적(비계량적) 평가방법: 서열법, 분류법
- 분석적(계량적) 평가방법: 점수법, 요소비교법

09 ④ 인력 수요예측 방법 중 산학공합적 접근법에 해당하는 것은 작업표본 기법이다.
시뮬레이션 ➜ 수학적 기법, 시계열 분석 ➜ 통계적 접근법, 경영자 판단 ➜ 주관적 접근법

10 ③ 인적자원관리 절차 중 통제(평가와 개선)활동은 사기향상 정도, 모집효과 분석, 투입비용 계산 등이 해당된다.
[인적자원관리 실시 절차]
- 계획: 인적자원정책 계획 수립 및 조직화 ➜ 인력공급추이 파악, 임금기준, 인사평가 및 경력개발 모집 홍보, 선발면접, 배치 등
- 실행: 경영자, 관리자를 주축으로 인사계획을 실행 ➜ 사기유발, 노사분규해결
- 통제: 실행된 계획에 대하여 평가와 피드백 ➜ 사기향상 도모, 모집효과 분석, 투입비용 계산

11 ③ 면접방법 중 패널면접(위원회면접)에 대한 설명이다.
- 집단면접: 여러 명의 지원자를 한꺼번에 면접하며 집단단위별로 특정 문제에 대한 토론을 통해 참석자의 개별적 능력 및 적격여부를 판정하는 방식
- 스트레스면접: 피면접자의 스트레스 상태에서 나타나는 감정 조절 및 인내도를 관찰하기 위해 공격적으로 지원자를 압박하는 등의 면접 방법

12 ② 직무평가 요소 중 도전성, 경험, 몰입, 지식, 기술 등은 숙련요소에 해당한다.
[직무평가 기준 요소]
- 책임요소: 관리감독, 기계설비, 원자재, 직무개선, 책임 등
- 작업조건요소: 위험도, 작업시간, 작업환경, 작업위험 등
- 노력요소: 육체적, 정신적 등

13 ③ 인사담당자가 정책 실현 시 제도적 측면과 인간적 측면 어느 한 쪽으로 기울어져서는 안된다.

14 직무전문화
1명의 작업자가 모든 작업을 수행하던 기존 방식과 달리, 공정들이 여러개로 나뉘어져 한 사람이 복수개의 공정을 전담으로 수행하는 방식은 직무구조설계 방식 중 직무전문화에 해당한다.

15 ②
① 평가내용이 평가목적을 얼마나 잘 반영하고 있는가? ➜ 타당성
③ 평가하고자 하는 내용에 대해서 피평가자가 정당하다고 느끼는가? ➜ 공정성 & 수용성
④ 평가제도가 비용 및 효과 측면에서 얼마나 효율적인가? ➜ 실용성

16 ④ 훈련기관 위탁은 연수원, 훈련원과 함께 직장외 훈련에 대한 내용이다.

17 ① 업무에 관한 내용을 상사로부터 교육받는 방법으로 관리자의 공석을 대비하는 교육훈련은 대역법에 대한 설명이다.
- 사례연구: 특정 주제에 대하여 실제 사례를 작성하여 배부하고 토론하는 방법
- 감수성훈련: 다른 사람이 생각하고 느끼는 것을 정확하게 감지하고 이에 대응하여 유연한 태도와 행동을 취할 수 있는 능력을 개발하기 위한 방법
- 상호작용분석: 피교육자의 행동은 부모, 성인, 유아 등 세 가지의 자아상태에서 형성된다고 가정하고 성인으로서의 성숙한 행동을 유도하는 방법

18 ④ 인적자원관리 담당자 역할 중 전략적 동반자에 대한 설명이다.
[인적자원관리 담당자의 역할]
- 행정전문가: 법과 제도적으로 요구되는 사무적 관리, 기록관리, 행정절차의 효율성에 초점
- 직원지지자(구성원 조력자): 종업원 이슈와 관심사 해결, 구성원의 만족도 제고 및 역량개발 기회 제공
- 전략적파트너: 조직 전략에 대한 인적자원의 기여도 제고, 인적자원의 확립을 통한 인적경쟁력 강화
- 변화주도자: 변화하는 환경에 대한 조직효과성 제고, 코칭과 컨설팅 제공

19 ④ 운명공동체적 풍토는 승진관리의 방침 중 연공주의 사회문화적 전통에 해당한다.
- 연공주의 사회문화적 전통: 가족주의 종신고용, 장유서열, 동양사회, 운명공동체적 풍토
- 능력주의 사회문화적 전통: 단기고용, 능력서열, 서구사회, 이익공동체적 풍토

20 대용승진(준승진, 건조승진)

21 ① 보너스(상여금), 퇴직금, 복리후생 및 기타수당을 부가적 임금이라 한다.
- 기준 내 임금: 직무수당, 장려수당
- 기준 외 임금: 초과근무수당, 임시작업수당, 기타수당
- 부가적 임금: 상여금, 퇴직금, 복리후생 및 기타수당

22 ④ 특수임금제도 중 집단자극임금제에 대한 설명이다.
- 연봉제: 고정급제에 해당하며, 나이와 근속연수와 무관하게 능력, 실력 등으로 연간급여를 결정한 후, 매월 균등분할하여 지급하는 임금형태
- 순응임률제: 특수임금제에 해당하며, 기업의 임금산정시 경제적 조건의 변화나 기업의 사정에 순응하여 임률을 자동으로 변동 및 조정하는 임금형태
- 종업원지주제: 기업성과급제에 해당하며, 근로자의 경영참가 일환으로 자사 주식을 취득 및 소유하도록 하는 제도

23 ④
[복리후생의 목적]
- 경제적 목적: 종업원의 사기진작, 결근율 및 이직률 감소, 시장경쟁력 강화
- 사회적 목적; 인간관계 형성지원, 의료 및 문화 시설 등 국가사회복지 보완
- 정치적 목적: 정부의 영향력 및 노조의 영향력 감소
- 윤리적 목적: 종업원의 생계지원

24 ③ 위탁아동공제는 인적공제 중 기본공제에 해당한다.
- 기본공제: 본인, 배우자, 부양가족(직계존속, 형제자매, 직계비속, 위탁아동, 수급자 등)
- 추가공제: 경로우대, 장애인, 부녀자, 한부모

25 ② 2,700원
[원천징수할 소득세]
- 250,000원 − 150,000원(비과세) = 100,000원(과세표준)
- 100,000원 × 6% = 6,000원(산출세액)
- 6,000원 × 55% = 3,330원(세액공제)
- 6,000원 − 3,300원 = 2,700원(원천징수할 소득세)

26 1개월

27 원천징수영수증

28 ① 4/40스케줄 혹은 집중근무제로 불리우며, 주당 근무일수를 줄이는 대신(4일 10시간씩 근무) 근로자들이 추가 휴일을 하루 더 가질 수 있도록 선택권을 주는 제도이다.

29 ① 단체교섭은 '교섭준비 ➜ 예비교섭 ➜ 본교섭 ➜ 마무리교섭 ➜ 교섭평가' 순으로 진행된다.

30 ④ ㉠ 황견계약, ㉡ 단체교섭거부

31 ② 노사협의제에서 노동자 또는 노동조합은 경영에 영향을 주는 행위를 할 수는 있지만 최종결정은 경영자에 의해서 이루어진다.

32 25일

33 유연근무제(유연근무제도)

[실무 답안]

1	2	3	4	5	6	7	8	9	10
③	②	①	④	②	④	③	①	②	④

11	12	13	14	15	16	17	18	19	20
③	②	④	③	①	④	④	①	③	①

21	22	23	24	25					
④	③	①	②	②					

[풀이]

01 ③ [시스템관리] → [회사등록정보] → [사업장등록] 관련내용 확인
➜ '3000.인사1급 부산지점'은 주사업장으로 등록되어 있다.

02 ② [시스템관리] → [회사등록정보] → [부서등록] 관련내용 확인
➜ '1000.관리부문'에 속한 부서 중 현재 사용하지 않는 부서는 총 3개이다.

03 ① [인사/급여관리] → [기초환경설정] → [인사/급여환경설정] 관련 내용 확인
➜ 퇴사자의 급여계산 기준이 '월일, 25일'이므로, 25일 초과 시 월 급여를 정상 지급한다.

04 ④ [인사/급여관리] → [기초환경설정] → [호봉테이블등록] 대상직급(대리) 호봉 등록 후 4호봉 합계금액 확인
• 호봉이력(시작년월: 2025/01) 입력 후 [호봉복사] 메뉴 실행
• 직급(대리) 선택 후 '2201.01' 호봉이력 선택 후 적용
• [일괄인상] 기본급: 정률 4.5%, 급호수당: 정률 2% → '정률적용'
• [일괄인상] 연장수당: 5,000원 → '정액적용'
➜ 호봉 등록 후 확인되는 700.대리 직급의 4호봉 합계액은 2,902,289원이다.

05 ② [인사/급여관리] → [기초환경설정] → [급/상여지급일자등록] 귀속연월(2024/12) 급/상여 관련내용 확인
➜ '급여'의 '지급직종및지급형태'에 반영된 정보와 일치하는 대상자만 [상용직급여입력및계산]메뉴에 자동 반영되며, 사용자가 직접 대상자 선정을 통해 추가 반영할 수 없다.

06 ④ [인사/급여관리] → [기초환결성정] → [지급공제항목등록] 급여구분(급여), 지급/공제구분(지급), 귀속연도(2025년) '마감취소' 후 수당별 관련내용 확인
➜ 'P55.영업촉진비'는 '국내영업부' 직원에게는 100,000원을, '해외영업부' 직원에게는 150,000원을 지급한다.

07 ③ [인사/급여관리] → [인사관리] → [인사발령(사원별)] 발령호수(20250131), 발령구분(보직변경), 제목(2025년 1/4분기 인사발령) 인사발령 관련내용 확인
➜ '안종남' 사원의 현재 부서는 '해외영업부'이며, 발령 후 호봉은 '7호봉'으로 변경된다.

08 ① [인사/급여관리] → [인사관리] → [교육현황] 교육별사원현황 탭, 교육명(916.2025년 임직원역량강화교육) 교육평가 결과 확인
➜ 교육평가 포상금: A등급 600,000원(150,000원 × 4명) + B등급 300,000원(100,000원 × 3명)
= 900,000원

09 ② [인사/급여관리] → [인사관리] → [근속년수현황] 퇴사자(0.제외), 기준일(2024/12/31),
년수기준(2.미만일수 올림), 경력포함(0.제외) 근속년수현황별 수당 지급 대상자 확인
→ 특별근속수당: 15년 초과(600,000원) + 20년 초과(2,700,000원) = 3,300,000원
(15년 초과(20년 이하) 6명 × 100,000원 + 20년 초과(25년 이하) 9명 × 300,000원
+ 25년 초과 0명 × 300,000)

10 ④ [인사/급여관리] → [인사관리] → [인사정보등록] 사원별 관련내용 확인
→ '이자연' 사원은 국외소득이 존재하지 않으며, 책정임금의 '연봉'은 32,350,700원이다.
(책정임금 확인: 급여정보 탭, 책정임금 금액란 선택 후 [Ctrl]+[F3])

11 ③ [인사/급여관리] → [인사관리] → [인사정보등록] 이서윤 사원 선택, 재직정보 탭에서 휴직기간 등록,
시작일(2025/01/01), 종료일(2025/01/17), 휴직사유(200.병가), 휴직지급률(80%),
퇴직기간적용(001.함)
[인사/급여관리] → [급여관리] → [상용직급여입력및계산] 귀속연월(2025/01),
지급일(1.2025/01/25 급여), 조회되는 전체 사원 선택, '급여계산' 후 급여총액 탭에서 과세총액 확인
→ 급여지급 대상자의 과세대상 총액은 60,693,190원이다.

12 ② [인사/급여관리] → [기초환경설정] → [급/상여지급일자등록] 귀속연월(2025/01), 지급일자등록
(지급일: 2025/01/31), 동시발행: 분리, 대상자선정: 직종및급여형태별, 급여구분: 특별급여,
지급직종및급여형태: 2000.인사1급 인천지점, 3000.인사1급 부산지점, 4000.인사1급 강원지점,
모든 직종 및 급여형태)
[인사/급여관리] → [급여관리] → [상용직급여입력및계산] 귀속연월(2025/01),
지급일(2.2025/01/31 특별급여), 조회되는 전체사원 선택, '급여계산' 후 관련내용 확인
→ 해당 지급일자의 지급인원(7명)의 장기요양보험료 합계는 141,070원이다.

13 ④ [인사/급여관리] → [급여관리] → [급/상여이체현황] 소득구분(1.급상여), 귀속연월(2024/12), 지급일
(1.2024/12/25 급여), 무급자(1.제외), 조회조건(1사업장, 1000.인사1급 회사본사 제외한 나머지 사업장 선택)
급여 이체현황 확인
→ 급여지급 대상자 중 오진형 사원에게 이체한 금액(3,869,620원)이 현금으로 지급한 금액(3,486,450원)
보다 더 많다.

14 ③ [인사/급여관리] → [급여관리] → [항목별급상여지급현황] 귀속연월(2024/10~2024/12),
지급구분(100.급여), 사업장(1000.인사1급 회사본사), 집계구분(2.직종별) 직종별 급상여 지급현황 확인
→ 연구직의 고용보험 금액은 186,780원이다.

15 ① [인사/급여관리] → [급여관리] → [근태결과입력] 귀속연월(2024/12), 지급일(1.2024/12/25 급여),
고진수 사원의 근태결과 확인
(평일연장근무: 6시간 15분, 토일정상근무: 5시간 45분, 평일심야근무: 2시간 30분, 토일연장근무: 2시간)
사원명(고진수)선택, 마우스 오른쪽 버튼 누른 후 사원정보 메뉴에서 책정임금의 시급(14,973원) 확인
→ 1유형근무수당: (평일연장 6.25 + 토일정상 5.75) × 2 × 14,973원 = 359,350원(359,352원)
2유형근무수당: (평일심야 2.5 + 토일연장 2) × 2.5 × 14,973원 = 168,440원(168,446.25원)
초과근수당: 1유형근무수당(359,350원) + 2유형근무수당(168,440원) = 527,790원

16 ④ [인사/급여관리] → [일용직관리] → [일용직급여지급일자등록] 귀속연월(2025/01), 지급일(1.매일지급)
부서(1100.총무부), 급여형태(004.시급) 조회되는 대상자(5명) 전체 선택후 대상자 추가
[인사/급여관리] → [일용직관리] → [일용직급여입력및계산] 귀속연월(2025/01), 지급일(1.매일지급)
조회되는 전체사원 선택, 일괄적용(일괄적용시간: 평일 10시간, 비과세(신고제외분): 12,000원),
일괄적용(일괄적용시간: 토요일 4시간) 일용직급여 관련내용 확인
→ 지급 대상자 중 '주희정' 사원은 건강보험이 공제되지 않았다.

17 ④ [인사/급여관리] → [일용직관리] → [일용직사원등록] 기본정보 탭, 이민구 사원 선택후 사원정보 변경,
생산직비과세적용(함), 국민연금여부(여), 건강보험여부(여), 급여(43,420원), 시간단가(43,420원)
[인사/급여관리] → [일용직관리] → [일용직급여입력및계산] 귀속연월(2025/01), 지급일(2.일정기간지급)
조회되는 전체사원 선택, 일괄적용(일괄적용시간: 평일 10시간, 비과세(신고제외분): 10,000원).
급여총액탭, 대상자 전체의 차인지급액 확인
➡ 급여총액 탭에서 확인되는 지급 대상자(7명)의 차인지급액은 48,536,520원이다.

18 ① [인사/급여관리] → [급여관리] → [수당별연간급여현황] 조회기간(2024/10~2024/12),
수당코드(T10.지방소득세), 사업장(1000.인사1급 회사본사) 사원별 지방소득세 공제액 확인
➡ 지방소득세: 박국현(18,600원), 김소현(53,800원) 장명훈(49,170원), 최명수(100,790원)

19 ③ [인사/급여관리] → [퇴직정산관리] → [퇴직기준설정] '마감취소' 후 관련기준 설정,
기본설정 탭(평균임금: 일평균 임금), 지급항목설정 탭(지급항목: 기본급, 연장근로수당, 근속수당,
식대보조비, 상여항목(상여)),
[인사/급여관리] → [퇴직정산관리] → [퇴직금산정] 사업장(1000.인사1급 회사본사), 정산구분(1.중도정산)
'대상자선정' 메뉴실행,
귀속연월(2025/01), 재직기준(2025/01/01~2025/01/31), 지급일자(2025/01/31), 퇴직일자(2025/01/31),
신청일자(2025/01/25), 사원코드(2000101.박용덕) 기본정보 탭(퇴직금계산내역 확인),
급여정보 탭(퇴직금계산 → 급여, 상여, 퇴직금 계산 → 급여 및 퇴직금정산내역 확인)
➡ '박용덕' 사원의 퇴직금 계산 시 산정된 기본급 합계액은 13,112,490원이다.

20 ① [인사/급여관리] → [퇴직정산관리] → [퇴직금추계액] 추계코드 메뉴에서 퇴직 추계코드 설정
(코드: 2024, 코드명: 2024년 퇴직금추계액, 기준연월: 2024/12, 대상자: 1000.인사1급 회사본사 '사원',
4000.인사1급 강원지점 '사원') 추계코드(2024.2024년 퇴직금추계액) 선택 후 퇴직추계액 확인
➡ 퇴직급여충당부채: 퇴직급여추계액(847,872,410원) × 40% = 339,148,960원(339,148,964원)

21 ④ [인사/급여관리] → [연말정산관리] → [근로소득원천징수부] 귀속연도(2024),
사업장(4000.인사1급 강원지점) 유지현 사원 선택 후 지방소득세와 감면세액 확인
➡ 유지현 사원의 64.소득세는 2,342,740원, 68.연금보험은 2,359,800원이다.

22 ③ [인사/급여관리] → [기초환경설정] → [인사/급여환경설정] 관련 내용 수정,
원천세 신고유형(1.본점일괄신고), 이행상황신고서집계방식(1.귀속연월)
[인사/급여관리] → [세무관리] → [원천징수이행상황신고서] 제출연도(2025),
신고사업장(1000.인사1급 회사본사) → 신고서 추가, 귀속연월(2024/12), 지급연월(2025/01),
제출일자(2025/02/10) → 신고서 생성, 일반 데이터 반영(1.매월 징수분(전체)),
연말정산 소득세, 농특세 반영(미반영) 총지급액과 소득세 확인
➡ 총지급액: 123,621,090원, 소득세: 5,555,290원

23 ① [인사/급여관리] → [기초환경설정] → [인사/급여환경설정] 관련 내용 수정,
지방소득세/주민세(종업원분)집계방식(3.귀속,지급연월)
[인사/급여관리] → [세무관리] → [지방소득세특별징수명세/납부서]
신고서생성 탭, 신고서생성 메뉴실행 → 매월/반기 구분(1.매월), 신고사업장(전체), 신고구분(1.정기),
귀속연월(2024/12), 지급연월(2024/12), 제출일자(2025/01/10), 급여지급일자(2024/12/31),
신고서생성 → 계속근무자 연말정산 환급액 반영 기준(미적용), 제출일자(2025/01/10), 신고서현황 탭,
조회되는 신고서 선택후 신고서조회, 징수 및 조정명세서 탭, 소득구분(4.근로소득)
소득자별 과세표준 확인
➡ 최명수 사원의 과세표준은 195,960원이다.

24 ② [인사/급여관리] → [전표관리] → [계정과목설정] 퇴직금 탭, 계정유형(사원계정), 항목구분(1.지급항목)
항목별 계정과목명 확인
➡ '비과세소득' 항목의 계정과목은 '70900.퇴직급여'이다.

25 ② [인사/급여관리] → [급여관리] → [급여대장] 귀속연월(2024/12), 지급일(1.2024/12/25.급여),
집계(6.직종별) 직종별 급여관련 내용 확인
➡ 생산직의 직무발명보상금은 1,200,000원이다.

인사 1급 | **2024년 6회 (2024년 11월 23일 시행)**

[이론 답안]

1	2	3	4	5	6	7	8	9	10
④	①	③	③	③	①	④	①	③	②

11	12	13	14	15	16	17	18	19	20
②	①	③	직무충실화	①	④	②	③	④	매트릭스

21	22	23	24	25	26	27	28	29	30
②	②	④	④	①	45	임금피크제	④	③	①

31	32	33							
④	1	단결권							

[풀이]

01 ④ 기계학습(러닝머신)은 지도학습, 비지도학습, 강화학습 으로 구분된다.
- 지도학습: 학습 데이터로부터 하나의 함수를 유추해내기 위한 방법으로, 학습 데이터로부터 주어진 데이터의 예측 값을 올바로 추측해 내는 것
- 비지도학습: 데이터가 어떻게 구성되었는지를 알아내는 문제의 범주에 속하는 것
- 강화학습: 선택 가능한 행동들 중 보상을 최대화하는 행동 혹은 순서를 선택하는 방법

02 ① RPA(로봇프로세스) 적용단계는 3가지 단계로 구분되며, 보기의 내용은 인지자동화에 대한 설명이다.
[RPA(로봇프로세스) 적용단계]
- [1단계] 기초프로세스 자동화
    - ➜ 정형화된 데이터 기반의 자료 작성, 단순 반복 업무 처리, 고정된 프로세스 단위 업무 수행
- [2단계] 데이터 기반의 머신러닝 활용
    - ➜ 이미지에서 텍스트 데이터 추출, 자연어 처리로 정확도와 기능성을 향상시키는 단계
- [3단계] 인지자동화
    - ➜ PPA가 업무 프로세스를 스스로 학습하면서 자동화화는 단계이며, 빅데이터 분석을 통해 더 복작한 작업과 의사결정을 내리는 수준

03 ③ 기존 정보시스템(MIS)은 수직적으로 업무를 처리하고, ERP는 수평적으로 업무를 처리한다.

04 ③ 선진 업무프로세스(Best Practice) 도입을 목적으로 ERP 패키지를 도입하였는데, 기존 업무처리에 따라 ERP 패키지를 수정한다면 BPR은 전혀 이루어지지 않는다.

05 ③ ERP 시스템에 대한 투자비용에 관한 개념으로 시스템의 전체 라이프사이클을 통해 발생하는 전체 비용을 계량화하는 것을 총소유비용(Total Cost of Ownership)이라 한다.

06 ① 직무관리와 인적자원계획은 인적자원관리의 5대 기능 중 기본기능에 해당한다.
[인적자원관리의 5대 기능]
- 기본기능: 직무관리, 인적자원계획
- 확보기능: 채용관리, 선발관리, 인사이동
- 개발기능: 교육훈련, 경력관리, 인사평가
- 보상기능: 임금관리, 복지후생관리
- 유지기능: 안전보건관리, 노사관계관리, 이직관리

합격문제 답안

07 ④ 직무정보의 수집방법 중 중요사건기록법에 대한 설명이다.
- 관찰법: 직무분석자가 직무수행자를 직접 관찰하고 결과를 기록하는 방법
- 체험법: 직무분석자가 자신이 직무활동을 수행하고 그 경험에 의해 직무 지식을 파악하는 방법
- 질문지법: 표준화된 질문지를 작성한 후 근로자에게 배부하여 스스로 기입하게 하는 방법

08 ① 인적자원 수요 결정의 다양한 요인들의 상관관계를 도출하여 미래의 수요를 예측하는 회귀분석법에 대한 설명이다.
- 추세분석: 인적자원의 수요와 밀접한 관계를 가진 변수 하나를 선정하여 그 변수와 인적자원 수요 간의 관계가 어떠한 추세인지를 분석하여 미래 수요예측
- 델파이기법: 설문조사 등의 방법으로 다수 전문가들의 의견을 수렴하여 미래 상황을 예측하는 기법
- 브레인스토밍: 소수의 회의를 통해 둘 이상의 아이디어 결합이라는 연쇄반응을 통해 새로운 아이디어를 창출하는 방법으로 두뇌풍선이라고도 함

09 ③ 기능목록표 활용은 사내공모제와 함께 모집방법 중 내부모집방법에 해당한다.
- 사내모집(내부): 기능목록표(기술목록), 사내공모 등
- 사외모집(외부): 광고, 인턴사원제도, 교육기관 추천, 헤드원터, 종업원 파견 등

10 ② 다수의 면접자가 1명의 지원자를 평가하는 것은 패널면접에 해당한다.
- AI면접: 사람이 아닌 인공지능인 AI가 면접관이 되는 것
- 집단면접: 여러 명의 지원자를 한꺼번에 면접하며 집단단위별로 특정 문제에 대한 토론을 통해 참석자의 개별적 능력 및 적격여부를 판정하는 방식
- 스트레스면접: 피면접자의 스트레스 상태에서 나타나는 감정 조절 및 인내도를 관찰하기 위해 공격적으로 지원자를 압박하는 등의 면접 방법

11 ② 선발시험을 실시하여 합격한 지원자의 시험성적(예측치)과 입사 후의 직무성과(표준치)를 비교하여 선발시험의 타당성을 측정하는 방법은 예측타당성에 대한 설명이다.
- 동시타당성: 현직 근로자의 시험성적과 직무성과를 비교하여 선발 도구의 타당성을 검사
- 내용타당성: 요구하는 내용을 선발 도구가 얼마나 잘 나타내는지를 논리적으로 판단하여 선발시험의 문항 내용이 직무성과와의 관련성을 잘 나타내는지를 측정
- 구성타당성: 시험의 이론적 구성과 가정을 측정

12 ① 종업원의 직무능력 및 잠재력 등을 기준으로 적정배치가 가능하도록 하는 원칙은 능력(실력)주의 원칙에 대한 설명이다.
- 노력요소: 육체적, 정신적 등
- 균형주의 원칙: 기업 내 인재가 특정 직무(직종)에 편중되지 않게 배치
- 인재 육성주의 원칙: 기업 내 모든 직무에 대한 풍부한 경험 축적을 통해 미래지향적 인재 육성을 위한 배치를 하여야 한다.

13 ③ 인적자원관리 절차 중 통제(평가와 개선)활동은 사기향상 정도, 모집효과 분석, 투입비용 계산 등이 해당된다.
[인적자원관리 실시 절차]
- 계획: 인적자원정책 계획 수립 및 조직화 ➜ 인력공급추이 파악, 임금기준, 인사평가 및 경력개발 모집 홍보, 선발면접, 배치 등
- 실행: 경영자, 관리자를 주축으로 인사계획을 실행 ➜ 사기유발, 노사분규해결
- 통제: 실행된 계획에 대하여 평가와 피드백 ➜ 사기향상 도모, 모집효과 분석, 투입비용 계산

14 직무충실화

15 ① 근로자의 장단점과 성과 및 잠재적인 요인의 향상을 위한 제언을 사실적으로 서술하는 방법으로, 간편하지만 비교가 어려우며, 평가 결과가 상이할 수 있는 것은 인사고과(절대평가) 방법 중 자유기술법에 대한 설명이다.

16 ④ 중심화경향은 인사고과 결과가 평균을 중심으로 몰려있는 현상을 말하는 것으로 이를 해결하기 위해서는 인사고과자 교육 이외에 강제배분의 성격을 갖는 '상대평가/상대고과'를 활용하는 것이 가장 효과적이라 할 수 있다. 또한 기간 등을 늘려 객관적으로 평가할 수 있는 자료 등을 확보하는 것 또한 개선방법 중 하나이다.

17 ② 특정 상황을 설정하여 피훈련자에게 그 상황 속의 특정 역할을 맡기고 그 역할에 관한 행동을 실행하도록 하는 방법은 역할연기법(role playing)에 대한 설명이다.
- 그리드훈련: 리더의 행동을 생산중심과 인간중심의 복수연장선 개념 하에 행동 유형을 정립하고, 가장 이상적인 리더는 생산과 인간의 관점 모두를 극대화할 수 있는 9.9형이라고 전제하는 교육훈련 방법
- 감수성훈련: 다른 사람이 생각하고 느끼는 것을 정확하게 감지하고 이에 대응하여 유연한 태도와 행동을 취할 수 있는 능력을 개발하기 위한 방법
- 인바스켓법: 실제 상황과 비슷하게 상황을 부여하는 방법

18 ③ 리더가 먼저 셀프 리더의 행동을 보임으로써 부하의 대리학습 모델이 되고 부하 스스로가 셀프 리더가 될 수 있도록 목표설정을 지원하고 코치의 역할을 하며 조직이 스스로 변화할 수 있도록 변화담당자로서의 역할을 하는 리더십은 슈퍼리더십에 대한 설명이다.
- 코칭리더십: 문제 해결방안을 전문가가 직접 제시하는 것이 아니라, 당사자가 해결책을 스스로 발견할 수 있도록 지원하는 것
- 셀프리더십: 조직 내에서 리더만이 조직원을 관리하고 통제하는 것이 아니라 조직구성원 모두가 자율적으로 관리하고 이끌어나가는 형태의 리더십
- 전략적파트너: 조직 전략에 대한 인적자원의 기여도 제고, 인적자원의 확립을 통한 인적경쟁력 강화
- 변혁적리더십: 조직구성원들이 리더를 신뢰할 수 있게 하는 카리스마를 지니고 있으며, 조직의 변화를 가져올 수 있는 새로운 목표를 제시하고 성취할 수 있도록 하는 리더십

19 ④ 지식의 중요성을 인식하여 지식을 창출하고, 체계적인 지식관리를 실시하여 교육조직을 설계하고 운영하는 것은 조직변화의 방향 중 학습지향에 대한 설명이다.
[조직변화의 방향]
- 고객지향: 고객의 니즈와 기대를 중심으로 변화하는 방향
- 개인지향: 조직 내 개인의 성향과 만족을 중심으로 변화하는 방향
- 공생지향: 조직 내.외부의 이해관계자와 협력하여 상호 이익을 극대화하는 방향
- 학습지향: 조직의 발전을 위해 구성원들의 역량개발과 지식 공유를 촉진하는 변화 방향

20 매트릭스(매트릭스 조직)

21 ② 임금수준은 근로자에게 제공하는 임금의 크기와 관련된 것은 적정성의 원칙에 대한 설명이다.
[임금의 기본원칙]
- 적정성의 원칙(임금수준): 임금수준이 기업, 근로자, 노동시장의 견지에서 적정한 액수만큼 결정되어야 한다.
- 공정성의 원칙(임금체계): 임금수준이 결정된 후 임금총액이 근로자에게 분배될 때 각자가 지니고 있는 인적 가치, 업무성과, 직무의 가치 등에 따라 공정하게 분배되어야 한다.
- 합리성의 원칙(임금형태): 임금형태인 임금의 계산, 지불방법에 대한 관리로서 근로자의 작업의욕 능률향상과 직접적인 관련을 지니고 있다.

22 ② 해고예고수당은 통상임금을 적용한다.
- 통상임금: 평균임금의 최저한도, 해고예고수당, 연장.야간.휴일근로수당, 출산전후휴가급여 등
- 평균임금: 퇴직급여, 휴업수당, 재해보상 및 산업재해보상보험급여, 구직급여 등

23 ④ 복리후생관리의 원칙은 적정성, 합리성, 협력성의 원칙 등이 해당된다.
- 복리후생 관리의 원칙: 적정성의 원칙, 합리성의 원칙, 협력성의 원칙
- 복리후생 설계의 원칙: 종업원 욕구충족 원칙, 종업원 다수 혜택의 원칙, 종업원 주도 참여의 원칙, 기업의 지불능력 원칙

24 ④ 연말정산시 제출해야 하는 서류에는 교육비납입증명서, 의료비지급명세서, 기부금명세서, 신용카드소득공제신청서, 보험료납입증명서 등이 있으며, 원천징수이행상황신고서는 연말정산 후 사업주가 관할세무서에 제출해야 하는 서류이다.

25 ① 기업이 달성한 부가가치를 기준으로 임금배분액을 계산하는 제도는 럭커플랜에 대한 특징이다.
- 스캔론 플랜: 집단성과배분제도 중 하나로서, 근로자의 참여의식을 높이기 위하여 고안되었다. 경영자와 근로자의 비용절감 제안을 평가하는 위원회제도를 활용하여 인건비의 ·절약분에 대한 배분액을 판매가치를 근거로 하여 배분하는 제도
- 이윤분배제: 기본적 보상 외에 영업 수익의 일부를 근로자에게 지급하는 임금형태로 근로자들을 기업의 소유주처럼 생각하게 이끄는 제도
- 임프로쉐어: 생산직 구성원들에게 적용하는 제도로서 성과표준치를 제품 하나를 제조하는데 소요되는 표준노동시간을 설정하고 구성원들의 집단적 노력을 통하여 표준작업시간을 줄인 만큼을 이득으로 계산하여 회사와 구성원들이 합의한 배분 비율에 따라 배분하는 제도

26　45

27　임금피크제

28 ④ 교대근무제는 기업 내의 근로자를 2개조 이상으로 편성하여 1일의 근무시간대를 일정의 시간대계열로 구분하고, 각조가 교대로 작업하는 근무형태이다.
→ ① 선택적 근로시간제, ② 파트타임제, ③ 직무분할제

29 ③ 기업별 노동조합의 단위조합 또는 지부가 산업별의 상부단체와 공동으로 당해기업의 사용자대표와 이루어지는 교섭방식은 단체교섭의 유형 중 공동교섭에 대한 설명이다.
[단체교섭의 유형]
- 통일교섭: 전국적 혹은 지역적인 산업별 또는 직업별 노동조합 대표와 이에 대응하는 사용자 단체와의 교섭방식
- 집단교섭: 복수의 기업별 노동조합이 집단을 구성하여 이에 대응하는 복수기업의 사용자대표와 집단으로 이루어지는 교섭방식
- 대각선교섭: 전국적 또는 지역별 & 산업별 노동조합의 대표와 개별기업의 사용자 대표 사이에 이루어지는 교섭방식

30 ① 사용자의 조업계속은 사용자 측의 노동쟁의 유형에 해당한다.
- 근로자 측의 노동쟁의: 파업, 태업, 보이콧, 피케팅, 생산통제, 준법투쟁
- 사용자 측의 노동쟁의: 직장폐쇄, 조업계속(대체고용)

31 ④ 종업원지주제는 회사가 근로자에게 회사 주식을 유상 또는 무상의 방법으로 취득하게 하여 근로자를 주주로서 기업경영에 참가시키는 자본참가 유형으로 간접참여에 해당한다.
- 경영 직접참여: 스캔론 플랜, 럭커플랜, 노사협의제도, 노사공동결정제도
- 경영 간접참여: 종업원지주제

32　1

33　단결권
[노동(근로) 3권]
- 단결권: 노동자들이 근로 조건 향상을 위하여 노동조합을 조직할 권리
- 단체교섭권: 노동조합을 통해 사용자와 협상할 권리
- 단체행동권: 자신들의 주장을 관철하기 위해 쟁의행위를 할 수 있는 권리

[실무 답안]

1	2	3	4	5	6	7	8	9	10
②	④	①	③	③	②	①	④	④	①

11	12	13	14	15	16	17	18	19	20
①	③	①	②	②	②	③	④	①	③

21	22	23	24	25					
④	②	③	④	④					

[풀이]

01 ② [시스템관리] → [회사등록정보] → [사업장등록] 관련내용 확인
→ 등록된 사업장 중 이행상황신고서를 '반기'로 사업장은 '3000.인사1급 대구지점' 사업장이다.

02 ④ [시스템관리] → [회사등록정보] → [사용자권한설정] 모듈구분(H.인사/급여관리), 장미란 사원의 모듈별 권한 확인
→ '사업/기타/이자배당소득관리'에 속한 메뉴 권한이 모두 선택되어 있으므로, 소득자의 정보 및 소득 내역에 대해 등록 할 수 있다.

03 ① [시스템관리] → [회사등록정보] → [부서등록] 관련내용 확인
→ ② '2000.인사1급 인천지점' 사업장의 부서는 3곳이며, 사용시작일은 모두 '2008/01/01'이다.
③ 2021년 이후에 사용하기 시작한 부서는 '2000.인사1급 인천지점'을 제외한 모든 사업장에 존재한다.
④ 현재 사용중인 부서가 가장 많이 등록된 년도는 2008년이다.

04 ③ [인사/급여관리] → [기초환경설정] → [인사/급여환경설정] 관련 내용 확인
→ 1: 퇴사자의 급여계산 기준이 '월일, 20일'이므로, 20일 이상 근무시 월 급여를 지급한다. (X)
2: 수습직의 경우 3개월간 75%의 급여를 지급하고 있다. (O)
3: 생산직의 출결시작일은 전월 25일임, 나머지 직종은 당월 1일이다. (O)
4: 지방소득세특별징수명세서의 집계기준이 '귀속,지급연월'이므로, '귀속연월'과 '지급연월'이 같은 데이터를 집계한다. (X)

05 ③ [인사/급여관리] → [기초환경설정] → [호봉테이블등록] 대상직급(과장) 호봉 등록 후 5호봉 합계금액 확인
• 호봉이력(시작년월: 2024/01) 입력
• [일괄등록] 기본급: 초기치(3,125,000원) 증가액(178,000원), 급호수당: 초기치(18,000원) 증가액(9,860원), 연장수당: 초기치(13,250원) 증가액(7,500원)
• [일괄인상] 기본급: 정률 5.5%, 연장수당: 정률 4.5% → '정률적용'
• [일괄인상] 급호수당: 3,000원 → '정액적용'
→ 호봉 등록 후 확인되는 800.과장 직급의 5호봉 기본급은 4,048,035원이다.

06 ② [인사/급여관리] → [기초환결성정] → [지급공제항목등록] 급여구분(급여), 지급/공제구분(지급), 귀속연도(2024년) '마감취소' 후 항목별 관련내용 확인
→ 'P10.연장근로수당'은 사무직(책정임금의 월급 × 0.1), 생산직(총연장근무시간 × 시급 × 1.5)으로 구분하여 계산한다.

07 ① [인사/급여관리] → [인사관리] → [인사정보등록] 사원별 관련내용 확인
→ ① 오진형 사원의 입사일(2004/03/26)과 그룹입사일(2003/01/01)은 다르다. (O)
② 조선우 사원은 현재 60세 이상 부양가족 공제를 받지 않는다. (X)
③ 김도균 사원은 노조에 가입되어 있지 않다. (X)
④ 김동민 사원은 상용직으로 파견근로자에 해당하지 않는다. (X)

08 ④ [인사/급여관리] → [기초환경설정] → [인사기초코드등록] 출력구분(4.사원그룹(G)) 관련내용 확인
→ ① 'G1.고용구분' 관리내역의 비고가 '0'인 경우, '일용직사원등록' 메뉴에서 조회된다.
② 인사정보등록 메뉴의 '고용형태'에서 조회되는 코드는 '001.상용직', '003.관리직', '005.임시직'이다.
③ 'G2.직종' 관리내역의 비고가 '1'인 경우, '생산직 연장근로 비과세' 적용대상 직종이 된다.

09 ④ [인사/급여관리] → [인사관리] → [인사기록카드] 이서경 사원 선택 후 가족 탭에서 관련내용 확인
→ 현재 이서경 사원이 부양하고 있는 가족 중 '최현준'은 2010년 생으로 자녀세액공제 대상이 된다.
(자녀세액공제: 8세 이상 기본공제 대상 자녀가 있는 경우, 인원수(1명 '25만원', 2명 '55만원', 3명 이상 '2명 초과 한명당 40만원')에 따라 공제되며, 아동수당을 수령하는 경우 공제대상에서 제외된다.)

10 ① [인사/급여관리] → [인사관리] → [교육현황] 교육별사원현황 탭, 교육명(650.2024년 법정의무교육) 교육평가 결과에 따른 이수여부 확인
→ 김민주(이수), 조선우(미이수), 최현주(미이수), 이민성(미이수)

11 ① [인사/급여관리] → [인사관리] → [인사정보등록] 조선우 사원 선택, 재직정보 탭에서 휴직기간 등록, 시작일(2024/11/11), 종료일(2024/11/22), 휴직사유(000.일반휴직), 휴직지급률(80%), 퇴직기간적용(001.함)
[인사/급여관리] → [급여관리] → [상용직급여입력및계산] 귀속연월(2024/11), 지급일(1.2024/11/25 급여), 조회되는 전체사원 선택, '급여계산' 후 급여총액 탭에서 과세총액 확인
→ 해당 지급일자의 지급인원(25명)의 과세총액은 102,440,940원이다.

12 ③ [인사/급여관리] → [기초환경설정] → [급/상여지급일자등록] 귀속연월(2024/11), 지급일자등록 (지급일: 2024/12/10), 동시발행: 분리, 대상자선정: 직종및급여형태별, 급여구분: 상여, 입사자상여계산, 제외, 퇴사자상여계산: 제외, 지급직종및급여형태: 모든사업장(생산직 '월급', 연구직 '월급'), 상여지급대상기간(2024/07/01~2024/09/30)
[인사/급여관리] → [급여관리] → [상용직급여입력및계산] 귀속연월(2024/11), 지급일(2.2024/12/10 상여), 조회되는 전체사원 선택, '급여계산' 후 대상자별 상여금액 확인
→ 한국민(7,712,490원), 장명훈(7,062,490원), 김도균(5,625,000원), 최명수(6,619,990원)

13 ① [인사/급여관리] → [급여관리] → [급/상여이체현황] 소득구분(1.급상여), 귀속연월(2024/10), 지급일(1.2024/10/25 급여), 무급자(1.제외), 조회조건(1사업장, 1000.인사1급 회사본사) 급/상여 이체현황 확인
→ 급여총액은 57,092,130원 중 현금지급액(9,174,150원)을 제외한 이체금액은 47,917,980원이다.

14 ② [인사/급여관리] → [급여관리] → [항목별급상여지급현황] 귀속연월(2024/07~2024/09), 지급구분(100.급여), 집계구분(2.직종별) 직종별 급여 지급현황 확인
→ ① 사무직의 자격수당: 2,120,000원 (X)
② 생산직의 근속수당: 910,000원 (O)
③ 연구직의 식대보조비: 3,400,000원 (X)
④ 연구직의 영업촉진비: 900,000원 (X)

15 ② [인사/급여관리] → [급여관리] → [근태결과입력] 귀속연월(2024/10), 지급일(1.2024/10/25 급여), 장명훈 사원의 근태결과 확인
(지각시간: 1시간 15분, 조퇴시간: 30분, 외출시간: 45분)
사원명(장명훈)선택, 마우스 오른쪽 버튼 누른 후 사원정보 메뉴에서 책정임금의 시급(19,618원) 확인
→ 1유형공제액: (지각 1.25 + 조퇴 0.5) × 1.2 × 19,618원 = 41,190원(41,197.8원)
2유형공제액: (외출 0.75) × 1.5 × 19,618원 = 22,070원(22,070.25원)
기본급 공제총액: 1유형공제(41,190원) + 2유형공제(22,070원) = 63,260원

16 ② [인사/급여관리] → [급여관리] → [연간급여현황] 조회기간(2024/01~2024/06), 분류기준(과세/비과세), 조회구분(직책), 사용자부담금(0.제외) 해당 기간의 직책별 과세총액과 비과세총액 확인
→ 주임 직급의 과세총액은 70,620,700원, 비과세총액은 3,600,000원이다.

17 ③ [인사/급여관리] → [일용직관리] → [일용직급여지급일자등록] 귀속연월(2024/11), 지급일(1.매일지급)
부서(1100.총무부), 급여형태(004.시급) 조회되는 대상자(5명) 전체 선택후 대상자 추가
[인사/급여관리] → [일용직관리] → [일용직급여입력및계산] 귀속연월(2024/11), 지급일(1.매일지급)
조회되는 전체사원 선택, 일괄적용(일괄적용시간: 평일 8시간, 비과세(신고제외분): 10,000원),
일괄적용(일괄적용시간: 토요일 4시간) 일용직급여 관련내용 확인
➔ 해당 지급일의 사원 중 '심순애', '박현지', '김유라'는 소득세를 공제하지 않았다.

18 ④ [인사/급여관리] → [일용직관리] → [일용직사원등록] 사원코드(1013), 사원명(현단비) 등록
기본정보 탭, 현단비 사원의 정보등록, 입사일자(2024/11/11), 주민등록번호(900514-1234567),
부서(3100.관리부), 급여형태(004.시급), 급여/시간단가(28,450원), 생산직비과세적용(함),
고용보험여부(여), 국민연금여부(여), 건강보험여부(여)
[인사/급여관리] → [일용직관리] → [일용직급여입력및계산] 귀속연월(2024/11), 지급일(2.일정기간지급)
'대상자추가' 메뉴실행 → '현단비' 사원 추가, 전체사원 선택
일괄적용(일괄적용시간: 평일 9시간) 급여총액 탭, 차인지급액 확인
➔ 급여총액 탭에서 확인되는 지급대상자(4명)의 차인지급액은 12,422,490원이다.

19 ① 인사/급여관리] → [퇴직정산관리] → [퇴직기준설정] '마감취소' 후 관련내용 확인
➔ A: 평균임금 기간 산정 시 전월을 기준으로 3개월을 산정하며, 퇴직금 계산은 '일할'로 설정되어 있다. (O)
  B: 퇴직금 계산 시 급/상여 지급 항목을 모두 선택하여 사용할 수 있다. (X)
  C: 평균임금 계산 시 1원 단위는 절사 처리한다. (X)
  D: 해당 누진항목의 적용방식은 '001.가산일수'이다. (X)

20 ③ [인사/급여관리] → [퇴직정산관리] → [퇴직기준설정] '마감취소' 후 관련기준 설정,
기본설정 탭(평균임금: 일평균 임금), 지급항목설정 탭(지급항목: 기본급, 직무발명보상금, 근속수당)
[인사/급여관리] → [퇴직정산관리] → [퇴직금산정] 신고귀속(2024), 귀속연도(2024),
사업장(1000.인사1급 회사본사), 정산구분(1.중도정산) '대상자선정' 메뉴실행, 귀속연월(2024/10),
재직기준(2024/10/01~2024/10/31), 지급일자(2024/10/31), 퇴직일자(2024/10/25),
신청일자(2024/10/25), 사원코드(20191118.윤태경) 기본정보 탭(퇴직금계산내역 확인),
급여정보 탭(퇴직금계산 → 급여, 상여, 퇴직금 계산 → 급여 및 퇴직금정산내역 확인)
➔ 퇴직금계산 시 중도정산을 신청한 기산일로부터 중도퇴직일까지의 근속기간은 1,804일이다.

21 ④ [인사/급여관리] → [사업/기타/이자배당소득관리] → [소득자별소득현황] 소득구분(2.거주자 기타소득),
귀속연월(2024/01~2024/12), 지급기간(2024/10/01~2024/10/31) 관련내용 확인
➔ ① 대상자는 모두 5명이며, 총 소득금액의 합은 8,032,000원이다. (X)
  ② 대상자들의 소득은 2024년 9월 귀속과 10월 귀속이 같이 발생하였다. (X)
  ③ '2000.인사1급 인천지점' 사업장에서 발생한 소득은 '79.자문료'와 '62.그외 필요경비있는 기타소득'
    이다. (X)
  ④ 실지급액이 가장 많이 발생하는 사원은 '정용주'이며, 금액은 7,040,640원이다. (O)

22 ② [전표관리] → [전표집계및생성] 귀속연월(2024/10), 결의일자(2024/10/25)
오류내역: 전표 집계 시 '계정과목이 지정되지 않은 지급/공제항목이 존재합니다.'
➔ 해당 오류는 '계정과목설정' 메뉴의 계정유형 별 지급/공제항목의 계정코드가 누락되었기 때문에 발생한
  문제이며, 해당 계정과목에 계정코드를 설정하면 해당 오류는 발생하지 않는다.

23 ③ [인사/급여관리] → [퇴직정산관리] → [퇴직금추계액] 추계코드 메뉴에서 퇴직 추계코드 설정
(코드: 2024, 코드명: 2024년 10월 퇴직금추계액, 기준연월: 2024/10, 대상자: 1000.인사1급 회사본사
'사원', 4000.인사1급 강원지점 '사원'), 추계코드(2024.2024년 퇴직금추계액) 선택 후 퇴직추계액 확인
➔ 퇴직급여충당부채: 퇴직급여추계액(934,244,660원) × 40% = 373,697,860원(373,697,864원)

24 ④ [인사/급여관리] → [세무관리] → [지방소득세특별징수명세/납부서]
신고서생성 탭, 신고서생성 메뉴실행 → 매월/반기 구분(1.매월), 신고사업장(1000.인사1급 회사본사),
신고구분(1.정기), 귀속연월(2024/10), 지급연월(2024/10), 제출일자(2024/11/11),
급여지급일자(2024/10/25), 신고서생성 → 계속근무자 연말정산 환급액 반영 기준(미적용),
제출일자(2024/11/11), 신고서현황 탭, 조회되는 신고서 선택후 신고서조회, 징수 및 조정명세서 탭,
소득구분(3.사업소득) 소득자별 과세표준과 산출세액 확인
➡ 이준성 사원의 과세표준은 107,850원, 산출세액은 10,780원이다.

25 ④ [인사/급여관리] → [기초환경설정] → [인사/급여환경설정] 관련 내용 수정,
원천세 신고유형(2.사업장별신고), 이행상황신고서집계방식(2.지급연월)
[인사/급여관리] → [세무관리] → [원천징수이행상황신고서] 제출연도(2024),
신고사업장(1000.인사1급 회사본사) → 신고서 추가, 귀속연월(2024/10), 지급연월(2024/10),
제출일자(2024/11/10) → 신고서 생성, 일반 데이터 반영(1.매월 징수분(전체)),
연말정산 소득세, 농특세 반영(미반영) 관련내용 확인
➡ ① 해당 신고서에 집계된 소득은 근로소득(13명), 사업소득(3명), 기타소득(2명) 이며, 총 20명이다.
② 근로소득의 일용근로(A03) 항목의 데이터는 직접 수정이 가능한 항목이다.
③ 사업소득에 집계된 데이터는 '거주자(부표)' 탭에서 수정하여 관리하는 항목이다.

인사 1급 | 2024년 5회 (2024년 9월 28일 시행)

[이론 답안]

1	2	3	4	5	6	7	8	9	10
④	①	②	③	①	②	②	③	②	④
11	12	13	14	15	16	17	18	19	20
④	④	③	마코브분석	②	②	①	④	④	확립단계
21	22	23	24	25	26	27	28	29	30
③	④	③	①	①	7.19	2,700	①	③	③
31	32	33							
①	원격근무제도	일괄공제제도							

[풀이]

01 ④ 조직의 효율성을 제고하기 위해 업무흐름 뿐만 아니라 전체 조직을 재구축하려는 경영혁신전략은 리엔지니어링에 대한 설명이다.

02 ① 비즈니스 에널리틱스는 구조화된 데이터와 문서, 소셜미디어 포스트, 영상자료 등 비구조화된 데이터를 동시에 활용 가능하다.

03 ② ERP는 '주문제작하다'라는 의미의 커스터마이징이 최소화 되어야 한다.

04 ③ • ERP 도입시 현재 업무방식을 그대로 고수하거나, 업무 단위에 맞추지 않아야 한다.
- TFT는 최고 엘리트 사원으로 구성되어야 하며, 유능한 컨설턴트를 활용 하여야 한다.
- ERP 도입은 Top-Down(하향식) 방식으로 담당자의 의견을 적극 반영하여야 한다.

05 ① PaaS는 사용자가 응용소프트웨어를 개발할 수 있도록 플랫폼과 도구를 제공하는 서비스이다.
[클라우드 서비스 유형]
- SaaS: 소프트웨어 서비스 ➜ 웹 브라우저를 통해 응용소프트웨어를 사용할 수 있는 서비스를 제공
- PaaS: 플랫폼 서비스 ➜ 응용소프트웨어를 개발하는데 필요한 플랫폼과 도구를 서비스로 제공
- IaaS: 인프라 서비스 ➜ 업무처리에 필요한 서버, 스토리지, 데이터베이스 등 IT 자원을 서비스로 제공

06 ② 인적관리의 주요기능중 보상기능에 해당하는 것은 임금관리와 복리후생관리이다.
[인적자원관리의 5대 기능]
- 기본기능: 직무관리, 인적자원계획
- 확보기능: 채용관리, 선발관리, 인사이동
- 개발기능: 교육훈련, 경력관리, 인사평가
- 보상기능: 임금관리, 복지후생관리
- 유지기능: 안전보건관리, 노사관계관리, 이직관리

07 ② 직무관리의 절차는 '직무분석 ➜ 직무기술서(업무) 및 직무명세서(사람) 작성 ➜ 직무평가 ➜ 직무설계'이다.

08 ③ 직무평가 기준 요소 중 책임요소에 대한 설명이다.
[직무평가 기준 요소]
- 책임요소: 관리감독, 기계설비, 원자재, 직무개선, 책임 등
- 작업조건요소: 위험도, 작업시간, 작업환경, 작업위험등
- 숙련요소: 지식, 기술, 경험, 몰입, 도전성, 판단력 등
- 노력요소: 육체적, 정신적 등

09 ② 파견근로 활용은 인력부족의 경우에 조치해야 할 행동이다.
- 인력 부족 시 대응 전략: 초과근로, 임시직 고용, 파견근로 활용, 아웃소싱 등
- 인력 과잉 시 대응 전략: 직무분할제, 조기퇴직제, 정리해고, 무급휴가제도, 다운사이징, 조직 내 직무 재배치 등

10 ④ ①, ②, ③은 인적자원의 모집 방법 중 외부모집 방법이다.
- 사내(내부)모집: 기술목록, 사내공모(사보, 사내 게시판, 인트라넷, 승진, 직무 재배치 등
- 사외(외부)모집: 광고, 신문, 잡지, 인터넷, 옥외광고, 인턴사원제도, 헤드헌터, 교육기관 추천 등

11 ④ 선발과정에서 오류없이 올바른 결정을 하기 위해 선발 도구는 신뢰성, 타당성, 효율성을 갖추고 있어야 하며, 공정성은 선발시스템상의 문제에 해당한다.
- 신뢰성: 도구가 선발 대상자들에게 적용되었을 때 안정적이고 일관성 있는 결과를 얻어낼 수 있는지를 판단하는 기준을 의미
- 타당성: 시험이 당초에 측정하려고 의도하였던 것을 얼마나 정확하게 측정하고 있는지를 밝히는 정도를 의미
- 효용성: 선발도구의 효용성이 높으면 선발에 있어서 평가도구의 성적이 미래의 직무 성과를 예측하는 능력이 크다는 것을 의미한다. 선발도구의 효용이 높으면 선발 비용이 절감되고 우수 인재의 선발 가능성이 높아진다는 의미

12 ④ 현재의 직무에 직접적으로 판단된 전문 지식이나 기술을 측정하는데 활용할 수 있는 대표적인 검사방법은 성취도검사이다.
- 적성검사: 지원자의 잠재적 능력이 어떤 직무에 적합한지에 대한 검사
- 지능검사: 지원자의 종합적 지능을 측정하기 위한 검사
- 흥미검사: 지원자가 가지고 있는 흥미나 관심분야를 측정하는 검사

13 ③ 종업원의 능력과 성격 등의 면에서 최적의 지위에 배치되어 최고의 능력을 발휘하게 하는 것으로, 조직성과와 개인만족의 통합적 실현에 주요목적을 두는 것은 적재적소의 원칙에 대한 설명이다.
[배치(전환배치)의 원칙]
- 균형주의 원칙: 기업 내 인재가 특정 직무(직종)에 편중되지 않게 배치
- 능력(실력)주의 원칙: 종업원의 직무수행능력을 기준으로 배치
- 인재 육성주의 원칙: 기업 내 모든 직무에 대한 풍부한 경험 축적을 통해 미래지향적 인재 육성을 위한 배치

14 마코브분석

15 ② 인사평가의 타당성, 신뢰성, 객관성을 높이고자 개발된 평가방법으로 근무평가를 위해 자신, 직속상사, 부하직원, 동료, 고객 등 외부인까지 평가자에 참여시키는 것은 다면평가에 대한 설명이다.
- 면접법: 직무분석자가 근로자나 감독자와 면접을 통하여 직무를 파악하는 방법
- 목표관리법: 조직 구성원들의 참여과정을 통해 조직단위와 구성원의 목표를 명확하게 설정하고 그에 따라 생산활동을 수행하도록 한 뒤 업적을 측정 평가
- 균형성과표: 기업의 비전과 전략을 조직 내·외부의 핵심성과지표로 재구성해 전체 조직이 목표달성을 위한 활동에 집중하도록 하는 전략경영시스템

16 ② 평가기간 전체를 토대로 평가해야 하지만 기억력의 한계 등으로 최근 실적이나 능력 중심으로 평가할 경우에 생기는 오류는 최근화 경향(시간적 오류, 근접오류)에 대한 설명이다.
- 현혹효과(후광효과, 헤일로 효과)는 하나의 평가요소에 대한 호의적 혹은 비호의적인 인상이 다른 모든 평가요소에 대해서 동일하게 평가하려는 경향을 나타내는 것을 말한다.
- 상동적 오류(상동적 태도) 타인에 대한 평가가 그가 속한 사회적 집단(학교, 종교, 지역, 국가 등)에 대한 지각을 기초로 해서 이루어지는 판단 등을 말한다.
- 경향(집중화 경향)은 피고과자의 대다수를 중간 정도로 판단하는 경향을 말한다.

17 ① 4~8명의 학습자들이 팀을 이루어 경영상의 과제를 해결하고 대안을 개발하도록 학습하는 교육훈련 방식으로 문제해결과정에 대한 성찰을 통해 학습하도록 지원하는 것은 액션러닝에 대한 설명이다.
- 감수성훈련: 다른 사람이 생각하고 느끼는 것을 정확하게 감지하고 이에 대응하여 유연한 태도와 행동을 취할 수 있는 능력을 개발하기 위한 방법
- 그리드훈련: 리더의 행동을 생산중심과 인간중심의 복수연장선 개념 하에 행동 유형을 정립하고, 가장 이상적인 리더는 생산과 인간의 관점 모두를 극대화할 수 있는 9.9형이라고 전제하는 교육훈련 방법
- 역할연기법: 특정 상황을 설정하여 피훈련자에게 그 상황 속의 특정 역할을 맡기고 그 역할에 관한 행동을 실행하도록 하는 방법

18 ④ 직무에 따른 승진이기보다 조직운영의 원리 즉, 라인체계구조상 승진하게 되는 것은 역직승진에 대한 설명이다.
- 직급승진: 상위 직급으로 승진 또는 공석이 발생할 경우 해당 직급에 적합한 자를 선발해 승진시키는 제도
- 자격승진: 자격요건에 따라 승진시키는 제도
- 대용승진: 인사체증과 사기저하를 방지하기 위해서 직무내용이나 임금이 실질적인 변화 없이 직위명칭 또는 자격호칭 등의 직위 심볼 상의 형식적인 승진

19 ④ 경력개발 원칙 중 적재적소배치의 원칙에 대한 설명이다.
[경력개발의 원칙]
- 적재적소배치의 원칙: 종업원의 능력과 조직의 목표 달성에 필요한 직무가 잘 조화되도록 자격요건과 적성 정보를 충분히 파악하여야 한다.
- 승진경로의 원칙: 기업의 모든 직위는 계층적인 승진경로로 형성되고 승진관리가 체계적으로 이루어져야 한다.
- 후진양성의 원칙: 인재 확보를 기업의 외부에서 스카웃하는 방법보다 기업 내부에서 양성하는 것을 원칙으로 하여 종업원에게 동기부여를 하도록 한다.
- 경력기회개발의 원칙: 종업원이 필요한 경력경로 설계가 가능하도록 하여야 한다.

20 확립단계

21 ③
- 종업원의 입장: 사회적 신분의 상징, 생계비 및 가계수입의 원천, 욕구충족의 수단
- 기업의 입장: 기업경쟁력 요소, 인건비 요소, 종업원 채용 및 유지의 요인

22 ④ 사용자는 근로자의 연장근로와 야간근로 또는 휴일근로에 대해서 통상임금의 100분의 50 이상을 가산하여 지급하여야 하며, 8시간을 초과한 휴일근로 또는 휴일의 야간근로는 100분의 100을 가산하여 지급하여야 한다.

23 ③ 기본적 보상 외에 영업 수익의 일부를 근로자에게 지급하는 임금형태는 이윤분배제에 대한 설명이다.
- 럭커플랜: 노사협력에 의해 발생한 생산성 향상분을 안정적인 부가가치 분배율로 노사간에 배분
- 스캘론플랜: 매출액에 대한 인건비 절약분을 근로자에게 보너스로 지급
- 임프로쉐어: 표준작업시간을 줄인차이를 이익으로 보고 노사 간에 50%씩 나누어 갖는 형태

24 ①
[복리후생의 효과]
- 경영자 입장: 생산성 향상, 원가절감, 종업원의 근로에 대한 불만감소, 기업의 이미지 개선 등
- 종업원 입장: 사기향상, 복지에 대한 인식 제고, 경력개발을 통한 자아실현, 동기부여 등

25 ① 산재보험료는 원칙적으로 사업주가 전액 부담한다.

26 7.19(%)
건강보험료의 요율은 7.19% 이며, 사업주와 근로자가 각각 3.595%씩 부담하게 된다.

27 2,700원
[원천징수할 소득세]
- 250,000원 - 150,000원(비과세) = 100,000원(과세표준)
- 100,000원 × 6% = 6,000원(산출세액)
- 6,000원 × 55% = 3,330원(세액공제)
- 6,000원 - 3,300원 = 2,700원(원천징수할 소득세)

28 ① 근로자가 출장, 기타 사유로 인하여 근로시간 전부 또는 일부를 사업장 밖에서 근로하게 되는 경우, 사용자가 근로자에게 근로시간의 관리를 위임하는 제도는 간주 근로시간제에 대한 설명이다.

29 ③
①: 집중근무제, ②: 파견근무제, ④: 간주 근로시간제

30 ③ 노동조합의 가입방법 중 노조의 통제력이 가장 높은 형태는 클로즈드 숍이다.
- 클로즈드 숍: 조합원 자격이 있는 근로자만 채용하고, 일단 채용된 근로자도 조합원의 자격을 상실하면 근로자가 될 수 없도록 하는 제도
- 숍: 사용자가 조합원이든 비조합원이든 자유롭게 근로자를 채용 할 수 있는 제도
- 유니언 숍: 기업이 근로자를 채용할 때 조합원이 아닌 자를 근로자로 채용할 수는 있지만 일단 채용된 이후에는 일정기간 내에 자동적으로 노조에 가입하게 되는 제도
- 에이전시 숍: 채용된 종업원에 대하여 특정 노동조합의 가입을 강제하지 않지만, 비조합원에 대해서도 조합원들의 조합비에 해당하는 금액을 정기적으로 노동조합에 납입하도록 하는 제도

31 ① 노동쟁의 형태 중 권리분쟁에 대한 설명이다.
[노동쟁의 형태]
- 이익분쟁: 노사 간의 권리관계의 창출을 위한 단체교섭 과정에서 상호 간의 주장 불일치로 나타나는 분쟁
- 권리분쟁: 노사 간의 단체교섭 결과에 의해 체결된 단체협약의 해석이나 적용 및 이행여부와 관련하여 상호 간의 주장 불일치로 나타나는 분쟁

32 원격근무제도(원격근무, 원격근로제도)

33 일괄공제제도(체코오프 제도, 조합비 일괄공제 제도)

[실무 답안]

1	2	3	4	5	6	7	8	9	10
③	③	②	②	③	④	①	④	③	①

11	12	13	14	15	16	17	18	19	20
②	②	④	①	④	④	①	②	①	②

21	22	23	24	25					
③	③	②	④	①					

[풀이]

01 ③ [시스템관리] → [회사등록정보] → [사업장등록] 관련내용 확인
→ '3000.인사1급 부산지점'은 '1000.인사1급 회사본사' 사업장과 함께 주사업장으로 등록되어 있다.

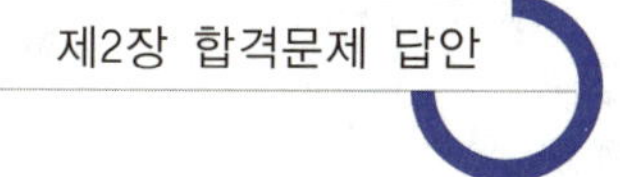

02 ③ [시스템관리] → [회사등록정보] → [부서등록] 관련내용 확인
➔ ① '2000.인사1급 인천지점' 사업장의 부서 중 '3100.관리부'와 '6100.영업부'는 현재 사용하지 않는다.
② '3100.관리부'는 현재 사용하지 않는 부서이며, 종료일은 2020/12/31이다.
④ '2000.영업부문'에 속하는 부서 중 현재 사용중인 부서는 3개이다.

03 ② 인사/급여관리] → [기초환경설정] → [인사/급여환경설정] 관련 내용 확인
➔ A: '환경직' 직종의 출결마감 기준일은 전월 25일에서 당월 24일까지이다. (O)
B: 퇴직자의 급여 계산 시 기준일수(25일) 초과 시 월 급여를 지급하고, 미만시 일할 지급한다. (O)
C: 생산직 비과세를 적용하는 직종은 '002.생산직', '003.환경직', '005.기술직'이 등록되어 있다. (X)
D: 회사의 월일수 산정 기준은 '한달정상일'이며, 일수는 30일이다. (X)

04 ② [인사/급여관리] → [기초환경설정] → [호봉테이블등록] 대상직급(대리) 호봉 등록 후 6호봉 합계금액 확인
· 호봉이력(시작년월: 2024/09) 입력
· [일괄등록] 기본급: 초기치(2,500,000원) 증가액(100,000원), 급호수당: 초기치(15,000원)
증가액(10,000원), 연장수당: 초기치(10,000원) 증가액(5,000원)
· [일괄인상] 기본급: 정률 5.5%, 급호수당: 정률 3.0% → '정률적용'
· [일괄인상] 연장수당: 3,000원 → '정액적용'
➔ 호봉 등록 후 확인되는 900.대리 직급의 6호봉 합계액은 3,269,950원이다.

05 ③ [인사/급여관리] → [기초환결성정] → [지급공제항목등록] 급여구분(급여), 지급/공제구분(지급),
귀속연도(2024년) '마감취소' 후 수당별 관련내용 확인
➔ 'P40.가족수당'은 퇴사자인 경우에만 지급하지 않는 항목이며, 배우자가 존재할 때 50,000원을 지급한다.

06 ④ [인사/급여관리] → [기초환경설정] → [급/상여지급일자등록] 귀속연월(2024/08) 급/상여 관련내용 확인
➔ ① '상여' 지급시, 퇴사자의 경우 근무일수에 상관없이 '월할'로 지급한다. (X)
② '급여'의 '지급직종및급여형태'에 반영된 정보와 일치하지 않는 대상자는 임의로 추가할 수 없다. (X)
③ '상여지급기간' 내 '3000.인사1급 부산지점' 사업장의 모든 직종에 대하여 상여를 지급한다. (X)
④ '상여지급대상기간'은 상여지급 대상자를 선정하는 기준일이며, 세액계산과는 무관하다. (O)

07 ① [인사/급여관리] → [인사관리] → [교육현황] 교육별사원현황 탭, 교육명(915.2024년 2분기 내부교육)
교육평가 결과 확인
➔ 교육평가 결과가 'S등급'인 사원: 안민서, 고진수 등 총 2명
교육평가 결과가 'A등급'인 사원: 박용덕, 박국현, 김성실 등 총 3명
교육결과 포상금: (교육평가 S등급(200,000원) × 2명 + 교육평가 A등급(100,000원) × 3명)
= 700,000원

08 ④ [인사/급여관리] → [인사관리] → [사원정보현황] 조회조건(1.사업장: 전체), 자격/면허 탭,
퇴직자 제외 선택, 특별자격수당 지급을 위한 자격별(유효기간: 2024/09, 수당여부: 해당) 인원 확인
· 자격증(100.정보기술자격(ITQ)): 박국현, 오진형, 이자연 등 총 3명
· 자격증(ERP정보관리사1급): 김종욱, 엄현애, 오진형 등 총 3명
➔ 자격증(100.정보기술자격(ITQ)) 수당: 30,000원 × 3명 = 90,000원
자격증(ERP정보관리사1급) 수당: 50,000원 × 3명 = 150,000원
특별자격수당은 총 240,000원

09 ③ [인사/급여관리] → [인사관리] → [인사정보등록] 사원별 관련내용 확인
➔ 박국현 사원의 근무조는 '3조'이며, 생산직총급여 '과세' 대상자로 설정되어 있다.

10 ① [인사/급여관리] → [인사관리] → [근속년수현황] 퇴사자(0.제외), 기준일(2024/08/31),
년수기준(2.미만일수 올림), 경력포함(0.제외) 근속년수현황별 수당 지급 대상자 확인
➔ 특별근속수당: 10년 초과(500,000원) + 15년 초과(750,000원) + 20년 초과(1,800,000원)
= 3,050,000원
(10년 초과(15년 이하) 5명 × 100,000원 + 15년 초과(20년 이하) 5명 × 150,000원
+ 20년 초과(25년 이하) 9명 × 200,000원)

11 ② [인사/급여관리] → [인사관리] → [인사정보등록] 안민서 사원선택, 급여정보 탭, 책정임금 등록
(계약시작년월: 2024/09, Ctrl+F3 실행, 연봉: 75,000,000원)
[인사/급여관리] → [급여관리] → [상용직급여입력및계산] 귀속연월(2024/09),
지급일(1.2024/09/25, 급여), 전체사원 선택, '급여계산' 후 과세총액 확인
➜ 해당지급일자의 과세총액은 61,963,390원이다.

12 ② [인사/급여관리] → [기초환경설정] → [급/상여지급일자등록] 귀속연월(2024/09), 지급일자등록
(지급일: 2024/09/30, 동시발행: 분리, 대상자선정: 직종및급여형태별, 급여구분: 특별급여,
지급직종및급여형태: '2000.인사1급 인천지점', '3000.인사1급 부산지점', '4000.인사1급 강원지점',
직종: 전체, 급여형태: 전체)
[인사/급여관리] → [급여관리] → [상용직급여입력및계산] 귀속연월(2024/09),
지급일(2.2024/09/30 특별급여), 조회되는 전체사원 선택, '급여계산' 후 관련내용 확인
(직종수당 관련 내용은 '지급공제항목등록' 메뉴에서 추가 확인)
➜ ① 실제 지급액이 가장 적은 사원은 김성실(2,456,290원)이다.
③ 오진형 사원은 소득세가 공제되지 않았으며, 사원별 특별급여 금액은 동일하지 않다.
④ 해당 지급일자의 회사부담금 총액은 1,230,630원이다.

13 ④ [인사/급여관리] → [급여관리] → [급/상여이체현황] 소득구분(1.급상여), 귀속연월(2024/08),
지급일(1.2024/08/25 급여), 무급자(1.제외), 조회조건(1사업장, 1000.인사1급 회사본사)
급/상여 이체현황 확인
➜ 급여총액은 55,211,200원 중 현금지급액(10,196,030원)을 제외한 이체금액은 45,015,170원이다.

14 ① [인사/급여관리] → [급여관리] → [근태결과입력] 귀속연월(2024/08), 지급일(1.2024/08/25 급여),
장명훈 사원의 근태결과 확인
(평일연장: 14시간 15분, 토일연장: 4시간, 평일심야: 8시간 45분)
사원명(장명훈)선택, 마우스 오른쪽 버튼 누른 후 사원정보 메뉴에서 책정임금의 시급(14,322원) 확인
➜ 1유형근무수당: (총연장근무 18.25) × 2 × 14,322원 = 522,750원(522,753원)
2유형근무수당: (총심야근무 8.75) × 2.5 × 14,322원 = 313,290원(313,293,75원)
초과근수당: 1유형근무수당(522,750원) + 2유형근무수당(313,290원) = 836,040원

15 ④ [인사/급여관리] → [급여관리] → [항목별급상여지급현황] 귀속연월(2024/04~2024/06),
지급구분(100.급여), 사업장(1000.인사1급 회사본사), 집계구분(2.직종별)
직종별 급여 지급현황 확인
➜ 기술직의 공제합계액은 1,736,970원이다.

16 ④ [인사/급여관리] → [일용직관리] → [일용직급여지급일자등록] 귀속연월(2024/09), 지급일(1.매일지급)
부서(3200.관리부, 4100.생산부), 급여형태(004.시급) 조회되는 대상자(5명) 전체 선택후 대상자 추가
[인사/급여관리] → [일용직관리] → [일용직급여입력및계산] 귀속연월(2024/09), 지급일(1.매일지급)
조회되는 전체사원 선택, 일괄적용(일괄적용시간: 평일 10시간, 비과세(신고제외분): 12,000원),
일괄적용(일괄적용시간: 토요일 2시간) 일용직급여 관련내용 확인
➜ 해당 지급일의 사원 중 소득세가 가장 적게 공제된 사원은 안지황이며, 30,450원이다.

17 ① [인사/급여관리] → [일용직관리] → [일용직사원등록] 사원코드(1018), 사원명(정용빈) 등록
기본정보 탭, 정용빈 사원의 정보등록, 입사일자(2024/09/05), 주민등록번호(941222-1234567),
부서(1100.총무부), 급여형태(004.시급), 급여/시간단가(51,250원), 생산직비과세적용(함),
고용보험여부(여), 국민연금여부(여), 건강보험여부(여)
[인사/급여관리] → [일용직관리] → [일용직급여입력및계산] 귀속연월(2024/09), 지급일(2.일정기간지급)
'대상자추가' 메뉴실행 → 정용빈 사원 추가, 전체사원 선택
일괄적용(일괄적용시간: 평일 10시간, 비과세(신고제외분): 10,000원) 급여총액 탭, 차인지급액 확인
➜ 급여총액 탭에서 확인되는 지급대상자(8명)의 차인지급액은 45,232,150원이다.

18 ② [인사/급여관리] → [급여관리] → [연간급여현황] 조회기간(2024/01~2024/06), 분류기준(과세/비과세),
사업장(1000.인사1급 회사본사), 사용자부담금(1.포함) 해당 기간의 과세총액과 비과세총액 확인
➜ 과세총액: 368,080,300원, 비과세총액: 25,208,760원

19 ① 인사/급여관리] → [퇴직정산관리] → [퇴직기준설정] '마감취소' 후 관련내용 확인
    ➜ A: 평균임금 기간 산정 시 전월을 기준으로 3개월을 산정하며, 노동부 기준은 적용하지 않는다. (O)
       B: 중도정산자의 경우 급여계산시 '일할계산'하여 적용한다. (X)
       C: 누진적용시 근속누진(적용방식: 000.가산율) 이외에 임원누진(전무, 상무, 이사)도 적용하고 있다. (X)
       D: 퇴직정산시 '월할계산'을 적용하며, 연차수당코드는 'P60.월차수당'을 사용한다. (X)

20 ② [인사/급여관리] → [퇴직정산관리] → [퇴직기준설정] '마감취소' 후 관련기준 설정,
    기본설정 탭(평균임금: 일평균 임금), 지급항목설정 탭(지급항목: 기본급, 근속수당, 가족수당, 상여)
    [인사/급여관리] → [퇴직정산관리] → [퇴직금산정] 신고귀속(2024), 귀속연도(2024),
    사업장(3000.인사1급 부산지점), 정산구분(1.중도정산) '대상자선정' 메뉴실행, 귀속연월(2024/09),
    재직기준(2024/09/01~2024/09/30), 지급일자(2024/09/30), 퇴직일자(2024/09/25),
    신청일자(2024/09/25), 사원코드(20130701.고진수) 기본정보 탭(퇴직금계산내역 확인),
    급여정보 탭(퇴직금계산 → 급여, 상여, 퇴직금 계산 → 급여 및 퇴직금정산내역 확인)
    ➜ 고진수 사원의 퇴직금 계산시 산정된 급여내역은 '2024/06/01~2024/08/31'까지이며, 기간 내 지급된
      상여금(8월)이 존재한다.
      (누진적용(10년 초과 근무시 3%)에 의해 누진일수 123일(근속기간 4105일 × 3%)이 적용된다.)

21 ③ [인사/급여관리] → [전표관리] → [전표집계및생성] 지급유형(1.상용직급여), 귀속연월(2024/08),
    회계단위(1000.인사1급 회사본사), 결의일자(2024/08/31), 집계사업장(인사1급 회사본사,
    인사1급 부산지점, 급여구분: 급여, 상여) 계정과목별 금액 확인
    ➜ 선납세금은 5,732,480원이다.

22 ③ [인사/급여관리] → [기초환경설정] → [인사/급여환경설정] 관련 내용 수정,
    원천세 신고유형(1.본점일괄신고), 이행상황신고서집계방식(1.귀속연월)
    [인사/급여관리] → [세무관리] → [원천징수이행상황신고서] 제출연도(2024),
    신고사업장(1000.인사1급 회사본사) → 신고서 추가, 신고구분(1.정기), 귀속연월(2024/08),
    지급연월(2024/08), 소득처분여부(1.비해당), 제출일자(2024/09/10) → 신고서 생성,
    일반 데이터 반영(1.매월 징수분(전체)), 연말정산 소득세, 농특세 반영(미적용)
    근로소득 총지급액과 소득세 확인
    ➜ 근로소득 총지급액: 115,382,300원, 소득세: 6,087.350원

23 ② [인사/급여관리] → [기초환경설정] → [인사/급여환경설정] 관련 내용 수정,
    지방소득세/주민세(종업원분)집계방식(3.귀속,지급연월)
    [인사/급여관리] → [세무관리] → [지방소득세특별징수명세/납부서]
    신고서생성 탭, 신고서생성 메뉴실행 → 매월/반기 구분(1.매월), 신고사업장(0000.전체),
    신고구분(1.정기), 귀속연월(2024/08), 지급연월(2024/08), 제출일자(2024/09/10),
    급여지급일자(2024/08/31), 신고서생성 → 계속근무자 연말정산 환급액 반영 기준(미적용),
    제출일자(2024/09/10), 신고서현황 탭, 조회되는 신고서 선택후 신고서조회, 징수 및 조정명세서 탭,
    소득구분(4.근로소득) 소득자별 과세표준과 산출세액 확인
    ➜ 김성실 사원의 과세표준은 185,280원이다.

24 ④ [인사/급여관리] → [연말정산관리] → [근로소득원천징수부] 귀속연도(2023),
    사업장(4000.인사1급 강원지점) 유지현 사원 선택후 관련내용 확인
    ➜ 지급명세서 작성 대상 비과세 소득(50): 4,800,000원, 고용보험: 423,890원

25 ① [인사/급여관리] → [급여관리] → [급여대장] 귀속연월(2024/08), 지급일(1.2024/08/25 급여),
    집계(2.부서별) 부서별 급여내용 확인
    ➜ 관리부의 소득세는 824,750원이다.

인사 1급 　2024년 4회 (2024년 7월 27일 시행)

[이론 답안]

1	2	3	4	5	6	7	8	9	10
③	③	①	③	④	④	③	③	③	④
11	12	13	14	15	16	17	18	19	20
④	①	④	ⓐ 1종 ⓑ 2종	①	①	②	②	③	기능목록 제도
21	22	23	24	25	26	27	28	29	30
①	①	②	③	④	확정급여형	34,500	④	②	③
31	32	33							
③	15	규범							

[풀이]

01 ③ 시스템의 전체 라이프사이클을 통해 발생하는 전체 비용을 계량화한 비용은 총소유비용에 대한 설명이다.

02 ③ 모든종류의 어플리케이션을 설치할 수 없으므로, 사용자가 원하는 어플리케이션을 지원받지 못하거나 설치에 제약이 있을 수 있는 단점이 있다.

03 ① 성과측정관리(BSC)는 전략적 기업경영 시스템에 해당한다.
- 전략적 기업경영 시스템: 성과측정관리 '균형성과표'(BSC), 가치중심경영(VBM), 전략계획 수립 및 시물레이션(SFS), 활동기준경영(ABM)
- e-비지니스 지원 시스템: 지식관리시스템(KMS), 의사결정지원시스템(DSS), 경영자정보시스템(EIS), 고객관계관리(CRM), 공급망관리(SCM), 전자상거래(EC)

04 ③ 효과적인 ERP교육을 위해서는 논리적 작업단위인 트랜젝션이 아니라 비즈니스 프로세스에 초점을 맞춰야 한다.

05 ④ ERP 시스템의 자체개발은 구축에서 운영 및 유지보수까지 많은 시간과 노력이 필요하므로, 아웃소싱을 통한 개발이 바람직하다. 다만, 구축 이후에도 유지보수 등을 위해 아웃소싱 업체로부터 독립적으로 운영되지는 않는다.

06 ④ 테일러의 과학적 관리법의 주요내용으로는 동작연구와 시간연구, 차별적 성과급제, 기획부제도, 직능별 직장제도, 작업지도표제도 등이 있으며, 생산중심 관점의 인적자원관리에 해당한다.

07 ③ 직무관리의 절차는 '직무분석 ➜ 직무기술서(업무) 및 직무명세서(사람) 작성 ➜ 직무평가 ➜ 직무설계'이다.

08 ③ 델파이법, 명목집단법, 자격요건 분석기법은 비계량적 방법이지만, 작업연구기법은 계량적 평가방법에 해당한다.
[인적자원의 수요예측]
- 정량적(계량) 방법: 추세분석, 시계열분석, 회귀분석, 생산성비율분석, 작업연구기법
- 정성적(비계량) 방법: 명목집단법, 델파이기법, 자격요건분석

09 ③ 인력부족시 대응전략으로 훈련을 통한 능력개발이 해당될 수 있다.
- 인력 부족 시 대응 전략: 초과근로, 임시직 고용, 파견근로 활용, 아웃소싱 등
- 인력 과잉 시 대응 전략: 직무분할제, 조기퇴직제, 정리해고, 무급휴가제도, 다운사이징, 조직 내 직무 재배치 등

10 ④ ①, ②, ③은 인적자원의 모집 방법 중 외부모집 방법이고, ④는 내부모집 방법에 해당한다.
- 사내(내부)모집: 기술목록, 사내공모(사보, 사내 게시판, 인트라넷, 승진, 직무 재배치 등
- 사외(외부)모집: 광고, 신문, 잡지, 인터넷, 옥외광고, 인턴사원제도, 헤드헌터, 교육기관 추천 등

11 ④ 종업원의 직무수행능력을 기준으로 배치하는 것은 배치의 원칙 중 능력(실력)주의 원칙에 대한 설명이다.
[배치(=전환배치)의 원칙]
- 균형주의 원칙: 기업 내 인재가 특정 직무(직종)에 편중되지 않게 배치
- 인재 육성주의 원칙: 기업 내 모든 직무에 대한 풍부한 경험 축적을 통해 미래지향적 인재 육성을 위한 배치를 하여야 한다.
- 적재적소주의 원칙: 적합한 인재를 적절한 장소에 배치

12 ① 인적자원관리의 패러다임은 일원관리에서 다원관리로 변화되었다.

13 ④ 직업인으로서 기본적으로 갖추어야 하는 공통능력과 직무수행에 필요한 역량을 측정하기 위한 검사방법은 직무능력검사이다.
[선발시험]
- 성격(인성)검사: 지원자의 성격(욕망, 자신감, 성향)을 측정하여 조직 내 직무 수행에 어떤 영향을 미칠지를 검사
- 적성검사: 지원자의 잠재적 능력이 어떤 직무에 적합한지에 대한 검사
- 성취도검사: 지원자의 일반지식 또는 전문지식의 수준을 평가하기 위한 방법
- 지능검사: 지원자의 종합적 지능을 측정하기 위한 검사
- 흥미검사: 지원자가 가지고 있는 흥미나 관심분야를 측정하는 검사

14 ⓐ: 1종, ⓑ: 2종

15 ① 행동기준의 선택이 어렵고, 점수화 절차가 복잡한 것은 인사고과의 평가방법 중 체크리스트법에 대한 설명이다.

16 ① 하나의 평가요소에 대한 호의적 혹은 비호의적인 인상이 다른 모든 평 가요소에 대해서 동일하게 평가하려는 경향을 나타내는 것은 인사고과의 오류중 현혹효과(후광효과, 헤일로 효과)에 대한 설명이다.
- 대비오류: 특정의 피고과자가 다음에 평가될 피고과자의 평가에 미치는 오류로 객관적인 기준 없이 개개인을 서로 비교할 때 나타나는 오류
- 논리적 오류: 서로 상관관계가 높은 평가요소간에 어느 한 쪽이 우수하면 다른 요소도 당연히 그럴 것이라고 판단하는 경향
- 시간적 오류(최근화 경향): 평가기간 전체를 토대로 평가해야 하지만 기억력의 한계 등으로 최근 실적이나 능력 중심으로 평가할 경우에 생기는 오류

17 ② 작업장이나 일정한 장소에서 자신의 직속 상사에게 1:1로 기술이나 경험을 전수받는 교육훈련방법인 도제훈련은 OJT(직장 내 훈련)에 해당한다.

18 ② 경력단계 4단계 쇠퇴단계에 해당하는 경력욕구는 통합(은퇴준비)이다.
[홀의 경력단계 모형]
- 탐색(1단계): 다양한 진로 탐색(25세 이하) ➜ 자아개념 정립 및 경력방향 결정을 통한 주체형성(정체성)
- 확립(2단계): 선택한 직업에 정착하기 위한 노력(45세 이하) ➜ 특정 직무영역에 정착(친교성)
- 유지(3단계): 자산의 위치 유지를 위한 노력(64세 이하) ➜ 생산의 시기, 중년위기(생산성)
- 쇠퇴(4단계): 퇴직과 노후를 준비(65세 이후) ➜ 은퇴준비(통합성)

19 ③ 기업 활동을 내부화하거나 지나치게 경쟁함으로써 발생하는 비용의 최소화, 기업 간 상호협력과 신뢰를 통해 상호의 이익을 극대화할 수 있도록 설계하고 관리하는 것은 조직변화의 방향 중 공생지향에 대한 설명이다.
[조직변화의 방향]
  • 고객지향: 고객의 니즈와 기대를 중심으로 변화하는 방향
  • 개인지향: 조직 내 개인의 성향과 만족을 중심으로 변화하는 방향
  • 공생지향: 조직 내.외부의 이해관계자와 협력하여 상호 이익을 극대화하는 방향
  • 학습지향: 조직의 발전을 위해 구성원들의 역량개발과 지식 공유를 촉진하는 변화 방향

20 기능목록제도

21 ① 가족수당은 약정수당(임의수당)에 해당한다.
  • 법정수당: 연장 및 휴일근로수당, 해고예고수당, 생리수당, 출산전후수당, 휴업수당, 연차유급 휴가수당 등
  • 약정수당: 가족수당, 상여금, 직무수당, 근속수당, 인센티브, 자격수당, 특근수당 등

22 ① 특별한 자격 및 면허, 기능 보유자에게 지급되는 수당은 기능수당에 대한 설명이다.
  • 직책수당: 직무수행 상의 책임도, 난이도가 타 직원보다 클 경우 지급하는 수당
  • 특수작업수당: 표준작업과는 다른 특수한 작업환경에서 근무하는 경우 지급하는 수당
  • 특수근무수당: 수위, 경비원 등에 대해 지급하는 수당

23 ② 복리후생의 설계 원칙은 종업원 욕구 충족의 원칙, 종업원 다수혜택의 원칙, 종업원 주도 참여의 원칙, 기업의 지불 능력 원칙 등이 있으며, 많은 사람에게 혜택을 부여할 수 있는 제도를 우선적으로 채택하는 설계 원칙은 종업원 다수혜택의 원칙이다.

24 ③ 직장가입자의 건강보험요율은 1천분의 80의 범위내에서 심의위원회 의결을 거쳐 대통령령으로 정한다.

25 ④ 연말정산시 제출해야 하는 서류에는 교육비납입증명서, 의료비지급명세서, 기부금명세서, 신용카드소득공제신청서, 보험료납입증명서 등이 있으며, 원천징수이행상황신고서는 연말정산 후 사업주가 관할세무서에 제출해야 하는 서류이다.

26 확정급여형

27 34,500원
  • 고용보험료: 고용보험 사업자부담금(27,000원) + 고용안정·직업능력 개발사업 부담금(7,500원)
        = 34,500원
  • 고용보험 사업자부담금: 3,000,000원 × 0.9% = 27,000원
  • 고용안정·직업능력 개발사업 부담금: 3,000,000원 × 0.25 = 7,500원

28 ④ 15세 이상 18세 미만인 자의 근로시간은 1일 7시간, 주 35시간으로 제한하고 있다.

29 ② 산업별 노동조합은 1산업 1조합 이며, 직업별 노동조합은 1직업 1조합의 특징을 가진다.

30 ③ 기업별 노동조합의 단위조합 또는 지부가 산업별의 상부 노동단체와 공동으로 당해 기업의 사용자 대표와 교섭하는 방식은 공동교섭에 대한 설명이다.
  • 통일교섭: 전국적 혹은 지역적인 산업별 또는 직업별 노동조합 대표와 이에 대응하는 사용자 단체와의 교섭 방식
  • 집단교섭: 복수의 기업별 노동조합이 집단을 구성하여 이에 대응하는 복수기업의 사용자대표와 집단으로 이루어지는 교섭방식
  • 대각선교섭: 전국적 또는 지역별 & 산업별 노동조합의 대표와 개별기업의 사용자 대표 사이에 이루어지는 교섭방식

31 ③ 경영참가 제도 중 자본참가 유형에 해당하는 종업원지주제에 대한 설명이다.
- 스캔론 플랜: 집단성과배분제도 중 하나로서, 근로자의 참여의식을 높이기 위하여 고안되었다. 경영자와 근로자의 비용절감 제안을 평가하는 위원회제도를 활용하여 인건비의 절약분에 대한 배분액을 판매가치를 근거로 하여 배분하는 제도
- 노사협의제: 경영상의 긴급하고 중요한 사항, 생산성의 급격한 하락, 천재지변에의 대응, 경영성과의 전달 등과 같이 단체교섭에서는 결정되지 않는 사항에 대해 사용자측과 근로자측이 서로 협력하도록 법적으로 일정 규모의 사업장에 설치할 것을 강제한 제도
- 노사공동결정제: 근로자대표가 기업의 의사결정구조에 사용자와 대등한 지분을 가지고 참여하는 제도

32 15

33 규범

[실무 답안]

1	2	3	4	5	6	7	8	9	10
④	①	①	②	④	④	②	③	①	②

11	12	13	14	15	16	17	18	19	20
③	③	④	②	①	③	④	②	③	①

21	22	23	24	25					
②	②	④	①	③					

[풀이]

01 ④ [시스템관리] → [회사등록정보] → [사업장등록] 관련내용 확인
→ '4000.인사1급 강원지점'은 '1000.인사1급 회사본사' 사업장과 함께 주사업장으로 등록되어 있다.

02 ① [시스템관리] → [회사등록정보] → [부서등록] 관련내용 확인
→ ① '1000.관리부문'에 속한 부서는 현재 모두 사용중이다. (O)
② '1000.인사1급 회사본사' 사업장에 속한 부서 중 현재 사용중인 부서는 5개이다. (X)
③ '2100.국내영업부'는 현재 사용중인 부서이다. (X)
④ '3000.인사1급 대구지점' 사업장에 속한 부서 중 '6100.연구개발부'는 현재 사용하지 않는 부서이다. (X)

03 ① 인사/급여관리] → [기초환경설정] → [인사/급여환경설정] 관련 내용 확인
→ '코드설정' 메뉴에서 확인되는 '인사정보등록'에서 관리할 고용형태는 '001.상용직', '003.관리직', '005.임시직'이 등록되어 있다.

04 ② [인사/급여관리] → [기초환경설정] → [호봉테이블등록] 대상직급(차장) 호봉 등록 후 5호봉 합계금액 확인
- 호봉이력(시작년월: 2024/07) 입력 후 [호봉복사] 메뉴 실행
- 직급(차장), '2022.09' 호봉이력 선택 후 적용
- [일괄인상] 기본급: 정률 3.5%, 급호수당: 정률 1.5% → '정률적용'
- [일괄인상] 연장수당: 10,000원 → '정액적용'
→ 호봉 등록 후 확인되는 700.차장 직급의 5호봉 합계액은 5,529,528원이다.

05 ④ [인사/급여관리] → [기초환경설정] → [급/상여지급일자등록] 귀속연월(2024/06) 급/상여 관련내용 확인
→ '상여' 지급시, '상여지급기간' 내 직종이 '연구직'인 근로자에 대해서만 상여를 지급한다.

06 ④ [인사/급여관리] → [기초환결설정] → [지급공제항목등록] 급여구분(급여), 지급/공제구분(지급),
귀속연도(2024년) '마감취소' 후 관련내용 확인
→ 'P50.식대보조비'는 '국내영업부'와 '해외영업부'에 해당하는 사원들은 0원, 해당하지 않는 사원들은
200,000원을 지급한다.

07 ② [인사/급여관리] → [기초환경설정] → [인사기초코드등록] 출력구분(4.사원그룹(G)) 관련내용 확인
→ 출력구분에 해당하는 '관리항목명' 내역은 사용자가 변경할 수 없으며, '관리내역명' 항목은 수정이 가능한
항목이다.

08 ③ [인사/급여관리] → [인사관리] → [교육현황] 교육별사원현황 탭,
교육명(590.2024년 2분기 임직원역량강화교육) 교육평가 결과 확인
→ 교육평가 결과가 'A'인 사원: 엄현애, 오진형 등 총 2명
교육평가 결과가 'B'인 사원: 조선우, 안종남, 최명수, 최현주 등 총 4명
교육결과 포상금: (교육평가 A등급(150,000원) × 2명 + 교육평가 B등급(10,000원) × 4명)
= 700,000원

09 ① [인사/급여관리] → [인사관리] → [근속년수현황] 퇴사자(0.제외), 기준일(2024/06/30),
년수기준(2.미만일수 올림), 경력포함(0.제외) 근속년수현황별 수당 지급 대상자 확인
→ 특별근속수당: 15년 초과(600,000원) + 20년 초과(1,800,000원) = 2,400,000원
(15년 초과(20년 이하) 4명 × 150,000원 + 20년 초과(25년 이하) 9명 × 200,000원)

10 ② [인사/급여관리] → [인사관리] → [사원정보현황] 조회조건(1.사업장: 전체), 어학시험 탭,
'퇴직제외' 선택, 어학시험명(E06.KPC) 수당 지급을 위한 2024년 7월 기준 어학시험 점수 확인
• 어학시험(E06.KPC) 800점 이상: 김소형, 이수희, 박성호 등 총 3명
• 어학시험(E06.KPC) 900점 이상: 이준상 1명
→ 어학시험(E06.KPC) 800점 이상 수당: 100,000원 × 3명 = 300,000원
어학시험(E06.KPC) 900점 이상 수당: 200,000원 × 1명 = 200,000원
어학시험 수당은 총 500,000원

11 ③ [인사/급여관리] → [인사관리] → [인사정보등록] 길선미 사원 선택, 재직정보 탭에서 휴직기간 등록,
시작일(2024/07/01), 종료일(2024/07/20), 휴직사유(200.병가), 휴직지급률(70%), 퇴직기간적용(001.함)
[인사/급여관리] → [급여관리] → [상용직급여입력및계산] 귀속연월(2024/07),
지급일(1.2024/07/25 급여), 조회되는 전체사원 선택, '급여계산' 후 급여총액 탭에서 과세총액 확인
→ 과세총액: 50,933,860원

12 ③ [인사/급여관리] → [기초환경설정] → [급/상여지급일자등록] 귀속연월(2024/07), 지급일자등록
(지급일: 2024/07/31), 동시발행: 분리, 대상자선정: 직종및급여형태별, 급여구분: 특별급여,
지급직종및급여형태: '2000.인사1급 인천지점', '3000.인사1급 대구지점', 직종: 전체, 급여형태: 전체)
[인사/급여관리] → [급여관리] → [상용직급여입력및계산] 귀속연월(2024/07),
지급일(2.2024/07/31 특별급여), 조회되는 전체사원 선택, '급여계산' 후 관련내용 확인
→ '박성호' 사원의 사회보험부담금은 166,820원이다.

13 ④ [인사/급여관리] → [급여관리] → [급/상여이체현황] 소득구분(1.급상여), 귀속연월(2024/06),
지급일(1.2024/06/25 급여), 무급자(1.제외), 조회조건(1사업장, 1000.인사1급 회사본사)
급/상여 이체현황 확인
→ 신한은행에 이체된 금액(13,884,270원)은 우리은행에 이체된 금액(14,660,820원)보다 작다.

14 ② [인사/급여관리] → [급여관리] → [항목별급상여지급현황] 귀속연월(2024/01~2024/06),
지급구분(100.급여), 집계구분(2.직종별) 직종별 급여 지급현황 확인
→ ① 사무직의 근속수당: 6,660,000원 (X)
② 생산직의 공제합계: 14,696,060원 (O)
③ 생산직의 자격수당: 1,560,000원 (X)
④ 연구직의 고용보험: 1,533,210원 (X)

15 ① [인사/급여관리] → [급여관리] → [근태결과입력] 귀속연월(2024/06), 지급일(1.2024/06/25 급여),
이준상 사원의 근태결과 확인
(평일연장근무: 4시간 30분, 토일정상근무: 4시간 45분, 평일심야근무: 2시간 15분, 토일연장근무: 3시간)
사원명(이준상)선택, 마우스 오른쪽 버튼 누른 후 사원정보 메뉴에서 책정임금의 시급(13,541원) 확인
→ 1유형근무수당: (평일연장 4.5 + 토일정상 4.75) × 2 × 13,541원 = 250,500원(250,508.5원)
2유형근무수당: (평일심야 2.25 + 토일연장 3 × 2.5 × 13,541원 = 177,720원(177,725.625)
초과근수당: 1유형근무수당(250,500원) + 2유형근무수당(177,720원) = 428,220원

16 ③ [인사/급여관리] → [일용직관리] → [일용직급여지급일자등록] 귀속연월(2024/07), 지급일(1.매일지급)
부서(1100.총무부), 급여형태(004.시급) 조회되는 대상자(5명) 전체 선택후 대상자 추가
[인사/급여관리] → [일용직관리] → [일용직급여입력및계산] 귀속연월(2024/07), 지급일(1.매일지급)
조회되는 전체사원 선택, 일괄적용(일괄적용시간: 평일 10시간, 비과세(신고제외분): 12,000원),
일괄적용(일괄적용시간: 토요일 2시간) 일용직급여 관련내용 확인
→ '박현지' 사원과 '김유라' 사원은 소득세가 공제되지 않았다.

17 ④ [인사/급여관리] → [일용직관리] → [일용직사원등록] 박민희 사원 선택 후 사원정보 변경
급여/시간단가(41,200원), 생산직비과세적용(함), 국민연금여부(여), 건강보험여부(여)
[인사/급여관리] → [일용직관리] → [일용직급여입력및계산] 귀속연월(2024/07), 지급일(1.일정기간지급)
조회되는 전체사원 선택, 일괄적용(일괄적용시간: 평일 10시간) 급여총액 탭,
대상자 전체의 차인지급액 확인
→ 급여총액 탭에서 확인되는 지급대상자(7명)의 차인지급액은 40,760,140원이다.

18 ② [인사/급여관리] → [급여관리] → [수당별연간급여현황] 조회기간(2024/04~2024/06),
수당(P10.연장근로수당), 사업장(2000.인사1급 인천지점) 사원별 연장근로수당 여부 확인
→ 김성실(924,990원), 최영우(874,980원), 이서경(900,000원), 조선우(1,500,000원)

19 ③ [인사/급여관리] → [퇴직정산관리] → [퇴직기준설정] '마감취소' 후 관련기준 설정,
기본설정 탭(평균임금: 일평균 임금), 지급항목설정 탭(지급항목: 기본급, 연장근로수당, 근속수당, 가족수당,
상여)
[인사/급여관리] → [퇴직정산관리] → [퇴직금산정] 신고귀속(2024), 귀속연도(2024),
사업장(1000.인사1급 회사본사), 정산구분(1.중도정산) '대상자선정' 메뉴실행, 귀속연월(2024/07),
재직기준(2024/07/01~2024/07/31), 지급일자(2024/07/25), 퇴직일자(2024/07/25),
신청일자(2024/07/31), 사원코드(20081203.안종남) 기본정보 탭(퇴직금계산내역 확인),
급여정보 탭(퇴직금계산 → 급여, 상여, 퇴직금 계산 → 급여 및 퇴직금정산내역 확인)
→ '안종남' 사원의 퇴직금 계산 시 공제된 급여 합계액은 '635,720원'이다.

20 ① [인사/급여관리] → [퇴직정산관리] → [퇴직금추계액] 추계코드 메뉴에서 퇴직 추계코드 설정
(코드: 2024, 코드명: 2024년 퇴직금추계액, 기준연월: 2024/06, 대상자: 인사1급 회사본사 '사원',
인사1급 대구지점 '사원'), 추계코드(2024.2024년 퇴직금추계액) 선택 후 퇴직추계액 확인
→ 퇴직급여충당부채: 퇴직급여추계액(829,499,640원) × 40% = 331,799,850원(331,799,856원)

21 ② [인사/급여관리] → [연말정산관리] → [근로소득원천징수부] 귀속연도(2023),
사업장(1000.인사1급 회사본사) 최명수 사원 선택후 소득세와 건강보험 확인
→ 64.소득세: 4,547,430원, 69.건강보험: 2,203,350원

22 ② [인사/급여관리] → [기초환경설정] → [인사/급여환경설정] 관련 내용 수정,
원천세 신고유형(1.본점일괄신고), 이행상황신고서집계방식(3.귀속,지급연월)
[인사/급여관리] → [세무관리] → [원천징수이행상황신고서] 제출연도(2024),
신고사업장(1000.인사1급 회사본사) → 신고서 추가, 신고구분(1.정기), 귀속연월(2024/06),
지급연월(2024/06), 소득처분여부(1.비해당), 제출일자(2024/07/10) → 신고서 생성,
일반 데이터 반영(1.매월 징수분(전체)), 연말정산 소득세, 농특세 반영(미적용)
근로소득 총지급액과 소득세 확인
→ 근로소득 총지급액: 129,987,340원, 소득세: 4,147,480원

23 ④ [인사/급여관리] → [기초환경설정] → [인사/급여환경설정] 관련 내용 수정,
지방소득세/주민세(종업원분)집계방식(1.귀속연월)
[인사/급여관리] → [세무관리] → [지방소득세특별징수명세/납부서]
신고서생성 탭, 신고서생성 메뉴실행 → 매월/반기 구분(1.매월), 신고사업장(0000.전체),
신고구분(1.정기), 귀속연월(2024/06), 지급연월(2024/06), 제출일자(2024/07/10),
급여지급일자(2024/06/30), 신고서생성 → 계속근무자 연말정산 환급액 반영 기준(미적용),
제출일자(2024/07/10), 신고서현황 탭, 조회되는 신고서 선택후 신고서조회, 징수 및 조정명세서 탭,
소득구분(4.근로소득) 소득자별 과세표준과 산출세액 확인
➡ 노희선 사원의 과세표준은 891,990원, 산출세액은 89,190원이다.

24 ① [인사/급여관리] → [전표관리] → [계정과목설정] 퇴직금 탭, 계정유형(사원계정), 항목구분(1.지급항목)
항목별 계정과목명 확인, 항목구분(2.공제항목) 퇴직소득세 계정과목명 확인
➡ '퇴직금' 항목의 계정과목은 '10301.보통예금'이다.

25 ③ [인사/급여관리] → [사회보험관리] → [사회보험상실관리] 신고연도(2024),
사업장(4000.인사1급 강원지점) 장기영 사원의 사회보험 관련내용 확인
➡ '고용보험' 탭에서 확인되는 피보험자 이직 확인서의 작성여부는 '작성'상태이다.

저자 약력

김진우

- 경남대학교 경영학석사(회계전문가 과정)
- 경남대학교 경영학박사(회계전공)
- 한국생산성본부 ERP 공인강사
- 영남사이버대학교 외래교수
- 영진전문대학교 외래교수
- 창원문성대학교 외래교수
- 경남도립거창대학 세무회계유통과 초빙교수
- 거창세무서 국세심사위원회 위원
- 한국공인회계사회 AT연수강사
- (현) 울산과학대학교 세무회계학과 겸임교수
- (현) 세명대학교 경영학부 겸임교수
- (현) 서원대학교 경영학부 겸임교수

- ERP정보관리사 회계 1급, 2급 (「삼일인포마인」, 2026)
- ERP정보관리사 인사 1급, 2급 (「삼일인포마인」, 2026)
- ERP정보관리사 물류·생산 1급, 2급 (「삼일인포마인」, 2026)
- I CAN 전산세무 2급 (「삼일인포마인」, 2026)
- I CAN 전산회계 1급 (「삼일인포마인」, 2026)
- I CAN 전산회계 2급 (「삼일인포마인」, 2026)
- 바이블 원가회계 (「도서출판 배움」, 2021)
- 바이블 회계원리 (「도서출판 배움」, 2023)

임상종

- 계명대학교 경영학박사(회계학)
- (주)더존비즈온 근무
- 한국생산성본부 ERP 공인강사
- 국세청 국세심사위원
- 국세청 납세자보호위원
- 중소기업청 정책자문위원
- (현) 계명대학교 경영대학 회계세무학과 교수

- ERP정보관리사 회계 1급, 2급 (「삼일인포마인」, 2026)
- ERP정보관리사 인사 1급, 2급 (「삼일인포마인」, 2026)
- ERP정보관리사 물류·생산 1급, 2급 (「삼일인포마인」, 2026)

김혜숙

- 홍익대학교 교육대학원 석사 졸업(상업교육)
- 홍익대학교 일반대학원 박사 수료(세무학)
- 홍익대학교 외래교수
- 한국공인회계사회AT(TAT·FAT)연수강사
- 한국생산성본부 ERP연수강사
- (주)더존에듀캠 전임교수
- (현) 해커스 TAT(세무실무) 1급, 2급 전임교수
- (현) 서울사이버대학교 세무회계과 겸임교수
- (현) 안양대학교 글로벌경영학과 겸임교수

- ERP정보관리사 회계 1급, 2급 (「삼일인포마인」, 2026)
- ERP정보관리사 인사 1급, 2급 (「삼일인포마인」, 2026)
- ERP정보관리사 물류·생산 1급, 2급 (「삼일인포마인」, 2026)
- I CAN FAT 회계실무 2급 (「삼일인포마인」, 2023)
- I CAN FAT 회계실무 1급 (「삼일인포마인」, 2023)
- I CAN TAT 세무실무 2급 (「삼일인포마인」, 2023)
- I CAN TAT 세무실무 1급 (「삼일인포마인」, 2023)
- SAMIL전산세무2급 (「삼일인포마인」, 2011)
- SAMIL전산회계1급 (「삼일인포마인」, 2011)
- SAMIL전산회계2급 (「삼일인포마인」, 2011)

2026 국가공인 ERP 정보관리사 인사 1급

발 행	▌2026년 4월 14일 발행(2026년판 발행)
저 자	▌김진우, 임상종, 김혜숙
발 행 인	▌오 연 관
발 행 처	▌**삼일피더블유씨솔루션**
주 소	▌서울특별시 한강대로 273 용산빌딩 4층
등 록	▌1995. 6. 26 제3-633호
전 화	▌(02) 3489-3100
팩 스	▌(02) 3489-3141
정 가	▌25,000원
I S B N	▌979-11-6784-540-5 13320

저자와의
협의하에
인지생략